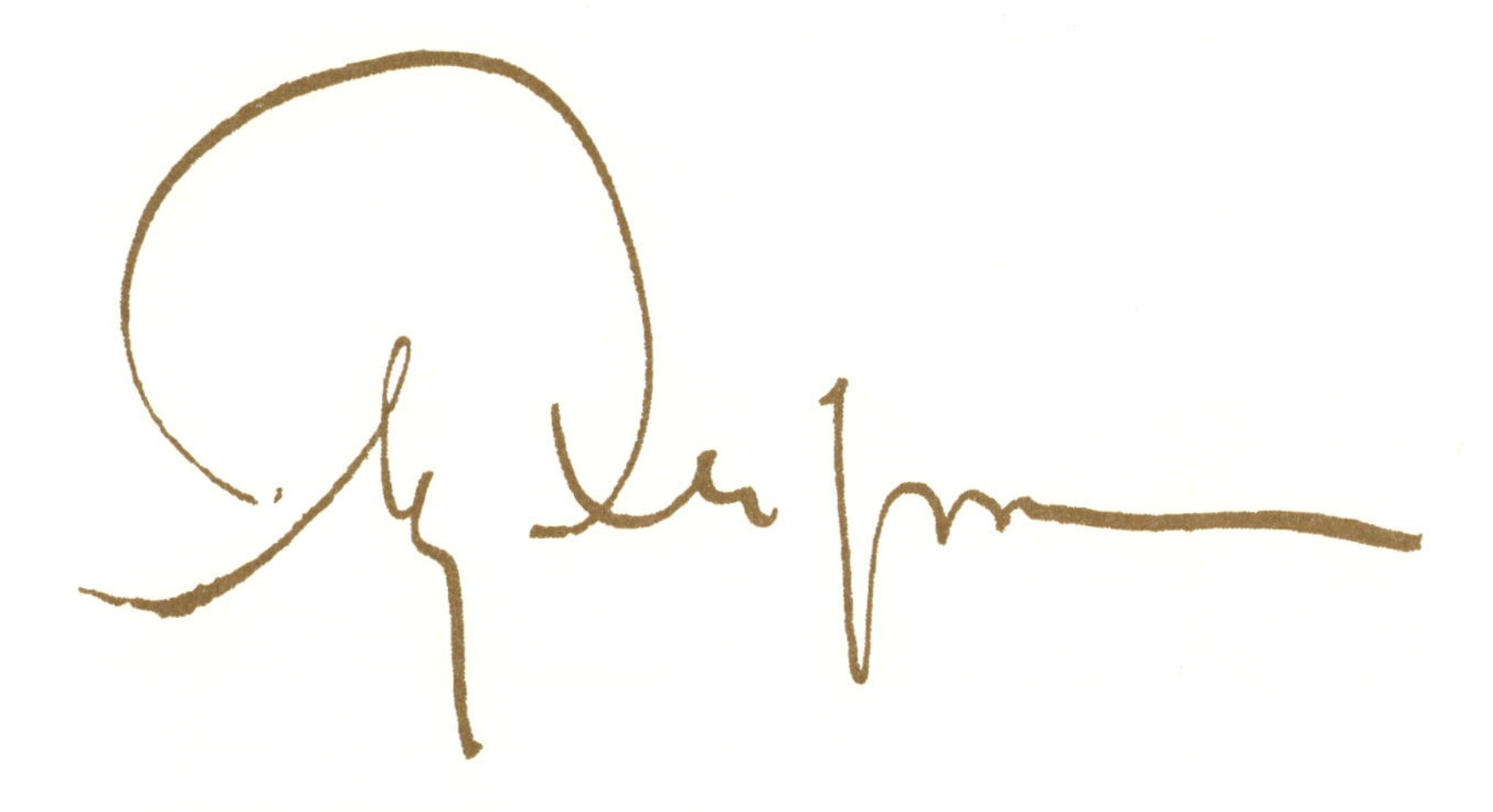

МЕТОД ЭЙЗЕНШТЕЙНА

ТЕХНОЛОГИЯ ОБРАЗА

МАСАХИКО ОИСИ

エイゼンシテイン・メソッド

イメージの工学

大石雅彦

平凡社

『イヴァン雷帝』「親衛隊（オプリチニキ）の饗宴」

『イヴァン雷帝』「親衛隊(オプリチニキ)の饗宴」

エイゼンシテイン・メソッド◎目次

凡例

- 論攷については、雑誌掲載あるいは論集所収の論文か、単行本かによって、草稿についてはその規模によって、それぞれ「　」『　』で区別した。
- 小説、詩についてはその規模によって、「　」『　』で区別した。映画作品、演劇作品、展覧会、雑誌、新聞は『　』で、音楽作品、美術作品は《　》で括った。
- 典拠を示すために（　）で付したデータは、基本的に、著者名・雑誌名、刊行年・巻号、頁からなる。アーカイヴのデータ表示については、四一一頁註4に記してある。Там же, Ibid. および同は、それぞれ前と同一のロシア語文献、その他の外国語文献、日本語文献であることをさす。文献は巻末の引用参照文献一覧に一括した。
- 引用文中の〔　〕は論者の補足、〔……〕は省略を示す。引用文中の強調傍点は特記しないかぎり、原文による。
- 註は章ごとに通し番号を付して本文該当箇所行間に（　）付数字で示し、巻末に一括した。
- 古代ギリシア語（転写）、ラテン語のアクセントについては、本文では省略し、主要人名索引においてのみ付した。
- 基本的に、ロシア語はキリール文字で記し、ロシア人名のイニシャルはラテン文字で示した。

エイゼンシテイン・メソッド——イメージの工学

いまエイゼンシテインを思い出すということ

われわれは物忘れがとてもはげしい。われわれとは、生身のわたしとあなたのことではなく文化的集合体としてのわれわれ、忘れる対象は文化的事象である。そして、何気なく「忘れる」といっている事態は、ふたつのこととときりはなせない。忘れるということはその両者があって初めてなりたつし、逆に、忘却があるからこそそれらは存立しうる。ふたつとは、記憶と想起である[1]（いうまでもなく、記憶と想起は文化創造の大前提になっている）。文化的事象はわれ＝われによって記憶され、われ＝われによって忘却され、そしてわれ＝われによって思い起こされる。文化に関するかぎり、記憶も忘却も想起も、みな共同の事業にほかならない。記憶されるものにはそれなりの価値が備わっており、それが忘れさられるにはそれなりの理由がともない、いったん忘却されたものが新たに召喚されるには、またそれなりの理由がもとめられる。それなりの価値や理由は、文化のメカニズムによって生みだされる。

ロシア、記憶というと、思い出されるのは記憶の詩人A・アフマートヴァのことだ。時代の記憶に深く身を沈め、その記憶を強く保ち、それを糧に受難の時――スターリン時代の粛清、大祖国戦争（独ソ戦）時のレニングラード（現サンクトペテルブルク）封鎖――を生きぬいたこの抒情詩人は、「主人公のいない叙事詩」（一九四〇―六二執筆）にうたっている。

「憶えている」と「思い出す」とのあいだには、友よ、ルガの町から――サテンの仮面（バウタ）たちの国、そこへ行くほどの距離があるのです。

必ずしも、誰もが記憶をひたむきに保ちつづける意志をもっているわけでも、記憶から詩をたちあがらせる力に恵まれているわけでもない。しかし、誰しもが両者の違いは感じているはずだ。(2)

（1979: 421）

◎

これからひとりの映画作家を思い起こすにあたり、記憶と想起の区別には慎重でありたい。セルゲイ・ミハイロヴィチ・エイゼンシテインにおいては、とりわけそうした配慮は欠かせないだろう。なぜなら、少なくともわが国において、エイゼンシテインは宙吊りの状態でしか記憶されていないからだ。いささかひねくれた言い方をすれば、やがて安心して忘却することができるように、われわれはいま・ここで、この映画作家についての記憶をたしかめ、彼のことを入念にほりおこそうとしているのである。

われわれが記憶しているエイゼンシテイン、いったいそれはどのようなものだろう。『戦艦ポチョムキン』（一九二五）とともに語られる、あるいはそれとともにしか語られない彼ではあるが、エイゼンシテインには、まずもうひとつの頂点をなす作品『イヴァン雷帝』（一九四三―四六制作）がある。そして、『戦艦ポチョムキン』の前には『グルーモフの日記』（一九二三）、『ストライキ』（一九二四）が制作されているし、ふたつの頂点のあいだには、『十月（第一版）』（一九二七）、『全線――古きものと新しきもの』（一九二九）、『メキシコ万歳！』（一九三一―三二撮影）、『ベージン草原（第一版）』（一九三六）、『アレクサンドル・ネフスキイ』（一九三八）といった作品が存在する。作品数こそ多いとはいえないものの、二四年にわたる創造過程においてその傾向はゆるやかなカーヴを描いて変化している。テーマは革命から歴史に、主人公は集団から個人へとかわり、スタイル、手法は斜線(ラクルス)・短縮構図、ティパージュ、モンタージュをしだいにはなれてゆく。これだけをみても、この映画作家を『戦艦ポチョムキン』のモンタージュ作家と規定したままにすますわけにはゆかない。本書巻末の作品一覧で、シナリオのみが残されている映画作品、企画のままに終わってしまった映画作品、演劇・オペラの演出等に眼をとおすだけでも、層をなして多方向にうねるその創造力のたくましい脈動は伝わってくるはずだ。

とはいえ、エイゼンシテインのことをしってもらうには、たったひとつの例でことたりるだろう。それは二四〇段の階段を自在に使ったあのシークェンスである。ラクルス、ティパージュといった手法も手伝い、『戦艦ポチョムキン』第四幕「オデッサの階段」（図1）は、いまみてもなお鮮やかである。現在にいたるまで、このシークェンスのパスティーシュ、パロディ、ファウンド・フッテージは、とぎれることなくつづいている。『海外特派員』（A・ヒッチコック、一九四〇）、『貧しき人びと』（V・クリストル、一九六三）、『ベルトルッチの分身』（B・ベルトルッチ、一九六八）、『ウディ・アレンのバナナ』（W・アレン、一九七一）、『未来世紀ブラジル』（T・ギリアム、一九八五）、『階段』（Z・リプチンスキ、一九八七）、『アンタッチャブル』（B・デ・パルマ、一九八七）、『あるカタストロフ』（J＝L・ゴダール、二〇〇八）、『イングロリアス・バスターズ』（Q・タランティーノ、二〇〇九）、『ゴダール・ソシアリスム』（J＝L・ゴダール、二〇一〇）などは、すぐにも思い浮かぶだろう。その影響は映画をこえて、ひろくTVドラマ、演劇、絵画、インスタレーション、街頭パフォーマンス等にもおよんでいる。

図1 「オデッサの階段」

とはいえ、引用数の多さは驚嘆するには値しない。それはえてしてクリシェの凡庸さにつながりかねないからだ。『ピンク・フラミンゴ』（J・ウォーターズ、一九七二）の監督がニューヨーク大学の映画科からエスケイプすることになったのは、映画史上最も有名な六分間といわれてきたくだんのシークェンスを、授業でくりかえし見せられたことに起因する。ウォーターズはそこに我慢ならない凡庸さの臭いをかぎとったにちがいない。正確を期すれば、その臭いは「オデッサの階段」自体からというよりは、映像の見せ方、教育制度からただよってくるものである。クリシェであるはずのもの——サーベルで片眼を傷つけられて叫びをあげる女性教師の顔——を独自の生成過程にさしもどすことによって、驚嘆すべき表現へとかえたF・ベーコン《叫ぶ教皇の頭部のための習作》（一九五二）ひとつをあげるだけで、そのことには納得がゆくだろう。

「オデッサの階段」の引用において驚くべきは、数ではなくそこに認められる評価の多様さ、種々のイデオロギー評価と映像評価の双方にたえうる多様さだ。この多様さの度合いはたんなるオマージュ・レミニッセンスの枠をはるかにこえている。複層的装置である階段や、うち重なるようにして倒れる人びとのおりなす襞に、最初から一定の多様性がひそんでいることはたしかだが、それは時代ごとに、そして視座を異にする観客の複数の視線によって増殖させられてきたのである。いうなれば、「オデッサの階段」は時代とともに観客といっしょに成長をとげてきたのだ。『貧しき人びと』、『階段』、中村宏《階段にて》（一九六〇）のイデオロギー性から『アンタッチャブル』のスペクタクル性、《アトラクションのモンタージュ》（A・イサエフ、ヴィデオ・インスタレーション、一九九六）や《Film Studies オデッサの階段》（伊藤隆介、ミクストメディア・インスタレーション、二〇〇六）のいたずらめいたコンセプチュアルな実験までを、ゆうゆうと飲みこんでしまう「オデッサの階段」の懐の深さは、そのままエイゼンシテイン自身の評価の幅に重なってゆく。御用芸術家、疑似転向者、芸術革命家にして革命の芸術家、スターリンに対する反抗者、スターリニズムの犠牲者、映画芸術の普遍性を実現した芸術家、全体主義的芸術家、フォルマリスト、エロスとエクスタシーの芸術家、暴力とサディスムの芸術家、総合主義者、折衷主義者、実験の小宇宙……。毀誉褒貶、矮小化と天才視がないまぜになった評価の群れは、とても同一人物の評価とは思えないほどまとまりに欠ける。演劇と映画、サーカスとオペラ、体制の内と外、ソ連とヨーロッパ・ハリウッド・メキシコといったように、トリック・スターよろしく異質な世界を飄々と渡りあるきつつ、かきまぜ吸収することをくりかえしていった結果が、こうした状態を生んだともいえる。姓のもとになっているドイツ語 Eisenstein（鉄鉱石）のままに意志こそ堅固ではあるものの、彼の尻はどちらかというと重い方ではなかった。スターリン賞受賞、上映禁止、撮影中止、改作の強制、自己批判、スターリンへの直訴状、作品の消失、制作許可のおりなかった数々のシナリオ・企画といった出来事も、エイゼンシテイン評価のめまぐるしい変転を倍加させるのに一役買っている。

評価の一つひとつがまるきり的外れでないとすれば、一段上のレヴェルにたちそれらをすべて包括する枠を設定することも、無理な話ではない。しかしその場合、エイゼンシテインの全体像（真実の像）というものを追いもとめることになりかねない。有機性を重んじこそすれ、生成・弁証法を信条として守りつづけた彼にとって、そうした目標は必ずしも歓迎すべきものとはいえないし、論者にしても「全体像」といったものには興味をそそられない。とりあえずは、肯定、否定をとわず、その評価が小刻みに生成変化しつづけてゆくのを見守りたい。『ベージン草原』、『メキシコ万歳！』、『イヴァン雷帝 第三部』（一九四五―四六制作）といった不幸なミッシング・リンクがあるために、抑えがたく「あるべき」エイゼンシテイン像追求の欲求をかきたてられるが、ひとまずそれも封じておく。より重要な事柄があるからだ。

エイゼンシテイン評価の推移をながめていると、前世紀末から今世紀初頭にかけて大きな変化がおこっていることに気づく。そうした動向の中心にあるのは、彼の理論的営為が映画博物館、エイゼンシテイン・センターのN・クレイマンの編集で[3]、次つぎとアーカイヴから活字におこされていったことだ。『モンタージュ』（二〇〇〇）、『メソッド1・2』（二〇〇二）、そして『無関心ではない自然1・2』（二〇〇四、〇六）である。『メソッド』については、クレイマンの編集方針に異議を申したてるかたちで、O・ブルガコヴァが独自編集の『メソッド1・2・3・4』（二〇〇八）をベルリンのポチョムキン出版から刊行している。アーカイヴの原稿が日の目をみることになったのは、クレイマンの献身的努力によるところが大きい。『無関心ではない自然2』をもって資料の活字化がひとまず終了したとき、これでアーカイヴの病から解放される、と論者などは単純に喜んだのだが、あとで説明するように話はそう簡単にはゆかなかった。

かつて刊行されたロシア語版六巻選集（一九六四―七一）に新刊の著作群を加えると、重複している部分をさしひいても、その論攷は相当のヴォリュームにのぼる（『モンタージュ』以下五巻の総量は、B5判で三〇〇〇頁をこえる）。キネマ旬報社版の邦訳九巻全集（一九七三―九三）だけでも、エイゼンシテインの執筆欲の旺盛さをしるには充分すぎるのに、新たにこの情況である。

『エイゼンシュテイン全集』（キネマ旬報社）の構成をみると、当時のエイゼンシテイン理解の情況がよくわかる。全集の第一巻から第五巻まではシナリオ、回想をはじめとした作品に関するものに、第六巻から第九巻までは理論編にあてられている。理論編の内容はというと、モンタージュ論を中心にしつつ、その周りに芸術論・文化論を配してある。芸術論・文化論のなかにはパトス論・作品構造論も含まれているし、その後全貌が明らかになる『メソッド』、『無関心ではない自然』も一部分が紹介されている。全集全体としてみると、映画作家、モンタージュ理論家、芸術・文化理論家の順にエイゼンシテイン像がくみたてられているといえる。逆順とはいわないまでも、『モンタージュ』、『メソッド』、『無関心ではない自然』が刊行された今日からすると、こうした要素の順序、比重には変更を加えざるをえないだろう。映画・演劇創造も映画理論も、エイゼンシテインにおいては芸術と科学を総合する全体への一過程である、ということがみえてきたからだ。その「全体」が壮大で開かれた全体であることもあわせてわかった。

エイゼンシテインの理論的営為は、饒舌な映画作家が思いつきの言説をまきちらしているといった類のものではない。キネマ旬報社版全集の理論編四巻に眼をとおすだけでも、そのことはわかるだろう。量ばかりでなく対象領域もぼうだいな拡がりをみせている。映画、文学、美術、演劇はもちろん、精神分析学、人類学、言語学もあれば、フォルマリズム、筆跡学、植物学も認められる。また百科事典とみまがう引用・言及の密林のなかには、G・ガルボ、M・ディートリヒといった華やかな知己はさておいて、S・フロイト、L・ヴィゴツキイもあればW・ライヒも入っているし、A・ポチェブニャもあればN・マールもみうけられるし、K・スタニスラフスキイ、V・メイエルホリドもあればE・ジャック＝ダルクローズ、二代目市川左団次、梅蘭芳（メイ・ランファン）も含まれているし、ギリシア正教もあればI・デ・ロヨラ、ブードゥー教、薔薇十字団もあるし、H・ド・バルザック、E・ゾラ、G・フロベールもあればV・フレブニコフ、J・ジョイス、L＝F・セリーヌ、A・ブルトンも入っているし、R・ヴァーグナー、S・プロコフィエフ、E・マイゼルもあればジャズ、キャバレーもあり、J・フレイザー、L・レヴィ＝ブリュール、F・ボアズ、洞窟壁画もあればA・ヴェセロフスキイ、M・コバルビアス、E・フックスも含まれているし、K・マルクス、F・エンゲルス、V・レーニンもあればV・シクロフスキイ、B・トマシェフスキイも入っている。エイゼンシテインのあれもこれもの徹底ぶりには驚きをとおりこしてあきれるばかりである。それが無節操な選択ではなく、ある基準・美学にもとづいていることは、映画作家のなかでC・チャップリンとW・ディズニーのふたりを特権視していることが証明してくれるだろう。対象とする文化圏もロシア、ヨーロッパばかりか、アメリカ、メキシコ、インド、中国、日本、バリ島におよぶ。メキシコ民俗学、ヒンドゥー教、陰陽思想、京劇、水墨山水画、歌舞伎、能、浮世絵に関する知識は、エキゾティシズムの域を超越している。

　エイゼンシテインは『回想記』の序文（Эйзенштейн 1997a: 17）に、スタンダールの墓碑銘「生きた、書いた、愛した」をもじって「生きた、考えた、夢中になった」と記している。知の洪水は座右の銘がもたらした結果だともいえる。

　エイゼンシテインの探究の中心にはつねに芸術イメージ、イメージの問題がある。彼はイメージにかかわるところ、原生動物であろうと洞窟であろうと宇宙であろうとどこにでも眼をむけ、有力と思われる科学の力をかりて考察を重ねた。その結果、理論の銀河系ともルネサンス的知ともいわれる知の拡がりがうまれたのである。エイゼンシテインが関心をよせる「精神工学（プシホテフニカ）」（psychotronics）にならえば、その探究はイメージ工学と呼ぶことができる。エイゼンシテインのあくなき探究に接していると、成長著しい映画の力強い息吹を身近に感じる思いがする。その頃、映画は確実に若かった。エイゼンシテインの探究が異常とも思われる規模で膨張していった根底には、映画は総合芸術であるという意識が横たわっている。固定的なもの、実体をもたず、つねに新たなものとの接触において自らを形成してゆく、それが総合である。

　先に列挙した評価のなかにE・シューブの「実験の小宇宙」というのがあるが、エイゼンシテインの場合、実験のなかに映画制作も理論的営為も含まれる。どちらもポイエーシス（制作・創造）にかかわりはないのだ。こうした事情は他のロシア・アヴァンギャルドと同一である。そもそも彼／彼女らの創造は、批評・理論を創作にくみこんだ、高次（メタ）レヴェルが対象レヴェルにずれこんだ形式を基本にしている。さしずめ、詩と詩論が並置・コラージュされているA・クルチョヌイフの数々の詩集などは、その範例といえるだろう。エイゼンシテインにおいては、イメージの工学を構築する過程で自作の分析がくみこまれてゆく。

理論的営為が「アトラクションのモンタージュ」（一九二三）にはじまるとしても、本格的な活動はメキシコから帰国後の三〇年代のことになる。理論は制作の後追いで形成されてゆくと考えてよい。不用意な言い方をしてしまったが、後追いは跡づけとは異なる。意識的、無意識的にかかわらず、通時代的な法則を援用して『戦艦ポチョムキン』なら『戦艦ポチョムキン』を制作するとする。そして制作したあとから、その法則を対象化してゆく。簡単にいうと、これが理論的後追いである。したがって、その作業はたんなる自己分析ではない。自作の具体的分析を通じて法則に導かれることもあれば、黄金比のような法則を自作の分析に適用することによって、それまで作者も気づかなかった作品の秘密が開示されることもある。エイゼンシテイン自身はそうした分析に「ポストアナリシス」（Эйзенштейн 2004a: 263）という名をあたえている。この「ポスト」には跡づけの受動的意味はうすく、そこには、ポストアナリシスによってポイエーシスを完結させるという積極的な意図がこめられている。その点では、作品制作は理論創造への一過程といえる。

エイゼンシテインは、芸術もひとつの科学と考えている。認識を旨とする「知的映画」などはその典型といえるだろう。彼は科学としての芸術と芸術理論の科学とを統一する第三の科学の構築をめざしていた。第三の科学の範疇では、制作も理論活動もどちらも実践とみなされる。

たとえ人びとの眼にふれない潜勢的なかたちであるにせよ、エイゼンシテインの原稿は書かれた状態でずっと保たれていた。まぎれもなく、それは文化的記憶の一部として存在していたのだ。依然としてアーカイヴに埋もれている資料も、集合的記憶の一部としてある。われわれが彼を思い起こすという行為は、そうした記憶を現勢化してゆくことにほかならない。それは即自的なものを対自化してゆく行為でもある。現勢化の役目はけっして実体としてあるものを忠実に再生することではない。したがって、想起の過程で記憶は再構成、生きなおされることになる。評価というものも、ここにかかわってくるだろう。そして、彼のことが忘れさられるとき、想起されたものは記憶の貯蔵庫にまた返ってゆく。

本書のささやかな目的は、二〇〇〇年以降に刊行された『モンタージュ』、『メソッド』、『無関心ではない自然』に焦点をしぼりながら、エイゼンシテインをほりおこすことにある。とはいえ、相手は「知の巨人」であるわけだから、掘り起こしはとうてい網羅的とはゆかない。分野からいっても、映画、美術を中心にしつつその周辺領域をちょっとかするくらいで終わってしまうだろう。演劇論「アトラクションのモンタージュ」（一九二三）、映画論「映画アトラクションのモンタージュ」（一九二四執筆）と、最初期のモンタージュ論がふたつあることさえも認知されていないわが国の現状では、そうした試みでもエイゼンシテインについての記憶を改めるのに有益であるにちがいない。

論攷とともに気になるのは、『資本論』（一九二七）、『ガラスの家』（一九二七）、『アメリカの悲劇』（一九三〇）、『モスクワ』（一九三三）、『大フェルガナ運河』（一九三九）等の実現しなかった映画のシナリオ、あるいは企画である。ペーパー・アーキテクチャーならぬペーパー・シネマともいうべきこれらのテクスト群は、実作映画とは別のかたちで映画的なものを実現している。またエイゼンシテインには、五〇〇〇点余りにのぼる魅惑的なドローイングが存在する。映画、理論とともにこれも彼に欠かせない一面なので、ドローイングにもふれてみたい。

第一章　фонд（フォンド）1923

1　アーカイヴへ／から

未刊／完

すでにふれたように、エイゼンシテインは映画作家と文化理論家の顔をもっている。理論家のエイゼンシテインをたどろうとするとき、顔はさらにふたつにわかれる。活字になったエイゼンシテインとアーカイヴにあるエイゼンシテインとに。これについてもすでにのべた。都合三人のエイゼンシテインがいることになるが、見えるエイゼンシテイン（映像と活字の）と見えない彼（アーカイヴの）ということではふたりである。これら二種二重のエイゼンシテインが相互に絡みあいながら、その顔は種々さまざまに造形されてきた。『イヴァン雷帝』をめぐるスターリンとの駆け引きなどは、文字通り二種二重のエイゼンシテインの中心にあるといえる。それについて新しい資料が発表され重心がずれるたびごとに、エイゼンシテイン評価は二転三転してきた。本書では二重の絡みのなかに深く入りこむことはしないが、アーカイヴについて、必要なことはのべておかなければならないだろう。

ロシア語版六巻選集が作者・編者たちの自己規制と不備（検閲）に充ちたものであることはしられていたが、六巻選集にせまらんとする量の原稿が残されていようとは、一部の研究者をのぞいて誰も予想しなかった。予想もしなかった事態を一般につげしらせたのは、V・V・イヴァノフ『ソ連記号論史概説』[1]（Иванов 1976）である。理論家としてのエイゼンシテインの顔にもなにかおちつかない感じがしたのに、さらにそこに未知の顔が片鱗をのぞかせたのだから、論者個人としては、同姓同名の論客が新たに登場したような気がした。『ソ連記号論史概説』のあちこちにちりばめられた、「エクスタシーの叙事詩」、「リズミカルな太鼓」、「ドストエフスキイの作品には、運命は存在しない」、「芸術では、退行的傾向のないところに形式は存在しないし、前進的傾向のないところに内容はない」といった少なからず胸騒ぎのするフレーズも気になったが、それよりも関心をひいたのは、魅惑的な文句の典拠がЦГАЛИ（ツガリ）（国立中央文学芸術アーカイヴ、現РГАЛИ（ルガリ）［ロシア国立文学芸術アーカイヴ］）所蔵の資料となっていたことである。その心意気も必要もなかったために、当時は考えもしなかったが、そこは外国の研究者がおいそれとアプローチできるような場所ではなかった。

それ以来論者にとって、エイゼンシテインのアーカイヴ、アーカイヴのエイゼンシテインは、イヴァノフの紹介をとおしてのみ間接的に接近しうる無意識のような存在になった。そして、エイゼンシテインのことを思い出すたびに、無意識の声は「アーカイヴへ！　アーカイヴへ！」とA・チェーホフの芝居さながらに囁きかけてきた。本物の手稿、手稿の全体を一度はみてみたいという欲求が高まるほどに、もどかしさもつのってゆくというのは、欲求の常である。それが二〇〇〇年をこえたら、あれよあれよというまに活字になって登場したのだから、誘惑的なアーカイヴの囁き、憑依からいっきょに解放されたと思ったのも無理からぬ話である。

現在では、公共図書館の紹介状をたずさえてルガリにゆき申請さえすれば、誰でも手稿のマイクロフィルムがみられる。ソ連時代やソ連崩壊直後のように、公的な権力によって閲覧が禁止されたり厳しく制限されたりすることはない。したがって、死の国からエイゼンシテインの幽霊が突如出現して、既成の像をがらりとくつがえす恐れはまずないだろう。対象物がないという外因が、知りえない・変化しうるという内因に転化する恐れはない、ということだ。活字・映像として残されているものだけからでも、エイゼンシテインのほぼ正確な骨格はえられるはずだ。アーカイヴは絶対的な起源として吸引力を発揮しつづけているわけではない。誰もがアプローチできる資料について、限定条件を自覚しつつ解釈をつみ重ねることによって、エイゼンシテイン像を一歩ずつ進めることが、われわれにできるなによりの方策だろう。いまのところ、エイゼンシテインのアーカイヴが起源、掟——現代語 archive に遠くこだましている古代ギリシア語arkheに含まれるふたつの意味（デリダ 2010: 1）――を行使して超越的なポジションから抑圧的にふるまう、といった情況にはない。エイゼンシテインの場合、結果としてアーカイヴが形成されることになったものの、それは当人が望んだものではない。まして、自分の原稿を国家が管理するなどは、彼にいわせれば悪い冗談でしかないだろう。

一次的な問題はさったのだが、そのあとに新たな問題がふたつ発生した。むしろ、こちらの方が深刻といえるかもしれない。『モンタージュ』も『メソッド』も『無関心ではない自然』も、未完にして未刊に終わった著作だ。したがって、刊行された本は完成稿を印刷に付したものではなく、エイゼンシテインの構想にもとづきながら、編者がジグソーパズルのようにして資料を編纂したものである。いってみれば、これはF・カフカ、F・ニーチェやK・マルクス／F・エンゲルス『ドイツ・イデオロギー』（一八四五―四六執筆）、F・ド・ソシュール『一般言語学講義』（一九一六）の世界にほかならない。構想は完全な目次として残されているわけではないので、印刷された本は完結した総体をしめしてはいない。これがひとつ目の問題である。

資料といっても種々雑多で、そこには計画、見取り図、手書き草稿、訂正済みのタイプ原稿、自分の論文の抜粋、日記形式の草稿[2]、長大な逸脱、挿入箇所の指定がない挿入文、本の抜き書きや新聞の切り抜き、等々が含まれている。思考の中断をしめすように途切れていたり、引用が入るべき箇所が空いていたりする草稿も、ひとつやふたつにとどまらない。こうしたものがひとつの容れ物に、連続体をなすように収録されたために、通常の本にある道標となるべきつながりをみつけられないことがしばしば生じる。そうした「欠損」にゆきあたったとき、われわれは戸惑いを覚えたり迷ったりせざるをえない。読解は完結することなく先送りにされてゆく。偶然の成り行きでこうした事態が発生することになったとはいえ、これでは出来の悪いコラージュ、モンタージュではないかと思うのは、論者だけではないだろう。しかし不思議なことに、近接的にはおぼつかないものの、思案しつつ読んでゆくうちに総体の代わりをするものがわれわれのうちに形成されてゆく。どうやら、隙間と衝突だらけのコラージュ的・モンタージュ的読解には、それなりの読み方が備わっているようだ。

『メソッド』は他の二作に較べて、隙間と衝突の度合いがいちだんと激しい。それは『メソッド』の構成・構想が他に比して確定しにくいからである。決まりきらない要素が多い分、はまらないピースも多数出てくる。クレイマン編の場合、それは「追補」としてまとめられている。追補があるからには、追補にもはまらず残余としてアーカイヴに残される部分も生じる。[3] これは物質的残余であると同時に、解釈からもれた残余でもある。解釈からもれた残余は、残余に対する解釈の余地を残している。また当然のようにして、複数の構想解釈もおこりうる。クレイマンとブルガコヴァの食い違いはそのよい例である。エイゼンシテインの構想を正確に読みとくには構想の変遷を知悉していなければならないし、構想において重要な環が欠けている場合には、不在の環を推測し、それこそ構想の構想をたてなければならない。それはテクストロジーにいう欠字復元・推測判読(コンエクトゥラ)にあたる。

決定不能とまではゆかないにしても、二種類の『メソッド』のように、印刷されたテクストに大きな揺れ幅があれば、必要におうじてアーカイヴを参照せざるをえないし、その限りでは印刷本はアーカイヴから完全に自立しているとはいえない。アーカイヴの内と外は一定の関係で結ばれており、他から身をひいて自己完結するわけにはゆかない、少なくとも原則的にはそうである。ことの是非はともかく、アーカイヴの内と外とのあいだにエイゼンシテイン学(эйзенштейноведение)が誕生することになった。[4]

偶然にうまれたコラージュ的・モンタージュ的読解ではあるが、これは本そのものの構成的構造によって内部からも支えられている。その意味では必然的である。これがふたつ目の問題である。エイゼンシテインは諸々の断片・論攷をまとめる形式として、それまでとはまるでちがうものを模索していた。それは「球体本」と呼ばれている。球体本のもつ本の本という性格は、明らかに線形本の概念をくつがえすものである。本の形式的変革の欲求が根底に控えているために、断片・論攷同士の関係はおのずから通常とは別ものになっていった(エイゼンシテインが描いていた奇妙な本については、当該の箇所でふれることにしたい)。長年書きついできた論攷のために最もふさわしい本の形式を探していたがなかなかみつからず、そうこうするうちにタイムリミットが訪れてしまい、構想と断片・論攷群のみが残された——それが偶然的必然、必然的偶然の実情である。エイゼンシテインが望んでいたものとはずれるにしても、アーカイヴの問題も含めて、『モンタージュ』以下の印刷本論集は通常の本よりもはるかに高い選択可能性や融通性にひらかれている。それを重荷と感じるか自由とみなすかは読み手しだいである。まずは、各論集の成立事情と概略をおさえておこう。

『モンタージュ』、『メソッド』、『無関心ではない自然』

『モンタージュ』（一九三七執筆）、『メソッド』（一九四〇―四八執筆）、『無関心ではない自然』（一九四五―四八執筆）は、それぞれ独立した著作であると同時に互いに連関している。とりあえずは、『モンタージュ』がカスケード状に拡がってゆき他のふたつを生みおとしたとみなすことができる。とはいえ、『無関心ではない自然』に当初収録されていた論攷（「エルモロヴァ」、「偶数―奇数」）が『モンタージュ』、『メソッド』に移しかえられ、その後『モンタージュ』、『メソッド』からそれらが『無関心ではない自然』へと「借用される」というような事態もおこっている（Эйзенштейн 2006: 539）。この例がしめすように、三者の関係や境界はけっして一方的なものでも固定的なものでもない。したがって、エイゼンシテインがどのようなイメージの工学を描いていたのか、その概略をおさえる場合には、『モンタージュ』から『メソッド』、『無関心ではない自然』への流れのなかでみてゆく必要がある。

『モンタージュ』は、粛清の嵐がふきあれる「血塗られた」一九三七年に構想されている。[5] それは、『ベージン草原（第二版）』（一九三七）が制作中止の憂き目にあい、エイゼンシテイン自身逮捕の恐怖におびえたあげく、自殺未遂にまで追いつめられていた時期にあたる。両者のあいだの結びつきを因果関係から説明することはできないものの、理論をまとめることにこめられた決意が生半可なものでないことは充分に推測される。

もともと、モンタージュはショット同士の接合に関する手法を意味するが、『モンタージュ』ではこうした用法に収まらないものとなっている（モンタージュ概念そのものの検討は第二章にゆずりたい）。エイゼンシテインにおいても、『メキシコ万歳！』では前景構図というショット構成が、『アレクサンドル・ネフスキイ』（一九三八）では視聴覚による「垂直のモンタージュ」がこころみられており、ショット同士の水平的関係に依拠した本来のモンタージュは一九三〇年代においては、限定的な役割をしめるものとなってゆく。こうした事態にいたり、エイゼンシテインはモンタージュ概念を古びたものとして廃棄することなく、逆にそれを拡張して、トーキー映画ばかりか諸芸術、さらには文化同士の接合にも適用できるものとした。分節＝接合が認められるところならどこであろうと、モンタージュは存在する、というわけだ。このように、モンタージュ概念は一手法の限界をこえて飛躍をとげる。シンボリズムと同じく、モンタージュは時代に択ばれた特権的な概念といえるだろう。

『モンタージュ』の萌芽は、一九三三年に構想された『ミザンセーヌ芸術』[6]にすでに認められる。その第二章が「モンタージュ」となっている。それが発展し、『モンタージュ』として独立したのである。『ミザンセーヌ芸術』から『モンタージュ』へと進むなかで、演劇と映画のポジションが入れ換わり、主役の交替がおこる。これは演劇から映画へと活動の場を移したエイゼンシテインの軌跡を理論の場面において反復するものである。『モンタージュ』の時点において、エイゼンシテインはモンタージュの視座から他の芸術（建築、絵画、詩）を構造論的にみわたす、モンタージュ的透視法を手にいれる。残念ながら原『モンタージュ』は完成することなく終わり、理論的まとめは、あとにつづく『メソッド』にバトンタッチされることになる。

二〇〇〇年版『モンタージュ』は三部から構成されており、キネマ旬報社版『エイゼンシテイン全集 第七巻 モンタージュ』に較べると、ざっと五割増しの分量になっている。量がふえたとはいえ、基本的構成は邦訳版とそれほど異なっているわけではない。第一部には「単一のカメラ・アングルによる映画のモンタージュ」、「モンタージュと建築」、「モンタージュと絵画」の章が、第二部には「交替するカメラ・アングルによる映画のモンタージュ」、「モンタージュするプーシキン」の章が、第三部には「トーキー映画のモンタージュ」、「エル・グレコと映画」の章が、また巻末には「追補」が収められている。「モンタージュするプーシキン」、「エル・グレコと映画」は圧巻といってよいし、第二部においてホメロス、S・マラルメ、W・シェイクスピア、J・ジョイスらにほどこされる分析は、オルタナティヴな読み方を教えてくれる。新しい読解は、映画という新芸術による旧芸術の再メディア化によってもたらされたものである。映画以外のものに映画的方法を適用することを、エイゼンシテインは「シネマチズム」と呼んでいる。

エイゼンシテインが『モンタージュ』でおこなったことは、ひと言でいえば、映画をはじめとする諸芸術における連続性の作られ方の分析である。モンタージュ手法の台頭によって、それまで自明のものとされてきた芸術における時空間の連続性に対する自省の契機が急激に高まる。連続性への省察は、具体的には時空連続体の分析というかたちをとった。こうした問題意識は、M・バフチンが文学において提唱した時場連続体(クロノトポス)(一九三〇年代後半)に重なる。『モンタージュ』のエイゼンシテインは時代、メディア、ジャンル別に時場連続体をさぐり、その類型学(タイポロジー)をうちたてようとしたといえる。

◎

『メソッド』の構想がたてられ執筆が開始されるのは、一九四〇年のことである。[7]とはいえ、著作の主要部分「Grundproblem(根本問題)」の端緒をなす「грундпроблематика(根本問題性)」の草稿は、一九三二年にメキシコからもちかえった荷物のなかに入っていた。このことはたんなるエピソードにとどまらず、『メソッド』とメキシコ体験との深いつながりをしめすものとして重要である。

確認できるかぎりでは、『メソッド』の構想は四回ほどかわっている。最初の構想では、著作は三部からなっていた。「序文」、第一部「モンタージュについて」、第二部「構成について」、第三部の「まとめ」、「あとがき」、「追補」である(第二部には、のちに『無関心ではない自然』に入ることになる「作品の構造(ヴェシチ ストロエニエ)について」、「再び作品の構造について」が含まれている)。ほどなくして、この三部構成は四部構成へと姿をかえる。「モンタージュの先祖」、「モンタージュ」、「作品の構造について」、「Hauptproblem(主要問題)」である。第四部は、四つの部分――「知的映画」、「内的独白」、「ソ連映画一五周年報告」(「映画形式」)、「潜在意識の秘密」――にわかれている。つぎの構想段階で第四部が第一部にくみこまれ、再び三部構成にもどる。すなわち、「基本問題」、「構成」、「モンタージュ」である。そののち、第一部の「基本問題」が二回の改変をうけて大きくふくらみ、独立した著作のかたちをとることになる。内容としては、「哀れなサリエリ（献辞に代えて）」、「クロース・アップで（序文に代えて）」、「誇り（序論に代えて）」、「Grundthema（根本テーマ）」、「あとがき」、「最も原初的な関係としての〈チャップリン〉」、「神話の実現」を含む。当時の予定では、残りの二部もそれぞれ独立した著作――『構成』、『無関心ではない自然』――として執筆されることになっており、三著作ができあがった暁には、そのあいだにみごとな「球体」関係が出現するはずだった。

構想の変遷において、「まとめ」（最初の構想における）から「Hauptproblem」、「基本問題」、「Grundthema」へとうけつがれてきたものが、最終的に「Grundproblem」となるのである。独ソ戦のために疎開していたアルマ・アタから一九四四年の終わりにもどったとき、エイゼンシテインの手にはほぼできあがった『Grundproblem』、『メソッド』の草稿があった。四〇年にはボリショイ劇場における《ヴァルキューレ》（R・ヴァーグナー、一八五六）の演出にあたり、また四一年には『イヴァン雷帝』の演出ノートに着手しているので、『メソッド』執筆はオペラ・映画の制作と並行していたことになる。

『メソッド』の資料のなかには『メソッド2』としるされているものがある。そこには、第二次大戦後『無関心ではない自然』を編むときに『メソッド』に入れる方がふさわしいということで移されたものも含まれている。また「Grundproblem」のテーマについて書かれてはいるものの、『Grundproblem』にはくみいれられなかった論攷も数多くある。

クレイマン編『メソッド』は二巻から構成されており、第一巻が「Grundproblem」、第二巻が「巨匠たちの秘密」と題されている。さらに第一巻は「無尽蔵の対象」、「Grundproblem」、「時間における〈転移〉」、「形式の内容」という四部から構成され、第二巻は複数のテーマに関する論攷、覚え書き、「追補」からなる。『メソッド』総体としては、ひとつのテーマを核として形成されたデータベースのような様相を呈しており、構想の読み取り方しだいで切り分け方、接合法も異なってくる。各巻の主な論攷は以下のようになっている。

第一巻。第一部「無尽蔵の対象」――「再発」（「知的映画」）、「〈思考〉運動」、「内的独白」。第二部「Grundproblem」――「映画形式」、「表現運動」、「リズミカルな太鼓」、「退行の〈方法〉」。第三部「時間における〈転移〉」――「素材と情況における〈原初性〉」、「生物学的レヴェルへの〈転移〉」、「不分明な知覚」。第四部「形式の内容」——「形式の問題としてのプロット」、「謎」、「〈ミステリー〉の秘密」、「喜劇的なるもの」、「サーカスの秘儀、プロットとしての構造」。

第二巻。『クロース・アップの歴史』——「I ディケンズとグリフィス」、「II pars pro toto（全体の代わりの部分）における急展開」、「III グリフィスとわれわれ」——「梨園の魔法使い」、「偶数―奇数」、「神話の実現」、「チャーリー・ザ・キッド」、「ディズニー」、「MLB（母胎のイメージ）」、「線とオーナメントに関する覚え書き」[8]。

全巻の目次にひととおり眼をとおすかぎり、気になること、気づくことがふたつほどある。ふたつというよりは、ひとつことの双面といった方がよいかもしれない。ひとつは、第一巻の題名にもなっているドイツ語の Grundproblem である。ポリグロットであるエイゼンシテインがドイツ語を使用するのは自然であるとしても、ここでは、それなりの意味がこめられている。この言葉は、若い頃の愛読書であったA・ショーペンハウアー『倫理学の二つの根本問題（Grundproblem）』（一八四一）からきている、とクレイマン（Клейман 2004: 227）は推論する[9]。エイゼンシテインが、ショーペンハウアーの「幸福」と「正義」にひきあてて映画・芸術の根本問題を考えていたかどうかまではわからないが、Grundproblem という言葉を択びとったとき、彼の頭にはたしかに芸術の根本問題と思われるものがあった。それはふたつの要素——内容と形式、意識と感覚的思考——の統一である。この問題については、「映画形式」（一九三五）の一節が的確に教えてくれる。

> 芸術作品の弁証法は、きわめて興味深い「二つのものの統一」の上に成り立っています。芸術作品の効力が発揮されるのは、そこで同時に二重の過程が生じるからであります。すなわち、意識が高次の思想の段階に沿って急激に上昇する一方で、同時にまた、形式の構造をとおって最も深い感覚的思考の層へも浸透していきます。このように二つの流れが対極に向かうことにより、真の作品の特徴である、形式と内容の統一のみごとな緊張がつくりだされます。それなしには、真の作品は存在しません。
>
> （エイゼンシテイン 1986a: 201）

この説明のなかで注目すべきは、やはり形式と「感覚的思考」との結びつきである。形式は感覚的思考と関係づけられることによって文化の深層・古層にかかわるものとなる。エイゼンシテインにおいて初めは心理学・精神分析学（深層）にむかっていた関心は、三〇年代初頭に人類学的なもの（古層）へと接続される。深層・古層にかかわる過程で、形式の変化をはかる時間単位や形式変化のメカニズムが意識、内容、高次の思想に適用されるものとは異なっていることが、しだいに明らかになってゆく。ここで重要なのは、このような形式の捉え方をすることにより、国家公認の唯物史観においては導入しにくい過去、古代への方向づけが、芸術史において可能になることである（当時『メソッド』が公刊されていたら、お定まりの「退廃」、「人種差別」等の不条理なソ連的レッテルをはられていたことだろう）。その結果、芸術史は経済史とは異なる原理にたつという考えが鮮明になる。

また、エイゼンシテインは「アポロンとディオニュソスの総合としてのオルフェウス」（Эйзенштейн 2002b: 7）において、「原論理」とディオニュソスを、「論理」とアポロンを結んだうえで、両者を総合するものとして芸術家のオルフェウスをたてている。この図式からも、科学や宗教とは質を異にする世界モデルとして芸術を考えていることがわかる。

先の引用文に先だつ部分で、エイゼンシテインは周到にも「退行」に関するエンゲルスの言葉（『空想から科学へ』一八八〇）を引用している。

> 世界とその発展、および人類の発展の正確な理解は、人間の頭脳におけるそうした発展の反映に関する正確な理解とまったく同じように、発生と消滅、前進的変化と退行的変化とのあいだの一般的相互作用にたえず注意をはらう弁証法的方法によって、初めて可能になる。（Эйзенштейн 2002a: 167）[10]

この「退行（レグレス）」という言葉を後ろ盾とするかのように、エイゼンシテインは『メソッド』において、退行的芸術論というべき感覚的思考論を展開してゆく。「リズミカルな太鼓」、「退行の〈方法〉」、「時間における〈転移〉」、「生物学的レヴェルへの〈転移〉」、「不分明な知覚」、「線とオーナメントに関する覚え書き」、等々。これが、ふたつ目の気になる点である。芸術形式の中心に退行をすえるというのは、社会主義リアリズムに真っ向からカウンターアタックをくらわせることを意味する。エイゼンシテインは無階級社会と、退行の目的・終点である原始共産制とを結びつけるということも忘れてはいないので、現在からすれば、退行的芸術論は社会主義リアリズムよりもはるかにまっとうな共産主義芸術論といわなければならない。

エイゼンシテインに退行への眼をひらかせた動機のひとつは、メキシコ体験だった。現代の都市空間と隣接するかたちで古代文明の遺跡が存在するのに出会ったり、死者の日の祭礼において人びとが陽気に浮かれながら死者をむかえる様子を目撃したりしたことによって、彼はソ連や欧米とはまったく異質な世界感覚に開眼していった。その世界感覚が感覚的思考につながり、さらにそれが退行的形式論を生んだのである。

ところで、クレイマン編『メソッド』では、「哀れなサリエリ（献辞に代えて）」という一節が、まえがき「スターたちの彼方に」につづいている。「哀れなサリエリ（献辞に代えて）」は、「自分の最初の本を誰にささげようか、と私は長いこと考えてきた」という一文ではじまっており、栄えあるその対象に択ばれたのは、W・モーツァルトと対にして語られることの多いA・サリエリである。エイゼンシテインはA・プーシキン『モーツァルトとサリエリ』（一八八〇）の一節をエピグラフに引きながら、この作曲家の性格づけをおこなっている。「音たちを抑えつけて／私は音楽を屍体として分析した。私が信じたのは／代数学のような調和」（Там же: 35）。『メソッド』はサリエリのように、芸術作品を「抑えつけ」ながらその形式の構造をさぐってゆく。機械芸術の時代にはそれにふさわしい詩学があり、サリエリはその詩学のイメージを伝える役割をになっている。

とはいえ、エイゼンシテインがサリエリをもちだしたのは彼を復権させるためだけではない。モーツァルトとサリエリをともに包摂する詩学をうちだしたかったからだ。彼はつぎのようにもいっている。「サリエリの悲劇の記憶にささげられた本論集は、同時に、生を楽しむモーツァルトの奔放さをしのぶものでもある」（Там же）。ここには暗に、フォルマリズムに対する不満がこめられている。サリエリとモーツァルトをともに包摂する詩学がどういうものか、具体的にのべられているわけではないが、形式の分析に「生の喜びの動力学」をつけ加えるものであることは明示されている。この動力学には、まず生成、歴史が含まれるだろう。エイゼンシテインもまた、バフチンとは異なる道をとおってポスト・フォルマリズムの方法を模索していたのだ。『メソッド』はまさにその方法の記念碑となるはずだった。

◎

「無関心ではない自然」というテーマがエイゼンシテインの原稿に登場するのは一九三九年から四〇年にかけてのことで、それが論集の名称として採用されるのは四四年のことである。[11]『イヴァン雷帝 第一部』の編集が終わりかけた四四年から四五年にかけて、彼はこの論集をまとめる作業にとりかかる。

『無関心ではない自然』には、三七年頃構想された論集『クロース・アップで』という前身が存在する（『クロース・アップで』は『モンタージュ』と『メソッド』、『無関心ではない自然』とを媒介する中継ぎプランである）。それ以外にも「モンタージュ一九三八」（一九三九）発表後、モンタージュについて新たな本をまとめる計画が彼のなかにうまれる。これと相前後するように、エイゼンシテインは海外での論集出版をのぞみ、イギリスの友人I・モンタギューに「モンタージュ一九三八」、「垂直のモンタージュ」の原稿を送る。残念ながらこの計画は第二次大戦の勃発で頓挫するものの、ВГИК（ヴギク）（S・ゲラシモフ名称全露国立映画大学）での教え子だったJ・レイダがその計画をひきつぎ、『映画感覚』（一九四二）としてアメリカで出版することに成功する。[12] この『映画感覚』がしだいにふくらみ、「存在の基礎を反映する映画の一般法則を記す」ものとなったのが『無関心ではない自然』である。「しだいにふくらみ」とのべたが、実際には、複数の計画が共通の関心によって接合されていったのである。そうしてできあがったものは、芸術論の大海に点々とうかぶ群島を思わせるものとなった。

クレイマン編『無関心ではない自然』は「映画感覚」と「無関心ではない自然」の二巻にわかれている。第一巻は英語版『映画感覚』を拡充したものとなっており、「モンタージュ一九三八」、「垂直のモンタージュ」、「基本的身振り」、「色彩運動」、「立体映画」、「追補」（一九二四―四八年の日記・書簡）等の諸論攷からなる。第二巻はエイゼンシテイン自身の構想にもとづいて一九三九―四八年の論攷を集めたもので、「作品の構造について」、『パトス』、「再び作品の構造について」、「無関心ではない自然」、「追補（ロダンとリルケ［芸術史における〈空間の問題〉史に寄せて］）」から構成されている。第一巻と第二巻は必ずしもなめらかに接続されているわけではないが、両者が個別（映画）と一般（芸術）の関係にあることはたしかである。

音、色彩、立体映画も重要だが、『無関心ではない自然』でまず注意がゆくのは、「自然」と「パトス」、「エクスタシー」である。

「無関心ではない」自然というのはプーシキンの「無関心な自然」という言葉に否定の意の接頭辞をつけてできたもので、論攷「無関心ではない自然」のエピグラフには、もとになった詩句がかかげられている。

若き命よ／墓の入り口で戯れるがよい／そして無関心な自然よ／永遠の美に輝け！　（Эйзенштейн 2006: 310）

ここには、人間と自然との対比のほかに、束の間と永遠との、猥雑なうごめきと透明な美との対比もうたわれている。自然と人間との関係に対するプーシキンとエイゼンシテインの態度は、それほど異なっているとは思わないが、かたちのうえでは、エイゼンシテインは詩人の「無関心な（равнодушная）」を否定して「無関心ではない、関心（魂 душа）をもった（не-равнодушная）」としたことになる。自然が生命をもたないたんなる延長に還元されるのは、思惟と延長の二元論を軸とするデカルト的世界においてである。この死せる自然に「関心（魂（プシュケー））」を付与することによって、生命原理を内包するものへと自然を転換することは、それ自身のうちに運動原理をもつ古代ギリシアの「ピュシス」的なものへと自然をさしもどすことを意味するだろう。英語 nature と同様に、ロシア語 природа も「自然」のほかに「本性（人間・動物の）」という意味を有する。自然がプシュケーをとりもどすとき、人間の本性と自然は等しきものとしてむきあうことになる。また機械芸術をあつかうエイゼンシテインにとって、機械は第三の自然としてうつっていただろう。

論攷「無関心ではない自然」の副題は「風景の音楽と新たな段階におけるモンタージュ的対位法の運命」となっており、ここにいう「風景」はまさに自然と人間の本性が一体化した世界としてある。

自然にプシュケーが与えられるとするなら、作品もそれをもちうるはずだ。制作技術の成果としてある作品はもともと自然と人間とを媒介する両義的なものだが、プシュケーを獲得した作品は自然・人間とともにひとつの世界をなすことになるだろう。クレイマンはそこに、精妙に共振するトリアーデをみている。

> しかし、論攷「作品の構造」で問題とされているのは、芸術の内在的法則だけではない。この論攷においては、分析によって明らかにされた芸術作品の構造が、一方では人間——芸術を創造し受容する——の「主観的世界」と、他方では自然の「客観的世界」の法則と相関させられている。（Там же: 537）

トリアーデの共振は自然（じねん）におこるのではなく、あくまでも引用文にある構造・法則をとおして生じる。したがって共振をおこすためには、作り手はそうした構造・法則に通じていなければならない。

ちなみに、「作品の構造」にある「作品」のロシア語は вещь で、この言葉の意味としては、「物、品物、現象」の方が普通である。当時、生産主義者の文脈において、生産品と芸術作品との同一化、生産と制作との一体化をしめすために、作品の意のヴェシチが好んで使われた。作品をあつかうように事物に接するという姿勢が、エイゼンシテインに「ヴェシチ」を択ばせたのだろうし、彼にはその前に、映画は機械の産物であるという意識があったはずだ。機械芸術としての映画は造形描写として自然・人間を作品のなかにとりこみ、それに映像運動という第二の生命をさずける。造形表現に第二の生命を付与するとき、映画は自らも生動しはじめる。映画作家も観客もこの生動によって初めて生かされることになるとすれば、被写体としての自然・人間―映画―映画作家・観客のあいだには、陥入しあう生命の連鎖があることになる。クレイマンはそれをトリアーデと呼んだのである。

「アトラクションのモンタージュ」の時代から、エイゼンシテインは観客に対する情動的効果を最重要の課題としている。情動、感覚的思考、エクスタシー、パトス、シネステジア、総合芸術といった概念は、あとでみるように、エイゼンシテインの全論攷をとおしてひと連なりの問題系をなしている。この問題系のなかで、パトスは中心的位置をしめる。古代ギリシアのように、エイゼンシテインにあってもこの語はロゴスに対置され、受苦、不幸、罰、不安、怒り、同情、驚愕、死の恐怖等を意味する。そればかりか、エイゼンシテインは救世主キリストにしめされる希望へと反転する苦難をも視野にいれている。『戦艦ポチョムキン』、『全線』、『メキシコ万歳!』におけるパセティックなシーンを思い出してもらえば、この映画作家がいかにパトスのありかを正確におさえていたかわかるだろう。

とはいえ、エイゼンシテインにとって重要なのは、パトスの認識論的側面、プロットや構成におけるその役割である。E・グレコ、G・ピラネージ、F・ルメートル、プーシキン、E・ゾラ、J・S・バッハ等を題材に、エイゼンシテインはプロット、構成、対位法の結び目となるパトスに関する分析を重ねてゆく。エイゼンシテインのパトスの詩学はじつに徹底しており、たとえば、広島の惨劇、原子爆弾の爆発をもパトスの一現象とみなしている。「この法則の「手本」どおりにプロセスを操作しうること、瞬間的にプロセスを完結しうること、それは原子爆弾の爆発力が生む物理的に可能な現象にともなう極限的——いまのところ——効果を保証する。このことは、パトスの力によって人をエクスタシー状態におちいらせる、心理的に想定されうる人間の生理状態がもたらす極限的効果とまったく同じものである」(Там же: 288–89)。

この言葉を読んだとき、多くの人はストレンジラヴ博士のこと、『博士の異常な愛情、あるいは、いかにして私は心配するのをやめて水爆を愛するようになったか』(S・キューブリック、一九六四)を思い起こすことだろう。しかし、エイゼンシテインは通りいっぺんの戦争の美学——恐怖と享楽の——では終わらない。その二枚腰の詩学は爆発と人類の融合=国際連合とを二重写しにする。

ひと月のあいだに、ふたつの流れが合流した。物質の束縛をうちやぶる原子爆弾の爆発、それは同時に、今後戦争をおこしてはならないということを理解する諸国民の意志一致のもとに、世界の諸国家を団結させたように思われる。

（Броненосец "Потемкин" 1969: 20）

パセティックなシーンは質的飛躍を準備する開口部・転轍機となるわけだが、それは偶然に生じるのではない。「法則」をふまえつつプロットを意識的に操作してのぼりつめた頂点においてえられる。『全線』におけるコルホーズ員の増加をしめす数字のモンタージュを自己分析しながら、エイゼンシテインはパトスについてつぎのようにのべている。「まさにそのことによって、パトスの本性そのものの基本——エクスタシーにとらわれた人間の感覚領域と意識領域がひとつの激発において同様に融合すること——がしめされた」（Эйзенштейн 2006: 65）。数字のモンタージュによってひきおこされる感覚と意識の融合の背景には、描写（イゾブラジェーニエ）からイメージへ、イメージから概念へと進む、エイゼンシテイン独自の「段階的」映像観が控えている。

2　エイゼンシテイン・メソッド

メソッドとシステム

「メソッド（метод）」は論集の名称であるばかりでなく、論集に球状性をもたらすエイゼンシテイン独自の編成法のことでも、イメージの工学を構築してゆくさいの原理のことでもある。R・デカルト『方法序説』（一六三七）の初版フルタイトル「理性を正しく導き、学問において真理を探究するための方法序説」がしめすように、メソッドというのは思考をある秩序にそって導いてゆく手順をさす。独、仏、英、露語等の語源である古代ギリシア語methodos（方法・探究）が「そって（meta-）」と「道（hodos）」に分解できることも、その裏づけになるだろう。日本ではJ・ラカン『エクリ』（一九六六）において普通名詞「著作（エクリ）」は半ば固有名詞と化しているが、それにも似て、汎用性の高い普通名詞を固有名詞とするからには、どのような道にそって芸術的思考を導いてゆくのかに関して、エイゼンシテインなりの意図があるにちがいない。そうはいうものの、デカルトのしめす、方法の四つの準則のようなものがあるわけではない。何よりも先に、新しいメソッドをうちたてたいという強い欲求が、「メソッド」という題名を選択させたのである。とはいえ、欲求の強度のみで詳細はすべてあいまいというわけではない。

クレイマン（Эйзенштейн 2002a: 7）をはじめ複数の研究者の認めるところでは、「メソッド」は「システム」に対抗して択ばれた。この場合、「システム」も普通名詞ではなく、「スタニスラフスキイ・システム」という名でよばれているものにほかならない。[13] 同じことは理論的自伝の名称にも認められる。K・スタニスラフスキイ『芸術におけるわが生涯』（一九二五）に対抗して、エイゼンシテインはその自伝に「生涯におけるわが芸術」という名称をつけている。こう聞くと、われわれはすぐさま、スタニスラフスキイvsメイエルホリドという図式をもちだしたがるが、事態はそれほど単純ではない（スタニスラフスキイとV・メイエルホリドの関係も、簡単に対抗図式だけですませられはしないだろう）。ここには、エイゼンシテインの総合主義が発揮されている。エイゼンシテインは、演出スタイルとしてはメイエルホリドの方に肩入れしてはいても、理論構築の度合い、とりわけ演技システムの完成度ということではスタニスラフスキイの方を評価している。エクスタシーを軸に書かれた未完の論攷「ロヨラとスタニスラフスキイ」（『無関心ではない自然1』）などは、その証左といえるだろう。

スタニスラフスキイのシステムの要点は、このシステムを通過すると、一定の資質を備えた者であれば誰もがある演技スタイルを習得できることだ。逆にいえば、このシステムに依拠する俳優はみな同じ演技スタイルを有し、どの役を演ずる場合にもそのスタイルを用いる、ということになりかねない。アクターズ・スタジオの数々の名優・怪優たちのことを考えてみればよいかもしれない。彼／彼女らの演技をみていると、ときに、役者が演じているのでなく、内面化されたシステム＝自然・本性（「創造的な自己感覚」）が演じているように思えてくる。こうした現象は、システムによせるスタニスラフスキイの強固な信頼と一体のものである。

こうして「システム」が部分部分、俳優としての人間に入り込むと、それは「システム」であることをやめ、俳優の身体の第二の自然になる。（スタニスラフスキイ 2008a: 466）

俳優としての自然、芸術と創造の法則を学ぶことによって、凡才も天才と肩を並べ、同じ立場に立つことはできるということだ。天才への接近は、「システム」を通じて、とくに正しい内面の自己感覚を通じて行われるだろう。（同：469）

彼自身が創造しているのではないからだ。彼の自然が創造しているのであって、彼はただの道具にすぎない。手に抱えられたヴァイオリンのようなものだ。

（同：475）

第二の自然を作りだすほど造形力にとんだシステムは、その反面、目的からそれるものに対しては許容力と融通性に欠ける。エイゼンシテインはシステムのもつこの強制力から身をかわし、メソッドの概念にむかう。『イヴァン雷帝』制作中の日記において、彼はF・T・フィッシャーの美学とシステムを重ねながら、自分の論集にとって必要なのはシステムではなくメソッドだと訴える。

もう一年したら（映画を完成させて）、きちんとたゆみなく続けて論集（biblos！本）にとりくもう。

たとえ、論集が美学に関するものであっても、美学の概念と鋭く対立するものとなるだろう。

美の概念の外部にある美学の学説となるだろう。美と「関係なく」でも、美と「対立する」でもなく、美の「外部に」である。

フィッシャーは自著に「美学、あるいは美の科学」という題名をつけている。そして、序文の第一節に、「美学は美の科学である」と記している。

ぼくのこれから出る論集はまさにこうした美の外に存在するものでなければならない。システムではなく大文字のメソッド！

（Эйзенштейн 2002a: 6）

ここでエイゼンシテインは、美を産出する統体的連関（システム）を否定して、その外部に脱出しようとしている。[14] A・バウムガルテン、フィッシャーにひきつがれたプラトン的美の形而上学を拒否しようとしている、といえる。美学の枠は残しつつ美の体系（システム）を外れるということは、何を意味するのだろうか。まずは、ふたつのことが考えられる。ひとつは、形而上的な美や結果としての美を説くのではなく、美と非＝美がわかれる以前の地平にたつこと、動的で開かれた美学的視座にたつこと、もうひとつは、既成の芸術を対象とする美学にははまらない新生の芸術の視座にたつことである。

前者については、『メソッド』の論攷の題名、テーマをみればおのずと明らかになる。「Grundproblem」、「pars pro toto（全体の代わりの部分）」、退行、オーナメントにおける線、インファンティリズム、原形質的運動、等々の造形的思考・造形行為を成立させているもの――それがエイゼンシテインのいう大文字のメソッドである。これではなんの変哲もない解答になってしまうが、エイゼンシテイン自身はまったく予想もつかない方向からある解答を用意している。『生涯におけるわが芸術』（一九二七執筆）の出版申請書の梗概に出てくるものである。『メソッド』構想以前のものだが、メソッド概念を考える場合、これも参考にした方が解釈はより包括的なものになるだろう。

最も複雑なのは、課題をとくことではなくたてることである。問題をたてる能力はきわめて大切な能力である。若い芸術創造者たちは、つねに彼らがかかえる芸術的「問題」に苦しめられている。そして、つねに注意しなければならないのは問題が正しくたてられていない場合である。〔……〕

一〇年間、この「呪われた問題」にたずさわってきた。これらの問題は総体としてひとつのメソッドにしたがっている。〔……〕

〔……〕われわれの専門に関する大部分の問題（理論的にせよ、実際的にせよ）を究明しうる一連の公理的命題によって、このメソッドを系統だててあらわす最初の試み。

（K3 36/37: 13–14）

引用文には、問題―メソッド―命題という連鎖がしめされている。この場合、問題に先行するメソッドは、パフォーマンスに対するコンピテンスのようなものとみなしてよいだろう。そして、問題をとくための命題がシステムをなすとするなら、メソッドとシステムは潜勢態と現勢態の関係におかれているとみることができる。そのとき、メソッドにとって可能なシステムはひとつではないし、ひとつのメソッドが多数多様なシステムをつくりあげることも可能である。さらに、問題の解答ではなくその設定に重心をおくことは、問いそのものに固有の価値を認めることを意味する。問いというのは、つねに未知のものに開かれており、根源的であればあるほど自由度の高いものとなる。エイゼンシテインがヴギクの授業で、学生を前にしながら毎年G・W・F・ヘーゲル『美学講義』の同じ言葉をくりかえしていた、とクレイマン（Эйзенштейн 2002a: 8）が伝えているが、このことも問いの開放性に関係がありそうだ。「唯一偉大な手法とは、いかなる手法ももたないことである」。

ところで、先にあげた「既成の芸術を対象とする美学にはまらない新生の芸術の視座」の方だが、これに対しては映画という明快な答えがあるとともに、映画のメソッド（「総合（ジンテーゼ）」）についても「誇り」（一九四〇）のなかで説明されている。論攷題名の「誇り」は、諸芸術のあいだにおける映画のポジションからきたものである。「諸芸術各々にとって、映画はその芸術の可能性と理念を実現する最高の段階をしめしている」（Эйзенштейн 1967: 86）。このことは、映画が諸芸術を総合するものであることによってもたらされる。こうした芸術の総合は古代ギリシア、D・ディドロ、ヴァーグナー、A・スクリャービンらがその時代時代にこころみ、夢みてきたものだ。くりかえしになるが、映画のメソッドである総合は論攷・論集のメソッドでもある。

先駆者たちとエイゼンシテインとのあいだに違いがあるとすれば、それは総合の基体に求められるだろう。映画は既成芸術の拡張によって総合にむかったのではなく、第七芸術（R・カニュード）という呼称からもしれるように、その誕生の初めからハイブリッドな機械芸術としてあったのである。このハイブリッド性を、エイゼンシテインは「有機的」とみなしている。「映画において、初めて真の総合芸術、それ自身の本性において有機的に総合された芸術が達成されたのである」（Там же: 97）。

機械芸術については、いみじくもV・シクロフスキイが「発明家でも購買者でもあるエンジニア、エイゼンシテイン」（Шкловский 1985: 380）といっている。エンジニアの自覚があるからこそ、エイゼンシテインは次つぎとテクノロジーを消化吸収できたのである。モンタージュの作業にあたっているとき、いつも彼は未知の機械を組み立てる（モンテ）

機械工(モンテル)の期待感をいだいていたことだろう。

オルタ/ポスト・フォルマリズム

ロシアでは、一九一〇年代、二〇年代に文芸学・芸術学の新たな潮流が形成される。マルクス主義的傾向もそのひとつだが、重要なのはやはりフォルマリズムである。フォルマリストたちが中心となって編んだ映画論集『映画の詩学』も一九二七年に刊行されており、ドミナントをはじめとしたいくつかの概念や発想を、エイゼンシテインはそこから借りうけている。

人類の文化史と民族の文化史とにひろく眼をくばる『メソッド』ではあるが、そこに登場するロシアの学者・批評家はそれほど多くはない。そのなかでも大きな比重をしめるのは、シクロフスキイ、トゥイニャノフ、B・トマシェフスキイらフォルマリストと、フォルマリズム前史に属するA・ヴェセロフスキイ、A・ポチェブニャ、それからシンボリストのA・ベールイである。ここにもエイゼンシテイン流の総合主義がみられる。こうした総合主義が成立するためには、フォルマリズム後/外の第三の視座にたち、フォルマリズム前史とフォルマリズムとを等しく評価できなければならない。

『メソッド』の方法の根幹はまぎれもなくフォルマリズム的といえるものの、系譜学的な歴史記述への取り組み、発生論と構造論とを融合させていることなどを考えあわせると、それはポスト(あるいはオルタ)・フォルマリズムというにふさわしい。ロシア・フォルマリズムが構造主義隆盛の折りに、バフチンがポスト構造主義の時代に、そして理論家としてのエイゼンシテインが前世紀九〇年代以降に再評価されたという事実は、間接的にではあるが、バフチン、エイゼンシテインの含みもつ「ポスト(あるいはオルタ)」の意味を裏書きするものといえる。バフチンとエイゼンシテインの再評価の時間差は、言語芸術と視覚芸術に対する評価の差からくるものだろう。

フォルマリズムもバフチンもエイゼンシテインも、みな「形式」に照明をあてることで独自の方法を構築したといえるが、光の強度は等しいとしても、その角度はそれぞれに異なっている。エイゼンシテインのフォルマリズム的方法の位置をしるためにも、相互批判にもとづきながら、「形式（форма）」をめぐる三者の位置関係について確認しておきたい。

今日にいたるまで、ロシア・フォルマリズムに関してはおびただしい論攷が書かれている。[15] そのなかからここでは同時代の批判的論攷であるバフチン『文芸学における形式主義的方法』（一九二八）をとりあげ、まずはそこにみられる批判をとおしてバフチンとフォルマリズムの位置関係についてみてみたい。題名の「形式主義（フォルマリズム）」というのはある批評スタイルの呼び名であるとともに、フォルマリズムをはじめとした先鋭的学問・批評、アヴァンギャルド芸術を批判するさいに当時用いられたレッテルでもある。[16] このレッテル貼りは、形式に関心をよせることが徴（マークト）つきとして浮きあがってしまう時代情況をよくしめしている。とはいえ、一九一〇年代、二〇年代のロシアでは、文芸学・芸術学において方法に自覚的であろうとしたら、フォルマリズムは避けてとおれなかったはずだ。

『文芸学における形式主義的方法』は、徹底して社会的交通につらぬかれた社会学的詩学の視座からロシア・フォルマリズムを批判したものであり、文芸学をイデオロギー学のひとつと考えている。こうした視座からすれば、当然文学の形式もイデオロギー的形成物ということになる。その推論の手続きは俗流社会学のような荒っぽいものではなく繊細周到なものとなっており、ヨーロッパの形式主義とロシアのそれとの違い、ロシア・フォルマリズムの展開、詩的言語論、文学史論といったものが的確にたどられてゆく。形式主義の源泉を、美術史のH・フォン・マレース、K・フィードラー、A・ヒルデブラントばかりか、音楽学のE・ハンスリック、文芸学のO・ヴァルツェルにまでたどっていること、ヨーロッパの形式主義が実証主義や自然主義との闘いのなかで形成されたという指摘、理論詩学から歴史詩学へとつづくロシア・フォルマリズムの展開の跡づけなど、興味深い記述は数々あるが、ここではあることに焦点をしぼりたい。ロシア・フォルマリズムの基本的姿勢をなす、素材と形式からなる二項構成である。

「内容と形式」にかえて、アリストテレスのエイドスとヒュレーを想起させる二項構成をとることによって、フォルマリズムは形式の自立を実現したのである。形式の自立は、作品の価値を素材ではなく形式におくことを、作品で重要なのは素材を受容加工する手法＝形式であるという考えを背景にしている。この二項構成においては内容は素材へと帰せられ、素材は手法を動機づけるためのものとなる。あくまでも内容、素材、形式の三項から作品をみるバフチンからすれば、フォルマリストのいう素材は「内容を格下げ」したものにすぎず、形式との区別があいまいであるばかりか、そこではイデオロギーは「中性化」（無効化）されてしまっている。その結果、フォルマリズムでは最初から内容が主題としてあつかわれることはありえない。内容―素材―形式の三項構成は、見方によってはアリストテレスの形相（エイドス）、質料（ヒュレー）・素材とヘーゲル的な形式、内容とを合成したものともとれる。

二項構成と三項構成との食い違いが如実にあらわれるのは、詩的言語の確立、文学史論の組み立てに関する批判の場面である。フォルマリストは実用言語との対比的関係のなかで詩的言語を説明し、ジャンル、形式等による構成的関係のなかで文学史の展開を説いている。関係の網目のなかで説明をこころみる、この関係主義的姿勢をさして、バフチンは「本質」に関する説明がなにもない「否定神学的」なものだという。さらに否定神学的説明の根底に、文学定常観（「非歴史的」）とでもいうべきものをみいだしている。

> フォルマリズムの思考の基本前提は、既存のすっかりできあがっている素材の枠内での再編成、置き換え、再結合しか説明できない。すでに与えられている言語と文学の世界に、質的になにか新たな特徴がつけくわえられることはけっしてなく、現にある素材を組み合わせる仕方が、（組み合わせの数にはかぎりがあるから）周期的に回帰して変わるだけなのである。（1986: 214）

現代のわれわれとしては、批判の言説よりはむしろ批判の対象の側に共感をいだいてしまう。少なくとも、フォルマリストに近い位置にわれわれはいる。書物の球状宇宙を夢想するエイゼンシテインにしても、同じである。彼が描写（イゾブラジェニエ）とイメージ、モンタージュによって映像記号を捉え、モンタージュに映画の根拠を認めるとき、とりあえずは素材―手法の二項構成をとっているようにみえるし、「pars pro toto（全体の代わりの部分）」の原理を古代ギリシアにまでたどるとき、芸術定常観にたっている。定常観はひとつの歴史観であり、けっして非歴史的なものではない。とはいえ、エイゼンシテインはフォルマリズムにぴったりよりそっているわけではない。むしろ、エイゼンシテインはフォルマリスト以上に形式に忠実といえる。それが端的に感じられるのは、シクロフスキイの「異化（オストラニェニエ）」をシクロフスキイのあげている例にそくして否定する時だろう。それは、形式にもとづいて内側からシクロフスキイをこえる瞬間である。バフチンがフォルマリズムの二項構成に外側の社会学的位置から批判を加えるのにたいして、エイゼンシテインは内在的な位置から乗り越えをはかる。そして、結果的にエイゼンシテインも三項構成をとることになる。フォルマリズムもバフチンもエイゼンシテインもロシア・アヴァンギャルドを構成する一員とするなら、批判を仲立ちとしてそれぞれが形式に関して異なる立場をしめる情況は、この運動のたしかな厚みをしめすものといえるだろう。

◎

異化は前期フォルマリズムの顔というべき概念であると同時に、S・トレチヤコフを通じてA・ブレヒトにまで届けられ「V-Effekt（異化効果）」を生む生産的な概念でもある。シクロフスキイによる異化の最初の定義は「手法としての芸術」（一九一七）にみられる。

> まさに、生の感覚を取りもどし、事物を感じとるためにこそ、石を石らしくせんがためにこそ、芸術と呼ばれるものが存在しているのである。芸術の目的は、再認＝それと認めることのレヴェルではなく直視＝見ることのレヴェルで事物を感じとらせることにある。そして、芸術の手法とは、事物を「異化」する手法であり、形式を難解にして知覚をより困難にし、より長びかせる手法なのである。（RA 1988b: 25）

この異化の手法はL・トルストイにおいて「常用」されている。シクロフスキイはその例として、『戦争と平和』

(一八六四—六九)でナターシャ・ロストヴァがオペラを鑑賞する場面や「ホルストメール」(一八八五)などをあげている。エイゼンシテインが疑義をなげかけているのは、このオペラ鑑賞の例にほかならない。ナターシャはオペラの約束事の世界に入ってゆけず、彼女には舞台装置も歌唱も身振りも、眼の前の事物はすべて奇異な、物そのものにしか見えないし感じられない。森ではなく、赤や緑に彩られたボール紙にしか見えないのである。シクロフスキイがこの場面をナターシャの知覚をとおした異化現象とみなすのにたいして、エイゼンシテインは「ホルストメール」と同様には考えられないとする。エイゼンシテインの考えでは、これは芸術の約束事の「自然化」、一種の「退行」(「子供の眼」でものを見るということ)になる(Эйзенштейн 2008a: 191-93)。それは「対象的思考」と呼ばれている。

しかしここで注目したいのは、異化か約束事の解除かという問題ではなく、エイゼンシテインがここからひきだしているシクロフスキイの「誤謬」である。手法の法則化に関することだ。ナターシャのケースにふれた断片的論攷「喜劇的なるもの、アイロニー」のなかで、エイゼンシテインはつぎのようにのべている。

> さまざまな領域、歴史をつらぬく共通の構造的法則の予感、しかし、他に例をみないほど法則にかなっている歴史上の個々の読解によりながら、諸民族の歴史的諸相における下部構造の法則の反映として構造的法則をうちたてるのではなく、「類似」、「類比」をとおしてそれをうちたてることの誤謬。
>
> 〔……〕
>
> 形式主義的恣意性による理論、異化の理論におけるなんら根拠をもたない形式の理論は、まったく愚かである。シクロフスキイのナターシャ・ロストヴァ、それはいったい何を意味しているのだろう。
>
> (Эйзенштейн 2002b: 387)

ここでエイゼンシテインがいいたいのは、シクロフスキイによる手法の確定の仕方は恣意的であり、手法の背後に「共通の構造的法則」をみいださなければならないということ、つまりは、類似した諸現象から浮かびあがる手法は、あくまでも構造の現れだということである。

彼は隠喩という手法＝形式を例にとり、このことを具体的に説明している。古代にも中世にもルネサンスにも、シェイクスピアにも一八世紀にも、プーシキンやゴーゴリにも、そしてV・マヤコフスキイやN・アセーエフにも隠喩は存在する。これらの例において隠喩の「内容」はそれぞれに異なっているが、あることだけはかわらない。すなわち、「隠喩のメソッド、原理、隠喩の手段だ。そればかりか、隠喩の構造、隠喩の「技法」も完全に同一である」（Эйзенштейн 2008a: 198. この一節は「メソッド」をパラフレーズしたものとも読める）。エイゼンシテインは隠喩のような「特殊な構造的法則」を「形式」と呼ぶよう訴えている。メソッドと形式の関係は、先にのべたコンピテンスとパフォーマンスの関係に重ねられるだろう。隠喩の場合、背後にあるメソッドは「転移（ペレノス）」ということになる。

結局、エイゼンシテインは手法としての隠喩を三位一体的三項構成——内容—形式—構造（メソッド）——によって分析しており、三項の相互関係は人間の「骨格—肉体—精神」になぞらえられている。隠喩を例に三項の「機能的相互関係」を説明した箇所があるので、それをみてみたい。

> 構造——ある発展段階を反映する。その段階において、転移の諸手段によって実現される。
>
> 形式——ある段階において、ある内容に適合するように、ある構造が適用される。たとえば、マヤコフスキイによってホメロスとは別のかたちで適用されるようにである。
>
> 内容——歴史上のある時代意識に反映される。その時代はまさにつぎのような要素によって、いかに内容をみたすのかを規定する。すなわち、(1)他の構造ではなくその構造が択ばれる理由、(2)その段階においてある構造が特定の感覚作用（形式）、たとえば、犠牲者を寸断すること——エリザベス朝時代の『ゴルボドゥク、あるいはフェレックスとポレックス』〔T・ノートン／T・サックヴィル、一五六一〕のような——ではなく、道徳的苦悶にさらされること——ドストエフスキイのような——によって具体化される理由である。（Эйзенштейн 2002b: 388）

「構造」がなかば不変的なものだとしても、あくまでも、それはある「段階」においてという条件つきでのことである。そして、ある段階についての考察は、つねに別の段階の内側からなされる。「段階」と「時代」との関係は具体的にのべられてはいないが、生産関係に規定される歴史段階から自立したものとして芸術段階が設定されているのはまちがいない。したがって芸術段階の変遷に関しても、社会構成体の変遷に用いられる因果関係とは別のものがもとめられる。芸術段階の例をひとつあげておくと、たとえば、エイゼンシテインはオーナメントの線描を分析するのに、恣意的に線が描かれる段階と、同定のための特徴として線が描かれる段階とを区別している。エイゼンシテインの段階的芸術史では、通常の芸術史における遠近や重要なものと些末なものとの階層秩序はくずれ、独自の編成がとられている。こうした歴史記述はそれまでの芸術史をくつがえすことになるだろう。

また、映画は日常の「事物（res）」を反映する描写（イゾブラジェニエ）にはじまるとするエイゼンシテインは、基本的に映画をリアリズム芸術とみなしており、彼の映画論からイデオロギー、内容がきえうせることはない。

第三項の「構造」の出現は、映画の総合的視座ときりはなせない。映画的段階からすると、既成の芸術は文学からみたフォークロアのように完結し閉じられているようにみえたはずだ。完結していると思われたからこそ、エイゼンシテインはV・プロープ『昔話の形態学』（一九二八）にも似た知の考古学的手つきで、既成芸術の構造探索にのりだしたのである。

集合的知性——ギンフク、ラフン

これからしばらくは、エイゼンシテインなみの逸脱、横滑りがつづくことになる。論者のなかでは、いずれもエイゼンシテイン・メソッドの文脈を語るうえで欠かせないものである。この項を読みおえる頃には、エイゼンシテインの論集計画、エイゼンシテイン・メソッドの突飛さもきっと自然なものにみえてくるはずなので、しばしおつきあいいただきたい。
エイゼンシテインによる総合的知、知の総合化の試みは壮大ではあるものの、当時のロシアにおいて、けっして孤立したものではなかった。たとえば、個人によるものとしては、A・ボグダーノフ『テクトロギア——普遍組織学1・2・3』（一九一三—二二）、「逆遠近法」（一九一九執筆）をふくむP・フロレンスキイ『思想の境界線のもとで』（未完）、K・マレーヴィチ『造形学（イゾロギア）』（未完）、I・ヨッフェの『芸術の総合的歴史』（一九三三）、『芸術の総合的研究とトーキー映画』（一九三七）、『神秘劇とオペラ』（一九三七）等の労作が残されている。ボグダーノフの論攷は宇宙のあらゆる組織構造をあつかっており、サイバネティックスの先駆的試みとされる。またフロレンスキイのものは、記号（シンボル）哲学全般を論じたもので、のちのモスクワ＝タルトゥ学派の文化記号論に大きな影響をあたえた。いまふれたいのはこうした個人的試みではなく、集団の営為である。共同体的思考が著しく発達しているロシアでは、プーシキンの時代からサークル的知とでもいうべきものが盛んである。

十月革命前に芸術革命をそれぞれになしとげていたアヴァンギャルドたちは、革命後、教育、美術行政、研究に活動の場を拡げていった。それとともに制作においても、デザインという新しい領野にふみだす。その過程で、芸術家と学者が一体になって造形芸術を中心とした総合的な芸術学を形成してゆく（すでにのべたように、制作と批評を同時並行的にすすめていったアヴァンギャルドたちは、エイゼンシテインと同じく、おしなべてすぐれた理論家でもあった。これらの芸術家をさして、マレーヴィチは「学者＝芸術家」と呼んでいる）。そうした機運の一端は、総合誌『レフ（芸術左翼戦線）』（RA 1990）の誌面構成によくあらわれている。芸術学の総合化の牽引役となったのは、レニングラードのギンフク（国立芸術文化研究所、一九二三—二六）とモスクワのラフン（ロシア芸術学アカデミー、一九二一—三〇。二五からはガフン［国立芸術学アカデミー］）である。ふたつの組織のあいだには交流もあった。

ギンフクは芸術家主体の研究機関で、実験、制作、科学の一体化をめざした。独自の方法で芸術の科学化をおしすすめたギンフク員たちは、ときに神秘主義、疑似科学ともみまがう方向にはしることもあった。マレーヴィチ、M・マチューシン、I・テレンチエフといった顔ぶれをみれば、そのことには納得がゆくだろう。この傾向は、モスクワにおける姉妹版インフク（芸術文化研究所、一九二〇―二四）が「コンポジションvsコンストラクション」の激しい論争をへて構成主義、生産主義を生みだしてゆくのとは、対照的である。その後、構成主義路線はヴフテマス（高等芸術技術スタジオ、一九二〇―二六）、ヴフテイン（高等芸術技術研究所、一九二六―三〇）へと接ぎ木される。これらの組織はドイツのバウハウス（一九一九―三三）とよく比較されるが、あくまでも両者は同時発生的なものである。ギンフクとインフクの対照性は、それぞれの組織の代表者であるマレーヴィチとA・ロトチェンコとの質的差異でもあるし、さらには、劇場都市サンクトペテルブルクと実利的なモスクワの違いともとれるだろう。

ギンフクについてはかつてふれたことがあるので（2003: 570-623）、ここでは簡単な説明にとどめたい。ギンフクはロシア美術館付属絵画文化館（一九二一―二五）の研究部門を発展させるかたちで、一九二三年に正式に発足する。マレーヴィチが所長をつとめ、研究所は六つの部門を擁していた。すなわち、形式＝理論（絵画文化）部門、素材文化部門、有機的文化部門、実験部門、一般イデオロギー部門、そして音韻論部門である。絵画文化館時代までをいれると、マレーヴィチ、V・タトリン、P・フィロノフ、マチューシンら、十月革命以前に芸術革命を遂行したアヴァンギャルドの中枢がすべて結集したことになる。この集結に意味がないわけはなく、芸術革命の理論版を協働で推進するべく集まったとしか思えない。たとえば、マレーヴィチはギンフクの活動のなかで「付加的要素」の理論を確立し、それを軸にして絵画文化を二二枚のダイアグラムにまとめあげた。その成果はラフンやドイツでも発表される。マレーヴィチと親交のあったエイゼンシテインがギンフクの動向についてまったくしらないということは考えにくい。

エイゼンシテインとの関連からいうと、いずれもユニークなギンフク部門のなかでもとりわけ注意をひくのは、マチューシンの率いる有機的文化部門と、未来主義41度のテレンチエフが主宰する音韻論部門である。マチューシンの有機体概念（「視知（ゾルヴェド）」）は、のちにエイゼンシテインが『無関心ではない自然』で主張することになる自然観と基本的に一致している。たとえば、部門の綱領にはつぎのような一文が認められる。「有機的文化に関する研究部門の課題――それは触覚、聴覚、視覚、思考の四面において作用する、作品の新たなメソッドによって、自然と世界をひとつのまとまった有機体として捉えること、芸術家のあいだに新たな文化と有機的組織を育成することにある」

（Матюшин 2000: 57）。

かたちは異なるものの、総合性への志向はテレンチエフにも共通している（エイゼンシテインは『生涯におけるわが芸術』において、彼をとりあげることにしていた）。テレンチエフが音韻論部門で提起している総合性は、意味をこえた言語詩や無対象絵画を経由せずしてはありえなかったものである。無対象性によって設定された芸術のゼロ度から諸芸術をみるさい、彼は内側から芸術記号全体をみわたすことになった。そのとき個々のメディアやジャンル同士の隔たりはとりはらわれ、そこに記号の存立平面が浮かびあがってきた。

この部門の綱領には研究対象として、史的素材、現代の生きた言語、国際言語の創造過程における音の適用の可能性の三つがあげられており、さらに、最後の対象にそくして、ザーウミを原基として多方向にのびてゆく総合の可能性が七種類のべられている（Терентьевский сборник 1996: 11）。(1)ザーウミと無対象絵画の結合、(2)無対象芸術との結びつきにおける新しい音楽、(3)無対象芸術の普遍的有効性、(4)古い生活との断絶をあらわす無対象性、および共産主義における別の存在原理のもとでの新たな対象性をあらわす無対象性、(5)国際言語のテクノロジーとの結びつきにおけるインターナショナルなイデオロギー、(6)グラモフォン、電話、フォノーラ、電信、ラジオ、速記等の言語における技術的可能性と結びついた一般技術の成果、(7)現代文化における一般技術の総合を基盤にした芸術の総合。

これらの項目はわれわれに多くのことを教えてくれる。(3)、(4)からは構成主義を初めとするデザインの問題が、(7)からは映画が浮かんでくるし、言語概念の拡張、イデオロギーとしてのインターナショナルというのも重要である。だが最も注意をひくのは、言語、テクノロジー、国際性、イデオロギーのあいだに連関性を認めていることだ。

◎

ギンフクについては輪郭なりともつかめる状態にあるが、ラフンとなると研究は進んでおらず、その全容はいまだ薄もやの彼方にある。フォルマリズムの再検討には、二組織の解明は欠かせないだろう。ラフンについては機関誌『芸術』、ガフン時代の年次報告がのこされているし、近年はG・シペート、A・ガブリチェフスキイ等のラフン員の著作も刊行されているので、足跡をたどるのは以前ほど困難ではなくなってきている。さらに、有力な道案内として『エクスペリメント』、『ロゴス』の特集号（Experiment 3; Лoroc 2）もある。

B・ミハイロフ「一九二〇年代におけるロシア芸術学の方法論」（Experiment 3: 7-13）によれば、一九二〇年頃からモスクワ歴史芸術調査・博物館学研究所の研究会、ルミャンツェフ美術館主催の「芸術史と博物館学セミナー」において、新たな芸術学の胎動がはじまる。フロレンスキイ「逆遠近法」が最初に口頭発表されたのは前者のビザンティン部門においてであり、後者のセミナーではドイツの形式主義的方法、H・ヴェルフリンが論議の対象となる。こうした動向をひきうけるかたちで、一九二一年五月に教育人民委員会のもとに、造形芸術に関するアカデミー、ラフンの創設にむけて科学・芸術委員会が設立される。

同年の一〇月に、ラフンは物理＝心理学部門、社会学部門、哲学部門の三部門からなる組織として活動を開始する。P・コーガンがアカデミーの院長を、V・カンディンスキー（二二年一月まで。それ以後はA・バクシンスキイ）、V・フリーチェ、シペートが各部門の主任をつとめた。シペートはカンディンスキーの後任として副院長もかねる。準備委員会から発足初期にかけてはカンディンスキーが、それ以後はシペートが方針の決定に関して大きな役割をはたした。ラフンに対する「観念論」批判をひきうけるかたちで、二九年にシペートが副院長を解任されることからも、その役割の大きさがしれる。

ラフンの目標は、美術を中心にしつつ文学、演劇、音楽、映画、写真等の芸術を、「物理＝心理学、歴史＝哲学、社会学」的視座から分析するとともに、部門同士の協働をもって「総合的に研究」することにあった。両者はそれぞれ「垂直の方向、水平の方向」（Ibid.: 138）と呼ばれている。各部門は下部に複数の委員会、セクション、研究所、研究室をかかえており、会員たちは部門の垣根をこえて、自由にそれらの研究・実験組織に出入りすることができた。その結果、共通テーマを磁石として数々の連結線がむすばれることになった。これらの組織は外部の組織とも連携していた。ヴフテマスと連携するなかで、フロレンスキイとバクシンスキイ、A・ラリオノフらとのあいだに、遠近法（正・逆の）、記号概念（シンボル）をめぐって実り豊かな討議が重ねられる光景を[17]、A・アダスキナ「ラフン、ヴフテマス、そしてグラフィック・アート」（Ibid.: 76–90）が活写している。アカデミーを実質的にかたちづくっていたのは整然とした三部門の外枠ではなく、アカデミーに根毛のようにはりめぐらされた下部の研究・実験組織、それらが絡みあいながら生みだされる活動だった。なんだか、エイゼンシテインの球体本を目のあたりにしているようだ。

一九二六年の年次報告（Бюллетени 4/5: 84–87）に会員一覧が掲載されており、そこには、正会員七三名、準会員一〇九名が名をつらねる。亡命したとはいえ、まだこの時点では準会員のなかにカンディンスキーの名が残っている。意外なところでは、バフチン・サークルのM・カガンの名が準会員のなかにみられる。また、亡命前にはN・ベルジャーエフもラフンに所属していたし、二四年にはN・タラブーキンも準会員だった。構成員の専門は制作（美術、演劇、音楽、写真）からはじまり、美術史、文芸学、音楽学、演劇学、哲学、社会学、心理学、生理学、言語学、考古学、等々と、多彩をきわめている。いつ、どこから、何が出てきてもおかしくない顔ぶれである。活動全体の紹介には遠くおよばないが、ここで報告、論攷、手稿等の題名をいくつかあげることで、いくらかでも潑剌とした知の息吹を伝えておきたい。

カンディンスキー「絵画の基本的要素」（一九二一）、B・アルヴァートフ「社会的な組織現象としての様式と様式化」（一九二一）、ガブリチェフスキイ「芸術形態学入門（芸術存在論の試み）」（一九二一—二三）、B・シャポシニコフ「芸術作品としてのミュージアム」（一九二三）、A・シドロフ「夢の芸術的創造性」（一九二四）、G・チェルパノフ「創造過程における無意識的なものの役割」（一九二五）、スクリャービン「民族的知覚の研究――問題とメソッド」（一九二五）、ラリオノフの「書記記号」、「アルファベット」、「トーテムの造形表現」、「タトゥー」（一九二五。『美術用語辞典』[18]の項目）、V・ズボフ「芸術の総合」（『美術用語辞典』の項目）、カガン「芸術におけるふたつの志向（形式と内容、無対象性と主題）」（一九二六）、シペート『ことばの内的形式』（一九二七）、タラブーキン「絵画における離心的（エキセントリック）空間と超（ハイパー）空間」（一九二七）、等々。

ラフンの活動は研究・実験にとどまらなかった。一九二一―二四年のあいだだけでも、国内外で一〇〇をくだらない展覧会を企画し、二〇〇〇以上もの講演・学術会議を催している。二四、二八年のヴェネツィア・ビエンナーレ、二五年のパリ万国博覧会のソ連館の企画もラフンに任せられた。

ここまでの大まかな説明だけからでも予測がつくかもしれないが、ラフンはドイツ美術史学――フィードラー、A・リーグル、ヴェルフリン、T・ヘッツァー等――の形式主義的方法、フッサール現象学、ゲシュタルト心理学、フロイト精神分析学といったドイツの研究方法を大きな柱としていた。この事実にまちがいはないものの、このほかに、V・ネスメロフの人類学的方法もベルジャーエフ、L・カルサーヴィンらによって導入されていたし、註17でふれたイコノロジー的方法もみうけられる。方法に関していえば、ラフンは形式主義以外に複数の中心をもっていたといえる。こうした方法の多中心性が組織の多価関数的な多様性を保証していたのである。

人類学、言語学、心理学、精神分析学への関心をはじめとして、エイゼンシテインとラフンとのあいだの共通要素はあげればきりがない、というよりも、芸術の総合を通じて知の総合化をめざすという目標が一致している以上、それは当然のことだろう。『メソッド』の最初の計画誕生がメキシコ滞在中の一九三一年、本格的執筆開始が四〇年、ラフンの活動停止が三〇年なので、結果的にエイゼンシテインはラフンの意志をひきついだことになる。直接の関係らしい関係が両者のあいだになかっただけに、このバトンタッチはいっそう意味深い[19]。その後、エイゼンシテインは単独で三〇年代、四〇年代という困難な時代を、ゴールにはたどりつけなかったにせよ、渡されたバトンをもってひたすら走りつづけることになる。

◎

ラフン紹介の最後に、エイゼンシテインとの関係でふれておきたいことが三つある。すなわち、ラフンにおける映画研究の情況、芸術における内的形式、そして総合化の問題にほかならない。

ロシアにおける映画制作の開始と同時期の一九〇七年にはじまる映画ジャーナリズムは、二〇年代半ばには二〇をこえる新聞・雑誌をかかえるまでになっていた。[20] そのなかには、構成主義者A・ガン編集の『キノ＝フォト』、マレーヴィチやエイゼンシテインが寄稿した『革命映画協会映画ジャーナル』も含まれている。国立映画学校はすでに一九一九年に開校されていたし、二〇年代はモンタージュ派の隆盛期にあたる。こうした背景のもと、二五年に映画研究室がラフンに開設される。全貌をつかむまでにはいたらないが、ガフンの年次報告（Бюлетени 8/9: 55–70; 10: 60–62; 11: 73–78）、「N・ジンキンの映画芸術論（一九二七―三〇）における理論と実験」（Λογος 2: 176–85）、『映画学紀要』の映画博物館特集号（K3 84: 26–134）からたどれるところをみてみたい。

研究室の課題としてかかげられているのは、複数のグループにわかれての諸活動と映画博物館の創設である。グループの研究対象としてはシナリオ、フィルモグラフィ（一九一六年までの作品一覧作成）、社会学、技術、監督・俳優などがあがっており、上映会、報告と討論会、展覧会が活動の具体的な内容だった。上映された外国映画は、『ナポレオン』（A・ガンス、一九二七）、『伯林（ベルリン）――大都会交響曲』（W・ルットマン、一九二七）、『ヴァリエテ』（E・デュポン、一九二七）、F・ムルナウ、J・エプスタン、J・フェイデル等というように最新の秀作ばかりだが、フランス、ドイツ映画にかぎられており、これはL・クレショフ、エイゼンシテインたちがアメリカ映画に注目していたのとは対照的である。ロシア映画については、クレショフ、Dz・ヴェルトフ、エイゼンシテイン、A・ドヴジェンコはもちろん、教育用科学映画、児童映画も対象に入っている。

一方報告だが、題名をおってゆくと、エイゼンシテインや『映画の詩学』と重なるテーマが数々あり、当時の研究方法・関心のありかがうかんでくる。S・ヴァシリエフ「モンタージュの基礎」、A・ヤルホ「映画俳優の人類学的課題」、K・フェリドマン「ロールスロイスとフォード」、コマロフ／コロリョフによる連続写真用の自己開発プロジェクターのデモンストレーション、A・フィリモノフ「映画における事物」、プロンスキイ「転用語法と文彩」、K・シュトコ「ヴェルトフの作品について」、I・ボホノフ「カメラマンという文化」、V・トゥルキン「文学のプロットと映画」、N・ジンキン「映画、出来事の芸術」、等々。このほか、シクロフスキイ「シナリオ『大尉の娘』」、L・ムシナック「映画言語の特性と資本主義諸国における映画情況」といった、ゲストによる貴重な報告も含まれている。

ヴァシリエフの報告（一九二六）は『モンタージュ――映画作品』（一九二九）のもとになったものであり、おそらくS・チモシェンコ『映画芸術と映画モンタージュ』[21]（一九二六）をふまえたものだろう。いずれが先だとしても、この辺がモンタージュ論の嚆矢であるのはまちがいない。ヴァシリエフの報告にもとづく討論において、「ショット（кадр）」の定義をめぐり熱心な議論がくりひろげられたと記録にあり、出発点となる術語一語の厳密さにこだわる姿勢からは、映画研究草創期の思いが伝わってくる。またジンキンの報告メモには、「明暗法の連辞」、「出来事の統語論」、「映画は対象を構築するばかりかそれらを変容させる」、「出来事の解釈者としての映画」、「情報機能の変容によって叙事詩、劇、抒情詩にわかれる」、絵画・詩・演劇における映画性、等々の興味深い指摘・事項が並んでいる（Логос 2: 179–80）。

このほか、一九二五年の春には研究室の企画で、ロシア・ソ連をはじめ、ドイツ、フランス、イギリス、スイス、イタリア、アメリカの映画ポスターを集めて展覧会がひらかれている。これをうけるかたちで、翌年「世界初の」映画博物館（キノムゼイ）が開設される。その活動は三一年までつづけられたあと、ガイス（国立芸術学アカデミー）へとひきつがれることになる。準備段階から組織の中心的役割をはたしたのはG・ボルチャンスキイである。趣意書によれば、この博物館は他の美術館とは異なる「産業博物館」をめざし、六つの課題をかかげていた（K3 84: 40）。展覧会（農村映画、外国の撮影機器等の現在の問題に関する）、報告会・上映会（国際婦人デー等の特別なテーマにもとづいた）、映画資料の収集・出版、制作のための講座、映画資料・博物館学の研究、そして映画史の資料展示である。六年のあいだに博物館は二五の展覧会を催し、九三六本の映画、五〇〇〇枚のポスター、二一〇の機器、約八〇〇〇の本・パンフレット・新聞、二〇〇〇枚の写真を収集した[22]。

二番目は内的形式である。これはもともとW・フォン・フンボルトの術語だが、ロシアではポチェブニャ、ハリコフ言語学派が継承・発展させており、シンボリスト――とりわけベールイ――とはとても親和性の高い概念となっている。エイゼンシテインもポチェブニャの内的形式、イメージの働きに関心をよせるひとりである。この概念は、シペート、ガブリチェフスキイにとどまらずラフン全体にうけいれられていた。たとえばラフンの報告のなかには、

A・ロセフ「芸術形式研究の歴史類型学的分類」、A・ブスラエフ「内的形式に関するスタンダールとポチェブニャの概念」、M・ケーニヒスベルク「内的形式に関するアントン・マルティの概念」、シペート「内的形式に関するフンボルトの概念」、N・ゼンキン「神話的思考における概念形式」、ガブリチェフスキイ「芸術における空間形式について」といったものが認められる。共通の関心事だからといって共通認識があったわけではない。内的言語形式についてフンボルト自身明確な定義をあたえていないこともあり、内的形式を文学、芸術、文化へと拡張適用すると、概念の揺れ幅はどんどん拡がってゆかざるをえない。ラフンの報告も、フンボルト、マルティ、ポチェブニャ、文学、神話、芸術と範囲はひろく、さまざまな論が一定の枠のなかに整然と収まっているとはいいがたい。事実、シペート『ことばの内的形式』（一九二七）にはポチェブニャへの言及はみあたらないし、彼は自らを反ポチェブニャ派と呼んでいる。[23] 内的形式の意味について一致はみていないものの、これらの報告のなかには、フォルマリズムやマルクス主義の文学論・芸術論からぬけおちている、イメージに関する重要な要素が含まれている。とりあえずここでは交通整理はおいておき、話を詩的言語、芸術における内的形式に限定し、シペートとガブリチェフスキイの論から要点を紹介しておきたい。[24]

外的形式に研究対象を限定してしまっている、とシクロフスキイ、トゥイニャノフらオポヤーズ（詩的言語研究会）を批判しながら、シペートは内的形式のカテゴリーをたてる必要を訴える。そして彼は詩的言語に、「内的形式としてのイメージ」をみいだす。それは超感性的なもので、表象のイメージとは別ものである。イメージ＝内的形式は「類型的」ではあるものの、動的な過程・作用にほかならず、潜勢的で心理的なものでもある。シペートはイメージを「物」と「理念」の中間に位置づける。内容でも外的形式でもなく、それらにとって剰余であるイメージ＝内的形式は、内容と外的形式のあいだにあり両者を賦活することによって、詩的言語をエネルゲイア（現勢態）へと導く。シペートはアリストテレスにまでさかのぼり、内的形式をエイドス（形相）といいかえてもいる。

一方ガブリチェフスキイは、芸術作品に「イメージとしての内的形式」を認めている。彼によれば、外的形式は内的形式の「構造」を再現したものにほかならない。さらにすすんでガブリチェフスキイは、文化を「内的形式のシステム」とみなし、「スタイル」というのはある文化のなかで内的形式が相互に連結されてできるものだとする。影響関係があるかどうかは定かではないが、この考えはE・カッシーラーがフンボルトの内的形式をひきついで構想した「シンボル形式」ときわめて近い。E・パノフスキーは遠近法をこのシンボル形式の範例とみなし、『〈シンボル形式〉としての遠近法』(一九二四―二五)をあらわしたのである。

芸術文化の基底に内的形式＝イメージを想定することによって、外的形式を異にする作品・芸術同士であっても、そのあいだをつなぐことが可能になる。ここに、内的形式＝イメージをとおして芸術相互のあいだの交通が実現する。この芸術世界＝内＝交通は総合化へと通じてゆく。

ラフンの総合だが、これはエイゼンシテインと同じく、芸術とそれに関する科学との二面において確認できる。芸術的総合の範例としては、カンディンスキーのモニュメンタル芸術、シネステジアがあげられるだろう。カンディンスキーは青騎士時代の「総合舞台芸術作品について」(一九一二)以来の課題を、インフク、ラフンにおいてもひきつづき探究している。インフクではモニュメンタル芸術セクションの設立を提案しているし、ラフンでは「総合芸術の作業のためのメソッドについて」(一九二二)という報告をおこなっている。彼の意見を反映するかたちで作成された物理＝心理学部門の指針には、「芸術の全領域における内的な実証的法則を明らかにし、それを基盤にして総合芸術の原理をうちたてること」(Experiment 3: 138)とある。ただし、モニュメンタルな総合芸術というのはカンディンスキー、ラフンの専有物ではなく、社会主義リアリズム時代の街頭ページェント等においても、それなりに実現されている。イデオロギーをこえた総合芸術において、美学の政治化と政治の美学化はときがたく絡みあっているので、個々の現象、作品の評価は政治イデオロギーと芸術の両側から慎重におこなう必要がある。

総合芸術の研究は、具体的には物理＝心理学研究所における色聴を中心とするシネステジアの実験のかたちをとった。実験のために最新鋭の機器がドイツからとりよせられもする。カンディンスキー自身はモスクワ物理学研究所、モスクワ心理学研究所との共同研究もあわせて進めてゆく。カンディンスキーの総合への関心は彼のみに限定された一過性のものではなく、彼がいなくなってからも物理＝心理学研究所では主要な課題とみなされ、B・ヤヴォルスキイ、L・サバネエフ、S・クラフコフらによって一九二六年まで実験が続行される。このほか、カンディンスキーは総合芸術の原理の確立に向けてJu・ヴルフ、X線の専門家N・ウスペンスキイとともに、結晶体と有機体の類似性の研究もおこなっている。残念ながら、彼が夢みた芸術の総合はロシアでは実現せずにバウハウスへともちこされる。そしてドイツにおいて、論攷「抽象的な総合的舞台芸術について」(一九二三)、M・ムソルグスキイ《展覧会の絵》(一八七四)の上演(一九二八)として実をむすぶ。

カンディンスキーの構想はそのままエイゼンシテインの総合芸術としての映画観に重なってゆく。「すばらしい新形態の芸術は、絵画とドラマ、音楽と彫刻、建築と舞踊、風景と人間、視覚的イメージと発音された言葉をひとつの全体へ、ひとつの総合へと結合する。／かつてなかった有機的な統一であるこの総合を認識することは、疑いもなく、この五〇年間で映画の美学が到達した成果のなかで最も重要なものである」(Эйзенштейн 1967: 209)。

芸術学の総合についてしるには、シペートによるラフンの綱領的論攷「芸術学の領域において科学的研究を構築するという問題に寄せて」(一九二六。Бюллетени 4/5: 3-20)をみるのが早道だろう。そこには芸術学の総合についてこう書かれている。「芸術学アカデミーの直接の目標は、統一的学の屋根のもと、ひとつのテーブルに文芸学者、音楽学者、演劇学者、そして造形学者——仮にこう名づけるのだが——を集めるだけでなく、彼らを結びつけて、共通の総合的——シンクロノロジー的といった方がよいかもしれないが——方向で研究させることにある」(Там же: 11)。その成果についてはすでにのべたとおりである。

3　球体本

エイゼンシテイン精神圏（ヌースフィア）

ぼくは長いこと愛してきた。大きいのも小さいのも、太ったのも痩せたのも、めったにいないのも安っぽいのも、着飾ったかしましいのも、柔らかい短靴に身を沈めるようにもの思わしげなのも。
〔……〕
熟れた果実のようにぼくの手のなかではじけ、ひとかけらの思念を受精させながら、魔法の花のように花弁をひらいてゆく。

（Эйзенштейн 1997a: 273）

これはエイゼンシテインの言葉だが、何についてのべたものか、わかるだろうか。まちがっても楽しげな空想をいだいてはいけない。本について語ったものである。

それでは、つぎの情景はいつのことだろう。

奇妙なことに、今日ドイツ兵は黙りこくっている。めだたないようにライトをつけた車が、暮れなずむモスクワをゆるゆると流れてゆく。／ぼくはゆっくりと本の傍らをいったりきたりする。これはいままで生きてきた人生を通りぬける旅だ。／忘我の境がおとずれる……。／できれば自分をすっかりみなおしてみたいものだ。／そうもゆかないので、全部で五冊もってゆくことにする。／何を？／いつもの旅に出るときのように、探偵小説だ。（Там же: 306）

独ソ戦のさなか、アルマ・アタへ疎開する当日のことである。

どちらからもエイゼンシテインの愛書家（ビブリオフィル）ぶりが痛いほど伝わってくる。まさに、フィル（愛する）である。あの山口昌男をしてしびれさせるといわせたほどだから、その愛情の度合いは保証ずみである。エイゼンシテインの愛情は相手にも通じたようで、彼は本に愛されているという確信をいだいていた。その証しでもあるかのように、本の周りに「ねばねばと」群がりひっついている「アウラや放射（あるいは、おぼろげなもの）」を感じとることができたらしい。そういう人物が書斎や本棚と一体化してしまったとしても、なんの不思議もないだろう。「頭蓋骨にみえたのは、互いを反映するライプニッツのモナドのような小さな骨の球――反映の砕片を含む――ではない。頭蓋骨と思われたのは書斎の表面の壁だ。壁の表面に拡がる本の層は、頭のなかで増殖してゆく層にほかならない」（Там же: 274）。本の層と脳溝――隠喩によってとりむすばれる関係のなかでこれ以上美しいものはないかもしれない（脳内の層は、脳に蓄えられてゆく情報の層とみなすこともできる）。世界を反映する本たちの背、それを頭の内側から包みこむひととき、それこそ「忘我の境」にほかならない。

リガ、モスクワ、サンクトペテルブルク、ベルリン、パリ、ロンドン、ハリウッド、メキシコシティ、等々と、とめどなくつづくエイゼンシテインの本行脚（Там же: 273–316）は、書名をみているだけでもあきない。独ソ戦とともに疎開する外国人たちが売りはらった本を、モスクワはクズネツキイ通りの小さな本屋でいわゆる棚買いする話などは、映画のワン・シーンさながらである。サンクトペテルブルクのリテイヌイ大通りの古本屋の話も、その名残りをしっているとなつかしく思われる。愛書家を名のるもおこがましい論者としては、エイゼンシテインについての本談義は稀代の書痴（ビブリオマニア）山口昌男（1986: 233–63）に任せることにしたい。そうはいったものの、ひとつだけのべておきたいことがある。パラケルススを、よりによってメキシコシティでみつけるとは、なんというまばゆい経験だろう。国立宮殿近辺から西北につづく風格のあるどっしりしたメキシコシティの古本屋街をひやかしながら歩いていて、夕陽のまぶしさにつられて論者がまず思い出したのは、エイゼンシテインとパラケルススの出会いだった。

ばらばらのようでいてまとまっている、拡散的であるにもかかわらずひとつに収まっている――こうしたやっかいな本の作者、語り手として、エイゼンシテインはヘロドトスやシェヘラザードを思い描いていた。それはもはや通常の意味での作者や語り手ではないだろう。本が従来の本の形態を脱皮したときにあらわれるものを、ヘロドトスやシェヘラザードの名を借りて語ったにすぎない。

シクロフスキイは友人の論集がなかなかまとまらないのに業を煮やして、全体としてはひとつの方向をめざしているが個々ばらばらな牝牛の群れと同じだと揶揄した。エイゼンシテインはただちに反論するのだが、そのさいシクロフスキイの表現を「糸のない首飾り」といいなおしている。新しい酒には新しい革袋が必要だとするこのフォルマリストには、エイゼンシテインの苦悩が充分に伝わっていたはずである。球体本で重要なのは、そう、無糸の糸なのだ。

エイゼンシテインがこうした書物の形態をどのように考えていたのかを、ここで正確にたどってみたい。ある論集計画の序文として書かれた「本＝球」というのが、『モンタージュ』に収録されている。その註（Эйзенштейн 2000: 569）によれば、書かれたのは『全線』の撮影後、外遊に出る直前の一九二九年八月である。「本＝球」はつぎのようにはじまっている。「本を書くのはとても困難なことである。本というものはすべて二次元的だから。私は、この本が印刷物の二次元性におちいらない特性をもつようにしたかった」。これだけでも要点はわかるが、ここは先を急がず、「本＝球」（Там же: 475）の論旨をおってみたい。

まずは、球体本の組み立てからはじめよう。全体は小論集（очерки）の束（букет）として構想されている。そしてこの束の受容について、時間と空間にわたる二重の条件がしめされる。

時間に関する説明では、先に禁止条項があり、そのあとに新たな条件、要請がつづく。禁止されているのは、連続的なものとみなすこと、連続的なものとして読むことである。新たな要請は、すべての小論集を「一気に同時に」うけいれるというものだ。なぜなら、それらの小論集はすべて「ひとつの共通の」、「視点・メソッド」の周りに形成されている、さまざまな領域におよぶ一連のセクション（扇）にほかならないからである。空間的な説明には、各小論集同士は「直接に」相互関係によって結ばれているとあり、小論集同士のあいだは移行、相互作用、「相互引用・接触（взаимоссылка）」が仲介する。こうした相互性は、通常の本にある初めから終わりへという秩序をなきものにしてしまうだろう。束の時空間がもつこのような「同時性」と「相互浸透」にふさわしい形態・形式として、球が呼びだされたのである。

あっさり書かれてはいるが、ここにはテクストに関する根本的な変更がのべられている。すなわち、球体本に含まれるテクストはすべて相互引用・接触、コンテクストを前提としてなりたつということだ。ここには単体のテクストというものはなく、存在するテクストはすべてコンテクストの一部として存在する、といいかえてもよい。さらに、あるコンテクストを構成するテクストは次つぎと他なるコンテクストにひらかれ、たえず他性化されてゆく。ここでは固有のものとして固定化・中心化されるテクストはひとつもない。

エイゼンシテインはテクスト同士を織り（text）あわせる（con）こと、任意のテクストをある場所から別の場所へと移し、新たなコンテクストを作りあげることをさして、「コンテクスト作り（контекстование）」（К3 36/37: 14）といっている。T・アドルノやW・ベンヤミンとは異なるが、また彼はひとつの理念にかかわる複数の要素を互いに関係づけるときに、「蜘蛛の巣状の星座的布置（констелляция）」（Эйзенштейн 2002a: 329）によって捉えるという言い方をする（エイゼンシテインの「コンステラツィオーン」の出所はゲシュタルト心理学である）。この場合、作者は蜘蛛に、要素は蠅にたとえられており、布置作りが自動的なものではなく蠅と蜘蛛の死闘をともなうことを予想させる。コンテクスト作りにせよ星座的布置にせよ、それらの背後には、「あらゆるものは互いに関係している」（Там же: 396）という弁証法と永劫回帰を重ねあわせたエイゼンシテインの世界観が控えている。

発話・声（テクスト）は発話・声（テクスト）同士の対話的関係のもとにおかれているというのは、バフチンの根本的考えであったし、のちにJ・クリステヴァ、R・バルトやG・ジュネットがそれを発展させるかたちで、間テクスト論や第二次の文学論を展開している。作者をテクストの起源ではなくテクスト同士の対話を主宰する場とみなすとき、オーサー（創始者）としての作者はきえさることになる。だめ押しになるが、ここでまとめとしてデリダの言葉を引いておこう。「すべての記号は、所与のいかなるコンテクストとも手を切り、絶対的に飽和不可能な仕方で、無限に新たなコンテクストを発生させることができる。〔……〕いかなる絶対的な投錨中心もない諸々のコンテクストしかない」（2002: 33）。これはエイゼンシテインの球体本についていわれたものではなく、一般記号論としてのべられたものである。

　球体本に内包された諸テクストは「同時に存在」し、テクストからテクストへと、球の「中心」を経由して「直接に」移行できるとされている。とりあえずテクストは作成、貯蔵された情報データとみなすとしても、テクストの交換をあやつる中心とはなんだろう。これに対して、クレイマン（Эйзенштейн 2000: 569）はつぎのような答えをあたえている。まず彼は球体本をコンピュータやCD-ROMの時代を先取りしたものとしたうえで、それはエイゼンシテインの「体系化の方法や人格（リチノスチ）」がになうイメージを正確に反映したものだとする。すなわち、はてしない博識、かけはなれた理念・現象・事実を結びあわせる類まれな才能、文化の「大時間」のなかで営まれる思考、諸文化、世界の統合に対する確信である。

　この解答は少しつけたす必要がある。やはり、球体本については中心と外郭をわけた方がわかりやすいだろう。ここで、先に引用した書斎と頭脳の一体化の描写を思い出してほしい。本の層を写すかのような脳内に形成される層（情報の）が出てきたが、それが小論集の連なりにあたる。左右ふたつの脳半球をあわせると球になるということは、いまの場合隠喩以上の意味をもつだろう（世界・地球、球体本、脳のあいだには、入れ子的でも隠喩的でも反映的でもある特殊な関係が存在している）。これらをふまえると、中心は、脳でいえばシナプス、思考に、球体本でいえば情報データの交換をつかさどる中央処理装置、プログラム・アルゴリズムということになるだろうか。エイゼンシテインが「ひとつの共通のメソッド」といっていたものもここにかかわってくる。われわれとしては、小論集の束を球体本の外郭、中央処理装置を中心としておこう。

「本＝球体」には重要な後半がある。こちらをいいたいがために、前半があったともいえる。論攷のちょうど折り返し地点にあたるところで、本はいまのところ球状には書かれていないという判断がくだされ、現実的な「弥縫策」、時間と空間におうじた策がしめされる。第一の策は、球が不可能なら、球を「面」にひらき、さらにそれを「線へ」と変換する、というものだ。そうしてできた線はひとつの「生を共有し」、互いが互いを生む関係におかれる。現実には、中央処理装置を経由した読み手の意志によって任意のテクスト同士が線によって結ばれ、それにそって読者は推論をつづけるうちに、つぎに接合するべきテクストをみつける（読みの戦略はプログラミングされており、それにそって読者は読みの具体的戦術をねってゆくのである）。そのようにして、潜勢的な線は一本一本現勢化されてゆく。テクストは読者によって択ばれ、読者は選択されたテクストを読むうちに知的変化をとげる。その意味で、球体本のＨＢＩ（ヒューマン・ブック・インターフェース）はインターラクティヴといってよい。

第二の策は、球という形態・形式が無理なら、「プロセス」をもってその「代わりとする」しかない、というものだ。具体的には、「必要な」箇所で前後両方向への相互引用・接触を「厳密に」「指示する」ことをさす。プロセスにおかれた本は、生動しつづけ閉じられることはない。

現実的「弥縫策」の最後は、内容と形式の同形性に関する言葉でしめくくられている。「あとはつぎの条件をつけ加えるだけだ。しきりに相互可逆性のメソッドを説く本は、同様のメソッドにもとづいて読まれるべきだろう、という条件を」。エイゼンシテインは球体本の萌芽をＨ・ド・バルザック『人間喜劇』（一八三四―四六）に認めているので、この作品の人物登場法等には現実的「弥縫策」がある程度実現されているといえる。

クレイマン（Эйзенштейн 2002a: 18）は『モンタージュ』以下の著作を個々の球体本としてあつかい、複数の球（шар）がかたちづくる球状圏（сфера）を考えている。著作をまとめてひとつのものとみなすか、個々の独立性を認めたうえでそれらの相互関係を考えるか、どちらもありうるが、とりあえず後者にたてば、この球状圏が著作については最も大きな単位ということになる。この球状圏は、Ｖ・ヴェルナツキイ、Ｐ・テイヤール・ド・シャルダンにならってエイゼンシテイン精神圏（ヌースフィア）と呼んでもよいだろう。

さきほど安易にデータ、プログラムといった用語をもちだして、エイゼンシテインの球体本を無理矢理電子空間にひきつけたが、両者には違いも認められる。一方の情報空間が球をなしているのにたいして、他方の形態は開放的で半ば無定型なものである。エイゼンシテインにとって球は強く意味づけられた形態で、偶然択ばれたものでも他の形態によって代替可能なものでもない。容れ物としての球の形態は、当然のように内部に含まれる情報の作成（選択、結合、加工）、交換、蓄積にさまざまな条件・約束事を課してくる。形態としての球がどのような意味をもつか一概にいえないにしても、つぎのことはたしかだろう。情報に関しては閉ざされているが、中心の交換プログラムはひらかれている。それは私的であると同時に最大の融通性を確保するということである。

◎

エイゼンシテインは円・球について、『メソッド』所収のものだけでも長短ふくめて一〇以上もの論攷を残している。これだけでも執着のほどがわかるというものだ。大まかな言い方になるが、彼は宇宙の生成運動の始点と終点に円ないし球をみているばかりか、円・球を運動の軌跡、原理ともみなしている。たとえば、それは子宮や宇宙卵であるし、たとえば、それは原始共産制から変遷をつづけてきた社会経済体が共産主義というかたちで完成をとげるウロボロス形態であるし、たとえば、それはプラトンや中国における両性具有、陰陽の交替運動である。壮大なところでは、宇宙球と思考宇宙についてつぎのようにのべられている。

宇宙の総体的思考は線的なものにはなりえない。もし宇宙が閉じられた無限であるのなら、思考は閉じられた運動である。比喩的にいえば、存在が球状であるなら思考は循環的である、ということだ。（Там же: 395）

エイゼンシテインにとって円・球は、総合化・包括のはてにあらわれる「ハーモニー」のかたちなのだ。この場合のハーモニーは安易な予定調和ではなく、爆発的な増殖をかさねる知的運動が互いにぶつかりあうなかからうまれるものにほかならない。バランス、適合を意味するようになるはるか以前、ギリシア教父ヒッポリュトスにおいて「ハーモニー（harmonia）」が「闘い（polemos）」の意味合いで使われていたことをここで思い出すのも、無駄ではないだろう。

マレーヴィチが四角形を、カンディンスキーが三角形を基本形態としていたように、エイゼンシテインは円・球を基本形態と考えていた。固有の絶対的形態をもつという点においては、彼もまたモダニストだったわけである。円・球については第四章3節でのべることにし、エピソード的になるが、いまはエイゼンシテインの署名（オートグラフ）についてふれることにしたい。署名についての記述は、生涯最後の手記の一頁に「Pro domo sua（自分用）」と題して書きとめられている（Эйзенштейн 2002b: 583）。話は例によって冗談ともまじめともつかない口調で進む。冒頭に署名（図1a）がかかげられ、かつて映画館マーラヤ・ドミトロフカの支配人M・ボイトレルがこれを「エムブリオ」と読んだという逸話からはじめられる（支配人の計らいで、エイゼンシテインとその仲間たちはグリフィス、シュトロハイム、ムルナウらの映画をただで見せてもらった）。これで、署名はたちまち文字からなにか不思議な呪文にかわってしまう。鮮やかなエイゼンシテイン・マジック。以下、エイゼンシテインはこの署名を表音文字ではなく漢字のような対象とみなし、そこから「対象＝イメージ」（意）を読みとってゆく。

図1a　署名

ちょっとくずれてはいるが仙厓の画といっても通じそうな署名から、彼は三つの対象＝イメージをひきだす。まず円を「絶対的自我」のしるしとし、それが破れてなかのものが外部に流出してゆく様子を署名にみてとる。さらに、この破れ円はショットがモンタージュの「組曲」へと編成されてゆく過程と捉えることもできるし、また「性格学的には」、知識をおしみなくあたえることをさしているとも考えられる、と独自の解釈がしめされる。ここまでが、第一の対象＝イメージである。

つぎにエイゼンシテインは全体を縦に圧縮し（図1b）、寸詰まりになった円をさ

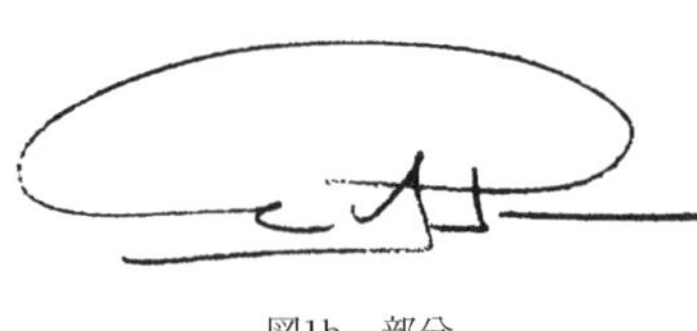

図1b　部分

図1c　部分

図1d　部分

図1e　部分

して太極図・天地自然の図（図1c）に似ているという。これが第二の対象＝イメージである。そのつぎに、彼は文字を円の中央までずらし、署名を作りかえてみせる（図1d）。彼の得意気な気持ちが伝わってくるようだ。説明を読むとその理由がわかる。これは鏡に映った文字ともとの文字（図1e）を「総合したもの」にみえるからだ。潜勢的な半身をその身にひそませているわけで、このことは陰陽の説明図にもかかわるだろう。ここでC・G・ユングのアニマ・アニムスを思い浮かべてもよいかもしれない。手記の最後は、満面の笑みの「Great !!!」で結ばれている。たしかに、すばらしい。立体未来主義のズドヴィク（位置ずらし）も顔負けなほどみごとに署名の同一性はずらされたわけである。[25]

◎

二〇世紀は言語論の世紀であるとともに、書物論、書物の奇想の時代でもあった（現在の電子書籍論もこれらの書物論につらなるものとしてある）。なじみの名を思いつくままにあげるだけでも、たちまち長いリストができあがってゆく。マラルメ、クローデル、ビュトール、ブランショ、ジャベス、バルト、クリステヴァ、フーコー、デリダ、ジョイス、マクルーハン、ボルヘス、エーコ、ベンヤミン、カネッティ、カフカ、アルノ・シュミット、ベールイ、ヴァギノフ、クルジジャノフスキイ、小野二郎、清水徹……。このうちボルヘスはエイゼンシテインとよく似ていると思うひとは、少なくないだろう。たしかに、無限、円環、プロセス、迷路というように、両者をつなぐ要素はひとつならずあるし、ふたりの生年も一年しか違わない。しかし形而上的なボルヘスに較べると、エイゼンシテインは唯物論的といわなければならない。また、「八岐の園」(一九四一)はともかく「バベルの図書館」(一九四一)の全方位性と比較すると、エイゼンシテインの球体本には強いバイアスがかかっている。球体本が無限を希求しているとしても、それはバベルの図書館のようなものではなく、別種の濃度をもつ私的無限とでもいうべきものにほかならない。

書物は、あるときは超越的一者によって書かれたものとして、同じ超越的一者によって創造された世界と等号で結ばれ、ふたつの隠喩、「世界は書物である」、「書物は世界である」を生み、あるときは世界の延長として事物の一部とみなされ、またあるときは世界を反映する独立物とみなされてきた。書物は現実世界とむきあうものだったり、自立した世界を構成するものと考えられたりしてきた。そうしたとき「世界」とともにきまって登場するのは、「一冊の本」である。この「一」には、世界を見きりたい、読みきりたいというわれわれの原初的欲求が反映されている(一神教の神も同じ欲求の反映かもしれない)。

ロシアでいえば、詩的言語の革新者であるザーウミの詩人、A・クルチョヌイフとV・フレブニコフもまた、新しい書物論の担い手だった。そのフレブニコフに「一冊の本」(一九二一執筆)という詩があり、球という一点をめぐってフレブニコフとエイゼンシテインは交差している。

「一冊の本」[26]は単独で書かれたのち、少し手を加えられ叙事詩『桎梏を解かれた人類』(一九二〇—二二執筆)に収録される(ここでは、叙事詩所収の「一冊の本」をテクストとして用いる)。この連作詩はアジア詩編といってもよいもので、世界統一のモメントとしてアジアが択ばれており、ロシアもこのアジアの一員に登録されている。連作中の一編「アジア」には、イザナミ神がペルーン(東スラヴの雷神)に「モノガタリ」を読みきかせる場面が出てきたりもする。「一冊の本」は叙事詩の巻頭におかれ、そこで世界の新たな統一が本の姿を借りて高らかにうたいあげられる。まず初めに、ヴェーダ、クルアーン、福音書等の教典が焼かれる焚書の情景が描かれ、そのあと新たな本がはじまる。焚書の火は文化を無へといたらしめる破壊的なものであるばかりでなく、プロメテウスの創造の火、愛・豊穣・浄化の火でもある。フレブニコフ自らイニシエーションにも似た焚書の儀式をアストラハンで経験している。ロシア内戦のさなか、明かりのとだえた一夜のことである。詩人は長年気になっていたG・フロベール『聖アントワーヌの誘惑』(一八七四)を手にとり、前の頁を燃やす明かりでつぎの頁を読むという具合にしながら、全編を読みとおした。そのようにして、最終的に神も悪魔も焼きつくされ灰となった。R・クック(Cooke 1987: 175)は「一冊の本」を執筆するにさいしてこの経験が決定的な役割をはたしたとみている。その決定性は、読みおえたあとに発せられた詩人の言葉からもよくわかる。「鼻をつく煙がぼくの周りにたちこめていた。身は軽くなり、気持ちは自由になった」(Хлебников 2004: 178)。

新たな一冊の本は、本であって本ではない。さまざまな河——ヴォルガ、ミシシッピー、ナイル、ガンジス、ザンベジ、ドナウ、オビ、テームズ、ドネプル、等々——が頁となって海に流れこみ、海=本を形成するのである。比喩によって頁に重ねられるのは自然のみではなく、そこには人間の歴史も含まれている。河の流れは世界の流動性・可変性をそのまま本にもちこみ、本を生成変化する過程にかえてしまう。フレブニコフは一冊の本の読者を人類とし、バロック文化の伝統にならい、作者を神にかわる詩人(自分自身)としている。詩人が本を記す様子は、自然=頁を絡めながら雄大な筆致で描かれる。「ぼくの髪は河となって……。/みてごらん! ドナウがぼくの肩を流れてゆく」(Хлебников 2002: 278)。

「一冊の本」では空間にそって統一の情景が語られているが、『運命の板』(一九二〇—二二執筆)になると時間の法則を軸にして統一がしめされる。板というのも本のことだから(book/Buch を参照)、フレブニコフはあくまでも本にそくして、人類、歴史の統一を記そうとしたといえる。詩的言語の領域では、それは世界語、ザーウミの創造となってあらわれた。

ここからが肝心な点である。なぜ本が統一のシンボル（世界モデル）に択ばれたのかを、P・タルタコフスキイ（Тартаковский 1992: 6）がその物質的形態にさぐっている。そこに球状本が登場するのである。その見解はわずか三行の詩行から導かれたものなので、これを慧眼とするか飛躍とするかは意見のわかれるところだろう。論者は前者としたい（フレブニコフとエイゼンシテインのあいだにも、エイゼンシテインとタルタコフスキイのあいだにも、球体、本をめぐって直接の影響関係はない）。「この一冊の本を／まもなく、おまえは読みおえるだろう／頁の合間で鯨が跳びはねている」という詩行のあとに、くだんの三行はおかれている。

そして鷲は頁の端をうちにおりまげて
波のうえ、海の胸にとまる
海鷲の寝床でやすらうために

（Хлебников 2002: 278）

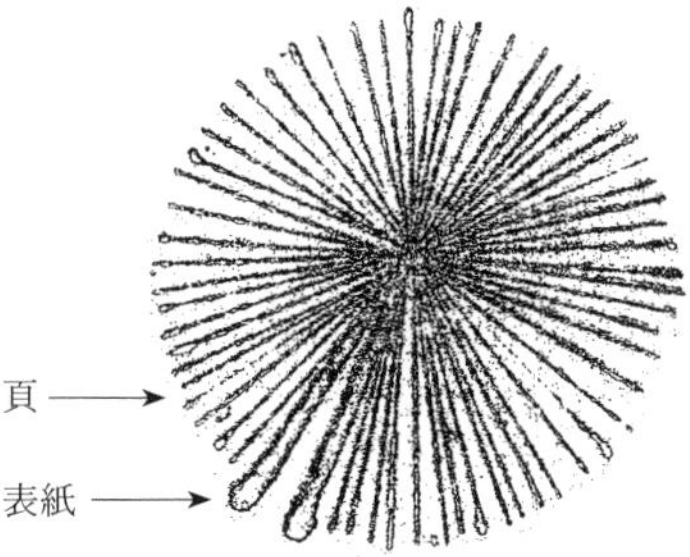

頁
表紙

図2　フレブニコフの「一冊の本」

このような具合に一冊の本がずっと読まれてきたのだとしたら、最後の頁が内側におりまげられるとき、そこに球状の本（図2）[27]が出現するはずだ——これがタルタコフスキイの導きだした結論にほかならない。彼はこの球状本の特性を、自立しつつも各頁がひとつの軸によって結びつけられていることにみる。ここでも球は拡散と統一をふたつながら実現している。
冊子本（コーデックス）をみなれているわれわれは、球体と本の結びつきに違和感を覚えるかもしれないが、本の歴史としては、球ではないにしても、巻子本（巻物）の存続期間の方が冊子本のそれよりもはるかに長い[28]。したがって、球体本・球状本が出現したからといって、それほど驚くべきことではない。まして、洞窟壁画を最初の本とみなす視座にたてば、球体と本の親和性はさらに増すだろう。

引用、キノツェントン

その書き方からみても、『メソッド』は特殊といえば特殊である。引用の頻用、断片的叙述、結論の欠如や曖昧さ(開放性)、類似性を仲立ちとした例から例への逸脱、論理の飛躍や反復、等々——それらは通常の価値観からすれば欠点としかみえない。しかし、欠点とみえるものを新たなスタイルの現れとみなしたとたん、欠点は反転しユニークな特質となる。ここでは引用と断片性に焦点をしぼりながら、改めてその特質について考えてみたい。

いまエイゼンシテインを思い起こしている最中のわれわれにとって、引用の問題はとりわけ身近なものである。ロシア語 цитата、英語 citation 等の語源であるラテン語 citatio は、「呼び出し」・想起を意味するからである。また法律ラテン語では、「正当性を立証すること」をさした(Черных 1993: 372)。引用とはいま・ここにないテクストを呼びだし、そのことによって当該のテクストに生命を吹きこみ正当な評価をあたえる行為なのだ。

ものを作るにはいろいろな作り方があり、評価の基準も一様ではない。天才、インスピレーションというものが主流の時代にはそれなりの基準があり、文化の伝統を重んじる時代にはまたそれなりの基準が備わっている。引用、翻訳は副次的なものではなく文化の土台をなしているという考え方は、現在のわれわれには常識かもしれないが、どの時代にも一般的だったわけではない。ロシアに関していえば、二〇世紀の初頭、サンクトペテルブルクにアクメイズムという引用の詩学を標榜する詩派が存在した。冒頭でふれたアフマートヴァはその一員である。彼女のほかにはN・グミリョフ、O・マンデリシタームらがこの流派を構成していた。盗聴や密告を恐れて、アフマートヴァとマンデリシタームは公園のベンチにすわりながら、『神曲』(一三〇四—二一執筆)のトスカーナ方言を使って会話をかわしたという逸話が残されているくらいだから、彼/彼女らの引用、他者の言葉に対する意識はなまなかなものではなかったといわなければならない。

アクメイズムより時代がくだるとはいえ、理論的著作、科学的言説に引用の詩学を適用するのは、当時としては、やはり冒険的試みだったはずである。その証拠に、引用をつらねた『メソッド』の草稿を原稿執筆のための素材とみる者は、現在でもあとをたたない、というよりも、そういう人間の方が多い。映画が現実の引用、複製（エイゼンシテインの言葉では「сколок［類似的複製］」）からなるとする人物にとって、文字テクストを引用の側から考えるのはいわば自然のことであった。

それではエイゼンシテインは孤立しているかというと、そうでもない。彼と同時代、『メソッド』の執筆と同時期に、ベンヤミンも同じような志向をもって『パサージュ論』（一九二七―四〇執筆）にとりくんでいた。[29] 興味深いことに、この論攷についても『メソッド』と同様のことがおこっている。たとえば、『パサージュ論』の編者であるR・ティーデマン（ベンヤミン 1995: 469 n.5）はこの著作における「マテリアルと引用」の重要性を認めつつも、ベンヤミンの「反主観主義の頂点を飾るものとしてメインワークは引用だけから成り立つものとなるはずだった」というアドルノの主張を、きっぱりと斥けている。

『メソッド』のことも『パサージュ論』のことも、著者たちは互いにしる手立てはなかったわけだから、時代の先端に位置していたがために、たまたまふたりは同調したとしかいいようがない。方法としての引用を理論的著作の中心にすえるという、同時代には理解困難なポジションにたつ人間がふたりいて、彼らの総決算となる著作が時期的にも重なったということは、一九三〇年代に文化の転換の兆しがあったことを教えているだろう。それは、無対象化による形式革命（一九一〇年代前半の）、プロダクトデザイン、ルポルタージュ、ドキュメンタリーに代表される事実の芸術（一九二〇年代後半以降の）につづく、第三の転換ということができるかもしれない。

引用の問題においてまず確認しなければならないのは、エイゼンシテインが引用とモンタージュを同一の問題系において考えていることだ。したがって、フロベール『ブヴァールとペキュシェ』（一八八一、未完）、ジョイス『ユリシーズ』（一九二二）から引用に関する重要なヒントをえたにしても、エイゼンシテインは映画のように本を書こうとして引用のモンタージュにいたったのである。彼はE・クレッチマーの引用を用いた自らの実践例を紹介している（Эйзенштейн 2002a: 85, 457）。『医学的心理学』（一九二六）からとったふたつの引用を前後逆にして「並置」し、その

「モンタージュ的組み合わせ」によって自分自身の「思想」をあらわしたのである。これはエイゼンシテイン流のマッシュアップといってもよい。彼はこの「組み合わせ」をクレッチマーにならって「圧縮」とよんでおり、さらに圧縮は「詩的作用」、「イメージ」へと飛躍させる力を有すると考える。

「認識論に関して、進歩の理論」（『パサージュ論』）のなかで、ベンヤミンもまた自分の方法を引用のモンタージュとしている。「この仕事は、引用符なしで引用する術を最高度に発展させねばならない。その理論はモンタージュの理論ともっとも密接に関係している」（1993: 8）、「この仕事の方法は文学的モンタージュである」（同：12）。線的連続性にかわる接合方法を模索していったすえにふたりが出した結論——それがともに引用のモンタージュだったというのは、とても偶然のこととは思われない。

引用に対するエイゼンシテインの基本的姿勢は、『モンタージュ』所収の「〈序論〉のための草案」（Эйзенштейн 2000: 39）にまとまったかたちでみられる。そこでまず気になるのは、回想「本との出会い」（Эйзенштейн 1997a: 275）にも出てくる、G・ナンデの言葉である。「いつの日か自分が引用される、ということを考えたことのない者のみが、誰をも引用しないのだ」。ここから読みとれるのは、引用し引用されるという一種の知的信用関係のなかで誰もがものを書いている、ということだろう。これはどこかマンデリシタームの投げ瓶通信を思わせないだろうか。書く主体になることは、テクスト世界＝内＝存在になることにほかならない。

「〈序論〉のための草案」では、引用を頻用する理由がふたつあげられている。少し補足しながらまとめると、つぎのようになる。第一の理由は、論攷の対象となる専門領域が多岐にわたるため、個々の領域に関する専門家の「要約（フォルムリロフカ）」（系統だてて簡潔にのべた思想）を「道具」として利用せざるをえない、というもの。「要約」というのは、クレッチマーのところにでてきた圧縮の始まり、第一段階の圧縮とみなすことができる。要約というからには、この断片には、量的な圧縮ばかりでなく内容的なものもともなっている。ここにも、エイゼンシテインの造形原理の基本、「pars pro toto」がみてとれる。

「要約」が道具になるというのは、エイゼンシテインのモンタージュ＝総合化のなかで、それが一定の機能をになうということを意味する。場合によっては、オリジナル・テクストの機能とはまったく別の機能をになわされることもある。ここでおこる機能転換は、具体的には吸収、変形といったものをさす。ひろくみれば、このことは引用者と被引用者のふたつの声が溶けあいつつ相あらそう絵画的引用（バフチン 1989: 184）の問題に還元されるだろう。絵画的引用スタイルのつねとして、引用者が引用に働きかけることもあれば、逆に引用が引用者に作用する場合もあり、エイゼンシテインの「要約」も、基本的にはそうした相互作用の場としてある。

M・ヤンポリスキイ（Iampolski 1999: 56）はエイゼンシテインの引用に二種類の言及形式を認めている。「引用＝言及」と「総合のための演算子＝言及」である。前者は総合のための素材となる明示的引用、後者は総合の足がかり、方位磁針となる隠然たるもので、そこでは典拠はもちろん、おうおうにして作者についての言及も省かれる。そうした後者の例として、ヤンポリスキイはショーペンハウアーに由来する「意志」をあげている。初期エイゼンシテインの表現理論にとって「意志」は足がかり、方位磁針として大きな役割をはたした。

第二の理由は引用のスタイルにかかわるもの。そのスタイルは映画のティパージュを論攷用に焼き直したものとされている。ティパージュというのはある社会的タイプ（典型・類型）を体現する素人俳優を起用する手法で、彼／彼女らの演技は俳優のそれとは別ものとみなされる。論攷において「対象」を極力「ゆがめない」で捉えるための手法に匹敵するものはなにかと考えたすえ、エイゼンシテインは「他なる著者たちの観察結果」を素材として「並置」するやり方をうちだす。そして、照明やカメラ・アングルによってティパージュ的俳優から自分の思想に必要なものを抽出するように、「隔字体や構成の組み立て」をとおして、素材＝引用から必要な思想を浮きあがらせるのである。エイゼンシテインがこうした禁欲的ともみえる手法を択ぶのは、彼にとってなによりも重要なのが、「オリジナリティではなく叙述されるテーゼの普遍性である」からだ。

ティパージュ的引用からなるモンタージュを、アドルノなら唯物論的というだろう。ソ連の文脈では、それはヴェシシチズム（モノ派）ということになる。

結局、ティパージュ的引用は二段階の行程——要約と組み立て——をへて成立することになる。できあがった要約の並置・圧縮は部分の積にすぎないが、その背後にはいくつもの全体的まとまりが層をなして重なりあっていることを忘れてはならない。このまとまりを大きく捉えれば、文化全体ということになる。

引用のことを考えるとき、エイゼンシテインの頭には手本があった。詩のアクロスティック、アナグラム、ツェントン（英語 cento）、美術のデクパージュ、フォトモンタージュ（J・ハートフィールド、ロトチェンコ）、M・エルンスト『百頭女』（一九二七）のコラージュである（Эйзенштейн 2000: 229–40）。一見脈絡のない取り合わせのようにみえるものの、これらにはある共通性がある。「組み合わせ」、配列（アレンジメント）が決め手になっていることだ。詩人のクルチョヌイフがズドヴィクを詩法として登録したとき、その土台にすえたのが「配列（аранжировка）」である。[30] ここにも、立体未来主義とエイゼンシテインのつながりがみてとれる。

エイゼンシテインが文学の例のなかで最もモンタージュに近いとしているのは、ツェントンである。この言葉から、彼は映画用の新造語キノツェントンを作りだした。その例として、既成のドキュメントをモンタージュしながら制作されたE・シューブ『ロマノフ王朝の崩壊』（一九二七）があげられている。いわば「コンテクスト作り」だけで創造された『ロマノフ王朝の崩壊』は、現実の映像ではなく映像の映像からなる高次的（メタ）映画とみなすことができる。シューブ以外にも、全国から集められたキノキ（映画眼）撮影の記録映像（ストック・ショット）をモンタージュして非劇映画を制作するヴェルトフの構想も、必要におうじて記録映像（ストック・ショット）を何度でも分解モンタージュしては新たなニュース映画を制作するというボルチャンスキイの構想も、キノツェントンに含めてよいだろう。ヴェルトフは自作の『春のキノプラウダ』（一九二三）の一部（「プロレトクリトの春の微笑」）に、エイゼンシテイン『グルーモフの日記』をくみこんでいる。

ツェントンの語源であるラテン語 cento の意味——「多色をなす織物の切れ端から作った服や毛布」——をみればわかるように、他者の作品の引用を用いて創作するジャンルにこの名があたえられている。布ということから、キルトを思い浮かべるひとも少なくないだろうし、ツェントンは「つぎはぎ歌」と翻訳されてもいる。古いところでは、ウェルギリウスにもとづくアウソニウスのツェントンが有名である。もとの意味をずらすツェントンの効果としては、英雄的要素をエロティックな要素に、あるいは異教的要素をキリスト教的要素に転換するものがよくしられている。

近代以降、ジャンルとしてのツェントンはいったん影をひそめるものの、一九八〇年代のポストモダニズム以降、作品、文体等の引用を主軸にすえた創作傾向は再び強まっている。ただし、サンプリングアート、サンプリングミュージックの文学版のような、データベースを基本にしたテクノロジー色の濃い作品と、かつてのツェントンを同種のものとしてあつかってよいかどうかについては、さらなる議論が必要だろう。

ひとつだけのべておけば、ツェントンでは、引用される前の場所と引用後の場所とのあいだの距離（時間的なものでもある）がいろいろな価値評価を生みだす役目をはたしているのにたいして、データベースからの引用はそうした距離を消滅させてしまう。この問題は、オリジナルとコピーの区別は消滅したという類のこととはまた別のことである。距離の消滅は即時性とか絵画的引用といったものを加速させ、それにつれて引用効果の質もかわってゆく。現代ロシアの詩人G・ルコミコフが引用（цитата）とミュータント（мутант）を合成した「引用変異体・突然変異的引用（цитант）」という言葉を編みだしているが、文脈をこえるこうした変異も新しい引用効果の現れといえるだろう。

美術の手本で興味深いのは、なんといってもデクパージュ（切り抜き細工）である。一八世紀にフランスをおそったデクパージュ熱はすさまじかった。ある逸話をとおして、エイゼンシテインはその熱狂を鮮やかに伝えている。「とある舞踏会でナイト役の男性がパートナーの女性に近づくと、やにわに絵をさしだされた。彼はあわてずにポケットから鋏をとりだし、さっさとそれを切りだした」。言語における選択、結合をもちだすまでもなく、切り貼りというのは文化に根深く食いいっているので、それを除去したら文化そのものが瓦解してしまう。エイゼンシテインは子供時代に父親の書斎で、パリ万国博（一九〇〇）の写真集のなかにあったデクパージュを眼にしたという。それが刷りこまれ、のちのモンタージュにつながったのかもしれない、と自己分析もおこなっている。

◎

言語音の断片化が沈黙、静寂と不可分なように、紙上における文の断片化は余白と一体のものである。われわれがふつう書かれたものの断片化を意識するのは、散文、詩をとわず、均質と思いこんでいる分節単位——章、節、段落、行、単語、音節等——同士のあいだに、あるいはその内部に亀裂が入り間隔化が進むときである。そうした場合に初めて、われわれはそれまで連続的と思いこんでいたのがモル的視座からの判断にすぎなかったことに気づく。

断片化については、「マラルメにおけるモンタージュ的方法」（『モンタージュ』Там же: 217-21）のなかでふれられている。この論攷は、モンタージュ誕生後にモンタージュの視座から文学、美術等をみなおしていったもののひとつである。マラルメ、マヤコフスキイから、散文へと断片化の話はすすむのだが、マラルメ、マヤコフスキイというのは現在からみても的確な選択といえる。一九一〇年代には、ファクトゥラ（テクスチャー）に主眼をおいたクルチョヌイフ、フレブニコフの実験、V・カメンスキイの「鉄筋コンクリート詩」（視覚詩）の試みもあるが、前記のふたりが詩の新たな次元をきりひらいたことはまちがいない。エイゼンシテインはマラルメに関するB・リフシツの註釈から、「キュビスム、未来主義に先行する〔……〕タイポグラフィのモンタージュ」という一節を紹介しているが——おそらく『骰子一擲』（一八九七）についていわれたものだろう——、この指摘は例にあげられているマヤコフスキイ「セルゲイ・エセーニンに」（一九二六）の詩行にもあてはまる。

……虚空……
　君はとんでゆく
　　星ぼしをかきわけながら……

エイゼンシテインはこの三行を星空の全景、飛行物体、星空への飛行物体の突入、といったモンタージュ・リストとして読みといている。

これらの詩行を総合的キュビスム、コラージュの視座からみてみたい。コラージュは平面からきりとった部分を重ねたもので、重ねられたもの同士のあいだには、間隙を想定することができる。映画でいえば、この間隙はコマ同士の間（インターヴァル）、ショット同士の間（インターヴァル）にあたる。マヤコフスキイの例はコラージュを平面上に展開したものといえ、この場合、間は平面に拡がる余白となっている。正確には、余白は行間と文字の周囲とからなる（この場合、多点リーダーは余白と文字の媒介物となっている）。

マヤコフスキイの例では、「虚空」の意味と余白の視覚イメージとの一致がまず眼に入ってくるが、余白のもたらすのはそれにとどまらない。詩人自身（1975: 240）は分割して記す書き方について、「リズムがあやまたずにうちこまれる」こと、詩行の圧縮によってリズムが破壊されないようにより大きな休止を設けなければならないこと等を指摘している。この場合の休止はそのまま余白と読みかえがきき、詩行の圧縮と余白の拡大は比例していることになる。一つひとつの単語、フレーズの独立性は高まり、それらは衝突する一歩手前の瞬間にかろうじてとどまっているようにみえる。つづけて余白に眼をこらしていると、文字が余白によってささえられていること、文字というのは余白にただよう群島のようなものであることに思いいたる。地をなす余白は自由エネルギーにみちた空間とみなすことができる。この自由は偶然性を内包し、予測しえないもの、書きつくせないもの、書きえないものに対応する自由にほかならない。余白はそうしたなにものでもないものの等価物として存在する。

一方散文の例としては、ベールイとV・ドロシェヴィチがとりあげられている。彼らの作品のなかでは『ペテルブルク』（一九一三—一四）と『サハリン』（一九〇三）を、エイゼンシテインはとりわけ高く評価していた。このふたつは小説、紀行と、ジャンルを異にするものの、一文ごとに改行するスタイル、小見出しつきの小テーマ別の断片構成ということでは一致している。『ペテルブルク』では、さらに場面転換のための多点リーダーも多用される。ヴォリューム、強度をめまぐるしくかえてうちつづく『ペテルブルク』の断片をみていると、断片のあいま、周囲に息づく余白もたえまなく呼吸法をかえていることに気づく。文字と余白による変化の掛け合わせは小説の躍動感を倍加させている。エイゼンシテインはモンタージュの参考書として、敬愛するふたりの作品をヴギクの学生たちにすすめているし、自らの文章スタイルもその影響をうけている。たとえばベールイの批評をあつかった回想「『ゴーゴリの技法』」（Эйзенштейн 1997b: 172–78）では、断片的をとおりこし、砕片的ともいえる書き方がとられている。

ただ不思議に思うのは、例としてあげるに最もふさわしい人物、シクロフスキイの名がそこからぬけおちていることだ。ロシア散文における断片的叙述・構成ということでいえば、小説ではV・ローザノフ、ベールイ、B・ピリニャーク、批評ではシクロフスキイの名をあげるのが順当だろう（いみじくも、ローザノフの作品をさしてシクロフスキイが「プロットのない文学」といっているように、断片性はプロットの関節を外す力能を有している）。エイゼンシテインがシクロフスキイにふれないのは、なにか思惑があってのこととしか思えない。その理由はともかくとして、エイゼンシテインの死後三〇年ちかくたった一九七六年に、友人セリョージャへのオマージュとして書かれたシクロフスキイ晩年の力作長編評伝『エイゼンシテイン』（Шкловский 1976）が、飛躍による意味不明な箇所などものともせずに、頑強に断片的書き方をつらぬいているのをみると、ふたりの姿勢が二重写しになってくる。

当時「短い行」として有名だったドロシェヴィチのスタイルについては、つぎのようにのべられている。「短い行に含まれるフレーズの散弾は、極度の感覚的リアリティをともないながらイメージそのものをうちだす。それは隠喩や比喩的手法に頼らずに、鋭くぬきだされた現実の対象の細部や、細部において「照らしだされた」、可能なかぎり単純明解な特徴を用いている」。贅肉をそぎおとしミニマムになればなるほど、細部の特徴があらわになり、そこから鮮烈なリアリティをおびた「イメージそのもの」が浮きあがってくる。散弾の隠喩はフレーズのみばかりでなくもっと大きな単位にもあてはまる。エイゼンシテインはそうした散弾の連射を「分子的ドラマ」（Эйзенштейн 2000: 281）と呼んでいる。これがモル的連続性にとってかわるものであることは、いうまでもないだろう。

◎

引用の続きともいえるが、『メソッド』にはもうひとつの特性として、百科全書的ともバロック的ともいえる、引用の過剰な集積がある。ヤンポリスキイ「引用としての理論」（一九九九）はこの過剰さに注目し、その原因をリビドーの領域にもとめている。エイゼンシテインはS・フロイトのレオナルド・ダ・ヴィンチ論をはじめとした精神分析理論にのめりこんだり、アメリカ滞在中に精神分析医のカウンセリングをうけたりしているので、この問題については慎重にかまえなければならない。ましてやエイゼンシテイン自らが認めるように、彼の場合には生活＝バイオグラフィと本＝理論との分離が不分明なので、個人史を題材とする精神分析学的方法には注意が必要となる。ヤンポリスキイの分析では、Ｐ・アタシェヴァ、トゥイニャノフにあてた私信[31]が論拠となっている。

レオナルドとエイゼンシテインのケースには、精神分析学的にみていくつもの類似点――（実）母への愛、抑圧、同性愛的傾向、ナルシシズム、リビドーの昇華、芸術創造から学問的探究への退行、強迫神経症的反復等――が認められる。このうちわれわれの関心をひく共通性は、なんといってもあくなき知識欲だろう。それが意味をおびるのは、制作に向かっていた欲動がなんらかの原因で知識の方へと向きかえられるからである。芸術家として大きな成果を収めている彼らが、なぜ一流の科学者・学者でもあったのか、という疑問をいだかせるからだ。

名前こそあがっていないものの、ヤンポリスキイはフロイト「レオナルド・ダ・ヴィンチの幼年期の思い出」（一九一〇）を参照しながら推論を進めていると思われる。ただし、エイゼンシテインの場合は、半表出ともいうべき引用を用いた表現を多用するので、同じリビドーの昇華といってもレオナルドよりも屈折している。結論からいえば、ヤンポリスキイはドン・ファン主義とナルシシズム（二次的）を中心にして、過剰を生みだす物語の道筋をつけてゆく。そのなかには、引用の死の国をまもる番人としての大文字の他者というような、興味深い要素も登場するが、ここでは中枢のみをたどることにしたい。

ヤンポリスキイがアタシェヴァ宛の手紙のなかでまず着目したのは、ふたつの言葉――「ドン・ファン主義」（К3 36/37: 234）、「疑惑癖的強迫観念」（Там же: 229）――である。これらの言葉の周囲には、自己診断か医師の診断によるものかは定かではないが、「抑うつヒステリー」、「神経症」という言葉もみうけられる。ヤンポリスキイはこのドン・ファン主義に、エイゼンシテインがプーシキン――『エヴゲニイ・オネーギン』（一八二五―三二執筆）、「石の客」（一八三〇執筆）――のドン・ファン主義についてのべた解釈をそのままあてはめている。ヤンポリスキイの要約では、「失われた欲望の対象の代わりを執拗に探すもの」（Iampolski 1999: 63 n.39）ということになる（エイゼンシテイン自身の言葉では、「ただひとりの女性を探しもとめるものとしてのドン・ファン主義というフロイト的解釈（完全に正しい）」［Эйзенштейн 2004a: 515］となっている）。喪失した対象ａをもとめてドン・ファンは愛のシニフィアンの連鎖をきずかざるをえないのである。エイゼンシテインはプーシキン、チャップリンの実生活にもドン・ファン主義を適用する。ドン・ファン像の形成にさいして、エイゼンシテインはO・ランク『現象（ゲシュタルト）としてのドン・ジュアン』（一九二二）を参照している（Там же: 673）。よくしられているように、ランクはエディプス・コンプレックスを応用することでそのドン・ファン像を作りあげた。

エイゼンシテイン自身はドン・ファン主義の実際の現れを「自信のなさ・疑惑・ためらい（doubt/неуверенность）」――自分に力があるかどうかの「証明」をたえずもとめる――にみているが、ヤンポリスキイは一歩ふみこんで、この「自信のなさ・疑惑・ためらい」を「過剰な抑制（переторможение）」に結びつけている。エイゼンシテインは自らの「過剰な抑制」を「意志の病」ともいっており、それは性の領域にかぎらず自分の「活動全般」にあてはまるとする。したがって、ヤンポリスキイのいうように、抑制の前では生活と仕事（理論構築、映画制作）の区別は存在しない。エイゼンシテインは「意志」や反射の現れとして、芸術・理論活動と性の活動とを統一的に考えていた。性の領域における抑制については、告白といってもよいものも残されている。「君〔アタシェヴァ〕もしってるように、ぼくは惚れた相手とは一度として最後までいったことがない。ことをいつも中途半端に終わらせてしまい、あとで憐憫のせいだとか人間愛のためだとか外的情況のせいだとかといって、自己正当化してきた。君にも一度ならず愚痴ったように、ぼくはあらゆることにおいて「抑制してしまうんだ[32]」」（K3 36/37: 234）。

ここまでエイゼンシテイン自身の言説を追認するかたちで進んできたヤンポリスキイは、つぎに過剰な抑制を「退行（recoil）」へと接続する。「性的抑制は表現運動における退行のかたちをとることがあるだろう」（Iampolski 1999: 63）。つづけて、ヤンポリスキイはこの抑制＝退行は理論構築にむかう一九二〇年代後半におこったという仮説をたてたうえで、エイゼンシテインの引用は退行とともにあるという結論を出す。彼の考えでは、引用（エイゼンシテインの）というのは対象への自己投影にすぎず、それは「ナルシスティックな」姿勢以外のなにものでもない。ヤンポリスキイは消極的ニュアンスをこめながらナルシシズム（二次的）という用語を使っている。ナルシシズムが自体愛と対象愛との中間に位置づけられるように、たしかに、エイゼンシテインは新しい概念を創出することによって理論構築をおこなう代わりに、既成の理論を引用しつつその総合化をはかることで自分の思想をあらわした。彼の思想性は主として総合化作用、モンタージュ作用に発揮されている。独自の理論構築というものに、引用による総合化を意識的に対置したエイゼンシテインにとって、おびただしい引用はけっして消極的な選択ではなかったはずだ。エイゼンシテインは「ソクラテスの産婆術(マイエウティケー)の崇拝者」を自認し、この方法を積極的に教育の場で実践しているが、既存のテクストを総合する、他者に語らせることによって思想を生みだすやり方も、ソクラテスの問答法にかなっているといえるだろう。

ヤンポリスキイの分析物語にはさらに先があり、ナルシシズムは最終的に母胎回帰へといたる。先にふれたが、エイゼンシテインの球体本の球は初原的母胎と無関係ではない。とはいえ、退行的表現として引用の横溢があり、その引用の棲み家として母胎＝球があるという筋書きは、あまりにも性急で直線的ではないだろうか。引用という戦略は書くという行為を捉えかえした結果、積極的にうちだされたものであり、球というのは新たな情報交換がまとう新形態として出現したものだ。したがって、われわれとしては両者の出会いを肯定的なものと考えたい。

ヤンポリスキイの描く精神分析の物語は、それはそれとしてとても興味深いが、同時に危うさも有している。ドン・ファン主義、抑圧、退行、ナルシシズム、対象からのリビドーの撤収、とりあえずここまではよいとしても、自我に再備給されたリビドー＝性的欲動が脱性化、昇華されて引用の集積という表現形態をとるにいたる道筋については、議論の余地が残されている。エイゼンシテインには、一方に両親の離婚、バイセクシュアルの可能性、精神分析治療といったものがあり、他方に理論構築への過剰な欲求(引用の集積を含む)、暴力的映像、エロス的映像があるので、誰しもが両者を関係づけたいという強い誘惑にかられるが、両者を結ぶ回路は単純な一本道ではないはずだ。

第二章　映画作法（キネマトグラフィア）I

1　前提

i　「アトラクションのモンタージュ」再読

サーカス＋機械

エイゼンシテインには、山というよりは連山・山脈をなす論攷群があり、またモンタージュ、ティパージュ、ラクルスをはじめとして数多くの手法が存在するものの、彼の映画作法の話となると、単独執筆の処女論攷「アトラクションのモンタージュ」からはじめるのが、当をえているといえるだろう。この論攷はエイゼンシテインのなかでは最もよく読まれており、「アトラクション」にまつわるジェットコースター（ロールコースター）の逸話などはすっかりわれわれの記憶に定着している。とはいえ、この論攷からたどりはじめるのは、そうしたなじみ深さからというよりは、そこに刻まれている映画に対する基本的姿勢を確認しておきたいからだ。それは、アトラクションとモンタージュはきりはなしがたく一体のものとしてあり、その一体化したものがエイゼンシテイン映画の背骨をなしているということにほかならない。

周知のように、「アトラクションのモンタージュ」（一九二三）は『賢人』（一九二三。原作A・オストロフスキイ、一八六八）の演出を契機として書かれたものである。エイゼンシテインの理論活動は最初からポストアナリシスとしてあったことになる。[1] ところで、この論攷には兄弟――「論文」のロシア語が女性名詞なので姉妹というべきところかもしれないが――のような論攷が四編存在する。「演劇活動の実験」（一九二三）、「映画アトラクションのモンタージュ[2]」（一九二四執筆）、「『殺人光線』と『密造酒業者を追え』」（一九二五執筆）、そして「形式への唯物論的アプローチに関する問題に寄せて」（一九二五）である。映画論三編は『ストライキ』（一九二四）制作中あるいはその直後に書かれている。「アトラクションのモンタージュ」には、横の兄弟関係にくわえてさらに縦の関係というのもある。晩年の一九四三年に執筆された「あらかじめ考えられた意図について（「アトラクションのモンタージュ」）」には、「アトラクションのモンタージュ」の主要部分がそっくりそのまま引用されている。またこれらとは別に「I・A・（知的アトラクション）28」（一九二八執筆）という論攷もあるが、これについては他の箇所にゆずりたい。アトラクション、モンタージュという基本要素は、形をかえこそすれずっとエイゼンシテインのなかに保たれていたことになる。横と縦のつながりをもつ「アトラクションのモンタージュ」は、単独の論攷としてではなくまさに星座的布置のなかでみなければならない。

「アトラクションのモンタージュ」と「映画アトラクションのモンタージュ」は特定の作品――『賢人』と『ストライキ』――についてのポストアナリシスだが、作品の特異性の分析を通じて普遍性へと飛躍することに成功しているために、現在でもそれらは一般的な演劇論・映画論として読むにたえうる。

舞台美術・演出によってキャリアをスタートさせたエイゼンシテインは、実際のガス工場で上演した『ガスマスク』（一九二四、図1）の「失敗」を最後に演劇界をあとにし、映画に活動の場を移すことになる（ただし、それ以前の『賢人』には、『グルーモフの日記』という五分ほどの短編映画が挿入されている）。エイゼンシテインの説明によれば、失敗の原因は演劇性が工場の「現実性」に飲みこまれてしまったことにあった。芝居の一装置であるはずのものが全体を包みこむ「容れ物」になってしまったのである。飲みこまれたあとにあらわれたのが、「現実の複製」を作るレンズだったというわけだ。一度は飲みこまれたが、結果として、一歩ひきさがって「現実性」を飲みかえす格好になった。こうした事情のために、エイゼンシテインのレンズは少々屈折している。ただし、エイゼンシテインは「『ガスマスク』タイプの芝居だけが完全に次の段階となる『ストライキ』へと論理的に移行できた」(Эйзенштейн 2005: 164)とのべている。

「アトラクションのモンタージュ」をとりかこむ先の四編の論攷はこうした移行期に書かれたもので、それらには、ふたつのジャンルをアトラクションのモンタージュという同一手法のもとに捉える共通性が認められる。これはふたつのジャンルをうえからみる視座をもつことを意味する。もちろん、エイゼンシテインの映画はフィルム・ダールの類のものではない。当時ロシアの映画監督のすべてがすべて演劇と映画を同一平面においてうけとめていたわけではない。たとえば、V・プドフキンはつぎのようにのべている。「モンタージュ概念の出現以降、事態は本質的にかわった」(Пудовкин: 50)、「芝居の演出家はつねに現実の実際のプロセスを相手にしなければならない。それが演出家の材料である。映画監督の方は撮影されたフィルムを自分の材料とする」(Там же: 53)。両者の差異を認めるということは、そのレンズに屈折がないということである。

図1 『ガスマスク』の舞台

同時代のフェクス(エクスツェントリカ俳優工場)[3]も演劇から映画へという道筋をたどっているし、エイゼンシテインの師であるV・メイエルホリドも映画に手を染めている。時代はくだるが、A・タルコフスキイはオペラの演出を手がけており、G・パンフィロフは映画と演劇の演出を並行させつつみごとにこなしている。こうした事例を考えれば、ふたつのジャンルを渡りあるくこと、それらに本質的な共通性をみいだすことは、それほど特異ではないはずだ。ましてエイゼンシテインは演劇の演出法に映画のモンタージュをもちこんでいたわけだから、演劇から映画への移行は自然といえば自然である。直接映画にむかうのではなく演劇から映画へとジャンルをかえるのは、多ジャンル的ジャンルである映画にふさわしいかたちといえるかもしれない。

当時はヴァリエテ、ミュージック・ホール、キャバレー、サーカスといった、いわゆる小ジャンルが演劇の前景におどりでた情況にあり、演劇から映画への移行はそうした小ジャンルの域内においておこなわれた。アトラクションはそれら諸々の小ジャンルをつなぐ糸だった。映画もまた小ジャンルのひとつとして最初は演劇の下にあったわけだから、正しくは、移行ではなく細胞分裂もしくは交配というべきかもしれない。一九二六年の時点で、エイゼンシテインは「映画、それは演劇における今日的段階だ。最新の局面である」（Эйзенштейн 1964b: 281）とのべている。

円形舞台、道化、曲芸師、ゴム人間、制服を着た場内係、ネパチ（ネップマン）、ファシスト、黒い仮面、異性装、めまぐるしい照明の切り替え、機械カラクリ、アントレ、観客の頭上での綱渡り、棒上バランス（図2）、ロープを用いたカスケード、木馬を使った曲乗り、犬の形態模写、風刺小唄、ダンス、銅鑼の音、スラップスティックともメリエス風ともつかない短編映画、交差するシーンや台詞、ネズミ花火……。これはサーカスの出し物でも遊園地や祭りの光景でもなく、『賢人』の舞台の様子である。なんという猥雑さ、なんたるけたたましさ。ジェットコースターどころの話ではない。ここにエイゼンシテインのいだくアトラクションのモンタージュの原点があり、この場所から彼の映画は育ってゆく。『賢人』を紹介するのに、呼び名に窮したS・トレチヤコフは、苦しまぎれに「アジ＝ブッフ＝演劇＝ドタバタ喜劇」（Третьяков 1923: 7）と呼んでいる。[4]

「アトラクション」というのは興行の呼び物をさす言葉であるが、エイゼンシテインは最初から少し変則的な使い方をしている。[5] まずは、「アトラクションのモンタージュ」における定義をみてみよう。

> アトラクションというのは（演劇の観点からすれば）、演劇のあらゆる攻撃的契機のことだ。つまり、知覚する

側に一定の情動的ショックを与えるよう綿密に計算された経験的に選りすぐられた、感覚的ないし心理的作用を観客に及ぼす要素のことである。

（エイゼンシテイン 1986a: 40. 訳語を一部変更）

ここでは、アトラクションは感覚的ないし心理的作用をおよぼす「要素」とされているが、その意味には揺れがあり、「アトラクションのモンタージュ」のなかだけでも「要素」は「分子的単位」、「組成単位」、「作用」といいかえられている。揺れ幅はあるものの、アトラクションがサーカス、芝居等の具体的な呼び物を意味するのではなく、それらがになう性質やその構成要素をさすことはまちがいない。アトラクションがになう性質とはエイゼンシテインが「アトラクション性」と呼んでいるものである。これは演劇を演劇たらしめ、映画を映画たらしめるもので、詩的言語における文学性に等しいといえる。組成単位としてのアトラクションの作用は、あらかじめ決定されているわけではない。観客に働きかけて情動的ショックをひきだす場合、たいていそれは両義的あるいは複合的なものとなる。そのために、エイゼンシテインがのべるように、神秘劇の受難の場面において、宗教的高揚感がサディスティックな満足感にきりかわるということもおこりうる。イデオロギーの受容も情動的ショックの集積の結果なされるのだが、その場合も、特定のイデオロギーに対応する特定の情動があるわけではない。このことは、かのJ・ゲッベルスがナチス・ドイツの映画モデルに『戦艦ポチョムキン』を推奨していることからもしれる。

図2 『賢人』の舞台

「映画アトラクションのモンタージュ」をみると、

アトラクションは「提示されるあらゆる事実（行為、対象、現象、意識的組み合わせ、等々）」（Эйзенштейн 2004a: 443）となっている。一見これは作用から具体的事象への逆行のようにもとれるが、これらすべてがフィルムに記録された映画的「事実」であるとすれば、やはりそれは組成単位である。この「事実」には条件がふたつついている。観客の注意と情動に一定の効果をおよぼすこと、他の事実と結合しながら、観客の情動をなんらかの方向にむけて「圧縮する特質」を備えていること。このうち後者は重要である。撮影されたアトラクション＝事実はそれだけでは機能せず、そこに手をくわえなければならない。もってまわった言い方がなされているが、この特質とはモンタージュにほかならない。

「あらかじめ考えられた意図について（「アトラクションのモンタージュ」）」では、「分子的単位」はさらに細かいものになる。「科学は「イオン」、「電子」、「中性子」をしっている。／芸術にも「アトラクション」がほしい」（Эйзенштейн 2002a: 56）とエイゼンシテインがいうとき、彼は言語における弁別特徴のような最小で不変の要素としてアトラクションを考えている。この言葉の背後には、科学的にアトラクションを追究したいという欲求が認められる。弁別特徴のようなアトラクションは弁別特徴と同じくそのままに存在するのではなく、束ねられることによって初めて作用のような現実的かたちをとることができる。

◎

アトラクションの核をなす、観客に情動的ショックないし心理的作用をおよぼすということが、演劇と映画をつなぐ共通項となる。「情動」はのちのパトス論へと発展する重要なモメントで、パトスの特異点として位置づけられるのがエクスタシーにほかならない。[6] グラン・ギニョールが当初のモデルになっていることもあり、「映画アトラクションのモンタージュ」では観客への作用は「暴行の一形態」といいかえられてもいる。ただちにこの言葉はマヤコフスキイら立体未来主義者による十月革命前のスキャンダラスなパフォーマンスを想起させるし、そこからはイタリア未来派の宣言「ヴァラエティ劇場」（一九一三）も透かしみえる。

エイゼンシテインにおいて、「作用（ヴォズディストヴィエ）」は「効果（エフェクト）」と一対になっているが、「映画アトラクションのモンタージュ」、「あらかじめ考えられた意図について（「アトラクションのモンタージュ」）」では、作用、効果のかわりにI・パヴロフ、I・ベフテレフらから借用した「刺激（ラズドラジチェリ）」、「反射（レフレクス）」が用いられもする。また「受容」における情動的効果を説明するのに、T・リップスの感情移入論が援用されている。反射理論は唯物論的心理学として、一九二〇年代においては左翼芸術家の圧倒的支持を集める。のちに軌道修正をするとはいえ、当時のエイゼンシテインもその例外ではなかった。

エイゼンシテインにとって演劇・映画制作は、「素材」である観客にどういう作用をあたえ、どのような効果をひきだすかという、作用・反作用の問題としてある。[7] さらに映画に関していえば、彼は観客を「大衆（マス）」として捉え、職業別に効果・作用の問題を考察している。『ストライキ』等では個人的スターに代えて集団を登場させているので、エイゼンシテインのなかでは、この点において登場人物と観客は対称性をなしていることになる。

「演劇活動の実験」において、エイゼンシテインは演劇を二種類にわけている（Эйзенштейн 1923: 56–58）。「イリュージョン演劇」と「作用演劇（ディストヴェンヌイ）」である。前者が登場人物への感情移入、俳優との共体験、自己目的的過程等を特徴とするのにたいして、後者はイリュージョンの根拠となりうるものすべて――本当らしさ、内的体験、美的な約束事、メーキャップ、衣裳、美術等――を除去し、もっぱら観客に対する情動的効果、それを正確に生みだすための計算と組織化に注意をそそぐ。これをみるかぎり、作用演劇からは、メイエルホリド演出の『大地は逆立つ』（一九二三。原作M・マルチネ『夜』一九二一）直系の構成主義的演劇が想像される。情動的ショックがやがて作用のイリュージョンを形成する可能性もないわけではないが、ここではそれは問わないでおこう。トレチヤコフが『賢人』を『堂々たるコキュ』（演出メイエルホリド、一九二二。原作F・クロムランク、一九二〇）と同じく「無対象的」（Tret'iakov 2006: 25）とするのは、この芝居がイリュージョンにまつわるものを極力排除しているからである。

アトラクションも作用演劇も形式にかかわるもので、それそのものは一定の内容をもつものではない。どのようにアトラクションを束ねるか、どういう方向に作用をむけるかによって、演劇の種別は決定されてゆく。「演劇活動の実験」では、ジャンル、および素材＝観客の情動を「加工」する仕方にもとづいていくつかの分類がおこなわれる（工場生産にならい「加工」とされているが、観客自らが情動を生産するのである）。ジャンルに関してはアジ演劇、広告演劇、冒険劇（探偵もの）、生産演劇が、情動の加工法に関してはビオメハニカ演劇、スポーツ演劇、エクスツェントリカ演劇が例としてあげられている。論攷において、サーカスは作用演劇のモデルとして特権的にあつかわれる。(8)

グロテスク、トリック

エイゼンシテインのアトラクションを一般化する試みは、これまでさまざまになされてきた。最も包括的なモノグラフのひとつに、A・リプコフ『芸術作用の諸問題——アトラクションの原理』（Липков 1990）がある。彼はエイゼンシテインからはじめて、アメリカのP・T・バーナーとJ・ヘスの興行にまで起源をたどり、そのうえで映画をはじめとする芸術一般におけるアトラクション、文化としてのアトラクションを追究している。『芸術作用の諸問題』は七章——「前提」、「分類の試み」、「一般的特質」、「座標と境界」、「正確な規定」、「アトラクションのシステムとしての映画」、「アトラクションの機能」——からなり、アトラクションの効果を数学的に分析した「数学的アナロジー」のようなユニークな節を複数含んでいる。

残念ながら、拙論ではこうした一般化の試みにふみこむことはひかえたい。その前に、同時代の文脈でふれておかなければならないことがあるからだ。それはエイゼンシテインのアトラクションに直接影響をあたえたもの、具体的には、メイエルホリドの「グロテスク」とN・フォレッゲルの「トリック」にほかならない（影響というよりは同調現象というべきかもしれない）。メイエルホリドもフォレッゲルも演劇の演劇性をもとめていったすえにグロテスクとトリックをみいだすのであり、エイゼンシテインも彼らにならいつつアトラクションにたどりついたといえる。ふたりはビオメハニカとタフィストレナジという機械論的身体運動・演技をそれぞれに開発している。このことと、エイゼンシテインが身体の表現運動を論じたり、ティパージュという演技メソッドを生みだしたりすることとは、同じ問題系に属する。

使用法は異なるものの、アトラクションという言葉そのものはメイエルホリドも用いている。この言葉が時代のなかでもつ意義をエイゼンシテインに気づかせたのは彼だろう。メイエルホリドの論攷「見世物小屋」（一九一二）には、キャバレー、ミュージック・ホール、ヴァリエテの意義を説明する註（メイエルホリド 2001: 122）に「アトラクション」が出てくるし、その講演「チャップリンとチャップリニズム」（一九三六）では、アトラクションの「連鎖」という発想はグヴィルム（国立高等演出工房）におけるエイゼンシテインとの共同作業の「結果」うまれたとされている（同：346）。またエイゼンシテインの残した「メイエルホリドの講義メモ」（一九二二年五月一六日）には、「アトラクション。道化の「イメージ」。最もシンプルな対位法」（Эйзенштейн 2005: 109）とある（一九二一年から二二年にかけて、エイゼンシテインはグヴィルムにおいてメイエルホリドのもとで学んでいる）。とはいえ、ふたりをつなぐものとして重要なのは、むしろグロテスク、アトラクションという「術語」にこめられている意味の共通性である。

メイエルホリドはスタニスラフスキイやエイゼンシテインのような言説の人ではないので、グロテスク論といっても、わずかに「見世物小屋」（『演劇論』一九一二。メイエルホリド 2001: 114–20）の一部に認められるにすぎない。論攷のなかでは、とりわけつぎの箇所がエイゼンシテインのアトラクションと響きあうだろう。「グロテスクは種類の異なる概念をむすびつける」、「グロテスクこそ、創造する芸術家に素晴らしい活動舞台をもたらす方法だ」、「現実の完全な姿を（もちろん「制約的・非模倣的」に）創造する」、「グロテスク自身が目的ではないのか」、「グロテスクは日常生活を、自然なものとは思えなくなるまで掘り下げる」、「超自然的なものを探究するグロテスクは、対立物のエキスを総合し、未曾有な光景を現出し、観客を不可解な謎の解明へ立ち向かわせる」、「グロテスクの課題は、コントラストによってその動きを変化させる舞台上の出来事に対し、観客に絶えずこのアンビヴァレントな態度をとらせる点にあるのではなかろうか」、「グロテスクの芸術は内容と形式の闘いを基礎にしている。グロテスクは心理を装飾的な課題に従属させようとする」（訳語を一部変更）。

ここには方法としてのグロテスク、あるいはコントラストによって観客からアンビヴァレントな反応をひきだす作用・反作用が語られている。エイゼンシテイン所蔵の『演劇論』には、先の「グロテスクは日常生活を、〔……〕」の部分に下線がひかれ、行頭にも強調の三本線が記されている（Эйзенштейн 2005: 67）。自然なものではない、超自然的なものこそが演劇的事実で、当時メイエルホリドは制約劇とも様式劇とも訳されている「ウスロヴヌイ・テアトル」によって、この演劇的事実を芝居の前面におしだそうとしていた。それはもはや日常の再現・上演ではない。その範例がA・ブローク原作の『見世物小屋』（初演一九〇五）である。「ウスロヴノスチ」（ウスロヴヌイの名詞）とは演劇の条件性（ウスロヴノスチ）・制約性から発生した約束事（ウスロヴノスチ）をさし、演劇の約束事をきわだたせるウスロヴヌイ・テアトルは演劇的演劇と訳してもよいものである。『クロース・アップの歴史』（一九四〇―四二執筆）において、エイゼンシテインはウスロヴヌイ・テアトルを最も演劇的な演劇と認め、「モンタージュとクロース・アップの映画」を映画におけるウスロヴヌイ・テアトルとみなしている（Эйзенштейн 2002b: 92）。

「アトラクションのモンタージュ」にはグロテスクという言葉は出てこないが、エイゼンシテインが俳優向けに記した『鏡』（原作F・スルチャイヌイ）の演出メモ（一九二〇）では、鍵語として使われている。「過度なまでにディテールをつめこまれた、日常の現実的なものすべてを排除せよ……唯一の手段、それは誇張、つまり偶然にみいだされた特徴を典型的な特徴にまでいたらしめること、カリカチュア・グロテスクの方法である！」（Юренев 1985: 33）。ユレネフのいうように（Там же: 33）、数年して「これらの原理」がアトラクションのモンタージュに姿をかえるのである。上演から十数年して、エイゼンシテインが「まんなかの五年間」（一九三四）で、トリックが連続する（モンタージュされる）『賢人』の場面を分析している箇所を読むと、「グロテスク」がアトラクションのモンタージュにいかに深く溶けこんでいるかがわかる。「演出スタイルのもつエクスツェントリカ的グロテスクのために、あるタイプの表現から別のタイプの表現への飛躍、ふたつの表現のかなり思いがけない編み込みが可能になるのである」（Эйзенштейн 1967: 61）。

一九二一／二二年のモスクワの演劇シーズンは画期的な年として歴史に記されている。一方ではメイエルホリドがビオメハニカを用いた『堂々たるコキュ』をかけ、他方ではフォレッゲル主宰のマストフォル（フォレッゲル・スタジオ）がサーカスのパレード仕立ての傑作『馬との友好的関係』（原作V・マヤコフスキイ、一九二一）を上演する（パレード劇としてはバレエ・リュス『パラード』［一九一六］がよくしられている）。エイゼンシテインは衣裳デザイン担当として後者に参加しており、芝居の制作を内側からつぶさに観察できる立場にあった。

フランスのシャルラタン劇から出発したフォレッゲルは、サーカスの演劇化、演劇のサーカス化を標榜し両者の境界をとりはらおうとする。『馬との友好的関係』では、サーカスのトリックを中心に芝居をくみたてている。ちなみに、一九二二年上演のフェクス『結婚』（原作N・ゴーゴリ、一八四二）には「三幕のトリック」という副題がつけられていたし、芝居にはサーカス芸人のセルジュが出演した。『馬との友好的関係』の上演にあわせて書かれた論攷「脚本、プロット、トリック」（一九二二。Мнемозина 1: 64-78）には、フォレッゲルの基本的姿勢が鮮明にのべられている。現代の芝居の上演に必要なのは脚本ではなく、トリックとそれをつなぐプロットである、というのが彼の主張である。フォレッゲルにとって、トリックは「脚本構成の基礎」であり、「未来の劇作家の課題はプロットの軸となるトリック、幕や個々の場のトリックを作りだすのを学ぶこと」にある。そしてプロットの構成において大きな役割をはたすのが、「イロギズム（原因と結果、および理由と解決の領域を違えること）、コントラストを作ること」で、それは映画的なものとされている。すなわち、モンタージュである。

> レッシングとブワローは
> アメリカ式モンタージュの行動規範によって
> 廃棄された
>
> （Там же: 67）

メイエルホリドが演劇の壊乱、改革にふみとどまったのにたいして、フォレッゲルはその破壊にまですすむ。次の段階で彼が演劇の枠から飛びだして「機械ダンス」を作りあげることになるのは、自然な流れといえる。メイエルホリドは、サーカスと演劇を融合させたフォレッゲルの「演劇＝サーカス」を認めない（メイエルホリド 2001: 156）。サーカスに劇的なものを活性化する力をみいだし、それをビオメハニカ等の演劇システムにとりこんでゆく、というのが彼の立場である。

エイゼンシテインも「アトラクションのモンタージュ」においてアトラクションとトリックとのあいだに線をひいている。「アトラクションはトリックとはなんらつながりをもたない。〔……〕絶対的で、それ自身において完結したものを意味するトリックは、用語の意味からいえば、観客の反応という相対的な関係にもっぱら依拠するアトラクションとは真っ向から対立するものだ」（エイゼンシテイン 1986a: 41. 訳語を一部変更）。この「トリック」はフォレッゲルのトリックをさすとみてよいだろう。プロレトクリトにおける講義プログラムを説明するための「開会の辞」で、エイゼンシテインは「トリック・シーンとそのアトラクション的価値」（Забродин 2005: 140）について解説しているので、彼が否定したのはトリックそのものではなく、アトラクション的価値をもたないトリックということになる。フォレッゲルの方は、「脚本、プロット、トリック」においてビオメハニカや『賢人』を評価している。

S・ユトケヴィチの証言するところでは（1987: 56）、フォレッゲルが政治的プロパガンダ劇の路線を放棄したために、一九二二年の秋にエイゼンシテインはマストフォルを去り、メイエルホリドのところで『タレールキンの死（第二版）』（原作A・スホヴォ＝コブイリン、一八六九）の演出助手をつとめることになる。このこと自体に誤りはないが、ひとつつけたしておきたい。その背景には、エイゼンシテインが劇的要素をすて（られ）なかったということがあるだろう。このことは映画においてさらに明確なかたちで、エイゼンシテインとDz・ヴェルトフとのあいだの差異を生むことになる。

先のフォレッゲルの引用に「アメリカ式モンタージュの行動規範」というのがあるが、断片の接合によってプロットをきずいてゆく、いわゆるモンタージュ劇は、ロシアではJu・アンネンコフ演出の『最初の酒造り』（一九一九。原作L・トルストイ、一八八二）からはじまる。アンネンコフのあとに、その流れはS・ラドロフ、メイエルホリド、フェクス、マストフォル、A・タイーロフ、エイゼンシテイン、B・フェルジナンドロフと、さまざまな種別にわかれつつ拡がってゆく。

V・シクロフスキイが『桂馬飛び』（一九二三。Шкловский 1923: 127,134,141）に『最初の酒造り』の様子を記しており、そこに興味深い指摘が二点認められる。ひとつは、芝居（＝ストーリー）に次つぎと俗謡、アクロバット、アコーディオン弾き、スラヴ風輪舞等が「地獄をあらわす」ものとして挿入されたあとに、「動機づけされていない」（プロットとは関係のない）赤毛の道化が登場するとしていること。ひとつは、アンネンコフの芝居はサーカス的コメディであるという指摘。彼がサーカス的というのは、構成においていくつもの異化、つまり「制御」、「妨害」がはたらいていることを意味する。動機づけのない挿入、つまり赤毛の道化はプロットの分断を、制御、妨害はプロットのジグザグ化を意味する。これはトレチヤコフが『賢人』にみいだした無対象性や、グロテスク論においてメイエルホリドがのべていた「装飾的課題」とつながっている。メロディにさまざまな装飾音がわってはいってきた結果、メロディをかきみだしつつ異質のもの同士が衝突しあう情況が生じる――ここにアトラクションのモンタージュの原初的形態がある。分断やジグザグ化によってプロットの連続性、線状性がくずれ、そこから部分の接合による新たな連続性の構築がはじまる。

「モンタージュ」の文脈

論攷「アトラクションのモンタージュ」において「アトラクションのモンタージュ」という言葉を導入するとき、エイゼンシテインは「これははじめて使われる言葉だ」（エイゼンシテイン 1986a: 40）と誇らかに宣言する。「アトラクション」も「モンタージュ」も時代の言葉だが、サーカスと機械の接合という発想は彼の功績である。

それでは、エイゼンシテインはどのようにしてアトラクションのモンタージュという用語を思いつくにいたったのか。きっかけとして考えられるものに、古くは幼年時代のデクパージュがあり、同時代にはフォトモンタージュ、フォレッゲル、フェクス、L・クレショフがある。フォトモンタージュについては、「アトラクションのモンタージュ」にG・グロッス、A・ロトチェンコの名があがっている。グロッス／J・ハートフィールド《Dada-merica》やG・

クルツィス《ダイナミックな都市》(図3)は一九一九年の、ロトチェンコが挿画としてフォトモンタージュを提供した詩集『これについて』(V・マヤコフスキイ、図4)は二三年の作品である。またエイゼンシテインの記憶には、P・ピカソやG・ブラックの総合的キュビスム、パピエ・コレもしっかりと刻まれていた。エイゼンシテインは早くからモンタージュ的環境にかこまれていたといってよい。

多くのきっかけのなかから彼がとくにとりあげているものがある。E・リシツキイ/I・エレンブルクがベルリンで刊行していた英、仏、露三カ国語による雑誌『ヴェシチ(事物)』で、そこにはヨーロッパ各国(ソ連も含む)の最新文化情報——文学、美術、映画、音楽、等々の——がびっしり掲載されていた。そればかりか、リシツキイのデザイン感覚が隅々までゆきとどいている表紙デザイン・紙面構成・タイポグラフィの実験は、現在みても眼をみはるものがある(エイゼンシテインはマラルメや立体未来主義のタイポグラフィの実験をタイポグラフィのモンタージュと呼んでいる。図5)。フェクスの宣言「エクスツェントリズム」にも、『ヴェシチ』の登場を歓迎するという一句があるから、『ヴェシチ』がロシアの芸術青年たちの関心の的だったことがわかる。「あらかじめ考えられた意図について(「アトラクションのモンタージュ」)」では、この雑誌はつぎのように紹介されている。

> パリからエレンブルクの雑誌『ヴェシチ』が届けられていた。
> 最もよく使われる字体のみなれた外形さえもが、型抜きステンシルで蒸気機関車の車両に描かれたさまざまな文字、工作機械、そして街頭広告を彷彿とさせた。
> ここから生まれたのが、「アトラクションのモンタージュ」という術語である。(Эйзенштейн 2002a: 57)

エイゼンシテインが『ヴェシチ』に感じていたのはむせ返るような都会の息吹である。彼はこの引用に先だつ部分において、「アトラクション」も「モンタージュ」もアーバニズムの深奥からうまれたもので、自分たちは「とてつもなく」アーバニスティックだったと認めている。アトラクションのモンタージュの根底には、モスクワという世界

図 4 『これについて』より

図 3 《ダイナミックな都市》

図 5 『ヴェシチ』1/2 号表紙

都市の質と論理が流れているのである。

もちろん実際面においても、エイゼンシテインは『ストライキ』制作以前にモンタージュにかかわったりふれたりしている。重要な契機としては、一九一九年の『イントレランス』（D・W・グリフィス、一九一六）の公開、二二年の「キノプラウダ」（ヴェルトフ）の開始、二二年から二三年にかけてクレショフの講義を受講したこと、二四年にE・シューブとともに『ドクトル・マブゼ』（F・ラング、一九二二）の再編集（ペレモンタージュ）にたずさわったことがあげられる。ここでは、クレショフについてのべておきたい。

どちらがいいだしたか定かではないが、エイゼンシテインとのあいだでクレショフは「映画の母（マーメンカ）」と呼ばれていた。すでに演劇の父メイエルホリドがいたので、このような次第になったのである。贅沢なことに、エイゼンシテインは最良の師をふたりもったことになる。講義を受講中に映画の母が息子にあてた手紙には、「運命が最も甘美な休暇とちょうどよいモンタージュの練習問題を、君とアレクサンドロフ君にあたえてくれるでしょう」（Забродин 2005: 149）という文句があるが、講義をうけているとき、エイゼンシテインはきわめて勤勉だったようだ。『グルーモフの日記』はその成果といえようか。当時モンタージュについての「ただ一人の熱狂者」であると自負していたクレショフは、講義において、エイゼンシテインの映画の方向を決定する、アメリカ映画とモンタージュ、クレショフ効果等について、情熱をこめて語ってきかせたはずだ。

「ふたつのショットから新たな概念が、ふたつのショットに含まれていない新たなイメージが発生する。〔……〕モンタージュ、これは映画作品構築の基本であり本質である」（Кулешов 1988: 49）。こうした大前提はエイゼンシテインのものでもある。この部分だけをしめされたら、どちらがいったかを判断するのが困難なほど、根本においてふたりは一致している。クレショフ以前には場面の演出が監督の仕事だと考えられていた（Там же: 44）のにたいして、クレショフはショット撮影後の操作に、いわば消費的産出にその重心を移した。ここでクレショフ効果、モンタージュについて確認しておかなければならないのは、それが再（ペレ）モンタージュからうまれたということである。

モンタージュと再モンタージュとの関係を考えるのに、クレショフがニュース映画の再モンタージュと並行してクレショフ効果の実験をおこなっていたことは、大いに参考になるだろう。『プライト技師の設計』(一九一八)において「創造的地理」(モンタージュの一手法)をためしていたとはいえ、クレショフが助手のN・ダニロヴァとともにモンタージュの実験に本格的にとりくむのは、人民委員会全露写真映画部(BФKO)において、既成のドキュメンタリー・フィルムを基材にして、要求におうじながら「新しいプロット」を生みだしてゆく作業においてである。マールイ・グネズドニコフスキイ横町にある建物の一室で再モンタージュに何時間も没頭しているとき、クレショフは自分が現代の錬金術師に思えてきたことだろう。そんな彼のことを、周りは「変人(チュダク)」だと考えていた。そうして新たにうまれかわったプロットを、E・グロモフは「ホムンクルス」(Громов 1984: 65)に喩えている。

この再モンタージュ過程のなかから抽出されるようにして、I・モジューヒンの同一ショットを異なるショットとくみあわせてさまざまな意味を作りだす、クレショフ効果の実験が出現したのである。手法としてのモンタージュが一次的編集を再編集する行為からうまれたという事実は、モンタージュが再モンタージュの特殊形態であること、モンタージュがつねに前のモンタージュの書き換え、メタ・モンタージュでもポスト・モンタージュでもあることを教えている。モンタージュは先にある編集をずらしつつ複製を作ってゆくもので、最終の複製がオリジナルと呼ばれることになる。すなわち、オリジナルもコピーもないのである。モンタージュはショットを接合したものであると同時に、モンタージュに関するモンタージュ、モンタージュとモンタージュとのあいだにある間モンタージュにほかならない。

モンタージュという言葉は「アトラクションのモンタージュ」において、つぎのようなかたちであらわれる。「戯曲に描かれた出来事を忠実に「なぞる」のではなく、またその出来事から論理的に導きだされる作用のみによって芝居づくりを進めるのではなく、それに代わって新たな手法が登場する。恣意的に選ばれたものでありながら、最終的に一定のテーマ上の効果をもたらす独立した(さらには、戯曲の所与の構成やプロットを離れても充分に機能しうる)作用(つまりアトラクション)を自由にモンタージュすること、つまりアトラクションのモンタージュの登場である」(エイゼンシテイン 1986a: 41. 訳語を一部変更)。

ここで改めてたしかめておきたいのは、モンタージュの操作が芝居の出来事の一段うえで、構成、プロットとは別におこなわれるということだ。先の引用文につづく、「多くの「描写的断片」をモンタージュに編みこむ」（Эйзенштейн 1964b: 271）という箇所を読むと、モンタージュの位置はさらにはっきりするだろう。高次レヴェルといってしまえばそれまでだが、描写的断片を操作する位置はメイエルホリドやフォレッゲルが「コントラスト」を作りだしていた位置と同じものだ。『これについて』のフォトモンタージュにしても、ロトチェンコはD・シテレンベルクが撮った写真をモンタージュしたのである。この場合、創造性は一次的写真においてではなく、写真をポリグラフィックにデザインするデザイン力において発揮されている。

「アトラクションのモンタージュ」ではモンタージュ論が具体的に展開されることはなく、『賢人』のエピローグの場面を「モンタージュ・リスト」にして並べたものが提示されているにすぎない（ここでモンタージュ・リストといっているのは、簡略化した撮影台本、コンティニュイティのことである）。具体的な説明は「映画アトラクションのモンタージュ」を待たなければならない。

対比、ウスタノフカ、映画の未来

『ストライキ』のポストアナリシスである「映画アトラクションのモンタージュ」は、内容からすると前半と後半にわかれる。前半はモンタージュに、後半は表現運動・演技にあてられており、いまわれわれに必要なのは前半、さらにそこで注目したいのは、三つの概念・事項――「対比（сопоставление）」、「ウスタノフカ（志向性、構え、設定、装置）」、「映画の未来」である。これらをみることで、エイゼンシテインが『ストライキ』当時考えていたモンタージュ映画の姿がよりはっきりするだろう。

対比というなにげない言葉の導入によって、観客に対する効果・作用を共通課題とする演劇と映画の違いが明らかになる。

アトラクションのモンタージュ（出来事の対比）という方法の適用は、演劇よりも映画でよりひろくうけいれられている。なぜなら、私が「対比の芸術」と呼ぼうとする映画は、事実ではなく制約された（写真・光（フォト）による）再現的描写を提示するものであるために、〔……〕最も単純な現象を叙述するのにも、継起的に個々のものを提示しながらその叙述を構成する要素を対比することを必要とするからだ。すなわち、モンタージュ（映画の技術的理解における）は映画の基礎であり、映画の制約性とそれにおうじた受容の特性によって根底から基礎づけられている。（Эйзенштейн 2004a: 444）

引用には、一次的素材である「再現的描写（オトブラジェニエ）」が制約的であるために、現実の現象を描くのにモンタージュが必要になると書かれているが、少しいいたしておきたい。ここにいう再現的描写はコマ、ショットをさすと考えられるが、話を簡単にするためにここではコマ（写真）に焦点をしぼることにする。一次的素材のコマは三次元との差異から生じる制約（ウスロヴノスチ）をになっている。それにたいして、現実の運動現象を再現表象するために要請されるモンタージュは、四次元との差異から生じる制約（ウスロヴノスチ）をになう。それぞれに課せられた制約は種別を異にする。したがって、基本的にモンタージュは一次的素材の制約（欠如）を充たすために存在するのではない。とはいえ、写真から映画へ移行するさい立体的感覚がつけ加わる、という心理学の報告を否定するつもりはない（ロトマン 1987: 30）。正確には、コマの制約・約束事（ウスロヴノスチ）とモンタージュの制約・約束事（ウスロヴノスチ）は相互に関係・干渉しあっている。カラー映画を視野にいれはじめたとき、エイゼンシテインが奥行きのある画面を意識しだし、そのモンタージュに変化があらわれることなどは、そのよい例である。また音（垂直のモンタージュ）がカラーに影響をおよぼすことも、相互干渉の一例といえるだろう。

映画における継起性・連続性というのは、対比によって構成されるものであり、モンタージュは現実そのものを模倣するのではなく、映画の制約・約束事（ウスロヴノスチ）にしたがいつつ現実を再現（正確には再構成）する。運動に関するエイゼンシテインの説明を読むと、このことはさらにはっきりする。「運動の実現とは、現実の行為（殺人、酩酊、薪割り等）

を外的に模倣したり描写したりすることではなく、しかるべき力学的図式をとおして有機的に再現することであり、対象となる現象の運動過程を迫真的に再現することである」（Эйзенштейн 2004a: 444）。

「しかるべき力学的図式」というのがわかりにくければ、この場合、微速度撮影（クイックモーション）、高速度撮影（スローモーション）、逆回転撮影、ストップモーションといった技法＝手法を思い浮かべてもよいだろう。このうちストップモーションは黒画面とともに、映画におけるいわば極北をしるすものとしてある。ストップモーションにおいて、現実の運動と映画の運動とのズレは頂点に達する。現実的視座からは静止とみえるものが、実は同一コマの反復（みえない運動）によって形成されているからだ。見かけの静止とみえない運動の重なり。映画では、静止も運動の手を借りなければあらわせない。

あくまでもこれはフィルム映画の話で、デジタル映像ではくだんのズレは解消され映像の停止と動作の停止は重なる。こうした事態のもとに出現したのが、絵画・写真と映画、スティル（静止画）とモーション（動画）の境界を消失させるB・イーノ《77 Million Paintings》（二〇〇六）にほかならない。この作品は写真と絵画が融合した映像データを超微速度でアットランダムに変換してゆくことによって、静止と運動を連続的なものにした。フィルムにおけるみえない反復を可視的な微差異におきかえたものといえるだろう。写真家松江泰治の「Moving Photographs」――《ARI 100585》（二〇一〇）、《QUI 100520》（二〇一〇）、《ALTIPLANO 100676》（二〇一一）等――も、デジタル映像のストップモーション上に位置する作品とみなすことができる。たとえば、清水穣（2011: 89）はフラクタル曲線にならい、松江の試みを静止画と動画の中間次元に属するものとしている。さらに、こうした流れの高度な展開例として、二〇一三年にはじまる高谷史郎の「Toposcan」連作があげられる。

モンタージュにおいて生じるのは「類似的過程」とされており、この過程は「現象ではなく連合（アソシエーション）の連鎖」の対比から形成される。「力学的図式」がこの連合を課題の実現に向けて導いてゆく。「映画アトラクションのモンタージュ」では、連合はふたつの意味で用いられている。ひとつはショット同士の連合、ひとつはモンタージュとそこから生じる効果との連合である。「連合的対比」の例として、エイゼンシテインは『ストライキ』のラストを飾る血と血のモンタージュ、すなわち、次つぎと倒れてゆく労働者たちを撮ったロング・ショット、ミディアム・ロング・ショットと屠殺のクロース・アップとのモンタージュ、カットバックをあげている。この場合、対比にとってショット・サイズは重要である。

屠殺と虐殺の対比（図6）、いわば隠喩は文化的なものでも言語にかかわるものでもある、というよりは、イメージと言語の交差点、非離散的記号と離散的記号の交差点におかれている。言語にかかわるといっているのは、言語が隠喩の条件をあたえるということにほかならず、映像の連想的対比によってもたらされる効果・作用は言語的隠喩が生みだすものと同じというわけではない。モンタージュ的隠喩はあくまでも視覚に基盤をおいている。たとえば、エ

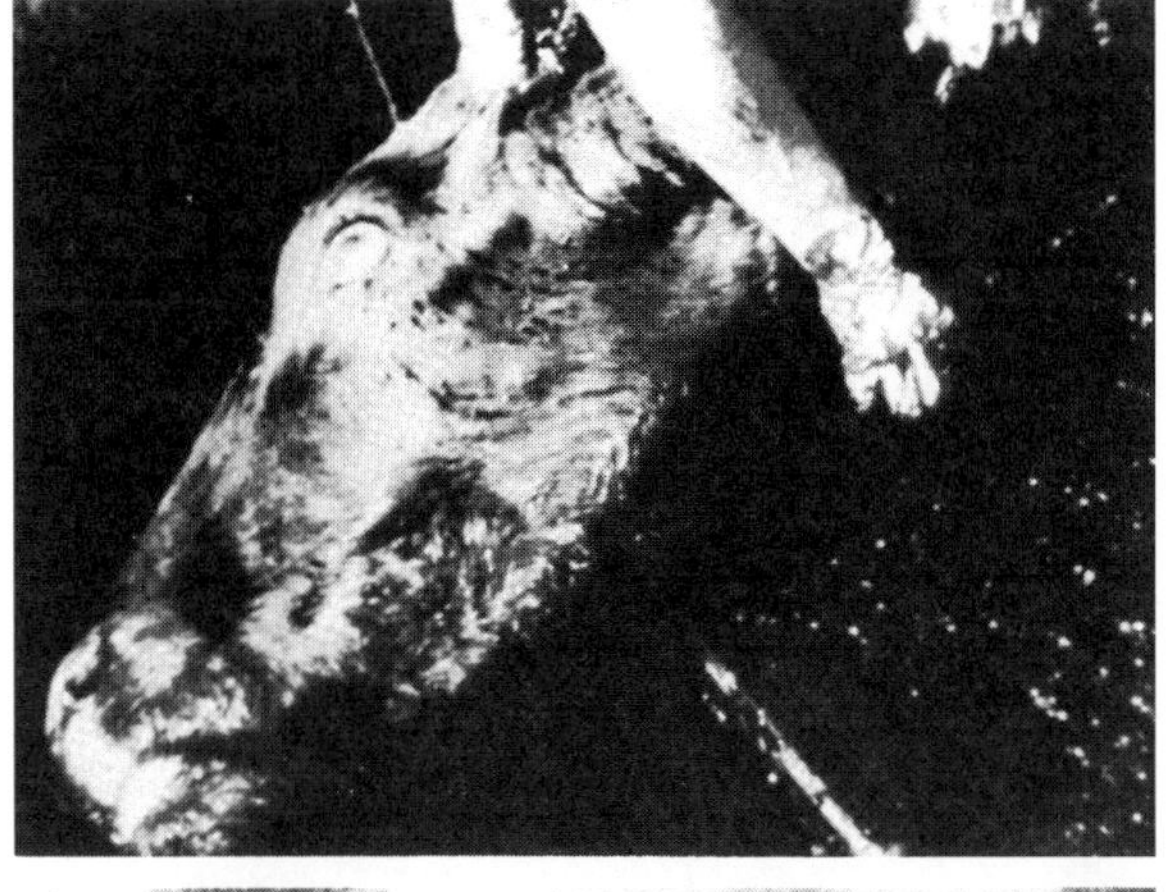

図6 『ストライキ』より

イゼンシテインは『城と要塞』（A・イヴァノフスキイ、一九二四）のなかの「計算」に欠けた対比、モンタージュをさして、それではショットの構成が「視覚的なものとしてではなく文学的なものとして意識されてしまう」と批判する。

労働者の虐殺と屠殺の対比そのものは、あくまでもイメージの内在平面においておこなわれ、そのもたらす効果は言語よりも直接的で全面的である。「兵士によって次つぎとうちたおされてゆく労働者は屠場の牛だ」という言語表現が意味を経由してイメージにたどりつくまでにへなければならない距離は、そこにはない。言語（隠喩）が迂回的に到達せざるをえない場所を、視覚的モンタージュは最初から獲得している。逆にいえば、言語（隠喩）は映画が存在する以前から映画的機能を――迂回的にせよ、あるいは迂回的であることによって――はたしていたといえる。

いうまでもなく、対比は差異を前提としてなりたっている。「映画形式のドラマトゥルギー」（一九二九執筆）において、エイゼンシテインは差異、モンタージュ、連合の関係についてつぎのようにのべている。「モンタージュ断片への差異化は、各断片自体が現実的なものではないことを条件としている。とはいえ、断片そのものはそれだけで、ある連合を喚起することができる」（Эйзенштейн 2000: 531）。現実的なものではないというのは、実体的なものではないことを意味するだろう。

くりかえしになるが、一九二四、二五年当時のエイゼンシテインは心理学、大脳生理学、精神分析学――パヴロフ、ベフテレフ、フロイト――を援用しながら、連合的対比から生じる情動的効果を、あらかじめたてられた課題の実現に向けて導こうと考えていた。それは情動や感覚の論理を操作するということであり、彼が科学的というのはそうした事態をさす。実現の道筋は直線的であればあるほど効果的というわけではなく、エイゼンシテインはシクロフスキイから借用した「遅延（ザデルジャニエ）」（異化の一形態）も加えつつその道筋について考察している。エイゼンシテインにおいて生理学、心理学への傾きは一時的なものではなく、晩年まで一貫してつづいてゆく。「あらかじめ考えられた意図について（「アトラクションのモンタージュ」）」で、エイゼンシテインは「もっとパヴロフについてよくしっていたら、私はアトラクションのモンタージュ理論を「芸術的刺激の理論」と名づけていただろう」（Эйзенштейн 2002a: 59）と、当時を回想している。

『殺人光線』と『密造酒業者を追え』」において、エイゼンシテインはフロイトの昇華理論を援用しながらクレショフとA・ロームの作品を論じている。表現の同一性をとおして病理と芸術作品を同じ地平におく発想の背景には、両者に共通の心的エネルギーをみいだしているということがある。その推論から導きだされたのは、『殺人光線』（一九二五）やヴェルトフがフェティシズム的であるのにたいして、『密造酒業者を追え』は神経症的である（K3 43: 51–53）という結論だ。エイゼンシテインの診断では、彼らが未昇華の病理的位置にとどまっているのにたいして、グリフィス、シュトロハイム、自分自身は欲動の昇華をなしとげている。彼の表現を借りれば、昇華に成功するということは最大の病者にして最高の医師になることである。「傑出した外科医になったサディスト、それは昇華がしめす最良の例のひとつである」（Там же: 42）。その試みが荒削りで未熟なものであることは否めないが、それを無意味なものとして葬りさることもまたできないだろう。

昇華がいささか唐突だとしても、連合と条件反射との結びつきは自然でも必然的でもある。「映画アトラクションのモンタージュ」のなかで、アジ映画についてエイゼンシテインはつぎのようにのべている。「スペクタクルを用いるアジテーションの手法は、択びだされた現象としかるべき手法によってひきおこされる無条件反射とを連合によって結びつけることによって、新たな条件反射の連鎖を作りだすことにある」（Эйзенштейн 2004a: 447）。このことはアジ映画にとどまらず、芸術の効果・作用一般にあてはまるだろう。文中の無条件反射は種属反射としての愛憎、情動、感動、本能等をさしている。ここで「新たな条件反射の連鎖」といわれているものは、シクロフスキイの異化を心理学的にいいかえたものとみることもできる。

◎

反射をどこへどのように導くのかを考えるさい必要となるのが、ウスタノフカ（志向性、構え、設定、装置）である。「映画アトラクションのモンタージュ」において、この単語は——その動詞 **установить** までいれると——かなり使用頻度が高く、鍵語といってよいだろう。術語としてのウスタノフカは、当時フォルマリズム、労働論、心理学の三分野[9]において使用されていた、いわば流行語である。エイゼンシテインのウスタノフカもこうした時代情況のなかで使われている。

フォルマリストの例としては、たとえばR・ヤコブソン「最も新しいロシアの詩」（一九二一）につぎのような一節がある。「詩的言語は、極限として、音語を、より正確には、それに相応しい志向性（ウスタノフカ）がある限り、階調語を、ザーウミを目指すものである」（ヤコブソン 1971: 187. 訳語を一部変更）。これは一例にすぎないが、彼らの用法は基本的にはE・フッサールの延長上にある。論攷によって幅はあるものの、ほぼすべてが対象に対する志向性、地平に対するもの、対象に意味を付与する構成的なもの、客観に触発される受動的なもののいずれかに該当する。しいてつけ加えるとすれば、ドミナント、差異、約束事、システム等の術語を駆使しながら、機能・要因の相関関係の総体にテクストの志向性をみるところまで、彼らは歩を進めた。フォルマリストのウスタノフカはあくまでも美学的なものだが、シペートはそれとは別にプラグマティックなウスタノフカという種別をたてている（Шпет 2007: 255）。

労働のウスタノフカというのは、A・ガスチェフの『新しい文化のウスタノフカ』（一九二三）、『労働のウスタノフカ』（一九二四）、『ツィト（中央労働研究所）のメソッドによる生産ウスタノフカ』（一九二七）等にしめされているものをさす。彼はエイゼンシテインと同じくプロレトクリトに所属するプロレタリア詩人でもあった。その詩「ひと束の命令書」（一九二一）には、「キノグラス＝ウスタノフカ」（Гастев 1971: 218）という一句もみえる。マスとしてのプロレタリアート、機械の力学や機能性を力強くうたいあげる彼の詩は、独自のコスミズムにまで到達している。ガスチェフは一九二〇年に中央労働研究所を設立するとその所長に収まり、テイラー・システムのソ連版であるノト（労働の科学的組織化）の研究に邁進することになる。彼のなかでは、詩作（創造）、科学、労働（工業生産）はひとつのものであった。それらをつないでいたのはプロレタリアートの新しい身体である。新身体は生身のものではなく、理念的に捉えられたものである。この時代に初めて、労働する身体はプロレタリアートという理念をとおして思索の対象になった（それはスポーツ、あるいは軍事における身体と並行している）。

『労働のウスタノフカ』（一九二四）をみると、機械のメカニズムと人体の神経・筋肉組織を重ねあわせながら独自の「バイオグラム（ウスタノフカのダイアグラム）」（Гастев 1973: 145）を作ろうとしているのがわかる。労働において運動を基軸にするとき、「いわゆる道具＝筋肉労働と機械との境界はとりはらわれてしまう」（Там же: 137）。ここでは道具と機械は同一視されている。そこにうまれるのが機械論的身体にほかならない。それは、第一次機械時代の思想ともいうべき合理性、機能性、テクノロジー、進化、互換可能性等が連結されたところにあらわれるものである。

図７　「社会＝工学機械」のモデル

ガスチェフの労働は生産労働――型をもった――に限定されるものではなく、質料的なものも含んでいる。重要なのは、彼が機械（論）のもつ連結・接続の運動論理のもとにプロレタリアートの身体、工場、共産主義社会を連続的に考えていることだ。奇異をとおりこしてキッチュとさえうつる「社会＝工学機械」のモデル（図７）は、それを可視化したものである。制御をとりこんだ彼の機械（論）には生理学、機械工学、社会システム論もくみこまれており、息子のJu・ガスチェフはサイバネティックスの萌芽をそこに認めている（Там же: 11）。

ガスチェフの機械のユートピアには、当然時代の危うさもつきまとっている。それは機械化に関係する三つの言葉を並べてみるとはっきりする。「エンジニアリング（инженерия）」、「機械論化（механизация）」、「機械化（машинизация）」である。一番目が工学技術の身体に対する適用、二番目が機械のメカニズムの身体に対する適用を意味するのにたいして、三番目は機械と人間の同一化をさす（機械と人間の同一化は人間の機械化とともに機械の人間化をもたらす）。これら三つの言葉の内部では、自動的機械的思考と機械論的思考がせめぎあっており、ガスチェフ自身の立ち位置はその時々におうじてそれらのあいだで揺れうごいている。共産主義、機械芸術、アメリカニズムという要素にとりまかれていたエイゼンシテインにしても、事情はかわらない。彼が悪しき自動的機械的思考を少しでも免れているとしたら、それはオルフェウスの力によるだろう。R・バルトがエイゼンシテインにみいだした第三の意味はこの力にかかわっている（1998: 15）。第一と第二の意味からもれこぼれてしまう剰余は、ヘーゲルのいう理性の狡知になぞらえることができるかもしれない。『無関心ではない自然』において、K・ジレットの「法則」――安全カミソリのネジをいったん一杯までしめたあとでちょっともどす――を紹介しているところからするに、エイゼンシテインは第三の意味や理性の狡知に対して自覚的だったとみてよい。ジレットの説明部分には、つぎの一節がみられる。「こうした探究や実験をおこなう目的は、いつかこれらが別の解釈、別の個人的切り口をとおして、映画作法全体の創造にはげむ集団的われわれ全員によって活用されうるだろうということである」（Эйзенштейн 2002b: 496）。

ガスチェフでもうひとつ興味深いのは、その論攷において「モンタージュ」が機械の組み立て（сборка）と映画の手法との中間の意味で使われていることである。「プロレタリアートは目の前でおこなわれる事業の壮大な組み立て（モンタージュ）をその心理のなかに取り込んでいる」、「これは、主として、だれの目にも見える表面に現れた工場そのものの組み立て（モンタージュ）である」、「生産全体の相対的な組み立て（モンタージュ）でもある」（RA 1995: 199）。これらをみるかぎり、ソ連においてモンタージュという言葉に「生産の仕組み・装置」を意味する段階があったことがわかる。ここからウスタノフカ（設定）は誕生するのである。

心理学のウスタノフカというのは、D・ウズナーゼによって着手され、グルジア学派（ウズナーゼ名称心理学研究所）の手で展開されている「構え（ウスタノフカ）の理論」のことである（構えに照準をあわせた実験の開始は一九二七年であるが、その前提となる実験は二三年からおこなわれていた。Узнадзе 1997: 15–16）。もとはドイツのL・ランゲからきている。構えとは、ある動作や行動を実現したり方向づけたりするための予備的な準備状態をさす。構えは潜勢的で無意識的な心理過程をつかさどり、そこから社会心理や習慣、あるいは認識が形成されてゆく。

さてエイゼンシテインのウスタノフカであるが、それは情動をひきおこす（生産する）ことを目標とする、具体的にはモンタージュと無条件反射との連合をきずくためのものといえる。「映画アトラクションのモンタージュ」では、「目的の設定」、「照明の設定」、「テーマ的な効果をめざすこと」、「社会的目標設定」、「俳優の動きを観客の模倣能力の軽減化にむけて方向づけること」、「モンタージュ的アプローチを方向づける」（強調は引用者）等といった、どちらかといえばプラグマティックな意味で使われている。大枠ではガスチェフの意味用法に近いといえるだろう。ただし、エイゼンシテインはガスチェフに対する批判的論攷「中央労働研究所を急射せよ」（一九二八執筆）を残している。近いからこそ、微妙な差異が重要になるのである。

文学から映画へとメディウムがかわれば約束事が変化するのは当然で、たとえば、シクロフスキイは『彼らの現在』（一九二七）においてつぎのようにのべている。「映画芸術はいまのところ、文学言語が有している受容の約束事や条件的制約がもつ形式の大部分を欠いている。「ウスタノフカ」の獲得、それが映画の未来である」（Шкловский 1927: 16）。この言葉をうけてО・ハンゼン＝リョーヴェは、ウスタノフカは新メディアの約束事であり、この場合のウスタノフカは「ある断片が他の連辞的要素に対してもつ方向づけ」（Ханзен-Лёве 1988: 177）を意味するという。われわれの論の流れでは、そうした意味でのウスタノフカは対比ということになる。

◎

形成途中の段階において映画の未来についてのべることは、おのずと、未来の映画を語ることとは異なってくる。そのとき、映画は基本的な可能性を充分に現実化しているわけではない。当時の情況としては、ジャンルの差異化さえいまだ不分明なままで、劇映画と非劇映画という区別こそかろうじてあるものの、さまざまなものが塊をなして存在するばかりだった。また映画の未来を語ることは、未来との関係において現在をかえりみることを意味する。エイゼンシテインは、プロット、シナリオ、テーマ、モンタージュ、観客＝情動の組織化、ジャンル（劇映画）、演技＝俳優等といった諸項にそいながら映画の未来について語っており、そのなかにおいてみるとモンタージュの生態はさらによくみえてくる。

とりあえず、エイゼンシテインの考える映画の基本線を確認しておこう。これはアトラクションと密接にかかわっている。

> 銘記しておかなければならないのは、おそらく映画はアジテーションの外部にあってはならないということだ。（Эйзенштейн 2004a: 447）

ここにいうアジテーションは政治のそればかりをさすのではなく、古代の人びとが狩りの前に動物の毛皮を身にまとって踊ったときの儀式の記憶にもつながっている。政治アジテーションにおいても古代儀式の高揚においても、聴衆・参加者から「最大の情動的効果」をひきだすことが課題となる。エイゼンシテインの考えでは、「発見されたアジ・スペクタクルの本質によって、作用芸術の環は完成され、また本源との「接合」も方向づけられる」（Там же: 452）。のちに人類学的拡がりを獲得するこうした考えは、彼の映画観の基盤をなしており、映画の未来もそのうえにある。

つぎに、映画の未来についてのべた部分をみてみよう。

> 以下のことを確信していると断言したい。疑いもなく、未来はプロットもなく俳優もいない形式＝提示の仕方のためにあるが、この未来は、全面的な発展、自然の蕩尽、全エネルギーの活用を可能にする社会制度の条件がそろったときに初めて到来する。そのとき人類は、虚構（フィクション）によるエネルギー活動からえられる満足を必要としないだろう。〔……〕そうした時代の到来はまだ先なので、くりかえしになるが、観客に対してモデル〔職業俳優〕の仕事がおよぼす有効性を無視してはならない。（Там же: 451）

これは、階級と国家が消滅するはずの共産主義社会にそくして構想された共産主義映画文化論である。社会制度と文化構造を同形性によってとりむすぶ方法は、コミューンの芸術派N・プーニンなどにも共通のものである。「虚構によるエネルギー活動からえられる満足を必要としない」という部分が意味するところは、事実による虚構の否定などではなく、虚構の蕩尽、虚構の飽和状態のあとにやってくる虚構の無効化である。そのとき、受容者の能力も最高度に達しており、創造者と受容者、生産者と創造者は互換可能な存在となっている。共産主義文化というからには、少なくともそのように考えたい。プロットもなく俳優もいない映画といえば、当時のソ連の文脈では、すぐさまヴェルトフの非劇映画が思い出される。しかしことはそう簡単ではなく、エイゼンシテインはヴェルトフの非劇映画を認めていない。そこには、過渡期には過渡期の映画があるはずだ、という現実的判断がはたらいている。

ヴェルトフに対する批判的論攷「形式への唯物論的アプローチに関する問題に寄せて」（RA 1994: 365-74）を読むと、エイゼンシテインの微妙な現実的立ち位置がそれなりにみえてくる。この論攷の要点は三つある。「美学の領域を飛びだし」はしたものの、『ストライキ』は「芸術の外へ」出ることなく「形式の分野におけるイデオロギー上の勝利」を収めたとしていること、「短い」ショットがモンタージュされているだけのヴェルトフの非劇映画は、「表面的な動態」を記録した「プリミティヴな印象主義」を思わせるばかりか、静態的でもあるとしていること、そして、ヴェルトフが静態的（知覚的）であるのにたいして、『ストライキ』は「行動」の映画、「鉄拳映画（キノクラーク）」たりえていることとである。ここにいう「行動」は「観客の心理を耕しなおす」ことをさす。エイゼンシテインのいう行動は、情動的ショックの頂点において「イデオロギー」が受容される情動＝運動の問題としてある。「運動のイメージ」による情動の喚起、運動と情動の重なりをしめすために、『モンタージュ』のある箇所で、エイゼンシテインは「情動（эмоция）」をラテン語 motio（運動）にまでたどっている（Эйзенштейн 2000: 198）。

ヴェルトフとエイゼンシテインの対立の背景には、事実とフィクションに対するふたりの考え方の違いがある。自ら提唱する「非劇映画」をもってそれまでの映画全体を否定するヴェルトフが、事実、フィクションを対立的なものとするのにたいして、エイゼンシテインは両者のあいだに反転可能性、相互浸透性を認めている。当時をふりかえりながら、一九三四年にエイゼンシテインはつぎのようにのべている。ティパージュとモンタージュをめざした「一九二四—二九年」の時期には、「事実は同時にイメージでもあった」（Эйзенштейн 1967: 97-98）。ここにあるイメージを単純にフィクション（物語、イデオロギー等）としてのみ解釈することはできないが、十月革命後の一〇年間、新生ソ連の実験的生活において、イメージぬきに事実を考えることはできなかったし、イメージのバイアスをとおすことによって事実はより鮮明にみえたのである。こうした事情は映画にも反映されていた。

劇映画の内部にひとまずとどまり、それを内側から壊乱することがエイゼンシテインの構想する過渡期の映画ということになる。壊乱の方法として彼がうちだしたのは、中心的スターに代わる集団（群衆場面）、文学・演劇的シナリオに代わるモンタージュ的シナリオにほかならない。このうち、後者については説明がいるだろう。「映画アトラクションのモンタージュ」には、「書かれたシナリオがあるか無いかはまったく本質的なことではない」（Эйзенштейн 2004a: 449）とある。J・カサベテスが耳にしたら、にんまりしそうな言葉だ。エイゼンシテインにとって、シナリオとは「レシピ（あるいはメモ書き）」のようなもので、「アトラクションのモンタージュ」にのっている『賢人』のエピローグのモンタージュ・リストがその例とされる。彼がシナリオに冷淡なのは、シナリオによってしめされる「融合的なプロット」が、手を加えないでは映画に適用できないからである。映画作家はそこから主題をぬきだし、「それを、最終的な効果をあらかじめ読みこんだアトラクションの連鎖へと置換」しなければならない。

ii　イメージ概念の輪郭

G・ドゥルーズが『シネマ1・2』（一九八三、八五）をH・ベルクソンのイマージュ概念の再検討からはじめているように、エイゼンシテインの映画論を論じるにあたっても、そのイメージ（オブラス）概念をおさえておく必要があるだろう。彼の芸術論全体はこの概念を基盤にしており、たとえば、造形表現と音楽の「総合的一致の感覚」を論じるさい、エイゼンシテインはつぎのように問いかけている。「しかし、いったいどこにイメージ（オブラス）はあるのだろう。大文字のイメージよ！　イメージよ、私はあなたに尋ねたい!!!」（Эйзенштейн 2004a: 182）。あるいは、「イメージ創造者（образотворец）としての芸術家」という言い方もしており（Эйзенштейн 2006: 518）、ここには「言葉の創造者」としての詩人というV・フレブニコフの文句がこだましている。

　エイゼンシテインの「イメージ（オブラス）」は映画の内部に収まることなく、哲学、美術、文学、音楽、神話学、言語学へと幅ひろく拡がってゆく。その「オブラス」はたんに形象・映像と訳すだけですますことはできないし、彼固有の解釈を含む。描写（イゾブラジェニエ）とイメージの対関係を中心にしながら、芸術論の前提をなすイメージ概念の輪郭をたどってみたい。

　モンタージュとの関係で重要なのは、なんといっても描写（изображение）と対にして語られるイメージ（образ）である。『モンタージュ』には、「映画のあらゆる分野にわたって徹底的に研究してきた描写（イゾブラジェニエ）とイメージの対」という一句が認められる（Эйзенштейн 2000: 464）。ふたつの言葉を較べるとわかるように、前者にはすでにобразが含まれている。辞書的にいえば、「イゾブラジェニエ」は「オブラス」を形にしたものをさす。ちなみに、J・レイダ訳『映画感覚』（Eisenstein 1970b: 11）では、「イゾブラジェニエ」にrepresentationを、「オブラス」にimageを、グレニー／テイラー編『モンタージュの理論に向かって』（Eisenstein 2010）では、それぞれにdepictionとimageをあてている。キネマ旬報社版『エイゼンシュテイン全集　第七巻』（1981a）では、「イゾブラジェニエ」は「描写」、「オブラス」は「イメージ」である。いずれもまずまずの訳語といってよいだろう。われわれもキネマ旬報社版にならい、「イゾブラジェニエ」、「オブラス」のそれぞれに、「描写」と「イメージ」の訳語をあてることにしたい。ただし場合によっては「イゾブラジェニエ」を「造形表現」とすることもある。描写、イメージはエイゼンシテインでは映画のみならず美術、文学にも適用されている汎用性の高い術語だが、映画の領域においては、基本的に描写はショットに、イメージはモンタージュに対応する。映画の内的区分について、エイゼンシテインはコマ（フレーム）、ショット、モンタージュ（シーン、シークェンス）の、いわば三重分節をとっている（ただし、ショット、モンタージュ段階を映画とみなしているので、正確には二重分節というべきかもしれない。こうした分節法をとらない映画概念や、リニアーな分節を問題としない映画・映像には、エイゼンシテインの二分法は有効にはたらかないことがある）。

ふたつの術語についてまずのべなければならないのは、「段階」ということである。エイゼンシテインは生成的構造（ストゥルクトゥラ）、構成的構造（ストゥルクトゥラ）を考えるさい、段階にわける方法をとる。段階的変化を説明するために、フランス語 graduel から градуальный（段階的）という新語をわざわざ自分の手で用意している。段階的思考法は唯物弁証法にもみられるものだが、エイゼンシテインは段階的な歴史運動に進化、展開ばかりか退行をも認めている。段階的思考法はさまざまな領域に適用されているが、それがとりわけ力を発揮するのは造形の変化をおう場合である。これについては、次章以降で詳しくふれることになるだろう。

描写とイメージも段階で結ばれている。それは機能的段階といった方がよいかもしれない。同じ言葉が日常の伝達機能をおびることも詩的機能をおびることもあるように、あるショットは描写となることもイメージを生みだすこともある。ふたつのものは区別されると同時に、また相互に移行しもする。「ある現象の描写とイメージは、その存在・発生によって、また相互移行によって、統一された不可分なものとしてある」（Эйзенштейн 2000: 36）。

描写とイメージの違いをしるには、エイゼンシテインがあげている時計の例にあたるのが早道だろう。文字盤と針がくみあわされた時計は、描写とみることもできるし、そこから時間（イメージ）を読みとることもできる。通常、描写としての時計は時間ときりはなせないものの、ときとしてそれらが分離することがある。エイゼンシテインは『アンナ・カレーニナ』（L・トルストイ、一八七七）からそうした場面を拾いあげている。アンナに妊娠したことをあかされたとき、ヴロンスキイはすっかり気が動転して、時計をみているにもかかわらずいっこうに時間が頭に入ってこない（Эйзенштейн 2002b: 290）。ここで注意しなければならないのは、エイゼンシテインのいう二面性が物と記号の二面性ではなく、あくまでも記号におけるふたつの段階、描写とイメージの二面性であることだ。エイゼンシテインがモンタージュの説明に一度ならず用いている会意の漢字やヴィシュヌ神の細密画[10]（図8。Эйзенштейн 2000: 78）も、時計の延長線上にある。「水（みず）」と「目（め）」をくみあわせて「泪」を形成したり、尊いものが運ばれてゆくというイメージのもとに、象と天女の描写が入れ子状にくみあわされたりするのは、いずれも時計のヴァリエーションとみてよいだろう。

ここでついでにのべておくと、日本にむけられたエイゼンシテインのモンタージュ的視線は漢字や歌舞伎といった個別現象にとどまらず、日本文化そのものにそそがれている。たとえば、われわれの文字体系をなす漢字（象形文字）と仮名の組み合わせに、「概念の絵図」とアルファベット（表音文字）の組み合わせという異質な記号同士のモンタージュをみいだしているし（Эйзенштейн 1967: 308）、相阿弥による須弥山式枯山水の庭園に漢字と同一の原理をみてとっている（Эйзенштейн 2002b: 99–100）。

図8 《ヴィシュヌ神》

またエイゼンシテインは動詞「見る」の不完了体「見える（видеть）」と完了体「見て理解する（увидеть）」を用いながら、受容の側面から描写とイメージを区別している。「видеть が眼の自動的（光学的）機能をになうのにたいして、увидеть はなによりもまず思考の機能、したがって、社会的な世界観の機能、つまり世界に対する関係の機能、世界との相関関係の機能をになう」（Там же: 65）。これは眼と視線の対比におきかえられてもいる。正確を期すれば、眼の機能もけっして自動的なものではなく——自然なものになってはいても——、「社会的な世界観の機能」と無関係ではない。したがって、芸術のイメージを увидеть することは、видеть のうえに位置する社会的世界観にかかわることになる。

エイゼンシテインの説明をふまえて、V・V・イヴァノフはイゾブラジェニエをイコン記号、シニフィアンの方に、イメージをシンボル記号、シニフィエの方にひきつけて考えている（Иванов 1998: 243–

63）（「イゾブラジェニエ」はC・パースの「イコン記号」のロシア語訳でもある）。こうした視覚的世界の構造はすぐさまラカンのイメージ（表象の主体）とスクリーン（視線）のセットを思い起こさせるが、ここでは両者の擦り合わせはおこなわない。とりあえず、エイゼンシテインのイメージが一定の象徴的機制——「世界に対する関係」、世界にそそぐ視線——のもとに成立するものだということを確認するにとどめておく。

表出の面においても、エイゼンシテインは描写、イメージに対応する動詞を個別に用意している。すなわち、描写に対しては「描写する（изображать）」が、イメージに対しては「描出する・提示する（представить）」が使われる。エイゼンシテインにはさらにもうひとつ、イメージと描写の区別をしるす一対の言葉がある。ギリシア語のイデアに形という意味が含まれていることからも予測がつくように、理念的理解とものごとの輪郭（かたち）の把握は重なっている。エイゼンシテインは理念的イメージに「ヴィジョン（видимость/vision）」を、像としての描写——対象的なものであろうと無対象的なものであろうと——に「形象（фигура）」をあてている。

描写がモンタージュされることによって質的飛躍がおこり、イメージがうまれるというとき、その飛躍を準備するのは「本質にそった総合・総括（オボプシチェニエ）」（Эйзенштейн 2000: 36）である。エイゼンシテインはこうした作用を「超越論的合力」と呼び、一般化してもいる。「一般的にいえば、同一次元のふたつの量を重ねると、そこからさらに高次の新たな次元が生じる」（Там же: 521）。高次の新たな次元が出現するということに、エイゼンシテインの有機性、ひいては古典性の存在根拠がある。「ふたつの量」のあいだには、衝突はあっても古典的映画崩壊後の現代映画がもつ切断・乖離といった要素は想定されていない。エイゼンシテインの理論と現代映画、映画の現在との交通は最初から遮断されているわけではないので、J＝L・ゴダールのように、ヴェルトフ、エイゼンシテインのモンタージュに学び、独自の不合理的切断法、セリエリスムをあみだすことも可能である。また、エイゼンシテイン映画にふれる現代の観客がショットの「衝突」からうけるものが、有機性ではなく有機性の欠如（切断）であるということも、大いにありうる。接合的価値観と離接的価値観のどちらが優勢かは時代やジャンルによって異なるし、モンタージュには切断と（再）結合の契機がともに含まれている。

「総合・総括的イメージ」で注意しなければならないのは、この場合エイゼンシテインがふたつのイメージを使いわけていることだ。「描写と総合・総括的イメージとの統一から、より包括的なイメージが創造される」（Там же: 329）。前者を一次的イメージとすれば、後者は二次的イメージということができるだろう。ふたつのイメージ分類は「オデッサの階段」を例にとり説明されている（Там же: 354 n.1）。兵士たちが階段を下りてゆく描写と、「一定の秩序で」つみ重ねられる足のリズム＝総合・総括的イメージ、このふたつが「一緒になって」、軍靴によってすべてを圧しつぶすツァーリ体制の様相＝より包括的なイメージが生みだされる。

モンタージュの結果からいえば、総合・総括的イメージは個々の描写に潜勢的に分有されていることになる。『戦艦ポチョムキン』のライオン像のモンタージュ（図9）を例にとれば、個々のライオン像のポーズが総合されて、そこから蜂起のイメージ（「本質」）がたちあがるのだが、蜂起のイメージは潜勢的に三つのライオン像に分有されてい

図9　『戦艦ポチョムキン』より

る。[11] こうした事態をエイゼンシテインは絵画の色彩分割になぞらえて説明しており（Там же: 440）、それをふまえれば、イメージ分割という言い方ができるだろう。モンタージュ運動を考慮すれば、運動分割といってもよいかもしれない。

モンタージュやイメージは必ずしも求心的で統一的なものばかりではなく、『十月』にみられる神々の像の分散的モンタージュ（一種のイコノクラスム。図10）のように、統一的な神は存在しないというイメージを生じさせる、デモンタージュ的モンタージュもある。ここで求心的、分散的といっているのは、エイゼンシテインの術語では、「構成的構造」（Эйзенштейн 1964c: 39）ということになり、描写と構成があわさって初めてイメージは生じる。本質にそった総合の結果誕生するイメージは、イヴァノフのいうようにシンボル記号（言語）に近い。少なくとも、言語の力を借りなければそれは成立しえないだろう。

モンタージュ運動からイメージがうまれるという事態は、イメージと運動はきりはなせないということを意味する。イメージはつねに生成過程にあり、生成しつつあるというのがイメージの存在様態にほかならない。この生成は描写とイメージの、個別的なものと一般的なものとの相互移行、そして「統一」の結果としてもたらされる。「イメージ（的なもの）とは過程のことである。すなわち、イメージ（的なもの）は以下のような形式——一般的なものと個別的なものとの統一が、不動の記号においてではなく交替の脈動において実現される形式をとっている」（Эйзенштейн 2004a: 477）。補足しておくと、個別的描写の衝突がイメージをもたらしたあと、さらにそのイメージと新たな描写がくみあわされて、つぎのイメージが作りだされる——このようにして累進的にイメージが更新されてゆくというのが、イメージ＝過程の意味するところである。N・クレイマンが「イメージの生成過程としてのモンタージュ」（Там же: 663）というときも、そうした事態をさしている。先にのべた一次的イメージと二次的イメージの関係も過程としてのイメージにかかわる。

エイゼンシテインは芸術記号の問題をこえて、描写とイメージの対を芸術様式にも適用している。これはすでに文化類型学の問題である。それについてまとまった論攷が残されているわけではないが、断片から読みとれるその主張

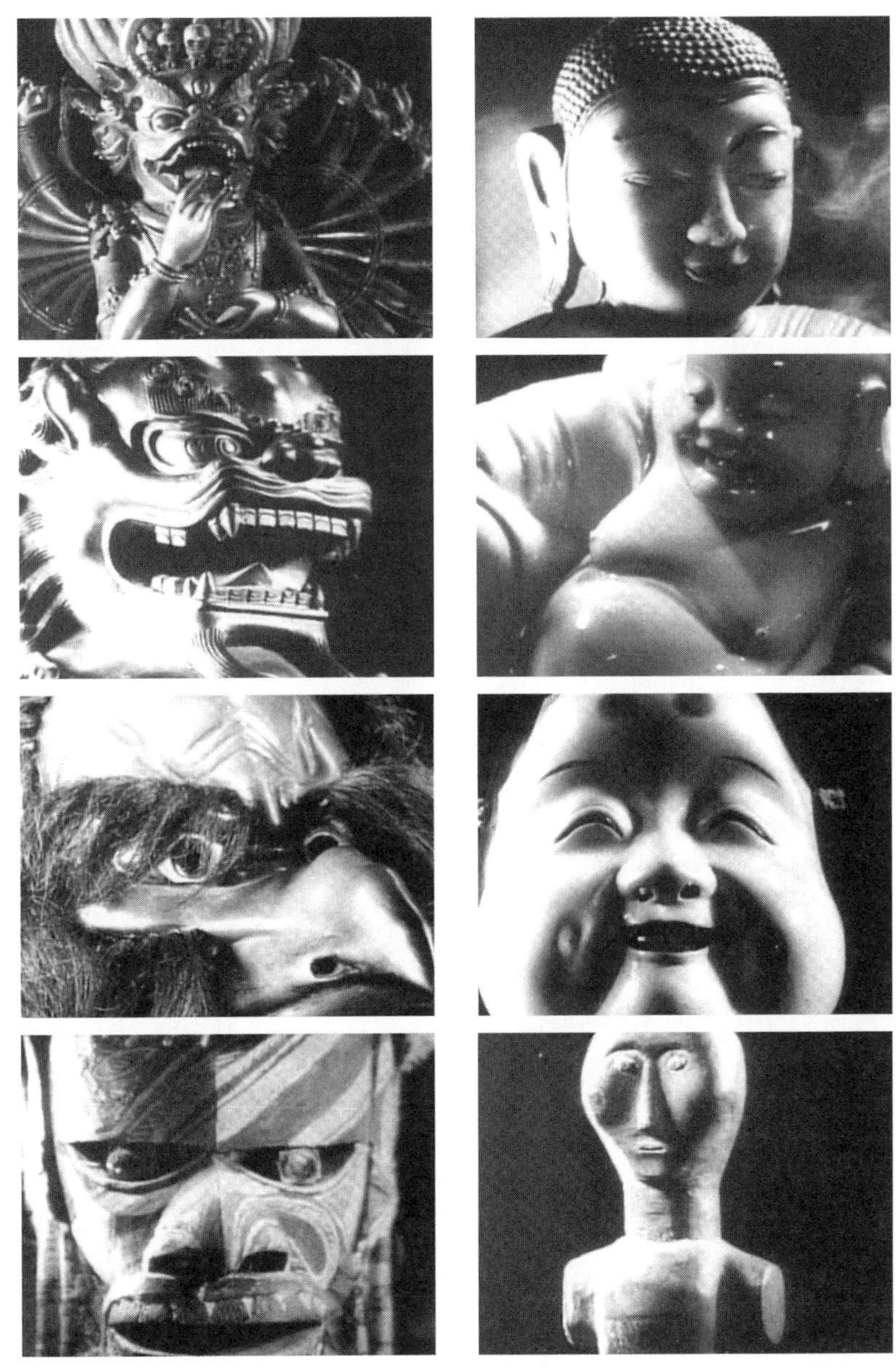

図10 『十月』より

は一貫している。エイゼンシテインは構成を欠いた、造形表現のみにたよる芸術を自然主義、移動展派と呼ぶ（Эйзенштейн 2002b: 115）。エイゼンシテインの考える自然主義では、社会も歴史も充分に対象化されずに自然なままである。また自然主義については、「現実の状態、部分の相関関係の自然主義的複製（スコロク）」（Эйзенштейн 2000: 412 n.2）という言い方がなされている。スコロクには類似物という意味もある。

　これにたいして、構成と描写が生みだすイメージによって作られる芸術はリアリズムとされる。イメージ、リアリズム、真実性の関係については、D・ディドロ『「私生児」に関する対話』（一七五七）にそくしてつぎのように説明されている。「イメージは「最大限に可能な真実性と力をともなってあらわれる」。ここでは、正しくも「力」のほかに「真実性」ということが指摘されている。すなわち、「日常の真実」ではなくその最も高度な理解におけるリアリズムである。リアリズムの基本的特性は、ひとつの個別的なものをとおして総合的で一般的なものがあらわされることにほかならない……」（Эйзенштейн 2000: 327）。「総合的で一般的なもの」とは理念的なものである。これは、社会的典型（タイプ）（理念）を用いて自然派を説明するV・ベリンスキイの定義を連想させはしないだろうか。リアリズムの「真実性」というのはそうした理念にかなうものをさし、そこで問題とされるリアリティは日常のそれではなく、あくまでも芸術の内部におけるリアリティである。事実、エイゼンシテインはリアリズムの根拠を、「人間、人間行為、人間関係を社会的典型にのっとって再現した表現（反映）のリアリティ」にもとめている（Там же: 464）。

　さらに、エイゼンシテインは「一般的なもの」の極点においてイメージはシンボル（象徴）へ転じるとし、そうしたシンボルによって創造されるもの——京劇、ウスロヴヌイ・テアトル等——を「制約的・約束的な芸術（условщина）」と呼んでいる（Эйзенштейн 2004a: 477）。エイゼンシテインはこれら三つの類型のなかで、映画とともにリアリズムを最も高く評価しているが、時代によって映画のタイプもかわるだろうし、それにつれて類型に対する評価も変化してゆくだろう。そうした事態として、ネオレアリズモ、ダイレクト・シネマといったものがまずは思い浮かぶ。

エイゼンシテインがどのように「オブラス」という言葉を用いているのか、その使用範囲をひと渡り確認しておきたい。語のおもな意味としては、映像、全体印象、心像、比喩、象徴、型、輪郭、さらにはイデー、構造、価値評価のまとまりなどがあげられる。エイゼンシテイン自身はA・プレオブラジェンスキイ『ロシア語語源辞典』（一九一〇―一四）を典拠にしながら、「オブラスは、「周りをきりとる обрез」、「発現 обнаружение」といった概念の交点に位置する」（Эйзенштейн 2002a: 76）とのべている。[12] 前者はある現象を他の現象からわかつこと、後者はある現象とその周りの現象との結びつきを社会的に確定することと説明されている。前者との関連で指摘しておきたいのは、プリニウス『博物誌』（七七。1986: 1409）が「人間の影の輪郭線をなぞる」行為に絵画の起源を求めていることである。またわれわれとしては、「発現」に、内的な捉えがたいものを形にするという意味をつけ加えておきたい。

多義性とともに興味深いのは、エイゼンシテインが образ を内包する語を多用しながら「イメージ」を説明していることだ。отображение（再現的描写・反映）、воображение（想像）、прообраз（原型）、образование（イメージ形成）、соображение（考え）、образец（典型）、многообразие（多様性）、образный（生きいきした）、безобразный（詩的形象をふくまない、形のあいまいな）、等々の語である。ときに、「オブラス」の周囲にこうした語が集中的に配される。そのとき、「オブラス」は星座的布置において読まれることになる。また、「オブラス」をかこむ語にはエイゼンシテイン固有の意味がこめられている。воображение（想像）は、造形表現の対象を「オブラス」にはめこみ作りなおすという意味に解され、「形成」という意味しかもたないロシア語 образование には、ドイツ語 Gebilde（形成、イメージ）が類推適用されて「イメージ形成」という意味がつけたされる。言語遊戯にひいでたエイゼンシテインは、カドラージュの要素をなす обрез（切り口）とイメージ（образ）を重ねあわせてもいる。日本語訳をみているだけでも、「オブラス」のイメージの共和国はみるみる拡張してゆくだろう。

必要以上にオブラスという語に拘泥したのは、イメージを多層・多相の重なりや連なりとして捉え、そこに存在する微妙な差異の絡まりをなんとか言説にのせようとしているエイゼンシテインの奮闘ぶりを、少しでも伝えたかったからである。

2 モンタージュ

一方に思考の論理としての弁証法があり、他方に思考の「コピー・写し（сколок）」としての映画があるとしたら、[13] 運動の論理である弁証法——現実と現実についての思考にかかわる——がモンタージュの原理となるのは、自然の成り行きといえる。エイゼンシテインは、「構造としてのモンタージュ形式は思考過程を再現したものである」（Эйзенштейн 2002a: 225）とのべている。ショット（描写）とショット（描写）の衝突がイメージを生むというモンタージュの運動図式は、映画の弁証法以外のなにものでもない。

イメージと運動に関していえば、「運動するイメージ」（生理的）を基盤にして「イメージの運動」（心理的）が形成される、とエイゼンシテインは考える（Эйзенштейн 2000: 173-74）。言葉をもてあそんでいるようにみえるかもしれないが、ことは明快である。まず、コマの「連鎖（リャト）」が映写機を通過するさいの「ひとまとまりの過程」（「ミクロ・モンタージュ」[14]）が、運動のイメージを作りだす。描写＝ショットのレヴェルがこれにあたる。この運動のイメージをもとにしつつ描写＝ショットがモンタージュされて、イメージの運動が生みだされる。このことは、フィルム、つまり生理的事実のうえに映画的事実は成立する、といいかえることができる。エクスタシーのような剰余（特異な質）にしても、この均質的（量的）な運動のうえに生みだされてゆくのである。

運動するイメージ、イメージの運動にとっての鍵語である「インターヴァル」についても、もっぱらイメージの運動のインターヴァルを問題とするヴェルトフとは異なり、エイゼンシテインはコマとコマのインターヴァル、それからイメージ、意味、造形等におけるインターヴァルというようにインターヴァルを二種類設けている（Там же: 353）。

このことはそのまま機械芸術のしめる位置の説明となりえている。

さらに、エイゼンシテインはモンタージュの型にしたがって映画史を分類し、単一のカメラ・アングルによる映画のモンタージュ、交替するカメラ・アングルによる映画のモンタージュ、トーキー映画（тонфильм）のモンタージュという三期をえている。ここで興味深いのは、それぞれの時期に固有のイメージ運動、「運動線」を指摘していることだ（Там же: 330-31）。単一のカメラ・アングルによる映画には輪郭の運動が、交替するカメラ・アングルによる映画には位置変化としての運動が、トーキー映画には振動といったものが、基準となる運動線として設定されている。このようにエイゼンシテインはあくまでも運動にそって映画を考えていった。とはいえ、彼の映画から運動以外の要素がぬけおちているわけではない。そうした幅の証しになるかどうかわからないが、興味深いことに、同じ長回しを特徴とするふたりの監督、タルコフスキイとA・ソクーロフが、エイゼンシテインの異なる要素に反応している。前者はエイゼンシテインのモンタージュ・スタイルに反発し、後者はエイゼンシテインのパトスに「魅了され」た。

i　ショット

モンタージュ論を主題とする『モンタージュ』は単一のカメラ・アングルによる映画のモンタージュ（ショット）の問題から交替するカメラ・アングルによる映画のモンタージュ、トーキー映画のモンタージュへと、小さい単位からより大きくて複雑な単位へ推論を展開してゆく（『モンタージュ』の成り立ちと構成については第一章1節を参照）。エイゼンシテインの説明によれば、実際においてはまずショットから「上方へ」モンタージュの線がのびてゆき、そののち「下方に向かって」ショットの「構成」が育っていった。ショットの構成はカラー映画の段階において完成をみるとされる。これは、音や色彩が加わり人物の性格づけ、プロットの複雑さがつのるにしたがい、ショットのになう情報量が増す、つまりは空間の深さが充分に活用され、ショットの時間が長くなることを意味する。シークェンス・

ショットはその結果うまれたものである。エイゼンシテイン自身においても、モンタージュ、パンフォーカス的ショット——二八ミリや二五ミリの短焦点レンズを用いた——、トーキー映画、カラー映画という順序で制作的関心は移っていった。

これまでの説明でもすでに混線が生じてしまっているが、いま語っているショットには、発生論的なものと構造論的なものの二種類が含まれている。『ラ・シオタ駅への列車の到着』（リュミエール兄弟、一八九五）のような初期映画におけるショット＝作品やシークェンス・ショットにおけるショット、それからモンタージュや作品を構成する（最小）単位としてのショットである。どちらもショットにかわりはないが、モンタージュ（論）においてショットという場合は構成単位としてのショットをさす。単一のカメラ・アングルによるショットの検討は動かない被写体（静的フレーミング）から始められており、この観念的ともいえる設定——カメラ・アングルの単一性、被写体の不動性、映像単位の最小性の三者の重なり——には、最小単位の最小性を確定したいという意図が読みとれる。

エイゼンシテインが『モンタージュ』で対象としているショットは理論的説明では最初におかれているものの、先にのべたように、ショットをショットとして意識するようになるのはモンタージュよりあとのことである（ただし、とりあげられているショットは基本的に音や色彩をともなうものではない）。「モンタージュはショットの一段階である」（Эйзенштейн 2000: 42）、「ショット内の構成における衝突（コンフリクト）はモンタージュの最小組織単位、細胞のようなもので、それは衝突の力の増大にもとづく分裂の法則にしたがっている」（Там же: 42）と、エイゼンシテインがのべるときも、このショットはモンタージュ以後の眼でみたものである。（最小）単位としてのショットへの注目は、モンタージュのあとにつづくショットの充実ということがあって初めて生じる事態なのだ。その意味では、ショットにおいて発生論と構造論はねじれているといえる。ショットはモンタージュに先行するもので、モンタージュ（シーン、シークェンスの連辞）より小さな単位であるにもかかわらず、モンタージュの構成的契機をうちに含む。機能としてのモンタージュは、ショットのなかの潜勢的契機から作品全体にいたるまで一貫してつづいている。

エイゼンシテインには、トーキー映画におけるショットの比重の増大は、一八九五年頃から一九一五年頃までの単

図11　『メキシコ万歳！』より

一のカメラ・アングルによる映画への「回帰に似たもの」（Там же: 35）と映った。モンタージュを経由してそこにいたる歴史運動に、当然のことながら彼は弁証法を認めている。したがって、モンタージュをへた回帰はたんなる回帰とはならない。エイゼンシテインはショットの構成をショット内モンタージュとみなしており、たとえば自身では、『メキシコ万歳！』全編をその実験にあてている。映画の要所要所に登場するみごとな三角形構図（図11）は、その成果のひとつといえる。つまるところ、ショットの問題はショット内の「造形的構成」に帰着する。このことは、A・ローム『死の入り江』（一九二五）のシークェンス・ショット（八〇メートル）を、構成的意識が希薄な故に「非映画的」であると批判していることからも、確認できる。ショット内の構成とは、彼の言葉でいえば「ミザンカードル」（ミザンセーヌの延長上に形成された）（Там же: 46）ということになる。演劇のミザンセーヌがふつう水平軸にそって展開されるのにたいして、ミザンカードルはスクリーンの「縦平面上」にくりひろげられる。

エイゼンシテインがショットを構成する基本的な制約条件としてあげるのは、オブレス（切り口）[15]とラクルス[16]である。前者はフレームの四辺と被写体との、後者はスクリーン平面と被写体との「交差（フストレーチャ）」（Там же: 46）をさす。いわゆるカドラージュ、フレーミングとカメラ・アングルのことである。

正攻法とはいえないかもしれないが、オブレスについて考えるにあたっては、シチュエーション・ショットとでもいうべきもの（Эйзенштейн 2002b: 409）が有効である。ある情況全体をフレーム内の部分によって暗示する提喩的なものだ。わざといいさして言外の意味を暗示するのと同じ手法である。エイゼンシテインはE・ドガの絵画にその範例をみいだしているが、トーキー映画においてオフスクリーン・サウンドが用いられるとき、われわれは通常外側に向かってはたらくフレームの力を感じるはずだ。フレームの外に向かってはたらきかけるということ――「脱フレーミング（выкадровка）」――は、外部、オフスクリーンの時空間を演出することにほかならない（脱フレーミングの問題は、トリミングや映像クロップ処理において消極的なかたちで認められる）。初期エイゼンシテインやヴェルトフにはシチュエーション・ショットが多く認められるし、ドキュメンタリー映画のひとつの特性にもなっている。エイゼンシテインでは『イヴァン雷帝』になると、クレショフのようにフレームの内側で完結するショットが優勢になる（Там же: 624-25）。境界を画するフレームの力・機制は内側にむかえば構成力となるし、外にむかえば情況のまとまり、「環境（アントゥラシ）」、雰囲気を暗示する力となる。このふたつの力の重なりが世界モデルを形成する力能を映画にさずけるのである。

ここで少しフレームそのものにふれておきたい。われわれがことさらにフレームを意識するのは、スクリーンのフレームのなかにもうひとつのフレームが登場するフレーム内フレーム、あるいは自省的（セルフ・リファレンシャル）フレームに出くわすときである。フレームが重なることによって、その特性は際だたされる。たとえば、映画のなかで映画をみるシーンが挿入されると、第二のフレームのなかのフィクションに対してその外部――第一のフレームの内部――は事実であるかのようにうつる、というのがこの手法がもたらす基本的な効果である。ところが、G・アレクサンドロフ『陽気な連中』（一九三四）の終わりのシーンにみられるように、舞台の額縁（フレーム）、ボックス席のカーテンで画されたフレーム、ボックス席の扉のフレーム、劇場入り口のフレームというように、フレームが過剰につみ重ねられると、事情はやや複雑になる。マルチフレームの多回的手法が生みだす遊戯性の高まりのなかで、フレームの内側のフィクション性が飛躍的に強まるのに反して、外側の事実性は著しく弱まるかきえさってしまう。いずれにしても、フレームで囲いこむことで現実の時空は芸術記号、テクストへと変貌をとげるのである。(17)『裏窓』（A・ヒッチコック、一九五四）のフレーム、『カメラを持った男』の眼をはじめとして、フレーム、映画的に見ることを主題化した映画は一大系列をなしている。

一方、ラクルスは視線（カメラ）と被写体との「衝突（コンフリクト）」といいかえられている（Эйзенштейн 2000: 104）。衝突はショット同士のそれにはじまり、エイゼンシテインの映画・映画論のいたるところにちりばめられ、オーヴァートーン、アンダートーンさながら、相互に響きあいつつイメージの運動（観）をきめ細かく豊かなものにしてゆく。

衝突の結果うまれたショットから観客が形成する運動線が、「輪郭の運動」（Там же: 330）である（ここで、イメージという言葉の語源にエイゼンシテインが読みこんでいた「周りをきりとる」という意味が思い出される）。輪郭の運動というのは、ショット内の映像をおってゆくときに形成される「眼の運動の軌跡」、線のことである。[18] この軌跡は観客の見る行為と映像との相関のうえに成立する。「輪郭がわれわれの眼におこなわせた運動を、われわれは輪郭に返すのである」（Там же: 330）。

エイゼンシテインはショットを読みとるさいの継起的総合を実地にしめすための例を、アクロポリスをはじめとしていくつかあげているが、なかでも興味深いのは、V・セロフの絵画《女優マリア・エルモロヴァの肖像》（一九〇五）の読み取りである。この作品をみてゆく過程を、彼は四つの段階、仮ショットに分解してみせる（図12 a、b、c、d）。すなわち、ショット内モンタージュを適用し、絵画を映画として見ようというわけである（これは学生たちに課したエチュードと同じものだ）。

仮ショットの画定を可能にするのは、絵画の枠、鏡の枠、床と壁の接線、鏡に映った壁と天井の接線といった境界線にほかならない。これらの枠、線によって画定される仮のショットは図版がしめすように、画面・景（プラン）においてはロング・ショットからクロース・アップへと変化し、カメラ・アングル（ラクルス）においては上方から正面、下方へと移ってゆく（図13）。カメラ・アングルの変化につれて照明の照度も上昇してゆくと仮定される。ロング・ショットからクロース・アップへといたるこの軌跡のなかで、観者（観客）は現実のエルモロヴァからうけるのと同じ「パトス」を享受するのである。エイゼンシテインは仮のショットの一枚一枚を彼女の演技にみたてている。ここでおこなわれているのは明らかに、イメージの段階的読み取りである。エイゼンシテインによれば、この読み取りはカンヴァス上ではなくカンヴァスに対して垂直になされる。「垂直に」というのは、重ねられてゆくことを意味するだろう。

《女優マリア・エルモロヴァの肖像》の線(輪郭)は、直接刻まれているわけではないし、描写によってしめされてさえもいない。それは想像のなかで継起的に移動してゆく視座から構成される。いうまでもなく、想像において視座をさまざまに設定しなおすことからえられる平面は、絵画そのものの平面と一致するどころかそれと垂直にまじわる。

(Там же: 144)

図12b　部分

図12a　《女優マリア・エルモロヴァの肖像》

図12d　部分

図12c　部分

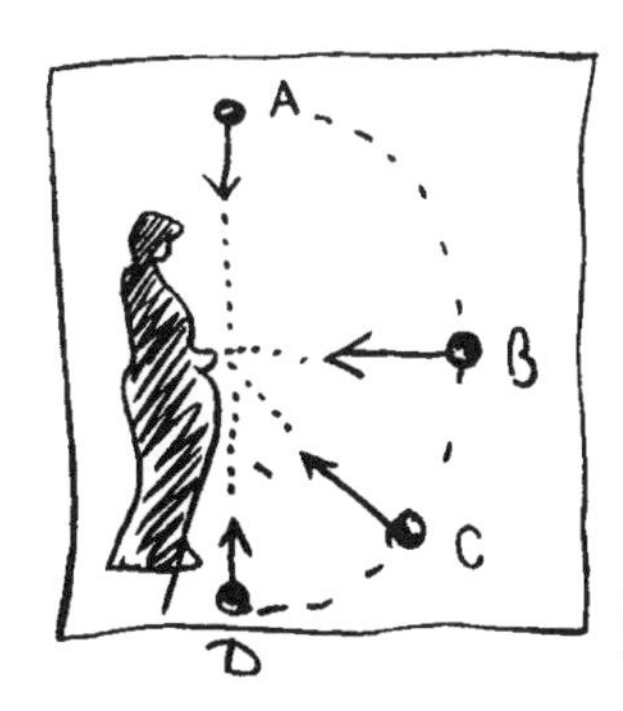

図13　図12の各部分に関するカメラ・アングル

モンタージュ批判、縦の構図

モンタージュ映画批判――A・バザン、タルコフスキイらによる[19]――というと、必ず矢面にたたされるエイゼンシテインであるが、彼のモンタージュ事情は、とりわけ実作においては、それほど単純ではない。ある時期以降のエイゼンシテインはモンタージュからショットへ重心を移しており、『イヴァン雷帝』ではクレーン・ショットもみられる。

二八ミリの短焦点レンズを用いたショットの構成について、彼はE・チッセとともに『戦艦ポチョムキン』制作時から積極的にとりくんでおり、その試みは『全線』(図14)をへて『メキシコ万歳!』[20]、『イヴァン雷帝』において大きな成果を収めることになる。『イヴァン雷帝』では撮影監督が途中でチッセからA・モスクヴィンに交替するというアクシデントにみまわれるものの、いわゆる縦の構図を用いた画面作りはひきつがれる[21]。モスクヴィンは二五ミリの短焦点レンズをも使用しつつ独創的な深い空間作りに成功する。空間が深さを増すにつれ、性格づけやプロットは複雑に、ショットは長くなっていった。『イヴァン雷帝』では、一〇分あたり約七〇ショットになっている。この数はタルコフスキイに較べればもちろん多いが、晩年の小津安二郎よりは少ない(田中 1983: 28)。とはいえ、そのショットはネオレアリズモにみられるような、直接物語の進行にかかわらない視覚的雑音――エイゼンシテインの言葉では「偶然性」――に充ちたものではなく、情動的な閉鎖空間をかたちづくっている。いわばショットの剰余をくみつくそうとするその貪欲な姿勢には、たしかに強固なモンタージュ的意志が感じられるものの、『戦艦ポチョムキン』と『イヴァン雷帝』とでははっきり映像スタイルが異なっていることもたしかである。

『イヴァン雷帝』の映像スタイルの特徴としてまず注目されるのは、縦の構図――エイゼンシテインのいう「前景構図」(Эйзенштейн 2004a: 339)――である[22]。縦の構図の登場とともに、初期の特徴であった斜線・短縮(ラクルス)構図は姿をけす。エイゼンシテインの場合、空間の深さの活用は要素を制限しそれを強調する、つまりは様式化のためのものだった。このために、バロックともキッチュともつかない装飾的空間――メキシコの壁画を思わせる圧倒的なフレスコ画、不自然なほど多い出入り口や数多くの柱と梁がおりなすピラネージ的空間、劇中劇の仮面、巨大な影――、固定ショットの多用、技術的に可能なはずなのに、あえてパン撮影を避けていること、歌舞伎や京劇の型になぞらえたような静的身振り、[23] 細部の強調、ショット内の人物を制限すること、対話者同士の異常な接近、等々の手法・設定が用いられた。

図14　『全線』より

これらの手法・設定は結果的に詩的言語の機能と同じ、映像そのものへの焦点化をもたらす。『イヴァン雷帝』では、じっとなにかをみつめる雷帝の視線をみつめざるをえないショットにたびたび出会うが、そのときもとめられるのも、雷帝の視線への同化ではなく彼の視線自体をみることである。戴冠式で少年イヴァンの頭にそそがれる金貨のカスケードも、象徴的な意味のはてに映像運動そのものへの焦点化をうながす。それ自身への焦点化、自省作用は視線や事物においてばかりでなく、構成やモンタージュにおいても生じる（ここにいう自省作用とは、物語の進行から自立しそれそのものの価値をもちはじめることをさす）。具体的には、あからさまな絵画的構図や不連続的（衝突ではなく）印象をもたらすモンタージュのつなぎである。田中陽はこの不連続的印象を分析し、不連続な目線つなぎが多く台詞つなぎが少ないという結論をえている（1983: 30）。

ここで縦の構図を用いた具体的なショットを、『イヴァン雷帝』からふたつみておきたい。いずれもよくしられたものである。

ひとつは、チッセの撮影になるショット（Бутовский 2000: 188）、民衆が十字架をかかげながらアレクサンドロフ村にひきこもる雷帝を迎えにくる第一部のものである（図15）。中間をとばして超クロース・アップの前景と遠景を貼りあわせたショットを、クレイマンは『メソッド2』に歌川広重『深川洲崎十万坪』（一八五七、図16）と併載しているが、当をえた処置というべきだ。凸面鏡の映像のような丸みをおびた雷帝の顔と地平線までえんえんとつづく民衆の列との接合は、まさに天と地の縫合を思わせる。急速に縮小する遠景をさして、監督自身は「空間のむさぼり」（Эйзенштейн 2000: 452）と呼ぶ。前景と後景の落差がもたらす圧倒的なヴォリューム感は、われわれの眼前にある空間がスクリーンの縦平面に展開されていることをいやお

図15　『イヴァン雷帝』より

図16　《深川洲崎十万坪》

うなく意識させる。それ故にこそ、われわれは映画的空間の固有性に身をまかせ、酔いしれるのである。

平面において奥行きのある立体空間を実現する方法とは、遠近法にほかならない。遠近法ということでいえば、エイゼンシテインの二八ミリ・ショットは画面のなかが一様ではない。前景が線遠近法にならって線による輪郭を重視しているのにたいして、後景は空気遠近法にならってトーンを重視して撮られている。

二八ミリ・ショットの効果にもエイゼンシテインは衝突——被写体と見え方との衝突をみている（Там же: 450）。また、このショットで忘れてならないのは、そこでためされた映画的透視画法をエイゼンシテインが立体映画(ステレオキノ)への過渡的形態とみなしていることだ。

『マザー・サン』（一九九六）や『ファウスト』（二〇一一）にみられるような、特殊レンズを用いて立体を平面に圧縮するソクーロフの映像も、映像の固有性、映画的透視画法をしめす例のひとつだろう。これらの映像に接するとき、われわれは見ているというよりは、むしろ眼で触っているような不思議な感覚にとらわれるはずだ。このいびつな平面性は視覚を日常の視覚経験からひきはがし触視へと導いてゆく。ここでは、видеть（見える）と увидеть（映画的に見る）との乖離が浮き彫りになっている。

二番目の例はモスクヴィンの撮影になる第二部のショットである（図17）。こちらは、前景と後景のコントラストをきかせた前景構図とはスタイルを異にする。図の三枚を見較べてすぐに気づくのは、奥行きと影の一体化である。『イヴァン雷帝』においてモスクヴィンは、スモークを焚き後景をぼかすことで空気遠近法的効果を生みだしたり、照明を左右から等しい強さであてたり（チッセ譲りの手法）、クロース・アップとウェストショットを交互に用いながら「ミクロな空間」を作りだしたりといった、さまざまな工夫をこころみているが（Бутовский 2000: 201-05）、そのなかでもすばらしい成果をあげているのは生ける分身のような影、空間の奥行きにおいて躍動する影の身振りだろう（この影の存在感は、寺山修司『二頭女——影の映画』［一九七七］や高松次郎の「影」連作を想起させる）。

エイゼンシテインの絵コンテには影の指定はなかった。Ja・ブトフスキイは、D・メレジコフスキイ『復活せる神々、レオナルド・ダ・ヴィンチ』（一九〇一）にあるつぎの一文からモスクヴィンが影の発想をえたと推論している。

「ロウソクの燃えさしの炎が彼の頭の角ばった巨大な影を、裸の白い壁に投げかけていた」（Там же: 202）。人類学的にみても、影と霊魂と分身を一体とみなす文化は古代ギリシアをはじめとして少なくない。日本語の鏡が影身の転とされているのをここに記しておくのも、無駄ではないだろう。映画にそくしていえば、スクリーン上の影は、被写体となる人、物がなにものかに投射されてできた影がさらにスクリーンに投射されてできたもの、影の影である。基本的に、影は影のもとになるものよりもコンヴェンションの度合いが高い世界に属している。

独ソ戦中、疎開先のアルマ・アタにおいて、モスクヴィンはG・コジンツェフの仲介でエイゼンシテインの知己をえるのだが、そのころ彼はコジンツェフ、L・トラウベルクらフェクスの面々と仕事をしていた。『イヴァン雷帝 第二部・第三部』撮影時も、『普通の人びと』（L・トラウベルク／G・コジンツェフ、一九四五）の撮影監督をかねている。

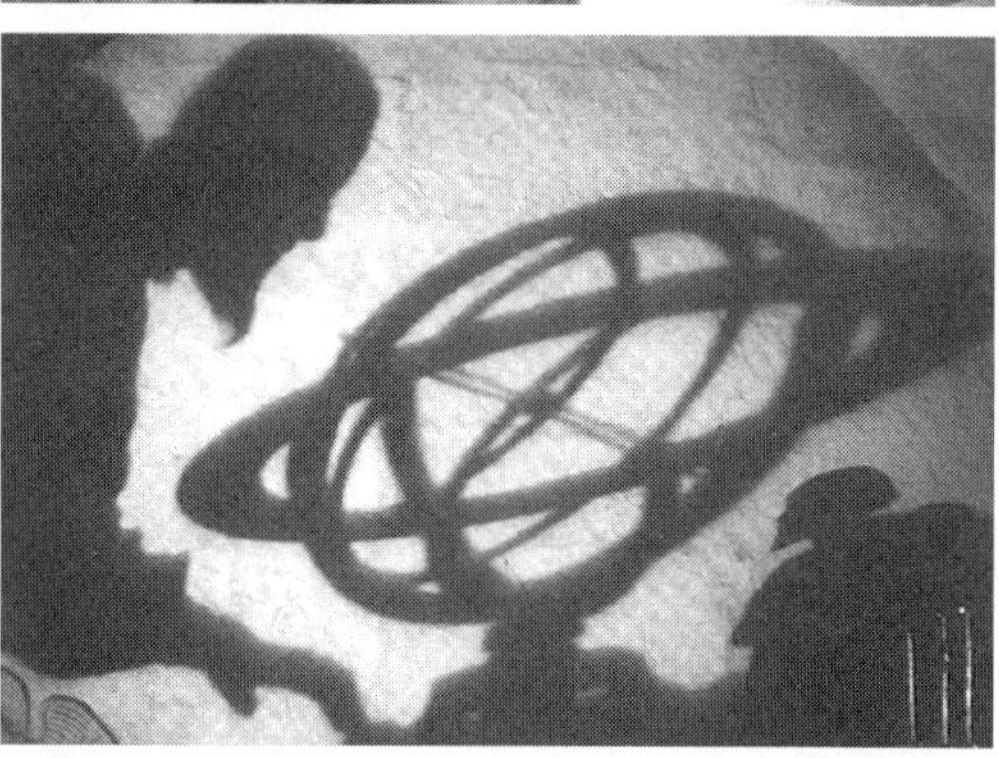

図17 『イヴァン雷帝』より

ここでわれわれは、表現主義的といわれる『外套』（L・トラウベルク／G・コジンツェフ、一九二六。撮影監督A・モスクヴィン、E・ミハイロフ）の暗鬱な影を思い出すはずだ。

影をやどすことによって奥行きが息づく、空間の深さと影の一体化は、空間の二重化——表層と深層の、意識と無意識の、ある場合には現在と未来の——をもたらした。雷帝の影は見えざるものの可視化であるが、影のなかでも顎鬚はひときわ眼をひく。図15でも鬚は雷帝の顔の中心をなしている。鬚はツァーリを性格づける聖痕のようなものである。鬚の影は超越性のしるしと読むこともできる（ピーメン主教も長い鬚を蓄えているが、その鬚には分身としての影は付与されていない。他の登場人物の鬚も同じである）。Ju・ツィヴィアンは正当にも、イヴァンの鬚と燭台が十字架状にまじわるショット（図18）をあげ、H・ホルバイン（子）《墓のなかの死せるキリスト》（一五二一―二二頃、図19）の鬚をイヴァンのそれの源泉としている。

図18　『イヴァン雷帝』より

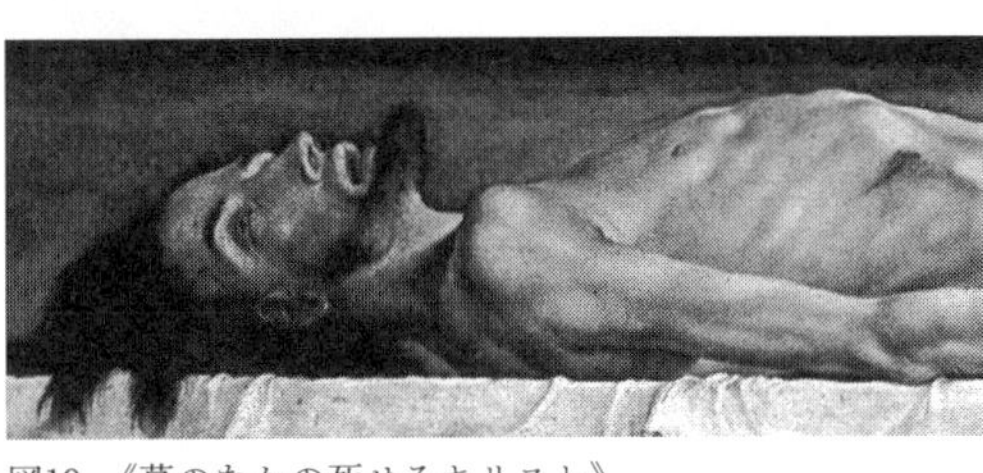

図19　《墓のなかの死せるキリスト》

髪型と鬚によって上下にひっぱられたイヴァンの顔はいびつな瓢箪形（鬚部分が突出・超出した）、楕円形をなしている。運動の軌跡としての楕円はいうまでもなくふたつの中心をもつ。エイゼンシテインはW・ホガース『美の分析』（一七五三）にある「蛇状曲線」の分析を援用しながら、互いに異なるふたつの原理——陰陽思想のような——の交替を楕円運動に認めている（Эйзенштейн 1966: 655–59）。ふたつの原理はヤヌス神の二面性にも通じる。エイゼンシテインがイヴァンの輪郭の楕円化にこだわったのは、この二面性、それらの衝突を外形においてあらわしたかったからにちがいない。

　聖痕は一瞬にして悪魔のしるしへと反転することがある。ツィヴィアンがメフィストフェレスの属性として鬚が欠かせないとのべているのは、有力な証しのひとつである（Tsivian 2002: 39-40）。イヴァンはキリストとメフィストフェレスをふたつながら内にかかえているために、いびつな楕円を描く苦悶にさいなまれるのである。その苦悶が結晶化して分離したのが分身＝影であり、その影とイヴァンとのあいだにも、眼をこらせば楕円運動がうかんでみえるはずだ。

ii　水平のモンタージュ

　この節であつかうショット同士のモンタージュが、通常モンタージュといわれているものである。このモンタージュについてはわが国でもこれまで数多くの言及がなされてきているので、ここではみすごされてきたことと要点について簡潔にのべることにしたい。エイゼンシテインにおいては、視聴覚のモンタージュが垂直のモンタージュと呼ばれるのにたいして、映像のみのそれは水平のモンタージュといわれる。『モンタージュ』では、「交替するカメラ・アングルによる映画のモンタージュ」という章がその説明にあてられており、そこでは、水平のモンタージュは音がつけ加わった垂直のモンタージュの視座から、いわば遡及的に考察されている。サイレント映画においてモンタージュ・スタイルが誕生した当時の事情が中心になっているわけではない。トーキー映画における垂直のモンタージュへの一過程として、映像のみの水平のモンタージュは説かれるのである。たとえば、ロシアでも日本でも『イントレランス』の初上映にさいしては、並行モンタージュがわかりにくいということで、時系列にそって再編集（モンタージュ）され上映されたわけだが、『モンタージュ』ではそうしたモンタージュ映画発生前後の歴史的意味が主題的に論じられることはない。

モンタージュ段階に進むさい、映画はふたつの選択肢を前にしていた（メッツ 1987: 139-40）。シネマトグラフ（複合映写機）から映画(シネマ)への移行における最大の変化は、カメラの「解放」あるいは「動化」である。この解放を実現する方法として、そのとき映画の前には「原則的に」ふたつの可能性――直接的と間接的――が存在した。すなわち、「撮影器具の動き」とモンタージュである。「一九〇〇年から一五年まで」の映画史がしめすところでは、第一の可能性――トラヴェリング、パン等の――よりも第二の可能性の方が圧倒的に優勢であった（ちなみに、モンタージュ手法を用いた最初の映画はE・S・ポーターの『アメリカ消防夫の生活』［一九〇二］、あるいは『大列車強盗』［一九〇三］とされている）。当初は、間接的方法が直接的方法の代わりをつとめたのである。間接的なものの方が選択肢としてよりアクチュアルだったということだ。

　現実の時空が非離散的であるのにたいして映画のそれは離散的である、とのべたのはJu・ロトマン（1987: 50）であるが、エイゼンシテインにおいても映画の時空は離散的なものとされている。映画の諸断片を統一する能力をいまだ充分には獲得していない初期の観客が人間のクロース・アップをみたとき、「体がバラバラにされ、頭や足や手がみんな離ればなれ」になっていると驚愕した逸話（バラージュ 1970: 29）は、現実と映画における時空把握の違いをしめしているだろう。

　クレショフやエイゼンシテインが、モンタージュにおいてこそ作家性を発揮できると確信したのは、彼らがスタイルとしてそれを択びとったからにほかならない。すなわち、モジューヒンの顔とスープ皿や子供や棺をひとつのフレームに収めるのではなく、別々に撮影しそのショットをあとで接合する方法をとるということだ。それは書く映画を意味するし、書く映画はまた読む映画でもある。現代において、A・ゲルマン（父）、ゴダール、J・メカス、K・ムラトヴァ、北野武といった一群の映画作家たちがモンタージュ・スタイルを選択する場合には、いっそう明確な動機がはたらいている。

語り、リズム

エイゼンシテインは単一のカメラ・アングルによる映画からモンタージュ映画への「移行」を意識の「発展」になぞらえ、「現象自身の反映から現象同士の関係の反映」への段階的移行とみなす（Эйзенштейн 2000: 298）。そして、「関係」を反映するモンタージュに二重の機能をみいだしている。

> もしそれが芸術作品にかかわるモンタージュであるのなら、モンタージュは二重の機能、つまり描写的語り（ラスカス）の機能とリズムを用いて総合してゆくイメージ的機能を有している。（Там же: 297）

とりあえず、ふたつの機能はすでにのべた描写（イゾブラジェニエ）とイメージに重ねて考えればよいのだが、「語り（ラスカス）」[24]の説明にイメージの要素が入りこんでくるので、描写とイメージのみをもとにして截然とふたつの機能をわけることはできない。描写とイメージにせよ、語り（叙述）とリズムにせよ、それらを映画学でいう表象（再現的）と物語、記録とフィクションといった分類に重ねたい誘惑にかられるが、その前に注意しなければならないことがある。それはエイゼンシテインの描写や語りは劇映画のなかのものであり、さらに、最終的には描写とイメージの統一、語りとリズムの統一が想定されていることである。

ここで重要なのは、モンタージュに固有のものとして、語りとリズムの対概念が設定されていることだろう。モンタージュといえば必ず引き合いにだされるエイゼンシテインであるが、衝突のモンタージュ、オーヴァートーン・モンタージュ、レンガ積みといったものについての言及はあっても、語りとリズムの対についてはほとんどのべられてこなかった。エイゼンシテインにしても、「アトラクションのモンタージュ」の時点ではまだリズムの相はみえていない。また、語り、リズムによるモンタージュ論が形式主義的方法をとっているにしても、それは『映画の詩学』

（一九二七）のフォルマリズムとも、ましてやメッツ、M・コランの連辞型分析とも異なる。

エイゼンシテインによれば、語りは「継起的に記された出来事の描写（イゾブラジェニエ）」（Там же: 181）をさす。一方、リズムは継起的描写をこえて語りを総合してゆくものである。ここにいうリズムには、エイゼンシテイン独自の解釈がほどこされている。両者についての具体的分類（Там же: 298）があるので、それをみてみたい。

エイゼンシテインは語り＝描写の「原理」を、「意味論的系列」にそって五つにわけている。

(a)　出来事の展開にそったモンタージュ（素朴な情報的モンタージュ）。
(b)　複数の行為にそったモンタージュ（並行モンタージュ）。
(c)　感覚にそったモンタージュ（素朴な比喩のモンタージュ）。
(d)　感覚と意味にそったモンタージュ（イメージ的モンタージュ）。
(e)　諸観念にそったモンタージュ（概念を構成するモンタージュ）。

ここにあげられたモンタージュは、個々のモンタージュ断片に含まれる「語りの内容そのものの対比」から導きだされたものである。これらをひと目みてわかるのは、(a)から(e)にゆくにしたがい構築度が高くなっていることと、全体が(a)、(b)と、(c)、(d)、(e)とにわかれることだ。前者のグループが映像の内容そのものに関係しているのにたいして、後者は映像の外部にあるものとの関係において形成される。また、(d)、(e)はいわゆるソ連モンタージュ派の特徴をなしている。

一方、リズムについては、「動力学的系列（キネティック）」にそって五つの分類がなされており、いずれもリズム「原理」のヴァリエーションとされている。

(a)　音律（メトリック）モンタージュ。

(b) リズム・モンタージュ。
(c) トーン（メロディ）・モンタージュ。
(d) オーヴァートーン・モンタージュ。
(e) オーヴァートーン・モンタージュが意味的オーヴァートーンへと発展した、新たな質としての知的モンタージュ。

これらのモンタージュ分類はモンタージュ断片を対比する「過程そのもの」から導きだされたもので、「狭義の描写機能」のうえに、それと「直接関係することなく」存在する。これはリズムの一次的素材が描写(イゾブラジェニエ)であることをしめしており、リズムは「高次の総合的秩序に属する語り(ポヴェストヴォヴァニエ)の機能」を有するとされる。そして、(a)から(e)までのモンタージュによって、「イデー」[25]の伝達はなされるのである。

モンタージュにおいては、まず語りによって内容の対比がはじまり、さらに、内容より一段うえのイデーを実現するためにリズムによる作業が進められる。リズムは語りよりも大きな単位をあつかうと同時に、語りを素材とし語りのうえに形成される。

◎

描写ではなくイメージに重きをおいている以上、エイゼンシテインのモンタージュにおいて作家性やスタイルを規定するのは、語りではなくリズムである。リズムについてもう少しふみこんで考えてみたい。この場合、『全線』の成果にもとづいて書かれた「映画における第四次元」（Там же: 503-16）が参考になるだろう。この論攷は初めて「オーヴァートーン・モンタージュ」が使用されたものでもある。「映画における第四次元」においても、リズムの五分類はかわっていない。

(a) 音律(メトリック)モンタージュ。一定の長さの断片がモンタージュされることによって実現されるもので、[26]三つにわかれる。第一は「原初的な」もので、クレショフが用いた四分の三拍子、行進曲の拍子、ワルツの拍子が例にあげられている。第二は古典的な音律モンタージュが「退行」した複雑な拍子（16／17、22／57等）である。この種のモンタージュの範例としては、ヴェルトフ『十一周年』（一九二八）があり、それは情動的緊張のかわりに混沌とした知覚をもたらす。第三の種類としてあげられているのは、『十月』のコサック・ダンス、『聖ペテルブルクの最後』（V・プドフキン、一九二七）の愛国者のデモ行進のように、音律モンタージュの内部において「転換」がおこるものである。

(b)　リズム・モンタージュ。音律が断片の外的長さを問題としているのにたいして、こちらはショット内の要素によって実際の断片の長さが決定されてゆく。したがって、リズム・モンタージュの断片の長さは必ずしも均一にはならない。このモンタージュについては、すでに「オデッサの階段」にそくしてふれている。「オデッサの階段」のシークェンスでは、規則的な音律モンタージュと衝突するかたちで兵士の足のショットが挿入されている。

(c)　トーン・モンタージュ。リズム・モンタージュでショット内の運動とみなされていたのは、実際の移動――被写体の移動にせよ、不動の被写体にそった視線の移動にせよ――である。トーン・モンタージュでは運動はもっとひろく捉えられており、断片から生じる「あらゆる種類の振動」が対象となる。ここにいう振動は、テクスチャー（ファクトゥラ）としてまとめることができるだろう。具体的には、光のトーン、輪郭の線画的トーン――鋭い、鈍い等の――があり、これらによって「情動の響き」が形成される。実践例として『戦艦ポチョムキン』第三幕の「オデッサ港の霧」があげられており、そこには二次的ドミナントとしてリズム・モンタージュが付随しているという指摘がなされている。このシークェンスには、霧の濃淡、光の振動のほかに、かすかな水のふるえ、碇をおろしてまどろむ船の軽やかなゆれ、ゆるゆるとたちのぼる煙、水面にむかってゆっくり下降する鷗が認められる（図20）。こうした二種類のモンタージュ運動の重なりの効果は協和音にたとえられている。

(d)　オーヴァートーン・モンタージュ。以上の個別的「ドミナント」にもとづくモンタージュとは異なり、ショットに含まれる刺激の総体を基盤とするオーヴァートーン・モンタージュは、特定のドミナントに依拠しないということでは非ドミナント的なものである。刺激の総合化が「響き」となって「直接的な生理的感覚」へとわれわれを導く。

限定的にではあるが『全線』はそうしたオーヴァートーン・モンタージュに成功している、と作家自身は考えている。ドミナント的モンタージュとオーヴァートーン・モンタージュの結合の例としては、『全線』第二幕冒頭における十字架行列と農民たちによる聖像拝伏の結合等が、非ドミナント的なオーヴァートーン・モンタージュの例としては、同じく十字架行列のシーンにおける干魃、炎天下、十字架行列による熱気の「響き」等があげられている。十字架行列のシーンは重層的に構成されており、エイゼンシテインはそれを「ポリフォニー」と呼んでいる。

(e) 知的オーヴァートーン・モンタージュ。オーヴァートーン・モンタージュが生理的響きを生むものであるのにたいして、その発展形態であるこのモンタージュは、「互いに随伴しあう知的効果を衝突させながら結合」するものである。例には『十月』の神々のシークェンスがあげられており、「映画形式のドラマトゥルギー」(一九二九執筆)では、ケレンスキイが階段をかけあがるシーンも例に加えられている。知的オーヴァートーン・モンタージュは「いまだ知的映画にまではいたっていない」と反省しつつ、エイゼンシテインは知的映画によせる期待をのべる。それによれば、知的映画は生理的オーヴァートーンと知的オーヴァートーンの「衝突を解消する」(止揚する)ものとしてある。「展望」(一九二九。Эйзенштейн 1964b: 43)では、「情動的映画、記録映画、絶対映画のジンテーゼ」の位置をしめるのが知的映画である、とされている。

五つのリズム・モンタージュの名称はすべて音楽用語[27]になっており、内容によって、全体は(a)、(b)、(c)と、(d)、(e)とにわかれる。前者は「基本的で支配的なトーン」に関係し、後者は「副次的な響き」にかかわる。これをエイゼンシテイン流にいいなおすと、一方が「個別の」ドミナントにもとづくのにたいして、他方は「あらゆる刺激をふくむ刺激の総体」を基盤とする。個別的、総体的の区別は、「貴族主義的」、「民主主義的」ともいいかえられている。音律(メトリック)モンタージュ、リズム・モンタージュ、トーン(メロディ)・モンタージュとは異なり、オーヴァートーン・モンタージュは「書きとめることができず」、フィルムが上映されるなかで「弁証法的形成過程」として浮上するものである。それ故、オーヴァートーン・モンタージュのためには第四次元、高次元が必要になる。特定のドミナント的モンタージュをみているときには視認できず、全体(「集合体」、「複合体」)の流れのなかで初めて「感じる」ことが

図20 「オデッサ港の霧」

できるもの——それがオーヴァートーン・モンタージュにほかならない。

ここで、ドミナントという術語にふれておきたい。この概念について、エイゼンシテインはつぎのようにのべている。ドミナントの性格は可変的で、モンタージュ断片の結合そのものによって決まる。その一方で、ドミナントはモンタージュ断片の結合「条件」でもある（Эйзенштейн 2000: 503）。これは、ドミナントがモンタージュの映像運動と一体のもので、モンタージュの相関関係を規定するとともにそれに規定されもするということをしめす。

O・ハンゼン＝リョーヴェ（Ханзен-Лёве 2001: 343-45）の指摘をまつまでもなく、エイゼンシテインのドミナントはフォルマリズムから借用された概念で、R・ヤコブソンのいうように、ドミナントは初期フォルマリズムにおいてきわめて生産的な役割をはたした。フォルマリストたちはこの概念を新カント派の哲学者B・クリスティアンセンの『芸術哲学』（一九一二）から借りうけ、さらに練りあげた（グレチュコ 2012）。ヤコブソン（1985: 43）によれば、ヒエラルキーをなす作品の価値体系のなかで支配的な「成分」をなすのがドミナントで、ドミナントが他の諸成分をコントロールすることによって作品の構造の「無欠性」が保証される。「映画における第四次元」の「ドミナント」もほぼこうした意味で使われている。

法則としての運動

ある法則がモンタージュの分類を根底からささえている。運動の法則、弁証法である。リズムにおいて、エイゼンシテインは分類内部の運動ばかりか分類相互の関係をも弁証法的に捉えるという徹底ぶりをみせている。「映画における第四次元」の最後の方にはV・レーニン『哲学ノート』（一九一四執筆）からの引用——ヘーゲル弁証法に関する——があるが、これは体制への追従ではない[28]。弁証法、F・エンゲルスの『家族・私有財産・国家の起源』（一八八四）、『自然の弁証法』（一八八六）は、エイゼンシテインの思想にしっかり根を下ろしている。だからこそ、共産主義の原理原則を信奉することが大いに意味をもち現実的精彩をはなつのである。スターリン体制の内部当時のアヴァンギャルドには、政治家たちがとてもおよばないほど共産主義の原理原則に忠実な者たちが数多くいた。その強固ともいえる原理主義は彼／彼女たちの芸術観と緊密に結びつき、ときにそれは不運をもたらした。

モンタージュのリズムにおいて重要となる弁証法的契機は、段階的展開と衝突(コンフリクト)である。段階的展開は否定の否定による結果もたらされるものだし、衝突は対立物(プロチヴォポロジノスチ)の相互浸透（統一）を芸術に翻訳したものにほかならない。生産関係と生産力の矛盾が生産様式を段階的に進めてゆくように、モンタージュにおいてはリズムの型同士の衝突が段階的にリズムの型を展開してゆく。音律モンタージュとリズム・モンタージュ、リズム・モンタージュとトーン・モンタージュ、トーン・モンタージュとオーヴァートーン・モンタージュといった隣接するモンタージュ同士は、ひとつのモンタージュのなかで重なりあっている（衝突している）。この状態は「段階的統合」と呼ばれる。また、複数のものが重なりあっているからこそ、ドミナントがなりたつのである。

エイゼンシテインの考えでは、モンタージュの内部において衝突が解消されてしまったら映画は絵画になってしまう。なぜなら、「運動と振動のさまざまな映画的次元の衝突」がはじまるところで、映画はかたちをとりはじめるからである。リズムにそくしていえば、複数のモンタージュが「衝突関係」に入るときに、初めて各モンタージュはモンタージュ的「構成」をとることができる。四つのモンタージュの型は段階的に成立したいわば構造論的なものであるが、実際のモンタージュ運動では、ドミナント的、非ドミナント的をとわず、種々のモンタージュが重層的にくみあわさり、その重層性、衝突がモンタージュ運動の不可欠な条件となっている。

モンタージュにとどまらずショット内部の構成要素や作品全体の構成においても、映画のいたるところに衝突は認められる。エイゼンシテインの映画・映画論にとって衝突は根源的な契機である。ここで、その根源的契機について検討を加えておきたい。そのためには、「衝突」を主題にすえる「映画形式のドラマトゥルギー」（Эйзенштейн 2000: 517-33）が有力な論攷となるものの、この論攷にはソ連時代特有の問題がつきまとっている。そこでは体制向けの顔と芸術論を探究する姿勢とが弁証法という一語のうえで重なっており、慎重に選別しつつ論旨をたどってゆかないと、すぐさまエイゼンシテインの弁証法を見誤ることになってしまう。

エイゼンシテインがいう衝突とは、基本的に、ふたつの要素の対立が生みだす「動力学(ジナミカ)」を現実化したものにほかならない。互いが互いに対して異質であるという関係、「相互作用」——それが動力学をもたらす。これをバフチン流のダイアロジズムやヘテロロジーと結びつけたい欲求を覚えないではないものの、ここではそれをたんに弁証法としておく。この局面では、エイゼンシテインの動力学は作品の枠のなかで最大限に「緊張の強度」を高めるためのものとしてあり、人格(リチノスチ)に裏づけられた声同士の対話とも、開かれた対話とも別ものである。

芸術は「つねに」衝突であるとしたうえで、エイゼンシテインは芸術の衝突を三つにわける（Там же: 517–18）。そのことによって、衝突の内部にわけいることが可能になる。(1)芸術の社会的使命に関する衝突、(2)芸術の本性に関する衝突、(3)芸術の方法論に関する衝突である。三点観測によってエイゼンシテインが訴えたかったのは、存在と認識と実践の一体性、弁証法という背骨がこの三つを貫通しているということだ。

(1)の衝突は「社会の物質的条件の矛盾(プロチヴォレチエ)」を剔抉することからうまれるもので、この衝突は観客のなかに、「情動をとおして正確な知的概念を喚起する、正確なものの見方を形成する」。(2)の意味するところは、芸術は「自然」の対象と「創造」の領域——映画の場合は「産業」——との衝突にかかわるということである。(3)の「芸術形式の弁証法」は有機的形式をなす論理と合理的形式をなす論理との相互衝突にかかわる（この問題はのちに『無関心ではない自然』において詳細に論じられる）。さらに、ここに「人間の表現力」としての衝突、生理学的衝突がつけ加わる。この時点では、それは条件反射と無条件反射の衝突にすぎないが、のちのパトス、エクスタシーはこの生理学的衝突の延長線上に存在する。

三つのうちでは(3)に最も多くのスペースが割かれている。練れているとはいいがたいものの、そこには重要な指摘がいくつもみられる。説明は前半と後半にわかれており、前半では映画と絵画の方法論が必然的に生みだす衝突について語られる。ソ連映画において、モンタージュは映画の「神経」として確立された。その神経はショット同士の衝突を「刺激」としてうけとるので、映画は神経レヴェルから衝突に充たされていることになる。ショットの衝突は並列関係においておこるのではなく、具体的には、前のショットの印象（記憶）のうえにつぎのショットが積まれることによって生じる（《女優マリア・エルモロヴァの肖像》の継起的総合を参照）。この重なりをエイゼンシテインは「劇的」と呼ぶ。この劇の連なりが「視覚的映画形式のドラマトゥルギー」をかたちづくるのである。絵画については、P＝A・ルノワール、C＝P・ボードレールを引きながら、近代絵画の美的思想の根が「不規則性」にあることがたどられる。「ある次元における細部が他の次元における細部に較べて不均衡であること」が美の動力学を生むのである。もちろん、不規則性は衝突のヴァリエーションとみなされている。

後半では、衝突をどのように構築してゆくのか、その方法が説かれる。そこにおいて衝突は対位法と読みかえられ、映画「文法」、映画言語(レーチ)の「シンタクス」、視覚的対位法が細かく分類列挙されてゆく。シンタクス分析の一部分が二種類のモンタージュ的機能（語り、リズム）と重なり、シンタクス論がその後みるべき展開をもたないところからすると、どうやら、シンタクス論から余分な枝葉がとれてモンタージュ論になったという推論がなりたちそうだ。「芸術の方法論による衝突」では、ショット内の衝突として一〇種——線画的衝突、面の衝突、ヴォリュームの衝突、素材とカメラ・アングルの衝突、等々——の衝突があげられているのにたいして、すでにみたように、『モンタージュ』「単一のカメラ・アングルによる映画」では、それはふたつ（オブレス、ラクルス）にしぼられている。これは、シンタクス論がモンタージュ論に姿をかえたという裏づけのひとつになるかもしれない。

いうまでもなく、映画シンタクスは言語学・詩学から借りうけたものである。映画と言語の分節形態が異なるために、残念ながら、映画シンタクスは比喩の域を出るところまではいっていない。エイゼンシテインのシンタクス分析が迷走の感を免れないのは、第一に統辞論(シンタクス)と意味論が混在していることに起因するが、分節レヴェルの設定がはっきりしていないこともその原因だろう。映像イメージの運動をどのようにきりわけるかは、いまだにすっきりと解決のついていない問題である。エイゼンシテインが最後までモンタージュとイメージにこだわりつづけたのは、それらが運動と分析の折り合いをつけるためのぎりぎりの概念だからだろう。

映画にもシンタクスは存在するはずだが、少なくとも、それは自然言語において単語を連結してゆくようにしてうまれるものではない。映画シンタクスについては、エイゼンシテインが映画的「推論(ラスジュデニエ)」（Там же: 533）といっているものが重要な手がかりとなる。映画的推論はやがてイメージ的思考、感覚的思考（原論理的思考）という形をとることになり、そのとき論理形式は原論理―論理―弁証法という三段階構成をとる。この三段階の論理は映画のシンタクスを考える場合の基盤になるだろう。

一九二〇年代後半のモンタージュ論においては、J・ジョイス『ユリシーズ』（一九二二）の内的独白がイメージ的思考への媒介役をはたす。詩的言語という意識の形態が論理の位置ずらしをうながしたという意味では、エイゼンシテインが言語芸術に映画のモデルをもとめたのは、結果としてまちがっていなかったことになる。

◎

この節の最後に、「映画形式のドラマトゥルギー」時点のエイゼンシテインが言語と映画の関係をどのようにみていたのかを整理しておきたい。モンタージュを映画の基本機能とみなすエイゼンシテインにとって、有意味な最小単位は「連合」作用を内包、惹起するかぎりでのモンタージュ「断片」である。ここで彼はショットではなく「断片（クソク）」という言葉を用いているが、それはイメージの運動を映画の受容体験の視座から捉えようとしているからである。断片についてはつぎのように説明されている。

> モンタージュの各断片そのものはまったく現実的なものではないということが、モンタージュを断片へと差異化＝微分化するための条件となっている。とはいえ、各断片そのものは一定の連合をひきおこすことができる。連合がつみ重なると、実際の劇的作用を観客の内部において生理的に生じさせるのと同じ効果がえられる。
>
> （Там же: 531）

音素の説明を想起させる差異化と心理＝生理主義の結合のもとに断片が設定されているのは、もちろん重要で興味深いことだが、まずは、引用部分の前におかれた一文に注目したい。映画は「形式において」言語の「方法論」ではなく演劇や絵画にしたがわなければならないのか、いやその必要はない、と反語的に問いかけたうえで、エイゼンシテインは言語への接近を訴える。「具体的対象」をしめす「ふたつの具体的記号」を接合して「まったく新しい概念や観念」を発生させる「メカニズム」、単語をつなげて文を形成していく語結合の「メカニズム」が映画のそれに等しいというのが理由である。ここにいうメカニズムとは、分節を基盤とする言語に固有の、選択と結合のそれにほかならない。この発想は会意文字、語結合等に一貫しているものであるが、文字、単語、文と、ショット、断片、モンタージュによる形成物とのあいだに類似性を認めることはできても、厳密な並行関係をきずくことはむずかしい。いま確認しておきたいのは、言語――自然言語も批評のような高次言語も含めて――のどのような契機が映画言語に関与しているのかということである。

ここで、先の引用文にある「現実的なものではない」という箇所にもどりたい。これは、具体的な被写体を撮った映像の断片がモンタージュ（映画的現実）からするとまだ現実化されてはいないということを意味する。モンタージュの結果であるイメージ――イデー等の――からみれば断片はいまだ潜勢的なものにとどまっている、ということである。この場合、イデー（意味）は文脈によって形成されるものになっている。断片をつなぎあわせ連合作用を作動させてゆくことでイメージ的意味は形成される。言語的契機が認められるのは、つなぎあわせるというこの作業過程においてである。

接合がモンタージュという芸術的なものであるかぎりは、そこに情動がかかわってくる。たとえば、エイゼンシテインは、字幕に対してつぎのようにのべている。「単一の断片」によって撮られたものは、「字幕のように情報」として作用するだけであり、情動作用をひきおこすことはない。たんなる情報から、情動作用を生じさせる芸術情報へと映像を飛躍させるためには、モンタージュ断片をプロットへとくみたてるためには、断片を接合しつつ連合の力を総合（モンタージュ）してゆく必要がある。当たり前ではあるが、エイゼンシテインが映画に認めている言語とは映画の言語的側面、映画の二次的レヴェルをなすイメージ段階に関係している。

映画と言語の関係には、従来指摘されてきたようにひとつの問題が横たわっている。モンタージュ断片の接合が言語の意味作用の方にひきつけられるほどに、そこから排除される映像の要素が増加してゆくことだ。こうした事態は、ファッション写真とそのキャプションの関係をみるとわかりやすい。そこでも、写真のもつ意味は言語の意味にはまりきらない。かたくるしい言語の拘束からつねに写真が逃れつづけるからこそ、二者をくみあわせる必要があるのだ。エイゼンシテインがつぎのようにのべるのも、そうした映像の手強さを感じてのことだ。「映画では、要素としてのショットがもつ事物の具体性こそがイメージ形成の最も大きな障害となる」(Там же: 531)。この障害が描写とイメージの、さらには語りとリズムの分岐点とも、またそれらを統合する契機ともなる。

言語への引きつけは、映像の側からすれば抑圧とうつるだろう。イデオロギーがいい例である。実際のところ、エイゼンシテイン批判の多くはこの抑圧性からきている。しかし、エイゼンシテイン映画にそくしてみても、まちがいなく映像の逆襲とみえる現象がおきている。それは、言語的意味が古びイデオロギーが剝落したところに生じる。知的モンタージュよりもトーン・モンタージュの方が魅惑的にみえたり、何気ない超クロース・アップや二重露出がそれそのものとして強い吸引力を発揮したり、「オデッサの階段」において、殺戮よりも石段のファクトゥラ(テクスチャー)——石肌、影、血の染み、砕けちった残骸、等々——の方に眼がいったりしたら、それはみな逆襲の現れとみてよい。少なくとも、エイゼンシテインの映画は逆襲を準備するだけの余剰を有している。

なにも論者は造形表現の方が言語の意味よりも寿命が長いなどといっているのではなく、情況の変化にさらされながら前面に出る要素、原理はつねにかわってゆくということをいいたいにすぎない。そうした変化はわれわれと映画のあいだに生じる。

iii 垂直のモンタージュ

エイゼンシテインにおいては、音——環境音、声・言葉、音楽——もモンタージュの一要素としてあつかわれる。[29]

とはいえ、視聴覚モンタージュが垂直のモンタージュと呼ばれていることからも推測できるように、音は映像に対しては異質な付加的要素として位置づけられている。色彩や立体性は映像の域内にある。色彩をもってとりあえずの映像の完結とみなすエイゼンシテインは、カラー・トーキー映画をひとまずの映画の完成と考えていた[30]。それは総合化過程がひと区切りついたことを意味する。テクノロジーに向けて開放されているために、基本的には、エイゼンシテインの映画はそのときどきの総合的な総体を有してはいても、全体として／にはひらかれている。それは、つねに再メディア化されてゆくメディアとして考えられているということだ[31]。

音はモンタージュの要素であるとのべたが、その要素はかつて第七芸術といわれた後発の芸術の総合性について再考させるきっかけをもたらした。映像と音の融合、視聴覚的融合は、日常はもちろん演劇やオペラにおいても経験されるものである。それが映画において革新的とみなされたのは、メディア経験において新たな意味をもっていたからだ。少なくとも、エイゼンシテインはそこに大きな意味をみいだした。映画における音はあくまでも「発明」(Эйзенштейн 1964b: 315–16) だったのである。種々のメディア・ジャンルにばらばらに散っていたものがひとつのメディアに集められ総合されるという事態に、エイゼンシテインは本来的な総合を認めた。彼にとって、トーキー映画[32]というのはたんに映像に音を加えた現象というにとどまらない。

視聴覚の融合は総合芸術への拡がりをみせるとともに、知覚においても興味深い問題をなげかけている。共感覚（シネステジア）にほかならない。エイゼンシテインは個体発達、系統発達の初期段階においても共感覚状態が存在すると想定しているので、この問題は人類学的・生理学的なものでもある。また、彼は多くの芸術作品・芸術理論に共感覚現象を指摘することで、それが芸術にとって根源的なものであることを明らかにしようとした。このように視聴覚モンタージュの問題系は多岐にわたっているので、見通しをよくするために、ここではふたつの視座——垂直のモンタージュ、共感覚・総合芸術——から視聴覚モンタージュをみてゆくことにしたい。

クロモフォン

エイゼンシテインはプドフキン、アレクサンドロフとともに、一九二八年に「トーキー映画の未来」(『ソヴィエト・スクリーン』Там же: 315–16) という「声明」を発している。実践よりも前に宣言とは、いかにもアヴァンギャルドらしい。エイゼンシテイン自身は、実作に先行する宣言を手相見になぞらえている。この宣言は出来事として重要であるばかりでなく、視聴覚モンタージュの基本的な問題を含む。

アメリカ、ドイツにおけるトーキー映画の方向はまちがっているとしたうえで、宣言は「理論的な範囲にかかわる一連の原則的前提」をしめしてゆく。エイゼンシテインたちが「新たな技術的発見の可能性のあやまった理解」とするのは、「録音」が「自然主義的」になされていることである。具体的には、音とスクリーン上の動きが「ぴったり一致」することによって、話す人、音をたてる物という「イリュージョン」が作られていることをさす。彼らの見解では、これはフィルム・ダールのような「撮影された演劇」へと映画を逆戻りさせることになる。音の導入とともにショットが長くなってゆくこともあわせて、すでにのべたように、彼らの眼にはトーキー映画は映画として後退しているようにみえた。初期トーキー時代にはダビング技術が未発達だったために、音を細かく編集することは不可能だった。その影響で、ショットはどうしても長くならざるをえない(内山 1999: 121)。「撮影された演劇」への接近が問題視されたのは、そのときまで映画の映画性をかたちづくってきたモンタージュが「破壊」されてしまうからだ。エイゼンシテインたちが主張したいのは、すでに映画には固有の特性が備わっており、新しい技術の導入はその固有性(モンタージュ)を生かすかたちでなされなければならないということである。

そこで宣言が提唱したのは、「視覚的なモンタージュ断片に対する音の対位法的使用」である。音を対位法的に使うには、まず音を固有の位置から引き離さなければならない。トーキー映画が自身の領域を獲得する最初の瞬間——それは、きしみ音をあげる靴からその音を引き離し、不安そうな面持ちで靴音に耳をすます人の顔と靴音とをモンタージュするときである、とのちにエイゼンシテインはのべている（Эйзенштейн 2004a: 610）。エイゼンシテインたちの第一の指針はつぎのようなものになった。「音に対する最初の実験は、音と視覚的イメージとをきっぱりとずらす方向にむけられなければならない。／こうした「強襲」のみが新しい感覚をもたらす。結果として、この感覚が視覚的イメージと聴覚的イメージとの新たな交響曲的対位法を生むことになるだろう」（Эйзенштейн 1964b: 316）。

エイゼンシテインが交響曲的対位法に着手するのは、『ベージン草原（第一版）』（一九三六）においてであるが、それに先だつ一九三〇年にヴェルトフが『熱狂（ドンバス交響曲）』を発表している。ヴェルトフの「交響曲」がエイゼンシテインの狙いにかなっていたかどうかはしらないが、ヴェルトフの作品が恐るべきトーキー映画にしあがっていることは疑いない。それは、映画界に入る前に自ら環境音を採集してはモンタージュしていたという映画作家にして初めて可能な「ノイズの実験室」になりえている。工場の音、演説、街の声・音、音楽（D・ショスタコーヴィチ、N・チモフェエフ）、電子音（A・ショーリン）等をモンタージュし、さらにそれをドキュメンタリー映像とモンタージュしてなった『熱狂（ドンバス交響曲）』は、まさに独自の対位法を達成している（録音P・シトロ）。類まれなこの音のモンタージュをさして、複数の音楽学者がミュージック・コンクレートの先駆的試みとしている。P・シェフェールが五つの《エチュード》を発表するのは一九四八年である。

エイゼンシテインやヴェルトフの対位法とは異なるが、ソ連では一九一〇年代から三〇年代にかけて、芸術家、映画作家、技術者によって音と映像を接合する実験が盛んにおこなわれる。二〇〇八年にはパレ・ド・トウキョウで、翌年には第二回モスクワ・ビエンナーレで、その忘れさられた成果——E・ショルポ、N・ヴォイノフ、B・ヤンコフスキイ他の——を発掘・紹介する貴重な展覧会が、A・スミルノフ監修のもとに開催された。論者のみたかぎり、電子音データをアニメーション（幾何学的図形）に転換した作品にはみるべきものが多い。それらを視聴していると、時代を忘れ、ときに池田亮司のオーディオヴィジュアル・インスタレーションを体験しているような感じさえ覚えるといったら、いいすぎだろうか。このような実験が背景にあったからこそ、ヴェルトフやエイゼンシテインの視聴覚の試みも実を結んだのである。

エイゼンシテインが視聴覚のモンタージュについて考察を重ねているころ、折りよく二代目市川左団次一座がロシアを訪れる。トーキー宣言が出されたのは一九二八年の七月、歌舞伎公演は翌八月のことである。「折りよく」といったのは、視聴覚的要素が独自のかたちで協働する様を実際にみることができたからだ。その体験は「思いがけない接合」（一九二八。Эйзенштейн 1967: 303-10）につづられている。論攷を読むと、接合という出来事がジャポニスム、ネオプリミティヴィズムの興隆のなかでもたらされたことがわかると同時に、エイゼンシテインの洞察がそのうねりをはるかにこえていることに納得がゆく。

エイゼンシテインが歌舞伎にみいだしたのは、「一元論的アンサンブル（モニズム）」である。すなわち、音、動作、空間、声は互いに「伴奏しあうのではなく（並行関係にさえなく）、等価値をもつ要素としてあつかわれ」ていた。慧眼にも、エイゼンシテインは幕間の飲食（「味覚」）をもそのアンサンブルに数えいれている。このような「きわめて興味深い相対性からなる約束事の世界」を、エイゼンシテインはひとつのボールを巧みなパス回しでつなぎながらみごとなシュートにもってゆくサッカーに喩える。

一元論的アンサンブルの例としてあげられているのは、『仮名手本忠臣蔵』（二代目竹田出雲／三好松洛／並木千柳、初演一七四八）の四段目、一一段目である。ここでは四段目「城明け渡し」をみてみよう。九代目団十郎が完成したとされる「塩冶館表門の場」を、エイゼンシテインはつぎのようにみた。[33] 本来は、城戸四郎がエイゼンシテインに贈った写真（図21）のように三段構成であるが、モスクワでエイゼンシテインがみたのは二段構成で、中段（ミディアム・ショット）が省かれている（瓜生 1973: 16）。

由良助は明け渡した城をあとにする。そして、舞台奥から前に歩いてくる。突然、門を実物大に——クロース・アップで——描いた背景が折りたたまれる。第二の背景があらわれる。そこには、小さな——ロング・ショットで——門が描かれている。これは由良助がいっそう遠ざかったことをしめす。由良助の歩みはつづく。背景は黒色、柿色、緑色の幕におおわれる、つまり、由良助の視界から城はきえさったのだ。なおも歩みつづける。

由良助は「花道」にさしかかる。ここでさらに遠ざかる様子が強調されるが、それは「三味線」、つまり音によってなされる!!!

遠ざかる様子は、最初は歩行、つまり俳優の空間移動によってしめされる。

遠ざかる様子は、つぎに平面的絵画、つまり背景の交替によってあらわされる。

遠ざかる様子は、三番目に約束事による知的な記号、つまり見えているものを「けしさる」、幕を用いた

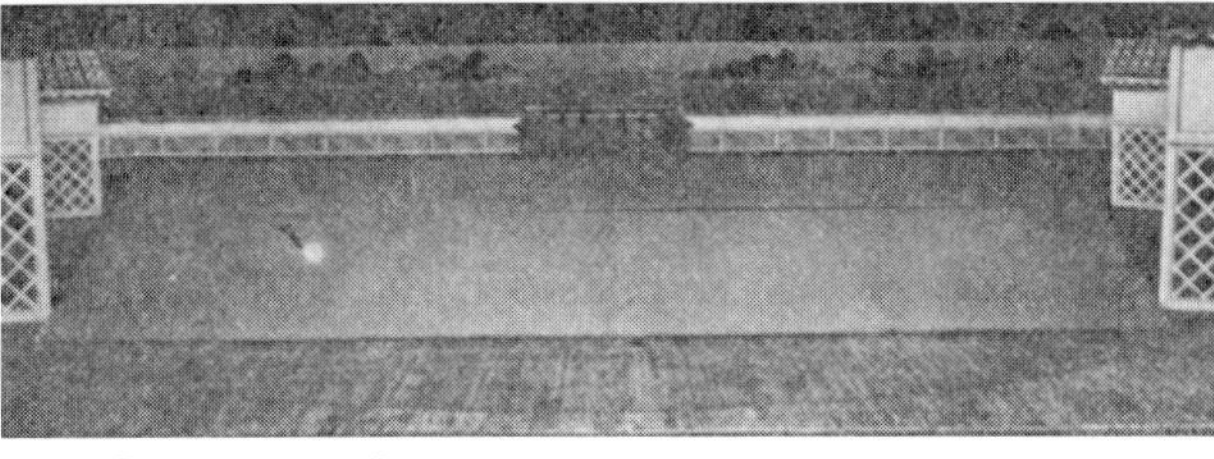

図21 『仮名手本忠臣蔵』より

「集団の約束事」によってしめされる。
遠ざかる様子は、最後に音によってあらわされる！

（Там же: 306）

このように「深い」ところまでゆきとどいた歌舞伎の「論理性」を捉えたうえで、エイゼンシテインはその原因を「視覚と聴覚を「通分する」」日本人の能力に求める。この能力は日本人独自の「世界感覚」ともいいかえられている。さらに進んで、彼はこの世界感覚を「知覚の未分化」とみなし、「子供の創造」、「治癒したばかりの盲人」の視覚世界と同じ問題系におく。ここでエイゼンシテインがいいたいのは、原始共産制と共産主義が重なるように、歌舞伎とトーキー映画の両極は「一致する」ということだ。

◎

エイゼンシテインは視聴覚の通分を練りあげてゆき、やがて「トーキー映画のモンタージュ」（一九三七執筆）、「モンタージュ一九三八」（一九三八執筆）、「垂直のモンタージュ」（一九四〇）といった諸論攷にまとめる。それと並行して、『ベージン草原』、『アレクサンドル・ネフスキイ』、『イヴァン雷帝』において視聴覚モンタージュの可能性を実地にためしてゆく。また一九四〇年には、ボリショイ劇場で《ヴァルキューレ》（R・ヴァーグナー、一八五三）を演出してもいる。視聴覚モンタージュに関しては、理論、実践ともに展開途中ということもあり、類似した分類が重なりあったり肝心な部分が欠けたりしているところもあるが、論者の判断で調整しつつ進みたい。

先にトーキー映画の運動線は振動であるとのべた。単一のカメラ・アングルによる映画、交替するカメラ・アングルによる映画、トーキー映画と移るにしたがい、運動線の形態は輪郭の運動、位置変化としての運動、振動とかわっていった。振動は音と色彩に共通のものとされているので、カラー・トーキー映画では振動を仲立ちにして視覚的要素と聴覚的要素は交差することになる。「オデッサ港の霧」のシークェンスをさして、独自の原音楽（前音楽）に移行しつつあるポスト絵画、「霧の組曲」といっているくらいだから（Эйзенштейн 1964c: 256）、エイゼンシテインには、色彩＝形態とも音ともつかない、根源的な「粒子（振動）の位置変化」のままに視聴覚現象をうけいれるのは自然のことだったのだろう。日常においても、われわれは色調と音色をさすのに同じトーンという言葉を使う。色と音を統一的にあつかう概念として、エイゼンシテインは「クロモフォン（хромофон）」（Эйзенштейн 1964b: 199）という術語を提案している。

音が加わり映画内に視聴覚の新たな関係がうまれることによって、映画そのものの見方も変化する。新たな関係は単一のカメラ・アングルによる映画のような古いスタイルのものにも、新たな生命をあたえることができる。その一例として、エイゼンシテインは仮想の映像断片をあげている。「九〇メートルにおよぶショットで撮られた腰の曲がった老婆の静止画像が映しだされると同時に、音楽がその人物の内的葛藤を余すところなく伝える」（Эйзенштейн 2000: 374）映画である。仮想とはいえ、音楽によるこの情動的映画はD・ジャーマン『ブルー』（一九九三）に通じてはいないだろうか。

根源的レヴェル——粒子、振動の——にまでさかのぼり視聴覚的要素の共通性をうちたてるとともに、エイゼンシテインは視聴覚的要素に「等価物（эквивалент）」（Там же: 342）をさぐっている。エイゼンシテインのいう等価物とは、第一に視覚領域、聴覚領域において同等の機能をになう構造・要素を、第二に共感覚の働きによって同一の構造・要素が色彩＝形態および音となってあらわれること（共同出生）をさす。具体的現象としてあげられているのは、モンタージュと和音、光の強弱と音の高低、色調と音色、色彩と言語音、音と色のヴァルールというようなものである。視聴覚の対位法や総合芸術を構想するさい、これらは起点となってゆくだろう。

T・アドルノ／H・アイスラーが『映画音楽のための作曲』（一九四七。Adorno/Eisler: 42–59）でエイゼンシテイン批判の対象としているのは、まさにこの等価物、さらには等価物を軸に形成される総合芸術にほかならない。英訳の「垂直のモンタージュ」のみを判断の材料にしているという限界はあるものの、彼らの批判には耳を傾けるべきものがある。等価性批判の要点は、「類似性」[34]（Ibid.: 104）のもとに映像と音楽をつなぐのは「同語反復的な」行為になり、結果的に垂直のモンタージュを弱化させることになるというものだ。映像と音楽の接合に関しては彼らもモンタージュという手法を認めるが、それは類似性ではなく「問いと答え、肯定と否定、現象と本質の関係」にもとづくものでなければならないとする。少なくとも『アレクサンドル・ネフスキイ』制作時のエイゼンシテインは、視聴覚モンタージュに関して、衝突よりはむしろ調和、調停の方に傾いている。視聴覚モンタージュの形式として「和声的対位法」（Эйзенштейн 2002b: 390）を標榜していることなどは、そうした傾向の現れだろう。しかし、『イヴァン雷帝』「親衛隊（オプリチニキ）の饗宴」になると、様相は異なってくる。それについては、のちにのべることになるだろう。

ヴァーグナー、A・スクリャービン流の総合芸術を目標にすえているようにみえたエイゼンシテインの姿勢は、W・ベンヤミンの複製技術時代の視座にたつアドルノ／アイスラーには、「アウラ」の復活を望んでいるようにしか思えなかった。モダニストであっても人類学的モダニストであるエイゼンシテインには、そもそも機械芸術とアウラの世界は矛盾するものではない。この点に関する、アドルノ／アイスラーとエイゼンシテインの違いについては、複数の型のモダニズムをたて、改めて考察する必要がある。新奇さとオリジナリティをもとめて前進するものばかりがモダニズムではない。

エイゼンシテインのあげている等価物の例で興味深いものがある。ジャズに関するものだ。彼はR・ギレーレ「もはや遠近法は存在しない」（一九三三）を援用しながら、ジャズから時代の「志向」（「アーバニズム」）をひきだしている。ギレーレは絵画（キュビスム）、音楽、映画を交差させながら、ジャズにおいて音楽がいかに変容したかを説いてゆく。シンコペーション、強調されたリズムを基盤にするジャズは、すべてを「前景」におしだした、つまりは、すべての音・音響を「クロース・アップ」状態にしたのである。そのために、水平、垂直の「景」によって構築されていた遠近法は瓦解する。ジャズではヴォリューム・音強がすべてとなる。この場合、音強は豊富な音響によってもたらされる。こうしたジャズの音景を、エイゼンシテインは文字を使い鮮やかな映像にしてみせる。両者のあいだは「等価性」によって結ばれている。

夜になると、遠近法や現実的な空間の深さの感覚は電飾広告の海に飲みこまれてしまう。遠くの人も近くの人も、前景の小さな人も後景の大きな人も、照らされる人も闇に沈む人も、みな最後には現実の空間感覚を消滅させ、またたくまに夜空の黒いビロードの表面を流れてゆく色点やネオン管の点描画にかわってしまうだろう。

〔……〕

しかしながら、走りさる車やバスのヘッドライト、遠くまでのびるレールの照り返し、ぬれたアスファルトに点々とつづく反射やアスファルトの水溜まりに逆さにうつる姿、それらは上下の観念を消滅させ、足もとに地上と同じ幻影を築きあげる。（Эйзенштейн 2004a: 104）

図22 「夜のベルリン」（1929）

『無関心ではない自然1』では、この文章の横にエイゼンシテイン所蔵の絵はがき「夜のベルリン」（図22）が付されているが、それがなくても、誰しもがこの描写からW・ルットマン『伯林（ベルリン）――大都会交響曲』（一九二七）を連想することだろう。

視覚と聴覚の両要素が等価物によって共通の土俵にのせられたあと問題になるのは、両要素の結びつき方だろう。それは、描写とイメージを軸にしつつ考察されている。『モンタージュ』「トーキー映画」に、単一のカメラ・アングルによる映画からトーキー映画までを描写とイメージにそくして分類した表がふたつ（表1、2〔Эйзенштейн 2000: 330, 334〕）収められているので、まずはそれにしたがいながら結合問題の概略を捉えておきたい。

表1の「トーキー映画」の項目をみるとわかるように、映像（描写）に対しては音がイメージの役割をになう。ここにはまだ色彩は入ってきていないが、第二章註30にのべたとおり、最終的には映像、音に対して色彩がイメージの役割をになうことになるだろう。ただし、描写・イメ

	描写の基礎	総合するイメージ
単一のカメラ・アングルによる映画とモンタージュ断片	被写体の描写	被写体の輪郭（あるいは諸要素の配置、あるいは諸要素に対する照明の配置等）
「モンタージュ」映画	ショット	モンタージュ
トーキー映画	ショット—モンタージュ	音（環境音、声、言葉、音楽）

表1

	描写の基礎	総合するイメージ
単一のカメラ・アングルによる映画	被写体の描写	輪郭線
輪郭線	被写体の描写の輪郭	屈折のリズム
モンタージュ映画	ショット	モンタージュ
モンタージュ	モンタージュの語り的要素	モンタージュのリズム
トーキー映画	ショット—モンタージュ	音
音：	被写体に関係する単語とフレーズの内容	フレーズのメロディ
単語—フレーズ	フレーズのメロディ	リズム
メロディ 音楽	音—言葉・人の声のイントネーション・音楽のメロディ	イントネーション、音楽のメロディ、対位法的メロディからなるハーモニー
（身振り表現の領域において対応する現象）	身振り表現の実際的内容 隠喩的身振り	身振りの隠喩的内容 身振りのリズム

表2

ージは実体ではなく機能なので、映像、音、色彩が互いの立場を交換することもありうる。

表2の「トーキー映画」の項目からは、音が描写とイメージにわかれるのがみてとれる。個々の被写体と具体的なつながりがあるかどうかが、両者を区別する決め手になっている。同様の区別をおこなっているモデルとして、エイゼンシテインは最古の神秘劇の姿をとどめるバスク地方の牧歌劇――声楽と器楽による――をあげている（Там же: 367）。この牧歌劇では、役割を異にする声楽（描写）と器楽（総合するイメージ）が交わらずにかわるがわる聞こえてくる。エイゼンシテインはこの交替のスタイルを「「水平の」ポリフォニー」と呼んでいる。このスタイルを意識してかどうか、『イヴァン雷帝』では台詞と音楽は「まれにしか」重ならない。それをさして、M・シオンは「古代演劇のスタイルを想起させる」とのべている（2002: 29）。

内的統一、レンガ積み

エイゼンシテインはトーキー映画における音と映像の関係を三つの相にわけている（Эйзенштейн 2000: 328-29）。第一相は、ショットに解説として随伴する「ナレーション」。これに類するものとして、眼にしている呼び鈴が鳴るときのような、日常の「同期する」音、視覚的現象に対する聴覚的解説やその逆のものがあげられている。第二相は、「描写的音による劇や劇的出来事の叙述において」視聴覚的対位法のコントロールが「正しく」効いているもの。「ザフリョスト」[35]も、「正しい使用法なら」この相に含まれる。水平のモンタージュにおいてリズムに課されていた総合するイメージの役割を、音楽が映像に対してはたすものが、第三相にあたる。エイゼンシテインがトーキー映画論で論じるべき対象と考えているのは、この相である。したがって、われわれもそこに焦点をあわせたい。管弦楽曲の総譜のように各パートが垂直に並び、それらが水平の時間軸にそってのびる映画の進行表を頭におきつつ、視聴覚の総合的イメージについて考えをめぐらせていった結果、エイゼンシテインが思いついたのは、ポリフォニー、フーガ、ゼクエンツ、和声、「枕詞」的手法、内的統一、レンガ積み、等々といった一群の手法・原理である。

いずれにもエイゼンシテインの創意が感じられるが、ここでは内的統一とレンガ積みに話をしぼりたい。エイゼンシテインは内的統一を三つに分類する（Там же: 338–41）。第一は聴覚的刺激と視覚的刺激との「生理的で直接的な」相互作用、第二は「いわゆる」共感覚的な視聴覚の「照応（ソオトヴェットヴィエ）」、第三は聴覚的領域と視覚的領域からうまれるそれぞれのイメージを媒介にした視聴覚領域の統一である。これら三つの内的統一は低次の生理的段階から情動＝感覚的段階をへてイメージにおける高次の「意識的」統一へと、「明確な連続的段階」をなしている。連続性をなしているというのは、互いに共振しつつ内的統一を作りあげるということを意味する。

第一の内的統一は知覚におけるもので、エイゼンシテインはP・ヤコヴレフ、V・ウルバンチチ、P・ラザレフ、S・クラフコフら同時代の生理学の最新成果を駆使しながら、視聴覚の連合がいかに深くわれわれの知覚作用に根づいているかを明らかにしてゆく。第二の共感覚は、「さらに高度な段階において」第一の内的統一を反復する「ようなもの」とされている。共感覚については、総合芸術とともにあとでのべることにしたい。第二の内的統一で興味深いのは、サイレント映画において、聴覚的要素を視覚的要素によってあらわすために「共感覚的「架橋」」がなされていたという指摘だ。ツィヴィアンは映画内におけるこうした知覚の補償作用を、文化構造の反映とみている。「さまざまな形態の芸術間におこった相互作用の歴史をふりかえってみると、ある文化領域におけるあらゆる新しい現象には、ふつう、その現象を他の領域の諸手段によって再現しようとする試みがともなっていることがわかる」（K3 15: 120）。

第三の内的統一の説明にさいしてエイゼンシテインがとった方法は、ある意味でスリリングなものである。視聴覚のイメージの成立過程を説くのに、マルクスの価値論を援用しているのだ。たとえば、小麦と鉄は使用価値においてなんら共通性はなく、比較のしようもない。ところが、それらを交換価値に変換することで比較が可能になる。エイゼンシテインは視聴覚の総合的イメージ・共イメージ性について、それと同様の道筋をたどりながら説明してゆく。先に等価物としたものが、ここではイメージと呼びかえられている。

実際、音と描写は通分できない。そして、音楽の「断片」と描写の「断片」も通分できない。しかし、「音楽断片」のイメージと「描写断片」のイメージは、結合可能でも通分可能でもある。（Эйзенштейн 2000: 345）

同じ範疇、同じ領域、同じ次元に属する現象であるために、イメージ同士の通分が可能になるということは、誰の眼にも明らかである。（Там же: 344）

一方、レンガ積みというのは、M・グラネ『中国的思考』（一九三四）から借りてきた概念である。グラネは陰陽思想、偶数・奇数の組み合わせを論じるさいにこの概念を用いており、原テクストでは「覆瓦状配列（imbrication）」（Granet 1988: 235）となっている。エイゼンシテインはフランス語のなかから brique（レンガ）をぬきだし、それをもとに「レンガ積み（キルピチナヤ・クラトカ）」という術語を作ったのである。物は瓦からレンガにかわったわけだが、問題は瓦かレンガかではなく、ずらしつつ重ねるということである。

エイゼンシテインの解釈では、レンガ積みは詩における句またがり（アンジャンブマン）と同じものである。句またがりとは、一詩行のなかで構文や意味が完結せずにつぎの行にまたがる現象をさす。エイゼンシテインはA・プーシキンの『ポルタヴァ』（一八二八—二九執筆）、『青銅の騎士』（一八三三）を例にとりあげているが、彼と同時代のM・ツヴェタエヴァはこの詩法の名手としてしられている。句またがりを用いることで、彼女の詩のリズムは躍動感と複雑さに充ちあふれるものになった。ツヴェタエヴァの詩を前にして、さしものP・ツェランも翻訳不能と嘆息したほどである。

エイゼンシテインは「垂直のモンタージュ」「第三章　形式と内容——実践」（Эйзенштейн 2004a: 133–63）、『無関心ではない自然』（六巻選集版。Эйзенштейн 1964c: 383–89）において、『アレクサンドル・ネフスキイ』、『イヴァン雷帝』を対象にしつつ、ポストアナリシスのかたちでレンガ積みについて論じている。「形式と内容——実践」では、『アレクサンドル・ネフスキイ』「氷上の戦い」から戦い前日の「不安な期待に充ちた夜明け」の一二ショット（八五秒）を択び、音楽（一七小節）とつきあわせながら視聴覚の対位法を徹底的に分析してゆく。各所でショットの終わり・

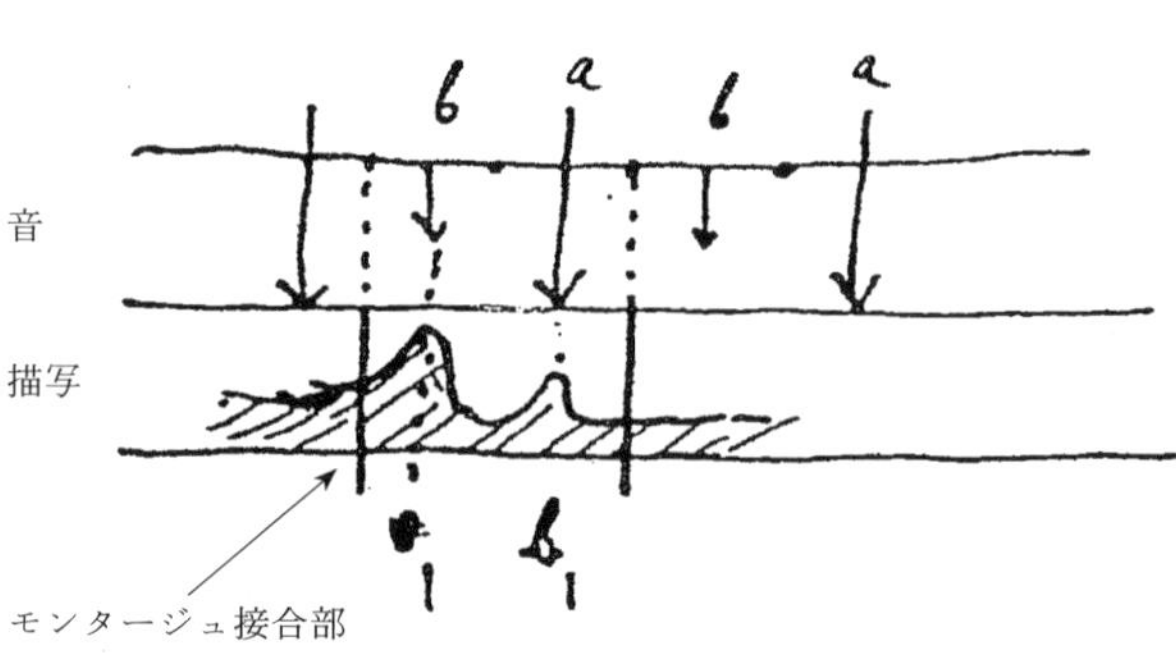

図23「レンガ積み 第4パターン」

始めと小節の終わり・始めがずれていることが指摘される。レンガ積みに違いはないとしても、これは音と映像の関係の第二相に属するもので、ザフリョストというべきである。それにたいして、『無関心ではない自然』では、レンガ積みの焦点はショット、小節の接合部からその内部に移る。したがって、ずらすものも終わり・始めではなく、「アクセント」になる。アクセントとともに、「衝突」が前面に出てくる。

> 変化する照明の色調、登場人物の交替、俳優の情動の変化、断片の滑らかな動きを壊す思いがけない身振り、等々、ひと言でいえば、その断片に先行する流れに含まれる形成ずみの慣性を、新しい高揚、転換、動きによって遮断することで、観客の注意や知覚を新たに自らの方にひきよせるものなら、なんであろうと、ショット内のアクセントになりうる。
> ショット内の行為、動きに含まれる、そのようなアクセントは、自然と、サウンド・トラックの音楽、抑揚のある台詞、環境音の運動にかかわる分節アクセントと衝突する。
> (Там же: 384)

「アトラクション」をひきつぐこうした衝突の構成方法としてあるのが、レンガ積みにほかならない。エイゼンシテインによれば、レンガ積みの原理が「一貫して厳しく」守られているのは、『イヴァン雷帝 第一部』で病にある(病をよそおう)イヴァンが貴族たちに懇願するシークェンスである。『無関心ではない自然』では、レンガ積みの型が五つしめされているが、いずれも具体例がついておらずわかりにくいので、ここではそのなかから第四パターン(古典的レンガ積み、図23)のみをしめすにとどめたい。上欄の矢印は音楽のアクセント(長いのは強アクセント、短いのは弱アクセント)を、下欄の山は映像のアクセント(高い山は強アクセント、低い山は弱アクセント)を意味する。第四パターンでは描写モンタージュの接合部と断片内部のアクセントが一致していないし、音楽と映像のアクセントについては強アクセントと弱アクセントが対になっている。

『イヴァン雷帝』の音楽と色彩

垂直のモンタージュにかかわる『アレクサンドル・ネフスキイ』論としては「形式と内容――実践」が、『イヴァン雷帝』論としては「『イヴァン雷帝』における音楽と色彩に関する講義から」(ヴギク講義速記録、一九四七)、「『アナスタシアの葬儀』のシークェンス分析」(六巻選集版『無関心ではない自然』)をはじめ数編の論攷が残されている。「形式と内容――実践」には邦訳が二種類(エイゼンシテイン 1981a: 334-71; 1986a: 232-79)もあり、また『アレクサンドル・ネフスキイ』の解読を助けてくれるE・ボウズ『ユーリズミックスと映画における視覚=音楽の総合――エイゼンシテイン「アレクサンドル・ネフスキイ」の実験』(Bowes 1978)もあるので、そちらを参照していただくとして、いまはエイゼンシテイン最後の映画にして最終形態でもある『イヴァン雷帝』をとりあげることにしたい。

視聴覚モンタージュ、色彩ばかりでなく、テーマ・構成においても、この作品は最終形態にふさわしいものにしあがっている。第一部において描かれる国家権力の問題が第二部でイヴァン四世の内面的葛藤に移される対比的構成もみごとなら、エイゼンシテインをとおして、イヴァン四世の像を自分流に造形しようとするスターリン(体制)の欲求を逆手にとるかたちで、スターリン(体制)像をイヴァンの造形に投影したばかりか[36]、第二次大戦時の世界情勢も作品の裏から透けてみえるようにした手並みも鮮やかというほかない。

視聴覚モンタージュについては「アナスタシアの葬儀」が、色彩については「親衛隊(オプリチニキ)の饗宴」がポストアナリシスではとりあげられている。映画にはその映画の形式的特徴を縮約してしめす中心的場面がある、とエイゼンシテインはいう。たとえば、『戦艦ポチョムキン』には「オデッサ港の霧」、「オデッサの階段」が、『チャパーエフ』(ヴァシリエフ兄弟、一九三四）には「指揮官の位置すべき場所」が存在する。『イヴァン雷帝』では「アナスタシアの葬儀」がそれにあたる。「親衛隊の饗宴」については、エイゼンシテインにおける唯一ともいえるまとまったカラー映像なので——ポチョムキン号の赤旗の手彩色、[37]『全線』の牡牛の結婚式、クリームセパレーターのシークェンスにおける調色した断片の挿入、『イヴァン雷帝　第二部』「イヴァンの宣言」をのぞくと——選択の余地はないが、そこには映画の色彩に対するエイゼンシテインの基本的姿勢がいかんなく発揮されている。[38]

エイゼンシテインとモスクヴィンの協働が影のショットを生みだしたように、S・プロコフィエフとの協働があって初めて『イヴァン雷帝』の映像＝音楽、音＝イメージは誕生しえた。一九三八年に演奏旅行でアメリカにわたったプロコフィエフは、ハリウッドでトーキー映画の制作現場を見学したうえ、W・ディズニーの知己もえる。ディズニー版『ピーターと狼』（『メイク・マイン・ミュージック』一九四六）は、そのときの交流がもたらした成果とされている（プロコフィエフの交響的物語 op.67 の方は一九三六）。エイゼンシテインの絵コンテやテーマ表をもとにプロコフィエフが作曲したものにあわせて、撮影がおこなわれることもあったというから、作曲家によせる監督の信頼は相当なものだったといえる。作曲はもちろん録音にも、プロコフィエフは工夫をこらした。独自に磁気テープを開発したり、楽器ごとにマイクロフォンからの距離をかえつつ音響効果をさぐったり、マイクロフォンの数を三本に増やしたりした（録音B・ヴォルスキイ）。

様式化した身振り、装飾的背景、歌、音楽、起伏の激しいプロットを特徴とすることから、『イヴァン雷帝』はオペラ、ミュージカル、メロドラマの視座から語られることが多い。エイゼンシテインも映画オペラとしてこの作品を考えていたようだ。「楽劇〔ヴァーグナーの〕では音楽と言葉の編み込みのさまざまな可能性によってえられたものが、ここでは映像描写と音の編み込みによって獲得される」（Эйзенштейн 1964c: 361）。

エイゼンシテインはプロコフィエフの映画音楽をさして、映像を音楽に「置き換えている（перекладывать）」（Эйзенштейн 2004a: 585）という。彼がいいたいのは、「視覚的イメージの複合的感覚」（オーヴァートーンの）を音楽に変換するということである。たとえば、それは秋の情景用の音楽を作るのに、枯れ葉の音や風の音をまねるのではなく、葉の「黄色の色調のリズム」を音色へ「翻訳する」ことをさす。エイゼンシテインは「複合的感覚」を「気分」、「想念」、「サブテクスト」といいかえてもいる（Там же: 595）。視覚的・色彩的イメージと音楽的イメージが等価物として並びたつことができるのは、これらの内部においてである。

『イヴァン雷帝』の音楽についてプロコフィエフと相談したさい、エイゼンシテインはテーマにそくして全体の傾向を四つにわけ、それぞれを簡潔なメモ書きにしてみせた。

（1）「雷雨が迫りくる」イメージ。
（2）サヴァオフ〔ユダヤ教の戦の神〕のイメージ、「この血から大地を生みだす」（イヴァンに関するクルプスキイの言葉）。
（3）魂の分裂、血の涙、「ルシファー」。傷つき絶望するなかで、ほとんど倒れかかっている（「告白」）。
（4）アイロニカルで、あざ笑いあてこするような線（「なんとまあ」）。

プロコフィエフはこれらを四つのテーマと考えているが、私は四つの面（ファセット）とみている。
雷雨が高まり（必要なところで）、サヴァオフとなる。
最高点から落下する。
アイロニーやあざ笑いのなかからテーマの悲劇的要素が出現する。

（Козлов 2005: 36）

エイゼンシテインは音楽を生動する一連の流れとみなしているので、面の連続とみるのである。こうしたテーマ＝面にかかわるシークェンスにおいてライト・モティーフのように一定の音楽がくりかえされる。第一テーマ＝面は全体の基調となるもので、雷帝の名称もこの「雷雨（グロザー）」に由来する。第一テーマ＝面の音楽（図24）は第一部、第二部の冒頭で流れる。L・コズロフはこの曲の印象を、打楽器の暗い音を背景に、金管楽器の音が高圧的ともいえるイントネーションとリズムをもって決然と迫ってくる、と特徴づけている（Там же: 37）。

第一部、第二部の冒頭をのぞくと、第一テーマ＝面の音楽（「雷帝のテーマ」）が聞かれるのは、直接的にせよ間接的にせよ、イヴァン四世の雷帝たる意志があらわになるとき——アナスタシアの葬儀、クルプスキイ公がポーランド王シギスムントと密約をかわそうとするシークェンス、神秘劇『カルデアの竃』上演中の大聖堂にイヴァンが入ってくる直前、第二部の回想において少年イヴァンが「ツァーリになる」という意思表明をする前——にかぎられる。いずれも開始や再生——映画の始まり、事業・戦争の始まり、絶望からの脱出の始まり等——をつげるしるしとなっている。(2)、(3)、(4)のテーマ＝面についても、(1)と同じような音楽の使用法がなされている。

図24 「第一テーマ」

役割は異なるが、作中、音楽とともに大きな力を発揮するのは歌唱である。民衆歌謡やオラトリオの様式にもとづくそれは、ヴォイス・オーヴァー（ナレーション）のように用いられる。歌は場面の説明であったりロシアやイヴァンの運命を予示するものであったりする。あるときは厳しく、あるときは荘厳にひびく。コズロフ、T・エゴロヴァも認めるように、このようなコーラスの使い方はギリシア悲劇のコロスを想起させる。したがって、その歌声は無人称的か不定人称的である。バルト海への進出がイヴァン四世の最終目的として設定されていることから、作中では《海の歌》が随所にちりばめられている。完成版から削除された少年時代のイヴァンを描いたシークェンスでは、乳母のうたう《海の歌》が途中でコーラスにひきつがれ、ひとつの歌のなかで人称的歌い手から不定人称的歌い手への交替がなされる。

登場する歌のなかで印象深いのは、なんといってもエフロシニアのうたう《ビーヴァーの歌》（歌詞V・ルゴフスキイ）だろう。これは都合二回、一度は生きているウラジーミルを、二度目はあやまって暗殺された彼を膝にのせながらうたわれる。後者において彼女はすでに正気をうしなっているので、その歌声はとりわけ迫真的にひびく。黒いビーヴァーの隠喩によってイヴァン四世（ツァーリ）を暗示するのが歌詞の役目であるが、二度目においては、うたうエフロシニアの背後に雷帝（暗殺の首謀者）の足が映っており、隠喩と半身の実像があわさることで絶妙な重合的効果がうまれる。エイゼンシテインは歌を使った理由をつぎのように説明する。イヴァンの存在をしめすためには、実際のイヴァンを登場させたり、オーヴァーラップのように「輪郭をぼかして」撮影したりする方法もあるが、「影が通りすぎるような」効果をあたえるためには音楽が必要だった（Эйзенштейн 2004a: 596–97）。

『イヴァン雷帝』「親衛隊の饗宴」と同時代のハリウッド・ミュージカル——『若草の頃』（V・ミネリ、一九四四）、『雨に唄えば』（G・ケリー／S・ドーネン、一九五二）、『バンド・ワゴン』（V・ミネリ、一九五三）——、一見かけはなれてみえるこの両者を、K・トンプスンが委細をきわめた『イヴァン雷帝』論のなかで比較している。『エイゼンシテイン「イヴァン雷帝」』（一九八一）の指摘によれば、ハリウッド・ミュージカルがワン・ショットでダンスのステップや歌詞全体をあらわす傾向をもつのにたいして、エイゼンシテインでは細かいカット割りがなされている（Thompson 1981: 243）。たとえば、シークェンス最初のダンスは二六ショットから、フョードルの歌とそれにともなうダンスは三四ショットからなる。これは映像がダンス・歌のイラストレーションになってはいないこと、映像のモンタージュ性が崩れていないことをしめすだろう。

とはいえ、モンタージュ自体には変化が生じている。エイゼンシテインは「ヴァクリンチュクの葬儀」（『戦艦ポチョムキン』）と「アナスタシアの葬儀」とを比較しながら、モンタージュの質的変化についてのべている。それによれば、ヴァクリンチュクではさまざまな対象のショットをモンタージュして情動を高めてゆくのにたいして、アナスタシアの方では、棺、イヴァンという対象はそのままに、身振り、カメラ・アングルをかえて撮ったショット——クレーン・ショットも含む——をモンタージュしている。前者は撮影対象の、後者は撮影モードのモンタージュということができるだろう。

時間軸にそった分節 / オーケストラ編成	1	2	3	4	5	6	7	8	9	10
音楽： 合唱『永遠の記憶』										
合唱『聖なる者よ、安らかなれ』										
大聖堂										
ピーメンの声										
ピーメンの描写										
ツァーリの声										
ツァーリの描写										
アナスタシアの棺										
死んだ皇后の顔										
マリュータの声										
マリュータの描写										

表３

テーマ＝面にかかわる音楽、あるいは歌の反復は、プロットの進行からすると冗長的（リダンダント）ということになるが、この余剰性のために複合的感覚は強まってゆく。反復ということに関していえば、エイゼンシテインは『イヴァン雷帝』のモティーフ・テーマ構成をフーガ的としている。すなわち、主唱であるイヴァンのモティーフ・テーマ、対唱であるクルプスキイ、エフロシニアのモティーフ・テーマがフーガのように反復されてゆくのである（Эйзенштейн 2006: 432-33）。『イヴァン雷帝』では、イヴァンの従弟＝オルター・エゴであるウラジーミルも存在するので、フーガ模様はさらにこみいった様相を呈している。

「「アナスタシアの葬儀」のシークェンス分析」において、エイゼンシテインは対位法、ポリフォニーの有り様を「作用」にそくして具体的にしめしている。それによって、視聴覚の諸要素が「交替し、融合し、また分離し再び融合しながら、テーマ〔イヴァンの絶望〕が観客の現実感に翻訳される」過程が明らかにされる。分析では、シークェンスの視聴覚的要素は五種類――イヴァンの演技、スクリーン上のイヴァンのイメージ、音楽、テーマをささえる諸要素へのテーマの「放散（イルラジアツィア）」、純粋な映像描写的要素――にわけられ、さらにそのもとに一三の下位項目が設けられている（Там же: 425-27）。作用は多面的に捉えられており、たとえばイヴァンの演技についても、彼自身の演技（イグラ）、彼に向けた作用（イグラ）（フレーミング、照明、共演者）、彼がこうむる作用（イグラ）（シーン全体の諸成分）と三つある。こうした動きの一部をまとめたのが、表3である。
この表から読みとるべきは、同一時間軸に属する要素同士の相互関係である。同一時間軸に並ぶ要素を視聴しきるためには、「映画を見ながら聞くだけでなく、じっと見つめながら注意深く聞か」なければならない。エイゼンシテインはこうした事態がおこる要因として、「映画が詩のように撮られモンタージュされている」事実をあげる。「詩のように」の真意は定かではないが、じっくり視聴しなければならない映画では、連辞的相互作用とともに範列的相互作用にも注意をはらわなければならない。範列の軸において、潜勢的ではなく現勢的なかたちで等価の原理がはたらいているからだ。

大聖堂における、交唱のような台詞の響きや、コーラスと闇の緊密な融合は、作品全編のなかでもハイライトというべきものになっている。音の響きと闇のゆらめきに息づく大聖堂は、雷帝のテーマが鳴りひびく光の瞬間にむかって静かにゆっくりとたちあがってゆく。それはイヴァンが絶望から回復する再生の瞬間にほかならない。その過程を、エイゼンシテインは線とトーンを用いて説明している。「アンドレイ・モスクヴィンの巧みな手腕に助けられ、大聖堂は「充満する闇」という一本の線に導かれつつ、ドームの下にひびく葬送のコーラスの声と同じように連続する色調（トーン）変化や光の濃淡を経過してゆく」（Там же: 427）。

◎

「親衛隊の饗宴」の色彩に入る前に、まずふたつのことを確認しておきたい。ひとつは、エイゼンシテインがモノクロ映画とカラー映画とのあいだに差異を認めていないことだ。『イヴァン雷帝』に関する講義のなかで、学生の質問に対して彼はつぎのように答えている。「私個人としては、われわれのモノクロ映画はカラー映画だったと考えています。だから、一方から他方に移っても、とくに原理的な違いを感じてはおりません」（Эйзенштейн 2004a: 591）。したがって、『イヴァン雷帝』においては、モノクロ画面とカラー画面は分離することなくひとつのものを形成しているといえる。「親衛隊の饗宴」、「ウラジーミルの暗殺」、「イヴァンの宣言」とつづくシークェンスのなかで、モノクロ画面とカラー画面はいくどか交替するが、ここでもモノクロ画面には色彩的意味が付与されていることになる。現代映画において部分的にモノクロ画面が使われる場合（パート・モノクローム）を考えてみると、このことはわかりやすいだろう。違いはないというときエイゼンシテインが考えているのは、黒色、灰色、白色の限界のなかでこころみていた探究をよりひろい色彩世界においても続行する、ということだ。ついでにのべておくと、『ウィンダミア夫人の扇』（E・ルビッチ、一九二五）で人物の性格づけにおうじて設定された黒色、灰色、白色の色彩処理を、エイゼンシテインは効果的な例として認めていた。

もうひとつの確認事項は、色彩も音と同じように「自然主義的、装飾的」には用いられないということである。すなわち、いったん被写体（固有の位置）から色彩を「外し」、映画の要請する色彩、色彩的意味を新たにそれに「まとわせる」のだ。映画の要請はあくまでも映画内イメージからくるもので、日常一般的な象徴性とは別ものである。日常一般的とはいいつつ、それについても文化圏ごとに異なっている。たとえば、中国や韓国では喪の色は白だが、日本をはじめ多くの国では黒である。映画作品のなかである色彩にあたえられる意味が日常一般的なものと重なるとしても、その意味は映画において再規定されたものと考えなければならない。映画内であたえられる色彩的意味を、エイゼンシテインは「イメージによるヴァルール」（Там же: 132）と呼んでいる。正確にいえば、このヴァルールは作品固有のものと映画一般に内在するものとにわかれ、実際のヴァルールはそれらの重なりのうえで決定されてゆく。絵画のヴァルールが色相、明度、彩度の相関による画面上の差異化によって作られるのにたいして、ここにいう色価は音楽（音）・主題展開（シュジェト）との相関関係において決まる（Эйзенштейн 1964c: 489）。音楽・主題展開の動きにつれて、色彩も変化してゆく。その意味では、映画の色彩は「色彩運動」としてある。

そのような色彩をさして、クレイマンは「映画の多声（ポリフォニック）的構成のなかで自律的な「声」となりうる情動的・隠喩的自然力（スチヒーア）」（Эйзенштейн 2004a: 638）といっている。この自然力の生態を実地にたしかめるために、エイゼンシテインは黄色をとりあげ、さまざまな芸術作品のなかでそれがどのように機能しているのかを「垂直のモンタージュ」「第二章 色彩と意味（黄色のラプソディ）」（Там же: 111-33）で詳細に分析している。[39] カンディンスキー、ゴーギャン、ストリンドベリ、アフマートヴァ、ゴーゴリ、レンブラント、エセーニン、ゲーテ、歌舞伎、ヒンドゥー教、ランボー、L・ハーン、W・ブレイク、等々と、美術、文学、宗教からとられた多彩な素材が俎上にのせられる。指摘のなかで興味深いのは評価の形成のされ方である。エイゼンシテインはF・ポータル『古代、中世、近代における象徴的色彩』（一九三八）を援用しながら、古代において相対立する評価を内包していた「両義的な（アンビヴァレント）」黄色の評価が、中世では肯定的なもの（愛、不変性、叡智等）と否定的なもの（堕罪、破滅、陰鬱等）とにわかれるのを確認したうえで、両者の動機づけについてのべる。肯定的評価が太陽、星、黄金等に対する日常の評価[40]と、連想によって「直接」結びついているのにたいして、否定的なものは肯定的なものとの対立によって「自動的に」形成される。この指摘は作品における色彩の動機づけを考えるさい参考になるだろう。

論攷にはA・ベールィ『ゴーゴリの技法』（一九三四）、ゲーテ『色彩論』（一八一〇）が引かれているが、どちらもエイゼンシテインの方法形成に大きな影響をあたえたものである。たとえば、『ゴーゴリの技法』には、「詩における色彩、音、イメージは偶然的なものではない。あらゆる創作過程の第一段階は選択である。色彩、音、イメージは言葉の名手のもとでは正しく計算されている」（Белый 1996: 132）という一節がみられる。レオナルドの科学と芸術、ゲーテの科学と詩――そこに認められる科学的芸術、芸術的科学は、エイゼンシテインにとっての目標だった。

ヴァルールによって作品の色彩の意味は決まるわけだから、同じ黒と白でも『全線』と『アレクサンドル・ネフスキイ』とでは使用法が異なるといった現象がおこる。白は前者では歓喜、生命、新たな経営形態を、後者では残虐さ、凶悪さ、死をあらわし、また黒は前者では反動、犯罪、時代遅れを、後者では勇敢さ、愛国心を表現する（Эйзенштейн 2004a: 132）。白といえば、エイゼンシテインはヒッチコックが『白い恐怖』（一九四五）でみせた、白の鎖列をとおして喪失した記憶を暗示する手法に興味をいだいている（Там же: 304-05）。

映画の色彩は映画内の要求、「色彩イメージ（ツヴェトヴォイ）」にしたがうという考えから、エイゼンシテインは「着色映画（окрашенное кино）」と区別するために、カラー映画を「цветвое кино」と呼んでいる（現在の呼び名は「цветное кино」である）。彼はディズニーの色彩に注目しており、たとえば『バンビ』（D・ハンド、一九四二）に対して、色彩イメージの視座からつぎのような論評を加えている。音楽と線運動のあいだには「みごとな」対応関係がみられるのに、メロディの輪郭線と色彩の「振動・変化」とのあいだにはそうした「統一〔内的〕」は認められない。その最大の原因は、風景の音楽性、色彩・色調の音楽性がなおざりにされていることにある（Эйзенштейн 1964c: 425; 2004a: 603）。色彩のイメージが背景にまで浸透していないために、背景は風景となりえていない、ということだ。ただし、動画と背景の分離については、動画と背景を別々に制作して合成するセルロイド法の技術的制約を考慮しなければならない。

「親衛隊の饗宴」では、音楽も色彩も身振り（ダンス）もすべてテーマの要求にもとづいて綿密に規定されている。テーマとは、ほかでもないカーニヴァルである。メキシコにおける死者の日の体験、『メキシコ万歳！』、充分な人類学的知識を考慮すれば、カーニヴァルという概念が「親衛隊の饗宴」を撮影しているときエイゼンシテインの念頭にあったとしても不思議ではない。映画のなかでも、カーニヴァル情況は儀礼として設定されている。ウラジーミルと自身の役割を交換する行為を、イヴァンが「道化芝居（シュトフストヴォー）」と呼んだり、暗殺されたウラジーミルをさして、イヴァンが「道化（シュート）」といったり、「ツァーリは好きだ、異装が／ツァーリは好きだ、ひとの仮装が」とコーラスがうたったりするのは、手法の露出といってよいだろう。バフチン（1995: 251）を援用するまでもなく、戴冠と奪冠はカーニヴァル劇の主流をなすものである。指笛や足踏みの音でシークェンスが始まるのも、饗宴につかわしい。そして、映画として重要なのは、この儀礼がウラジーミル暗殺への不可欠な跳躍台としてプロットにくみこまれていること、つまり儀礼が芸術的に動機づけられていることである。「親衛隊の饗宴」は儀礼と政治の二重の層からなっており、「親衛隊の饗宴」から「ウラジーミルの暗殺」への移行は、儀礼の頂点から政治的奈落（謀殺）への直下となっている。

V・V・イヴァノフ「エイゼンシテインに関する芸術の問題とバフチンのカーニヴァル」（Close-up: 17–18）は「親衛隊の饗宴」のカーニヴァル情況を分析し、それは二重の意味——社会的、精神分析学的——においてカーニヴァル的だという。社会的というのは、大貴族にかわって下層階級出身のオプリチニキがツァーリの酒宴の席についていることを意味し、精神分析学的というのは、フョードルが女装をまとい女性の仮面をつけて踊ることをさす。身をくねらせて躍るフョードルの官能的姿態には、来露時にエイゼンシテインがそのドキュメンタリー映画『虹霓関』（一九三五）を撮るまでした梅蘭芳が垣間みえる。フョードルを囲みつつコサック・ダンスを踊っていたオプリチニキの群れが彼女（彼）を胴上げするのを目にするとき、われわれは異性装のフョードルがカーニヴァル的壊乱の中心にあることをしるだろう。フョードルのうたう《斧の歌》が初期プロコフィエフの「スキタイ的色彩」（Egorova 1997: 111）を漂わせているのも、オスティナートとともに壊乱振りを強めている。

こうしたカーニヴァル情況にあわせて、色彩も宴をくりひろげる。色彩は二重に、被写体に密着した描写的色彩とシーン・シークェンスに覆いかぶさるイメージ的色彩から構成される。具体的には、描写的色彩の金色、赤色、黒色とイメージ的色彩の赤色、青色が重なりつつ進む。色彩イメージについては、大きくは赤色から青色へと移ってゆく（口絵）。エイゼンシテインはここでも色彩の動きを線になぞらえ、金色の線は黒色の線に「のみこまれ」、赤色の線は青色の線に「入りこむ」という説明をほどこしている（Эйзенштейн 2004a: 599）。色彩はそれぞれに象徴的意味をあたえられる。青色は天空と死を、金色は権力を、赤色は生命、憤怒、殺戮の血を、黒色は不気味なものをあらわす。めまぐるしく交替する色彩、コーラス・音楽、そしてダンスがおりなす振動・反響が、緩急や強弱をつけながら破裂寸前まで上りつめていく過程は、圧巻といわざるをえない。

色彩について重要なのは、大聖堂に進もうとしたウラジーミルが死を予感してたちどまるところでおこる色の切り替えである。足をとめたウラジーミルの顔は、まさに血の気が失せるように赤色から黒色にかわる。そのあと場面がきりかわり、大聖堂のピョートル（暗殺者）の姿がモノクロームで映しだされる（色彩の初期化は生の初期化、つまり死を暗示するだろう）。それに影響されたかのように、ウラジーミルの顔は青色に染まり、やがてまたもとの赤色にもどる。カラーとカラーのあいだに挿入されたモノクロ映像は、銀残しのようなあやしい質感をおびてみえる。言葉にするとまだるっこしいが、この色彩の循環（モンタージュ）は身振り、音楽とともにリズミカルな運動を作りだしている。情況、内面、顔色が連動しながら進む、内面や深層が色として顔の皮膚に映しだされる事態は、魅惑的な映画的瞬間というほかない。脅えるウラジーミルをうながすように発されるイヴァンの台詞につづいて、フョードルのうたっていた暗示的な《斧の歌》がインストゥルメンタルで流れるのも、サスペンス的効果をあげている。

トンプスンの指摘するように、「親衛隊の饗宴」においては、音の対位法は色の重なり、動作の方向、速度からなる視覚的対位法にみごとに対応している。トンプスンは音楽と映像を逐一つきあわせ、対位法同士が生みだす一致、分裂、不連続、過剰を読みとってゆく。その過程で上下、左右、前後に膨らんだりしぼんだりしながら展開してゆく音楽＝映像運動の微細な様態が明らかにされる（Thompson 1981: 233-48）。トランペットが親衛隊の登場のしるしになること、フョードルのダンスの跳躍がピチカートの高まりと一致していること、フョードルのダンスの腕の振りを強調するために、くりかえしプラン・アメリカンがミディアム・クロース・アップにカット・インされること、等々と、興味深い指摘はつきないが、重要なのは、音楽、色彩、ダンスをくみあわせることによって「親衛隊の饗宴」が新しい視聴覚のオーヴァートーンを構築しえているという指摘だ。「エイゼンシテインは色彩パターン、リズムの対比、運動方向等のオーヴァートーンにもとづいてカッティングをおこなっており、長い部分を支配するドミナントは存在しない」（Ibid.: 244）。

iv　感覚の総合・芸術の総合

『アレクサンドル・ネフスキイ』、『イヴァン雷帝』、あるいは《ヴァルキューレ》において実践されたとはいえ、エイゼンシテインの視聴覚モンタージュの試みは充分に展開されたとはいいがたい。水平のモンタージュと較べた場合、とりわけその感は否めない。しかし、こうした実践は総合芸術を射程にいれてのものであり、これから語ることになる共感覚（シネステジア）、総合芸術はエイゼンシテイン映画の重要な背景をなしている。そうした裾野をしることで、視聴覚モンタージュの実践が含みもつ潜勢力もより鮮明にみえてくるだろう。

まずは、先に紹介した視聴覚における三種類の内的統一を思い出してほしい。すなわち、生理的な相互作用、共感覚的な視聴覚の照応、そしてイメージを媒介にした視聴覚の統一である（これらはすべて共感覚現象とみなすことができる）。ここで注意したいのは、芸術における内的統一の視座から共感覚現象が捉えられていることだ。生得的共感覚、病理的共感覚、芸術的共感覚等と、共感覚にも種別があり、それらは相互に関係しているものの、ここで最終的に問題とされるのは芸術的・映画的なものである。共感覚に関する記述は総合芸術論とともに、『モンタージュ』、『無関心ではない自然2』においてあつかわれる。

J・ハリソン（2006: 33-63）は数々の芸術家、文学者、物理学者——ボードレール、ランボー、J＝K・ユイスマンス、スクリャービン、カンディンスキー、O・メシアン、V・ナボコフ、エイゼンシテイン、松尾芭蕉、R・ファイマン、D・ホックニー等——の共感覚にまつわる言説、作品、理論をさして、それは共感覚ではなくたんなる隠喩であるとしているが、エイゼンシテインの視座からすると、この見解には賛成できない。一方、R・ロバートスン（Robertson 2009: 154）は共感覚、連合、条件反射、無条件反射をもとに共感覚現象全体を「刺激・反応連続体のダイアグラム」（表4）としてまとめており、この表では、「隠喩的」共感覚は共感覚現象の一部をなしている。たしかに、エイゼンシテインの総合芸術の基礎にある共感覚は芸術的に動機づけられたもので、共感覚そのものではない。しかし、そのものではないからといって、そこにおこっていることが共感覚ではないということにはならない。いま問題としているのは、それをも含めての共感覚である。つまるところ、共感覚の問題は、「刺激・反応連続体のダイアグラム」にあらわされたような連続体をどのようにきりとってゆくかということにつきる。

共感覚の一般的解釈には揺れがあり一意的とはいえないが、エイゼンシテインはそれを、「種々の感覚器官によってさまざまな領域からもたらされる多種多様な感覚のすべてをひとつにまとめる能力」（Эйзенштейн 2006: 406）と定義している。[41] 複数の感覚が同時にはたらく現象ではなく、それらをまとめあげる高次の能力が共感覚とみなされており、この高次性はそのまま芸術性（イメージ）に重なってゆく。「多種多様な」とはいっているものの、おもに彼が問題とするのは、視覚と聴覚である。実際の共感覚者の多くが色聴者であることからしても、共感覚を視聴覚にしぼるのは自然なことといえる。

　ただし、ここで確認しておきたいことがある。それは視覚も聴覚も五感のなかの遠隔的感覚に属するということだ。これは触覚、味覚といった近接的感覚とは異なる文化的機制のもとにあることを意味する。したがって、エイゼンシテインが対象とする共感覚は正確には遠隔的共感覚ということになる。イメージによる統一と共感覚は、遠隔的感覚において結ばれるのである。スクリャービンは未完のオペラ《序儀》で、視覚（色彩）に加えて嗅覚（芳香のカーテン）も動員しているが、嗅覚も遠隔的感覚のひとつに数えいれられる。すでにのべたように、エイゼンシテインは幕間の飲食（味覚）を歌舞伎のアンサンブルに含めていた。これは近接的感覚と遠隔的感覚の交差、総合を意味し、遠隔的共感覚の視座からすれば異例の扱いということになる。

　近接的感覚と遠隔的感覚の違いについてここで深くたちいる余裕はないが、ひとつだけいいたしておきたい。それは、エイゼンシテインがディドロ『「私生児」に関する対話』から、「あらゆる感覚は触覚に、諸芸術は模倣に帰着する。個別の知覚は触覚を基底におきつつその作用をおよぼし、個別の芸術はそれ固有の仕方で模倣する」という一節をひきながら、触覚主義を主張していることである（Эйзенштейн 2000: 341）。このことを考慮すると、視覚と聴覚の連合

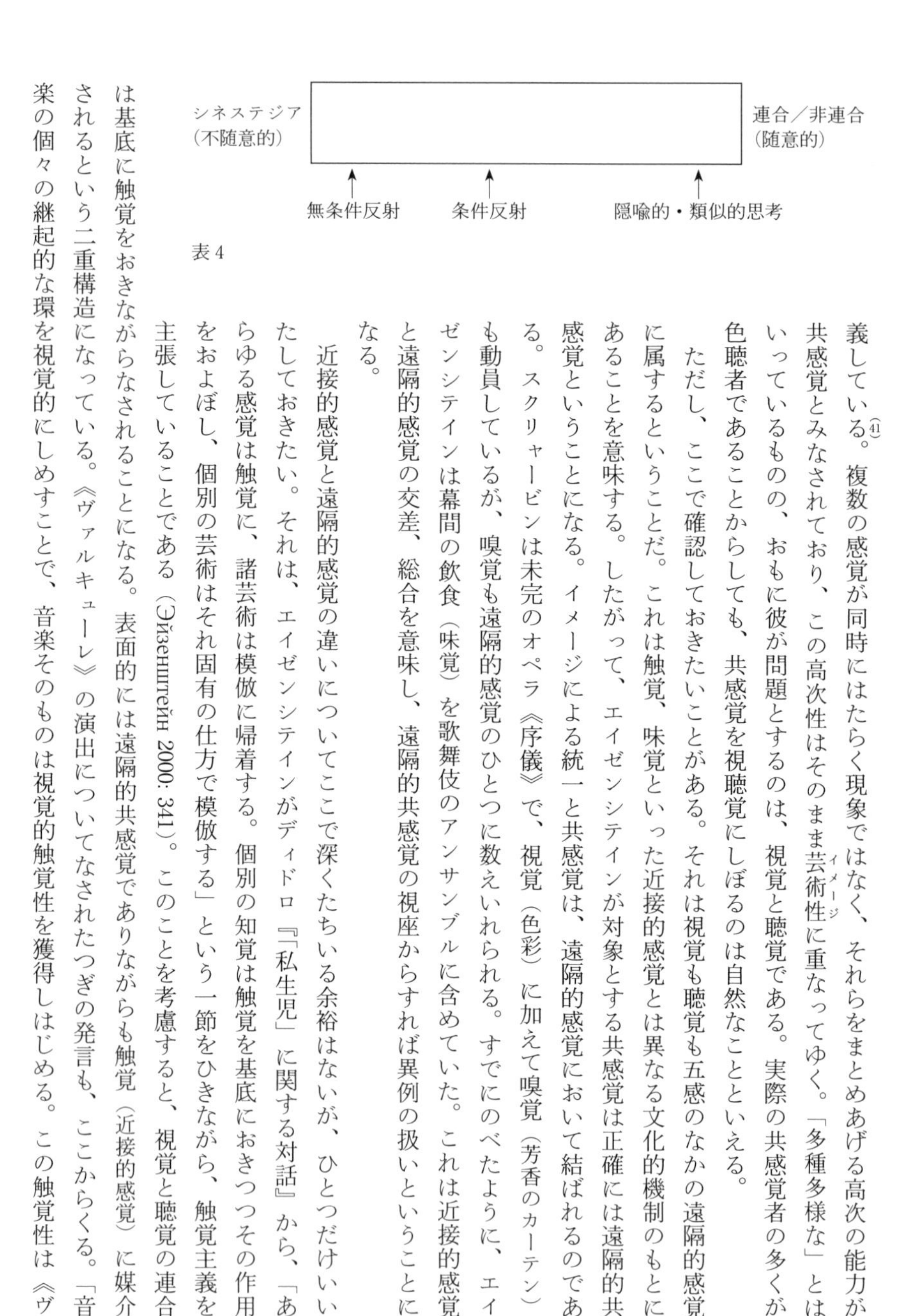

表 4

は基底に触覚をおきながらなされることになる。表面的には遠隔的共感覚でありながらも触覚（近接的感覚）に媒介されるという二重構造になっている。《ヴァルキューレ》の演出についてなされたつぎの発言も、ここからくる。「音楽の個々の継起的な環を視覚的にしめすことで、音楽そのものは視覚的触覚性を獲得しはじめる。この触覚性は《ヴ

ァルキューレ》の演出の原理になっている」（Эйзенштейн 2002b: 221）。
心理学者のL・ヴィゴツキイ、A・ルリアがおこなった、S・シェレシェフスキイという共感覚者――記憶術で有名な――の聞き取り調査に、エイゼンシテインは一九二八年、三二年と二度にわたり参加している。[42] この調査で、彼はランボーやA・W・フォン・シュレーゲルがとなえる言語音と色彩の色聴現象を実地に検証する機会をえた。そのさい、共感覚は異常な病理現象などではなく、分節された五感よりも可能性に充ち人類の深層・古層に存在するものである、という確信を強めた。エイゼンシテインがあげる共感覚領域は、病理現象――一種の退化――、幼児の直観像的記憶、芸術表現、オカルティズム、ドラッグによるエクスタシー状態と、いずれも特異で例外的なものばかりだ。エイゼンシテインはこの例外性に普遍性をみいだしている。特異性を突破口として、感覚の総合への飛躍をはかろうとしたのである。また、彼は共感覚をひとつの思考法とみなし、「原論理的で感覚的な思考」（Эйзенштейн 1966: 285）と呼んでもいる。

映像運動と直観像、ペヨーテによるエクスタシー状態、G・ブルーノ、プロコフィエフの記憶術、E・グレコとカンテ・ホンドの相関性、等々と、エイゼンシテインのあげる共感覚の例は興味深いものばかりだが、ここではそのうちのいくつかを紹介するにとどめたい。

例において多数をしめるのは、言語音と色彩の共感覚である（Эйзенштейн 2000: 382-84; 2004a: 98-101）。この組み合わせはいろいろな意味でエイゼンシテインにおける視聴覚モンタージュの原基となっている。イコン記号やインデックス記号に比して構築度の高いシンボル記号と色彩の結びつきは、もちろん自然なものではない。両者をつなぐ回路は文学的象徴性にはじまりさまざまに存在する。文学の共感覚というと、ボードレール「照応（コレスポンダンス）」（一八五七）、ランボー「母音」（一八七一頃執筆）が必ず引き合いにだされるが、エイゼンシテインはそれらとともにロシア、ドイツ、イタリア、東洋等の例をもとりあげ、フランス象徴主義を相対化している。マイスター・エックハルト、シュレーゲル、K・バリモント、フレブニコフ、ダンテ、陰陽思想、等々とつづく広範な例のなかには、ハーンもまじっている。エイゼンシテインはイギリスの日本学者B・チェンバレンに宛てたハーンの手紙に、「言葉はそれがおかれた情況におうじてカメレオンのように色をかえるのです」（Эйзенштейн 2000: 203）という一文を認め、それを日本文化と結びつけている。いうまでもなく、この日本文化は歌舞伎に代表される視聴覚の融合をさす。ここで、ひとはW・B・イェイツが能を総合芸術とみなしていたことを思い出すかもしれない。

言語音と色彩のあいだにつながりがあるとしても、それは個人言語（イディオレクト）のように、国、流派、個人によって異なる。実際の共感覚者においてはもちろん、芸術家においてはなおさらである。エイゼンシテインは探究を進めるにしたがい、両者の相関はひとつにはまとめられないという結論に近づいていった。その結果出てきたのが、色彩はまず作品内部の動機づけによって規定されるという姿勢である。

言語的色聴に関するエイゼンシテインの指摘のなかにおもしろいものがある。シュレーゲルやランボーが母音を問題としているのにたいして、シェレシェフスキイは子音を対象としているというものだ。シェレシェフスキイばかりでなく、未来主義詩人フレブニコフが『ザンゲジ』（一九二二）において言語音の造形性・色彩について語る場合も、対象は子音にかぎられる。子音の問題には独、仏語とロシア語との言語的差異が作用しているのだろうが、エイゼンシテインは言語的違いにはふれず、シェレシェフスキイに関する観察のみを記してゆく。シェレシェフスキイの説明では、「色彩の等価物」は子音だけからうまれ、母音は色彩ではなく「光の強度の微妙な差異」をもたらす。これをうけてエイゼンシテインは、母音の「非物質的なひとまとまりの流れ」が唇や歯等の障害物にあたって砕けることで「物質的な」子音（「具体的な言葉の粒子」）になる様子は、白い光がプリズムを通過することで色光線のスペクトルにかかわる「感覚に近い」とのべている（Там же: 386）。いささか奇異にうつるかもしれないが、これがエイゼンシテイン流の芸術的推論にほかならない。

言語音につれて思い浮かぶのは楽音である。そして、楽音と色彩ということになると、共感覚者であるふたりのロシア人音楽家の名があがるだろう。N・リムスキイ＝コルサコフとスクリャービンである。『モンタージュ』にも両者についての記述がいくども登場する。前者に関する論攷V・ヤストレブツェフ「N・リムスキイ＝コルサコフの色彩的音直観について」（『ロシア音楽新聞』）は一九〇八年に発表されているし、色光オルガン（図25）を使用する予定だったスクリャービンの交響曲第五番《プロメテウス（火の詩）》は一一年にモスクワで初演をむかえ、同年発行の『音楽』（第九号）にはこの曲に関するL・サバネエフの論攷「音＝色彩の相関について」が掲載された。したがって、ロシアではふたりの音楽家の共感覚については、ある程度しられていたのではないだろうか。リムスキイ＝コルサコフが音をとおして色聴を伝えようとしたのにたいして、スクリャービンは交響曲第五番において物理的に色彩をしめそうとした。神智学を背景とし二声で色指定がほどこされたこの曲は、プロメテウスという題名が暗示するように、「至高の一切」から分化した万物が昇華の火となりふたたびそこへ回帰するまでの宇宙の一周期を描いたものである（野原 2002: 184）。

図25　スクリャービン生存中にA・モゼルによって製作された「色光オルガン」

ふたりの曲の評価はひとまずおいておき、ここでは問題点をひとつ指摘しておきたい。言語音の場合と同じく、一部をのぞいて両者の色聴はずれている。たとえば、ハ長調の共起色をリムスキイ＝コルサコフが白色としているのにたいして、スクリャービンは赤色としている。また二長調には、リムスキイ＝コルサコフは昼の黄色っぽい荘厳な色を、スクリャービンは黄色をあてている（Галеев/Ванечкина 2000: 6–7）。エイゼンシテインがスクリャービンについてのべているつぎの発言は、ふたりの色聴が一致しないことに対する答えとなるだろう。

スクリャービンの誤りは、色彩と音の絶対的な相関をもとめたことにあった。二者の相関はイメージをとおして初めて可能になる。イメージは一方では音の振動を、他方では光の振動を調整する。（Эйзенштейн 2002b: 485）

エイゼンシテインのいいたいのは、実際の共感覚と楽曲における共感覚的色聴とを一致させるのは誤りであるということだ。しつこいようだが、芸術における共感覚的相関は作品のなかの動機づけを第一条件とする。

◎

エイゼンシテインよりひと世代上のアヴァンギャルドたち――フレブニコフ、A・クルチョヌイフ、M・マチューシン、K・マレーヴィチ――は、芸術記号の機制（エコノミー）を限定的なものから普遍的なものへと拡げるさい、神秘主義的としか思えない領域に足をふみいれた。科学と疑似科学の境界は彼らには存在しない。フレブニコフ、クルチョヌイフの世界言語（詩的言語における普遍言語）の試みは、そうした普遍性の最たる現れといえるだろう。実際、彼らはP・ウスペンスキイ『第三の機関（テルティウム・オルガヌム）』（一九一一）や四次元思想の影響を強くうけている。したがって、エイゼンシテインが共感覚とオカルティズムの双方に等しく関心をもったのは、先輩たちにならってのことだともいえる。エイゼンシテインとオカルティズムについては、H・リョヴグレン『エイゼンシテインのラビリンス』（一九九六）という優れたモノグラフが存在する。オカルティズム、芸術、（疑似）科学が渾然一体となった情況はフランスでもかわりなく、J・ゴドウィン『音楽のエゾテリスム』（一九九一）が伝えるように、一九〇〇年前後に色彩、音楽、宇宙の「照応（コレスポンダンス）」を主張する夥しい数の「宇宙調和論者」が出現した（2001: 213-26）。J・スウィエチャノウスキ、E・ギュイヨ、M・グリヴォー、E・シザらが重要人物としてあげられている。

一九二〇年頃、エイゼンシテインはB・ズバーキン（ボゴリ二世）という人物に導かれて薔薇十字団のロッジに属することになる[43]（ズバーキンはバフチン・サークルの一員でもあった、図26）。しだいに、彼はアストラル体、カバラ、アルカナ、タロット、古代エジプトの叡智、ブラヴァツカヤ夫人、R・シュタイナー等の世界にのめりこんでゆく。また、薔薇十字団の活動をともにしていたM・チェーホフ、V・スムィシリャエフを相手に、オカルティズムについての議論にしばしば時を忘れて夢中になった。そこでは、音楽と色彩に関するピュタゴラス学派やシュタイナーの理

図26 「ミンスク、1920年８月」。中央がズバーキン、その右隣がアレンスキイ、右端がエイゼンシテイン

論も話題になったことだろう。エイゼンシテインの書棚には、手相術、筆跡学などの本とともにE・レヴィ『魔術の歴史』（一八六〇）も並ぶことになる（この本からは、ランボーも強い感化をうけている）。メキシコから帰国するさいもオカルティズム書籍のコレクションを携えていたというから、オカルティズムへの関心はその時までは確実に持続していたことになる。

オカルティズム特有の魅惑的な法則の群れは、若いエイゼンシテインを魅了してやまなかった。黄金比、原型（プロトタイプ）への執拗なこだわりがものがたるように、彼には法則への偏愛がある。「普遍化へのあこがれは、私の根本的な病、甘美な病の一種である」（Эйзенштейн 2002a: 88）、とエイゼンシテインはもらしている。薔薇十字団の時代を、のちに彼は「青春時代における神秘的偉業への耽溺」（Эйзенштейн 1964a: 470）と語ることになる。エイゼンシテインにおける東洋への関心はオカルティズム的傾向ときりはなせない。彼は薔薇十字団の活動のなかでしりあったP・アレンスキイから日本語、漢字の手解きをうけている。

後年、色彩の問題にとりくんでいたエイゼンシテインがブルーノを映画のテーマに択ぼうとしたのは、若い頃の「耽溺」があってのことだ。ちなみに、ブルーノについては、未来主義41度の主要メンバーでもギンフク員でもあったI・テレンチエフが、一九二四年に戯曲『ジョルダーノ・ブルーノ』を書きあげている。異端審問裁判のすえ焚刑に処されたこの思想家が、当時のロシア社会にどの程度浸透していたかはわからないが、ふたりのアヴァンギャルドが題材にとりあげていることは注目に値する。《ヴァルキューレ》の演出にとりかかっていた一九四〇年、人民委員ソヴィエト付属映画委員会からエイゼンシテインのもとに、色彩映画の制作依頼がまいこむ。彼が真っ先に考えついたのが、ゲーテ『色彩論』（一八一〇）にも影響をあたえたくだんの人物だった。

誰よりも華やかであると同時に、「指導部」にとってイデオロギー的に興味がありうけいれられるテーマのなかから、最も色鮮やかな色をまとって（！）あらわれたのが、ジョルダーノ・ブルーノのテーマである。

イタリア……

ルネサンスの衣裳……

焚刑……。

（Эйзенштейн 1997b: 201）

残念ながらこのテーマは結実することなくきえてしまうが、それが真っ先に思い浮かんだということに注目したい。焚刑、宇宙の生成を相手にする妖しくも壮大な思想、緋色と純白と金色に輝くアクタイオンのソネット……、いまとなっては何がエイゼンシテインをひきつけたのかわからないが、ブルーノは『像の構成』（一五九一）につぎのような一節を残している。「真の哲学とは音楽すなわち詩であり絵画である。真の絵画とは音楽であり哲学である。そして真の音楽すなわち詩とはある神的な叡智であり絵画なのである」（清水純一 1970: 218）。ブルーノとジョイス、ブルーノとエイゼンシテイン、ジョイスとエイゼンシテインのあいだには並行的影響関係が認められるので、原理的には、ブルーノ—ジョイス—エイゼンシテインといったトリアーデも考えられる。こうした連関的関係の中心にあるのは、記憶術、結合術、それからイメージ、言葉、数、記号からなる新言語にほかならない。

C・フーリエやE・スウェーデンボリの影響をうけて「照応（コレスポンダンス）」に「夜のように、光のように広々とした、／深く、また、暗黒な、ひとつの統一のなかで、／遠くから混じり合う長い木霊（こだま）さながら、／もろもろの香り、色、音はたがいに応（こた）え合う」とうたったボードレール（1983: 22）は、「ハシッシュの詩」（一八五八）でドラッグのエクスタシーについてのべることになる。それをなぞるかのように、オカルティズムへの耽溺のあと、メキシコ体験をふまえてエイゼンシテインはペヨーテによる感覚変容について語っている。こうした傾向に時代特有の知的ダンディズムを感じるのは、論者だけだろうか。ただし、彼はペヨーテの直接体験をのべるのではなく、それと類似する生活体験の例を自分の生活からいくつか拾っている。彼の言葉を借りれば、それは「間接的観察」ということになる。そのなかにひとつ気になるものがある。キニーネの過剰摂取によるとされているもので、これは日常的なものではない。それはミャスニツカヤ通りの電報局の近くでおこった。「丸太か溝のように思われ、灰黄色のアスファルトにおちた電柱の青い影につまずいた」というのが、その体験である（Эйзенштейн 2002a: 235）。これが気にかかるのは、エイゼンシテインが同一のものを共感覚体験の例としてもあげているからだ（Эйзенштейн 2000: 385）。この一例を仲立ちにして、ドラッグ体験と共感覚体験はつながることになる。

総合芸術

エイゼンシテインの総合芸術の試みは孤立したものではない。ロシアにかぎってみても、スクリャービン、V・I・イヴァノフ、カンディンスキーといった名がすぐにも思い浮かぶ。とりわけ、ロシア・シンボリズムにおいて芸術の総合化は重要な課題とされ、それについてはE・エルミロヴァ『ロシア・シンボリズムの理論とイメージ世界』、A・マザエフ『ロシア・シンボリズムの美学における芸術総合の問題』（一九九二）、I・アジジャン『銀の時代における諸芸術の対話』（二〇〇一）、G・ステパノヴァ『ヴャチェスラフ・イヴァノフの詩的哲学における〈普公的演劇（ソボルヌイ）〉の理念』（二〇〇五）をはじめ数々の論攷が書かれている。たとえば、イヴァノフはエイゼンシテインと同じく、総合芸術の理論的根拠をもとめてヴァーグナーやギリシア悲劇にたちかえりはしているものの、エイゼンシテインとシンボリズムは同じ総合性を志向していたわけではない。総合芸術には芸術的総合のほかに、観客と作品の総合が不可欠であり、これについては、イヴァノフがロシア正教的な普公性（ソボルノスチ）を基盤にした精神共同体を想定しているのにたいして、エイゼンシテインはあくまでもプロレタリアート、都市市民、農民といった大衆（マス）を考えている。B・エイヘンバウムは映画館にかようそうした「群衆（トルパー）」をさして、「固有の民俗」をもたないと性格づけしている（RA 1994: 401）。さらに大きな違いは、シンボリズムでは音楽が諸芸術体系のドミナントをなすのにたいして、エイゼンシテイン、さらにはアヴァンギャルド芸術では視覚芸術がその役目をになうことだ。そうした意味において、総合芸術の担い手がスクリャービン、カンディンスキー、エイゼンシテインと移りかわってゆくのは示唆的である。

　エイゼンシテインの用法にしたがえば、この場合ドミナントという言葉は不適切であり、総合作用――オーヴァートーンにおけるような――といわなければならない。そして、時代にかかわりなく総合作用をおびる芸術なら何であろうと、エイゼンシテインは総合芸術とみなしているので、シンボリズムとアヴァンギャルド芸術とのあいだに境界線をひくことには意味がない。エイゼンシテインの総合作用はT・カービーのいう「全体性（トータリティ）」とほぼ重なる。実際、カービーの編集になる『トータル演劇』（一九六九）にはエイゼンシテイン「思いがけない接合」もみられる。カービーの考えるトータル演劇、未来の演劇は、諸芸術が「交差する」場をさし、totality は synthesis といいかえられてもいる（Kirby 1969: viii）。ちなみに、『トータル演劇』にはヴァーグナー、A・アッピア、E・クレイグ、F・T・マリネッティ、F・モホイ＝ナジ、メイエルホリド、E・ヴァフタンゴフ、M・ラインハルト、歌舞伎、京劇、A・アルトー、E・ピスカートル、J＝L・バローといった人物、演劇が並ぶ。時代はとぶが、現代日本のダムタイプ、ニブロールをここに加えても違和感はないだろう。これらをみるかぎり、総合芸術はヴァーグナー専有のものとはいえない。それは古典古代以来連綿とつづいてきたものである。総合芸術はつねに未来のものであり、開かれた総合作用を保つかぎり、その芸術は総合芸術なのだ。したがって、本節で問題とするのは名称こそ総合芸術だが、ヴァーグナーの Gesamtkunstwerk 自体ではなく、それを一部に含むものである。

　また、シンボリズムとは別に、エイゼンシテインに先駆ける総合芸術論としてロシアで重要なものに、第一章にあげたI・ヨッフェの『芸術の総合的歴史』（一九三三）、『芸術の総合的研究とトーキー映画』（一九三七）、『神秘劇とオペラ』（一九三七）がある。エイゼンシテインは『メソッド1』で『芸術の総合的歴史』からV・スリコフに関する記述を引用しているし、『芸術の総合的研究とトーキー映画』を所有していた（著者からの寄贈本）。『芸術の総合的歴史』は原始共産制から社会主義までの芸術における相互作用を時代ごとにさぐってゆく労作であり、最後は社会主義時代の映画、ラジオ作品でしめくくられている（Иоффе 1933）。

『モンタージュ』において、エイゼンシテインは総合芸術をふたつの視座から考察している。ひとつは社会文化形態として、ひとつは諸芸術の総合としてである。彼の言葉を借りれば、前者は「集団行為（マス）」としての祝祭、後者は「作品」としての演劇的スペクタクル（зрелище）ということになる。古典古代から二〇世紀前半までの時代をみわたしながら、エイゼンシテインは総合芸術に関して突出した時代を三つあげている（Эйзенштейн 2000: 399）。三つしかないとまでいいきる。「総合的スペクタクル」を生んだ三つとは、古代ギリシア（悲劇）、イタリア・ルネサンス（オペラ）、そしてフランス革命（その前夜におけるディドロの音楽劇）である。これらをひきつぐものとして、トーキー映画（社会主義における）は存在する。

『モンタージュ』のなかで、エイゼンシテインはいささか高揚した調子で社会主義における総合芸術（トーキー映画）の展望を描いている。まるで、実現にはいたらなかった『モスクワ』のワン・シーンをみているようだ。魅惑的なものなので、関係箇所の全体を引用しておこう。

> 現在、絵画、彫刻、建築が社会主義的住居や社会主義的都市のアンサンブルにおいて造形芸術の総合的融合の道を進みつつあるのにたいして、同じ時に、空間芸術、時間芸術、造形芸術、音楽は歴史上初めてひとつになり、社会主義時代のトーキー映画において、前者と同じ十全な総合的スペクタクルになりつつある。もちろん、総合的スペクタクル全体も、比類のない「モンタージュ的」スペクタクルにおける、全芸術のさらに幅広い総合の一部となるだろう。このモンタージュ的スペクタクルは自然環境、都市のアンサンブル、そこで活動する大衆（マス）や中心人物（プロタゴニスト）、色と光の海、音楽とラジオ、そして演劇とトーキー映画、「モスクワ―ヴォルガ」運河の汽船と飛行連隊をひとつに結びつける。
>
> しかし、このような比類のないすばらしいスペクタクルは、……比類ないからこそ意味があるのである。

われわれはこうしたスペクタクルを創造してゆくだろう。

しかし、無限の複製によってくりかえし地球の隅々にまでひろめることができる、芸術的に定着した形態をもつ総合的スペクタクル、つまり、制作において大衆的なばかりでなく、消費と普及においても真に大衆的な（国民的な意味でも国際的な意味でも）総合的スペクタクル、そうしたスペクタクルになり、さらには長期にわたりそうありつづけること、それがまさにトーキー映画の運命なのだ。

（Там же: 398-99）

当時トーキー映画の総合作用によせられた熱い期待が伝わってくると同時に、トーキー映画とともに都市も大衆も形成されつつあったということがわかる。ここにあるのは、現在われわれが都市において日常的にみているものの萌芽的風景だ。映画の総合性ばかりか、都市計画（モスクワ＝緑の都市案のような）、構成主義や形式主義の建築アンサンブル、メディアミックス、社会主義思想にしめされた社会理念、環境、複製テクノロジー、大衆、交通機関という諸要素が相互陥入をくりかえしながら、はちきれんばかりの都市的高揚を作りあげている。エイゼンシテインはそのすべてを「芸術（イスクストヴォ）」という言葉でくくっているものの、この「イスクストヴォ」には「まとまりをもった技術」という意味もこめられている。ここに描かれているのは、「イスクストヴォ」としての社会主義の姿にほかならない。この姿が現在われわれの眼にしている風景とそれほど違わないとしたら、皮肉だが、社会主義とは別のもの——たとえば、イデオロギーをこえたテクノロジー——がそれをかたちづくっていることになる。

一九三〇年代に書かれた『モンタージュ』で提示されたこの展望に対して、クレイマン（Эйзенштейн 2004a: 624）は「社会学万能主義的」で「映画中心主義的」である、と行き過ぎを指摘する。たしかに、共産主義のめざす無階級社会（個別階級の融合消滅）と最終的な芸術の総合とを同形性によってとり結ぶのは、行き過ぎかもしれない（こうした社会学万能主義的態度は、もちろん政治的パフォーマンスの意味合いもおびている）。行き過ぎに対する反動なのか、一九四〇年に書かれた「垂直のモンタージュ」では、範例は美学的といってもよい四つ——古代ギリシア人、ディドロ、ヴァーグナー[44]、スクリャービン——にかわる（Там же: 624）。『モンタージュ』の見解は極端であるにしても、諸芸術

図27 『冬宮奪取』より

のみならず社会にも総合性を開いてゆく姿勢は評価するべきである。

古代ギリシアにまでさかのぼらなくても、集団行為としての祝祭は、街頭ページェントや革命記念日の催事のかたちで、当時エイゼンシテインの眼の前でくりひろげられていた。一九二〇年の十月革命記念日に宮殿前広場で上演された『冬宮奪取』（総監督N・エヴレイノフ）は、今もって伝説として語りつがれている（図27）。「生活の演劇化」を最大規模で実現したこの野外劇には六〇〇〇人以上もの演者が参加し、観客は一万人をこえた。また、ヴィテブスクで眼にした同じ日の風景を、エイゼンシテイン自身熱のこもった筆致で記している。「この街はとくに奇妙だ。街の大通りでは赤レンガの建物が白くぬられている。その白い地のうえを緑の円が四方にちらばる。オレンジの正方形。青い三角形。／これは一九二〇年のヴィテブスク。街の赤レンガの壁にカジミール・マレーヴィチの筆が手をくわえたのだ。／「広場はわれらのパレット」という声が壁から聞こえてくる」（Эйзенштейн 1967: 432. 図28）。またアジ自動車、アジ列車、アジ路面電車、列車を用いた移動映画館といったものも、日常の祝祭的演出に一役買っていた。計画に終わりこそしたものの、V・タトリン《第三インターナショナル記念塔プラン》（一九一九）では、雲にニュースを映しだすというプロジェクションも考案された。エイゼンシテインのことだから、革命情況そのものを祝祭とみなしていたにちがいない。そうした視座にたてば、良くも悪くも、ソヴィエト社会はその最初からスペクタクル化への道を歩みはじめていたといえる。映画『十月』には解体構築の荒ぶる華やぎが各所に感じられる。

図28　十月革命記念日のヴィテブスク

自らの身体をとおして日々祝祭的日常を体験していたエイゼンシテインにしてみれば、大ディオニュシア祭から歴史をたどりなおすことは既視感にあふれた復習だったにちがいない。ヴァーグナー、スクリャービンにはじまり、G・レッシング、P・ケルジェンツェフ、ル・コルビュジエ、W・グロピウス、B・カルムィコフ、ヴェルトフ、K・スタニスラフスキイ、カンディンスキー『黄色い響き』[45]（一九一二）、未来主義オペラ『太陽の征服』[46]（一九一三）、ポール・フォール芸術座で上演された、フランス象徴主義演劇『手を切られた少女』（P・キヤール、一八九一）や総合芸術作品『雅歌』（P＝F・ロワナール、一八九一）、等々と、エイゼンシテインは可能なかぎりの芸術総合論、作品を渉猟している。

ヴァーグナー、スクリャービンと同様に、エイゼンシテインは総合芸術の起源として、また帰るべき揺籃の地としてギリシア悲劇を想定している。ロシアにおけるギリシア悲劇の絶対化にさいしては、ニーチェ、V・I・イヴァノフが大きな役割をはたした（ニーチェがアポロンとディオニュソスの原理的均衡を思いえがいているのにたいして、イヴァノフはディオニュソスに著しく傾斜している[47]）。彼らをひきつけたのは悲劇そのものというよりは、むしろ、その前史である。悲劇、あるいは悲劇のもとになったものが埋めこまれたディオニュソスの祭礼にほかならない。大ディオニュシア祭において、音楽、詩、舞踊は渦をまきながらひとつに融合し、人びとは参加者とも観客ともなりつつひとつに溶けあった。巨大な男根（パッロス）をかたどった棒を先頭に練りあるくコーモスの行列、アウロスの伴奏につれて歌い踊るコロス（合唱舞踊隊）、死と再生の神ディオニュソスの身代わりとして殺される贖罪の山羊（トラゴス）、それを悼んでうたわれるトラゴディア（山羊の歌）、酒、酩酊、そして女たちによる狂乱と興奮の宗教儀礼（オルギア）……（橋本 1992）。こうしたものすべてが、悲劇というジャンルの記憶をかたどっている。そうした記憶を、ヴァーグナーは世界性愛（Weiterotik）、愛死（Liebestod）、バイロイト祝祭劇場（Festspielhaus）、舞踊、音響、詩を総合する楽劇のかたちであらわし、スクリャービンはなかば宗教儀礼と化した《序儀》《神秘劇》のかたちで実現しようとした。

エイゼンシテインがギリシア悲劇にみていたのは祝祭性ばかりではない。その高度な抽象性、強化された約束事にも着目している。しかも、こうした抽象性を宗教劇的エクスタシーと一体のものと捉えていた。さらには、同じ特性を京劇や歌舞伎にも認めている。この場合、演劇史的正確さをとうのではなく、エイゼンシテイン独自の構造論的視座をみるべきだろう。彼は『モンタージュ』につぎのように記している。

彼ら〔梅蘭芳、左団次、松蔦〕の出し物の基本的特性は、同一で極端な総合的イメージにあるということを、ひとは確信するだろう。「客観的現実のみじめな前提条件」からほぼ完全に分離した状態のもとで、このスタイルの創造者たちは現実を離れ、神話的・宗教的総合、総括の域にまで達している。「現実を昇華させた」この段階において、音は造形描写と融合し、内容においても「現実ではない演劇的事実」としても、非現実的な題材は演者がとりおこなう半儀礼的でエクスタティックな宗教劇と一体のものである。仮面や顔の隈取りは顔を、独自の象形文字的線からなる約束事の組み合わせや、もはや動作ではない半儀礼的約束記号——そこに日常的出発点をみいだすことはもはやできない——にかえてしまう。

俳優の背丈を普通の人よりも高くするコトルノス〔底の高い履き物〕や、現実の顔から俳優を隔離する仮面によって、古代ギリシア悲劇も現象全体としてはまったく同じことをおこなっていただろうというのは、あらゆる事実が証明している。

（Эйзенштейн 2000: 402）

「神話的・宗教的総合、総括の域にまで達して」いる抽象性を、エイゼンシテインは芸術のイメージに回収しようとする。エクスタシー論はエイゼンシテインのなかでは情動論を発展させたものとしてあるが、歴史的にはギリシア悲劇、ニーチェ、スクリャービン、イヴァノフらのエクスタシー、陶酔（ラウシュ）をひきつぐものである。エクスタシーについては、第五章で論じることになるだろう。

レッシング『ラオコーン』（一七六五）についての考察のなかでしめされる総合の方法も、イメージによるものだ。これは視聴覚における内的統一の三番目にあげられていたものにほかならない。『ラオコーン』は彫刻の《ラオコーン》（前五七頃）とウェルギリウス『アエネーイス』（前二九―一九）とを比較しつつ、美術、文学のそれぞれの限界を鮮明にしようとした意欲的論攷であり、それをめぐって一大論争がまきおこった。論争をふまえつつ『ラオコーン』を分析しながら、エイゼンシテインは詩と絵画の関係（に対する立場）を三つに分類している（Там же: 211）。

第一はH・スペンサー、A・ポープらの立場で、詩と絵画に共通する「法則」を認めるものだ。この立場に対して、エイゼンシテインは片方の「描写性」をもう一方の領域に拡張したにすぎないと批判する。第二はレッシングの立場で、それは詩と絵画に固有の「方法」――描写とイメージに関する――を認めつつも、それぞれの領域のなかにその方法を閉じこめてしまう。ただし、レッシングはふたつの領域の融合と相互移行、つまりは「抜け道」を用意している。エイゼンシテインの考えによれば、抜け道を保証するのは「対立する領域の特性に含まれる萌芽・残痕（ルジメント）」、「潜勢的資質」だ。ルジメントは未来の総合を先取りする萌芽でも、かつての未分化な統合状態の痕跡でもある。画家による詩人の領域への「侵害」が、詩人による画家の領域への「侵害」が可能となる（レッシング 1970: 222–23）のは、このルジメントが存在するからだ。領域同士の水平レヴェルからすると、相互移行は侵害にしかみえないが、「高次レヴェル」（Эйзенштейн 2000: 208）からみると、それは総合ということになる。この総合がエイゼンシテインのいう第三の立場であり、映画はそこにおいて形成される。

◎

総合化が情報空間の全域にゆきわたっている現代の情況では、ひとつの芸術体系を他からきりはなして論じるのは幻想をおうに等しい。総合性、ポストメディウム情況が頂点に達した感のあるいまだからこそ、総合現象の祖型を映画に認め、改めて総合の原理をたしかめることに意味があるのではないだろうか。そうした営為のひとつに、V・ソコロフ「芸術文化と映画芸術における総合の問題」(Соколов 2010: 118-31)がある。『科学としての映画学』(二〇一〇)の一部をなすこの論攷は、エイゼンシテインの諸論を参照しながら、映画による芸術総合の特質について、二〇項目にわたって検討している。遺稿ということもあり、残念ながらテーゼの提示のみにとどまっているが、われわれにとって重要な論点を含んでいるので、ぜひともみておきたい。

ソコロフは芸術の総合作用を構造論的・形態論的総合(描写の構造、機能的構造にかかわる)と発生論的総合とにわけたうえで、さらに、後者を存在論的総合と系統発生的総合とに分類している(Там же: 125)。その説明によれば、構造論的・形態論的総合は、ある芸術のさまざまなレヴェルを水平断面からみたときに読みとれる関係や諸芸術のあいだの適応関係をあつかい、発生論的総合は、芸術システム(単一の、あるいは全体としての)がひとつの融合状態から分化独立した状態へと展開してゆく過程を対象とする。後者は総合化とは逆の過程をさすもののようにみえるが、新たなレヴェルにおける総合の可能性は分化とともにうまれる。下位区分の存在論的総合はひとつの芸術体系内における総合化を、系統発生的総合はある芸術と他の芸術とのあいだに生じる総合化を問題とする。

これらの分類を一瞥して気づくのは、総合を通時性と共時性の双方から有機的に捉えるために、構造論と発生論を統合しようと工夫していることだ。フォルマリズムをはじめとした数々の文学史をのぞけばわかるように、これは容易なことではない。この場合、困難なわざを可能にしているのは、言語学の方法と生物学の方法を融合する発想だ。もちろん、こうした工夫は映画の総合性を考察するためにとられた処置である。ソコロフの推論の特徴としては、模倣、相似を総合の契機にくみいれていることがあげられる。このことは総合の内実を明らかにするとともに総合作用の拡がりに気づかせてくれる。

ソコロフは映画がもっている発生論的総合の「根源的特性」のひとつを、「旧来の芸術がもつ多くの内容要素が、映画においては技術的記述の手続きとして、技術自体の構成的特性として自動的に実現される」ことにみている(Там же: 126)。この特性はエイゼンシテインのいう描写に重ねられる。テクノロジカルな再現性は映画の生得的な能力といえるが、それは自らの実質をもつわけではなく、絵画、写真、建築、文学、演劇、音楽等の内容を総合的に再現するものにほかならない。

このポジションは、映画が後発の「副次的」なものであるためにもたらされたものである。映画の提供する総合という媒介性・容器は単純な足し算をおこなうのではなく、旧来の芸術から任意の機能をとりだしたり、旧来の芸術の個々の要素、作品の目的を「再翻訳」したりすることによって「新言語」を創造する。再翻訳というのは、われわれの文脈では再メディア化ということになる。任意の機能を抽出する過程、再翻訳・「再手続き化」する過程は、それぞれ「インテンシヴな侵略性」、「エクステンシヴな侵略性」と呼ばれている。ここで「侵略性」とされている事態は、映画による内面化といいかえることができるだろう。抽出と再翻訳は発生論的に獲得されたものであるとともに、構造論的・形態論的な機能でもある。

エイゼンシテインの総合の始まりを、ソコロフは共感覚＝直観像[48]にもとめている。具体的には、複数の静止画（コマ）からなる連続運動（総合、重なり）によって運動の知覚・イメージが作られてゆくことをさす。連続運動をなりたたせているのは、映写機（の運動）と直観像的記憶だ。機械装置（先端）と古層の能力の結びつきは、エイゼンシテインの基本的姿勢をあらわすものでもある（エイゼンシテインにおいては、ショットとシーン・シークェンスとの関係、モンタージュにおいても、直観像にもとづく総合は中心的役割をはたす）。

この総合の始まりには、描写からイメージへの飛躍を生む契機も含まれている。エイゼンシテインは舞台においても同じことがおこると説明している。「舞台のうえで動いているのは、リア王、マクベス、あるいはオセロといった本物の人間ではなく、オセロ、マクベス、あるいはリア王というイメージである」（Эйзенштейн 2000: 198）。なぜイメージかというと、われわれは劇の進行につれて意識・心理のなかで登場人物（本物の人間）によってあたえられる描写群・系列を総合しながらあるイメージを作りあげるとともに、そのイメージをとおして舞台上の人物をみるからである。

エイゼンシテインは諸芸術の総合にさいして、個々の芸術がもつ「原理」、「方法」の「相似性」を根拠にしている、とソコロフは推論する（Соколов 2010: 128）。そうした相似性は対象とする芸術よりも一段階うえのレヴェルで作られるもので、われわれがシミュラークルといっているものがそれにあたる。映画の総合が相似・模倣による総合であるとするなら、そこでは最初から原理的・方法的オリジナルというものは問題とならない。遺伝子として旧来の芸術の原理・方法（プログラム）を内蔵する映画は、個々の作品においてそれらを稼働させながら総合作用をおこなうのである。

第三章　映画作法（キネマトグラフィア）II

1　内的独白

ジョイス

総合芸術はまだしも内的独白となると、エイゼンシテインの場合、実践例としては構想段階のものがわずかに残されているにすぎない。しかし、量に反比例して、内的独白という叙法は映画作品においても映画論においても、今日不可欠なものとなっており、その意味では、「わずか」というのは先駆性の現れといえるだろう。内的独白で重要なのは、この手法をとおすと文化のなかで映画のしめる位置がはっきりみえてくることだ。エイゼンシテイン自身は内的独白の理論を知的映画の「幼い末っ子」(1)（Эйзенштейн 2002a: 143）とみなしており、この末っ子を調べることは知的映画の「知」がなんであるかをしる手立てともなる。

映画における内的独白論の概略をしるには、N・ミレフ『三つの顔をもつ神』（一九六八）がとりあえずの指針となるだろう。彼は映画の内的独白を「精神物理的独白」といいかえたうえで、三点からその特性をまとめている（Милев 1968: 201）。ひとつは、映画作家と主人公の「視座の有機的統一」、ひとつは、「芸術における無意識的なものと意識的なものとの相互関係の弁証法的探究」、ひとつは、人間存在の心身現象の視聴覚的まとまりを「感性学的に再現すること」である。ソコロフ（Соколов 1985: 42）によれば、内的独白の試みは一九五〇年代後半から六〇年代にかけて盛んになる。さしずめ、A・レネの『二十四時間の情事』（一九五九）、『去年マリエンバートで』（一九六一）、

F・フェリーニ『8½』（一九六三）はその範例といえるだろう。また、ロシアではエイゼンシテインの理論を継承するかたちで、S・ユトケヴィチ、V・ジダン、A・マチェレト、M・ザーク、L・コズロフ、N・クレイマン、V・トロヤノフスキイ等によって一九六〇年代の初めから内的独白論が書きつがれてきた。

エイゼンシテインにおいて、モンタージュ、弁証法、思考過程は一体のものであると同時に同形的なものでもあった。「構造としてのモンタージュ形式は思考過程の諸法則の再現である」（Эйзенштейн 2002a: 108）という発言は、ここからくる。ここにいう思考過程は、「映画形式」にのべられている、高次の思想にむかって上昇する過程と感覚的思考の層にむかって下降する過程とのふたつからなる。エイゼンシテインにとって、これは芸術における対立物の統一を意味する。

「内的独白」（一九四三執筆）において、エイゼンシテインは感覚からイデーまでの思考の道筋をつぎのように記している。

> 感覚がふたつあわさると、印象が生じる。
> 印象がふたつあわさると、表象が生じる。
> 表象がふたつあわさると、概念が生じる。
> 概念がふたつあわさると、イデーが生じる。
>
> （Там же: 119）

モンタージュはスクリーンにおいて、これらの諸段階をうつすとともに段階相互の移行過程も映しだす。移行過程には、逆向きの思考過程も含まれる。逆向きの思考過程をあらわすことを可能にするのが、内的独白にほかならない。内的独白はひとつの手法であり、実際の内的独白と必ずしも同じものであるとはかぎらない。

新大陸（地理的空間）の消滅と踵を接するようにして無意識（心理的空間）が発見・発明されたのにも似て、それまでの叙法に代わるものとして内的独白は準備された。エイゼンシテインが「形状としての内的独白と語りの方法としての内的独白」（Эйзенштейн 2002b: 418）と、内的独白をふたつにわけているのは、描写対象と描写形式とを区別するためであり、映画の内的独白という場合はふつう後者をさす。描写対象の内的独白はもちろん、描写形式としての内的独白も深く「文化的退行」にかかわっている。このことについては、第五章1節でふれることにしたい。

ごく簡単に説明すると、映画の内的独白は以上のようなものになるのだが、そこにはいくつもの線がからみあっており、その絡みを一つひとつ解きほぐしてゆく必要がある。そもそも、ここでは出自を異にする三つのもの――内的独白（文学）、意識の流れ（心理学）、内言（心理学、言語学）――が、エイゼンシテインの総合する力によってひとつに束ねられている。

◎

エイゼンシテインがモスクワで『ユリシーズ』（一九二二）に遭遇するのは一九二七年のことで[2]、それと同時に知的映画の発想がうまれ（Эйзенштейн 2002a: 94）、それはただちに『十月』（神々の像のシークェンス）において実地にためされる。このシークェンスでこころみられたのは、「プロット、ストーリー、登場人物、俳優を使わずに」、「抽象的な概念、論理的に構成されたテーゼ、情動的なばかりでなく知的でもある現象を直接に映画化する」（Там же: 72）ことだった。ここで映像の対象となっているのは先の四段階にあった概念、もしくはイデーであるが、むしろ重要なのは「直接に」という部分である。この直接性が含意しているのは、プロット、ストーリー等の言語（にかかわるもの）を介さずに、ということである。また、それは映像が言語とは別の構造原理にたつことを意味する。映像(イメージ)と概念・テーゼ（イデー）とが直結するところに、新しい「映画言語」の使命はある。直接的映画化を可能にするのは、『モンタージュ』において「凝縮」、「移行」と説明されている作用にほかならない（先の引用にあった「ふたつあわさる」というのも凝縮のことをさしている）。「原初的な思考形態とまったく同じように、イメージによる思考はある段階から凝縮してゆき、概念による思考へと移行する」（Эйзенштейн 2000: 493）。ただし、直接的映画化には、上昇の思考過程はみられても、もう片方のものは認められない。それは叙法としての内的独白・内言の誕生をまたなければならない。

ここで、つぎのことを確認しておきたい。上昇の思考過程が進むにつれて、「分節されたもの」（シンボル記号・言語のような離散的なもの）の役割が強まってゆくのにたいして、下降の思考過程が進行するにつれて「未分化なもの」（イメージをつかさどるイコン記号のような非離散的なもの）の度合いが大きくなってゆく。そして、ふたつの思考過程を内包する映画のみが、「分節されたもの」と「未分化なもの」とを同時にあつかうことができる（Эйзенштейн 2006: 351-52）。思考の線、記号の線というような、平行する二本の線を想定し、そのうえに言語とイメージ記号、それから概念・イデーと感覚的思考をおいてみるとよくわかるが、概念とイメージ記号は斜めの捻れた関係にある。イメージ記号と概念・イデーとの接合は、短絡的といわないまでも飛躍といってよいだろう。(3)

エイゼンシテインはフォルマリスト、V・ヴィノグラドフの見解をうけて、一九世紀末ヨーロッパ文学において、作者による「単一的視座」の語りから「多声的なテーマ叙述」への移行、「モノローグ」から「ポリローグ」への移行、つまりは「革命」がおこったとする（Эйзенштейн 2002a: 122）。彼は接尾辞「ローグ」を語源となるギリシア語logosにもどし、「言葉・言説」以外にそれに論理・原理という意味をもたせる。その結果、エイゼンシテインの「ポリローグ」はJ・クリステヴァのいう「ポリローグ」、「超限」としての言表（1986: 155）に近いものになった。エイゼンシテインは接頭辞「ポリ（多数多様な）」からポリ＝フォニー、ポリ＝ジャンルといった術語を導きだし、それらを文学革命の成果としている。そして、種々の複数性がおりなす『ユリシーズ』に、彼は「ざらついた表面的肌理（ファクトゥラ）」を感じとり、こうしたテクストの質（生成・過程）はF・ドストエフスキイにはみあたらないとのべる（Эйзенштейн 2002a: 337）。すでにこうした議論はM・バフチン『ドストエフスキイ作品の諸問題』（一九二九）の圏域に属するものだが、この文化学者についてエイゼンシテインはひと言もコメントを残していない（Там же: 463）。したがって、バフチンの論をとりあえず括弧にいれるかたちで、われわれは推論を進めたい。とりわけ映画における独白（モノローグ）と対話（ダイアローグ）の関係については、エイゼンシテイン独自の解釈がほどこされているので、いたずらな混乱をさけるためにも、彼自身の言葉にそって考えてゆくことにする。

一九世紀の文学革命を背景にして『ユリシーズ』をみたとき、エイゼンシテインの頭にうかんだのはつぎの印象である。「この多面的で多声的な構造、つまり、対象＝内容の構造ばかりでなく、おもに多面多層の種々の過程をつかさどる法則にしたがった多質の構造が生みだす運動原理を、どのようにしたらみすごすことができよう！」（Там же: 110）。エイゼンシテインは『進行中の作品』（雑誌発表時の『フィネガンズ・ウェイク』［一九三九］の題名）に、さらに拡大されたかたちで展開されたこの運動原理を認め、『ユリシーズ』の「昼の意識」にたいして、後者には「夜の潜在意識」があるとする。夜の潜在意識を、エイゼンシテインはつぎのように説明している。

そこでは、小説の種々の枠は頭蓋骨の球全体と一致している。小説の内容、それは夢うつつの状態や夢の状態におかれた人間の意識を通過してゆく、潜在意識の料理の煮汁である。[4]（Эйзенштейн 2000: 252）

もちろん濃厚な煮汁の素材は言語であり、エイゼンシテインはジョイスの言語実験レシピを、D・メンデレーエフの周期律表になぞらえて、言語と文体の表現手段における「ジョイス周期律表」（Эйзенштейн 2002b: 355）と命名している。同時代ロシアにはV・フレブニコフもいたので、ジョイス周期律表はエイゼンシテインにとってそれほど驚きを誘うものではなかっただろう。『ユリシーズ』のなかでエイゼンシテインがとくに関心をよせている章は、「14 太陽神の牛」である。なぜなら、子供の誕生と、古代の呪文から現代のスラングまでの英語の形成過程とを重ねながら描くこの章に、ジョイスらしさがよくあらわれているからだ。

エイゼンシテインはジョイスから多大な感化をうけつつも、言語芸術と映画芸術とのあいだに線引きをしている（Эйзенштейн 2006: 352）。すなわち、句読点無しでモリーの内的独白がえんえんとつづく『ユリシーズ』「18 ペネロペイア」や『フィネガンズ・ウェイク』が「リアリズム」を犠牲にしなければ文学革命を成就できなかったのにたいして、ふたつの思考過程、二種の記号形態（言語と現実の反復である映像）をあやつる映画は「輝かしいリアリスティックな成果」をともないつつ、内的独白のような革新を実現できる。内的独白形式には映画が最適であるという自信は、ここから生じる。

エイゼンシテインにとって、内的独白は二〇世紀初頭の文学革命を最も鮮やかに、そして象徴的にしめす「手法」だった。この手法を考察するにあたり、彼はE・デュジャルダンからW・フォークナーまでを視野に収めている。文学的手法として彼が考える内的独白というのは、「結晶化した主人公の体験を叙述するにあたり、主観と客観の区別をとりはらってしまうもの」（Эйзенштейн 2002a: 107）である。表層と深層を縦につらぬく叙法といったらよいだろうか。縦の相におかれることで、生成状態にさしもどされた語る主体は、ゆらぎだしたり複数化したりする。縦にひらかれた結果うまれるのが、「非＝シンタクス主義」（Там же: 94）だ。非＝シンタクスは表現に亀裂をいれることによって、あらわしえないもの、思考しえないものを表に滲みださせる。

こうした縦の叙法を、エイゼンシテインはN・エヴレイノフの「モノドラマ」、たとえば『愛の表象』（一九一〇）にも認めている。古代ギリシアの演劇形式を独自の方法で復活させたエヴレイノフのモノドラマでは、舞台上でおこること、そこにある物はすべてひとりの人物の意識にかかわるものとなっている。エヴレイノフ自身の定義によれば、「モノドラマ、それは、登場人物の心の状態を完璧に観客に伝えるべく、時々刻々舞台で登場人物が知覚する周りの世界をそっくりそのまま舞台に再現してみせる芝居のことである」（RA 1989: 104）。この場合、縦の叙法は「意識の流れ」（Эйзенштейн 2002a: 128）と呼ばれている。ジョイス研究では意識の流れと内的独白を区別するのが通例のようだが、エイゼンシテインにおいては厳密な区別はなされていない。

トーキー映画（論）に適用された内的独白で気になるのは、なんといっても、ポリフォニックであるにもかかわらずモノローグであるとされていることだ。まずはつぎの引用をみてほしい。

トーキー映画の素材がダイアローグ的なものでないことは明白である。
トーキー映画の本当の素材は、もちろんモノローグ的なものである。（Там же: 108）

いかに逆説的であろうと、映画ダイアローグの要素は、「内的独白（モノローグ）」の構造をしたトーキー映画の表現手段の特質をもとにして再編された、ダイアローグ的構造を有するものとなるだろう。

（Там же: 118）

後者の引用には、映画ダイアローグは演劇のそれとは異なるという付加的説明がついている。一読するかぎりなんの疑問もわかないが、よくみると、これらの文章では「ダイアローグ」と「モノローグ」は微妙にもつれている。ここでいわれている映画ダイアローグは、複数の話者同士の対話ではなく複数原理の対話をさす。原理同士の対話ということでは、映像と言語の対話がまずあげられるし、同じ言語であっても、登場人物の台詞とヴォイス・オーヴァーとでは原理的に異なる。異質な要素・原理が衝突する事態が映画ダイアローグなのだ。

そして、問題はそうしたダイアローグがどうしてモノローグになるのか、である。形式としてはダイアローグ的であるが、内容としてはモノローグ的である、ということで一応は説明がつくが、もう少し入りこんで考えてみたい。まず、このモノローグが内的なものであることを確認しておこう。内的モノローグは自分と自分とのあいだで交わされる、自／自コミュニケーションのためのものである。発生論的にいえば、この自／自コミュニケーションや内的モノローグは自／他コミュニケーション、ダイアローグが内面化されたものにほかならない。そのために、内的モノローグにおいても対話的社会性は保持されている。この事実をふまえれば、内的モノローグにおいていわゆる異質なもの同士の対話が交わされたとしてもおかしくはない。

ではどのようにして、内的モノローグはダイアローグ的多様性に向けて開かれるのだろう。さしあたり、これについてはつぎの一節がヒントをあたえてくれる。

映画作法の最も単純な手法においても、かなり多種多様なモンタージュにおいても、われわれは心理現象の反映を相手にしているように思われる。すなわち、われわれの意識のなかでしだいに統一的イメージがきえていった結果、思考過程において、いくつもの表象が同時にあらわれたり、さまざまなタイプの連合の組み合わせが生じたりする、そういう現象である。

私の考えでは、この状態を自覚し、その構造を適用するところに、トーキー映画の特殊な作劇術へのアプローチの鍵が存する。（Там же: 118）

ここに出てくる「構造」は、先の二番目の引用にある「構造」と同じか、近いとみてよい。統一的イメージがきえさることとポリフォニック（ダイアローグ的）な状態が現出することとは、表裏一体のものである。統一的イメージの消失はイメージ同士の統一がおこらないことも意味するので、内的独白において視聴覚モンタージュは新たな段階をむかえていることになる。また、こうした事態すべては内的独白的な意識の内部において生じる。ポリフォニックな状態は、「夢うつつの状態や夢の状態」の内実にほかならない。ここでエイゼンシテインは、単一体でありつつ多層多重な運動体でもある特殊な構造に着目し、それをトーキー映画に適用すべきだといっているのである。

ついでに映画史的なことについてのべておくと、やがてダイアローグと内的独白との調和がくずれる瞬間がやってくる。そのとき、ミレフのいっていた「有機的統一」はうち破られ「弁証法」は機能不全におちいるだろう。そこに出現するのが、P・パゾリーニの提起する「自由間接主観表現」（1982: 275）である。M・アントニオーニ、ゴダール、B・ベルトルッチ、パゾリーニらの映画において、複数の声・アクセントが相争う状態が生じる。内的独白と自由間接話法的表現との交代劇を、G・ドゥルーズはつぎのようにまとめている。「要するにパゾリーニは、映画を地滑りによって定義し、それが内的モノローグを壊し、かわりに自由間接話法の多様性、不定形、他者性をもたらすものと考えた」（2006: 257）。

ヴィゴツキイ

これまでの説明からも明らかなように、エイゼンシテインは内的独白、意識の流れ、内言を厳密に区別することなく用いている[5]というか、それらが形成する問題系全体をあつかっている。「『ユリシーズ』を読むことは、私のなかではいつも故マールの講義をうけることとつながっていた」(Эйзенштейн 2000: 363) という発言は、こうした問題意識を背景にしてのものである。また、『十月』において「誕生しつつあった言語」(知的映画)について、ルリア、L・ヴィゴツキイ、N・マールらと意見を交換する機会をもったというエイゼンシテインの回想(Эйзенштейн 2002a: 136)は、内的独白が複数の科学の交点におかれていたことをよくしめしている。エイゼンシテインは映画言語をいっきょに成長させるために、「言語の古生物学」、発達心理学をかいくぐらせようとしたのである。さらには、ここに人類学もつけたさなければならないだろう。

内的独白、意識の流れと同じ問題系にいれられているとはいえ、内言にそれ固有の性格があたえられていないわけではない。「モリー・ブルームの独白における内言のシンタクス」(Эйзенштейн 2002b: 354) という言い回しからも推論できるように、どちらかというと、内的独白が語りの手法についていわれるのにたいして、内言はそれを構成するシンタクスに関して使われる。一見混沌としてうつる内的独白の非=シンタクスに、エイゼンシテインは新たなシンタクスをみようとする。それをさして、彼は「顕微鏡を使用したような」表現といっているが(Там же: 354)、これは言語の微分化ということだろう。「映画形式」では、それははっきりと内言の「シンタクス」とか「法則性」といわれている(Эйзенштейн 2002a: 143-44)。新たなシンタクスを身にまとうことによって、内的独白は手法として使用可能なものになる。

内言も内言のシンタクスも、盟友ヴィゴツキイから借りうけたものである[6](内言の概念そのものはA・アウグスティヌスにまで遡ることができる)。すでにのべたように、エイゼンシテインはヴィゴツキイ、ルリアらのおこなったシェレシェフスキイの聞き取り調査に参加しているし、一九三二年にはルリアから中央アジアにおける調査旅行(「知覚の歴史法則に関する」)に誘われてもいる。また、ヴィゴツキイ、マール、ルリアらと映画言語問題研究所を設立しようともする。それから、エイゼンシテインのもとにはヴィゴツキイの第一研究書『芸術の心理学』の清書原稿が保管されていた。いずれの事実もエイゼンシテインとヴィゴツキイ、ルリアとの密接な関係をうかがわせるし、ヴィゴツキイ、ルリア、マールのとりくんでいた言語・思考の始点や起源の探究は、総合芸術・トーキー映画の可能性をみきわめようとするエイゼンシテインにとって、導きの星となったことだろう。

「弁証法について」(一九四五執筆)には、ドストエフスキイの内言に関するヴィゴツキイ『思考と言語』(一九三四)からの引用が出てくるが、エイゼンシテインの内言概念は基本的にはこの著作の第七章の理論(Выготский 1982: 295-361)に重なる。われわれにとって必要な部分をそこからぬきだしてみたい。

内言というのは、外言から分離した自己中心的言葉が内面化されてできたもので、外言が他者との交通に用いられるのにたいして、それは思考のための言語として使われる。内面の言語である内言は概念的・論理的な思考のためのものであると同時に、「情動的思考」、「直接的=実際的思考」とも接している(Выготский 2004: 57)。エイゼンシテインが内言を感覚的・イメージ的思考に結びつけようとするとき、とりわけこの接触領域は重要なものとして浮上する。両者の関係について、エイゼンシテインはつぎのようにのべている。「感情(アフェクト)の構造は内言のなかに、最も完全で純粋なかたちで存在する。内言の組織は感覚的思考と呼ばれているものと本来的にきりはなせない[7]」(Эйзенштейн 2002b: 125)。

ヴィゴツキイは内言の生態をシンタクス、意味論、実用論、形態論の側面から説明している。第七章は病床における口述筆記ということもあり、所々論理のもつれがみられるものの、必要なことはすべてのべられている。その推論で重要なのは、シンタクス、意味、機能を連関させながら内言の様態を解析していることだ。

他者同士の伝達を媒介する外言とは異なり、自分との伝達をこととする内言は独自のシンタクスを備えている。それは「まとまりのなさ、断片性、省略」といった特性を有しており、ヴィゴツキイはこれらを省略——思想内容の「絶対的圧縮」——とまとめ、そのもとになっているのは述語主義、過程(ファジチェスキイ)的側面の縮減、意味の優勢化(語義に対する)であるとする。ここでいわれている省略がどのようなものであるかをしるには、ヴィゴツキイがA・ルメートルから引いている文字遊び(セクレテル)にも似た一二歳の少年の事例をみるのが、早道だろう。その少年は「スイスの山々は美しい（Les montagnes de la Suisse sont belles）」という一文を、その後ろにぼんやりと山の稜線がみえる「L,mn,d,l,S,s,b」というう文字列のかたちで思い描いていた。

述語主義とは、自分にとって必要なこと（述語）を自分にだけわかる隠語的形式でつないでゆくものである。内言においてわれわれは自分の「内的情況」、「内的ダイアローグのテーマ」を熟知し[8]、「内的判断」の主体・主語はつねにわれわれの「思想のなかに」くみこまれているので、主体・主語をはじめ既知の不必要なことはすべて省かれる。内言はきわめて冗長性の低い情報ということになる。

内言においては、語義（ズナチェニエ）よりも意味（スムィスル）の方が優勢になる。それは文脈における「流動」をへつつ意味が形成されてゆくということだ。ここにいう意味は構成的意味にほかならない。意味の優勢化にもとづいてふたつの特性がうまれるが、いずれも「語の結合・組み合わせ・融合の過程」にかかわる。ひとつは「膠着に近い」ものだ。例として、ドイツ語やデラウェア語の複合語があげられている。その場合重要なのは、「音声面における短縮」を経由してある単語の一部分が語結合に加わること、複合語が個々の語の集合としてではなく「機能的にも構造的にも」単一の語としてあらわれることである。ここでいわれている特性は、ジョイスのかばん語（ポートマントー）や映画の多重露出（スーパーインポーズ）にもあてはまる。エイゼンシテインはエヴレイノフのモノドラマに関する説明のなかで、オーヴァーラップや多重露出は「ある等級・相・段階の思考形態におかれた意識において生起する過程を技術的手法によって物質的に写しとったものである」（Эйзенштейн 2002a: 118）とのべている。

もうひとつの特性は、意味の「相互影響・干渉」である。これは意味同士が互いに流入したり、影響しあったりした結果、先行するものが後続するものに含まれたり、先のものがあとのものを変容させたりする作用をさす。意味が意味と意味とのあいだで形成されてゆくというのは、きわめてモンタージュ的である。

機能の面からも内言の特性がふたつのべられている。ひとつは、それが「伝達」を旨としたものではなく、内的条件のなかで流通してゆく「自分のためのもの」であることだ。詩的言語とは異なるものの、これは内言が自省的な機能にもとづくことをしめしている。この閉鎖排他的性格は文字・音という物質的媒体を欠いていることと密接に関係するだろう。もうひとつの特性は、閉鎖排他的性格の帰結ともいえる「内的方言」である。名称から予測がつくように、これは内言の内部でのみ通用する方言、「慣用句」であり、各語が内言において使用されるうちに、しだいに新たなニュアンスをおびてできあがる。

以上が内言の非＝シンタクスを構成する要素であり、エイゼンシテインの内的独白にくみいれられるはずだったものである。彼が内的独白と内言を同値関係においたのは悪しき折衷のためではなく、内的独白に手法としての骨格と起源としての根拠をあたえるためであった。逆に、内言は内的独白と結びつくことで外言との対関係をはなれ、表舞台にたつことができるようになった。内言的内的独白は純粋な内言ではなく、内言をよそおった外言であり、その意味では内言よりも自己中心的言葉に近い。自己中心的言葉に対して、ヴィゴツキイは「機能的には」内的、「生理学的には」外的といっており、それにならえば、内言的内的独白は構造としては内言的であり現象としては外言的であるといえるだろう。

◎

エイゼンシテインの内言はヴィゴツキイの影響下にあるが、ヴィゴツキイに先んじて「内言（внутренняя речь）」を提唱した人物がいる。B・エイヘンバウムは「映画文体論の諸問題」（『映画の詩学』一九二七。RA 1994: 397-435）においてこの術語を用いた（彼があつかっている映画はサイレント映画である）。一九二〇年代後半になると、フォルマリストはそれまでの文学、美術に加えて映画も批評の対象とするようになる。ヴィゴツキイ、エイゼンシテインの内言がもっぱら発話、制作にそくして考察されているのにたいして、エイヘンバウムのそれは観客側の受容に関して用いられている。創造ではなく受容に適用されている点においても、エイヘンバウムはエイゼンシテインよりも一歩先んじているといえる。スクリーン上のシーンの内容と俳優の話していることが食い違うところろう者が違和を覚えたというイギリスの事例をエイヘンバウムはとりあげているが、これなどは、エイヘンバウムが観客を抽象的にひとくくりにしていないことをよくしめしている。具体的な身体条件を考慮に入れた観客像は観客の複数化に通じるし、こうした観客像はエイゼンシテインが情動組織の対象としている観客像と重なる。

エイヘンバウムは映像のモンタージュを理解するための場として内言を考えている。映画を読みとくために内言が必要とされるのだ。モンタージュの断片をもとに映画句（フレーズ）や映画文（ペリオド）の鎖列を構築することをとおして、映画を「理解」するのである。その意味では、内言は批評言語と同じ高次的位置（メタ・ポジション）をしめる。了解の作業を、エイヘンバウムは「翻訳」と呼んでいる。

この翻訳には、性格の異なるふたつの限界・条件が設けられている。ひとつは、内言に翻訳できない映像そのもの――「ザーウミ（意味をこえたもの）」、「フォトジェニー」である。これは映画の「酵素」とされており、「意味以前の」酵素が表情、身振り、物、カメラ・アングル、被写体距離等の要素を借りて映画的言語・意味を作りだすのである。そうした映画的言語・意味を内言は翻訳するわけである。もうひとつは「作者による」字幕、叙述・物語的性格をもつ字幕にほかならない。エイヘンバウムによれば、こうした字幕の「説明的性格」は内言の生成を妨害する。ここで妨害が生じるのは、どちらも同じ位置（ポジション）におかれ衝突せざるをえないからである。妨害されるとき、観客は読者になることを強いられる。内言は映像のザーウミと字幕の叙述・物語的言語とのあいだにあり、どちらか一方に同化することなく両者を総合する役目をになっている。

外延的には多少異なるものの、ここで、バフチン『マルクス主義と言語哲学』（一九二九）の内言についてもひと言ふれておきたい。バフチンがT・ゴンペルツ『世界観論』（一九〇五―〇八）を引きながら説明している「全体印象」というのが、内言とイメージの接点になるからだ。バフチンでは、イデオロギー―意識―言語の集塊（コングロマリット）が中心にあるために、基底的であるとはいえ、内言は副次的なものとならざるをえない。したがって、全体印象も註に二回ほど登場するにすぎない。しかし、われわれにとっては重要な意味をもつ。

> 視覚的、聴覚的、運動的という内言タイプの一般的な区別は、われわれがしめした考えとは関係ない。各内言タイプにおいて、発話は視覚的、聴覚的、運動的全体印象として展開されてゆく。（Бахтин 1993: 45 n.2）

ここにいう全体印象とは、「全体に全体としてのまとまりをつけるその諸形式に対応する心理的等価物」（Там же: 45 n.1）のことである。

『M・M・M』、『アメリカの悲劇』

エイゼンシテインの内的独白というと、T・ドライサー『アメリカの悲劇』（一九二五）をもとにしたシナリオ（一九三〇執筆）をとりあげるのがふつうだが、その前に、「コミック映画」[9]『M・M・M』（一九三二—三三）のシナリオの一場面をみておきたい。ヴェルトフ、N・エックらの映画作品、映画制作過程、英雄叙事詩（ブィリーナ）、文学作品、生身のエイゼンシテイン、政治、等々を笑いのめすこの喜劇は、さしずめ映画サーカスといったところだろう。見方によっては、エイゼンシテイン版『8½』にみえなくもない。現実、映画、芝居、夢を相手にくりかえされるめまぐるしい転換は、まるでアクロバットをみているようだし、その妙技にふれるなかで、演劇性・映画性はあらゆるものに深く浸透しているという確信が強まってゆく。

メタ映画的趣向をこらした第五幕「愛と義務」に、主人公のマクシム・マクシモヴィチ・マクシム（M・M・M）がマイクロフォンを飲みこんでしまうシーンが出てくる。そのために録音ができなくなってしまい、監督と録音係はあわてふためく。ここにおいて、映画の内と外、主人公の内と外はみごとにひっくり返る。「マイクロフォンがなくなったので／出来事の記録を音つきですることはできない／身振りによるサイレント映画にきりかわる／〔……〕／突然、射撃。銃火と轟音／ボックスから監督と録音係が飛びだしてくる／「何事だ!?」／字幕で／「何事だ!?」／事態が判明する／マイクロフォンが飲みこまれてしまったために／外部の出来事を伝えていたのが、内部の／マクシムの心の伝達にかかわったのだ／愛と義務の／義務と愛の／荒れくるう闘いの／地獄に入りこんだのだ／「急いでレントゲンを！」／〔……〕／スクリーンに／レントゲンのネガ映像で／闘いがあらわされる……」（Эйзенштейн 1997c:

141-42)。

隠喩の現実化にならえば、これは内的独白の現実化と呼ぶことができる。『アメリカの悲劇』のシナリオ執筆以来つづいていた内的独白に関する思考が、こうした「ピランデルロばりの」着想を招きよせたのである。

シナリオ『アメリカの悲劇』でエイゼンシテインが内的独白の手法を適用したのは、クライドがロバータを見殺しにする水難事故のシークェンスである。クライドのうちにくすぶっている「内的葛藤」(殺意をめぐる)を、エイゼンシテインは音と映像(黒画面の挿入も含む)のさまざまな組み合わせを用いながらあらわそうとした。それはこわばった顔の表情や痙攣の身振りを「クロース・アップ」で映すだけではあらわしえないものである。「どうぞ!」に記された該当箇所のモンタージュ・プランは、つぎのようになっている。意識の流れを模して、エイゼンシテインはそれを一文で書ききっている。

モンタージュ・リストの奇妙なスケッチは、思考さながら、同期した音や同期しない音をともないつつ、視覚イメージのかたちで進んでいったり、
対象描写的な音のかたちで(はっきりしない響きや声喩的響きのように)進んでいったり……、かと思うと、突然意味のあるはっきりした言葉――「理知的で」冷静に発音された――が、黒画面やイメージにならない視覚的なものをともないつつ割りこんできたり、
脈絡のない熱狂的な言葉――名詞や動詞のみの――にきりかわったり、
言葉と同期しながらすぎさるジグザグ状の無対象的形象をともないつつ間投詞と交替したり、
完全な沈黙のなかを視覚イメージがかけめぐったり、
音がポリフォニックに編みこまれたり、
イメージがポリフォニックに投入されたり、
両者が合流したり、

出来事の表面的進行に闖入したり、表面的出来事の諸要素をはさみこんだりする。（Эйзенштейн 1964b: 78）

この過程のなかで、内面の「ざわめき」、疑惑の「衝突」、欲望・声・理性の「激発」は、「スローモーションをみる」ように克明にあらわされる。映画が自らの意識を生きはじめたかのように、一連のシークェンスはつぶだって鮮明にみえる。

エイゼンシテイン自身が認めているものではないが、六巻選集の註釈者はエイゼンシテインの内的独白概念にかなうロシア映画の例として、Ju・ソンツェヴァの『海の詩』（一九五三、シナリオA・ドヴジェンコ）、『激しい年々の物語』（一九六〇、シナリオA・ドヴジェンコ）をあげている（Там же: 537）。

◎

エイゼンシテインは「固定観念（idée fixe）」（一九四三執筆）で、「idée fixe」にからめて、シナリオ『サッターの黄金』（一九三〇執筆、G・アレクサンドロフ、A・モンタギューと共同執筆。原作B・サンドラール『黄金』一九二五）、シナリオ『大フェルガナ運河』（一九三九）とともにシナリオ『アメリカの悲劇』を再びとりあげる（Эйзенштейн 2002a: 215–25）。「どうぞ！」で内的葛藤とされていた精神状態は、新たに「固定観念」として定義しなおされる。そのことにより内的独白の概念の幅は拡がり、それはサイレント映画とトーキー映画にまたがる手法としてみなおされることになる。

「パンタグリュエルはうまれるだろう」（一九三三）において、エイゼンシテインはトーキー映画を、母親の左耳から誕生したガルガンチュワになぞらえ——実際はサイレント映画の眼からうまれたとしつつも——、内的独白は父グラングージェと子パンタグリュエルとの中間にある「小駅（ポルスタノク）」だとしている（Эйзенштейн 1964b: 303）。

「固定観念（idée fixe）」において、エイゼンシテインは『サッターの黄金』の黄金、『大フェルガナ運河』の水、『アメリカの悲劇』の殺意を固定観念とみなし、それを「作品の構成」に移すための方法を具体的にのべてゆく。これらの作品では、固定観念は登場人物をとらえているばかりか、ライト・モティーフのようなかたちで、作品＝意識全体を拘束してもいる。

説明にさいして、エイゼンシテインは少し煩雑な手続きをとる。まず三つの表現方法・要素をあげ、そのあとでそれらを「内面心理の表象」の三段階として説明しなおす。固定観念にせよ内的独白にせよ、そこには記号＝意識の生成過程が反映されており、それらの表現の裏に生成過程を読みとる必要がある。このことを教えるために、彼はそのような書き方をしたのだ。

三つの表現方法・要素とはつぎのものである。(1)字幕、(2)三様の叫び声──「大衆（マス）」の叫び、その姿・顔貌によって「イントネーションの物理的皮膜」となるような、人物たちの表現（『戦艦ポチョムキン』におけるヴァクリンチュクの喪や、『全線』におけるクリームセパレーターを囲む人びとの演技）、「オフスクリーンの」叫びのような言葉、(3)対象物の外貌──『大フェルガナ運河』の水。あわせて、これらの組み合わせ・配列についての説明もなされている。三つのものは相互に編みこまれたり、縫いつけられたり、ある次元から別の次元へと滑りこんだり、並行して進んだり、ユニゾンで展開したり、調和をなすか横断的に進行してゆく。

つぎに、この三つは生成過程（内的心理の表象の段階）にそって新たに並べなおされる。まずは、対象物の外貌である。この段階では、対象物の表象はまだその外貌から分離していない。この「具体的・対象的思考」の段階を、エイゼンシテインはJ・スウィフトを借りて「ラピュタの哲学者」の段階と呼んでいる。二番目は感覚的複合体から「分離しかかっている」音・声の複合体の段階、最後は象形文字的記述を脱した「純粋に抽象的な段階」、つまり字幕の段階である。複雑なことに、二番目の段階には、対象からの分離・抽象の程度をしめす三段階全体が三つの「相」として内包されている。こうした入れ子構造的思考法はエイゼンシテインにはなじみのものである。この場合そうした方法は、原理を異にする構造論的視座と発生論的視座を融合するのに力を発揮している。彼が二番目の音・声の複合体に識別している三つの相とは、造形イメージ＝声、性格＝声、ヴォイス・オーヴァーである。このなかでは造形イメージ＝声というのがわかりにくいが、ある対象物がクロース・アップになり、特定の感情と一体化するような場合を考えてみればよいだろう。そのような対象物から感情を感じとることを、エイゼンシテインは物の声を聞くといっている。

2　クロース・アップ——pars pro toto

『クロース・アップの歴史』

『演出法、ミザンセーヌ芸術』を別にすれば、エイゼンシテインには特定のテーマについて書かれたモノグラフがふたつ存在する。ひとつはすでにふれた『モンタージュ』、もうひとつは『クロース・アップの歴史』である。残念ながら、どちらも未完に終わっている。邦訳されている「ディケンズ、グリフィス、われわれ」（一九四四。エイゼンシテイン 1980: 163-218）は後者の一部をなす論攷である。ふたつしかないモノグラフのテーマがモンタージュとクロース・アップであるというのはなんとも象徴的だ。エイゼンシテインにおいてふたつの要素はきりはなせないし、ロシア・モンタージュ派、古典的映画システムにおいても、モンタージュとクロース・アップは中心的役割をになっている。

現存する『クロース・アップの歴史』の構成をみると、エイゼンシテインがどのような文脈のもとにこの手法を考えていたかがわかる。モノグラフは一九四〇年にモスクワで書きはじめられ、四二年に疎開先のアルマ・アタで下書きが完成する。このうち、「ディケンズ、グリフィス、われわれ」は四四年に刊行されたグリフィス論集に収録された。『メソッド2』所収の『クロース・アップの歴史』は、「I　ディケンズとグリフィス」、「II　pars pro toto（全体に代わる部分）の急展開」、「III　グリフィスとわれわれ」からなる（「ディケンズ、グリフィス、われわれ」は当初の構想にそうかたちで、Ⅰ、Ⅲに分割して収められた）。このほか『メソッド２』には、モノグラフのための覚え書きとして、「メンツェル――ドガ」、「Vorwort（序文）」、「pars pro totoと個人主義」、「前景の構成、ドガからファン・ゴッホへ」、「pars pro toto、前景の構成」、「自伝的映画」、「作者とそのテーマ」の七編が入っている。題名をみるだけでも、映画の枠をとびだして奔放にかけまわるクロース・アップの様子がわかる。このモノグラフにはエイゼンシテインらしさがよくあらわれている。逸脱につぐ逸脱に、論旨を正確にたどろうとする者は頭を悩ますことになる。映画以外に、線刻（ペトログリフ）、オーナメントからドガ、挿絵までを含む造形表現の流れ、ドストエフスキイ、ディケンズ、バルザックらの文学、性愛の問題、精神分析学等が対象としてとりあげられている。ニーチェ、プルースト、ジョイス、ロレンス、ブルトン、フォークナー、セリーヌ、サルトル等にもふれられる。映画の現在を次つぎと過去や同時代の文化に再発見、投影してゆくその姿は、肯定をおしみなくくりかえす知的多幸症のようにさえみえる。あらゆる文化遺産の成果が総合されて映画ができあがったという確信が、事後法的ともいえるこうした手続きを背後でささえているのだ。それはつみ重なる統体的連関――過去へも未来へも拡がる――のなかでひとつの現象をみてゆくという姿勢でもある。

　たとえば、エイゼンシテインはディケンズ「炉ばたのこおろぎ」（一八四五）の書き出しの一文「鉄瓶がそれを始めたのだ」（1964: 7）をあげ、これはクロース・アップであるという（Эйзенштейн 2002b: 9）。隣接性によって結びついているひとつの情況設定のなかから鉄瓶がぬきだされているのはたしかだが、これをすぐさまクロース・アップと呼んでよいかどうかについては、意見がわかれるところである。少なくとも、クロース・アップとクロース・アップ的なものとを一緒にしてはならないという批判は出てくるだろう。しかし、これを一種の発見とみなすことに、問題はないはずだ。『クロース・アップの歴史』はこのような新「発見」の連続からなっている。数々の逸脱、発見が生みだす小刻みな転調は、まごつきはするが充分に魅力的で、しかつめらしい批判を圧倒するにたる力をもつ。この場合、われわれは面白さを享受することに徹した方がよさそうだ。

　その種の批判には属さないが、ドゥルーズ『シネマ１』はクロース・アップになった顔を読みとくさいの注意をあたえており、それはエイゼンシテインにもかかわる（2008: 169-70）。その注意とは、クロース・アップを部分対象に矮小化してはならないというものである。具体的には、「切断や分断の表徴」としてクロース・アップをみてはならないということ、言語学的に提喩（pars pro toto）の「技法」を、あるいは精神分析学的に去勢の「構造」をクロース・アップのイメージに適用してはならないということだ。ところが、エイゼンシテインはどちらも読解に用いている。それどころか、提喩の原理はクロース・アップを考えるときの基本にすえられている。ただし彼の場合、切断や分断、部分の切り出しよりも、むしろ全体と部分との関係、その関係が段階をおって変化してゆくことの方が重要になる。またエイゼンシテインでは、クロース・アップは情動体験の一種としてあり、属している全体をこえて部分が新たな質を獲得することに焦点がしぼられる。そもそも、エイゼンシテインにおいては言語学も精神分析学もそのままに援用されるのではなく、いったん映画（学）のなかにとりこまれ、あたえられた条件のなかでアレンジを加えて援用される。したがって、クロース・アップが言語学や精神分析学の例示やサンプルとなることはない。フランスの生理学ものを pars pro toto の急展開の原因のひとつにあげていることがものがたるように、エイゼンシテインは映像イメージにおける物の肌理（テクスチャー）・触感に人一倍敏感に反応し、誰よりも早くそれをスクリーンにすくいあげた映画作家のひとりである。

　クロース・アップにかぎらずエイゼンシテインの映画や映画理論には、現在の地平からみると紋切り型（クリシェ）と思われるものが少なくない。引用に対する考え方を思い出してみればわかるように、クリシェと認められることは、エイゼンシテインにとってむしろ名誉なことなのだ。クリシェとして認定されるためには自分のあとを多くの人が歩かなければならない。エイゼンシテインの場合、クリシェとしらずして作ったものが結果的にクリシェとなったのではなく、クリシェとするべくして創造したもの、理論化したものがクリシェになったのである。したがって、エイゼンシテインの映画理論がクリシェの凡庸さ、退屈さを免れているとすれば、それがクリシェになった最初のものであるから、クリシェをつきぬけたクリシェであるからだ。最良のクリシェとはそういうものである。フランス語のクリシェにはネガという意味もあり、エイゼンシテインのネガを後続の者たちがポジにかえてゆくとき、クリシェは初めてクリシェとなる。作者、独創性というものは、エイゼンシテインにあっては罠にも似た屈折したかたちで機能している。

◎

クロース・アップについて最初にのべなければならないのは、術語の成り立ちについてである。ロシア語「クロース・アップ（крупный план）」（文字通りには「大画面」）はフランス語「gros plan」にあたる。いずれにも含まれるplan（面）は芝居の舞台の景（プラン）に由来する。舞台の奥行きが映画の画面、平面、つまりはショット・サイズに翻訳されたわけである。ロシア語のクループヌイ・プラン（クロース・アップ）は、被写体の大きさをあらわす「クロース・アップ（close-up）」、ドイツ語 Großaufnahme とは質的に異なる、とエイゼンシテインはいう。その背景には、あとで説明するように、グリフィス流の並行モンタージュとソヴィエト流モンタージュとの違いがある。エイゼンシテインの意図するところは、クロース・アップはたんなる技法ではなく、価値評価や意味づけをともなうということだ。ここにも、描写とイメージを峻別する姿勢がうかがえる。したがって、「クループヌイ（大きな）」は評価的な意味、たとえば「重要な、強力な」というニュアンスをおびる。

その一方で、彼はグリフィスを擁護するコメントも残しており、そこではグリフィスとアメリカ映画界との差異化をはかっている。『ニューヨーク・ドラマティック・ミラー』（一九一三年一二月三日号）の有名な声明において、グリフィス自身はふたつの表記、large あるいは close-up を用いている。ところが、アメリカ映画界において二番目の表記が定着したというのは、特筆すべきことである」（Эйзенштейн 2002b: 113 n.1）。

錯綜するクロース・アップの森だが、クロース・アップの仕組み――融即、提喩、原作用、フェティシズム、モンタージュのなかのクロース・アップ等――、その歴史、グリフィスとの対比といった流れにしたがって考えてゆきたい。とはいえ、映画のクロース・アップにのみ話を限定するわけにはゆかず、pars pro toto の線にそって映画以外の対象にもふれながらジグザグかつエピソード的に論を進めることになるだろう。

融即、クロース・アップの二局面

エイゼンシテインのクロース・アップ論のなかでまず注目したいのは、原初的思考とのつながりである。ここにいう原初的思考とは、部分と全体が未分化なものをさす。未分化なために、部分が全体の代わりをすることが可能になる。たとえば、線描において線が全体をあらわすことができるのも、「全体に代わる部分」の作用がはたらくからだとされる。独自の解釈が加わっているとはいえ、部分と全体の融合はL・レヴィ＝ブリュールの「融即（パルティシパシオン）」、「集団表象」（1953: 85–169）からきている。融即律は「未開」社会に固有の「前」論理的思考としてレヴィ＝ブリュールが提唱したもので、前論理とはなっているものの、これはもうひとつの（オルタナティヴ）論理にほかならない。融即の例として最もわかりやすいのはトーテムだろう。たとえば、ブラジルのボロロ族は自分たちはアララ鸚鵡であると信じており、ここには融即にもとづく「本質上の同一性」が認められる。また部分と全体に関しては、鷲の羽が鷲自身と同じ働きを、鹿の全身がその尾と同じ働きをするという事例があげられている。融即を可能にするのは「情動、運動」であり、「論理的に」分離しているはずのものをつなぐのは「神秘的力」である。

エイゼンシテインは「感覚的・芸術的作用」を説明するために、融即の「法則性のひとつ」をクロース・アップに適用したのである（エイゼンシテイン 1986a: 189）。その範例として、彼は『戦艦ポチョムキン』の一場面——医師が海に落ちたあと、甲板に残された鼻眼鏡がマニラロープにひっかかってゆれているショット（図1）——をあげている。このショットは落下した医師の全身をあらわすよりも「大きな感覚的・情動的剰余（エクスツェス）をともなって」せまる、と説明される（Эйзенштейн 2002b: 145）。われわれがよくしっている同種の例に、L・トルストイ『アンナ・カレーニナ』（一八七七）がある。アンナが自死するさい、彼女自身の代わりに赤いハンド・バッグが描かれる。R・ヤコブソンが看破したとおり、リアリズム散文の構築法と提喩・換喩は緊密な関係にある。

現実と芸術に同一の現象がみられるとはいえ、現実の融即と芸術とを等しくあつかうわけにはゆかない。レヴィ＝

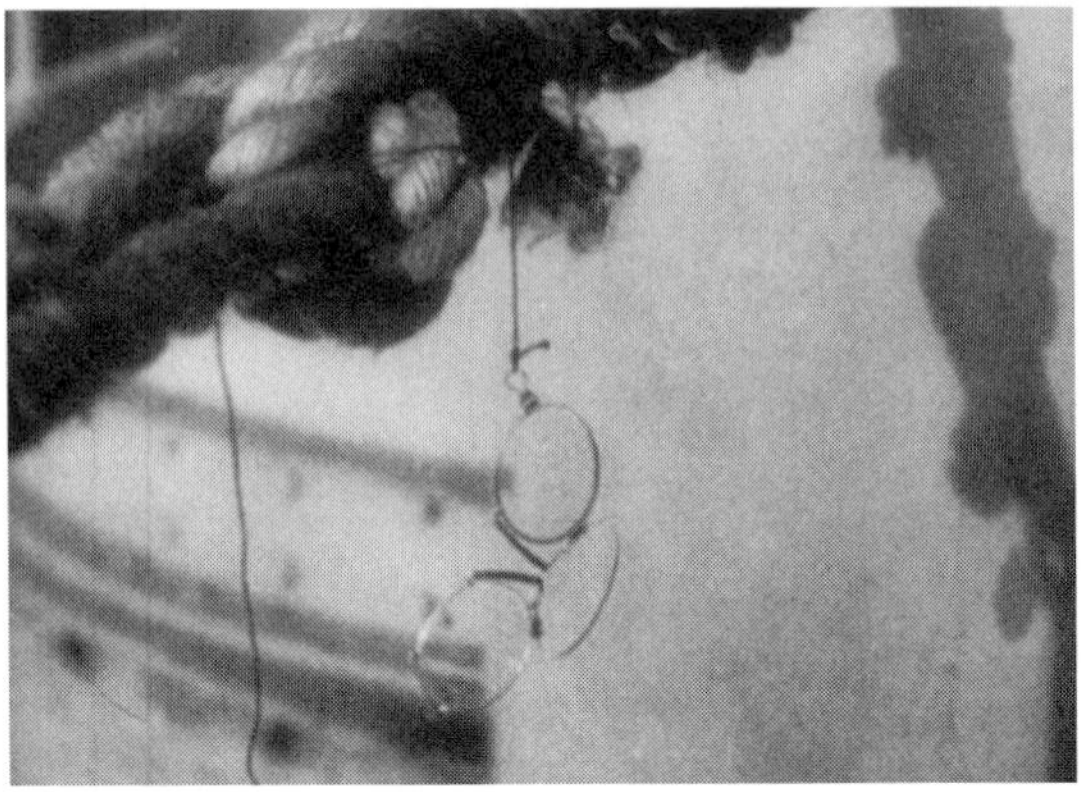

図1　『戦艦ポチョムキン』より

図2　『戦艦ポチョムキン』より

ブリュールが融即にみいだした「神秘的力（フォルス）」は、芸術にあっては「作用（ヴォズデイストヴィエ）」（さらには芸術的意味）となる。ここで注意したいのは、融即では部分と全体が同一性によって融合しているのにたいして、クロース・アップでは部分と全体は一定の関係によって結ばれていることだ。エイゼンシテインの理論では、同一性と関係という違いよりも全体の代わりをする部分（あるいはその逆）という共通性に重きがおかれ、融即、情動と感覚的思考、フェティシズム、提喩、クロース・アップ等はひと連なりのものと考えられている。

クロース・アップが部分と全体の関係によって成立することがわかったところで、つぎにそれがふたつの局面をもっていることをのべておかなければならない。ひとつは提喩、フェティシズム等に関する、『戦艦ポチョムキン』の鼻眼鏡のようなもの。これは個別の部分と全体との関係にかかわる。ひとつはモンタージュ的連辞にかかわるもので、この場合の全体はモンタージュによって結合された断片のまとまりをさす。これらは縦と横の局面といってよいかもしれないし、エイゼンシテインがA・メンツェルの挿絵に対してのべたふたつの「段階」にほぼ一致する（Там же: 409）。第一段階は「意味的記号をなす細部」のクロース・アップで、これは「象形文字的シンボリズム」の役目をはたす。第二段階は「プロット＝情況」のなかからぬきだされた部分である。

　多くの場合、ふたつの局面は連動している。たとえば、『戦艦ポチョムキン』「オデッサの階段」にG・ベルニーニ《聖テレジアの法悦》（一六五二）を連想させるショットが出てくる。乳母車の赤ん坊を守ろうとして銃でうたれる母親の顔のクロース・アップである（図2）。これをみるかぎり、彼女の顔は苦しみをも悲しみをも悦びをも意味しうる表情（エクスタシー）をたたえている、といえる。しかし、前後の殺戮場面にモンタージュされると、このエクスタシー（脱自）のショットは悲劇的意味をおびることになる。いわば、着地するわけだ。

　それでは、縦、横の順にクロース・アップの仕組み[10]をみてゆくことにしたい。

提喩、原作用、「要約」

　定石通り、エイゼンシテインは pars pro toto にもとづく修辞法を提喩としているが、さらに、「提喩は換喩と隠喩に発展してゆき」、それらは相互に移行する、という独自の見解ものべている[11]（Там же: 103）。換喩における「隣接性」が問題とされ、提喩に関するA・ポチェブニャの八種類の分類（「全体の代わりの部分」、「部分の代わりの全体」の下位にある）が紹介され、換喩と隠喩が対比的にとりあつかわれていることから明らかなように、修辞法に関するエイゼンシテインの知識はたしかなものである。したがって、その独自性は恣意的なものではない。修辞法に対するエイゼンシテインの関心の中心には、あくまでも融即する集団表象の内部で意味が「転移(ペレノス)してゆく」運動過程がある。その過程では提喩と隠喩は連続的なものとしてあつかわれる。この連続性に依拠しながら、エイゼンシテインはソヴィエト的モンタージュにとって重要なのは「潜勢的な隠喩性をおびた」提喩だとする。具体例についてはあとでのべることにし、ここでは転用語法が重ねられている例を確認しておきたい。

エイゼンシテインは複層化する提喩・隠喩に、「「最高」度の pars pro toto」の現れを認め、蔣彝(チャン・イー)による中国の詩・絵画の解説を引きながらその実際を説明してゆく（Там же: 103）。中国では、少女を「比喩(ウポドブレニエ)」であらわすのに桃、杏、桜、菊等の花が用いられたり、少女の顔の表情、身振り、眼の様子を表現するのに「比喩」として翡翠、月、白鳥の飛翔、秋の雲の動き、水が使われたりする。比喩に充たされたこの「抒情的」情況において、少女の比喩として花が使用されるとき、それは比喩からなる少女の「イメージ」全体をひとつの比喩によって置き換えたことになる（エイゼンシテインが「抒情」というのは、高度に調整された情動・感情をさす）。これは少女の「代わりに」花をしめす、「イメージによる単純な描写」の「つぎにくる一歩」、つまりは比喩のうえの比喩とみなされる。

◎

提喩的クロース・アップはさまざまな芸術的作用をおよぼすが、それらの根底には原作用とでも呼ぶべきものが横たわっている。エイゼンシテインはA・ドヴジェンコ『大地』（一九三〇）のフィナーレにおかれた悲しみにうちひしがれる裸婦のショットをもとに、それを説明している。このショットが「日常の描写性から抽象化」されていないという理由で、まず彼はこのショットに失敗の評価をくだす。そして、その解決をクロース・アップに求める。「日常からのそうした抽象を実現できるのは、クロース・アップである」（Там же: 116）。さらに重要なのは、この抽象が感覚や気分と結びついていることだ。エイゼンシテインによれば、描写性をこえるためには、暑さは温度計の目盛りから「引き離さ」なければならないし、深さはメートル、サージェンから「抽象し」なければならないし、落下は加速度公式から「解放」しなければならない（Там же: 117）。この分離・解放・抽象が、暑さ・深さ・落下を描写からイメージへと飛躍させる。そして、イメージのもとで初めて暑さの「感覚」・深さの「感覚」・落下の「気分」をあらわすことが可能になる。ここでいわれている感覚、気分は直接的なものではなく、イメージによって喚起されるものである。

エイゼンシテインの抽象は、バラージュがクロース・アップ論のなかで別次元への飛躍とみなしているものにほかならない。「切りはなされた顔の表現は、それ自体で完結しており、それ自体で理解される。〔……〕孤立した顔と向き合うとき、われわれは空間の中にいるとは感じない。われわれの空間感覚は失われてしまい、異質な次元、すなわち相貌が開けてくる。〔……〕われわれは空間の中には存在しない何ものかを、眼で見るのである。感情、気分、思考および想念は、たとえ空間的な記号によって暗示されるが故に眼で見ることができるとしても、決して空間的な性質をもつものではない」(1970: 55)。ここにのべられている「何ものか」は、何ものでもないものといいかえることができる。また、バラージュが相貌についてのべたことは、そのまま時間のクロース・アップ、つまりストップ・モーション(freeze-frame)、凍結された時間(freeze-time)＝何ものでもない時間にもあてはまるだろう。その時間操作がもつ力は、『大人は判ってくれない』(F・トリュフォー、一九五九)が証明済みである。

「ショット」のところでふれた二八ミリ・レンズを用いたクロース・アップは「極度の強度・緊張(tension)をもたらす」(Эйзенштейн 2002b: 414)のだが、この強度・緊張は抽象の直接的帰結といってよい。二八ミリ・レンズによるクロース・アップにはふたつのタイプがある。『全線』の「半神話的で巨大な」牛――エウロペをさらうためにゼウスが化身した牡牛を想起させる――のショットに代表される、前景と後景の激しいコントラストによってなりたつもの(図3)、それから『メキシコ万歳!』に多用されている、クロース・アップになった被写体が前景に並置されるものである(図4)。エイゼンシテインによれば、後者において世界と造形表現の「バランス」は「頂点」をきわめ、そこには「映画作家の自己意識に含まれる超個人主義」が反映される。そして、頂点をすぎたところでひとつの特殊な構図がうまれる。それは『ベージン草原』にみられるリアプロジェクションを用いた逆遠近法構図である(図5)。そこでは、遠近と大小の関係は正遠近法とは逆になっている。この構図はいったんクロース・アップをくぐ

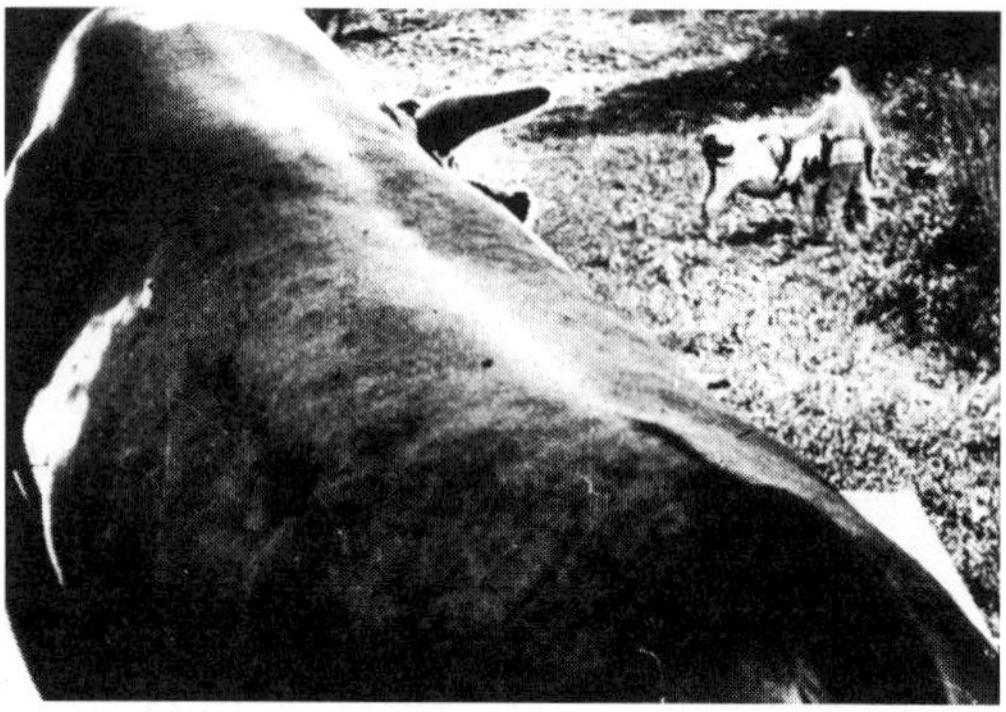

図3　『全線』より

図4　『メキシコ万歳！』より

図5　『ベージン草原』より

らないと出てこないし、映像が技術にささえられたものであることを改めて教えてくれる。

エイゼンシテインはトーキー映画における音のクロース・アップについてもふれている。『アレクサンドル・ネフスキイ』のチュートン騎士団の攻撃シーン（図6）において、映像に覆いかぶさるように響く音をさし、図4においてピラミッドの前にある顔の位置をここでは音がしめていると説明する。

◎

クロース・アップの芸術的作用のなかで最も重要なのは、「要約（レジュメ）」である。それは言語の場合と同じく、「まとまった体系をなす思想、感覚、見解を造形＝イメージによって要約する部分のクロース・アップ」をさす（Там же: 109）。

例としてわかりやすいのは、肖像画である。たとえば、ヘンリー八世の肖像画を考えてみればよい。それがたたえる「何らかのイメージ」は、「時代全体、社会制度全体、世界観の体系全体がもつ傾向や思想を集大成したもの」を要約している。エイゼンシテインの書斎に飾ってあったバルザックの肖像画（カリカチュア）もそうした例のひとつに数えられる（図7）。『戦艦ポチョムキン』の鼻眼鏡にしても、プロットの流れにおいて形成されたある複合体（コンプレックス）を要約

図6 『アレクサンドル・ネフスキイ』より

図7 バルザックの肖像画

している。エイゼンシテインはゲシュタルト心理学を援用しながら、部分によって喚起されるこの全体は「情動的コンプレックス全体の体験」（Эйзенштейн 2004a: 504）であるとのべる。

映画において要約といえば予告編につきるし、物語、情況、雰囲気、気分、等々と、諸芸術において要約の対象は数多くあるものの、エイゼンシテインがあげているのは美術の例である。そこから、いくつか紹介しておきたい。最初はスコットランドの画家・写真家D・ヒルである（Эйзенштейн 2002b: 82-83）。一八四三年の教会分裂にさいして、彼はスコットランド自由教会に移った四五〇名の牧師たちの集合肖像画を描こうと決意する。R・アダムスンの助けをえて、一人ひとりの牧師について多量の肖像写真を撮り、それをもとに制作を進めてゆく。《一八四三年の教会分裂》は六六年に無事に完成をみる。エイゼンシテインが注目したのは、資料として撮影されたカロタイプの写真の方である。柔らかい明暗のコントラストに魅了されたエイゼンシテインは、これは「絵画」だと驚く。そして、一枚いちまいの写真に「「特別な」感覚」を覚える。それは「枠の外」からくるもの、写真が「「枠外の」環境（アントゥラシ）」を含みこんでいるために喚起されるものにほかならない。写真に出会った時点では、エイゼンシテインは絵画の方はみていなかったらしい。ここにいう「環境」とは、同じ人物をモデルにした他の写真はもちろん、四五〇名の牧師たちの写真全体をさす。それらは「アンサンブル」と呼ばれている。

エイゼンシテインの推論によれば、「環境」と一枚の写真のあいだには、クロース・アップと「同一の」、「全体に代わる部分の作用」がはたらいている。「ある「全体のイメージ」」を背後に（潜勢的に）保ちつつ、一枚の写真が一枚のものとしてある情況は、持続する映画のなかでワン・ショットがワン・ショットとして存在するのと、たしかに類似している。

われわれが無対象絵画、抽象絵画と認識しているものにも、エイゼンシテインはクロース・アップの原理をみいだしている。たとえば、装飾的線（オーナメンタル）によって描かれたP・クレーの絵画をさして、そこでは「全体の代わりの部分が、全体の物理的部分〔……〕によってではなく、全体の特性をあらわす線によってあたえられている」と説明する（Эйзенштейн 2002b: 107 n.2）。こうして、抽象＝要約のもとに、クロース・アップとクレーの線は重ねられる。エイゼンシテインの分類では、「全体の特性をあらわす線」は「任意の線」の段階と「典型的線」の段階とにわかれるが、クレーの線は任意の線の方に属する。いずれにしろ、クレーの線は古代(あるいは民族芸術)のオーナメントに直結すると考えられている。両者が結ばれることによってひとつの環が完結するというのが、エイゼンシテイン流の芸術史である。

言語作品の題名が本編全体の要約になっているように、章・段落初めのカット(заставка)や巻末の飾りカット(концовка)は、「ミクロコスモス」として「造形的要約」の役目をはたす。造形的要約ではたらく直観的認識において、言語とイメージは交差する。

エイゼンシテインは居並ぶカットの名手のなかからメンツェルを択びだし、『フリードリヒ大王伝』(F・クーグラー、一八四〇―四二)に付した彼の挿絵に着目する(Там же: 110–11)。挿絵のなかでは、とりわけ各章頭の飾り絵と装飾頭文字(イニシャル)が眼をひく(糟谷 2004: 111)。四〇〇近い挿絵(木口木版)のなかに、エイゼンシテインは細密描写の「思いがけないクロース・アップ」を発見する。そればかりか、そうしたカットはミドル・ショット、あるいはロング・ショットのカットとくみあわせられてもいた(図8)。彼はメンツェルに、ショット・サイズの使用法(モンタージュ)の先取りをみいだす。

図8 『フリードリヒ大王伝』より

当時フランスにあらわれた生理学ものにもこうしたクロース・アップの手法が認められる、とエイゼンシテインはつけ加えてのべる。生理学ものはゴーゴリや初期ドストエフスキイには欠かせないもので、ロシア・リアリズム(自然派)の描写スタイルに多大な影響をおよぼしたジャンルだ。エイゼンシテインのなかで、リアリズムとクロース・アップは生理学ものを仲立ちにしてかたく手を結んでいる。

ここで話はとぶが、エイゼンシテインは日本庭園(枯山水)、箱庭、盆栽、俳句にもクロース・アップの原理を認める。そこにも、「要約」がはたらいている。エイゼンシテインはC・グラーザー『東アジアの芸術――その表象とイメージ圏』（一九二二）を拠り所にしながら、枯山水庭園の構造を鮮やかな手つきで pars pro toto の方にたぐりよせてゆく。エイゼンシテインが枯山水（琵琶湖の風景を模した）、盆栽、俳句等にいだいている日本の美学とは、小型化（ミニチュアライゼーション）である。日本の庭園術について、エイゼンシテインはつぎのようにのべている。

この芸術はミニチュアにおいて、ある気分に浸された風景、あるいは信仰、迷信、民衆の愛に包まれた風景を再現するのである。（Там же: 100）

好みの大きさに縮められた小さな樹木のある、独自の縮約にもとづいて作られたミニ庭園、まとまった全体として、アンサンブルとしてあるミニ庭園は、ある方法に隣接している。それはまだ全体に代わる部分の方法を使いこなせずに（あるいは、すでに使いこなしつつ）、縮小の方法を活用している。（Там же: 101）

寺を石の灯籠によって代理表象したり、白砂や小石を水の流れにみたてたり、石の亀によって蓬萊山を連想させたり、樹木の下の平らな石によって釈迦牟尼の悟りを象徴的にあらわしたりと、換喩、象徴、隠喩、連想、等々が庭園の要約のために総動員される。修辞法・技法による種々の代理作用の重なりのうえに、風景の要約はなりたっている。そして、要約された風景は空間的風景を離れ、人びとを「まったく抽象的な瞑想」の宇宙へとつれさるのである。

フェティシズム、触覚的映像

ひとりでのぞくT・エディスンのキネトスコープがしめしているように、映画を見るということは被写体に気づかれずに覗きみる窃視症のような行為で、そこには映画独自の欲望と期待と不安が渦まいている。アントニオーニ『欲望（Blow up）』（一九六六）は映像的無意識を絡めながらそれをテーマ化したものといえるし、ヴェルトフ『カメラを持った男』（一九二九）における眼やカメラ・レンズの超クロース・アップ（図9a、b）はそれをうつしたものにほかならない。映画の欲望と期待と不安にささえられた視線はなまの視線ではなく、映画によって教＝育されたものである。ここで思い出されるのは、エイゼンシテインが映画を見ること、映画をとおして事物を見ることは、видеть（視覚的に見えること）ではなくувидеть（見て認識すること）だと力説していたことである。

　一九世紀末に、芸術においても科学においても部分への関心が著しく高まる。その傾向をエイゼンシテインはフェティシズムと呼び、手法としてのクロース・アップをその一部に位置づける。フェティッシュそのものへの傾きは原

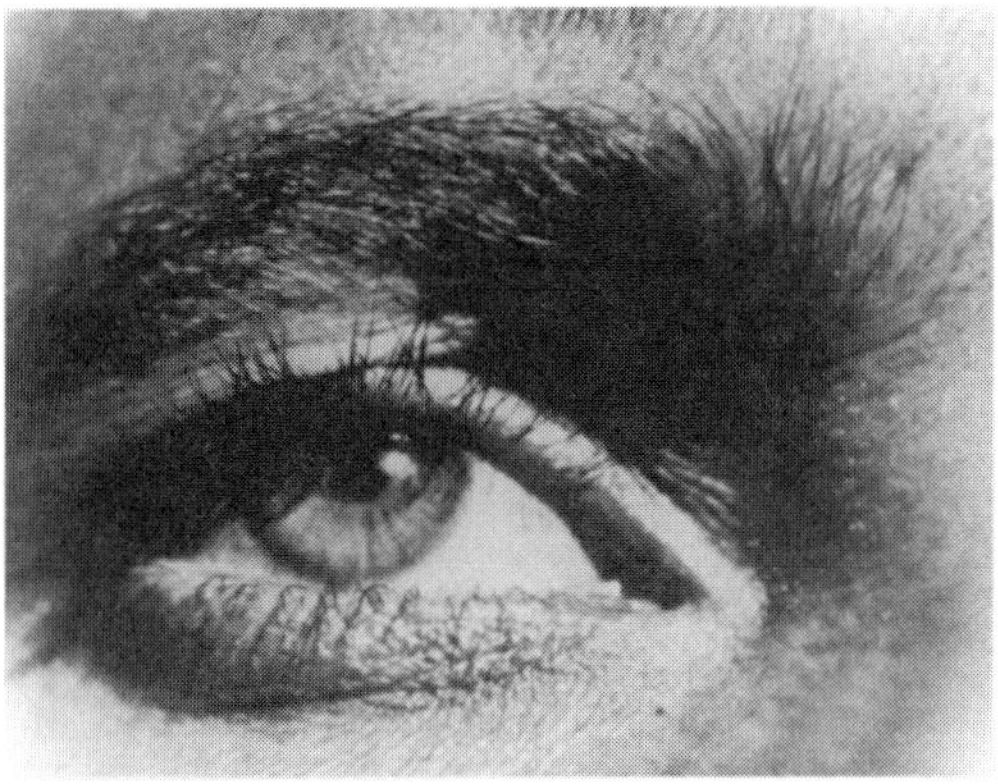

図9a　『カメラを持った男』より

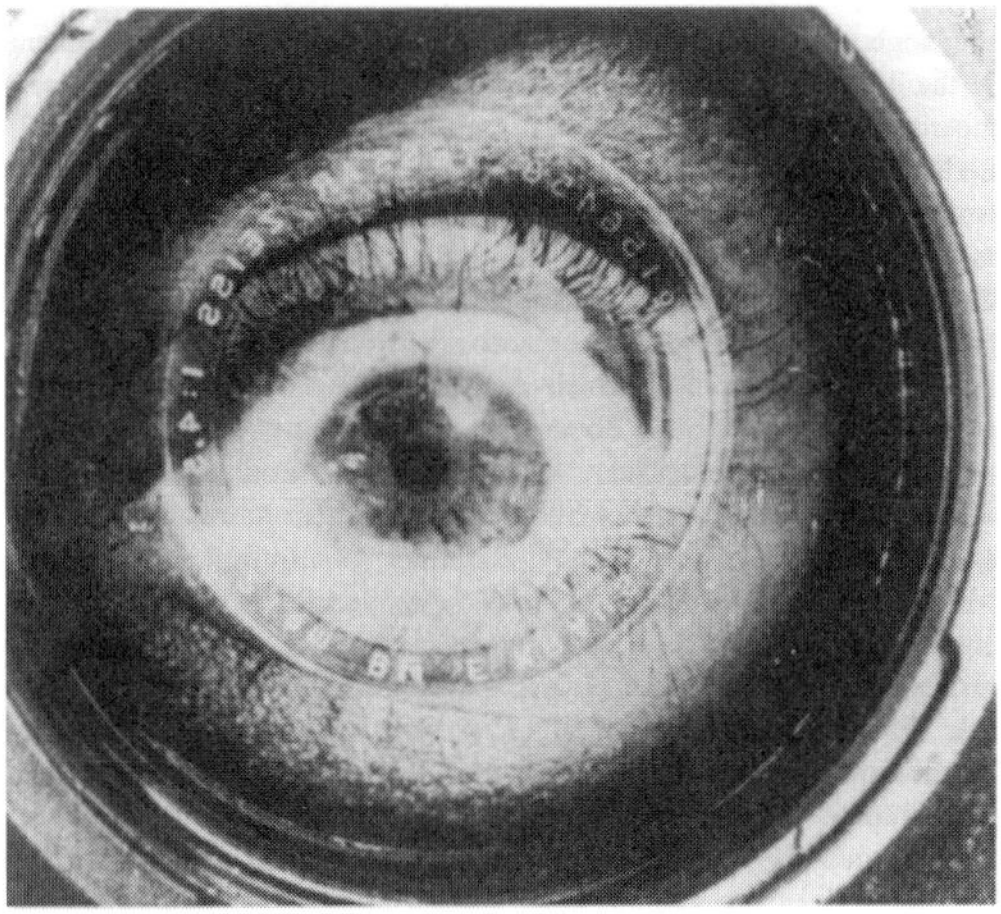

図9b　『カメラを持った男』より

初的信仰にはじまるもので、近代に特有のものではない。近代になると、むしろ宗教的フェティシズム[12]は衰退の一途をたどる。いわば衰退の極に、経済学と精神分析学の側からフェティシズムが新たに提起されたということには、時代的な意味が感じられる。モードと商品フェティシズムと性的フェティシズムの重なりを指摘するW・ベンヤミンの言葉は、そうした時代の性格をいいあてている。「無機物的なものにセックス・アピールを感じるフェティシズムこそが、モードの生命の核である。商品崇拝はこのフェティシズムを自らのために使うのである」（1993: 15）。

部分のクロース・アップという一点において映画の欲望と期待と不安は凝縮され、映画は己の姿をあらわにする。時代の申し子である映画と時代の症候であるフェティシズムとを結びあわせようとするエイゼンシテインの試みは、あざとくはあっても時代の判断として誤ってはいない。

俗流社会学的ともいわれており、評判はよくないものの、フェティシズムの台頭に対するエイゼンシテインの見解は一聴に値する。

孤立した細部に自律した美的価値をみいだす（увидеть）ためには、ブルジョアの世紀に生きる人間の独自の心理が確立されなければならなかった。細部は、全体に対するその関係において興味をひくのではない。全体が部分をとおして語るから興味深いのでもない。そうではなく、「もの自体」として興味深いのである。孤立させられ、個人主義化している。きりはなされ、ひきはがされているのだ。全体との統一の外側で自己閉塞している。分解の段階の教唆者そのものだ。あらゆる関心を社会における部分に閉じこめてしまう、共通の事業・利害、社会活動からきりはなされ孤立した細部そのものに全関心をそそぐ、非社会的な個人主義者にほかならない。

（Эйзенштейн 2002b: 65）

ここでは、全体と部分の美的・修辞的関係が社会と個人の社会的関係にそのまま適用されている（この直結の方法が俗流との非難を招いたのである）。フェティシズムにおいて部分が全体をおしのけて圧倒的な存在感をしめすようになったのと、社会全体をおしのけてブルジョア的個人が前面に躍りでたのとが、パラレルな現象とみなされている。エイゼンシテインがここで言及している社会は階級社会である。彼が大衆（マス）と呼ぶ都市大衆・市民が階級意識とは別のところで、各国・各階級をまきこんであいまいな欲望を育んでいたことは、とりあえずいまは問題としないでおこう。『ストライキ』から『メキシコ万歳！』までの映画の主人公が大衆・群衆（マス）であることを考慮すれば、エイゼンシテインがなぜ引用文のように考えたのかには納得がゆくが、あくまでも彼が主張したいのは、社会と個人のバランスが崩れているということだ。ソヴィエトの劇映画においても、一九三〇年代後半から主人公は群衆（マス）から個人に移行してゆく。その流れを反映するかのように、『アレクサンドル・ネフスキイ』、『イヴァン雷帝』においては個人・個人心理が中心的に描かれるようになる。しかし、そこではまだ「バランス」は保たれている。

極点から眺めるとき、芸術のフェティシズム、ひいてはクロース・アップの別の顔がみえてくる。ここで極点といっているのは、無対象芸術である。エイゼンシテインの考えでは、無対象のアヴァンギャルド芸術は部分が全体を「海中に」放りだしたような状態にある（「海中に」という言葉によって、立体未来主義のマニフェスト『社会の趣味への平手打ち』［一九一二］が示唆されている）。もはやそこでは、バランスなどというものは問題にならない。転倒あるのみである。「ある者はテクスチャーをフェティッシュ化して、ニスを塗った板を絵画の代わりにするところまでゆき、ある者はさらに先の感覚的絵画（「タクティリスム」）にまで進み、ある者は構成のためにあらゆる要素を犠牲にし、その絵画は直線と曲線の図になりつつある。またある者は、運動や空間やヴォリュームや色彩のためにすべてを犠牲にした」（Там же: 106）。こうした芸術の映画版としては、V・エッゲリング、H・リヒターらの絶対映画がよくしられている。エイゼンシテインとしては、ここにいわれている部分の絶対的勝利はうけいれがたかったはずだ。全体と部分、描写とイメージのバランスを欠くことは、映画に不可欠である「リアリズム」の土台をゆるがすことになるからだ。しかし、そこには否定しつくせない重要な問題が潜んでいる。

ここでエイゼンシテインから少し距離をとり、部分のフェティッシュ化について別の視座から光をあて、「もの自体」のフェティッシュということについて考えてみたい。話をみえやすくするために、テクスチャーのクロース・アップをとりあげる。この場合、テクスチャーは深層＝全体に代わる表層＝部分としてある。異なる色彩、モノクロームの濃淡、さまざまなショット・サイズの接合も映画のテクスチャーを構成する要素だが、いまは肌のクロース・アップを例にとることにする。たとえば、『砂の女』（勅使河原宏、一九六四）や『薔薇の葬列』（松本俊夫、一九六九）では、砂粒やソラリゼーションによって肌が異化されている。そうした肌のクロース・アップに接するとき、肌の肌理（テクスチャー）は初めてみるもののように触感をともないつつわれわれに迫ってくる。ここで、視覚は感覚的次元を一歩後戻りしている。その後戻りが触感として感じられるのである。肌の肌理は特異点・剰余のように／として、他のショットが織りなす視覚世界を内側からいっきょにひきやぶる。『イヴァン雷帝』の影のクロース・アップも同様の作用をおよぼす。

こうした例外的突出は触覚的な出来事というべきものである。出来事としての触覚的肌理は、女や男の肉体の部分である前にまず肌理として存在する。全体から自立しているということだ。それは、肌理が全体＝被写体に左右されない視覚的リアリティを獲得していることを意味する。部分は全体――オリジナルや実体や真理といいかえてもよい――の代理物であることによって存在価値を有するのではなく、それ自体自足的価値をもつ。このときの部分とは、正確には部分と全体の関係が物化したものである。関係が対象化したものが全体にはかなわない力と意味をおびる現象を、フェティシズム論では倒錯・転倒といっている。この力と意味のリアリティは肉眼＋カメラ（ヴェルトフのいう機械眼）が肉眼を裏切るところ、機械眼と肉眼がずれるところに発生する。

「現実の被写体→描写→イメージ・リアリズム的表現」という図式があるが、肌のクロース・アップでは、この流れは逆向きにねじりかえられている。すなわち、表現から一連の流れははじまる。そして、無対象のアヴァンギャルド芸術は、表現からはじまる流れを純粋なかたちでしめしているのである。対応する現実の被写体をもたない無対象の映像（絶対的剰余）は、書きこみ自由の純粋映像としてあり、映像の自省的関係のなかでその視覚的リアリティはえられる。このリアリティは、対象芸術の「リアリズム」を基底でささえているものでもある。

モンタージュのなかのクロース・アップ

「モンタージュとクロース・アップの方法が、芸術史における pars pro toto という運動の急展開をしあげる」(Там же: 107)という一文がしめすように、エイゼンシテインにおいて、クロース・アップとモンタージュは一体のものとしてある。クロース・アップでは提喩＝隣接性が、そしてモンタージュでも隣接性が基本的特性となり、隣接性という共通項を媒介として、クロース・アップの問題は物語(ナラティヴ)・叙述のモンタージュ構成へとつながってゆく。物語・叙述のモンタージュ構成には隠喩＝類似性も加わっており、転用語法の原理は映画叙述において大きな役割をはたしている。物語・叙述に換喩・隠喩をさぐるエイゼンシテインの主眼も、そこにある。「出来事・情況はそれ自身の展開の論理にしたがうばかりでなく、詩的転用語法独自の構造的法則にしたがっても進行する。殺人と無罪の証拠が同居するのにともなう隣接性」(Там же: 406)。

ロング・ショットで群衆を映したあとにそのなかの一名をぬきだしてクロース・アップにする「オデッサの階段」のようなモンタージュは、隣接性による接合そのものである。西部劇に登場する、街の俯瞰ショット、街中のミドル・ショット、バーのドアのクロース・アップというつなぎも、みやすい例のひとつである。ついでにのべておくと、西部劇の例――街の外側の視座から内側の視座への転換、全体から部分へ――は劇の開始をしらせる典型的なしるしであり、逆のパターン――部分から全体へ――は劇の終結をつげるしるしとなる。V・V・イヴァノフの指摘(Иванов 1976: 173)によれば、換喩を鮮やかに使いこなすB・パステルナークは、中編小説『リュヴェルスの少女時代』(一九一八執筆)のデフェンドフの描写において、ロング・ショット、ミドル・ショット、クロース・アップ(手の指)という構成を用いている。イヴァノフはまたプーシキン『スペードの女王』(一八三四)にも同じパターンをみいだしているが、文学と映画における統合関係の同形性について、あるいは文学が映画にあたえた影響については、分節単位の問題をはじめとして、今後明らかにしなければならない点が数多く残されている。もちろんこれは、F・

カフカが映画の影響をうけたというような直接的関係とはまた別のレヴェルの問題である。

「隣接性による接合」とひとくくりにしてしまったが、そこには複数の種別が含まれている。エイゼンシテインは文学を例にとり、それを説明してゆく。彼の場合、文学といっても、例にとりあげるのは映画化を前提にしたシナリオのようなものである。

「ドストエフスキイについての章（プロットにおける換喩と隠喩）」（一九四三執筆）において、換喩と隠喩の視座から文学プロットの進行を分析してゆくなかで、エイゼンシテインは「隣接性にもとづく転移（ペレノス）」（換喩）の分類をいくつかあげている（Эйзенштейн 2002a: 402）。すなわち、行為から行為への転移（眼鏡を使って見る―眼鏡を使って読む）、行為のある源から別の源への転移（硝酸による火傷―いまにもかみつきそうな歯）、行為の本当の原因を偽の原因でおきかえるものである。このほか、E・T・A・ホフマン『小さなツァヘスの物語』（一八一九）にみられる人から人への転移（プロットの問題）もあげられている。モンタージュによるつなぎが自然にみえる裏には、こうした隣接的契機がはたらいている。そして、自然らしさ・自動化のネジが意図的にずらされると、喜劇性、サスペンスや恐怖がうまれることになる。

プロットと隣接性の関係で興味深いのは、『カラマーゾフの兄弟』（一八八〇）についての推論（Там же: 410–16）である。そこでは、隣接性とともに隠喩＝類似性についても論じられている。具体的に推論の中心となっているのは、ドストエフスキイ主義（シチナ）、つまり「実現された「大文字の運命」のイメージ」（不在も含む）である。古典古代からつづく大文字の運命と転用語法とをあわせて論じる方法は斬新といってもよい。「転用語法と古典古代の悲劇（運命）の伝統的問題が、情況全体を転用語法とみなすことによってひとつに結びあわされるところ」に、イヴァノフも「独創性」をみいだしている（Иванов 1976: 179）。

エイゼンシテインによれば、『カラマーゾフの兄弟』には「厳しく罰する大文字の運命は感じられない」。その代わりに、登場人物には「決定の自由」があたえられている。彼らは自分の運命を自分でひきうけざるをえない。こうした自由はおうおうにして「苦しみ」をもたらす。その「苦しみ」からの解放を主題にしたのが、大審問官の物語だった。大文字の運命は「苦しみ」の引き受け手＝「救済者」と表裏一体のものである（この「救済」に、エイゼンシテインはドストエフスキイの「トラウマ」を重ねみている）。大文字の運命が不在であるがために、登場人物たちは「自分で自分を罰する」ことになる。リーザ・ホフラコヴァがドアで指先を痛めるのも、スメルジャコフが首をくくるのも、それはみな罰の具体的な現れである。指の先、首はその人物の一部（提喩）をなす。ここでエイゼンシテインはB・トマシェフスキイを援用しながら、罰の問題と隠喩とを結びつける。「類似」するふたつの意味からうまれる隠喩の典型のひとつを、このフォルマリストはつぎのように定義している。「抽象的なものが具体的なものによっておきかえられる。道徳的・心理的範疇に属する現象が肉体的範疇に属する現象によって代替される」（Эйзенштейн 2002a: 410）。

隠喩と結びつけられることによって、罰は提喩（肉体）と隠喩（心理）の交点におかれることになった。こうした罰論の視座にたち、エイゼンシテインはきわめて映画的ともいえる結論を出す。ミーチャの親指の爪は「小説全体のイメージ構想の鍵」となる、というものだ。爪のクロース・アップがいまにも眼にうかんできそうだ。このほか、「計画の線」にそったイヴァンからスメルジャコフへの「転移」、「計画の実現の線」にそったスメルジャコフからミーチャへの「転移」といったものが指摘されている。大文字の運命の感覚を喪失するのとひきかえに、『カラマーゾフの兄弟』は重層的な転用語法模様を獲得することになった。[13]

前景の動向

クロース・アップを芸術史のなかでみなおしたうえで、エイゼンシテインはその勃興を一八四〇年代から六〇年代のあいだに認めている（Эйзенштейн 2002b: 81）。また、クロース・アップの「美学」の発生は地球の「さまざまな地域でまったく異なる領域にわたって」認められる、とする。A・メンツェル、W・タルボット、浮世絵を援用したフランス印象派、H・セック、ナダール、J・フェニックス、ヒル……。先にのべたフェティシズムに関する社会学的説明を考慮すると、勃興についての判断には一八四八年のフランス革命が影響していることは想像に難くない。しかし、いまは革命の意義とクロース・アップの勃興との関係は脇においておき、クロース・アップを論じるにあたりエイゼンシテインが芸術史からひろいだしたものに焦点をしぼりたい。とはいえ、彼は洞窟絵画（ペトログリフ）にまでさかのぼっているので、それにさいしても論点をしぼらざるをえない。おもな論点はふたつになる。絵画の前景の問題、そして中国、日本の芸術における pars pro toto である。

フランス語では、gros plan 以外に premier plan（前景）もクロース・アップという意味で用いられる。このことがしめすように、前景はクロース・アップを考える場合、重要な手がかりとなる。クロース・アップは部分と前景と中心が重なるところにうまれたといえ、エイゼンシテインはその動向を絵画の流れにさぐってゆく。そのさい、彼はK・クラーク『ロンドンナショナル・ギャラリーの名画から――較べて見る一〇〇のディテール』（一九三八）を参照している。クロース・アップをおうエイゼンシテインの関心が、「ディテール」にそそぐクラークの視線にひきよせられたのである。クラークはその序文に、「ディテールの複製」を初めて用いたのは矢代幸雄『サンドロ・ボッティチェリ』（一九二五、ロンドン）だとのべており（1995: ix）、この指摘は、日本人が細部・部分の美学に通じているとエイゼンシテインが考えるようになる根拠のひとつとなった。

『クロース・アップの歴史』には、造形表現の原理についてのべられている箇所が断片的にいくつか認められる（Эйзенштейн 2002b: 56–61, 69, 105）。それらをまとめると、だいたいつぎのような内容になる。最初に直観像的段階があり、そのあとに部分が全体を代理する線描（線刻）の段階がくる。すでにのべたように、線描の段階は描き手によって異なる「任意の線」の段階と、その線描（線、点）がある全体をあらわしていることを共同体が認める「典型的線」の段階とにわかれる。後者の段階では、実質的に描法・視覚文化が成立しているといえる。描法が成立して以降、全体と部分は一定の関係によって結ばれることになる。したがって、そこでは部分が全体に等しくないという関係も生じうる。そのように考える時代・様式では、形象（人物、建物等）は「まるまる」描かれることになる（古代エジプトのレリーフ、中世の線描）。部分が全体に等しいにせよ等しくないにせよ、非離散的と思われている造形表現全体・

画面全体は、造形原理からみると一様でも連続的でもないことになる。その点、エイゼンシテインが例にあげている、「クロース・アップ」を画面にくみこんだ『十字架のヨハネ伝』（一六四一）の挿絵（図10）は興味深い。

絵画表現における関係は、部分と全体の「統一」をはじめとして、部分からなる「アンサンブル」、前景と後景の、中心と周辺の接合、M・ドブジンスキイにみられるような縁取り、キュビスムのような部分と全体の「総合」、等々と、さまざまな方法を生みだしてきた。そうした歩みのはてに、「部分（pars）が全体（totum）に勝利し、全体を必要としない」事態（Там же: 106）が生じたのである。

部分の勝利をたどりつつ、エイゼンシテインは前景の動きにも注目している。前景の分離とクロース・アップの発生との因果関係や連続性が語られているわけではないが、『クロース・アップの歴史』の覚え書きに、「前景の構成、ドガからファン・ゴッホへ」、「pars pro toto、前景の構成」と前景関係の論攷が二編も含まれていることから推測できるように、クロース・アップと前景はともに pars pro toto の問題系を構成する重要な要素である。前景の自立をしめす例のひとつとして、エイゼンシテインはJ・カロ《パンタローネ、あるいはカッサンドロ》（一六一九、図11）をとりあげており、そこでは、完結した風景・出来事の「前に」人物が配されている。人物は「マケット」から「抜きだされたのである」（Там же: 71）。この配置は身分や重要度のヒエラルキーを反映してもいる。時代にしたがって、前景の位置には絶対君主がきたり、民衆がきたりする。やがて一九世紀末になると、この位置を作者（あるいはその部分）がしめるということがおこる。J・コクトー、E・ドガ、トゥルーズ＝ロートレック、S・スタインベルグらの例があ

図10 『十字架のヨハネ伝』より

がっている。

スタインベルグのドローイング（図12）にみられるような作者の手と前景の重なりは、われわれならばメタ絵画と呼ぶところだが、エイゼンシテインはそこに作者と「環境」の未分化をみている。いうまでもなく、これは融即現象にほかならない。この場合、それは「インファンティリズム」、「自己中心主義」と呼ばれている。前景と作者の一体化において、前景の動向はひとつの頂点をむかえたといえる。この頂点において、ふたつの特性が明らかになる。ひとつは、前景における「平面性（プロスコスチ）」の強化である（Там же: 421）。それは二次元性と三次元性の矛盾の高まりを意味しており、そこにおいて絵画の約束性は最大に強まっている。この強化は、もうひとつの特性と密接に関係する。すなわち、前景における「感情（アフェクト）」の強化である。「このようなインファンティリズム的段階の鋭い感情（アフェクト）において、もちろん、環境と自己の未分化はとりわけ強度を増すはずだ」（Там же: 428）。

前景において描写が「切断」されるとき、感情の高まりはさらに増すことになる（Там же: 421-28）。エイゼンシテ

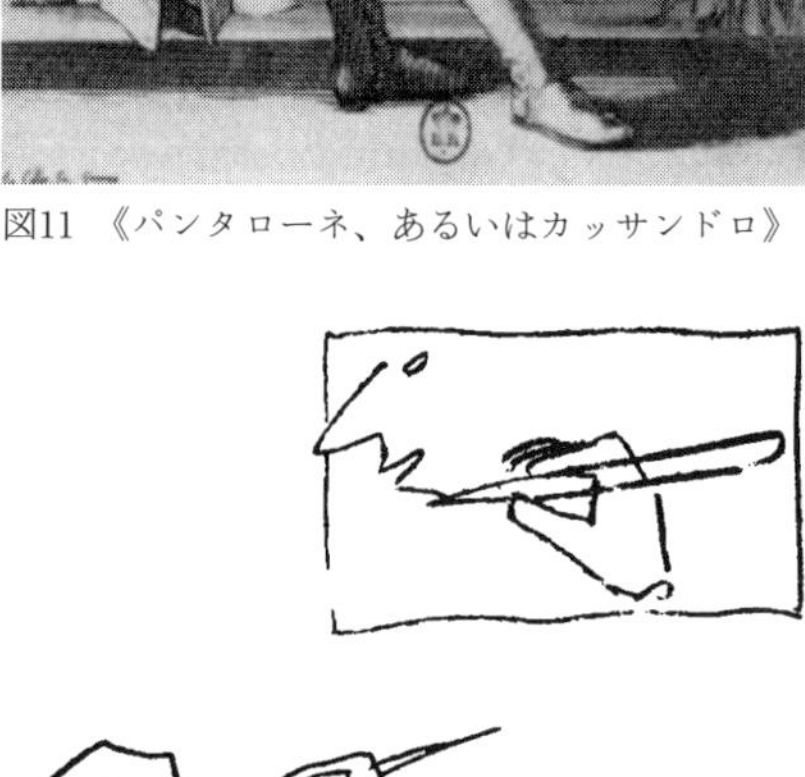
図11 《パンタローネ、あるいはカッサンドロ》

図12 スタインベルグのドローイング

インはファン・ゴッホ《種まく人》（一八八八、図13）を例にとりながら、このことを説明したうえで、自作のなかからふたつの例をあげている。『ベージン草原』における、ステポク殺害後の白樺林の全景（パノラマ）シーン（図14）、『イヴァン雷帝』において、暗殺される直前にウラジーミルが教会の列柱のあいだを通りぬけてゆく全景シーン（図15）である。「まず全景ショットは使わない」と自認するエイゼンシテインが全景ショットを用いるからには、それなりの意図がはたらいているはずだ。そこには、「作者の性向に対する心理的評価」（作者の主観）が含まれている。どちらのシーンにも、「逆エディプス・コンプレックス」、「サトゥルヌス・コンプレックス」が透けてみえる、ということだ。こ

図13　《種まく人》

図14　エイゼンシテインによる図解

図15　エイゼンシテインによる図解

図16 《聖衣剥奪》

れはエイゼンシテインにとって、「トラウマのコンプレックス」だった。この場合、もちろん「切断（スレズ）」は去勢に通じている。

症候学的に、エイゼンシテインはドガの前景描写切断にヒポコンデリーを、ファン・ゴッホのそれに精神病を読みとっている。このあたりは理論的暴走という気がしないでもないが、それだけに、形態と心理構造を結びつけずにはいられないエイゼンシテインの切実さが伝わってくる。その背景にはロールシャッハ・テストで「異常（アノマリア）」という結果が出たのが大きく影響しているようだ。このテストについて、エイゼンシテインはつぎのようにのべている。「大きな染みは、広大なデッサンの断片のように思われた。そのデッサンは、しかるべき全体の細部をなすこの大きな染みをもとに私がしあげたものである」（Там же: 639）。当時の彼にとっては、小さな形態に大きな意味が隠れているように思えてならなかったのである。

先にあげたカロの例では中心と前景は一致していたが、両者がずれることもある。E・グレコ《聖衣剝奪》（一五七九、図16）、A・デューラー《聖ヨハネクリュソストモスの苦行》（一四九六）を例に出し、エイゼンシテインはそれを説明している（エイゼンシテインによれば、前者は一九世紀以前における「ほぼ唯一の」前景描写切断の例ということになる。Там же: 92-94）。これらの画面上では、「論理的主人公」と「情動の中心」（前景）はずれている。エイゼンシテインの推論では、この前景の使用法は「正しい」。こうした事例をしっていたからこそ、情動と論理の中心を前景でぴたりと一致させる、『イヴァン雷帝』の十字架の行進が撮れたのである。

中国、日本における部分の美学

一般的に当時の芸術史――ヨーロッパにおける――では、中国、日本の芸術はエキゾティックなもの、プリミティヴなものとみなされており、美的「歴史」にはくみこまれていない。それ故にこそ、異物として美的ショックをもたらすことができたのである。シノワズリ、ジャポニスムの影響をうけてはいるものの、エイゼンシテインはそれらよりも対象に深くふみこんでいる。中国、日本の文化をオルタナティヴなものとみなし、自分たちの現在に接続しようとする。結果的に、これは中国、日本を経由して文化の古層へ回帰することとなる。とはいえ、エイゼンシテインもアジア的生産様式＝停滞という見方とまったく無縁なわけではない。ただし、彼はこの停滞を、オルタナティヴなものがもつもうひとつの時間運動と読みかえている。文化が異なれば、変化の原理、変化の時間の取り方もちがってくるということだ。そこには、政治経済制度とは別に文化制度をかまえる姿勢が認められる。たとえば、中国、日本における部分の優位について、彼はつぎのようにのべている。

いや、この場合、東洋に特徴的なのは、感覚的思考の規範にもとづき意識的に維持されてきた思考からうまれ規準となった基本的な伝統や規範が変化しなかったために、原初の pars pro toto の伝統が中国や日本の絵画史のほとんど全体にわたって機能してきたことである。そして、否定のジグザグ、つまりpars pro toto自体の内部における否定のジグザグではなく「不断の」運動によって、pars pro totoは芸術の要素としてのかたちを整えたようにみえる。

（Там же: 97）

中国からは詩、絵画、京劇の身振り、舞台装置等の例を、そして日本からは浮世絵、枯山水、盆栽、花道、枕詞等の例を引きながら、エイゼンシテインは部分の美学が中国、日本の文化にいかに深く根づいているかを論じてゆく。中国の絵画については、一九四〇年のモスクワ展のことを思い出しつつ、徐熙（ジョ・キ）、趙佶（ジャ・オジ）などにふれている。一方浮世絵については、S・キタエフという有力なコレクターがいたこともあり、ロシアでは一八九六年から浮世絵展覧会が催される。エイゼンシテイン自身もコレクターだった。また、一九〇三年にはI・グラバリ『日本の多色木版画』が出版されている（上野 2005: 4-14）。列挙された例は多彩であるが、そこには一貫した姿勢が認められる。ひと言でいえば、それは「プリミティヴィズム」からの解放である。

たとえば、『イヴァン雷帝』十字架の行進のモデルになったと思われる歌川広重《深川洲崎十万坪》（一八五七、第二章図16）における前景（鷹）と後景（筑波山を望む）をさして、エイゼンシテインは、そこにあるのは「全体に等しい部分」というプリミティヴな公式」ではなく「部分的なものと全体的なものとの統一」だとのべる（Эйзенштейн 2002b: 98）。浮世絵の名のとおり、この版画では統一的力によって鷹がみごとに浮きあがってみえる。そして、統一の原理をショットに適用することにみられる、時代をこえた接続を、彼は相＝社会とスタイル＝個という視座から説明している。「かつて存在した技法の実り多い「復活」は、概して、社会一般に歴史的にうけいれられている発展相に依拠するものが、作者個人の志向に応えるスタイルの手段となるときにのみ、「生産的になり」、「甦る」のである」（Там же: 413）。ここでは作者個人の志向が蘇生の契機となっているが、映画のような「新しいメディア」もきかっけになりうるとされる。再メディア化ともメディア間翻訳ともとれるその種の例としては、ディケンズとD・W・グリフィスがある。このことについては、あとでふれることになるだろう。

エイゼンシテインのとりあげている文化相の蘇生のなかで、われわれ日本人の興味をひくのは、花道（橋懸かり）とV・メイエルホリドの移動舞台の関係づけだろう（Там же: 412-13）。よくしられているように、メイエルホリドは『検察官』（N・ゴーゴリ、一八三六）の演出（一九二六）において移動舞台を用いた。隣りあう一一の扉からなる半円形の壁が舞台をぐるりとかこみ、中央の扉があくと、そこから傾斜した移動舞台（四・二五×三・五メートル）がくりだす仕組みになっていた。舞台装置・俳優をのせた移動舞台が台車によって観客の前に運ばれてくる様子を、演出家自身は「主要な場面はクロース・アップで撮られた」といいあらわしている（Рудницкий 1969: 353）。

宿屋の階段からオーケストラ・ピットまでボブチンスキイがいっきょに転げおちるシーンをさして、エイゼンシテインは「舞台外演出（mise hors scène）」――舞台内演出（mise en scène）にたいして――と呼んでいるが（Braun 1995: 231）、これは観客席の方に迫りだしてくる移動舞台についてもあてはまるだろう。また、演劇一般の話になるが、舞台奥から観客席にむかって斜めに俳優が進む動きにも、彼はクロース・アップ（「クレッシェンド」）効果をみている。「対角線の動きは舞台奥からフット・ライトにむかう、つまりは接近してくる、拡大されるのだ（被写体を拡大する映画のクロース・アップのシステムを参照）」（Эйзенштейн 2004a: 536）。エイゼンシテインは移動舞台の淵源をギリシア悲劇のエクキュクレーマにみており、ギリシアでは「技術的手段」であったものがメイエルホリドでは「表現の手法」になっているとする。

この移動舞台はメイエルホリドが『ドン・ジュアン』（モリエール、一六六五）の演出（一九一〇）でみせた仮設プロセニアム・アーチの延長線上にあるとされる。『ドン・ジュアン』では、黒子に暗示をえたプロセニアムの召使いや花道を模した絨毯も使用された。当時メイエルホリドは、能や歌舞伎には演劇の演劇性をなす原型的なものが保たれていると考えていた。したがって、エイゼンシテインが観客と舞台をつなぐメイエルホリドの移動舞台を花道に関係づけたのは、隠喩＝類似的方法のごく自然な適用だったということになる。

グリフィスとの対比

エイゼンシテインは自らのクロース・アップを説明するのに、グリフィスを引き合いにだすという対比的方法を用いている。クロース・アップそのものの実践例は、早くはG・A・スミス、E・S・ポーターらにみられるものの、エイゼンシテイン、J・ミトリが主張するように、グリフィスはクロース・アップ、モンタージュを「組織し、表現手段にすることに成功した最初の人であった」(1982: 196)。これをみるだけでも、クロース・アップをめぐって一九〇〇年代(スミス、ポーター)、一〇年代(グリフィス)、二〇年代(ソヴィエト)に段階的展開があったことがわかる。グリフィスとエイゼンシテインの対比はスタイルの問題にとどまらず、映画史の問題でもある。エイゼンシテインはグリフィスの映画的手法を分析するにあたり、二段階の手続きをとっている。ディケンズとグリフィスとの関係、グリフィスと自分たちとの関係である。

ディケンズが召喚されたのは思いつきによるのではない。『アフター・メニー・イヤーズ』(一九〇八)で「初めて」採用した「カット・バック」、「クロース・アップ」の手法に、バイオグラフ社がしめした批判に対して、グリフィスはディケンズを後ろ盾にしながら抗弁した。エイゼンシテインは問題の箇所を夫人の手記から引用している。

「こんなに飛躍(ジャンプ)を重ねて、ストーリーが伝えられるのかい? 何について語っているのか、観客にはわからないだろうが」
「でも、ディケンズはそんなふうに書いていませんか?」と、グリフィスは答えた。
「そうとも、でも、それはディケンズだろ。彼は小説を書いているのであって、これはまったく別の問題だよ」
「いや、たいした違いはないでしょう。これらは映画物語(ストーリー)なんですから。あまり違わないでしょう」

(Arvidson 1969: 66)

ここにはいろいろ興味深い要素が含まれているが、いまは事実を確認するにとどめておこう。この発言をうけて、エイゼンシテインは『オリヴァー・トゥイスト』（一八三七―三九）を分析してゆく。そして、並行モンタージュの「雛形」をそこにみいだしたほかに、クロース・アップ、オーヴァーラップの等価物を細部描写に「発見」している（Эйзенштейн 2002b: 28-43）。こうした指摘を読むと、メディア間翻訳・再メディア化といった現象に収まらない大きな規模で当時おきていた文化的転換がみえてくる。

　ディケンズ、グリフィスの同形性をさぐったうえで、エイゼンシテインはグリフィスの根底には「二元論（ドゥアリズム）」、「縞模様のベーコン」（Там же: 51）があるとする。自動車、流線形の列車、電信のアメリカ、そして伝統的で家父長的なアメリカ、これらはその現れである。並行状態のモンタージュ、「作用」にとどまったままのクロース・アップはともに二元論からくる。この二元論が、物語において「アピールと闘争」を回避させ『イントレランス』（一九一六）のような四重（クワドルプレックス）並行物語を生んだのであり、孤立したクロース・アップを作りだしたのである。並行モンタージュ(14)の形成にあたってN・バージェス、J・リット、O・トマス、『東への道』（L・パーカー／J・グリスマー、一八九七）、『九〇と九』（R・モリス、一九〇二）などのメロドラマ（ホームスパン・ドラマ、ローカル・ドラマ）が大きな影響を与えたことについても、確認がなされている（Там же: 46-47）。

　グリフィス流のクロース・アップの特性としては、具体的に四点あげられている（Там же: 115-16）。「雰囲気」を創造すること、登場人物の性格づけを明確にすること、対話において話し手が交替するのを告げること、そして、追っかけ（チェイス）の「テンポ」をエスカレートさせることである。いずれも「描写と事物のレヴェル」にとどまっているために、たとえば、『イントレランス』において揺りかごの赤ん坊を見守るリリアン・ギッシュのショットが「リフレインのように反復」されても、それが「永遠にうまれかわる時代のイメージへと抽象化される」ことはない。

　こうしたクロース・アップにたいして、エイゼンシテイン、ソヴィエト流のそれは、「テンポ」に代わる「リズム」をもって、「結合」に代わる「融合」をもって、「作用」に代わる「意味」（転用語法的）をもって、イメージ＝質的飛躍、「情動的融合」を生むのに成功した（この比較によって、系列同士の交替に使われるのがテンポで、イメージへと上りつめてゆくさいに用いられるのがリズムだということがはっきりする。Там же: 117–21, 126–30）。転用語法的意味の実践例として、『十月』からハープ、バラライカのショット（どちらもメニシェヴィキの隠喩）が、『母』（V・プドフキン、一九二六）から、フィナーレを飾る流氷とデモ隊のショットが紹介されている。

クロース・アップにも、エイゼンシテインは思想（弁証法）の、さらには社会経済制度（ブルジョア資本主義、共産主義）の反映をみている（Там же: 50）。そこに反映関係があるとしても、反映の経路はとても複雑で、文化と社会経済制度の時間の単位が著しく異なるために、両者の比較は慎重のうえに慎重を期さなければならない。並行モンタージュにたいして、彼がソヴィエト的クロース・アップの特性として潜勢的隠喩をもちだす背景にも、ブルジョア資本主義と共産主義との対置がある。

エイゼンシテインはソヴィエト映画『宮殿と要塞』（A・イヴァノフスキイ、一九二三）をとりあげ、そこにはグリフィスと同じ「交差しないパラレリズム」——「ここと向こう」、「以前と現在」——が認められるとする（Там же: 126）。そのために、「つま先でたつバレリーナのかわいい足（宮殿）」と「鎖につながれたベイデマンの足（要塞）」のショットは互いに並行状態のままに終わってしまう。要するに、思想の浸透が不充分であるというわけだ。しかし、「と」でつながれているからといって、そこに批評作用・芸術的作用がないわけではなく、それなりのものが備わっている。『野生の棕櫚』（W・フォークナー、一九三九）にヒントをえた『ポワント・クルト』（A・ヴァルダ、一九五三）や『ヒア&ゼア・こことよそ』（J=L・ゴダール／A=M・ミエヴィル、一九七六）のように、「と」の批評作用・芸術的作用を用いたいがためにこのスタイルを採用することもある（「と」が映像系列同士の乖離をもたらし、結果的にそれが外部の力を呼びこむことになったとしても、それをも「と」の作用としたい）。まして、一定の歴史・映画史が終焉した現在からすれば、グリフィスのスタイルもエイゼンシテインのスタイルも、そしてゴダールのスタイルも、選択可能な対象として等距離にある。少なくとも、われわれとしてはいずれかのスタイルがより正しいという考え方はとらない。

第四章　ヴィジョン

映画を考察するのに、エイゼンシテインはさまざまなジャンル・メディアを参照している。そうしないでは、映画について語りえないからだ。映画の固有性はつねにその総合性とセットになっており、エイゼンシテインの映画論においては、固有性の理解と総合性の理解は相互に深めあう関係にある。これから語ることになる「第四章　ヴィジョン」、「第五章　感覚的思考」は、映画にとっては周辺的なものになるかもしれないが、総合性にとってはまさに中心的深部にあたる。

　エイゼンシテインは《ヴァルキューレ》演出に関する論攷のなかで、ヴィジョンについてつぎのようにのべている。「個々の瞬間は造形的にみてとてもすばらしい。純粋なヴァーグナー、そしてア・プリオリなヴィジョン（вúдение）との完全な一致」（Эйзенштейн 2004a: 478）。ここにいうヴィジョンには、視像とともに理念的・理想的像といった意味が含まれている（ついでにのべておくと、映画では、登場人物がいだく幻想（ヴィジョン）を多重露出（スーパーインポーズ）であらわすのをヴィジョンという。ややこしい話だが、そうした意味をあらわす場合、ロシア語ではвидéниеを用いる）。

　『ベージン草原』制作時、音の実験について模索していたとき、エイゼンシテインはA・シュヴァイツァー『バッハ』（一九〇四）を読みふけった。エイゼンシテインの関心をひいたのは、ヴィジョンを手がかりにしてシュヴァイツァーが音楽を総合的なものへと導いてゆく手続きにほかならない。「芸術家とは、単なる画家、単なる詩人、単なる音楽家であるにとどまらず、それら一切を包含したものである。彼の魂には、さまざまな芸術家が共存している。〔……〕／音楽的感受性とはある程度まで、音幻像（トーン・ヴィジオーン）の能力であって、それが線、観念、形姿、生起のいずれに関係するか、その種類を問わない。予想もできないような場合にも、観念連合がちゃんと働いているのである」（1983:

165, 172)。エイゼンシテインもこうした立場にたっているとすると、ヴィジョンを仲立ちにして諸芸術の要素は総合されることになる（この「ヴィジョン」は「イメージ」と言い換えのきくものである）。

　エイゼンシテインのなかで最もわかりやすいヴィジョンの例といえば、黄金比になるだろうか。彼は自然・芸術作品のなかにこの比率をさぐり、鸚鵡貝の殻、動物の角、樹幹の断面、そしてV・スリコフ《モロゾヴァ夫人》（一八八七）等にそれをみいだす。ここまではふつうのことだが、さらに進んで、A・プーシキン「ルスランとリュドミラ」（一八二〇）、『戦艦ポチョムキン』の構成にも黄金比を適用する。そして、『戦艦ポチョムキン』では《モロゾヴァ夫人》と同じく二重に黄金比が用いられている、という興味深い分析結果をえている。

　『戦艦ポチョムキン』の黄金比の分析（Эйзенштейн 2006: 21–45）は、まずこの作品が古典悲劇と同一の五幕構成をとっているという確認からはじまる。そして、物語の「頂点」——ふたつある——の位置を計測した結果、五の内部にふたつの黄金比が「発見」される。頂点のひとつは第二幕から第三幕にかけておこなわれるヴァクリンチュクの喪の儀式、もうひとつは第四幕初めの赤旗である。後者の黄金比は最後から逆算してわりだされたもので、前者が「絶頂（アポジー）」といわれているのにたいして、後者は「対抗的絶頂（カウンター・アポジー）」と呼ばれる。また、前者は物語に休止をもたらすことから「完全な静止点」とみなされ、後者は物語の「頂点」をなすことから「最大の高揚点」とされる。このような黄金比の析出はパトスの源を鮮明にするためにおこなわれたものである。自然の構造のなかに、作品の「構成的構造」のなかに、そして自然・作品を受容するわれわれの知覚構造——文化的に規制された——のなかに黄金比が潜んでいるということ、そして、ある瞬間にそれらが「一致」するということ、それがエイゼンシテインにとって重要なのだ。とはいえ、対抗的絶頂の黄金比を捉えるには、不可能とも思える技能が必要になる。逆にそのことによって、ここでエイゼンシテインがおいもとめているのはあくまでも構図の形式性、ヴィジョンである、ということがはっきりする。

　エイゼンシテインのヴィジョン論はけっして体系をなしているわけではないが、理念をもとにヴィジョンが成立するというそのヴィジョン観は一貫している。ここでは、ヴィジョン論のなかから線、風景、円・球を択びだし検討を加えてゆく。

1　線のダンス

線とオーナメント

エイゼンシテインは線の人である。第一に、それは二〇のポートフォリオと八冊のスケッチブックに残された膨大なドローイングからいえる。一九一四年から四八年まで生涯にわたって描きつづけられたドローイングの数は約五〇〇〇点にのぼる。そこには映画の絵コンテ、舞台のエスキースをはじめ、人物・風景のスケッチ、パロディ、カリカチュア、イデーの図解などさまざまなものが含まれている。とかく話題になりがちなエロティックなドローイング——エクスタシー、両性具有、性器等を抽象的にあるいは赤裸々に描いた——も、数多くみられる。(1) それらの線にみられる自由奔放な動きをみれば、なぜあれほど彼がディズニーのアニメーションにひかれたのかがよくわかる。エイゼンシテインは自作ドローイングとディズニーのアニメーションに、共通の「原形質性」を認めている。エイゼンシテインにとってダンスとドローイングは同じ「衝動」の現れで、彼は踊るように描き変容する線さながらに踊った。「ぼくの線描画の線はダンスの痕跡ととれる」と、『回想記』に記している（Эйзенштейн 1997b: 125）。また、メキシコでJ・P・ポサダやD・リベラ、オロスコらの芸術にふれることで、八年間眠っていた描く衝動に再び火がついたという。

それがどのようなものであれ、線描画の領域において言語にはかなわない知の動きが認められることはたしかだ。

残念なことに、本書では五〇〇〇枚ものドローイングを分析している余裕はないが、エイゼンシテインの思想が理論的著作とドローイングの重なりのうえに、言語と図像の対話において拡がるものであることはまちがいない。

エイゼンシテインの造形的思考の基底にあるのも、また線である。運動している対象をみるとき、われわれがまず捉えるのは運動体の運動（の軌跡）＝輪郭線の移動であり、何が動いているのかを視認するのはそのあとのことである、とエイゼンシテインはのべる（Эйзенштейн 2002b: 431）。はじめに線ありき、である。線に関する思考はそのほとんどが「線とオーナメントについての覚え書き」（一九四〇、四七―四八執筆。『メソッド2』）としてまとめられているので[2]、この論攷（Там же: 430-48）にそって進んでゆきたい。そこで彼が対象としているのは造形表現一般ではなく、あくまでも線刻、線描画、オーナメントである。輪郭線を造形表現の基底におくことによって、エイゼンシテインはプリニウスの絵画起源論につらなることになった。

当時のロシアにおいて線といえば、モデルン様式（ユーゲント・シュティール）の装飾的曲線、A・ロトチェンコの構成主義的直線が思い浮かぶが、エイゼンシテインの線論はそのどちらとも異なる、あるいはどちらをも包含する壮大なものである。彼は線にそって旧石器時代からディズニーまでの造形表現の系譜をたどろうとした。

「線とオーナメントについての覚え書き」で重要なのは、なんといっても造形表現の段階的構造と映画の歴史分析とが同形視されていることである。すなわち、岩絵からオーナメント成立までの段階的構造が、映画の歴史――リュミエール兄弟にはじまりDz・ヴェルトフをへてJ・ルノワール、『無防備都市』（R・ロッセリーニ、一九四五）にいたるなかで、ニュース映画（フロニカ）の要素がたどったもの――に重ねられている。論攷には『資本論』第一部第三編「絶対的剰余価値の生産」（K・マルクス、一八六七）からの引用があるので、構造と歴史を重ねる方法はあるいはエイゼンシテインなりの『資本論』の応用なのかもしれない。

まずは、表1（Там же: 441）をみてほしい。ラフスケッチではあるものの、彼が人類初期の造形表現における段階的構造をその後の造形表現の展開に重ねているのがみてとれる。

それでは、初期の段階的構造がどのようになっているのかを確認することからはじめよう。エイゼンシテインは、まず「自動的な」造形表現があり、そのあとに「意識的な」それ（美術）がくるとし、両者のあいだに境界線をひいている（Там же: 56）。ここで自動的な造形表現といっているのは、たとえば直観像のことで、例として岩絵、線刻があげられている。この直観像は「網膜に保存されている観察者の印象を輪郭線によって縁取り、眼の前のきれいな平面に転置した」（Там же: 441）ものである。ここでは、網膜像と記憶像は区別されていない。こうした直観像はJ・プルキニェ、H・クリューファー、G・ライヘル・ドルマトフ、D・ルイス＝ウィリアムズらの唱える内部光学に属する、といえる。興味深いことに、クリューファーはエイゼンシテインと同じくペヨーテによる幻覚に直観像を重ねみている。エイゼンシテインは直観像にもとづく「書き写し」を、クレティン病、あるいは文字の意味ではなく外形に魅入られその輪郭を夢中で「書き写す」、「外套」（N・ゴーゴリ、一八四二）の主人公アカキイ・アカキエヴィチとひき較べている。

彼は旧石器時代（アルタミラ洞窟壁画）と新石器時代とのあいだにも自動的な造形表現と意識的なそれとの区別を適用しているが、現在でも未解決・未決定の問題——ネアンデルタール人は造形表現能力をもっていたか否かというような——がある以上、先史時代に対する判断に関しては当時の学問的限界を考慮しなければならない。

直観像的表現から意識的造形表現への推移をたどるさい、区分の契機をなすのは手と眼の分離、対象をおう眼の運動を手によって「再現すること」にほかならない（手と眼の一体化は運動と思考の非分離を意味する）。たとえば、実物の「シルエット」を縁取った「と思われる輪郭線（обвод）」——アルタの岩絵（ノルウェー）にみられるような——が縮小されるとき、そこに造形的思考（美＝術）が

表1

図1　「シルエット製作装置」

加わる。

エイゼンシテインは輪郭線からオーナメント確立までの段階を五つにわけている（Там же: 438-41）。⑴実物大の輪郭線（一八世紀のものではあるが、ここでエイゼンシテインは、J・ラファーターの考案になるルイ一五世時代の財務大臣の名を冠した「シルエット製作装置」［図1］にもふれている）[3]、⑵実物大の輪郭線から自由になったシルエットの縮小、⑶「全体の代わりをする部分」という「原論理的思考」が介在する造形表現、つまりは初期オーナメント（「美術の始まり」）。この段階の「全体の代わり」はまだ「無条件的なもの」で――一定の約束事をもたない――、部分は「偶然的で任意のもの」にすぎない。したがって、一般的に誰もが部分と全体の関係を「認知し読みとける」わけではない。⑵、⑶の例として、エイゼンシテインはメキシコからもちかえった絨毯のオーナメントを自ら図示してかかげている。

このオーナメント（図2a）には、⑵、⑶が混在している。A（鹿）、B（鷲）、C（孔雀）は⑵に、D、E、F、Gは⑶に属する。文脈（「示唆」）があるために、Dは人、Eは河、Fは池と予測がつくが、Dの表現が割れている事実（図2b）がしめすように、その表現法は定まってはいない。エイゼンシテインはこの不定性に「恣意性」をみている。⑶のオーナメントの特性として、エイゼンシテインは「集合」をなす三つのことをあげる（Там же: 442）。「反復性」、「写真＝模写的直接性」、そして「媒介性」である。このうち、媒介性は知的活動の端緒とされる。

段階⑷において、恣意的なものは「典型的なもの」にかわる。それは偶然的なものが人びとに「共有される」ことを意味する。これはエイゼンシテインのいう「見て認識すること（увидеть）」にほかならず、この認識は「一定の集団」（「交通をもとめ、社会的に差異化され組織された社会」Там же: 60）の内部において共有される。最後の段階⑸において、「一般化された描写・図式」は一定の「構造」となり、それをもとにイメージの構築がなされるようになる。

エイゼンシテインは(4)を「幾何学的図式」、(5)をオーナメントと呼び、幾何学的表現とオーナメントとの区別をはかっている。さらに、幾何学的図式に認められる「抽象化（アブストロギロヴァニエ）」に、英語の abstract がもつ「心理的要約（アブストラクト）」という意味を読みこみ、幾何学的表現を二重に、つまり「総合的に」——抽象的図形の側面と情動性の側面から——みる必要性を説いている（Там же: 443）。構造化されることによって、特定の場に拘束されずにオーナメントを任意の場所へと移す／映すことが可能になる。エイゼンシテインはこれを「機能的特質」の「取り出し」、対象から特質を分離することとみなしている。手からとりだされた機能がもとになって生産道具が作られることが類似現象としてあげられているが、例として興味深いのはタトゥーだ。自己自身に描かれた「ある現象（動物）の輪郭線」（タトゥーを構成する）が輪郭線と「平面」に分離し、そののち輪郭線はさまざまなものに「転置」してゆく。

エイゼンシテインも岩絵に呪術性を認めるひとりだが、彼は造形的視座から輪郭線の「力」を説明しようとする（Там же: 434-36）。輪郭線が閉じられ閉域（「平面「体（テーロ）」」）が形成されることによって、ある fascination が生じるとされる（fascinate の語源がラテン語 fascinatus［魔法をかけた］であることを思い出してほしい）。その魅力（「動的緊張の効果」）がうまれる「原因」として、三つ組みの特性があげられている（Там же: 504）。すなわち、「細胞的・原形質的なもの、つまり偽足のようなもの」であること、運動の軌跡であること、水銀滴が球になろうとするような「物理的」「志向性」をもつことの三つである。

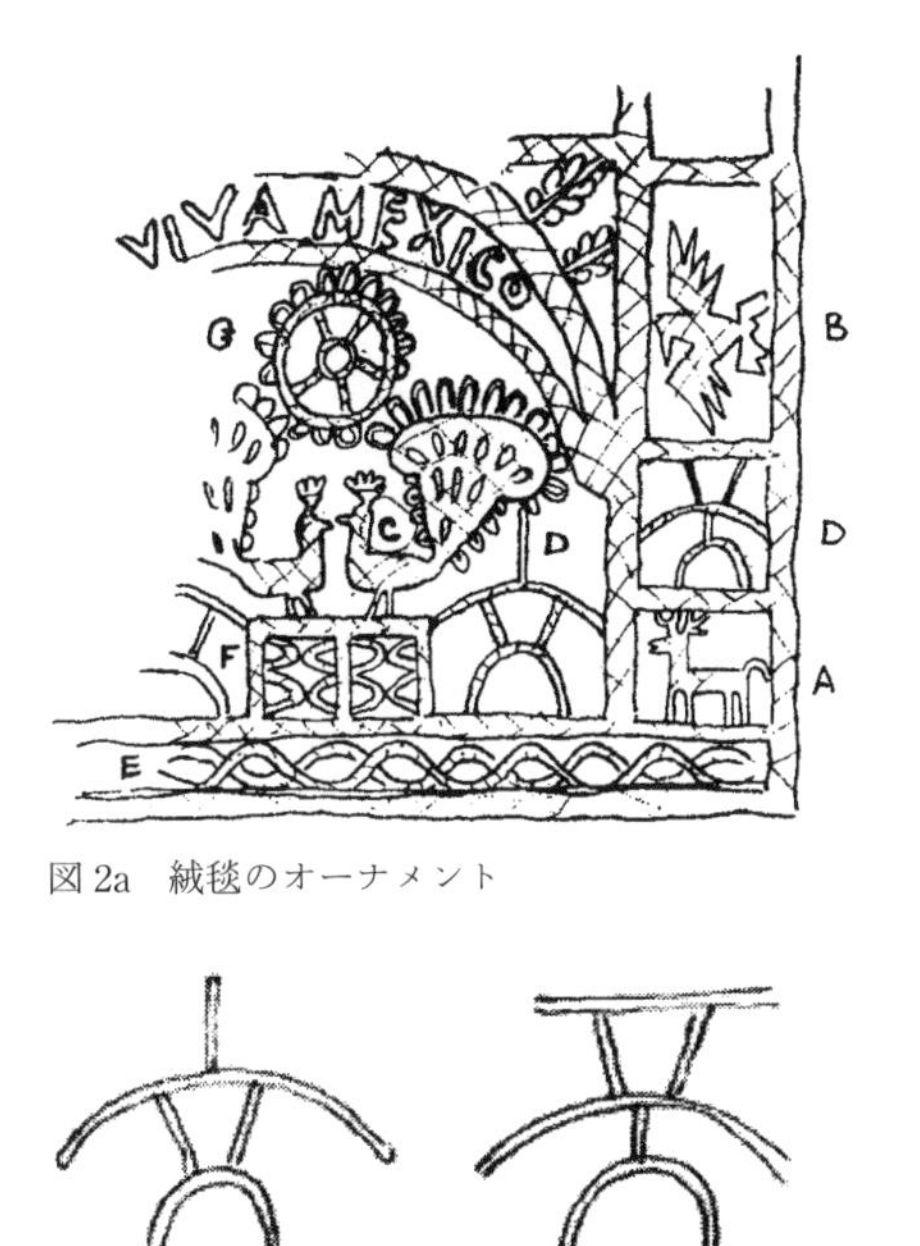

図 2a　絨毯のオーナメント

図 2b　絨毯のオーナメント

「オーナメント、対位法」(Там же: 447-48)では、具体的なオーナメントの分析がなされている。たとえば、くみあわせた両手の形態から市松模様、メアンダーが形成されてゆく過程が説明される。市松模様ということでわれわれの脳裏にうかぶのは、『イヴァン雷帝』に登場するシギスムントの宮殿の床である。市松模様については、陰陽、男女両性がコノテーションとしてあげられており、宮殿の床も陰陽と結びつけられている。そうした推論も重要だが、われわれにとってそれよりも気になるのは、まず線がありその線が「編まれて」オーナメントができるという発想の方だ。中国、日本の絵巻物の対位法も、雲、山、森、水の「線」の「編み込み」によってできあがるのである。「テクスト」——言葉によって編まれたもの——にも通じるこの「編み込み」は、色彩、音、モティーフ等のさまざまな要素に適用されている。編み込みのそもそものもとは編みかごで、その歴史は織布よりもずっと古い(Эйзенштейн 2006: 372)。エイゼンシテインにおいては、ミステリーの謎掛けと謎解きにそれぞれ認められる、編むことと狩ることは、芸術の創造と受容においてその根幹をなしている。編むことと狩ることは女性性(陰)と男性性(陽)にもつなげることができるだろう。

◎

初期の造形表現の段階的構造は一回限りで消えてしまうのではなく、その後の造形表現のなかで幾度も甦る。ショットの性格におうじて表現方法が使いわけられる映画では、それは通例となっている。たとえばシルエットのような「退行的」造形表現が通常の描写に挿入されると、予期せぬ情動の高まりがもたらされる。A・アレクセーエフのピンホール・アニメーションが不気味な迫力をはなつのも、造形表現の段階を遡行するからだろう。ヴギクの二年生向けの授業「映画における構成」を、シルエット——岩絵のシルエット、喜多川歌麿《中田屋》(一七九四—九五頃、図3)、ジョージ六世のイラストレーション——の話からはじめたり、ニューヨークの「魅力的な(fascinating)」スカイラインをカメラに収めたりした、とエイゼンシテインは語っている(Эйзенштейн 2002b: 433-34)。『ストライキ』第一幕の冒頭近くに、工場のガラス越しに浮きあがる労働者のシルエットが登場する。ため息がでるほど美しいこのシーンは数々の模倣を生むことになった。造形表現の段階性をよく心得ているエイゼンシテインだからこそ、種々の表現段階を効果的に編みあげることができたのだ。任意のもの、典型的なもの、構造的なものがつながれたり重ねられたりしてエイゼンシテインの世界は構築されているものの、つぎにあつかいたいのは、造形表現の個々の段階ではなく、段階的構造の交替と映画史の進展との並行性についてである。

「ニュース映画を讃える」（Там же: 449-55）において、エイゼンシテインは造形表現の段階的構造と映画史の並行性をさぐっている。映画におけるニュース映画、ドキュメンタリー映画（フロニカ）の位置と造形史における岩絵・オーナメントのそれとが「同一である」というのが、比較のもとにある（フロニカには、ニュース映画、ドキュメンタリー映画という意味以外に、ラジオ、テレヴィジョンのニュース、新聞の雑報、年代記、記録文学という意味も含まれる）。エイゼンシテインがそうした比較をする気になった動機のひとつには、ドキュメンタリー的要素をもつ劇映画が台頭

図3 《中田屋》

してきて、それが立体映画をへてテレヴィジョンへとむかう道筋がみえたことがある。ルノワールの『ジャン・ルノワールのトニ』（一九三五）、『獣人』（一九三八）、『軍旗の下に』（N・カワード／D・リーン、一九四二）、『無防備都市』、『誓い』（M・チアウレリ、一九四六）、『若き親衛隊』（S・ゲラシモフ、一九四八）などがその種の作品にあたり、それらにみられるドキュメンタリー的傾向を、エイゼンシテインは折衷主義、自然主義、総合（ジンテーゼ）と呼んでいる。この流れの最初に位置するのが「過去の事件・出来事を脚色した記録（ドキュメント）」、『戦艦ポチョムキン』である。フロニカは劇映画の「先駆者」とされており、あくまでも主となるのは劇（フドジェストヴェンヌイ）映画である。ここでエイゼンシテインは「事件・出来事」はいかにして「記録」になるのかという問題に、物語（演出）の側から迫っているのだが、この問題が歴史的には脱モンタージュ的手法をともなっていたことを忘れてはならない。

たとえ、最初の映画がドキュメンタリー映画であり、ドキュメンタリー映画という言葉が一九二〇年代にJ・グリアスンによって使用されはじめたとしても、事実の映画についての省察は劇映画のそれよりも遅れてやってきた。十月革命後、生産現場のルポルタージュ（「事物のバイオグラフィ」、事実の文学）や、その日のニュースを芝居にして提示するアジ＝プロ労働者劇団、青シャツのようなものもあらわれ、事実に対する批評意識はロシアにおいて一段ととぎすまされてゆく。ヴェルトフがキノグラスの確立に奮闘していた一九一〇年代後半から二〇年代前半においては、まだドキュメンタリー映画という術語は定着しておらず、作家自身は「非劇映画」という言葉を用いていた。はからずもこの術語自体が、事実は芸術・物語と対になっているということを教えている。出来事と物語、事実と芸術は相互産出的な関係にあり、実体的な事実というものは存在しない。

劇映画の最初の段階をなすとされるフロニカは、岩絵的「描写」とオーナメント的なものとのふたつの「相」にわかれる。前者は出来事を「自動的に記録」する直観像にあたる映画で、これには、十月革命前のパテ・ニュースのような「無原則的な」ものと、「不意打ちの生活」を実践したA・ガン『中庭の朝』のような「ある原則にのっとった」ものとが含まれる。リュミエール兄弟の『工場の出口』（一八九五）、『ラ・シオタ駅への列車の到着』（一八九五）などは、ガンと同タイプの「プロットの線上」にあるとされる。

一方、オーナメントにあたるのはヴェルトフの「キノプラウダ」（一九二二―二五）、「キノグラス」（一九二四）の「タイプ」で、こちらは「聡明な」フロニカと呼ばれている。オーナメントにひきつけながら、エイゼンシテインは「聡明な」フロニカの特性を分析してゆく。それによれば、おもな特性は五つにのぼる。(1)現象・出来事の「縁取り・輪郭線」。これは、認識するために「出来事に触れること」ともいいかえられている。この輪郭線的映画表現はイメージの前段階にある「描写」とされる。「指で対象をかたどりながら」絵本を見る幼児の段階が、対象との未分化、触覚による認識の例としてあげられている。(2)「放っておけばすぎさってしまう」現象・出来事の「保存・蓄積」。興味深いのは、熊の爪の首飾りやタトゥー（「描き足し」）が身体に呪力（「想像的力」）を授けるその「付加」が、現象・出来事の保存・蓄積と同一視されていることだ。ある現象を事実と認定し、それを記録すること――その保存・蓄積行為――によって力・価値がうまれる。言及されてはいないが、この過程はクロース・アップのところでのべたフェティシズムとつながっている。女性の化粧において目尻、眼の下に描かれる線（ファロスの表象、図4）が男性的力を女性に付与し、それによって女性は「神的・両性的存在にまで高められる」という、エイゼンシテインらしい指摘もみられる。(3)前提喩的・萌芽的な「全体に代わる部分（パルス・プロ・トト）」。この「部分」はまだ任意のものなので、細部のクロース・アップも、たんに「情報的なもの」――イメージにもとづくものではない――にすぎず孤立している。(4)反復とリズム。このリズムは被写体となる現象自体、運動行為の「相」の「複写」にとどまり、二本の糸の「編み込み」のような原モンタージュの域をでない。(5)前イメージ性。現実を撮るショット・サイズや、「恣意的対比」の「美的遊戯」は認められるが、現実に関する「イメージ」を再現する手段によって現実の要素同士を対比しようとする試みはみられない。

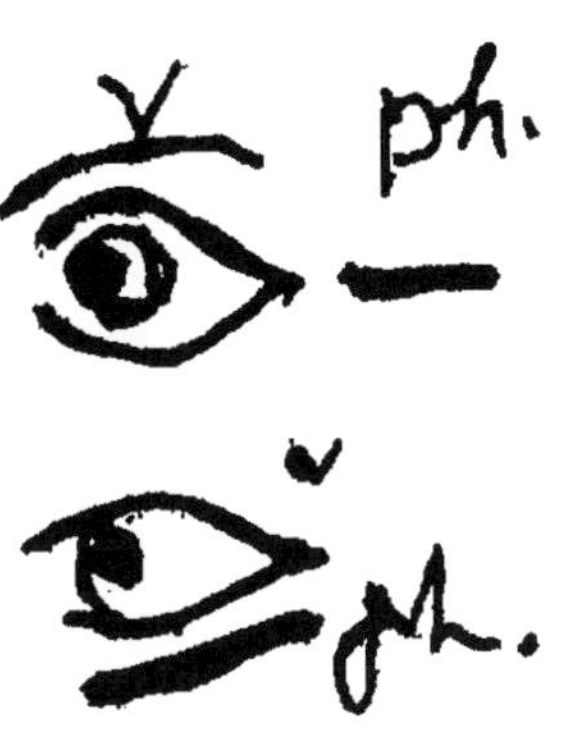
図4　アイライン

以上にのべた「聡明な」フロニカがフロニカで、フロニカはそれ以上でも以下でもない、という考え方もあるだろう。ところが、エイゼンシテインは「聡明な」フロニカを劇映画にくみいれ、その先を考える。「脚色された記録」である。ことはそれで終わりではなく、「脚色された記録」を中継点にして、フロニカはつぎにテレヴィジョンへとむかう。「テレヴィジョンへの過渡期」（一九四八頃執筆。Там же: 455-56）において、エイゼンシテインはその動向にふれている。テレヴィジョンにおけるフロニカの行方は直接岩絵、オーナメントには結びつかないかもしれないが、フロニカ・事実について興味深い問題をはらんでいる。

エイゼンシテインが「テレヴィジョンへの過渡期」で思い描いている番組は、事件・出来事の生放送（テレ・ルポルタージュ）、『News of the Nation』や、芝居の同時中継である『エレクトラ』、『緑の牧場』などである。いずれも、録画ではなく一回的なものだ（VTRがあらわれるのはエイゼンシテイン死後の一九五一年である）。

エイゼンシテインは別の論攷においてテレヴィジョンという「映画魔術師」の業を、いくつかあげている（Эйзенштейн 1964b: 30）。対象にすばやく眼を走らせ瞬時に判断する、つまりは、さまざまな口径のレンズ、カメラ・アングルを「巧みに操作すること」、事件・出来事に関する自己の「解釈」を数百万の視聴者へ、それがおこった決定的な「瞬間」に、「最初の限りなくわくわくする事件との出会い」の「瞬間」に、「直接に」送りとどけることである。クレイマン（Эйзенштейн 2002b: 644）はこうした様態を「即興的制作」とまとめている。ここで重要なのは、ヴィジョン（この場合は視聴覚像）を遠隔地（テレ）に送ることによって生じる効果である。エイゼンシテインはそれを、「反映と再現をとおした」出来事への「関与（ソチャスチエ）」、「リアルな参加（プリチャスチエ）」といっていた。いいかえれば、これは疑似体験、シミュレーションということになる。「テレ」の間接性は、間接性を媒介とした直接性、疑似的参加のリアリティを生みだす。テレヴィジョン以前においては事件・出来事への参加・関与は時間的なものであったが、テレヴィジョンにいたって空間的なものがつけ加わり、初めて時空の「相関関係」が誕生したとされる。

事件・出来事に参加・関与したいという衝動を、エイゼンシテインは urge と呼び、テレヴィジョンは「最大限にそれを充たす」とする。さらに、ゴスペル、《誰がイエスを十字架にかけたのか？》の一節「連中があの方を十字架に打ちつけたとき、あんたはその場にいたのかい」を引きながら、祈りが達成しようとする当事者意識と、事件への「参加」・「関与」の urge とには、同質性が横たわっているとのべる。

事実をめぐる効果はそのまま物語の効果でもあり、また聡明なフロニカの特性(3)に記した力・価値にもかかわる。

筆跡学、観相学

隠喩の次元までを含めると、エイゼンシテインの線はイメージの線、線的モンタージュ、プロットの線、後弓反張の身体が描く線、リズムの線、役者の動線、手を用いた線の言語、等々といたるところに顔を出す。M・ヤンポリスキイはこうした事態をパングラフィズムと呼んでいた。「多様な世界全体のなかに、眼にみえる事物の表面の背後に、意味をになう線を発見することによって、エイゼンシテインは独自のパングラフィズムに到達することになった」(Ямпольский 1993: 378)。ここで注目したいのは可視的な事物の表面と意味をになう線との関係である。喩えていえば、表面にうかぶ事物は眼にみえる実線で、その実線の背後に多数の潜勢的点線がひそんでいるということだ。意味をになう点線は構造ともプロトタイプ、アーキタイプ、典型(タイプ)ともいいうるもので、われわれの言葉でいえばそれはヴィジョンということになる。

エイゼンシテインは「映画形式」において神話学、ミステリーにからめて観相学のラファーターをとりあげ、また「筆跡学についての物語」(『無関心ではない自然2』)において筆跡学、観相学を対象としている。ラファーター、L・クラーゲス、F・ガル、C・ル・ブラン、R・シェルマンといった名前は、これ以外の論攷でも各所で眼にする。エイゼンシテインにとって、こうした人びとはたんに好奇心からふれたエピソード的人物にはとどまらない。

ミステリーを比較の対象に択んでいることからもわかるように、エイゼンシテインが筆跡学、観相学に接近したのは、その推論の方法に関心をいだいたからである。筆跡学者、観相学者は探偵に擬されており、ミステリーに重ねられることで筆跡学、観相学は装いを新たにした。実際、筆跡学のシェルマンは犯罪捜査への協力をもとめられ、事件解決に幾度も貢献している。「筆跡学についての物語」(Эйзенштейн 2006: 446–54)において、エイゼンシテインはふたりの筆跡学者、二種類の筆跡学をとりあげ、その推論の違いについて説いている。クラーゲスとシェルマンである。

第一タイプのクラーゲスのものは「分析的方法」とされる。エイゼンシテインはクラーゲスの『筆跡と性格』（一九一七）、『筆跡心理学入門』（一九二四）を熟読し、筆跡学者というよりは、筆跡・身体の「表現性」を論じる学者としてのクラーゲスに興味をもった。クラーゲスにおいては、筆跡の特性をなす直線的で、鋭い、角ばった要素と、丸みをおびた、滑らかな、弾力的・流動的要素との「精妙な相関」が、内面的要素――意識的＝意志的、あるいは情動的＝本能的――と結びつけられる。筆跡のもつ二項対立ともいえる相関関係は、陰陽、H・ヴェルフリンの「二項システムの原理」――『美術史の基礎概念』（一九一五）に出てくる「線的なもの―絵画的なもの」、「平面―深奥」、「閉じられた形式―開かれた形式」、「多数性―統一性」、「明瞭性―不明瞭性」――と比較されている。ここにみられるような概念の鎖列、線を生みだすのが隠喩的思考である。シャーロック・ホームズの「古典的型」は「ある程度」第一タイプの属性を有するとされる。

これにたいして、第二タイプは観相学的方法（「この語の広い意味における」）、「総合的方法」と呼ばれる。「シェルマンは筆跡の諸要素を分析せずに、そこからある全体的（総合的）・線描画的イメージをとりだそうとする（基本的には、依頼人の署名からである。多くの点において、それは線描画的自画像のようなものだ）」（Там же: 447）。総合的イメージは「基本的な心理的「複合体」」ともいわれている。この筆跡学者はG・シュトレーゼマンの死を筆跡をもとにその三日前にいいあてたことで有名になる。これは署名の解読だが、シェルマンは初めて会う人物をひと目みて、そのひとの署名を「再現する」ことができたし、また絵画をみて、その作者の署名を再現することもできた。こうした再現は「模倣（イミタツィア）」行為とみなされている。そして、再現した署名からシェルマンはその人物の「内的イメージ」を読みとった。エイゼンシテインはこの読み取りの作業を内的イメージに「移り住むこと」と称している。面白いことに、エイゼンシテインは彼の「模倣」行為を、中国の銀行で顧客の信用度を筮竹でうらなっていた銀行専属の占い師にも認めている。

一九二九年にベルリンでシェルマンに会ったとき、エイゼンシテイン自身この不思議な体験を味わったらしい。エイゼンシテインの言葉では、一連の業は「トリック（芸当）」ということになる。

あなたが彼の書斎に入ってゆくと、この剝き出しの神経の塊がいきなり立ちあがり、あなたを食いいるようにみつめ、発作的に紙にペンを走らせながら、あなたの筆跡で［……］書きはじめる！
あなたの筆跡の特徴を正確に捉えて。
そうしたことが私の身におこった。

（Эйзенштейн 1997a: 177-78）

内的イメージを「諸特徴から「構築する」」のではなく、「全体として」捉える手掛かりとなるのは、「リズム」である。筆跡のリズムには、人間心理（瞬間的あるいは慣習的「情動状態」）の「内的エコノミー」における「相関や葛藤」が「刻印」されている。人物の「基本的「トーヌス（活力）」」はこのリズムから構成される。

筆跡に深層があらわれていると考えることではシェルマンの筆跡学もクラーゲスとかわりはないが、二者のあいだにはエイゼンシテインが分析―総合という対置関係にまとめた違いがある。この対置関係は、言語・象徴記号とイメージ・イコン記号、媒介的認識と直観的認識、離散性と非離散性といった対置関係とともにひとつの問題系をなしている。しかし、いま確認したいのはそのことではなく、シェルマンの推論方法が前章で論じた要約的な pars pro toto にあたるということである。それは原初的思考方法、感覚的思考に通じている。

◎

ラファーター『観相学断章』（一七七五―七八）をみると、そこには骨相学、筆跡学に関する記述も含まれている。観相学が偽アリストテレス、アダマンティオス、偽アプレイウス以来の学であることも考慮すると、観相学は他の類似の学を集約する最も包括的なものということになる。ラファーターについては、ヘーゲルによる批判、ゲーテとの協働、バルザック他多くの文学者への影響が有名だが、ロシアではセンチメンタリズムでしられるN・カラムジンがフリーメーソンとの絡みでラファーター当人と直接交流があった。また、プーシキンもラファーターの影響をうけている。[4] 観相学の裾野は静寂主義的神秘主義から世俗化した性格判断までのびひろがり、占星術とも結びつき、また四気質、四大、四獣との連関といったように類似の環を大きく拡げている。種別も動物観相学、情念観相学、人種観相学、等々と数多く、そのうち動物観相学などは小説の登場人物の性格づけに一般的に使用されてきた。エイゼンシテインも、「外貌のティパージュ的性格づけ」（Эйзенштейн 2008b: 356）やイヴァン雷帝の性格づけのために観相学を援用してゆく。ちなみに、エイゼンシテインはラファーターのあげる「情念（アフェクト）」のなかでは、怒り（豚、犬）と愛（子猫、兎）に注目している（Эйзенштейн 2002b: 383）。

ヴギクの講義において、エイゼンシテインは『観相学断章』第二巻から、ゲーテが執筆したとされる《ブルータス》（ミケランジェロ、一五四〇頃）の分析を学生に紹介している。どちらかというと、その紹介では観相学（フィジオノミー）そのものよりは生理学（フィジオロジー）もの的記述方法の方に重きがおかれている（Эйзенштейн 1966: 336-37）。額、眉、鼻、口、頬、等々と、ブルータスの胸像を分析しながらゲーテの筆は外的特性と内面の性格とを結びつけてゆく。そこには、「骨学」の知識も生かされている。エイゼンシテインはゲーテの分析の手つきにスタンダールの方法の先駆けをみていた。われわれとしては、ゲーテの記述に出てくる線という言葉が気にかかる。堂々とした鼻の線、顎の線、顔全体の輪郭線、頬のよく発達した線、眉のうえの弧……。ロシア語の線（チェルター）・特性が複数形になると顔立ち・容貌をあらわすというのは、この場合示唆的である。また英語では、line の複数形は設計図・構想をさす。

顎の形状（図5）を比較しながら、エイゼンシテインは実際の性格づけをしめしている（Там же: 377）。たとえば、図の1番と2番とでは、1番の方が「沈着冷静な積極性」という「印象」をより強くあたえる。

さらには、顎と頭の両方の形状をかえることによってどのように性格が変化するのかも説明している（図6。Там же: 378）。図の1番には突撃作業員（ウダルニク）の役は無理だが、1番に顎をつけたした2番なら、ボクシング・チャンピオンの役さえも可能である。そして、2番に頭をつけたした3番になると、熱工学コンビナートの経営も任せられる、とエイゼンシテインはのべる。

つぎに、観相学のなかからエイゼンシテインの視座にとって必要な点をぬきだしてみたい。迷走しないように、

J・バルトルシャイティス『動物観相学』（1991: 12-88）を案内役としたい。たとえば動物観相学では、ある人間の特性が特定の動物に擬せられ、その動物種の類型的イメージがもとの人間に付与される。エイゼンシテインはこうした動物観相学に「トーテミズムの残滓」を認めている（Эйзенштейн 2008c: 879）。この擬獣観には重要な点がふたつ認められる。ひとつは個別的特性から典型が演繹されること、ひとつはその典型が生物変遷の古層に位置するとされていることである。

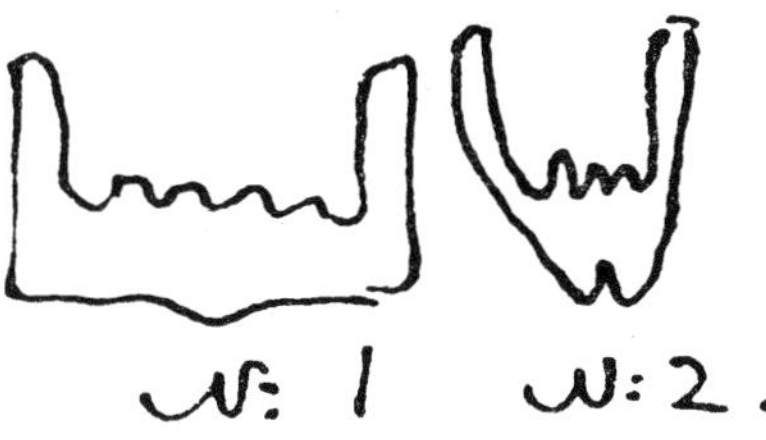

図5　顎の図

図6　顎と頭の図

N・ゴーゴリに代表されるロシア自然派が社会的典型を描くことによって力強いリアリティを獲得したように、個別的特性は動物種＝典型を喚起することによってリアリティをもたらす。『ストライキ』において、エイゼンシテインが四人のスパイのそれぞれを、猿、狐、ブルドッグ、梟と二重露出（スーパーインポーズ）にして重ねたり、スパイたちに動物の形態模写をさせたりするのは、その直截な適用といえる（図7a、b）。

人間と動物種を重ねあわせることができるのは、それらが連続すると考えられているからだ。ラファーターは「動物線」と称して蛙からアポロンまでの二四段階の連続的変化を『観相学断章』のフランス語版（一八〇三）に載せている。この変化は進化へと容易に姿をかえるだろう。進化の道筋ができあがれば、後戻りも可能になる。連続的変化は後続のものが先行のものを内包するという考えを導き、さらにこの考えは、マクロコスモスとミク

図7a 『ストライキ』より

図7b 『ストライキ』より

ロコスモスの照応、A・ラヴジョイのいう存在の連鎖・象眼関係をたぐりよせる。エイゼンシテインが有機性とか調和とかといっているものは、ここに深く関係する。また、歌川国芳の寄せ絵やカリカチュア的「合成」肖像画によせる強い関心はこの有機性からきている。「まとまった有機体を諸動物の「小有機体」が共生したものとみなす」主精子論者（アニマリクリスト）に対する関心も、また根を同じくする（Эйзенштейн 2002a: 309）。きわまるところ、この有機性は人類の母イヴにいたる。「中世において、互いに包含しあう未来の全世代、未来のすべての人間の源とみなされていたのは、……太母イヴである」（Эйзенштейн 2006: 265）。「Mutterleib（母胎・子宮）というテーマについて」（一九四七執筆）には、「われわれの内部ではあらゆる層が活動している」（Эйзенштейн 2002b: 568）という言葉もみられる。

ロダンとリルケ

エイゼンシテインに、A・ロダンとR・M・リルケの関係にからめて二種類の空間認識を論じた「ロダンとリルケ（芸術史における〈空間問題〉の歴史に寄せて）」（一九四五執筆。Эйзенштейн 2006: 509-35）という論攷がある。ロダン、リルケと空間論の取り合わせは妙な感じがするかもしれないが、リルケはロダンの影響をうけて「事物詩」を書きはじめているし、美術作品について記した多くの書簡を残してもおり、ふたりの関係は充分空間を論じる起点になりうる。ここでエイゼンシテインは散文と彫刻を較べるというなじみのないことをやってのけているが、こうした推論もヴィジョンをもとにするからこそ可能になるのである。空間という主題は線に対しては追補的なものかもしれないが、この節でとりあげることにしたい。線が形態にかかわるのにたいして、ここであつかう空間は立体性、正確にはその表し方（「イリュージョン」）に関係する。

芸術も「認識の方法、手段のひとつであり」、それぞれの芸術作品はその表現「システム」、「方法」を有している。「イメージの使用はつねに思考システムに規定されており、その使用はそれ自身の解釈のためにイメージを択びとる」（Там же: 513）。相互作用を及ぼしあいながら「印象（впечатление/Eindruck/impression）」と「表象（представление/Vorstellung/représentation）」が形成されることを確認したうえで、エイゼンシテインは各国語の表象という単語の接頭辞（пре-/Vor/re-）――間接性・二次性をしめす――に「認識」のしるしを認める。この認識は、認識される現象同士の「相互関係の確立」によってなされる。

この論攷では、ロダンとリルケの空間認識の対置を筆頭に、ロールシャッハ・テストのふたつのタイプ、レリーフと反レリーフ、T・フェヒナー『精神物理学要綱』（一八六〇）における円の外と内の空間、写真・映画のネガフィルムとポジフィルム、ゼロと無限、心理的・内省的演技と身体的・外向的演技、アメリカ小説における手法、ル・コルビュジエ、グロピウス、喜多川歌麿、等々が鎖列をなしている。

シルエットを仲立ちにして、空間認識はすでにのべた線描論ともつながっている。両者に共通するのは、マルクス＝ヘッケル的方法である。そこでは、社会編成史、芸術史、系統発達、個体発達が連結されている。連結の背後にみてとれるのは「進化論」である。もちろん、それは単純な進化論ではない。エイゼンシテインが「退行」を導入するときその進化論は逆転するし、また進化の各段階が並列におかれるときそれらは相対化される。いま問題としたいのはマルクスの階級である。論攷では、共同主観としての階級が認識の主体に設定されている。たしかに、マルクス主義のこうした援用はエイゼンシテイン自らが「マルクソイドヌイ（偽装されたマルクス主義）」と呼ぶものかもしれないないし、複数の原理の接合には行き過ぎも感じられる。しかし、社会性を導入しようとしていることや、将来に無階級社会をみすえていることは、誤りでも否定されるべきことでもない。それらすべてを偽装として片づけてしまうなら、それもまた行き過ぎといわざるをえない。

ロダンにあてたリルケの手紙（一九〇八年一二月二九日付）から、エイゼンシテインはつぎのような空間認識を導きだしている。「リルケの散文はイメージの周りの自然全体を対比しながら、まるで自然発生的イメージであるかのように、秘密の魔法を使ってそれに生命をふきこむ。ロダンは石からイメージを彫りだすが、そのイメージは自らを環境に向けて放射するように計算されている」（Там же: 512）。リルケについての説明はこれだけではわかりにくいかもしれないので、リルケ自身の説明をつけ加えておきたい。「だが何よりもうまくいっているのは、女性に生命をあたえることです。彼女たちの周りのものすべてを再現するようにし、彼女たちのあいだにブランク（blanc）を残すのです。それは未記入のものになるでしょうが、柔和さや完全さと一体になりながら、ほとんどあなた〔ロダン〕の大理石の彫像のように、わくわくさせ、きらめくものとなってゆきます」（Там же: 511）。エイゼンシテインは引用文にある「未記入のブランク」にとりわけ注目している。イメージにたいして迂回的な方法をとるかそれとも直接的な方法をとるかが、リルケとロダンをわける決め手になっている。

対称的な発達をとげているわけではないが、ふたつの空間認識は本来一対のものとしてある。この対の系列としては、外側からの認識と内側からの認識、デスマスクとその鋳型、鐘とその鋳型（凸形態と凹形態）、レリーフと反レリーフ[5]などが並んでいる。

以上は構造的な説明といえるが、ひとつの作品にそくしてみた場合、そして機能からみた場合の一対の空間認識についても記されている。前者の例にあたるのは、国際近代様式のグロピウス、ル・コルビュジエの建築である。そこでは、建物の内側の凹空間、外側の凸空間、それから「風景の複合体」に建物のヴォリュームがらめこまれた「二次的内部」——それら三者の「統一」が認められる。直線とガラス、コンクリート、鉄が「ゼロ」度」の空間を生みだした結果、その統一はえられたとされる。また、「ポスト透視画法」の地平をしるすピカソの分析的キュビスムやC・ブランクーシにも、エイゼンシテインはふたつの空間の統一をみいだした。これらにたいして、後者の例となるのは映画である。ネガフィルムに記録したものをポジフィルムに「翻訳」するという作業の過程において、映画はふたつの空間認識を統合する。

◎

ところで、エイゼンシテインは空間認識を発生論的にもたどっている。そのさい中心になるのは、未記入のブランクに連なる系列である。この空間認識・感覚は他のものに先行するとされる。「わたしが思うには、反ヴォリュームのイメージはわれわれの芸術行為の育ての親となるすべての基盤を準備するだろう。なぜなら、周りの世界を初めてしることは——それはわれわれの揺りかごの生活に先だつものであるが——まさに……反レリーフ的なものであるからだ」(Там же: 517)。エイゼンシテインがここでさしているのは、「胎内の中空の空間」にほかならない。「その壁に内側からエネルギッシュにぶつかる」ことによって、胎児は最初の空間感覚を獲得する。それは見ることではなく触れることによってえられるもので、これがわれわれの原初の空間的「記憶」となる。天空の空色の「球状の」空間に包まれる地球の「イメージ」も、その記憶に通じている。

中空の空間認識・感覚は「受動的なもの」である。その認識において、対象は「圧力によってわれわれ自身にめりこまされたもの」、反レリーフとして認識される。やがて、外的条件にもとづく「形成」は「その外的条件を再編成する」能動的なものへと転じる。その最初にくるのがシルエットをかたどる輪郭線である。[6] いったん能動性へと転じた造形力は透視画法に代表される「イリュージョン」作りにそそがれることになる。イリュージョンの歴史の最後に位置するのがV・タトリンの絵画レリーフである。無対象芸術において立体性のイリュージョンが解除された結果、現象的には空間は「虚の空間」、「胎内の中空の空間」へ回帰したようにみえる。エイゼンシテインはここにウロボロスの論理をみている。この場合注意しなければならないのは、こうした美術の動向と並行して、立体映画にみられる新たな「イリュージョンの現実化」がはじまっている、という指摘がなされていることだ。

立体映画のイリュージョンについて、エイゼンシテインは「本当のイリュージョン」、あるいは「イリュージョンの現実化」という言い方をしている（エイゼンシテインがここで考えている立体映画は、一九三五年にS・イヴァノフが考案した眼鏡を使用しないものである）。なぜなら、それは現実の三次元性あるいは四次元性を「表象する」イリュージョンではなく、現実と等価な、現実を凌駕するイリュージョンであるからだ。とはいえ、これはまだ萌芽的なものにすぎない。「この場合、空間はまだ壁の平面〔フレスコ画の〕が捉えようとした物理的現実にすぎない。／壁の表面をこえて絵画的イリュージョンを深化させるためにその現実的空間を拡張しようとする思想は、まだうまれてはいない」（Там же: 523）。拡張現実とかヴァーチャル・リアリティという「現実」をしっているわれわれには、この言葉は予示的にひびくだろう。映画のような機械芸術は物質＝テクノロジーにおける創造であるばかりか「精神工学的なシステム」における創造でもあるとのべたうえで、エイゼンシテインは精神・心理状態を加工する三つの「装置」、「機会」をあげている。「最も資本主義的な問題」とされているが、もちろん、それは社会主義的政治宣伝の問題でも、いま・ここ・われわれの問題でもある。

三つの機会はすべてつぎのように互いに隣りあいながら、結びつき利害を共有している。すなわち、完全に内的な主観の閉鎖という情況に関係することが第一の機会としてあり、これを、外的にえられた結果による客観的作用という課題に結びつけることが第二の機会としてあり、最後に、第一、第二の機会を実現手段として利用しながら、人間集団の最も広範な大衆(マス)に対して、完全に客観的ですべてをうちたおす力をもつ客観的作用をおよぼすことが第三の機会としてある。

（Там же: 525）

2　再風景化――陰陽、偶数―奇数

風景

「無関心ではない自然――風景の音楽と新段階におけるモンタージュ的対位法の運命」（一九四五―四七執筆）において、エイゼンシテインは自然の再定義・再風景化をおこなう。プーシキンの「無関心な自然」から「無関心ではない自然」への転換である。すでにのべたように、自然に「魂（душа）」、有機性を認めるのが自然を「無関心ではないもの」とみなすことだった。自然や動物の魂を否定する以前のわれわれ人間は、それらに魂を感じていたばかりか、自分たちよりもはるかに大きな力、より神に近い力、あるいは神の力を感知していた。そのとき、われわれ人間（human nature）は自然（nature）の一部として、他のものと豊かな交流を結んでいたはずだ。ところがある時代から、われわれは自然を利用・搾取の対象としてみるようになる。それはわれわれの力の増大をしめすどころか、逆に、人間の矮小化を意味するだろう。《ジョコンダ》（レオナルド・ダ・ヴィンチ、一五〇三―一九頃）の後景に隔絶したかたちで配された自然＝風景はその小さなしるしである。

そうした風景にエイゼンシテインは魂をとりもどさせようとする。とはいえ、あくまでもそれは絵画、文学、そして映画の表現にそくしてなされ語られる。そうした意味では、彼がむきあっていたのは自然そのものではなく風景＝概念だといえる。その作業の先端にたつのが映画であることは、注目されてもよい。肉眼には捉えられないものを可視的平面に投影する、機械芸術・芸術機械の機械性を全面的に展開するこの芸術こそ、新たな風景概念の構築にふさわしいといえるだろう。魂奪回のさい、エイゼンシテインは中国や日本の山水画をモデルとする。不変／普遍の東洋文化にヨーロッパがすでに喪失したものが保たれており、東洋文化を媒介としてそれをとりもどす、あるいはそこに回帰する――これは典型的なプリミティヴィズムの構図である。しかし、ここでもエイゼンシテインはプリミティヴィズムのたんなる実践の域にとどまらない。再風景化において大きな役割をはたすのは、音楽＝情動、融合（スリヤーニエ）、脱自（エクスタシー）である。

エイゼンシテインは「無関心ではない自然」の例として、自作から、『十月』におけるペトログラード（現サンクトペテルブルク）の夜の街の風景（ペイザシ）、『全線』におけるロシア的景観（ランシャフト）の四季、『メキシコ万歳！』におけるメキシコの風景、『戦艦ポチョムキン』におけるオデッサ港の「霧の組曲」（第二章図20）――ヴァクリンチュクの弔いへの導入部――をあげる（ここでは、対象はサイレント映画に限定されている）。このうち「霧の組曲」を新たな風景の「創始者」としてとりあげ、それにポストアナリシスをほどこす[7]（Эйзенштейн 2006: 323-28）。そして、析出されたのが音楽＝情動の諸形式――ゼクエンツ、プレリュード、対位法等――である。これらをみれば予測がつくように、この場合風景は抒情曲・抒情詩のようなものと考えられている。くりかえしになるが、エイゼンシテイン自身の言葉を借りると、それは独自の「「原（プロト）音楽」（前音楽）」へ移行しつつある「ポスト絵画」ということになる。また、抒情的風景から情動をとりさった映画の例として、A・カヴァルカンティ、M・レイの名があげられている。

「霧の組曲」（「眼のための音楽」）において音楽性をになうのは、三つの要素の反復と交替、そのリズムである。要素の反復・交替が灰色の精妙なグラデーションを生みだすのである[8]。三つの要素とは、霧、水、対象物（港のクレーン、停泊中の船舶等）のシルエットである。重要なのは、これらがそれぞれ四大元素をあらわすとされていることだ。クレーン、船舶、ブイといった対象物は土（固体）とみなされる。さらに自然力（スチヒア）は楽器に擬され、四大＝楽器の「同時的および継起的」結合によって風景＝音楽は奏されてゆく。演奏の過程で、霧、空と固体（土）とを媒介する鷗の一群がトレモロとして「編みこまれる」。ロシアにおいて古くは、鳥たちは「небесенок（空の子）」と呼ばれていた、というN・マールの説も紹介されている。

水墨山水画をさして、エイゼンシテインは「極東風景画の美的規範」のなかでつぎのようにのべている。「興味深いことに、最も「響きわたる」風景（画）の例は霧と結びついたものである」（Там же: 341）。重要なのは、彼が霧の奥に「非在・何ものでもないもの（небытие）」を認めていることである。したがって、「霧の組曲」の内奥では、ヴァクリンチュクの死、静寂、非在が霧の物質的想像力によってひとつに束ねられていることになる。

中国の五行思想も念頭におきながらエイゼンシテインが読みといた自然力の音楽には、火にあたるものが欠けている。火は三元素の編み込みのなかからたちあがるだろう。安置されたヴァクリンチュクの手のなかで燃えるロウソクの炎が、死を悼んで集まった群衆の怒りのほむらに転じ、つぎにそれはマストに翻る赤旗へ、さらには戦艦の砲火へとひきつがれる。「霧の組曲」全体は、革命の烽火のプレリュードにあたる。このようにして、自然力の音楽は気体、液体、固体のさまざまな分子運動をへたのちに、火へとかわる。自然力の動きが音楽となるのは、それがきちっとしたヴィジョンにささえられているからである。

◎

自然力の音楽が情動を喚起するというのは、風景に人間性が編みこまれているということであり、そこにはすでに「自然の「人間化」」が存在する。自然の人間化とは自然と人間の「融合（スリヤニエ）」をさす。エイゼンシテインはまずこの融合を「「汎神論的」形態」においてしめす。F・ドストエフスキイ、G・サンド、G・ド・モーパッサン、G・クールベと例がつづいたあと、締めくくりとして、L・トルストイ『戦争と平和』のピエール・ベズーホフの言葉が引かれる。「ピエールは空に瞬きながらたなびく星雲の果てをみつめた。「これらはすべてぼくのものだ。すべてはぼくのなかにある。すべてはぼく自身なのだ」とピエールは考えた」（Там же: 468）。

さらに、エイゼンシテインは融合の形態としてもうひとつのもの、脱自（エクスタシー）をつけ加える。ここで問題とされているエクスタシーは、「共同体的・社会的エクスタシー」、個と集団・階級との融合である。人（文化）と自然の融合と、個人と集団の融合を同一にあつかうことには、引っかかりを覚えるかもしれないが、この場合集団はひとつの自然力（スチヒア）とみなされている。エクスタシーの詳細については次章にゆずり、ここでは、自らの枠をこえて他なる全体と融合するさいの「感覚・感情」、状態をとりあえずエクスタシーとしておく。スターに依拠しないエイゼンシテインの映画の特性を考えれば、こうした発言が体制向けにのみなされたものでないことには納得がゆくはずだ。階級とのあからさまな融合はともかく、集団的融即は、われわれの社会でも随時随所でみうけられる。社会的融合がもたらす「感情の高まり」からみるとき、「先行する」自然との融合のエクスタティックな感情は「完全に理解し想像できるだろう」とのべられている。

人間と自然の融合について、エイゼンシテインは文学と絵画、さらには中国とヨーロッパ古典古代にまたがりながら、「風景のなかの人間、人間の寓喩である自然の〈人間化〉」（Там же: 354–67）、「人間と風景の相互溶解」（Там же: 470–73）、「ピカソと内的分裂のテーマ」（Там же: 474–84）で考察を加えている。

「風景のなかの人間、人間の寓喩である自然の〈人間化〉」において、エイゼンシテインは文学をもとに中国とギリシア＝ローマにおける自然の人間化とを比較している。まずはそれをみてみよう。中国文学から彼がとりあげたのは、クロース・アップのところで紹介した抒情詩の転用語法、直喩・隠喩である。桜の枝、菊、月光、蝶、鶯のさえずりが、愛する女性のやさしさ、顔の色艶、声の響きをあらわす語法に、自然と人間の融合をみている。「中国人たちは風景の構成物を用いながら愛する者について語るので、いきいきとした、ときめく感情が自然の各要素にしみこむのである」（Там же: 358）。共通の場のなかでゆるやかに内側から結びあう融合は、内接的融合といえるだろう。融合・一体化は人間化した自然＝風景をとおして自然をみること、自然は芸術を模倣するという視座を招きよせることになる。

エイゼンシテインはこうした語法を世界認識が結実した「詩学（ポエチカ）」と捉え、中国の詩学をヨーロッパ古典古代のものと比較する。比較の対象に択ばれたのはオヴィディウス『変身物語』である。キュパリッソスやナルキッソスやヒュアキントスが糸杉や水仙やヒアシンスに変身（メタモルフォシス）をとげるあの一五の変身譚だ。言語作用が「抒情的ヴィジョン、表象の連鎖」を喚起する中国の詩学にたいして、古典古代の神話物語では「あるものが物質的に他のものにかわる」。この場合、自然と人間は他なるもの同士として結びあうのである。これは外接的接合といえる。古典古代の詩学に、エイゼンシテインは「種の起源」の思想的「芽生え」をみいだしている（Там же: 362）。詩学同士の対比は、観照的と実践的・具体的、受動的と能動的、というようにパラフレーズされている。われわれとしてはここに、内接的融合と外接的融合をつけ加えておきたい。

絵画における風景の変容は、E・グレコとP・ピカソにそくして語られる。エイゼンシテインはグレコの風景の位置をはっきりさせるために、A・デューラーを引き合いにだしているが、この対比はK・クラーク『風景画論』（一九七九）における幻想の風景と事実の風景の対比に対応するだろう。エイゼンシテインがデューラーの風景画についていいたいのは、W・ヴェツォルト『デューラーとその時代』（一九三五）にあるつぎのことである。「肖像と風景の諸断片を結合したのは、とくに賞讃すべきデューラーの独創といえる。／ところが、デューラーはこの結合において〔……〕構成的構想の新たな領域をきりひらいてはいない。頭部と風景はそこではまったく関係のないものとして配置されている」（Там же: 471）。この厳格な風景画の対極にあるのが、たとえばグレコ《トレド風景》（一五九七、図9）である。グレコについて説明するにあたり、エイゼンシテインはH・ケーラー『グレコの芸術』（一九一四）を参照している。「あらゆる対象性は、グレコ自身の内的状態を壮大な規模であらわしつつ融解している。彼は宇宙の本質をしるす形而上的イデーの表現にまで自然の断片を高め、また同時にそのことによって、現実と自己との完全な断絶を証明してもいる」（Там же: 473）。エイゼンシテインはグレコの風景に「自画像的原理」の浸透を認め、ファン・ゴッホをその後継者とみなしている。自然の自画像化を徹底すると、現実との断絶は極限まで進むことになる。グレコの晩年を考えてみると、エクスタティックであっても、あるいはそれ故に、外接的融合の徹底化はけっして容易なものではないだろう。

グレコにつづくのはピカソである。これはスペインつながりということらしい（ただし、グレコの生まれはクレタ島である）。このほかエイゼンシテインはI・デ・ロヨラの霊操にも強い関心をいだいており、スペインの「内的世界感覚」、「厳しく不毛で禁欲的なスペインの大地」というものが、拒みがたい力で彼をひきつけたようだ。エイゼンシテインはピカソ《闘牛》（一九三四、図10）をとりあげ、そこに展開される人間と動物の凄絶な融合を解剖してみせる（『メキシコ万歳！』にも迫力ある闘牛シーンが登場する）。

闘牛士（マタドール）と牛は命がけで自然（プリロダ）そのものと格闘しているようにみえる（剣が牛を、角が闘牛士を倒そうとして）。角と剣をもって自然（プリロダ）と刺しあうのである。生と死が、牛と人間が、本能と妙技が、つまり生きた自然と人間の技芸

図9　《トレド風景》

図10　《闘牛》

が相互に融合する偉大な瞬間に、角と剣は自然と刺し貫きあうのだ。
人間と野獣の統一という融合！
死をとおしての。

ヘーゲルは、「孤立性が否定され」、その結果、「個のイメージが存続しえず滅びる」ような感情を愛と呼んでいる。

（Там же: 474）

ここでは、自然は動物（小自然）と人間が闘う（融合する）円形闘技場とみなされており、両者を隔てている境界壁はその場で／と闘うことによってくずれてゆく——最初は、そのように考えるかもしれない。しかし、文中の「プリロダ（自然）」を「本性」と解釈しなおすと、事情はかわってくる。プリロダは人間と牛がそれぞれにかかえる個別の壁であり、アリーナにおいて相手と闘うとき、両者はその壁とも闘っているのである。他なる相手との闘いは自己の本性との闘いを招きよせるだろう。そして、本性の壁がくずされるとき、人間と牛、愛と死は溶けあい、聖なる連続性がうちたてられる。

コンテクスト抜きで、いきなり引用文のようなものをしめされたら、ひとはそれが誰のものか——ピカソのものかG・バタイユのものか、それともエイゼンシテインのものか——はかりかねるだろう。どうやら、われわれはエクスタシーの圏域に深く入りすぎたようだ。この辺で風景の問題にたちもどることにしたい。

陰と陽

「霧の組曲」のところでみたように、無関心ではない自然の奏でる音楽は諸要素の反復・交替とそのリズムからなっていた。そして、諸要素やその反復・交替は無制約なものではなく、それなりに法則・思想によって規定されている。自然力の音楽の分析にあたってエイゼンシテインが採用したのは、ヨーロッパの自然哲学ではなく中国の陰陽五行思想、主として陰陽思想だった。西洋、東洋の芸術、そして映画（の形式）を統一的に分析できるのは陰陽思想である、少なくとも陰陽思想の方が適している、と考えたからだ。この場合、陰陽思想は一般芸術学の可能性をになうものとして択ばれている。世界観・世界感覚が結実した詩学は風景ばかりか芸術そのものをも規定しており、この場合、風景の音楽は世界観へと通じている。エイゼンシテインの陰陽思想は第一に芸術作品を分析するための方法としてあるが、陰陽思想そのものの分析をとおして中国・日本文化の特質も明らかにされてゆく。思想・文化的な問題からとりかかることにしたい。この問題は「偶数―奇数、一なるものの分裂」（Эйзенштейн 2002b: 150–91）、「試論「偶数―奇数」のために」（Там же: 457–63）で論じられている。

陰陽思想をとりあげるにあたりエイゼンシテインが依拠したのは、M・グラネの『中国文明』（一九二九）、『中国思想』（一九三四）である。中国思想家からの直接の引用は、『老子』と『墨子』にかぎられる。C・ウィリアムズ、A・シュミット等の研究書も補助的に用いられるが、エイゼンシテインの陰陽思想観の骨格をかたちづくっているのは上記のふたつとみてよい。

陰陽思想に関する認識の最初にくるのはつぎのテーゼである。「未発達ではあるものの弁証法の原理に似ている中国のこの基本思想によれば――われわれは古代ギリシア人にもそれが存在するのをしっている――、世界は、宇宙全体を貫通する対立的な二原理の相互作用をとおして構築され維持され動いてゆく」（Эйзенштейн 2006: 336）。これは「偶数―奇数、一なるものの分裂」のエピグラフにも引かれている『老子』の鮮やかな万物生成論（コスモゴニー）を解説したものである。「無という道は有という一を生みだし、一は天地という二を生みだし、二は陰陽の気が加わって三を生みだし、三は万物を生みだす。万物は陰の気と陽の気を内に抱き持ち、それらの気を交流させることによって調和を保っている」（2008: 202）。霧に包まれた山水画はエイゼンシテインには宇宙創生図さながらにみえたことだろうし、また、A・ソクーロフ『オリエンタル・エレジー』（一九九五）の霧がかった風景もここからそれほど離れたところにはない。

宇宙創生の過程をつかさどる弁証法（ディアレクティケー）（対話をかわすこと）に似ている運動の論理がまずエイゼンシテインの関心をひいたのは、まちがいない。彼が山水画における要素同士・陰陽二原理のあいだにみている種々の関係・運動――

相互作用、交替、相互浸透、闘争といった「ゲーム・競技・演奏（игра）」[9]（Эйзенштейн 2006: 336）は弁証法の適用にほかならず、それらは陰陽思想でいう陰陽互根、提携律、拮抗律、循環律、交錯律と重なる。[10] とはいえ、ヨーロッパ弁証法が唯物弁証法・唯物史観に通じ、ある目的・終点に到達するためのものであるのにたいして、陰陽思想の律は運動に内在的なものである。その意味で、陰陽思想の運動観は質料的運動観といってもよい。

陰陽思想の運動観は芸術における生成・運動、とりわけ映像運動を考えるうえで示唆をあたえてくれる。実際、モンタージュのレンガ積みは陰陽思想からとられた（ここにいう映像運動はフィルムのコマによる量的運動ばかりでなく、イメージの質的運動をもさしている）。簡単にいえば、それは生成過程をとおした一と二の統一とまとめることができるだろう。こうした事態を、小林信明（1951: 249-50）はつぎのように説明している。「陰陽の相反は天道の一の変化であって決して二ではない。二でないところに相互代理がある」、「上下、左右、前後、表裏、善悪、順逆、喜怒、寒暑、昼夜は凡て皆「合」の関係を構成するもので、「合」とは〔……〕相互に兼ね合う状態をいう。合の関係の構成される所に、生成展開がある」、「合の結果としての生成は、天道の本来に従って中和によるというに在る」。陰と陽は一つのエネルギーの二つの極性なのだ。対立関係と中和がふたつながらくみこまれたメカニズムに、エイゼンシテインは「本質的有機性」（Эйзенштейн 2006: 343）を認めている。

弁証法と陰陽思想に原理的同一性——生成・運動を第一とする——を認め総合化の作業を進めるものの、両者をすりあわせてゆく過程で、エイゼンシテインは陰陽表に代表される思考方法にヨーロッパとは異なる中国独自の方法をみいだすことになる。それは形式と深いかかわりをもっている。

エイゼンシテインは陰陽思想における最大の特性を「差異化の不在」（Там же: 184）に認める。ここで彼が念頭においているのは、社会構成体が変化してゆくにもかかわらず、陰陽思想が社会において「基本原理（Grundprinzipien）」として影響を与えつづける情況である。差異を超越したこの情況は、V・イバニェスの小説の題名を借りて、「死者たちは命じる」と呼ばれている（メキシコ滞在中に『血と砂』〔一九〇八〕のオリジナル・テクストにとりくむほど、エイゼンシテインはこの小説家にひかれていた）。さらに、彼は死者の問題を「記憶」（Там же: 183）に結びつける。この集合知は、ジャンルの記憶ならぬ原理の記憶とでもいうべきものである。

原理の記憶は形式の形成を根底からささえている。古層に潜勢するこの記憶は、くりかえし想起され文化の現在に回帰する。現象的には、そうした反復状態は不変的とみえるだろう。改めてここで、内容と形式の関係がどのようになっているのかを確認しておきたい。それというのも、内容と形式の対関係は、論理的思考・感覚的思考との連関において検討されるというやや複雑な推論をへているからだ。とりあえず、内容と形式の規定をみてみよう。「イデー」を連続的な「生きたイメージ」に「書きかえる」過程は、本質的に、内容のテーゼを論理的言語[11]から感覚的言語へ「翻訳する」ことにほかならない」(Эйзенштейн 2002b: 155)。引用文にある「連続的な「生きたイメージ」」は形式をさし、それは感覚的言語にかかわる。論理的・抽象的内容と感覚的・具体的形式が「翻訳」関係にあるのは、いいかえると、内容と形式は「同一の事実を」「異なる言語で語」っているということを意味する。また「円」(一九四七執筆)の註で、エイゼンシテインはイメージと形式の関係をつぎのように説明している。「形式の構造、それは対象へと「凝固した」イメージ形成の過程にほかならない」(Там же: 336 n.1)。

内容と形式の翻訳関係を例示するのに、エイゼンシテインはピュタゴラスの定理を数学と幾何学によって二重に記述したものをあげている。前項「線のダンス」で紹介した黄金比と作品における具体的な構成もここに加えてよいだろう。

「差異化の不在」にはもうひとつ大きな側面がある。それは、陰と陽がそれぞれに諸要素のまとまりをなしていることだ。まとまり内では、個々の要素の差異は問題とならない。たとえば、女性、偶数、月、秋、闇、下、後、左、等々は陰のまとまりを、男性、奇数、太陽、春、光、上、前、右、等々は陽のまとまりを形成している[12]。エイゼンシテインがここで注目するのは、諸要素が質的差異をこえてひとつのまとまりにくみこまれている事態にほかならない。彼はそれを「意味・理智をこえた中国的スタイル(заумный китайщина)」(Там же: 152)、「他者の論理」(Там же: 155)といっている。

エイゼンシテインは陰陽思想をひとつの科学とみなし、そのうえで、ヨーロッパ的視座から超越性や他者性を読みとこうとする。そして、出てきたのがつぎのような結論である。「中国の科学において、科学的システムは抽象的思考の諸原則によってではなく感覚的思考の諸規範によって構築されている」、「中国の科学は科学システムの型ではなく芸術作品固有のイメージや類似によって構築されている」（Там же）。中国の科学は感覚的思考にもとづくとあるが、そこから論理的思考は完全にきえさったわけではなく、感覚的思考に吸収されその内部で機能している。つぎの説明はそうした事情をあらわしているだろう。「形式の諸法則は感覚的思考に依拠している。中国人においては、この同じ感覚的思考が論理の法則も思考法則一般をも動かしている」（Там же: 182）。

中国の科学に関する引用に出てきた「類似」という言葉から、すぐさまわれわれは類似性を媒介にして単語同士が結びつく隠喩を思い浮かべるだろう。しかし正当にも、エイゼンシテインは「女性」と「奇数」のような系列内の項同士を結びつけているのは隠喩的関係ではなく、感覚的思考だと主張する。両者の違いは、結びつけられるふたつのものが対象レヴェルと高次レヴェルにわかれて属するか、どちらも対象レヴェルに属するかということにある。レヴィ＝ブリュールも援用しながら、エイゼンシテインはつぎのようにのべている。「差異化の進んでいない意識では、これらの要素は不可分のものである。たとえ、「機織り」が「冬」、あるいは「女性」、つまり「闇」とみなされるにしても、それは隠喩ではない。観念・表象そのものが形成される決定的瞬間に、三つの要素が共存していた結果、これらの複合的観念・表象は不可分になったということをしめしているのである」（Там же: 187）。

陰陽思想の一大特性である差異化の不在は感覚言語、形式、複合的表象・観念といったさまざまな文化事象となってあらわれるが、エイゼンシテインはそれらの根底に自然言語としての中国語をおく。これは、自然言語を一次的なもの、文化的所産をそのうえに構築される二次的なものとして位置づけることを意味する。こうした言語中心主義は、自然言語のいかなる要素がどのように文化創造に関与するのかを吟味しないと、安易な言語自然主義におちいりかねない。慎重を期すべきところだ。中国語の問題について、エイゼンシテインはA・シュライヒャー流の言語類型論にたっているように思われる。言語、精神、文化の連関、そして、孤立語（中国語等）――膠着語（日本語等）――屈折語（ラテン語等）の順で言語は展開・発展するといった発想の影響を完全に免れてはいないということだ。

エイゼンシテインがひきだした中国語の特性とは以下のようなものである。「思考を表現するための絶対的な正確さや明確さに言語を近づけようとするヨーロッパ諸語とは異なり、正確さと明確さの問題は中国語にとってはなんの役目ももたない。それにとって重要なのは、自分がのべようとする思想を明確にあらわすことよりも、一定の言葉や音の結合にともなう、まとまった複合的感覚を伝えることである」（Там же: 155）。さらに、『中国思想』からつぎの一文も引かれている。「中国語は、概念を定着させイデーを分析し理論を明確にのべるためには作られていないようだ。それは、情緒的状態にふれさせ行為をうながし魅了し感情を方向づけることに、まるごとむけられている」（Granet 1988: 99）。ここでは彼らが中国語をどのように評価しているかはあえて問わず[13]、二種類の機能を言語にみていることを確認するにとどめたい。

エイゼンシテインは二種類の機能のうち複合的感覚を伝達する機能を、感覚的思考、古層の論理、さらには形式に結びつけていた。そして重要なのはそのあとである。彼は文化史観に文化的「退行」をもちこみ、そのことによっていつでも古層の論理にたちもどることができるようにした。それは文化形式定常観をうちだしたということである。これで初めて、芸術には論理的思考・内容と感覚的思考・形式の双方が備わり、ふたつの論理の「統一」が「芸術的イメージの弁証法」を準備するという主張も可能になるのである（Эйзенштейн 2002b: 155）。

◎

風景の音楽、眼のための音楽がそのように呼ばれるのは、それが音楽のような「構成的構造」を有しているからである。風景の音楽に発する構成的構造は絵画、文学、そして映画に適用されてゆく。音楽の構成的構造を直接ほかの芸術に適用するのではなく、迂回的に山水画の風景を経由しているのは、もちろん陰陽思想を構成的構造に反映させるためだが、音楽よりも山水画、つまり音楽的なものにおける方が音楽の構成的構造をより鮮明に読みとれるからでもある。山水画をみつめるエイゼンシテインの眼には、音楽の構成的構造がデフォルメされくっきりとうつっていた。山水画における音楽は音楽の音楽であり、その構成的構造は音楽よりも強化されている。

風景の音楽の構成的構造を分析するのに、エイゼンシテインは時間の分析と空間の分析をくみあわせた方法を用いる。「さまざまな「自然力」の要素の響きを継起的かつ同時的に含むことによって、テーマが編まれる」（Эйзенштейн 2006: 335）状態を捉えようとするのである。これは垂直のモンタージュでみた総譜的方法とも、言語学の通時性と共時性をかねそなえた分析方法ともいえる。数多くの陰陽分析が残されているが、そこからいくつか紹介しておこう。

まずとりあげたいのは、中国の画巻・日本の絵巻物のような巻子本形態の絵画から映画へといたる展開についての推論（「構成展開の原理」Там же: 347-54）である。ここでも段階的思考法（三段階の）がとられている。第一段階は巻子本形態の絵画で、そこで注意しなければならないことがある。画巻・絵巻物は全体として非離散的なものだが、全体を一度に見きることはできない。必ず何度かにわけてみなければならず、いくつかの離散的単位をつなげることによって鑑賞は完遂される。このことは、雪舟《四季山水図（山水長巻）》（一四八六）や横山大観《生々流転》（一九二三）などの鑑賞体験を思い返してみればわかるだろう。その結果できあがる全体的連続性は、分節単位のつなげ方に影響されることになる。

エイゼンシテインはアメリカ・インディアンの絵文字、古代ギリシアのブストロフェドン（牛耕式）等の筆記方式を引き合いにだしながら、図像の配列と筆記方式とのあいだに同形性をみいだしている。同一文化内で二者のあいだに共通性があるとしても、文化間においては必ずしも共通性は存在しない。したがって、中国語、日本語等の縦書き筆記方式と印欧語の横書きとでは、読む順序、時間の方向が異なるという事態がおこる。基本的に、画巻・絵巻物は右から左へ、そしてW・ホガース《放蕩一代記》（一七三五）のような西洋の組版画は左から右へ並べられ鑑賞されることになる。このように、見ることは時間、論理秩序、物語ときりはなすことはできない（エジプトの巻子本も右から左への順序をとる）。

エイゼンシテインはO・フィッシャー、E・ディーツによりながら、郭煕、巨然、藤原隆能《源氏物語絵巻》、《鳥獣戯画》、雪舟《四季山水図（山水長巻）》等を例としてしめしたあと、葛飾北斎《富嶽三十六景》（一八二三―三三頃）

を絵巻物の最も正当な後継者としてあげる。われわれなら、さしずめ平絵の紙芝居と漫画をあげるところだろう。ついでにのべておくと、紙芝居では舞台の向かって左に演じ手がたつ。この場合、演じ手の方からみた左右が絵巻物の左右に対応する。右手から順々にひきぬかれてゆく平絵は次つぎに過去のものとなる。

画巻・絵巻物と映画とを中継する第二段階は、一枚の絵画に時間がくみこまれたものである（実際には、内側に「折りたたまれ」ている）。エイゼンシテインはこの段階を映画「前夜」として位置づけており、理論的・歴史的正確さはともかくとして、これはかなり独創的な発想といってよいだろう。少なくとも、折りたたまれた時間という考え方は、映画をみるさいに有効だ。エイゼンシテインは中国の絵画、日本とJ・P・ポサダの絵入りチラシ、ロシア立体未来主義者D・ブルリュクの絵画を例としてあげている。ここでは中国の例をみておこう。フィッシャー『中国風景画』（一九二三）からとられた作者不明の絵画（一八世紀）は四辺に図像を配している。エイゼンシテインはその図像を個別にきりわけ、それらを連続的に並べなおした。図11bがもとの絵の略図、図11aが四辺の図像を系列化した画巻のようなものである。両図はともにエイゼンシテインの手になる。ここでは観者が絵画をみてゆく順序、時間、論理が系列化の規準となっており、図11aの時間が図11bに折りたたまれた格好になっている。

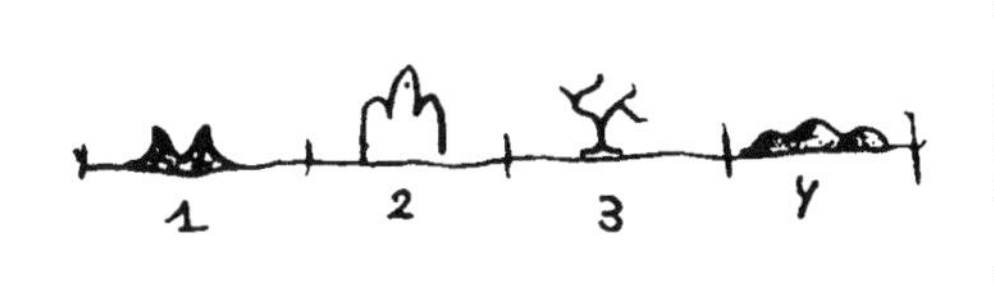

図11a　系列化したもの

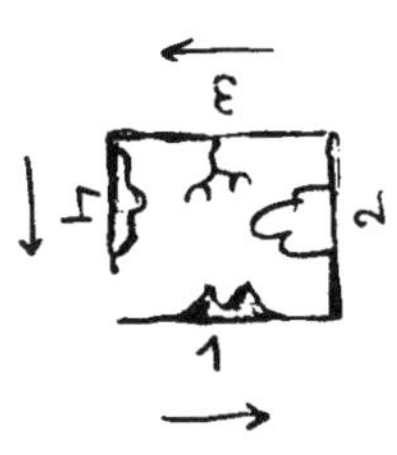
図11b　風景画の略図

　われわれは、ここで一抹の違和感を覚えるだろう。図11bの読み取りの順序はいろいろあるにしても、やはり図11aは右から左へ1、2、3、4とあるべきだからだ。すぐあとでのべることになる喜多川歌麿の組版画の分析において、この違和感はさらにはっきりしたものとなる。そこでも順序は逆になっている。たしかに、右から左へ、あるいは左から右へとつづく時間の流れを上下の流れに変換するのは翻訳として成立しうるが、左右を逆にするのは翻訳としてありうるのだろうか。筆記方式の相対性を心得ているエイゼンシテインのことだから、単純な誤読とは考えにくい。論者としては、これはエイゼンシテインなりの翻訳である、というのをとりあえずの結論としておく。

第二段階においてひとつの枠に閉じこめられていた絵画たちがいっきょに解放され、それらが新たにくみなおされて「縦に流れゆくフィルムの運動になった」（Там же: 349）というのが、エイゼンシテインの見解である。われわれの文化の根底には連続性へとむかう根強い志向が横たわっている。論理や物語はその志向の現れだし、この連続性は裏に分節性をたずさえている。

論攷「極東風景画の美的規範」（Там же: 328-47）、「偶数―奇数、一なるものの分裂」（Эйзенштейн 2002b: 151-77）、「試論「偶数―奇数」のために」（Там же: 457-63）から陰陽分析の例を拾ってゆくと、董源、郭煕、雪舟、葛飾北斎、喜多川歌麿、O・グルブランスン、ホガース、A・ルブリョフ、E・クレンドフスキイ、M・チュルリョニス、建物の柱と窓、生け花、『イヴァン』（A・ドヴジェンコ、一九三二）、『戦艦ポチョムキン』、『イヴァン雷帝』、ピュタゴラス、V・ジルムンスキイ、等々と、時代も国も分野も異なるものたちがひとつの原理を背骨に凹凸をなして並ぶことになる。不揃いで雑然としているほどに、凹凸の生みだす魅力は増してゆく。とはいえ、多様な作品を無理矢理同一構造におしこめているわけではない。ある段階、型に属する作品が択ばれているのである。中国山水画にしても、エイゼンシテインにとって意味をもつのは南唐、北宋に始まる董源、郭煕らの絵画である。それは、フィッシャー（Эйзенштейн 2006: 333）が「面を豊富な色調によって差異化している」、「明るいものと暗いものとの相互対立や相互移行の技芸が認められる」と性格づけている山水画、つまりは総譜化できるものである。

陰陽分析をとおしてエイゼンシテインが伝えたいもの――それは、あらゆるものが先のものから流れでて後続のものへと悠然と流れいることによって、はてしなくつづく「パノラマ」のなかに感じられる、「ひと連なりの力強い」「呼吸」である（Эйзенштейн 2002b: 331）。エイゼンシテインはこの呼吸をモティーフの「響き合い（ペレズヴォン）」と呼び、西洋におけるモティーフ群の反復に対応するものとみなす。両者の違いは図によって説明されている。図12aはモティーフ群の反復を、図12bはモティーフの響き合いをあらわす。

呼吸の様態をつぶさに解析したのが、雪舟のものと思われる作品を陰陽図[14]（図13）になおしたものである。三つにわかれた層のなかに陰（Ж）、陽（М）の諸要素（家、霧、山、河等）が配され、それらが相互に作用しあいながら、息（気・生気）は吸われたり（陰）、吐かれたり（陽）する（見る順序は左から右への総譜の順になっている）。この地層とも総譜ともつかない美しい呼吸図（気の）がエイゼンシテインの求めているもので、そこに認められる分裂生成はすでにモンタージュ的である。この図をみるとエイゼンシテインの構成的構造が静的なものでも構造のための構造でもなく、変化のためのもの、生成変化の構造であるということがわかる。

◎

この辺で喜多川歌麿の錦絵《鮑取り》（一七八九、図14）に移りたい。エイゼンシテインはモスクワの古本屋でこの作品を手にいれ、自ら所蔵していた。いささか大げさとも思えるE・ド・ゴンクール『歌麿』（一八九一）の讃辞を「エレガント」としているくらいだから、エイゼンシテインもこの作品にはかなり魅了されていたにちがいない。「偶数—奇数、一なるものの分裂」（Там же: 157-63）に記された分析は、長いものではないが、密度が濃く方法においても徹底している。歌麿の意図はひとまず括弧に入れ、陰陽思想、偶数—奇数理論にしたがいながら、構造のみえざる手に導かれてでもいるかのように、エイゼンシテインは隅々までテクスト分析をほどこしてゆく。「並外れた調和の印象」をもたらす三枚続きの版画の内部に聞きとった「並外れた内的音楽」が、エイゼンシテインを駆りたてたのである。彼の耳は、どんなにささい

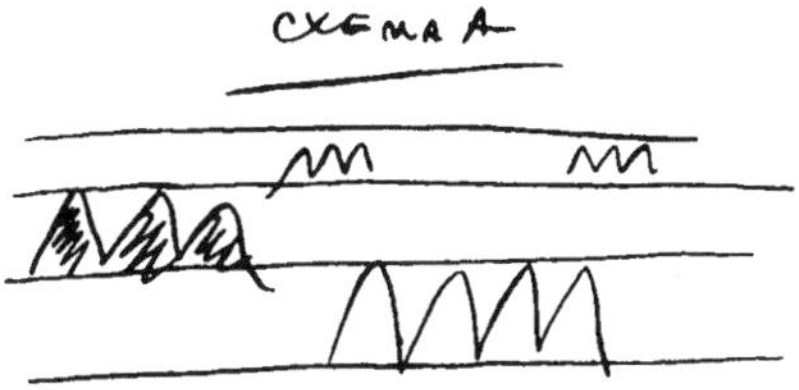

図12a　モティーフ群の反復

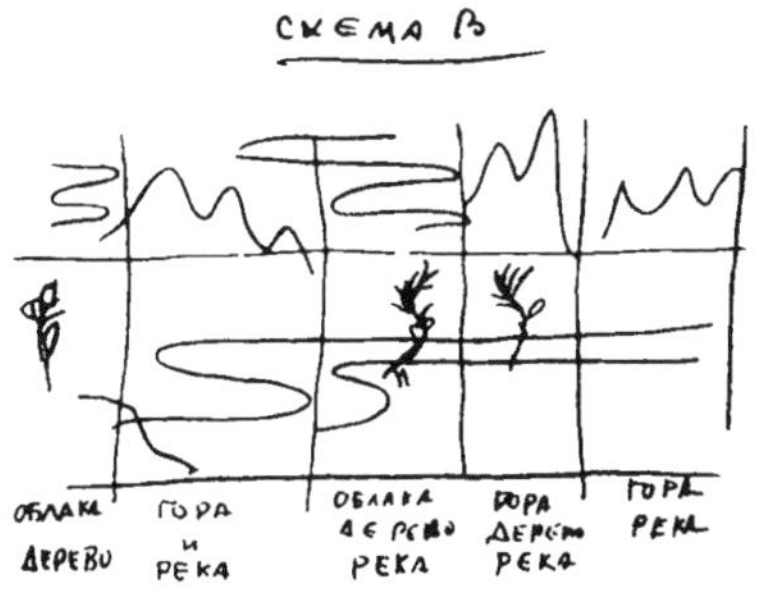

図12b　モティーフの響き合い

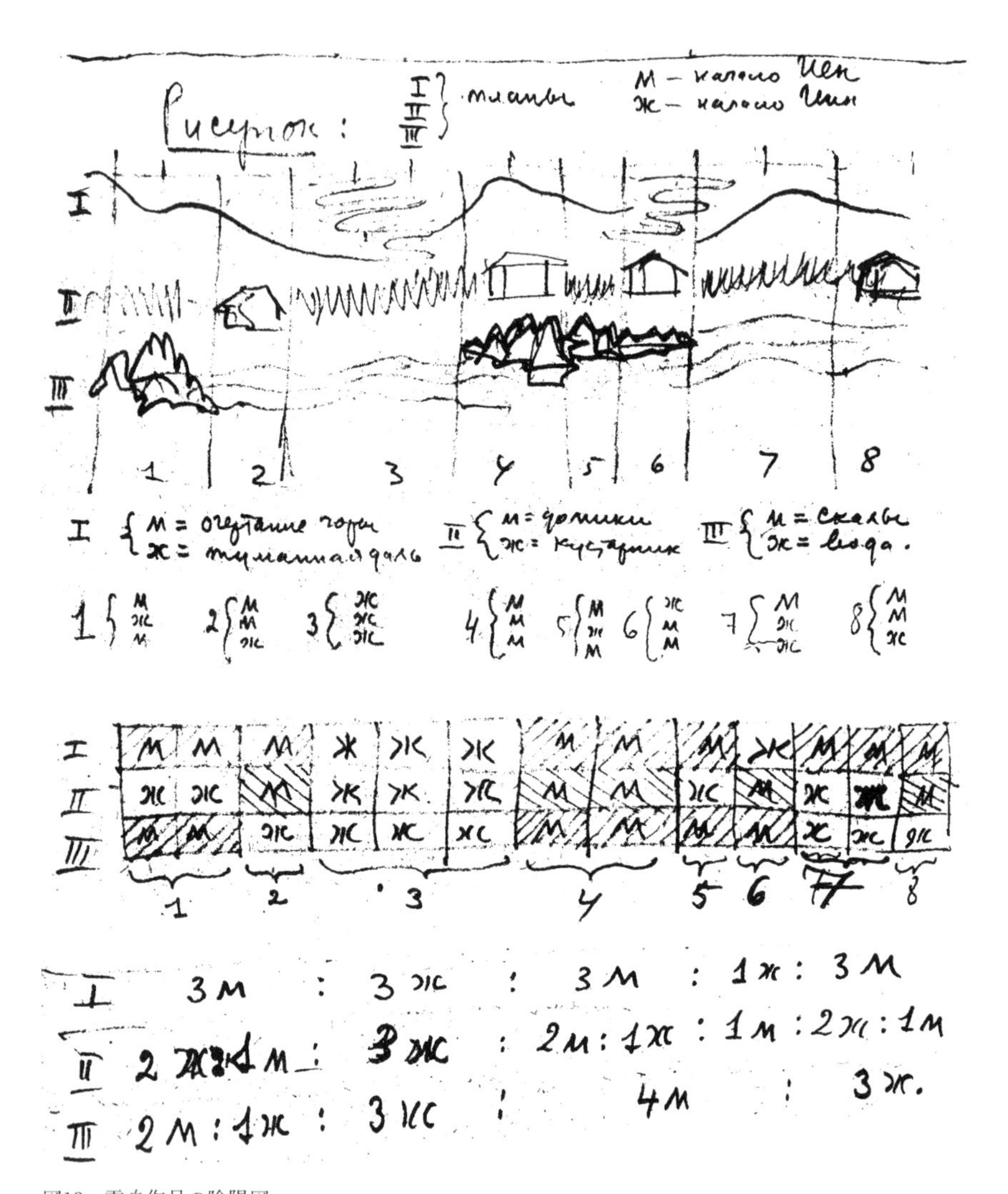

図13　雪舟作品の陰陽図

図14 《鮑取り》三枚続き、左からa、b、c

な装飾音、フォルシュラークも聞きのがすことはない。とはいえ、陰陽思想を忠実に適用しているわけではなく、そこには彼なりのアレンジが加えられている。そうしたアレンジはイグラ（演奏・ゲーム）をより楽しむためのものである。

七項目にそって分析結果が記されているので、順をおってその要点をみてゆきたい。ここでも、三作の読み取りの順序は左から右になっており、a、b、cは左からつけられている。このことによって本来のaとcはいれかわることになるが、奇数ということにかわりはない（ゴンクールの読み取り順序も左から右である）。

エイゼンシテインがこの分析によって明らかにしようとしたのは、どのように陰―陽、偶数―奇数が編みこまれているかである。すなわち、「構成における偶数―奇数の編み込み」、「偶数―奇数の組み合わせの律動的響き合い」、「偶数的なものと奇数的なものとの組み合わせ模様」である。この組み合わせ模様は、同一原理の要素がくみあわされたものと異原理の要素がくみあわされたものとにわかれる。

異原理の要素の組み合わせは、エイゼンシテインがレンガ積み、「セメントで固められた「レンガの積み方」」といっているものにほかならない（Эйзенштейн 2006: 159）。このように異原理を互いに嚙ませること（対立物の相互浸透）によって、移行運動もうまれれば構造も堅固になる。さらに、レンガ積みは、同一「次元」に属する陰陽の要素がくみあわされたもの――男性韻と女性韻の組み合わせ、男女の人物配置、上下等の空間分節の分布のような——と、一つの「環」（陰陽の）に含まれる諸要素が二つの原理にかかわる両義的なものとに分類される。

(i)マッス。ここでとりあげられている陰陽の要素は陰（偶数、土、柔らかい、拡散等）と陽（奇数、水、硬い、密集等）で、それらが人物配置や岩場、海、そして魚、びくといった支配的「環境」とその属性に適用される。その結果、つぎのような組み合わせがえられる。

風景のマッス　a（液体・魚）—b・c（固体・びく）
人物のマッス　a・b（密集）—c（拡散）

数についていえば、上の列は一枚対二枚、下の列は二枚対一枚となっており、それは奇数—偶数、偶数—奇数の鏡映関係をなしている。また、括弧のなかの内容については、上下の列は質的・陰陽的な対立関係にある。左右の列に眼を転じると、右列はa対b・c、左列はa・b対cとなっており、これも数において鏡映関係にあることがわかる。つぎに、a、b、cを個別にみてみよう。「密集する人物—液体（a・奇数番）」、「密集する人物—固体（b・偶数番）」、「離れた人物配置—固体（c・奇数番）」。これらは略すと密・液・奇、密・固・偶、離・固・奇となり、三対の要素はそれぞれに密（2）・離（1）、固（2）・液（1）、奇（2）・偶（1）となっている。

(ii)人物分類。三枚の作品にはそれぞれに二人の人物が配され、そのうち一人は立っておりもう一人は座っている。一見単純にみえるこの組み合わせにおいても、内部をのぞいてみると、分類の「豊富なヴァリエーション」がみえてくる。エイゼンシテインの分類は、立つ・座る、着衣・裸、大人・子供といった弁別特性にしたがってなされてゆく。たしかに、立つ・座る、大人・子供は陰（低い、大きい）、陽（高い、小さい）に関係してはいるが、エイゼンシテインの関心はむしろ偶数と奇数の分布情況にある。

六人のうち三人は上半身裸（腰巻きのみ）、二人は着衣、子供は全裸である。そして、上半身裸の三人のうち一人は両手を背後につきながら腰をおろし、二人は立っている。残りの三人については、着物、浴衣をまとう二人はしゃがみ、子供は立ったまま母親の乳房に吸いつく姿勢をとる。

(iii)顔の向き。上半身裸の三人のうち立っている二人(a・c)に関しては、体の向きは同じで顔の向きが異なっている。aの二人は一人が立ちもう一人が座るという対比的姿勢をとっているが、顔の向きは同一である。着衣の二人(b・c)については、顔の方向こそ同一であるものの、上下の向きにおいて異なっている。c(奇数番)は上方を、b(偶数番)は下方をむき、これは陰陽にかなっている。さらにエイゼンシテインの指摘には、bの人物は右手の櫛で水のしたたる髪を上から下へとすき、cの人物は左手の鮑をもちあげ品定めをしている、とある。この場合、偶数と「下へ」、奇数と「上に」の組み合わせは陰陽にかなうが、偶数と右(手)、奇数と左(手)というのはレンガ積み(ねじれ)になる。

省略するが、以下には、(iv)手、(v)属性、(vi)色彩、(vii)線という項目がつづいている。いずれにおいても、陰陽ふたつの極性にふりわけられた要素同士の引き合い、融合、反発によって展開される運動の構造が明らかにされる。運動ということでいえば、(vii)線はそれそのものを対象にしている。エイゼンシテインは岩場をとりかこむ海の波(波動の描く線)に注目する。波動が二つの山(陽・偶数・高い)と一つの谷(陰・奇数・低い)からなることに着目したのである。波動曲線は陰陽運動をあらわす最小の単位といえる。

「並外れた調和の印象」といっていたものが数々の調和とねじれを経由してもたらされるものであることが明らかになったのと同時に、調和もねじれも原理的調和、原理的ねじれであることが改めて確認された。

◎

エイゼンシテインは陰陽分析を、『戦艦ポチョムキン』「オデッサの階段」、『イヴァン雷帝 第二部』「シギスムントの宮殿」にもほどこしている。そこでおもな分析対象となっているのは、グループを構成する人数であったり男女比であったりする。「オデッサの階段」でいえば、ポチョムキン号を出迎える岸壁の人びとのクロース・アップがくりかえされるシーンがある。そこでは、たとえば偶数から奇数へと人数が交替している（「極東絵画の基礎としての対立原理の闘争」Там же: 343）。ただし、制作当時エイゼンシテインの頭にあった数変化のモデルは、陰陽思想ではなくコンメディア・デッラルテだった。エイゼンシテインの視座にたつと、このことは、偶数・奇数の交替論理は普遍的な原理であるということをしめしている。

またシギスムントの宮殿シーンの分析では、先にのべた市松模様にくわえて、五つの人物グループの相互作用によって陰陽模様が編まれている（「試論「偶数―奇数」のために」Эйзенштейн 2002b: 457–59）。エイゼンシテインの主張

図15　「シギスムントの宮殿」

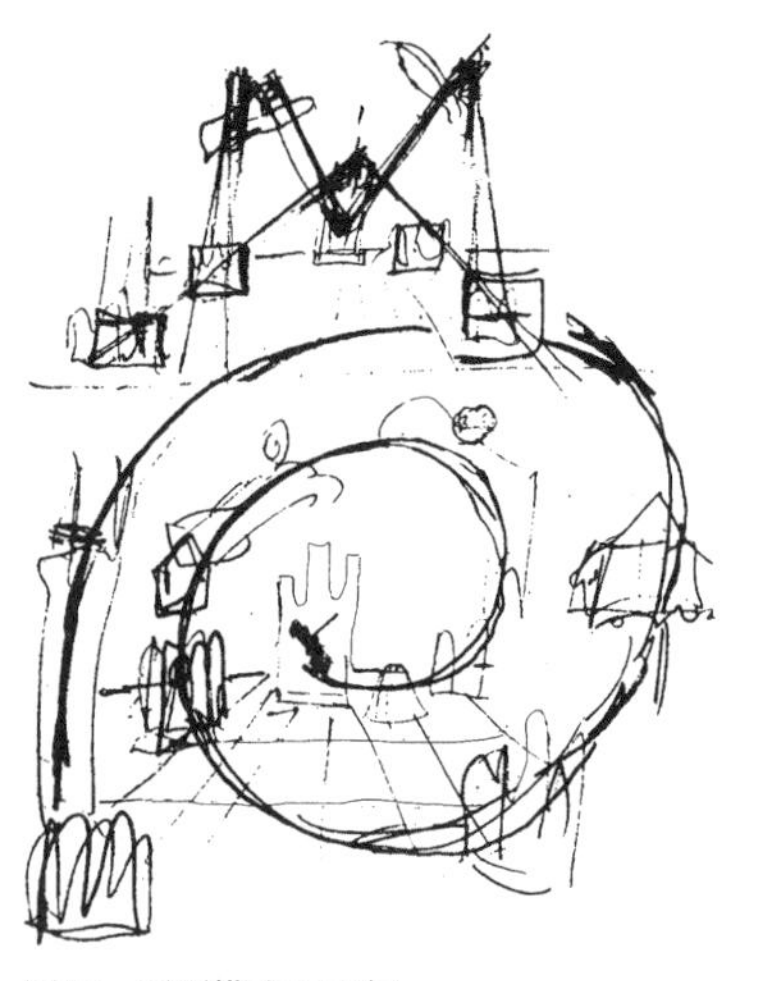

図16　画面構成の図解

するように、チェスを連想させるこの床模様ほど外交の舞台としてふさわしいものはない。第一部には、イヴァン雷帝がネペーヤを介してエリザベス一世にチェス・セットを贈るシーンもある。第一部ではチェスは外交の隠喩となっている。それにたいして、宮殿の床上の人びとは、隠喩が現実化したチェスのコマとして政治＝チェス・ゲームに参加しているのである（図15）。

ここで細かく論じている余裕はないが、ひとつ興味深い分析結果があるので紹介しておきたい。画面奥の玉座にいまにも落ちそうにだらしなくすわるシギスムントは、画面構成において二重に「中心化されている」（図16）。交差する直線の中心として、また螺旋の始点、中心として。この場合、彼は玉座の中心（線）から少しずれることによって、螺旋運動の中心になりえている。直線と螺旋の話はこれで終わりではない。陰陽では、直線は地の男性的運動とされ、曲線は天の女性的運動とみなされる。直線の男性性と曲線の女性性を束ねるシギスムントの二重性は、異性装、玉座の背（三本）と肘（二本）にしめされる奇数（男性性）・偶数（女性性）によっても反復されており、そのことをとおして彼のアンドロギュヌス的性格[15]はいっそう強められている。

3 偶力——円・球

『メソッド2』には「MLB」、「Mlb について」という題名でくくられた小論攷・草稿群（一九四六―四八執筆）が収められている。これらは『メソッド』において重要な意味をもつ。MLB あるいは Mlb というのはアメリカのスポーツのことではなく、ドイツ語 Mutterleib（母胎・子宮）の省略形である。論攷にこの略称が出てくると、ソヴィエト時代の略称がそうであるように秘密めいた固有名にみえてしまうからおもしろい。エイゼンシテインの眼には、額に MLB というしるし・徴候をおびた古今東西の図像・現象が列をなしてうつっていたにちがいない。あるテーマを設定し、その視座から一連の事象をすくいあげ系列にくることによって、テーマの細部を浮かびあがらせる一族再会的手法は、エイゼンシテイン得意のものである。

小論攷・草稿で追究しているのは、円、球、螺旋、出生外傷、母胎回帰、両性具有といったすでになじみのあるテーマだ。対象としてとりあげられているのは、ゴーゴリ、ドストエフスキイ、トルストイ、L・フォン・ザッヘル＝マゾッホ、D・H・ロレンス、K・クラグステン、E・オニール、O・ランク、E・ドガ、サーカス、オーナメント、『賢人』、『戦艦ポチョムキン』、『イヴァン雷帝』、空中浮揚マジック、王冠、指輪、バリ島文化、ノアの方舟、エジプト美術、アステカ美術、マヤ美術、ポサダ……と、いつもながらににぎやかである。精神分析学、人類学、宗教学、美術史学等を援用しつつ進められてゆく推論は、あるところまでは既知の感がつきまとうものの、一線をこえたとたん、エイゼンシテイン色が漂いはじめる。『白痴』における母胎回帰、円積問題、ゴーゴリとドガの比較などは、とりわけその感が強い。

初めにふれておきたいのは、球が球体本の球でもあることだ。球体本のところでふれた産婆術（マイエウティケー）という言葉を思い出してほしい。エイゼンシテインは球体本の作者の役割を説明するのに、ソクラテスの産婆術（問答法）をもちだしていた。ただし、彼の問答は本、具体的にはそれからの引用を相手になされる。自身の書斎において、ソクラテスの肖像画の下で、いまにも「イデー」が生みだされようとする瞬間を捉えた一文が残されている。「さも偶然であるかのように、胎児・端緒（ザロドゥイシ）はたいてい産婆の偉大な息子のグロテスクな肖像画の下にいる。この息子はイデーを無事にこの世にもたらすことに、母親の産婆術を応用した」（Эйзенштейн 2002a: 85）。この引用は書斎や球体本が母胎であることを教えている。教えているばかりか、隠喩の言語運動を通じて、われわれを知の内臓へといざなう。その意味で、「グロテスク」という言葉はきいている。

エイゼンシテインの円・球は幾何学的形態であるとともに、なんらかの運動の軌跡、形式、結果をあらわす。この運動にはいろいろなものが含まれており、回帰、再生、融合はその代表的なものである。「ピカソと内的分裂のテーマ」のなかで、エイゼンシテインはミケランジェロの彫刻の構造には回転運動がひそんでいる、とするA・リーグル『ローマにおけるバロック芸術の成立』（一九〇八）をとりあげたうえで、この「回転運動」にわざわざ註をつけている。「いわゆる「偶力」に特徴的な円運動。大きさが等しく方向が反対向きのふたつの力が、支点の左右が等しい腕をもつ棒の両端に加えられた結果えられる円運動」（Эйзенштейн 2006: 478）。陰陽の問題を考えてみると、エイゼンシテインがなぜこのような註を付したのかがわかるだろう。

出生外傷

「MLB」にはエピグラフとして、S・T・コールリッジの言葉が引かれている。「誕生に先だつ九カ月間の人間の歴史は、おそらく、誕生後の七〇年間のそれよりもはるかに興味深く、ずっと重要な意味をおびた出来事を含んでいる……」（Эйзенштейн 2002b: 296）。このヘッケル的な言葉にエイゼンシテインが託した意味は、眼にみえる個別的なものの背後には膨大な類的記憶が控えているということだ。前成説的な世界記憶、暗黙知(タシット・ノウイング)といいかえてもよいだろう。われわれが日々おこなっている行為、眼にしている事物には、そのような記憶が何気ないかたちでちりばめられている。われわれの個的記憶は不思議な回路で類的記憶に接続されており、あるきっかけをえると、類的記憶は個的記憶の内部でよびさまされ、個的記憶は類的記憶を生きはじめる。われわれが先に原理の記憶と呼んだものも、類的記憶のひとつに数えられるだろう。

性愛にまつわる事象には、そのことが縮約されたかたちであらわれる。その中心をしめるのは女性の性身体・器官にほかならない。この場合、「ファロス（Phallos）」[16]はあくまでも脇役にすぎない。エイゼンシテインは諸学の助けをかりて、宗教建築、宗教儀礼、オーナメント、芸術において円・球の周りに展開される構成、物語等を母胎に結びつけるのだが、直接の引き金となったのは論攷でも言及されているランク『出生外傷』（一九二四）である。とりわけ、「第五章　象徴的適応」、「第六章　英雄的補償」はエイゼンシテインに多くの示唆をあたえただろうし、彼はランクの文学解釈を高く評価していた。「第五章　象徴的適応」（2013: 86–89）をみると、初期精神分析学やランクがなぜあれほど熱心に文学、芸術、神話にとりくんだのかが理解できる。「私たちは「象徴形成」を本質的に人間的な原現象として認識してきた」、「原情況の現実化に向けた、すなわち原外傷の解消に向けた試みとしての人間の創造的営みの外延を、夜の願望夢から現実適応にいたるまで隈なく歩いてきた。それにより、いわゆる文化発展の進歩というものが、無理やり引き離された母の元へと回帰しようという欲動傾向に対する、絶えず反復される適応であるということがわかってきた」、「世界創造神話や「世界親」神話は原外傷を解消しようとする、すなわち母からの分離を否認しようとする際だった試みを、宇宙的同化の過程の中に保存してきたのである」。

エイゼンシテインが精神分析学に、万能とはいわないまでも大きな力を認めていたことはまちがいないが、すぐさまとびついてやたらと振り回していたわけではない。たとえば、『出生外傷』刊行年と「MLB」、「Mlb について」執筆期とのあいだには、二十数年の年月が横たわっている。ここには、思いのほか慎重な姿勢がうかがわれる[17]。

よくしられているように、エディプス・コンプレックスの唯一絶対性をくずす恐れがあることから、出生外傷論がもとでフロイトは愛弟子と袂をわかつことになる。早くから精神分析学に強い関心をもってはいたが、その軸足が芸術におかれていることもあり、エイゼンシテインはエディプス・コンプレックスと前エディプス期の出生外傷を併用したりつなげたりする。たとえば、出生外傷にかかわる円・球をみいだしたその場所に、父殺し（子殺し・兄弟殺し）を重ねみる。現在でこそフロイトとM・クラインを接合する試みがみられるようになったが、当時にあっては、エディプス・コンプレックスとそれに先だつ出生外傷をふたつながらうけいれるというのは非難の対象でしかなかった。エイゼンシテインがそうした折衷主義・総合主義をとる理由のひとつには芸術家のポジションということがあるが、イメージと言語、感覚的思考と論理的思考、母なるものと父なるものとの双方に等しく関心をもち、そこに弁証法的関係を構築しようとするからである。

機能的にみれば、精神分析学と芸術学、エイゼンシテインとの立場は目的を異にする。前者は病因を明らかにしたうえでその治療にむかうが、作品解釈に精神分析学を援用して出生外傷という分析結果がえられたからといって、芸術学が同じ道をたどらなければいけないということはない。芸術学の目的は第一に、出生外傷的表現が作品においてどのような美的機能をはたしているのかを解明することにある。解釈・批評の成果が文化全体の共有財産であるとしても、その使用目的はひとつではない。したがって、人類史がたどった母権制から父権制への移行、父なるものが登場する以前にはたす母子関係の重要性、出生外傷による原不安が神経症や精神病において再現的にあらわれることを認めたからといって、それを、たとえば復活したキリストを包みこむ身光（マンドルラ）にそのまま直結させる必要はない。両者を無理なくつなぐには多くの手続きをへなければならないし、両者をひとつの場において論じるにはまずその場を準備しなければならない。

われわれとしては、エイゼンシテインがみいだしたテーマ系の輪郭をおさえることに力をそそぐことにする。円・球のテーマ系の特性をいくつかみたあと、具体的な作品分析を確認することにしたい(18)。

特性といっても体系的に記されているわけではないので、断片的にたどってゆくしかない。「MLB」の最初の論攷は「飛翔への高揚」で、その結論部に飛翔にかかわることになった事情が書かれている（重要なことを記すエイゼンシテインのつねとして、この部分はドイツ語である）。

> 飛翔の話はすべてメキシコでうまれた。そこで舞いあがった状態になり、私はいきなりドローイングを描きだした。
>
> 数かぎりなく。
>
> 私にとってメキシコ滞在期は、創造に関して、「自分をとりまく」土地で「生成変化の」弁証法を感覚的に受容すること等に関して、「最もエクスタティックな」時期にあたる。
>
> このうえなくはっきりと覚醒した人びとが、まさにこの時代、この場所で誕生した。（Эйзенштейн 2002b: 305）

リベラ、オロスコ、シケイロス、カーロ、M・ブラボを生み、E・ウェストン、T・モドッティ、エイゼンシテイン、L・トロツキイ、A・アルトー、A・ブルトン、R・マッタ、L・ブニュエル、ロレンス、A・ハックスリー、P・ボウルズらをひきよせた時代と場所のことである。このときの脱自（エクスタシー）がエイゼンシテインを、映像でも文字でもなくまっさきに線にむかわせたというのは、ドローイングの力を考えるうえで興味深い。エイゼンシテインはドローイングの特質をつぎの点にみている。「意図に含まれる有機的リズムの内的鼓動にしかしたがわない、即興的に流れる線の自由な流れやダンスのステップの自由な流れ」、「制約をうけない気まぐれな流れ」、「原形質性」（Эйзенштейн 1997b: 131）。ここでは「流れ（ポトク）」というのが鍵語である。エクスタシーや飛翔の痕跡をとどめるドローイング（Эйзенштейн 1969）を何枚か並べてみるだけで、エイゼンシテインがメキシコ古代文明の深みに急降下してゆく様子がみてとれる（図17a、b、c）。メキシコとエクスタシーについては次章2節にゆずるとして、いまは先を急ぐことにしたい。

図17b 『エイゼンシテイン・メキシコ・ドローイング集』より

図17a 『エイゼンシテイン・メキシコ・ドローイング集』より

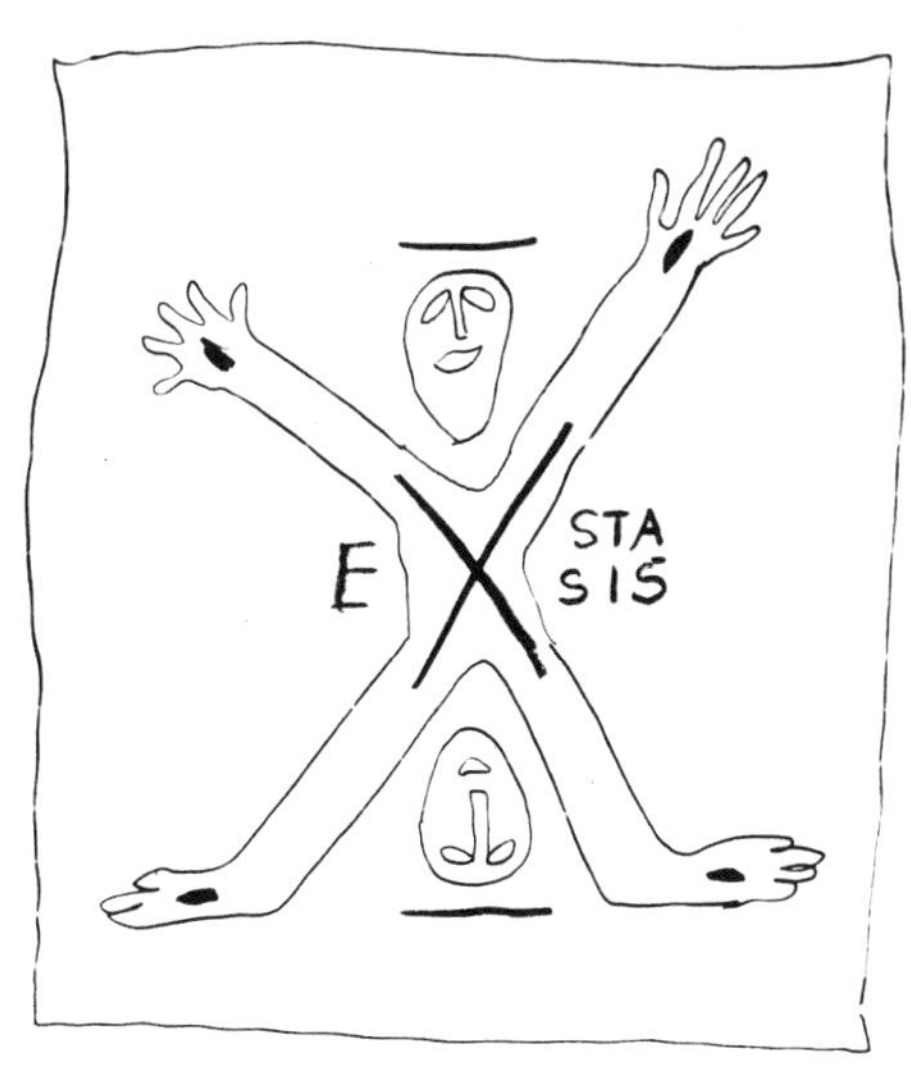

図17c 『エイゼンシテイン・メキシコ・ドローイング集』より

先の引用文の前には、もうひとつドイツ語で記された文章がおかれている。「「昇天」のイメージの全容が、飛翔の流れにとっての最終表現ではないだろうか」。メキシコの話にいたるまでに、ミケランジェロ《最後の審判》(一五四一)をはじめとした飛翔のモティーフが認められる宗教画の検討がなされており、「昇天」はそこからきたものだ。昇天に関する絵画群の特性を、エイゼンシテインは三つにまとめている。⑴飛翔する人物群(A・P・ライダー《ヨナ》[一八八五頃]のように水中を漂流するものもここに含まれる)、⑵円形の構成(過渡期には、下部の水平の支えが意図的に除去されている構成もある)、⑶水平になった下端を計算にいれた構成になってはいるものの、さまざまな方向に作品を回転させられること(Эйзенштейн 2002b: 299)。エイゼンシテインがここで明らかにしたいのは、これらの絵画では「円の内的本質」が実現されているということだ。それは「自閉的で、あらゆる外的作用の感覚から自由」であるということにほかならない。「下部の水平の支え」、「水平になった下端」というのは重力に関係し、それを除去したり相対化したりするのは「外的作用からの」解放を意味する。

飛翔を昇天・円に結びつけたエイゼンシテインは、さらにそれを飛行、それもレオナルドの飛行機につなげる。そこで、飛翔は母胎へ接続される。「探究するレオナルドの指によって、翼は十字架にかけられる。彼は翼を人間に手渡すために、翼から飛行機の原理を分離しようとした。昔から、人間は空中を上昇したり飛びまわったり漂ったりする可能性に思いこがれてきた。その姿は、かつて人が祖先や胎児の姿をして、母胎の閉じられた世界のなかを浮遊したり、大地をおおう広大無辺の水の方へ漂いだしたりしたのと同様である」(Там же: 304)。レオナルドの飛行機のことを考えているとき、フロイトの分析に出てくる幼きレオナルドの唇をつつく禿鷹が、エイゼンシテインの頭をよぎったかもしれない。レオナルド・ダ・ヴィンチのほかに、飛行機の実験に夢中になったA・ベックリンや同時代のタトリン(《レタトリン》[一九三二])も、飛行に憑かれた芸術家としてあげられている。

飛翔(パレニエ)(парение)は上昇による母胎回帰の引力を感じさせるが、考えてみると、парение には「上昇」と「滑空」のふたつの運動が含まれている。この二種に対応するように、エイゼンシテインは「パレニエ」のほかに、もうひとつの単語 левитация(レヴィタッツィア)(空中浮揚・浮遊)を用意している。もともと、これは超能力による浮揚をさす。本来の意味にあわせて、彼は『ライフ』誌他から空中浮揚マジックの例をとってきて、「円と空中浮揚」（Там же: 334-37）で分析をほどこしている。このマジックで重要なのは円環と浮揚がくみあわされていることだ。論攷の最初にあげられているマジックの広告写真（図18）をみてみよう（この写真についてなら本一冊でも書ける、とエイゼンシテインが豪語するくらい、そこには読みとるべきものがたくさん隠されている）。写真の女性が手にする環をさして、エイゼンシテインはふたつのコノテーションを指摘する。ひとつは回帰すべき母胎、もうひとつは環を手にする女性の性器である。したがって、浮揚も二重の意味――母胎回帰と環の女性への「侵入」――をもつことになる。場面は異なるが、空中浮揚はタルコフスキイにおいても重要なモティーフをなしている。

この分析を出発点にして、エイゼンシテインは回帰という「中心化」の問題を考えてゆく。外にむかう逆方向の力が存在するからこそ、中心化は存在するのである。この場合、力は力と力の関係のなかではたらいている。ここで、地球上の生物がうけている力、あるいはおこなっている活動が数えあげられてゆく。(0)地球の重力と天体の引力、(1)植物（葉、茎）の屈光性・屈熱性に認められる力。根には負の屈光性・屈熱性がみられる、(2)母胎回帰と「Mlb への後退ではなく、前進して女性に侵入すること」（男性の場合）、(3)自己への沈潜にむかう人間活動と、「社会＝集団主義的」な利他的人間活動、(4)「先祖返り的なもの」と先進的なものの反映（Там же: 335-36）。いささか荒いスケッチだが、エイゼンシテインの基本的な考え――母胎回帰の動きは相反する力との関係において存在する、生物は相反する力同士の関係に幾重にもとりまかれている、このことはなんとか読みとれるのではないだろうか。関係の編み込みのなかにおかれている母胎回帰が発動すると、その運動は他のものに連鎖的にひびいてゆくことになる。こうした波動のなかで、母胎回帰はうけとめられるのである。

図18　空中浮揚マジック

円に関係する運動としては、飛翔のほかに「回転（ロターツィア）」があげられている。昇天に関する絵画群の特性(3)にも、「さまざまな方向に作品を回転させることができる」とある。エイゼンシテインは絵画における回転の可能性を

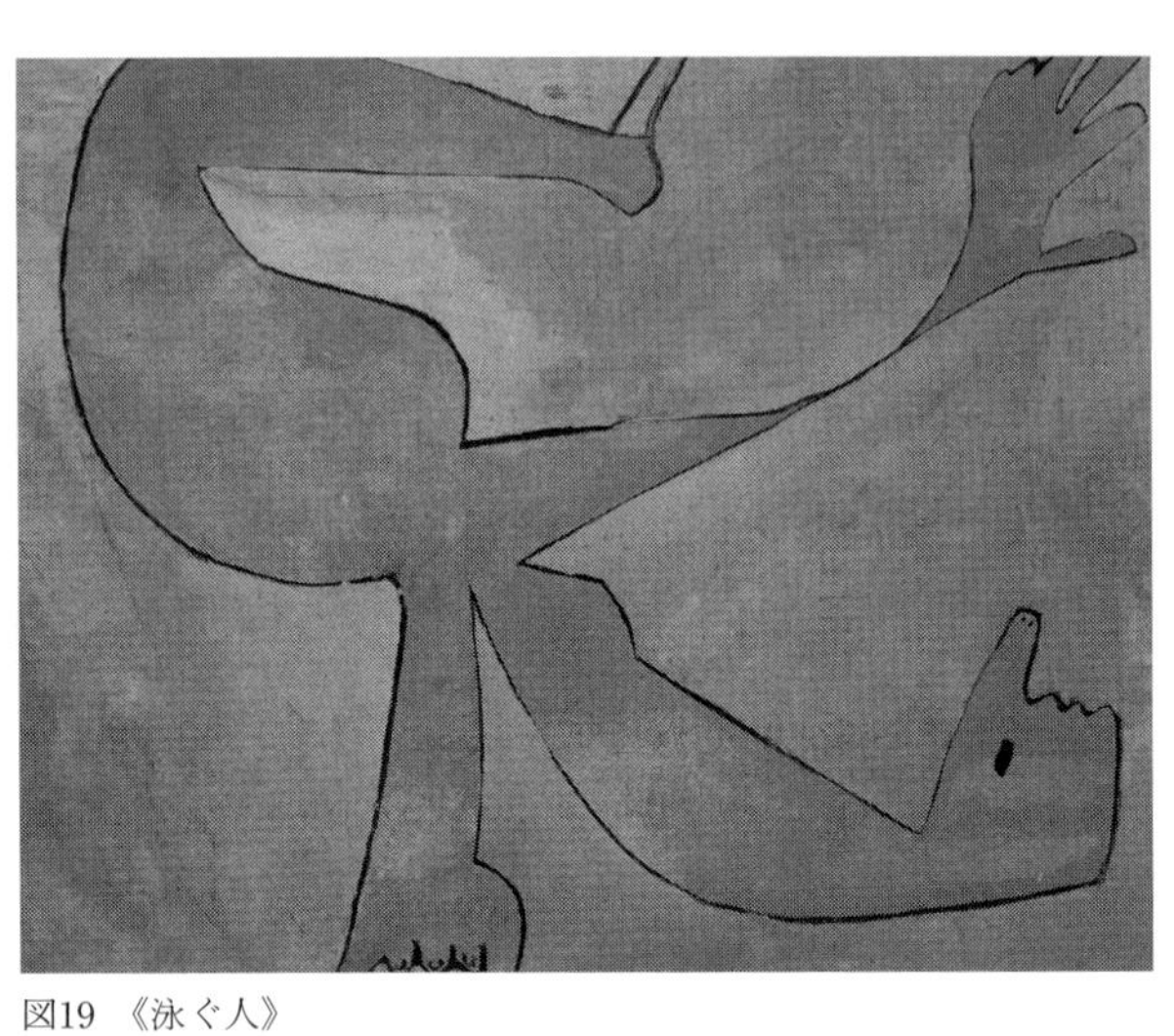

図19 《泳ぐ人》

しめすものとして、ティントレット、カラヴァッジョ、F・レジェ、R・ドローネーとともにピカソ《泳ぐ人》(一九二九、図19)をあげ、ピカソの画中の女性は「重力の外にあり、子宮の「球」状態におかれているよう」だとのべている(Там же: 333)。その伝でゆけば、K・マレーヴィチ《黒い円形》(一九二三頃)などは範例中の範例ということになるだろう。

回転に関する推論で興味深いのは、「円積問題」(Там же: 579–81)である。そこでは、円の四角形化、あるいはその逆が跡づけられてゆく。円が四角に「置換された」例のひとつに、中国語「圓(ユアン)」(円)が入っていたりするが、その意図はいたって真面目である。「圓」については外周(くに構え)が問題とされており、それにならえば、構えのなかのくちを象った「口」も円を四角にした例といえるだろう。

エイゼンシテインが推論の始まりにおいているのは、聖杯グラールである。アーサー・C・L・ブラウン『グラール伝説の起源』(一九四三)を典拠に、まずは聖杯の形が四角形・四面体であることが確認される。「杯は家=城塞であるというイデーの残滓」がこの杯の形態を生んだのだ。城塞は一方において天国に通じているし、もう一方では母胎につながる。ここで、エイゼンシテインは円・球が四角形・四面体に「翻訳」されるとはどういうことなのかを説明するのに、補助的に、ある臨床例をアルシュラー/ハットウィック『絵画と人格』(一九四三)から引いている。両親の離婚によって「トラウマ」をおった三歳半の少女アイリーンの絵である。それまで家(「閉じられた空間」)の絵ばかりを描いていた彼女は、最初に人の顔(丸い)を描いたときも、それを四角く(「家として」)あらわしたという。母、家、人が一体化して、四角い顔という複合体が形成されたのだ。

聖杯のつぎに、円と四角の融合のケースとして、奇妙な「回転」がしめされる。提示されるのは、回転する塔・回転する城塞である。フィンランドの『カレワラ』をはじめとして、それはロシア、ハンガリー各国の神話・昔話にみられ、死者たちの王国・王にかかわっている。死は睡眠とともに、母胎回帰のひとつの現れである。

「円積問題」の最後では、それまでの推論からいったん離れて、唐突に丸い杯のことが語られる。母胎の円に回帰した杯のことだ。この杯は、同心円状の天国、みなが「再結合される」、「教会という母胎」とつながっている。

◎

「MIb について」には「バリ島とバイセクシュアリティ」(Там же: 532-40) という論攷が入っており、そこで、母胎回帰は男女融合神――アンドロギュヌス(ヘルマフロディトス)への回帰――に姿をかえる。「両性具有神は対立物の統一である。／このイデーをあらわすものとしての円」(Там же: 541) というのが、この論攷の出発点にある。メキシコ滞在時、ユカタン州メリダの博物館で、エイゼンシテインは彫刻に刻まれた両性具有神(アステカ、マヤの)に出会っている。バリ島民俗については、メキシコでえた友人M・コバルビアスの『バリ島』(一九三六)が導きの糸となった。G・ベイトスンやM・ミードがこの島を訪れる以前に、コバルビアスが画家W・シュピースとともに島を尋ねあるいて記したのが、この著作である。コバルビアスがたどったメキシコからバリ島へという道筋の意味は、エイゼンシテインにはよくみえていたはずだ。メキシコでしりあった者同士が、バリ島文化のうえで再び遭遇するとは、時代の力を感じざるをえない。『バリ島』のなかでエイゼンシテインの関心をひいたのは、火葬儀礼と寺院の構造である。

火葬儀礼に入る前に、エイゼンシテインは古代ギリシアのヘラクレイトスが唱えたとされる、アルケーとしての火にふれている。これは、「万物は火の交換物であり、火は万物の交換物である、あたかも品物が黄金の、黄金が品物のそれであるように」(山本 1958: 33)、「万物は火から成立し、またそれへ解体する」(同：36) という言葉にあらわされている思想を、アリストテレス他が要約したものである。現在では、この思想は万物流転とともに、ヘラクレイトスの思想の核として伝えられている。とはいえ、哲学者自身によって火が召喚された理由は、元素としての火の始原性というよりは、火の「ロゴス、あるいは純粋理性」にあるらしい（Эйзенштейн 2002b: 658）。「火の転化。先ず海、次に海の半分は土、その半分は雷光。……土は溶ければ海、そして計れば、以前それが土となるまえにあったと同じ割合（logos）になる」（山本 1958: 33）という表現に認められるようなロゴスである。ヘラクレイトスは、ゆらめき（対立し）つつもその姿を保ちつづける（一致する）火にロゴスを認めた。エイゼンシテインが問題としているのも、火というよりは運動原理・「変化にとむ自然力」としての炎である。

「前＝大洋としての炎」は海よりも自然力にとみ、「炎の自然力への侵入は母胎への侵入でもある」と主張するエイゼンシテインは、《ヴァルキューレ》第三幕の演出において、空中にうかぶブリュンヒルデと彼女をとりかこむローゲの炎――幕に投射された――とによって、母胎回帰（「再生」）の契機を二重にしめした（図20）。この炎の環は「ヴィイ」（N・ゴーゴリ、一八三五）に登場するホマーの環と比較されている。炎の自然力をバリ島の火葬儀礼にさぐってゆくのが、「バリ島とバイセクシュアリティ」の目的である。

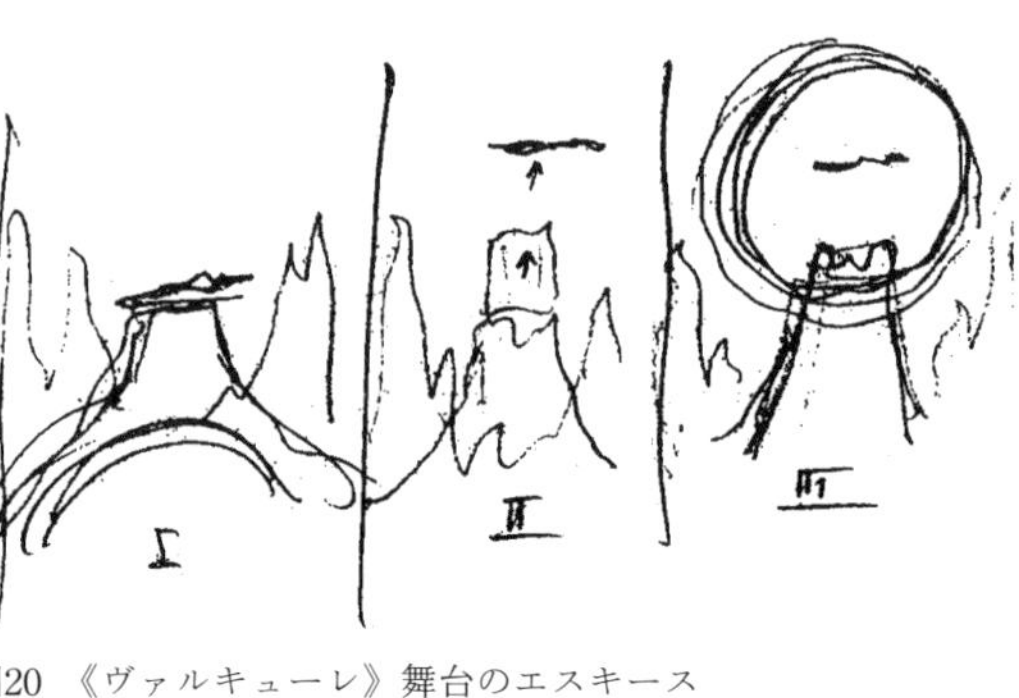

図20 《ヴァルキューレ》舞台のエスキース

バリ島の火葬儀礼には、金箔、金紙、色布で荘厳に飾った火葬塔（バデ）と遺体を納める動物――牛、半象半魚（ガジャミナ）、翼の生えた獅子（シンガ）――の姿をした動物型火葬棺（ブトゥラガン）が用いられる。バデは世界樹と同じく、バリ人の世界観を象徴的にしめす縮減模型である。火葬に先だち、遺体は一時的に墓穴に四二日間うめおかれる。火葬に備えて墓からほりだされた遺体は、白布にくるまれて火葬輿のバレ・バレアン（塔の中ほどにある）に移される。そのあと、塔と棺は死者の家から火葬場へ、舞踊や音楽をともないながらにぎやかに運ばれてゆく。火葬場につくと、遺体は白布をとかれて棺に移される。

呪術儀礼（マウェダ）をとりおこなう祭司がトランスにおちいり、アンクルがたけだけしく鳴りひびき、人びとがヤシ酒に酔いしれるなか、遺体は棺ごと荼毘に付される。やがて遺体が骨・灰になると、それは集められて真言「アン・ウン・ムン」の刻まれた骨壺に納められる。骨壺は海（あるいは河）までもってゆかれ、そこで骨・灰がまかれ儀礼は終了となる。こうして魂は肉体から解放される。この葬儀のなかでエイゼンシテインが着目したのは、火葬塔の構成と儀礼の流れである。真言「アン・ウン・ムン」を図像化したオンカラ（図21。コバルビアス 1991）の構成と火葬塔（図22。同）の構成とをつきあわせながら検討したすえ、彼は独自の分析結果を出した。

オンカラの構成はというと、縦の棒（ナダ）がリンガ（男根）を、三日月がヨニ（女陰）を、その下の円（ウィンドゥ、アウイハワンドゥ）が両性具有神をあらわしている（同：303-04）。エイゼンシテインはウィンドゥをさらに分析し、太極図と比較したり、図23のように解釈したりしている。一方、バデの方は頂点にリンガをいただいている。そ

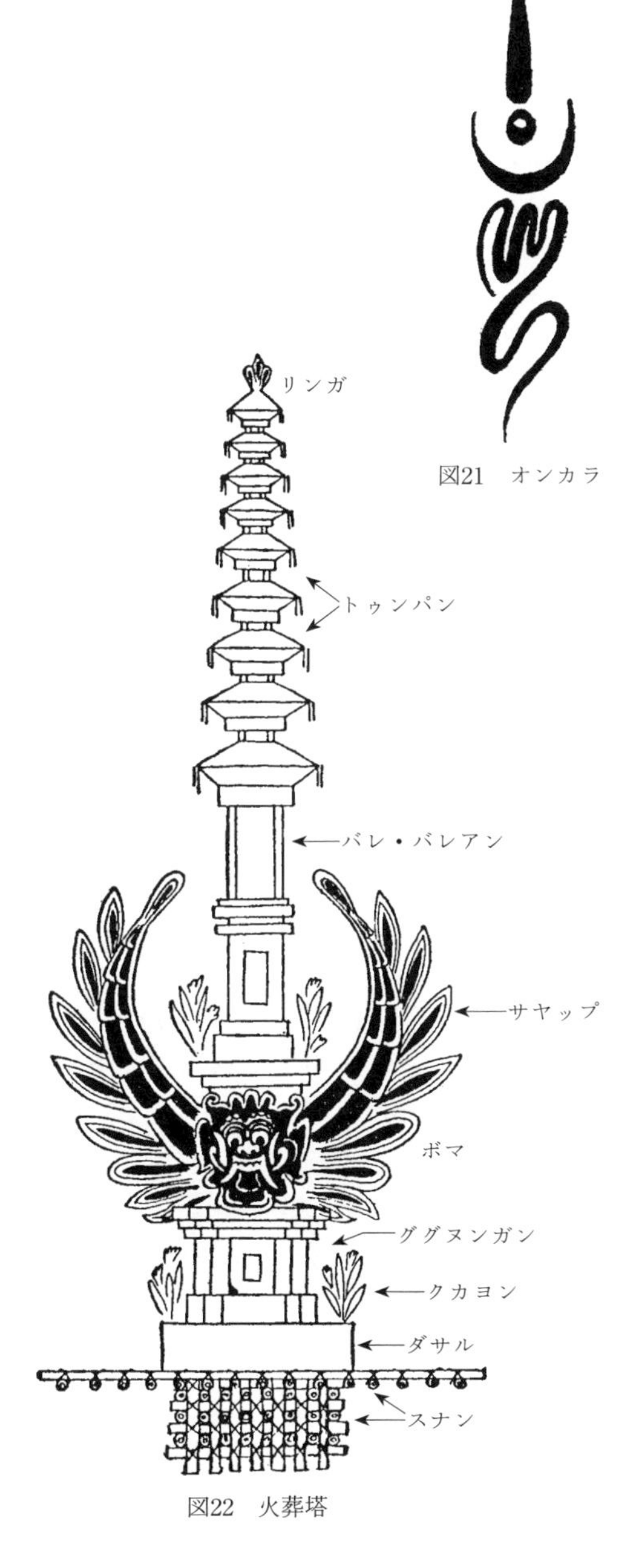

図21　オンカラ

図22　火葬塔

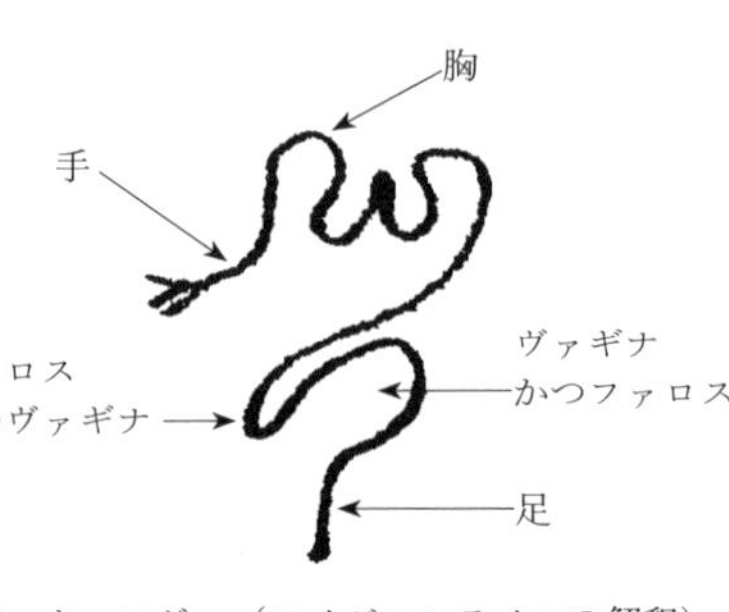

図23　ウィンドゥ（エイゼンシテインの解釈）

の下のパゴダのような重層屋根（トゥンパン）は天を、中間のバレ・バレアンは家を、その下の三段の台は山々（ググヌンガン）を、そして山々の下の台（ダサル）は黄泉（ブール）の国をあらわす。これら全体を二匹の蛇（アンタボガ神）がからむ土台（スナン）、世界亀（ブダワン）がささえている。図のボマ神は大地の息子と称される守護神であり、クカヨンは森の葉や花をあらわす（同：359‒60, 371）。

エイゼンシテインはオンカラにひきつけて、こうしたバデの構成を両性具有の視座から読みといてゆく。すなわち、リンガ・トゥンパンをリンガ（ファロス）とみなし、サヤップ（鳥の羽）をヨニ（女陰）と捉え、そのあいだにあるバレ・バレアンをファロスと「ウテルス（子宮）」の結合（「完成の象徴としてのヘルマフロディトス」）とするのである。トゥンパンの層の数は奇数になっているが、奇数が陰陽思想の陽（男性）に属することも言及されている（ヘルマフロディトスにふれるさい、エイゼンシテインはバルザック『セラフィタ』［一八三四］、さらにはE・スウェーデンボリへの注意をうながしている）。こうした解釈は勢いあまった故の行き過ぎともうつりかねないが、女性性、男性性、両性具有性が性の問題をこえて、自然力・数的論理をまきこんで世界原理として展開されていること、それを体現している文化がいま現在でも存在することを、エイゼンシテインは理論的に確認したかったのだ。このとき、エイゼンシテインは歴史相対主義の視座にたっているといえる。

一方、火葬儀礼の過程はつぎのようにまとめられている。

母胎――

墓穴のなかの四二日間（魂が他のものと一緒に出てゆくのを妨げないように、口から地上に管をだす）

牛の腹（子宮）のなか（動物界）

骨壺のなか
コスミックな自然力（cf ヘラクレイトス）——
火葬輿のバレ・バレアンのなか（ウィンドゥ＝バイセクシュアリティ）
火のなか（火葬）・自然界
水のなか（散灰）・自然界

植物界——
樹のなか（内部をくりぬかれた木製の牛）

（Эйзенштейн 2002b: 534）

「……のなかに（B）」という前置詞のもとに、母胎と墓穴、母胎とコスモス、自然界、動物界、植物界が重ねられ、これらのあいだに連続性が作られる。そこにみられる、肉体（遺体）から遺骨・遺灰がまかれる海にいたる過程を逆にたどると、われわれが誕生するまでの「コスモゴニー」を反復することになる。エイゼンシテインの考える火葬儀礼の構造の意味はここにある。彼は墓穴（母胎）から遺体をほりだすという事柄を逆埋葬とみなし、それを逆回転撮影に喩えたうえ、C・フラマリオン『ルーメン』（一八七二）と比較している。

『バリ島』では、平均的な寺院はふたつの庭からなる。庭の入り口にはそれぞれ門がしつらえてあり、それらをくぐってリンガをまつってある祠（グドン・プシンパガン）にたどりつくことになる（図24。コバルビアス 1991: 281–88）。エイゼンシテインはこのふたつの門に焦点をしぼり、両性具有的視座から推論を展開してゆく。最初の外庭の門はひとつの門をまんなかでわった割れ門（チャンディ・ブンタル）になっており、内庭の二番目の門（パドゥ・ラクサ）は、それとは反対に割れ門をくっつけた姿をしている。割れ門に関しては諸説存在するが、そのなかに、右（テゲン）は男性を、左（キワ）は女性をさすというのがある。この説にもとづいて、エイゼンシテインは持論をくりひろげる。ふたつの門をくぐるというのは儀礼を意味し、それは性の分割と統一を疑似体験することだというのである。バリ島ではシワ（シヴァ）神は両性具有神としても男性神としても考えられており、内庭の祠のリンガはシワ神をあらわしている。

ここでエイゼンシテインが両性具有といっているのは、「一〇〇パーセント男性でも女性でもある」状態だ。それは接合ではなく組み込みによって可能となる。シワ神のイメージをより鮮明にするために、古代中国の両斧（図25）、中央から黄身が飛びだしている目玉焼き、陰核（小ペニス）のついた女性器が類例として動員されている。また男性性（感覚的物質・芸術作品）によって女性性（イデー・構想図）が実現されるとするゴーゴリの論攷「女性」（一八三一）

Q P O N M L R K H J I S F G カジャ E カウ カギン D クロッド C A B

バリ寺院の典型例の見取り図

A—割れ門、チャンディ・ブンタル
B—クルクル塔
C—台所、パオン
D—バレ・ゴン
E—巡礼のためのバレ
F—儀礼門、パドゥ・ラクサ
G—脇門
H—パルマン、別名ププリッ
I—グルラー・アリット
J—グルラー・グデ
K—グドン・プシンパガン
L—パドマサナ
M—グヌン・アグン
N—メル
O—グヌン・バトゥール
P—マオスパイト（ムンジャガン・スルアン）
Q—タクス
R—バレ・ピアサン
S—バレ

図24　寺院の見取り図

図25　両斧

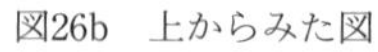

図26b　上からみた図

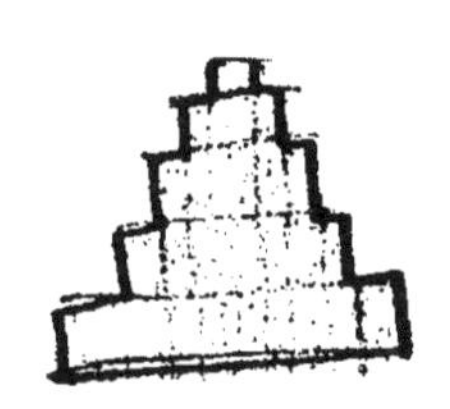

図26a　下から見た図

も、エイゼンシテイン風に紹介される。「女性＝イデーが男性の身体＝イデーの形式へと入ってゆく」（Эйзенштейн 2002b: 658）。

入り口と内で隣りあう門の関係を解明するために、論攷ではここでいきなり変化球が投げこまれる。『イマーゴ』に掲載された、「ヴェネツィアに死す」（T・マン、一九一二）に関するH・ザックス「死のテーマ」（一九一四）である。具体的にエイゼンシテインが問題とするのは、「夢解釈の法則にしたがえば、この隣接は内的相関をあらわす働きをする」（Там же: 658）という部分だ。ミュンヘンの北墓地で主人公のアッシェンバッハが眼にする、余所者が礼拝堂の門のところにたっている場面が、それにあたる。このザックスのテーゼがふたつの門に適用される。すなわち、ふたつある門は、ひとつがもうひとつを内包するという包含関係を隣接関係におきかえながらしめしているのである。内的関係が継起的過程に変換されたわけだ。トゥンパン——天をあらわす——にそくして、ふたつの関係はいいかえられている。隣接関係は「眼にみえる」もので、包含関係は「意味される」ものである。メルのトゥンパンを下からみあげた図（26ａ）と上からみた図（26ｂ）が例解としてしめされている。

さらに、エイゼンシテインは隣接関係と包含関係を映画にあてはめてみせる（Там же: 536）。映画の場合、隣りあうショットは「ショットにかぶさるショット」、いわば階層関係として捉えることができる。その階層関係は、「包含関係」としての「階層関係」とみなしうる。次つぎとあらわれるショットは、先行するショットのうえに重ねられてゆく、つまりは内部に蓄積されてゆくのである。

◎

「MLB」、「MIb について」は、エイゼンシテインがさまざまな領域からとってきた両性具有・母胎回帰を契機とする図像、事物、文学描写にあふれかえり、それらがもたらす驚きのために、論攷には熱気がみなぎっている。詳細にふれている余裕はないが、それらの名前なりともここにあげておきたい。

『戦争と平和』におけるプラトン・カラタエフの性格づけ（身体、言葉、動き、頭の形等のすべてにおいて丸い）、骨

〈男性性〉と管〈女性性〉からなる身体、聖像画における光輪（ニンブス）〈横になった環〉、聖職者の剃冠、身光（マンドルラ）[19]に包まれたキリスト〈縦の環〉、アメリカの結婚式における環くぐり、薔薇窓とポルタイユ、中国の円形の門、サーカスの環くぐり・円形舞台、指輪、王冠、環を身体につりさげたN・フォレッゲルの登場人物、市松模様の衣裳、男優のしめる帯、『賢人』のある場面――V・ヤヌコヴァの衣裳のドレスが丸く脱げおちる、その下には乗馬ズボン〈異性装（トランスヴェスティズム）〉↓彼女は脱げた衣裳の環を出て曲芸棒をのぼってゆく、曲芸棒の先端には女性器をさししめす三日月↓曲芸棒をささえていたA・アントノフが棒を離し、棒をかこむ絨毯の環から外にぬけでる、ヤヌコヴァは先端の三日月をつたってバルコニーに出る↓「老人」クルチツキイが若がえり若者となる――、ヴァギナ・デンタータを模した『レーナ』〈プロレトクリト、一九二二〉の舞台美術、パリ凱旋門とそれをとりかこむ環、スカラベの球状の糞……。

『白痴』、『イヴァン雷帝』

「MLB」所収の「『白痴』と『イヴァン雷帝』」（Там же: 305–15）では、母胎回帰を軸にして、文学作品と映画作品の比較検討がおこなわれる。ここでとりあげられるのは、記号的差異ではなくて「主題展開（シュジェト）」の同一性である。『白痴』[20]と『イヴァン雷帝』を較べる発想もさることながら、母胎回帰と父殺し〈息子殺し・兄弟殺し〉を抱き合わせにして適用するというのはなかなか思いつくものではない。エイゼンシテイン自身の表明によれば、『イヴァン雷帝』がドストエフスキイを模倣したから同じような構成ができあがったのではなく、二作ともに「深層の図式」、「神話的基盤」、「同一の構造」にもとづいているからそうなったのである（Там же: 311）。とはいえ、『イヴァン雷帝』の分析はポストアナリシスであり、同一の図式、基盤、構造はあくまでもあとからみいだされたものにほかならない。

まずは、兄弟殺しからみてゆこう。これはフロイトの原父〈父殺し〉のヴァリエーションとしてしめされている。エイゼンシテインの理論では、父殺し〈ライオスとエディプス〉、子殺し〈サトゥルヌスと五人の子、ゴーゴリのタラス・ブーリバ、『ベージン草原』〉、兄弟殺し〈カインとアベル〉は同じ問題系、「エディプスの図式」に属する〈エイゼンシテインの「エディプスの図式」では、父殺しとともに近親姦――《ヴァルキューレ》のジークムントとジークリンデのように神話的な――が重要な位置をしめる）。兄弟の場合、兄が父の代わりをつとめる。
『白痴』のロゴージンとムィシキンも『イヴァン雷帝』のイヴァンとウラジーミルも、兄弟関係にある。前者のふたりは互いに十字架のペンダントを交換することで兄弟の契りをかわし、後者のふたりは従兄弟同士で、イヴァンはウラジーミルのことを「兄弟（ブラチク）」と呼ぶ。これらの兄弟関係はいずれも対称的なものではなく、どちらにおいても片方が病のしるしをおびている。ムィシキンは癲癇持ちだし、ウラジーミルは「子供のようにナイーヴ」で、他者の保護を必要とする。ウラジーミルに対して、エイゼンシテインは「白痴（イジオト）」という言葉を使う。これらの特性は聖痕（スティグマ）とみなすことができ、それをおびる者はつねに母胎的なものに近接する。「兄弟殺し」の関係におかれている両者は、それぞれ争いの種――ナスタシア・フィリッポヴナと国家権力――を抱えている。酒宴の道化劇でウラジーミルがかむるモノマフの王冠（シャプカ）は国家の象徴であるが、エイゼンシテインはそれにもうひとつのコノテーション、女性性を含みもたせた。

　エイゼンシテインによれば、兄弟殺しは生物学的レヴェルにまでさかのぼることができる。その点では、象徴的な父子関係より根が深い。ロゴージンとムィシキン、イヴァンとウラジーミルの兄弟殺しが「母胎における兄弟殺し」（Там же: 308）とされる理由はここにある。多産な動物、たとえば犬の子は「すべて多生児（スーパーツィンズ）」だ。ある説では、人間も初めは「つねに双生児としてあり」、片方がもう片方を「食べつくす」ことにより、結果的にひとりとしてうまれてくる。もしそうだとするなら、われわれは単独のひとりの人間になるのである。「食べつくし」が不完全だったり、おこなわれなかったりすると、シャム双生児のような「フリークス」や双子が誕生することになる。そのようなフリークスの図解として、ポサダの版画（図27）がかかげられている。

　こうした兄弟関係をかかえているがために、『イヴァン雷帝　第二部』、『白痴　第二部5』では、聖痕をおびた方が母胎へ「つきおとされる」ことになる。ウラジーミルは殺害され、ムィシキンは殺害を免れるものの癲癇をおこして階段から落下する。ムィシキンにおいても、回帰は望ましき再・新生をもたらすわけではない。

図27　フリークス

事件としての母胎回帰の過程は、以下のように三段階にわかれている。

(1)「前触れ(プレドナチェルタニエ)」。イギリス・ルネサンス演劇では、本編前のパントマイムによって内容の予告がなされており、「前触れ」はそれと同じ役目をはたす。また、『白痴』でも『イヴァン雷帝』でも、事件を予示するものとしてナイフが登場する。

(2)事件への導入。両作では「彷徨・歩行(ホート)」がそれにあたる。ムィシキンはホテル(事件の現場)にもどるまで街なかをさまよい、ウラジーミルは躊躇しつつ歩きながら殺害の場へとむかう。導入と事件の場との境界も用意されている。『白痴』ではホテルの門が、『イヴァン雷帝』では宮殿から大聖堂の身廊、柱廊につづく螺旋階段がそれに相当する。螺旋階段の最後の一段は、ウラジーミルのためらいをあらわすかのように「螺旋状に(ヴィントム)」屈曲している。門や螺旋階段のところでムィシキンやウラジーミルの情動的負荷(絶望、恐怖等)は著しく高まり、強度の増大につれて時間は圧縮され、しだいに無時間的なものにかわってゆく。

最初の案では、螺旋階段は「複数の廊下、階段、ホールをぬってゆく迷路(ラビリンス)」になっていた。迷路の効果を高めるために、エイゼンシテインはこのシークェンスを「一〇分間」におよぶトラヴェリング・ショットで撮るつもりだった(Там же: 618)。幸いにも、第一案の絵コンテが残されている(図28)。予算の関係で、長回しは従来通りのモンタージュ・スタイルに変更されたのだが、第一案が実現していたら、エイゼンシテイン映画の評価は一変していたかもしれない。迷路といえば、ムィシキンがさまようペテルブルクの街も、彼には「見知らぬラビリンス」とうつっている。

(3)事件であるが、エイゼンシテインは事件の場に三つの契機をみている。ひとつは、「人びとがつどう場所」——教会とホテル——が択ばれていること。それらは「生産のための腹」とされている。ひとつは、ムィシキンもウラジーミルも事件のさい「脱自(エクスタシー)」状態にみまわれること。この場合の脱自は高揚ではなく心神喪失の方である。ムィシ

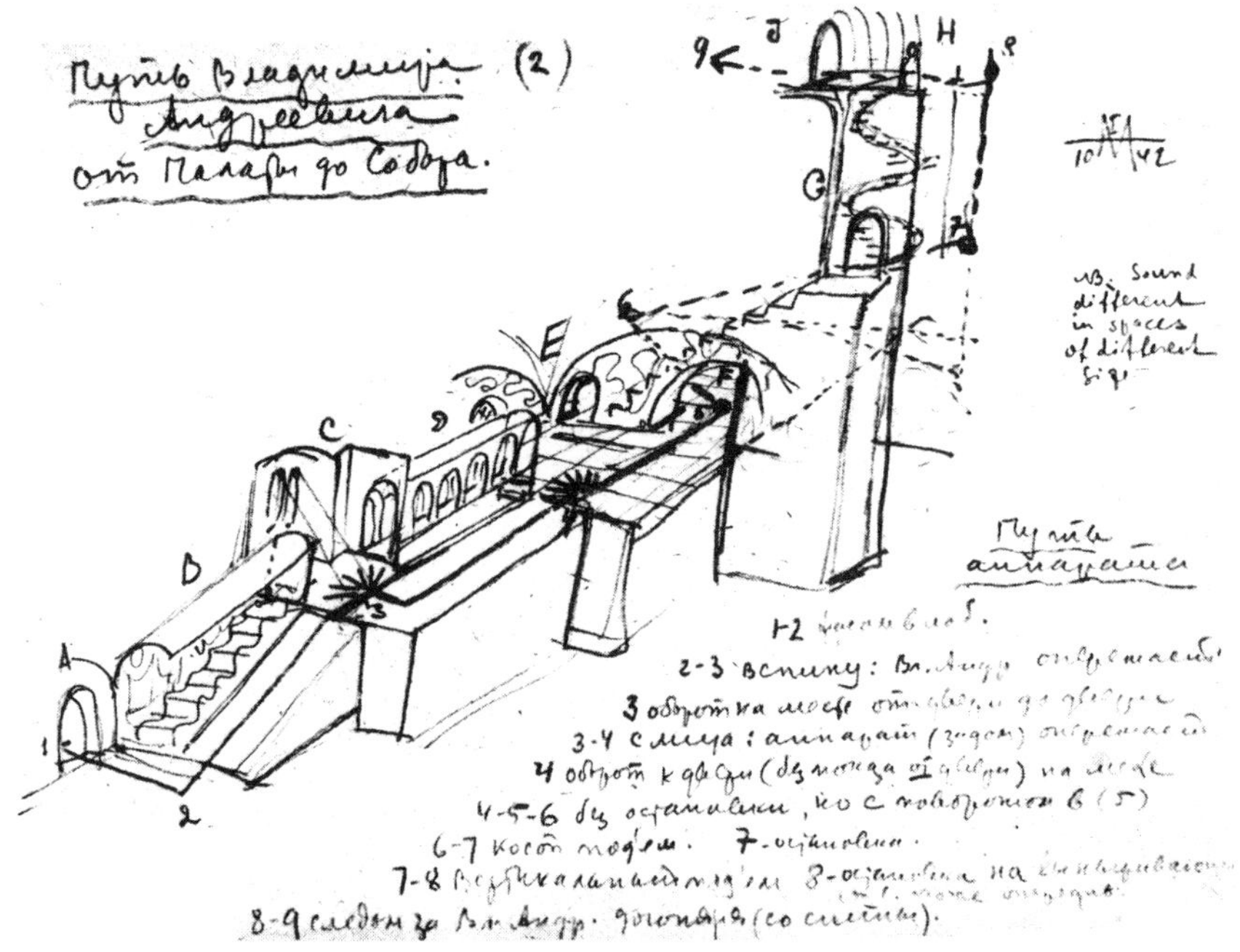

図28　『イヴァン雷帝』の絵コンテ

キンは癲癇の発作におそわれ、ウラジーミルは宮殿の出口でこれからおこることを「予感し」、酒宴の「酔い」からいっきょにさめると同時に顔がこわばる。ひとつは、頭と足にかかわることである。気絶したムィシキンは頭から階段を落ちてゆき、殺害されたウラジーミルは足をひきずられながら「ちいさなドア・穴」の方へ運ばれてゆく。このふたつの違いは、出産と埋葬のさいの頭と足の向きの違いに重なる。「故人は「足から先に」運ばれてゆく。おそらくは、それは死んだことがわかるように、「出産とは逆である」のをしらせているのだろう」（Там же: 314）。ムィシキンが頭から血を流したり、気絶するまぎわに「内側からの常ならぬ光が彼の魂を照ら」したりするのも、出産に結びつけられている。

　エイゼンシテインは癲癇の発作を「至福直観（vision béatifique）」（神を直接みること、神との完全な和解）と対にし、両者をエクスタシー「症候学」――「母胎内の状態」への回帰・再現――の両極に位置づける。極同士の症候は

図29　大聖堂内部

「交差」している。どちらも無時間的なものである。至福直観の回帰が「外に出てゆく」のにたいして、癲癇のそれは「内に入ってゆく」。しかし、「本質的には」どちらの「動き」も「球体への侵入」、つまり「球体＝宇宙」、「球体＝腹」への侵入にほかならない。宇宙の球体性が証明される以前から、Ａ・ビアスが描いたように、天空は「母胎」として描出されてきた、とエイゼンシテインはつけ加えている。

殺害の場となる大聖堂に「母胎のイメージ的意味」をもたせるために、エイゼンシテインはＡ・モスクヴィンに照明による「解決」を提案した。具体的には、「夕方の五時か朝まだき」の明るさにしてほしい、というものだ（図29。Там же: 309)。また音楽についても、大聖堂シーンのためにテーマ音楽「親衛隊（オプリチニキ）の誓い」を作曲してくれるよう、プロコフィエフに依頼している。こちらは、「陣痛のリズムで」という指定がついていた（Там же: 618)。

ドガとゴーゴリ

ドストエフスキイと『イヴァン雷帝』のつぎは、ドガとゴーゴリである。両者のあいだに直接の結びつきはないにしても、母胎回帰をふたつのあいだにおくと、思わぬ結びつきが浮かびあがってくる。こうした発見の美学を、エイゼンシテインは「外科手術的美学」（Эйзенштейн 1997b: 60）と名づけている。複数の対象に働きかけ、そこから共通のものをひきだすという行為は、引用における対話とも無関係ではない。ドガとゴーゴリについては、「MLB」における「ドガ《水盤（たらいで湯浴みする女）》――ドガ→ゴーゴリ」（Эйзенштейн 2002b: 338–48）、「Mlb について」の「ゴーゴリに寄せて」（Там же: 541–44）、「Grundproblem とゴーゴリ」（Там же: 547–48）で論じられている。

エイゼンシテインがドガとゴーゴリのふたりに注目したのは、彼らの作品に Mlb の現れと考えられる同心円・同心角が認められるからだ。キリストを包む身光（マンドルラ）も、トゥンパンを上からみた図も、同心円や同心角になっていた。ここでエイゼンシテインが問題としているのは層状形態だが、単一円は同心円・同心角を抽象化したものにほかならない。同心円・同心角の層状性は水や光の波動を反映するもので、生成過程、時間＝運動、胎内に蔵するものの多様性をさしていると思われる。

「ドガ《水盤（たらいで湯浴みする女）》――ドガ→ゴーゴリ」は、フレーミングをめぐるふたつの映画スタイルの話からはじまる（Там же: 338）。ふたつとは、「フレームを充たす」ものと「カメラの前でおこっていることを切り取る」ものである。第三章でのべたフレーミング、脱フレーミングにほかならない。こうしたショットの「構成」・演出（ミザンカードル）を、クレイマン（Там же: 624–25）はクレショフ的、ヴェルトフ的と呼ぶ。さらに、『ストライキ』から『イヴァン雷帝』に移行するにつれて、エイゼンシテインのスタイルはヴェルトフ型からクレショフ型へとかわっていったとのべるとともに、両スタイルが相互補完的なものであることも確認している。

クレショフ型のようにフレームが求心的に作用すると、画面は「均衡のとれたもの」になる。それにたいして、フレームが遠心的に働くと、いわゆるオフスクリーン空間がよびこまれ画面の均衡はいったんくずれる。そののち、動的平衡がうまれる。かつてN・バーチ（Burch 1981: 17）が六種類に分類したようなオフスクリーン空間がスクリーン空間に想像的に流入するのである。[21] オフスクリーン空間をスクリーン空間にまきこむ脱フレーミングは、クロース・アップ（pars pro toto）とも大いにかかわる。

ドガの空間構成も、枠の外の空間、いわばオフカンヴァスを呼びこむものとなっている。スナップ写真のように部分的にきりとられた画面構成は、手法として択ばれたものである。ここで画面を完結とは異なる方向に導いてゆくのが、同心円にほかならない。エイゼンシテインは《水盤（たらいで湯浴みする女）》（一八八六、図30）をとりあげながら、そのことを説明してゆく。

一見してわかるように、この絵画にはいくつかの枠づけ（フレーミング）――円と四角をあわせた――が認められる。ここでエイゼンシテインは、第二章でみたV・セロフ《女優マリア・エルモロヴァの肖像》を想起するよううながしている。《水盤（たらいで湯浴みする女）》には、「三重（四重）の」、「多重枠」、「多回的限定」が認められる。すなわち、たらい（＋女の背中）、床と壁の接線＋水差しやブラシののった台、絵画の枠である。たらいと女の背中はあわせてひとつの円と考えることができる。この絵画では、円は四角へ「再編」されており、エイゼンシテインはこの再編の裏に、母胎の円から住居の四角への変容をみる。母胎を外部に投影したものが部屋とされている。また、同心円は「非合理的な螺旋の線を合理化したもの」と考えられ、ドガにはどちらの構成もみいだすことができる。

多重枠を実現する事物として、マトリョシカ、タマネギ、カンガルーといったものがあげられている。その基本的機能は「包みこむこと（wrapping）」にある。Mlb・女性と wrapping とを結びつけるために、ここでエイゼンシテインは荒業を用いる。民衆語源・こじつけの語源を援用するのだ。すなわち、漢字の「母」＝「子」＋「袋」、woman ＝ womb ＋ man といったものである。ドガの個人史からみても美術史的に考えても、同心円と Mlb を関係づけることの正否についてはなんともいえないが、ドガの絵画に同心円的・螺旋的構成が認められ、そうした絵画の主題的人物がバレリーナ、娼婦等の女性であるのはまちがいない。また、友人の画商A・ヴォラール（1984: 233-36）

が伝えるように、ドガが額縁に対して異様ともいえる偏執ぶりをしめしていたのもたしかである。

　エイゼンシテインのドガ論はこれで終わりではなく、モーパッサン「テリエ館」（一八八一）の挿絵を経由したのち、ゲーテ『ファウスト 第二部』（一八三二）の原母・母たち、一妻多夫制、E・ゾラ『ジェルミナール』（一八八五）へと拡がってゆくが、われわれとしてはここで足をとめておこう。

　ゴーゴリにおいても随所に「包む」ものがみいだされるが、ドガのMlbが視覚的であるのにたいして、こちらは「象徴的イメージ」や「二重の意味をもつ対象」としてあらわされる。ゴーゴリは事物に託すかたちで女性（性）をしめすのを得意としたし、またその生活においては消しさったようにみごとに女性の影はみあたらない。そのためもあり、ゴーゴリの女性（性）には謎がつきまとう。この謎を主題にしたT・ランドルフィ「ゴーゴリの妻」（一九四四）という小説があるくらいだ。

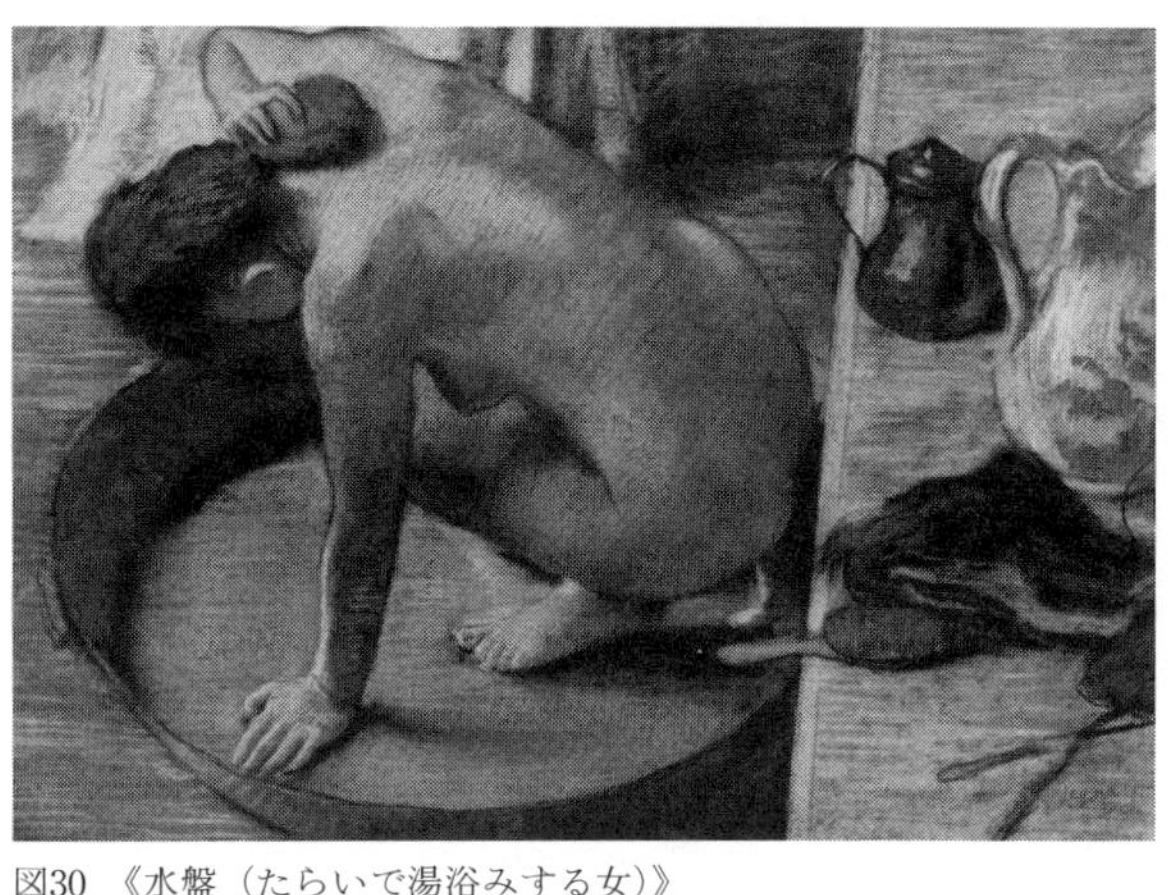

図30 《水盤（たらいで湯浴みする女）》

　エイゼンシテインが「Mlbへの具体的退行」（Эйзенштейн 2002b: 542）をみいだしているのは、「ネフスキイ大通り」（一八三五）、「タラス・ブーリバ」（一八三五）、「馬車」（一八三六）、「外套」（一八四二）、「結婚」（一八四二）等の作品においてであり、「包みこむ外套」、「抱きかかえる〔……〕馬車」、「あたたかい外套」、チチコフの馬車といった描写対象においてである。「馬車（コリャスカ）」では、最後の場面で馬車のなかに隠れていた主人公チェルトクツキイが発見される。そのとき、彼は寛衣、膝掛け、蔽い革にくるまれていた。馬車を「乗りまわすこと」に対してゴーゴリが「偏愛をいだいていること」も指摘されている。エイゼンシテインのあげるゴーゴリのMlb象徴体系――箱馬車（カレタ）、スイカ、腹（ブリュハ）、四輪幌馬車（コリャスカ）、三頭立て馬車（トロイカ）等――においても、圧倒的に馬車の比率は高い。

Mlb だけでなく色彩その他においても、ゴーゴリはエイゼンシテインの関心対象でありつづけた。それはゴーゴリが文化の古層に根をおろしているからだ。「ゴーゴリの神話主義はイメージの記憶によってレヴェル一と三に巣くっている」(Там же: 547)。エイゼンシテインは「Grundproblem とゴーゴリ」において、記憶のレヴェル(社会的・生物学的)の視座から母胎回帰について考察を加えている。そのさい、レヴェルは三つにわけられており、引用文のレヴェル一と二はそのなかのものをさす。(1)社会的な未分化性と生物学的未分化性を記憶にとどめているレヴェル、(2)社会的にも生物学的にも分化・差異化が進み、レヴェル一のことは記憶の外に排除されている、(3)社会的・生物学的な分化と差異化は第二レヴェルにあるものの、第一レヴェルの記憶が「深層」に保たれている。これは芸術家のポジションにほかならない。「歴史的」にみれば、深層は歴史の「上」にあるのでもそれを「超えて」存在するのでもなく、歴史の「外部に」、それ「以前の」ところにある。エイゼンシテインがこうした分類をこころみたのは、深層への芸術的「飛躍」を説明したかったからにほかならない。

コリャスカ(馬車)にこだわるのは、ゴーゴリばかりではない。エイゼンシテインはゴーゴリ論につけ加えるかたちで、「わがコリャスカ(乳母車)」について分析している。監督が自負するように、「オデッサの階段」の乳母車は、彼の映画のなかでは「いちばん有名なイメージのひとつ」である。軍靴に踏みしだかれる「乳母車＝母胎」をさして、エイゼンシテインは「最も偉大なもの――母胎、天国、ニルヴァーナ、等々」の破壊といっている。母親・赤ん坊の換喩であった乳母車は、階段を一段いちだんと落下するにつれ、母親・赤ん坊よりも大きな意味をもつ象徴的存在になってゆき、やがて母親・赤ん坊はその陰に隠れてしまう。モンタージュのイメージ運動のなかで物が人にかわって雄弁に語るようになる――この転換には、エイゼンシテインの技法と力量がしめされている。

第五章　感覚的思考

1 原論理

最終章を構成する三つの節――「原論理」、「精神工学」、「表現運動」――は、これまでの章以上に緊密な関係で結ばれている。互いにいりくみながら一体化しているものを便宜的にきりはなしたために、たとえば、同じ節にくみこまれるべき退行、エクスタシー、I・デ・ロヨラの霊操といったものが、1節、2節、3節に別々に属することになってしまった。同様のことは節内部の項についてもいえる。たとえば、「原論理」は三つの項「隠喩」、「退行」、「ディズニー、原形質」からなっているが、これらも本来は截然と分節できるものではない。そういうわけで、この章の推論は行きつ戻りつしながらひとつのテーマ、感覚的思考[1]にそって進んでゆくことになるだろう。もちろん、事態は第五章内に収まるはずもなく、先行する章、節、項にもおよぶ。言い訳じみたことをつらつらとのべたが、ループを描いて進むそうした回帰的推論は球体本の意図にかなうものでもある。

隠喩

隠喩(メタファー)についてはクロース・アップ他のところですでにふれているが、この修辞法はエイゼンシテインにとってたんなる修辞にとどまらない大きな拡がりをみせる。それは映像言語にかかわりをもつほか、イメージ、神話、感覚的思考に深く浸透している。

エイゼンシテインはA・ポチェブニャにならってロシア語 метафора を古代ギリシア語にまでさかのぼり、meta-

（変化）＋ phora（運ぶこと）、пере-нос（転＝移）という意味を語の核にみいだした（Эйзенштейн 2002b: 283）。彼が依拠しているポチェブニャ『思考と言語』（一八六二）は、アリストテレス『詩学』（前三四〇年代執筆）からつぎの定義を引いている。「語の「隠喩（メタフォラ）」というのは、あるものごとに対して、本来は別のものごとを名指す語を転用（エピフォラ）することであり、その転用のされ方には〔……〕類似関係（アナロゴン）にしたがって転用される場合がある」（1972: 333. 訳語を一部変更）。エイゼンシテインは引用文の「転用」に含まれる運動性に着目する。P・リクールも、『詩学』において metaphora が動詞形「metapherein（隠喩する）」になっているケースに注目し、隠喩においては結果よりも過程の方が重要だとする（1984: 24）。

　過程としての言語というと、内的独白のところでふれたJ・ジョイス、さらにはN・マールが想起される。生成状態におかれたジョイスの詩的言語（カオスモス）にふれながら、エイゼンシテインはマールの講義を思い浮かべていた（Эйзенштейн 2000: 363-65）。ここで召喚されるマールは言語上部構造論のマールでもヤペテ単一祖語論の彼でもなく、「言語古生物学」のマールにほかならない。それは文化・言語の深部を精力的にさぐりまわるマールである。マール体験とは言語の潜勢力がおりなす奔流に投げこまれることをさす。日本語「背中」から「セネカ」、「スピナ（背中）」、「スピノザ」を同時並行的に連想する（Эйзенштейн 2002a: 50）エイゼンシテインにしても、マールを前にして「ポリフォニー的思考」、「多量の思考や多量の運動からなる多面的流れ」、「並行面」といった言葉を口にするしかなかった。エイゼンシテインの眼に、マールの姿は自在に「言葉の魂（言霊）」をあやつる魅惑的な魔術師にみえた。「分析対象の言語と特性が一致する膨大な量の言語を同一現象とみなして渉猟するマールの思考」は、隠喩的なものといってよいだろう。

　隠喩の運動性に着目したエイゼンシテインは、それを動詞にさぐり、「隠喩の動詞性」（『モンタージュ』Эйзенштейн 2000: 256-71）という論攷を残した。そこでは、「属性」の転用である形容詞的隠喩、観者に行為をうながす動詞的隠喩という区別がなされている。

　興味深いのは、E・アジェが「動詞的隠喩によって」静物・風景を撮っているという指摘だ（Там же: 265-67）。アジェの隠喩は「形式の隠喩ではなく行為の隠喩」であり、その「魔術」は視覚的受容ではなく「運動的受容」に存する。「動詞的」といぅのは、われわれがアジェの写真をみているあいだに被写体への同化を「うながされること」をさす。鑑賞しているうちに、われわれはいつしか荷馬車に、木の根に、階段になってゆく。これは感情移入とかアブソープションとかといいうる事態だが、いまは動詞的隠喩のままにしておこう。「促し」によってわれわれが固有の位置から被写体の方にずらされてゆくことが、エイゼンシテインがここで意味する隠喩の運動性なのだ。アジェの写真が動詞的隠喩性をおびる原因がいくつかあげられている。すなわち、「実際の具体性と事実の対象性との境界をふみこえないこと」、「特性を無限に並べる画廊」になっていること、レンズが「任意のイメージと融合できる」、「主観的レンズ（サブジェクティヴ）」——対物＝客観的レンズ（オブジェクティヴ）ではない——になっていること、等々である。

　動詞性と隠喩については、さらに、ゲーテやA・プーシキンの「動詞ではあらゆるものが隠喩的である」という指摘がなされている。ここにいぅ「隠喩的」とは、たとえば「風景に積極的に働きかける」ことをさす。月に関して「照る（スヴェチト）のではなく照らす（オスヴェシチャエト）」と言ぅ場合、エイゼンシテインの解釈ではそれは風景に作用するということになる。ここでは、光のもとにおける月と対象の統一、主客の接合が隠喩的と考えられている。こうした用法はエイゼンシテイン固有の変格的なもので、ふつうは擬人法（活喩法）とみなされる。彼はもうひとつ「対象的隠喩」という変格的なものを提起している（Эйзенштейн 2002b: 512）。これはある対象が別の対象に「投影」されるのではなく変形するものをさす。L・キャロル『不思議の国のアリス』（一八六五）においてアリスの首が伸びたりする例が、それにあたる。基本的に、この隠喩現象は「感覚的＝イメージ的思考」の「定型（カノン）」であり、複数の対象を「情動（感情）的に受容するときに生じる同一性の原理」にしたがっている。正確を期すれば、対象的隠喩は融即と隠喩の中間に位置する。ここに変格的な用法を紹介したのは、エイゼンシテインが従来みすごされてきた隠喩の力を明らかにしようと力をつくしている姿をしめしたかったからである。

隠喩の中心に運動をみることは、言語をエネルゲイア（現勢態・活動）、生成しつつある発話行為とみなすW・フォン・フンボルトやポチェブニャの言語観（Потебня 1999: 28）からきている。連鎖的に、それは内的形式、イメージ、神話的言語、情動＝感覚的思考につながってゆく（内的形式については、第一章2節を参照）。

ラテン語 imago（イメージ）には、「像」とともに「比喩」という意味が含まれる。「私の考えでは、イメージというものは個々の隠喩が総合された結果イメージが形成されるとしている。エイゼンシテインも、個々の隠喩がいっしょになった総和・総合としてえられる」（Эйзенштейн 2000: 81）。たとえば、プーシキン『ポルタヴァ』では、ピョートル一世のイメージは「稲妻―眼差し」、「雷鳴―声」、「疾風―動作」、「感覚―激発」といった一連の「複合的隠喩」によって構築される。ここでは結果としての総合的イメージが問題とされているが、「稲妻―眼差し」がたたえる「射ぬくようなすばやさ・鋭さ」もまたイメージである。重要なのは隠喩が言語と非言語・言語以前（イメージ）の双方にかかわっていることだ。これは、夢や無意識のことを考えてみるとよくわかるだろう。

イメージの表現形式である隠喩は、詩の世界において名づけの機能をはたす。この場合、創造と始まりは一致している。名づけが連続した現実（詩的）を切り分けることだとするなら、連続的現実は隠喩によって差異化されることで新たな詩的現実性を獲得することになる。この場面では、隠喩はアダムの言語・神聖言語と同じ役目をになっている。エイゼンシテインはこうした隠喩を「原初的隠喩（プリミティヴ）」とみなし、運動機能の転移にからめてつぎのようにのべる。「ともかく、原初的隠喩は必ず言語の発生期にともない、その発生期は最初の転移の発想――運動、対象にかかわる発想ばかりでなく意味にかかわる発想でもある――が誕生する時期、つまり、身体の機能や活動を人間自体からその手のなかの武器へと「移す」最初の手段である武器が誕生する時期と、密接に結びついている」（Эйзенштейн 2002b: 123）。

隠喩による名づけは言語の／による創造であり、エイゼンシテインにおいて言語の創造は隠喩、転用語法一般、イ

◎

メージと一体になっている。これはポチェブニャの言語思想を踏襲するものだ。エイゼンシテインは『思考と言語』（一九一三年版）、『文学理論に関する覚え書きより』（一九〇五）から以下の部分を引きながら、このことを説いている。「言語および意識的な思考の出発点は直喩・比較である。〔……〕言語はこの最初の形式を複雑にしたものから生じる」、「言語におけるあらゆる意味は起源においてイメージにかかわるが、各意味は時間が経過するにしたがいイメージをうしなってゆく」（Там же: 122）。ポチェブニャのイメージはまずは内的形式としてあり（Потебня 1999: 161）、それは外的形式（言語音の形式）と意味内容を媒介するとともに、言語と言語以前のものをつなぎもする。

ポチェブニャもG・E・レッシング『ラオコーン』と同じように、基本的にはイメージと言語を対置している。「言葉とイメージはものごとの精神を半分ずつわけあっている」（Эйзенштейн 2002b: 123）というとき、彼はこの視座にたつ。内的形式としてのイメージをみるとよくわかるが、イメージは言語の意味形成に表象・「感覚的受容」の側面からかかわっている。考え方によっては、イメージが壊死したものが日常の意味になるともいえる。個体発達においてイメージが言語に先行するように、ポチェブニャ、エイゼンシテインでは、日常言語の前に詩的言語が存在する。「前に」というのは、発生論的には「先に」、構造論的には「深層に」ということである。

エイゼンシテインは映画を言語として／のように考えようとして、映画論に言語論をもちこむことになるのだが、その姿勢を言語中心主義と呼ぶのは正確ではない。実際、彼は言語芸術を映画として／のように読みといてもいる。その姿勢は中心主義・絶対主義ではなく、あくまでも相対主義・総合主義である。

◎

イメージを仲立ちとして神話の言葉と隠喩は結びついているが、両者は同質のものではない。クロース・アップのところでみたように、エイゼンシテインもそのことは認めている。彼はレヴィ＝ブリュールから「玉蜀黍は鹿である」（1953: 152）という命題を引いてきて、その事実を言語的成り立ちから説明する。エイゼンシテインの考えでは、これは隠喩ではなく、「表象」が形成される「決定的瞬間に」複合的に結びついたものである。複合的結合とは融即にほかならず、玉蜀黍と鹿は同一性、同形性、等価性によって結ばれている。また、エイゼンシテインは神話的意識に関して、「神話を創造し生みだす意識は、いまだ直接的理解と比喩的理解の区別をしらない」(Эйзенштейн 2002b: 197) とする。[2] これは神話的言語と詩的言語の話だが、B・ウスペンスキイ/Ju・ロトマンは「神話—固有名—文化」(Успенский 1996: 433-59) において、神話と詩に科学をくわえて三者の言説の違いを論じている。

まず、彼らは科学的記述と神話的記述とを区別する。そのために、ふたつの原子的命題が分析の対象としてしめされる。

世界は物質である。
世界は馬である。

前者は通常の説明文で、後者は『ウパニシャッド』からとられたものである。前者では「物質」が高次(メタ)レヴェルにおかれているのにたいして、後者では「馬」は対象(オブジェクト)レヴェルにある。前者の高次的記述は抽象的・論理的思考を可能にし、われわれを科学へと導いてゆく。それにたいして、後者では世界も馬も同じひとつのランクに属し、代名詞をもたない、いわば固有名のみからなる世界を構成している。隠喩が類似性のもとにふたつのものを等号で結ぶのに反して、固有名同士は等号でつなぐことはできない。ウスペンスキイ/ロトマンは「世界は馬である」という命題に、「対象そのものの転移」をみている。これはエイゼンシテインの対象的隠喩を思わせる。

「神話—固有名—文化」では、神話と科学のあいだに詩がおかれている。三つの文化モデルは言説タイプの分類にかかわるものであると同時に、思考方法のそれでもある。詩が神話と科学のあいだにおかれた理由は、ふたつ考えられる。他のふたつを媒介する役割をになうこと、それから、詩と神話、詩と科学のあいだには移行・混成がおこりうるということである。

ウスペンスキイ/ロトマンの指摘で忘れてならないものがある。文化、意識が成立するには、異質な複数の言説タイプ・思考方法が必要であり、文化はふつうそれらの混成（ハイブリッド）状態として存在する、というものだ。この命題はV・V・イヴァノフ／ウスペンスキイ／V・トポロフ／A・ピャチゴルスキイ／ロトマン『文化の記号論的研究のためのテーゼ』（一九七三）でも提起されている（イヴァノフ他 1982: 224）。これを適用すると、映像（非離散的言語）と自然言語（離散的言語）という異なる記号体系をふたつながら擁する映画芸術は、ある意味で文化・意識の縮減モデルになっているということができる。ただし、映画における離散性・非離散性は相対的なものである。たとえば、単体ではショットは非離散的なものであるが、モンタージュの構成部分となるとき、それは離散的単位として機能する。

退行

隠喩の先には、「原論理（プラロギカ）」、感覚的思考の領野がひらけている。エイゼンシテインは論理段階を原論理、論理、弁証法と三つにわけており（Эйзенштейн 2002a: 443）、これらを継起的段階とみなすと、芸術作品において原論理が論理にわりこんでくる、論理が原論理にきりかわるような場合は、「退行（レグレス）」がおきていることになる。遅ればせながら、ここでことわっておくが、本章ではふたつのものを「退行」に含めている。ひとつは論理段階のもとになる原論理段階へ回帰する退行、ひとつは「原型的イメージ」を反復・再現する「転移（ズドヴィク）」である。原論理といっているものも、厳密には、論理以前のものと原型的イメージのふたつにわかれる。

エイゼンシテインは論理と原論理の関係をどのようにあつかったらよいのかをつきつめていったすえに、論理が原論理をくみこんで「螺旋状に」展開してゆく「弁証法」にゆきついた。これは、矛盾を止揚するものとは異なる運動の論理、いわばエイゼンシテイン固有の弁証法である。エイゼンシテインは原論理、論理をそれぞれ形式と内容に代表させ、その分離的統一・離接的接合を「芸術作品の弁証法」として語っている。くりかえしになるが、「映画形式」からの引用でそれを確認しておこう。「すなわち、意識が高次の思想の段階に沿って急激に上昇する一方で、同時にまた、形式の構造をとおって最も深い感覚的思考の層へも浸透していきます。このように二つの流れが対極に向かうことにより、真の作品の特徴である、形式と内容のみごとな緊張がつくりだされます。それなしには、真の作品は存在しません」（エイゼンシテイン 1986a: 201）。原論理と論理の関係は感覚的思考と論理的思考の関係に対応しており、感覚的思考は原論理を実際に展開したものとなっている。

退行は進化に対する対抗であり、退行を視野にいれるとき、芸術史についていえば、進化論にかわって定常観が浮上してくる。定常というのは、たとえば、言語のできはじめに存在した隠喩的操作が詩的言語のかたちをとって現在まで存続しているといった事態をさす。ここでいっている定常観は、中心と周縁の交替によって文学史をくみたてるJu・トゥイニャノフの定常観とはまた別ものである。

エイゼンシテインが定常観への確信を強めるにあたっては、いくつもの契機が介在しており、そのなかでもとりわけ重要と思われるのは、メキシコ体験、人類学的知見、それからマール、L・ヴィゴツキイ、A・ルリアらとの交流・研究会である。これらはいずれもメキシコ滞在（一九三〇―三二）の前後におきており、一九三〇年前後はエイゼンシテインにとって理論的転回点にあたっている。このことは、フォルマリズムにおける作品構造論から文学史への移行、M・バフチンにおける理論詩学から言説史・歴史詩学への移行と並行しているといえるだろう。

複数の研究者が指摘するように、古代から現代までの文明がひとつの国に共存するメキシコ文化・文明の在り方はエイゼンシテインを少なからず驚かせたし、それは時間の空間化へと彼を導いた。たとえば、クレイマンは社会制度にそってその様子をつぎのようにのべている。「メキシコで、セルゲイ・ミハイロヴィチ〔エイゼンシテイン〕は複数の時代が共存するのに出会った。国中を州から州へと空間的に移動しているとき、テワンテペック地峡の母系制を出発点とし、イダルゴ州のアシエンダの封建制をへて産業＝銀行家の首都へとむかう時間旅行をしているようだった」（Эйзенштейн 2002a: 13）。

論攷「時間における〈転移〉」には、『モスクワ』のシナリオ構想「時間におけるモスクワ」（一九三三。Там же: 318-33）が収められている。そこにみられる、モスクワの系譜を自然力――水、大地、火、空気――の交替によってあらわそうという意欲的試みも、メキシコで味わった体験の賜物ではないだろうか。こうした自然力への移しかえは、

「移行的なバイオグラフィとしての「パトスの方法」」とみなされている。

時間の空間化は、人類学にふれることによりいっそう促進されていった。エイゼンシテインはパリ、ロサンゼルスで買いもとめたレヴィ＝ブリュール『未開社会の思惟』（一九二二。ロシア語訳［一九三〇］にはマールが序文をよせている）、J・フレイザー『金枝篇』（第三版、一九一一）を、メキシコの地で読みふける。『メキシコ万歳！』の撮影も同時進行だったわけだから、まさに心身のすべてをもって文化的転回を体験していたことになる。先の二書のほか、W・ヴント『民俗心理学の基礎』（一九一二）、F・ボアズ『未開人の心性』（一九一三）、H・ヴェルナー『発達心理学入門』（一九二六）、A・ブレンナー『祭壇をこえた崇拝物』（一九二九）、M・グラネ『中国の思想』（一九三四）、M・コバルビアス『バリ島』（一九三六）、L・シテレンベルク『民族誌学からみた原初の文化』（一九三六）、V・ボゴラス等の知を吸収しつつ、エイゼンシテインは神話に関する思想、原論理についての考えをかためていった。その成果のひとつとして、共感魔術、融即、クロース・アップを一問題系のなかで考えるという発想も誕生することになる。

芸術という限定された局面であっても、共産主義建設に邁進する国家のただなかでは、文化的退行・「進化的待避」を志向することは、きわめて困難なことだった。原始共産制と共産主義が回帰的に結びつくという構図がすでに存在するとはいえ、退行を芸術理論にくみこむことは、教条主義的な文化官僚や芸術家たち相手には無謀で危険な試みだった。さらに、象徴主義、デカダンス、M・ノルダウの退廃（エンタルトゥング）・退化という連鎖の記憶がきえさっていない時代情況においては、理解よりも誤解が先にたつのは眼にみえている。

慎重にならざるをえなかったエイゼンシテインは退行を芸術のなかに正当に位置づけるために、その正当性に科学的根拠——言語学、心理学による——をあたえるために、ヴィゴツキイたちと交流・研究会をもつことになる。もちろん、目的意識ではなく知的必要性がエイゼンシテインを交流に導いたのである。詳細は明らかではないが、その交流・研究会はメキシコ体験の前と後に二度もたれる（Bulgakowa 2001: 87, 168）。いずれも短期に終わっている。期間こそ短いとはいえ、それは大きな実りをもたらした。ジョイスの言語実験と初期言語、内的独白と内言というようなつながりは、その知的交通から出てきたといってよいだろう。
それでは、エイゼンシテインがどのように感覚的思考に迫っていったのかを、退行、原論理の二点からみてゆこう。

◎

エイゼンシテインのいう芸術作品における退行はふたつの側面をもっている。作品のもたらす効果としての退行、そして作品世界の要素としてのそれである。もちろん、ふたつのものは一体化している。効果において最も基本的なのは、リズムの反復によって退行・脱自がひきおこされるものである。バッハのフーガ、ショスタコーヴィチ《交響曲第七番》（一九四一）、ワルツ、仏陀やキケロからレーニン、スターリンまでの演説、『戦艦ポチョムキン』「オデッサの階段」における兵士の足音、パエストゥム・ヘラ神殿の周柱、モンゴル平原の墓の環状列石、エジプト・カルナック神殿の羊の石像群、ダルヴィーシュの旋回舞踊、ブードゥー教の儀礼の太鼓、映画の「音声言語」におけるリズミカルな「構造」とイントネーションの「旋律」、等々多くの例があげられている。エイゼンシテインはこうした反復現象をまとめて「リズミカルな太鼓」（Эйзенштейн 2002a: 185）と呼ぶ。彼はこのリズムの源を「系統発生的に」さぐるために、人間の生理運動、原生動物、後生動物はおろか植物にまでさかのぼり、結論としてE・クレッチマー『医学的心理学』（一九二二）からつぎの部分を引いている。「高度の有機体における、系統発生的な点からみてかなり古い最初の自律的運動の大部分のグループを、われわれは植物的な運動形態とみなすことにしたい」（Там же: 196）。

一方、作品要素の例としては、ジョイスの詩的言語、E・リアやキャロルのノンセンス、ラ・フォンテーヌやオヴィディウスの変身・変形、『ロミオとジュリエット』の原型反復、《ヴァルキューレ》における神話の実現、両性具有的表現、プロットなきプロット、分析的キュビスムのような地と図の境界の消滅、色彩と音、および音と形態の共感覚などがあげられている。われわれはノンセンスによって意味を解体され、動物寓話・変身譚をとおして動物や植物になり、原型・イメージを反復・再現することによって過去を甦らせ、共感覚によって感覚を解放するのである。

退行、原論理については、「危機からの脱出」（一九四三執筆）、「〈退行(レグレス)〉の諸手段」（一九四三頃執筆。Там же: 194–

215)、「時間における〈転移〉」(「時間におけるモスクワ」の章をのぞいて一九四三―四五に執筆)で主題的に論じられている。

退行についてまずとりあげなければならないのは、ノルダウだろう。その場合、問題になるのは、ノルダウの「退廃・退化(Entartung)」とエイゼンシテインの「退行(регресс)」の違いである。エイゼンシテインはノルダウ『退廃論』(一八九二)からヴァーグナーの総合芸術批判を引きながら、それをもとに自身とノルダウの差異について説明してゆく(Там же: 131-35)。総合芸術を提唱することは洗練と分化を重ねて今日にいたった芸術を「初期の、さもなければ前歴史的発展段階にもどすこと」になる、というのがノルダウの論点である。このノルダウに対して、巧みとしかいいようがないが、エイゼンシテインは直接反駁するのではなくV・イバニェス『死者たちは命じる』(一九〇九)の独白をぶつけている。みごとなモンタージュ的論法だ。独白の要点は、死者の知のうえにわれわれはたっているというものである。「われわれの眼には先祖たちの魂がともっているし、われわれの顔にはきえさった世代の特徴が再現され映しだされている」。エイゼンシテインの考えでは、過去にたちもどるのはたんにそこに回帰することをさすのではなく、現在と過去を総合し統一することを意味する。進むか後退するかの二項的構造ではなく、後退が総合をとおして前進につながる三項的構造が重要なのだ。彼はここでエンゲルスの「高次の統一」という概念をもちだしている。

C・ロンブローゾの犯罪人類学の影響下にあるノルダウの「退廃」は、あくまでも正常と異常の二項対立の域内にある。ロンブローゾが犯罪者にみいだした特質を、ノルダウは世紀末の思想・芸術(家)――ヴァーグナー、ニーチェ、ボードレール、マラルメ等――に認めた。その後、ノルダウの「退廃」は恣意的といってもよいかたちで流通することになる。恣意的というのは、歴史性・社会性を欠いているということである。たとえば、一九世紀的リアリズム芸術がゆきづまっていたロシアにおいて「退廃」は積極的に評価され、『退廃論』は象徴主義の勃興にさいして推進役をつとめる。明らかに、これはノルダウ本人の意図とは逆の用いられ方である。原書が刊行された翌年に『退廃論』の翻訳が二種類も出たり、キエフとモスクワで数巻もののノルダウ選集が出版されはじめたりするなど、ロシアでのノルダウ人気はかなりのものだった。[3] またよくしられているように、ナチス・ドイツが古代ギリシア芸術・中世ドイツ芸術の正統性と対にして退廃芸術という概念を作りあげたとき、ユダヤ人ノルダウの「退廃」も積極的に活用される。ただし、ノルダウ自身は反ユダヤ主義も退廃現象のひとつに数えいれている。

これにたいして、進化を否定しないまでも、エイゼンシテインはそこに「先祖返り」をくみいれた。進化ということがいわれるにしても、それはジグザグ状に進むもので後退運動をともなう。後退運動の例として、かわったところでは、ビオメハニカや歌舞伎の所作において前進する前に一歩下がるもの、京劇で手と足がそれぞれ相反する方向にむけられるものがあげられている（Там же: 200-05）。これらの所作は「否定的動作」、「反対運動」と呼ばれており、「弁証法的な」総合を導くために不可欠な一段階とみなされる。進化と一口にいっても、生物的進化、社会的進化、文化的進化と最低三種類のものが考えられる。これらは慎重に区別しないと、混乱をまねくことになる。弁証法という点においてひとつながりだとしても、社会的なものと演劇の所作を直結させることは、やはりできないだろう。

退行（レグレス）そのものは、精神病理学、夢、文明史、生物学等のさまざまな分野にみられる現象・理論である。エイゼンシテインは人類学、生物学、精神分析学、ベルクソン、言語学、心理学等の退行・遡行をかけあわせながら、独自の退行論を構築してゆく。その退行論から二点ほどとりあげたい。「背後知（ザドニィ・ウム）」と原型的イメージ（「最初の構造、星座的布置」）の反復・再現である。

背後知の「背後（задний）」にはふたつの意味がこめられている。ひとつは、イバニェスのいう死者の知である。われわれの現勢的知の背後に控えながらささえているものが、背後知である。この背後性を、エイゼンシテインは心理の問題として説明する。「われわれの心理的特性は、われわれがあらゆる層を同時に生きていることにある。各層は、意識的にコントロールできない「意志の埒外にある自動性」から意識や意志の高度の現れにいたるまでを含む自らの活動分野をつかさどっている」（Там же: 323）。エイゼンシテインは、この知がもつ力に注意をうながすことも忘れない。「「背後知」、それはあらゆる差異化されていない＝分割されていない原初的エネルギーがもつ恐るべき力を有している」（Там же: 323）。背後知は「記憶」に貯蔵されており、「想起」によって呼びだされる。エイゼンシテインはここに「同時性」と「継起性」との境界の消滅を認めている。いうまでもなく、背後知は個体発達の個的な記憶ばかりでなく系統発達的な類的記憶も含む。

もうひとつの「背後」の意味は脳における部位に関係している。エイゼンシテインにおける右脳的機能と左脳的機能のテーマはイヴァノフによってよくしられるところとなったが、ここで問題とされるのは前頭葉と後頭葉だ。エイゼンシテインの推論は大脳生理学の視座からなされたものだが、「背後」と「後頭」を結びつけるために考えだされた言葉遊びでもある。子供におけると同様に、エイゼンシテインにおいて遊びは真剣なものであり、場合によってはすべてである。彼のなかでは、遊戯（イグラ）――ゲーム、言葉遊び等の――と演技（イグラ）は、切り離しがたくつながっており、その一角を類似的思考がしめている。エイゼンシテインは脳の機能を「意識活動の高度な機能」と「下位の〔遅れた〕、純粋に本能的で、反射的なその他の機能」とにわけ、前者を脳の「前部」に後者を「背中に近い後部の脳」にふりあてている。そのうえで、意識は両者の「中間層」にあるとされる。中間というのは両者の交通のうえになりたつということにほかならない。退行はこの交通からうまれる。

かつて人類が経過した地点や個人が通りすぎた地点にたちもどることが原型的退行であり、それは過去の地点を想起することにほかならない。個人史においては出生外傷、エディプス・コンプレックスがそれにあたるし、人類史に関しては、シェイクスピア『ロミオとジュリエット』（一五九七）に代表されるクランにもとづく婚姻の禁止や《ヴァルキューレ》にあらわされた神話的近親姦の再現・実現などがそうである。

想起の対象となるのは「原型的イメージ（прообраз）」（Там же: 138）で、これは実体として設定されているものではなく、つねに型の想起としてある。エイゼンシテインは個と類における原型的想起についてつぎのようにのべている。「歴史的に新しい各転移（ズドヴィク）〔想起・再現〕は、つねに新たな質の視座から最初の転移を反復しているようだ」、「発展の線にそいつつ新たな質をともなって、人類誕生のまさに始まりにおける同一の過程を現実において反復するばかりでなく、誕生以前の過去において長いあいだわれわれが祖先の姿で何をしていたのかを独自のやりかたで「想起し」てもいるようだ」（Там же: 317）。想起によって初めの想起＝原型に生命をあたえるとは、現在のわれわれと過去との出会い（後退）によって新たな質（前進）がもたらされる「芸術作品の弁証法」にほかならない。こうした事態は引用にもあてはまる。

◎

「原論理（пралогика）」というのはレヴィ＝ブリュール『未開社会の思惟』から借用した術語である（Эйзенштейн 2008d: 1137 n.43）。このことにまちがいはないが、レヴィ＝ブリュールでは「原論理的」にあたる語は「前論理的（prélogique）」（Lévy-Bruhl: 425）となっている。ロシア語の接頭辞 pra- は「原・古」の意味を付与するものであり、フランス語の接頭辞 pre- の有する「前・先」の意味はもたない。[4]「映画形式」（一九三五）ではまだ「感覚的・前論理的思考（ドロギチェスコエ）」（Эйзенштейн 2002a: 144）という用法が認められるが、「形式の内容」（一九四〇執筆）では「原論理、論理、弁証法」（Там же: 443）の論理法三幅対が顔をそろえている。エイゼンシテインが「前」を「原」としたことには、それなりの理由があるだろう。「「時間をこえた」「永遠の」作用」（Там же: 317）、それが東洋思想のように現在も生きつづけているということを含みもたせたかったのではないだろうか。原論理は論理の母胎となる、より広範な論理であると同時に、いわゆる論理に対するオルタナティヴな論理でもある。芸術（形式）をとおして「原論理の初期形式」へ退行した状態は、「アルコール中毒、痴呆症―― dementia praecox という闘鶏を思わせるようなよく響くラテン語の呼び名・音結合をもつ――、恐ろしい統合失調症と同一系列に並ぶ」（Там же: 135）という、大胆な隣人宣言には、原論理に対するエイゼンシテインの姿勢がよくあらわれている。これがプリミティヴィストの発言ならなんでもないが、「調和」を中心にすえる新古典主義者の発言である以上、それなりの意味があるといわなければならない。エイゼンシテインが原論理に関心をよせるのは、そこに映画体験の根本に通じるものがあり、映画制作のヒントが含まれているからだ。

　原論理の具体的な現れとしてわれわれになじみがあるのは「両義性」である。男性にも女性にも分化していない両義的存在、アンドロギュヌスについては、すでにふれた。言語にそくしてではあるが、エイゼンシテインはK・アーベル『原始言語の相反的意味』（一八八四）から興味深い両義性の例を紹介している（Там же: 212 n.1）。「タブー」についてである。ドイツ語 Tabu、ヘブライ語 Kaddish、ラテン語 sacer は、いずれも「聖なるもの」、「呪われたもの」という対立する意味を合わせもつ。ここに、エイゼンシテインは原論理の現れをみいだした。アーベルの両義性言語論は、S・フロイトが夢や無意識における言語の両義性を考察するのに援用しているもので、エイゼンシテインはフロイト経由でアーベルをしったと思われる。ただし、アーベルからの引用は直接になされている。さらに興味深いのは、タブーはその対象となるものばかりでなくそれをあらわす言葉を口にすることにもおよぶという事実である。言葉と対象・存在が同一化しているこの在り方は、まぎれもなく感覚的思考の圏域に属する。

原論理への退行というとき、まず考えなければならないことがふたつある。どこから先が原論理の領域といえるのか、そして、退行（的スタイル）によって獲得される質にはどのようなものがあるのか、ということである。どちらの問いもきわめて根源的なのでとうていこの節・章には収まらないが、いくつかの点にはふれておきたい。それについては、「映画形式」（Там же: 140-69）、「時間における〈転移〉」の一章「融合的知覚」（Там же: 316-33）にまとめられている。

原論理の領域については、とりわけふたつの関係、あるいは関係同士の関係に注意しなければならない。ひとつは表象・イメージと言語の関係、ひとつは原論理と論理の関係だ（ここにいうイメージは、ふつう形象と訳されているものにあたる）。これらが互いにいりくみ重なりあっているために、事態はやや複雑な様相を呈している。エイゼンシテインは表象・イメージを言語（概念・イデー）以前の段階に位置づける。イメージ以前の段階（知覚・印象）も設定されているので、段階としてのイメージは知覚・印象と言語とのあいだに位置することになる。一方、原論理は融即を軸に、論理は分化した概念を軸になりたっている。発生時点のイメージ構成が原論理的なものであるにしても、芸術作品のイメージとなると、そこにはなんらかのかたちで言語——批評言語（メタ）を中心として——が関与していると考えるべきだろう。その意味では、芸術作品・映画においては、純粋なイメージも純粋な言語もなく、すべてはイメージと言語の混成物（ハイブリッド）にほかならない。エイゼンシテインがたてている感覚的思考の原理である原論理（「感覚の論理」）は、融即にもとづく表象・イメージの複合体をモデルとしているが、実際の作品で作者と受容者双方をまきこみながら機能している原論理は、再構成されたものでありそれそのものではない。再構成のために法則というものが存在するのである。

芸術における表象・イメージの複合体の現れについては、いままでにも何度かふれてきた。内言の省略と融合、クロース・アップの pars pro toto、モンタージュなどである。モンタージュについては少し補足が必要だろう。「映画形式」のなかで、エイゼンシテインはブッシュマンの言語形式とモンタージュ・リストを比較したうえで、それらは原理的に類似しているとする。いずれにおいても、概念によって抽象された「事実」が「具体的な個々の動作からなる連鎖」に「翻訳」されている。「彼〔白人〕から〔ブッシュマンが〕逃げた」が「ブッシュマン走る」、「白人走る」というふたつの断片に翻訳されている例に、エイゼンシテインはアメリカ式追っかけモンタージュの萌芽をみいだした（Там же: 150）。

ディズニー、原形質

退行・原論理に関する芸術の実践例は、時代、国、メディア、ジャンルをとわず多数あげられているが、そのなかで二〇世紀の、それも映画の例として重要なのは、W・ディズニーとC・チャップリンである。エイゼンシテインは四人の外国人映画作家についてモノグラフを残している。D・W・グリフィス、J・フォード、ディズニー、チャップリンである。[5] このうち、規模としてはディズニー論が最も大きい。四人中ふたりが退行・原論理の例と重なるというのは、映画と感覚的思考の密接さをしめしているといえる。さらに、四人が四人ともアメリカの作家であることは、エイゼンシテインたちソヴィエト・モンタージュ派の関心のありかをしめすものとして興味深い。

グリフィスがモンタージュとのかかわりでとりあげられたのにたいして、ディズニー、チャップリンはインファンティリズム[6]とのかかわりで主題に択ばれた。ついでにのべれば、キャロルもそこに含まれている。ただし、ディズニーとチャップリンとでは傾向を異にする。エイゼンシテインの評価（Эйзенштейн 2002b: 256）にしたがえば、前者の「叙事詩（エポス）」は「回帰した楽園」を、後者のそれは「失われた楽園」をあらわしている。これはパロディ・ファンタジーとアイロニー・ノスタルジーの違いといいかえられるかもしれない。さらに、ここにF・カフカのインファンティリズム・メランコリーをくわえると、時代の徴候が浮かびあがってくるような気がする。楽園の回帰はお仕着せの規範・論理に対するのびやかな「反乱（ブント）」になりえている。この項では、ディズニーを中心に話を進めてゆきたい。W・ベンヤミンが「複製技術時代の芸術作品（初稿）」（一九三五）の一章に「ミッキーマウス」というタイトルをつけていることからも推測できるように、ディズニーのこのキャラクターは新たな都市神話のアイコンだった。エイゼンシテインがレーニンやスターリンではなくミッキーマウスに「熱をあげた」のは、芸術家としてきわめて健全なことといえる。

エイゼンシテインは渡米前からディズニーのファンで、ふたりの関係はエイゼンシテインがスタジオにディズニーを訪ねる一九三〇年から最晩年までつづく。エイゼンシテインがスタジオの入り口でミッキーと握手をかわす写真（図1）はふたりの契りのしるしともいえる。エイゼンシテインの笑顔は、まさに「楽園」の喜びをかみしめる人のものである。また、エイゼンシテインが『イヴァン雷帝』における影の効果を思いつくについては、『白雪姫』（D・ハンド、一九三七）の影響があったといわれているし（Nesbet 2003: 189）、ディズニーの色彩と音の使い方はつねにエイゼンシテインの競争心をあおった。S・プロコフィエフは映画音楽家として両者にかかわっている。一九三五年の第一回モスクワ国際映画祭で審査員をつとめたエイゼンシテインは、『三匹の子ぶた』（B・ジレット、一九三三。「シリー・シンフォニー」）をグランプリ候補として強く推した。残念ながら、グランプリは『チャパエフ』（ヴァシリエフ兄弟、一九三四）、『マクシムの青年時代』（G・コージンツェフ／L・トラウベルク、一九三五）、『農民』（F・エルムレル、一九三四）にさらわれてしまい、ディズニーは三番目の位置にあまんずる結果になった。ちなみに、第二席になったのは、R・クレール『最後の億万長者』（一九三四）である。ソヴィエトはディズニーではなく社会主義リアリズムに「楽園」を認めたというわけだ。死の前年には、手に入れた『ライフ』誌にディズニー制作のオムニバス映画『メ

イク・マイン・ミュージック』（J・キニー他、一九四六）の記事をみつけ、食いいるように読んだすえ、『くじらのウィリー』に新たな展開をみいだしている。だがなんといっても、エイゼンシテインがディズニーにひきつけられたのは、その自由奔放な線、変化自在にのびちぢみする線のためである。いうまでもなく、この線の運動は隠喩のそれに直結している。

ディズニー・アニメーションにエイゼンシテインがインファントなものを覚えたのは、ファンタジー的内容によるばかりでなくアニメーションという形式にもよる。発生的には、もちろん実際の人物・風景を撮ったもの（実写（ライヴ・アクション））よりもアニメーションの方があとにくるので、アニメーションに映画の幼年期をみるのはあくまでも原

図1　エイゼンシテインとミッキーマウス

理的な認識ということになる。エイゼンシテインがアニメーションに幼年期の純粋性を認めるのは、そこに純化された映画性が存在するからである。純化されたとは強化されたといいかえてもよい。エイゼンシテインはそうした事態を、つぎのようにいいあらわしている。

> まさにこのために、あらゆる芸術に固有のもので、ここでは純粋に化学的なかたちで表象されている、不可触の自然力の要素からなる最も純粋な見本であるディズニー芸術の方法と手段の本質は、興味深いのである。
>
> ディズニーにあるのは、花ぬきにあたえられた香り、果実からきりはなされた風味、響きそのもの、思想から解放された作用のようなものだ。
>
> 〔……〕
>
> ディズニーの中心には人間がいる。しかし、ダーウィンが……描いた人間の前段階へと逆戻りしたかのような人間である。（Эйзенштейн 2002b: 262）

ここに語られているのは、アニメーションの純粋さは抽象によってえられるということだ。この場合、抽象は「逆戻り」、退行を意味する。人間をより原初的な生命体にもどすのがアニメーションの役目であり、それはこの形式が高い約束性を有することで可能となる。たとえば、ロトマンはアニメーション言語の基本的特質を、「記号の記号を操作すること」（1987: 219）にみている。物語のレヴェルにおいてアニメーションが飛躍や荒唐無稽さを難なくうけいれるのも、記号の記号を操作するという間接的・迂回的特質による。エイゼンシテインが実写とアニメーションを合成した『三人の騎士』（N・ファーガスン、一九四四）を「無原則故の駄作（トラッシュ）」（Эйзенштейн 2002b: 524）と評したのは、現実の記号と記号の記号との合成によって、記号の記号の「操作」が乱されるからである。

アニメーションにおける退行論は「原形質性（プラズマティチノスチ）」にゆきつく。エイゼンシテインのディズニー論というと必ずといってよいほどとりあげられるこの概念は、ディズニーにかぎらず、アニメーション一般、映画一般に通じる汎用性の高いものである。「原形質」をさすのに、エイゼンシテインはふたつの単語——плазма（プラズマ）、протоплазма（原形質）——を用いている（Там же: 497）ものの、本来はпротоплазмаが正しい。ロシア語では誤用で「プラズマ」が「原形質（プロトプラズマ）」の意味でも使われており、エイゼンシテインの論攷では、形容詞形についても両名詞から派生したものが併用される。

原形質という術語は後形質との対比で、細胞のなかに存在する生きている部分をさすのに使われはじめた。提唱者はチェコの解剖学・生理学者J・プルキニェ、時は一八三九年である。エイゼンシテインの用法もプルキニェにしたがっている。それでは「プラズマ」の方は無関係かというと、そうでもない。この術語は固体（大地）、液体（水）、気体（空気）につづく第四の物質状態、電離した気体をしめすのに採用された。炎もプラズマの一種である。現ディズニー論の四分の一強をしめる量が原形質としての火・炎にあてられているのは偶然かもしれないが、このことはプラズマとプロトプラズマの交差を暗示してもいる。A・ラングミュアによって水素プラズマという命名がなされるのは一九二八年なので、原形質アニメ論のきっかけはラングミュアのプラズマにあるのかもしれない。

エイゼンシテインのディズニー論における「原形質」の初出は一九三二年九月一四日の覚え書きである。自作のドローイング（図2）とミッキーマウスに、この術語が適用されている。ここには、エイゼンシテインのアニメーション観の原点が認められる。

> 解剖学的性格が完全に欠けているにもかかわらず、なぜ私のドローイングはみる者に人間的・生理学的刺激をあたえられるのだろう？［……］
> ことの本質は、ドローイングが第一に原形質的であることに存する。さらに、最初の原形質と形を整えた人間とのあいだの過程を裏面に隠しもっているために自然力を有するのである。

〔……〕

とりわけミッキーマウス（最初の実際の動的ドローイング）は、この原形質性を有している。（Там же: 497）

線で囲まれたなかにつまっている生命のもとが種々さまざまに原形質流動をおこしながら、アニメーションの世界、「原形質的ファンタジー」（Там же: 513）を構築してゆくところに、原形質の所以があるわけだが、その流動（生成運動）は物質的なものばかりでなく隠喩――火＝馬、ファロス＝鯨等――の次元をも含む。ディズニーに「頻出する」、水銀のように「拡散してはまたひとつの球へと転がりあつまる」シーンに、エイゼンシテインは原形質の集約的表現をみいだしている（Там же: 497）。

原形質性は「全能性（オムニポテントノスチ）」（Там же: 266）ともいいかえられている。全能性というのは、「動的にあらゆる形態をとることができる能力」をさし、この変容能力はもはや形態の範囲に収まらず、「プロットとテーマ」の領域へとこえでてゆく。その場合の主人公は「多形態の（ポリフォルメンヌイ）」「不定形な登場人物」である。先の引用にある「自然力」はこの潜勢的変容能力をさしていることになる。

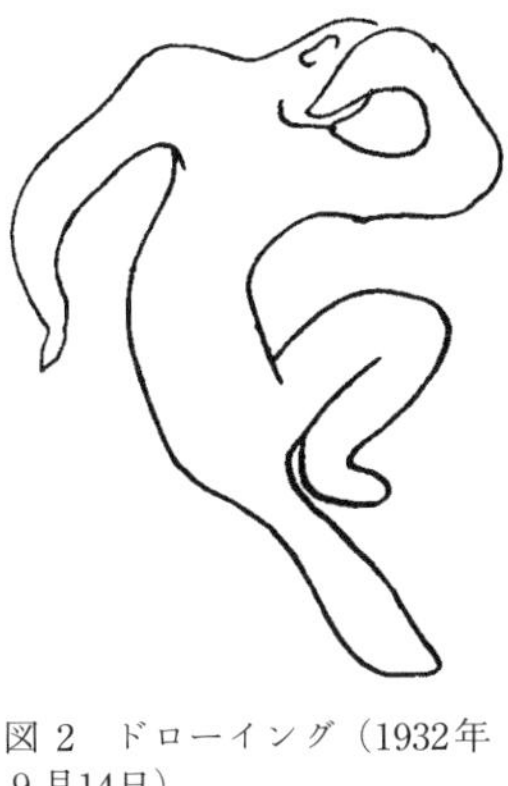

図２　ドローイング（1932年9月14日）

「ディズニー論」では、アニメーションにとどまらず種々のレヴェル・領域において原形質現象がさぐられている。まずは、線がある。原形質的線を備えた芸術家として、Ju・アンネンコフ、B・グリゴリエフ、P・ピカソ、S・ダリ、J・サーバー、S・スタインベルグ、等々多くの人物があげられている。「流動性とリズム」を生む具体的細部としての皺への言及もみられる。変身のパターンとして、人間―動物、物質―動物等がしめされ、原形質現象のもととなる物質として、炎、水、雲、音（楽）、影（絵）、光等があげられている。このうち炎においては、ヘラクレイトス、ヘーゲル、レーニン、E・タイラーの理論が援用され、『蛾と炎』（B・ジレット、一九三八。「シリー・シンフォニー」）、『白雪姫』の冒頭をはじめ、M・ゴーリキイ、

R・ヴァーグナー、D・H・ロレンス等の作品、放火狂、エクスタシー等のモティーフが論じられてゆく。記述の量からしても、エイゼンシテインがこの物質状態に特別な思いをいだいていることがしれる。炎は「多産な母胎」(Там же: 270)と呼ばれている。もっと身近な原形質現象――サーカスの蛇人間、ハーレムのスネークダンス――についてもふれられる。執拗に例を重ねることでエイゼンシテインが訴えようとしているのは、原形質的欲望・退行への欲求をもっている故に、誰しもがこの現象・表現にひかれるということだ。

ここで、例のなかから『くじらのウィリー』をぬきだし、少し説明を加えておきたい。第二次大戦中に「インファントな領域から円熟の域に」移行してしまったディズニー・アニメーションは、この作品において原形質性をとりもどしたというのが、エイゼンシテインのウィリー評価である(Там же: 524-27)。インファントなものの回復は、線から声へ場を移すことによってなしとげられた。母胎の炎にたいして、ウィリーは「原(ウル)ファロス」(Там же: 526)と名づけられている。この命名は、ロレンスによる『白鯨』解釈、さらにはキャロル『スナーク狩り』(一八七六)をふまえてのものである。エイゼンシテインの解釈では「Snark = Snake + Shark」で、ここにはH・メルヴィル『白鯨』(一八五一)のパロディがひそんでいる。白鯨もスナークも喪失した潜勢能力(性的)をさす。さらに、ウィリーの腹のなかの「多声」を読みとくために、M・ボナパルト『エドガー・ポー、精神分析学的試論』(一九三三)から「息の喪失」(一八三二)についての精神分析学的解釈が引かれる。息、呼吸、声は潜勢能力(性的)を意味する、というものだ。こうして、ウィリー=原ファロスの陣容が整えられる。

腹の声にそくして、エイゼンシテインは精子が小さな人間とみなされていた中世の表象や、原生動物において食餌と増殖が一致している事実などにも、言及している。原ファロスとはいえ、大きくふくらんだ腹に多数の声を蔵しているウィリーは両性具有的存在といえるだろう。ここで問題としたいのは精神分析学的解釈の是非ではなく、原ファロスの「原(ウル)」の方である。「原ファロスは自らのなかに、ひとつの根から育ってゆく多様な個体――女性も男性も――、あらゆる生命体の多声のコーラスを蔵している」(Там же: 526)。

原形質とともにエイゼンシテインのディズニー論の骨格をなしているのは、アニメーション＝アニミズム論（Там же: 286-95）、アニメーション＝トーテミズム論である。多少ともエイゼンシテインに慣れ親しんだわれわれには、この等式は驚きを誘うよりも、むしろ自然にうつるだろう。アニメーション＝アニミズムを説くのにさいして、『ウェブスター辞典』を参照しながら、エイゼンシテインは animated cartoon につぎのような語源的説明をほどこしている。

> animal は〔……〕ラテン語 anima（息・魂）からきたもので、〔……〕類語 animus は「魂・理性」を意味する。また、ギリシア語 anemos は「風」を、サンスクリット語 anilas は「風、息」をさす。〔……〕アニミズムはラテン語「アニマ（魂）」に由来するもので、〔……〕あらゆるものは自然の生命や生命力を有し、それらすべては内的な魂を付与されているという信仰を意味する。（Там же: 653）

こうした語源をふまえて、エイゼンシテインは「息・魂を吹きこまれた漫画（animated cartoon）」であるディズニー・アニメーションの動物たちに二重の賦活を認める。「生をえた不動のドローイングとして、人間の特性・情動によって魂を付与された動物として、二重に animate されている。「動くことにおいて」、「魂をもつことにおいて」animate されているのだ」（Там же: 653）。ディズニー・アニメーションの動物たちを、われわれは「霊魂・心」をもつものとしてうけいれる。アニメーションは現代のアニミズムとしてあり、われわれはミッキー、ドナルド、ウィルバー、グーフィーとともにアニミズムの世界を生きているのだ。「しいていうなら、animated cartoon のイデーそのものはアニミズムの方法の直接的体現のようなものである」（Там же: 508）、とエイゼンシテインはのべている。

エイゼンシテインがトーテミズムに着目するのは、そこに動植物や物への魂（ドウシャ）の付与がみられるからである。ここにおいて、トーテミズムはアニミズムと交差する。動物の形姿をし人間の心をもつディズニー・アニメーションの主人公たちは、エイゼンシテインの眼に、現代のトーテムと映った。「たしかに、ミッキーはボロロ族の理想（イデアル）にあたるものを造形的にあらわしている。彼は人間であるとともに鼠である」（Там же: 520）。ミッキーマウスの姓名において、姓（血縁集団名・家系名）の部分が種・品種名になっているのも、トーテムであることをつげているようでおもしろい。エイゼンシテインは贖罪の山羊もトーテムとみなしているので（Эйзенштейн 2006: 200）、ミッキーはその山羊と同じ位置をしめていることになる。宗教・呪術的色合いをもたないわけではないが、エイゼンシテインのトーテミズムの主眼は記号の在り方にすえられている。それも、主客（主語―目的語）の確立した言語記号とは異なる、ある意味であいまいな――イメージと言語の関係も含めて――記号の在り方である。

　エイゼンシテインはトーテミズムの領域を通常よりひろくとり、それを三段階にわける（Эйзенштейн 2002b: 282–86）。これらのなかには、一般にはなじまないものも含まれるが、そこで追究されているのは一貫して動物と人間の融合一体化である。「第一段階――人間と動物の一体化（進化論的立場）。「事実上の」輪廻。魂転生の教説。第二段階――トーテム信仰における人間と動物の一体化。第三段階――人間と動物との比較・比喩、隠喩的つながり」。第一段階は生物学的時間からみたトーテミズムである。エイゼンシテインの考えでは、インド哲学は一九世紀のダーウィンの進化論を「予示している」（Там же: 612）。第二段階はいわゆるトーテミズムで、第三段階は詩的表現にかかわるものである。

　第三段階でおこっているのは「人間の動物化」であるが、それは第二段階の同一化ではなく「類似性（ウポドブレニエ）による比較」をとおして実現される。そして、比較の基本（「前史」）になるのは「道徳的・美的・階級的な」「等級一覧表」で、それを動物に投影するのが、比較の実際である。エイゼンシテインによれば、この投影は「自然」における評価を評価しなおしたものを自然に投影する、正確には「逆投影」になっている。たとえば、自然（蠅）の視座からみた蠅の「粘り強さ」は、文化・社会的にみれば「しつこさ」になり、われわれはそれを蠅に「逆投影」するわけである。ここには、自然の「一覧表」と文化の「一覧表」とのあいだにある関係――相同性も含まれる――を模索する姿勢が認められる。この関係は融即のつぎの段階にくるものである。

　トーテミズムをひきつぐものに動物寓話があり、これは第二段階と第三段階の双方にかかわる、両者を媒介するものとみなされている。エイゼンシテインは動物寓話のモティーフを、出自としての動物（トーテム的）、動物婚、稼ぎ手としての動物、助け手としての動物と四つにわけたうえで、あとになるほど同一性がうすれ隠喩・比較の領域に近づくとする。そして、A・ヴェセロフスキイ『歴史詩学』（一九四〇）を参照しながら、動物寓話とディズニーの関係について考察を加えてゆく。ヴェセロフスキイ、エイゼンシテインの推論によれば、動物寓話・神話にみられる人間の動物化・植物化という「変身」は、トーテミズムの「表象とは逆の過程」をしめしている。これをふまえると、ディズニーにみられる動物の人間化、動物に魂を付与する行為は、動物寓話とは逆の、トーテミズムと同じものということになる。

　第三段階では、人間と動物のあいだのつながりは隠喩的とされているが、ディズニーは隠喩をつきぬけて「隠喩の逐語化（ブクヴァリザツィヤ）」につき進んだ。具体的には、波が蒸気船の舷を打つシーンで波頭がボクシング・グローヴにかわるようなものをさす。この場合、輪郭線はボクシング・グローヴ、内容は波というように、形態・形式と内容の分裂・矛盾がおこっており、それがおかしさ（コミズム）を生むもとになる。ボクシング・グローヴにおいて、メタフォラ（隠喩）はメタモルフォセス（変身）へとかわる。類似的特性によってふたつのものをつなぐという言語的操作は図像的操作に変化している。『ストライキ』にみられるような二重露出によって隠喩を構成する手法とボクシング・グローヴとを較べると、このことはよくわかるだろう。

　隠喩の逐語化は先に紹介した対象的隠喩と関係する。対象的隠喩の例に、知覚が対象の変容に直結する、輪郭線の「悪戯（イグラ）」というのがある。仰天したときに輪郭線が波うつ、あれだ。また「対象」続きということでは、対象的思考というのがあった（第一章2節）。それは、イメージがきえさり描写だけが残るものをさした。例として、『戦争と平和』におけるナターシャのオペラ観劇体験があげられていた。これも隠喩の逐語化と無関係ではない。エイゼンシテインはチャップリンのインファンティリズムにおいてこの手法が効果をあげているシークェンスにふれている。『チャップリンの独裁者』（一九四〇）に、床屋のチャーリーが店の窓に書かれた「ユダヤ人」というレッテルをぷりぷりしながら消しさるシーンが出てくる。事情（文脈）を理解できない彼には、この文字はレッテル（イメージ＝イデオロギー）ではなくたんなる落書き（描写）にしかみえていない。

2 精神工学

エイゼンシテインの理論のなかには、初期から最後期までつづいているモティーフ・テーマが複数存在する。情動もそのひとつである。最初の論攷「アトラクションのモンタージュ」にすでに顔をみせるこのモティーフは、パトス、エクスタシーと姿をかえながら、後のちまで理論的支柱として重要な役割をはたす。エイゼンシテインが知的映画の制作、文化理論の構築に邁進するのも、中心に強い情動をかかえているからだといっても、過言ではない。制御しにくく論理化しがたいものが中心にある故に、彼は他の映画作家にもまして形式主義的になり、理論においてフォルマリストよりもフォルマリストらしくふるまったのである。

それまで受動的なものとしてあつかわれ、エートスやロゴスの従属物とみなされてきたパトスに然るべき位置をあたえ、ロゴスとパトスを総合する芸術論をかたちづくる――ここにこそ、エイゼンシテインの本領が発揮されている。パトスの復権とともに、エロス、死、暴力、身体、サーカス、ダンス、パロディ、喜劇、観客心理、非ヨーロッパ文化といったものは芸術理論の中心に位置づけられることになった。そうしたエイゼンシテインの芸術学・文化理論はイメージの工学と呼ぶにふさわしい。ただし、彼自身は「精神工学（психотехника）」（Эйзенштейн 2006: 241）という術語を用いている。彼はエンジニアを自認してもいた（Эйзенштейн 2005: 158）。精神工学というのは本来ソヴィエトで盛んだった超心理学をさすのだが、エイゼンシテインはパトスの頂点においてエクスタシー状態がうまれるメカニズムをさぐる学をそう呼んでいる。

ここにいうエクスタシーはギリシア悲劇についてアリストテレスがのべたカタルシスに匹敵するもので、芸術体験において受容者が固有の状態を脱し変成してゆくことをさす。ロシアに関してエクスタシーというと、すぐにもシベリア・シャーマニズム、A・スクリャービン《法悦の詩（エクスタシー・ポエマ）》（一九〇八）が思い浮かぶが、エイゼンシテインは芸術理論をとおしてパトス、エクスタシーを一般化しようとした。パトスにしてもエクスタシーにしても、エイゼンシテインの概念は通常のものからそれほどへだたっているわけではない。[7]へだたっているとすれば、それを一般化しようとする意志においてである。一般化をはかるのは、そこに生・芸術のエッセンスが集中的にあらわれると考えるからにほかならない。あらゆる芸術作品がパトス、エクスタシーを中心においているわけではないにしても、それと無関係な作品はひとつとしてない。

　エイゼンシテインのいう「有機的調和」（Эйзенштейн 2006: 21）というのは、複数領域の構造が一致・同調したときに発生する。同形性をなす領域として、エイゼンシテインは自然、および芸術作品をあげている（芸術作品の受容者とその生理は自然に含まれる）。第四章1節でふれた、鸚鵡貝の殻の対数螺旋と『戦艦ポチョムキン』の構成的構造が共通して黄金比につらぬかれていることも、そのひとつである。構造的一致をとおして、無関心な自然は無関心ではない自然へと姿をかえてゆき、それと同時に、人間（ヒューマン・ネイチャー）、歴史、文化は第二の自然となる。自然同士の共振がおこるのはそこである。共振のただなかで飛躍をとげるとき、人は自らの自然・本性（プリローダ）をぬけでる。この脱出をエイゼンシテインはエクスタシー（脱自）といっているのだ。脱自は無手勝流でおこなわれるわけではなく、「熟練」（Там же: 24）、「テクニック、テクニック、テクニック」（Там же: 239）にささえられている。その工学・技術・手法（техника）の総体が、ここで精神工学といわれているものだ。

　現在『パトス』としてまとめられている諸論攷は『無関心ではない自然2』に収められている。『パトス』が書かれるのは一九四五年だが、テーマそのものへの着目はずっと早く、講義録「パトスはどのように生じるのか」（一九二九執筆）からはじまる。『パトス』の構成は数回かわっているが、現行のものは「セパレーターとグラールの盃」、「二〇の支柱」、「老ライオン」、「エル・グレコ」、「ピラネージ、あるいは形態の流動性」、「ゴシック」、「ディテュランボスと〈死の舞踏（ダンス・マカーブル）〉」、「ウジェーヌ・シューとレスコフ」、「対象的超越性と身体的超越性」、「超歴史性の問題に関して」、「カンガルー」の一一編からなっている。パトス、エクスタシーということでは、さらにメキシコに関する論攷・回想をここにつけ加えなければならない。性愛のエクスタシー、宗教的エクスタシー、芸術のエクスタシー、ディテュランボスから死の舞踏にいたるまでの変遷、メキシコの死者の日……と、ここでも多様さにはことかかない。どのように絞りをかけるのか悩むところだが、この節では、一般的なパトス、エクスタシーの構造を背景にしながら、G・ピラネージとメキシコ、死の舞踏を中心に論を進めてゆくことにしたい。宗教的エクスタシー、具体的にはロヨラの霊操については次節「表現運動」で、スタニスラフスキイとともに論じることにする。

ピラネージ

このイタリアの建築家・版画家・考古学者に対するエイゼンシテインの思い入れの深さは、彼が《幻想の牢獄》（第二版、一七六一頃）からうけた「めまい」が、「オデッサの階段」やケレンスキイがヨルダンの階段（冬宮）をかけあがるシーンの反復（『十月』）にそのまま反映されていることからもしれる。M・タフーリ『球と迷宮』（一九八〇）は衝突と爆発をつなぎの糸にしてエイゼンシテインとピラネージを結んでいる（1992: 85-96）。いまその余裕はないが、両者の垂直運動――量塊（マッス）と群衆（マス）（「オデッサの階段」）の――は比較してみる価値が充分にある。流動する形態ということでは、ピラネージはディズニーの原形質流動にも通じている。エイゼンシテインの回想「書店」には、「夢の本屋」で《幻想の牢獄》を何度も手にとるばかりか、手中に収める話が出てくる（Эйзенштейн 1997a: 286）。空想建築本を夢のなかで手にいれるとは、ちょっとできすぎのような気がしないでもない。エイゼンシテイン自身は《幻想の牢獄》を含むピラネージのエッチングを三枚所蔵していた。また、F・ルメートル、E・グレコ、ピラネージからなる熱狂者（エクスタティック）の「トリアーデ」というのも提示している。ピラネージが科学と芸術のあわいに身をおいていることも、エイゼンシテインの関心をひく要因となった。

「ピラネージ、あるいは形態の流動性」（Эйзенштейн 2006: 150-93）は当のピラネージに劣らないほど中断・飛躍のもたらすめまいに充ちているので、ここでも絞りをかけざるをえない。なぜ建築を択びそのなかからピラネージを選択したのか、エイゼンシテインはその理由を明らかにしている。建築が択ばれたのは、そこにふたつの特性が同時にあらわれているからである。ひとつは、社会・歴史的な「精神内容」、ひとつは「個々の部分が相互に移行する原理、さまざまな時代にそれぞれに鳴りひびく調和の原理」、「内面の原型的イメージ」である（Там же: 166）。建築アンサンブルにおいて、それらはいっそう鮮明になる。エイゼンシテインが関心をよせるのは、もちろん後者の特性である。ゲーテにならい建築を「氷結した音楽」とみなしたうえで、エイゼンシテインは音楽の構成的構造にもとづきながら、点、線、交差、マッスのあいだの間隙、光の斑点、闇の穴、等々を読みといてみせる。建築はまたダンスにも喩えられている。建築、音楽、ダンスのあいだをとりもつのはリズムである。

　重要なのは、「空間的ヴィジョンの飛翔」を「紙上」に定着させようとする行為、設計（ペーパー・アーキテクチャー）の根底には「興奮・脈動（ヴォルネニエ）」があるとされていることだ（Там же: 167）。かつて、ペトログラード技師高等専門学校（現サンクトペテルブルク国立建築・土木大学）にかよい製図台の前にたったことのあるエイゼンシテインには、この興奮・脈動は実感をもって理解できた。建築設計を学ぶことになったのは、ユーゲント・シュティール様式の建築家として有名な父親の志をつぐためだった(8)。設計図の根底にながれる興奮・脈動は、たとえばゴシック教会の穹窿やステンドグラスにおいて「エクスタシーの炎」となって噴出する。ピラネージの「空想建築」（Там же: 172）はそうした興奮・脈動のみなぎる空間としてある。

　先ほどのトリアーデを、エイゼンシテインはルメートルからグレコへ、グレコからピラネージへと、主観的「ヴァリアント」から客観的それへ移りゆくものだと説明する。ピラネージは客観的熱狂者として択ばれているわけだ。ここでいわれている客観性を分析することをとおして、芸術におけるパトス・エクスタシーの骨組みを鮮明にするのが、エイゼンシテインの目的である。その骨組みは「表象システム」、「法則システム」（Там же: 169）、「イメージ・システム」（Там же: 172）と呼ばれている。ここではシステムが前面に出ているが、「システム」に依拠しながら「形式」を生みだすのがあくまでも作品の使命である。

エイゼンシテインはピラネージの分析を二枚のエッチング（図3a、b）の比較からはじめる。《想像による建築と景観》第三図（一七四三）[9]と《幻想の牢獄》第一四図である。《幻想の牢獄》が嵐を思わせるのにたいして、《想像による建築と景観》の方は嵐の前の静けさ・強い抑制を感じさせる。明らかに両者のあいだには飛躍が横たわっている。エイゼンシテインは《幻想の牢獄》を「造形的エクスタシーの「啓示」」（Там же: 160）の第二段階、もう一方を第一段階とする。ここに「啓示」という言葉が使われているのは、エイゼンシテインの考えでは、「瞬時の「天才的」閃き」（Там же: 159）によってピラネージの飛躍が準備されたからだ。これはP・チャイコフスキイがM・グリンカの飛躍に対してしめした解釈にならっている。また、二作品の関係はA・ギーゼツケ『ジョヴァンニ・バッティスタ・ピラネージ』（一九一一）によりながら、『原（ウル）ファウスト』と『ファウスト』のそれに擬されてもいる。

図3a 《想像による建築と景観》第3図

図3b 《幻想の牢獄》第14図

《想像による建築と景観》は、「最初、その完璧さにもかかわらず、均衡のとれた……柔和さの度合いで私を驚かした」、とエイゼンシテインは述懐している（Там же: 153）。彼が圧倒されたのは、爆発にむかう不穏な「気分」を柔和さの陰に感じとったからだ。そこでエイゼンシテインは、この建築にひそむ「エクスタティックな狂暴さを解放する」ために、ある処置をほどこす。想像のなかで全体の構造を一〇にわけ、それぞれに変形を加えてゆく。枠をなしているアーチを爆破してとっぱらったり、石材を木材にかえたり、垂直形を水平形に変更したり、半円形のアーチを尖頭形のものにすげかえたり、円形の窓を正方形のものととりかえたりした結果、眼前には《幻想の牢獄》と同じもの――「烈風によって四方に舞う雪煙、具体的には、複数のロープ、思いおもいの方向にはしる階段、爆発するアーチ、互いが互いからすべりおちてゆく石塊」（Там же: 156）――がたちあらわれる。エイゼンシテインがおこなった処置（分節、変形、接合）はモンタージュ（組み立て）に通じる解体構築といえる。

潜勢力を読みこみながら処置をほどこされることで生まれかわった建築は、時代の流れのなかでさらにもう一度爆破される。その「対象性」、「形態の幾何学的基礎」は爆破され、角と面の交差のシステムだけが残される（Там же: 162）。そこに現出したのは、ピカソ《ゲルニカ》（一九三七）にほかならない。これが造形的エクスタシーの第三段階である。もちろん、エイゼンシテインは《ゲルニカ》のパトスにファシズムに抗する社会・歴史的な革命のパトスもみている。ここでは第三段階はとりあえず脇においておき、ピラネージ《幻想の牢獄》に焦点をしぼりたい。

《幻想の牢獄》をみてすぐに気づくのは、統一的には捉えがたい空間であるということだ。全体をまとめようとする視線は爆発（中断）によって各所ではばまれてしまう。この空間では挫折が視覚体験の基本になっている。とはいえ、視覚体験は中断されたままそこで終わりというわけではなく、その先へと送られ、送られた先でまとまりかけたとたんまた中断される。こうしたことがくりかえされるのである。これは一見コラージュ体験と似ているが、それとは別ものである。なぜなら、コラージュがきりすてた深さがここでは問われているからだ。エイゼンシテインは中断をはらむこの視覚体験に「スケールと空間にかかわる不意の質的飛躍」（Там же: 180）を認めている。

質的飛躍というのは弁証法を中断と飛躍に適用したものにほかならない。中断されたものが「堆積してゆく」ことで新たな質が添加される状態をこのように呼んだのだ。この堆積は単純な重層化ではない。ピラネージの質的飛躍で最も顕著なのは、初版《牢獄の奇想》と再版《幻想の牢獄》の関係である。エイゼンシテインは後者ばかりか前者をも「ヴァリアント」とみなしている。初版と再版はオリジナルとコピー、主題と変奏(ヴァリエーション)の関係にあるのではなく、ヴァリアント同士の関係におかれている。オリジナルもヴァリアントからみれば、またひとつのヴァリアントにすぎない。ピラネージが自省的(セルフ・リファレンシャル)な行為に着手したとたん、オリジナルという実体はくずれ、初版も再版も関係・過程になげこまれることになる。「《幻想の牢獄》の最初のヴァリアントの代わりに、一五年から二〇年をへだてて第二のヴァリアントが登場した。エッチングの視座からすると補足、あるいはそれとともに加筆・修正ということになるものの、造形的エクスタシーの「啓示」の視座からするとさらに深化し明確になっている」（Там же: 160）。

　基本的にこうしたヴァリアントの考え方は、《幻想の牢獄》所収の作品同士の関係や一枚のエッチングの内部にも適用できるだろう。ここでは作品の内部をとりあげたい。エイゼンシテインは《幻想の牢獄》の空間を「空間のフーガ」（Там же: 179）と呼ぶ。多声のフーガのように、そこでは主題がいくつもの声部にわたって反復されてゆく。声部にあたるのは「景・面(プラン)」、主題を構成するモティーフとなるのは、階段、アーチ、穹窿、柱、ブリッジ、回廊である。たとえば、階段は上昇する一方で、下方にむかう「カスケード」状の運動を生みだす（この階段の運動は、A・ソクーロフ『静かなる一頁』［一九九三］を想起させるだろう）。それと同時に、その他のモティーフもそれぞれに運動を展開してゆく。主題の動きの前提には、景の描き直し（ヴァリアント）がある。景の描き直しは「調和の転移」、「注ぎ替え」（Там же: 165）と呼ばれている。

> ブリッジは新たなブリッジを、柱は新たな柱を、穹窿は新たな穹窿を生みだしてゆく。Ad infinitum（無限に）。眼がおえるかぎりつづく。
>
> 　ヴァリアントからヴァリアントへとエッチングの強度を高め新たな前景をつけ加えながら、ピラネージは自身が作りだした、しだいに深化するヴォリュームと空間のフーガを、さらに一環分奥に押しこむようにみえる。そ

のヴォリュームと空間は階段によって断ちきられくぎられている。
　景は景からひきだされ、爆発のシステムによって奥へと侵入してゆく。

（Там же: 179）

新たな景はつねに前方にむかって形成されるが、それは深部を作りだすことにもなる。これは、第二章1節でふれた二八ミリ・ショット（「前景構図」）によって実現される事態と類似している。それはエイゼンシテインの認めるところでもある（Там же: 184）。彼は『イヴァン雷帝』の舞台装置にもこの原理が応用されているとする。だがここで注目したいのはそのことではなく、脱皮するように新たな景が次つぎと加わってゆく仕組みの方である。この連続的付加はひとつの環が自らの枠を出ること（выходить из себя）によって実現されてゆく。その様子はたとえばアーチについて、「継起的に「脱自してゆく（выходить из себя）アーチのシステム」」（Там же: 162）というようにいいあらわされる。効果としてのエクスタシーは、このような造形的脱自（エクスタシー）のうえになりたっている。エクスタシー効果は「現象の外見の単純な写実的反映の限界をこえた」（Там же: 183）ときにえられるのだが、「無限に（Ad infinitum）」というのはいうまでもなく限界をこえている。継起的脱自はパトス・エクスタシー論のなかでは要をなすともいえるもので、「対象的超越性と身体的超越性」では「パトスの公式」と評価されたり、リズム原理のひとつとみなされたりしている（Там же: 239）。

単一的視座のもとに統一的に捉えられないとしても、《幻想の牢獄》にも遠景、近景があり、景と景をとりむすぶ一定の法則が存在する。エイゼンシテインはそれを遠近法的縮約にからめて説明してゆく（Там же: 180-81）。ピラネージにおいて遠近法的縮約は二重の「機能」をはたしている。ひとつは、空間的「イリュージョン」を生みだすこと、それによって観者の視線は「想像的な空間の深さ」に吸いこまれてゆく。もうひとつは、ピラネージ独自のもので、断続性と「飛躍のイメージ」によって作りだされる断続的遠近法にかかわる。「遠近法的な深化の運動」がはじまると、それはブリッジ、柱、アーチ、回廊等によっていったん中断され、そののち柱や半円形のアーチの背後で再び遠近法的な深化の運動が開始される。遠近法からみるかぎり、ピラネージの空間は不連続で互いに異なる小空間＝景の集合になっている。当然、遠近法同士の縮約率も同一ではない。エイゼンシテインは隣りあった遠近法的空間の縮約率の差を「二倍」とみている。

結果として、縮約率の差は二重の「効果」をもたらすことになる。ひとつは、「直接的な効果」、極度に強調された遠近感である。この極端さは、脱自感覚をひきおこすだろう。これが、もうひとつの効果である。エイゼンシテインは「期待」、「予想」という要素を用いてそれを説明している。「その結果、予想されたアーチの背後の建築物が自然に想定されるスケール・縮約から「飛びだして」他の質のスケール・縮約──強度の強まったスケール・縮約（その場合、この強度はふつうに予想される空間的離脱「自体を」超越している）──にいたっているという感覚が生じるのである」（Там же: 180）。

さらに、エイゼンシテインは中断を二つの遠近法的空間同士の「衝突（ストルクノヴェニエ）」と読みかえ、そこから付随的な効果を導きだす。「この効果〔脱自感覚〕は、開始された運動を継続する慣性にもとづいたわれわれの眼の性質のうえに形成される。「予測された」運動の軌跡とその代わりにおきかえられた軌跡とのあいだの衝突は、衝撃をもたらす」（Там же: 181）。いうまでもなく、これはモンタージュのメカニズムそのものである。

激しい運動を分析しつつも、その対極にあるものを探しもとめるのは、いかにもエイゼンシテインらしい方法、姿勢といえるが、ピラネージ（爆発）の対として、彼は静寂のエクスタシー（「東洋の静寂主義（キエティスム）」）、中国や日本の山水画（縦構図の掛け物）をあげている（Там же: 181-83）。第四章2節の再風景化のところでふれたように、エイゼンシテインは中国水墨山水画の風景の深奥に「無（небытие）」（Там же: 341）をみていた。この небытие には「忘我の境地」という意味もある。

ピラネージと山水画におけるエクスタシーの違いを比較するには、共通の要素がなければならない。いずれにおいても「上昇・高揚の驚くべき感覚」が認められ、縦に展開される描写はぶつぶつと中断される。水墨画では、たとえば雲によって風景が断ちきられている。ところが、継起的脱自は両者においてまったく異なる効果をもたらす。一方は絶頂にまで高められた「破壊的な力動性」を、一方は「平滑なひとまとまりの流れ」を生みだすことになった。激発と静寂の違いは造形原理の差異にささえられている。遠近法的縮約の効果の違いである。景の不連続性・飛躍によって、ピラネージの場合は極端な縮約が実現されていた。それにたいして、水墨画では予想される縮約率よりも実際のものの方がはるかに小さいために、その誤差によって平面的な空間感覚が生じる。この平面性は水墨画の風景の特性をなす対象相互の「溶解」、「融合」に通じ、対象の溶解は忘我の境地にわれわれを導いてゆく。

◎

パトスの公式にもなっている継起的脱自は、予想もしなかった方面でも展開されている。ピラネージを離れることになるが、そちらをみてみたい。パロディ、連鎖式ロケット弾（多段式ロケット）、カンガルーである。なんだか、三題噺のお題のようだ。エイゼンシテインがここでパロディ――エクスタシー形式の――といっているのは、本来脱自的反復にそなわっているはずの質的飛躍が欠けているものである。その例としては、ケレンスキイの階段シーン（図4）の反復（『十月』）があげられる（Там же: 174）。そこには質的飛躍がないかわりに風刺がつけ加わっている。階段をのぼってゆく同一シーンが五回反復されるあいだに、ケレンスキイがたどった地位をしめす字幕――「陸軍大臣」、「海軍大臣」、「首相」――が挿入される。「質的クレッシェンド」の欠けた同語反復的映像と、階段をのぼる行為、地位の上昇との対比が風刺の意味合いを強めている。

エイゼンシテインはこのほか連鎖式ロケット弾、カンガルーにもエクスタシーの公式を認めるわけだが、これは隠喩次元の話ではない。「この互いにかけはなれた領域において、同一の法則がそれぞれのやり方ではたらいている」（Там же: 288）からである。法則の同一性、異質同形性はエイゼンシテインが多領域にわたって種々の発見をするのを可能にし、球体本の知の動きをささえている。ここでは「それぞれのやり方で」というのが重要である。

エイゼンシテインはロケット弾において、あるエネルギー形態が別のものに「飛躍する」ところに、脱自作用をみいだしている。そこでは、「反作用の領域から作用の原理へと飛びうつる反衝の原理が、能動的な原理となる」（Там же: 187）。連鎖式ではこの飛躍が連続的に活用される。一方、カンガルーについては、エイゼンシテインがかつてみ

図4 『十月』より

図5 『ストランド・マガジン』より

た『ストランド・マガジン』（一九一六年一〇月号）の挿絵（図5）がきっかけとなっている（Там же: 258-59）。関税をのがれるために一二頭のカンガルーが次つぎと腹の袋におしこまれる。しかし、税関通過の肝心なときに最も大きなカンガルーがくしゃみをしたために、すべてが外に飛びだしてしまうというものだ。この場合、エクスタシー効果は「喜劇的効果」に転じている。ロケット弾にせよカンガルーにせよ、そこでは継起的脱自の「逐語化（ブクヴァリザツィア）」がなしとげられている。「この場合、法則はそうした表象を構築する構造原理ではなく、〔……〕対象描写の内容となっている」（Там же: 268）。継起的脱自の逐語化はカンガルーのような時間的段階にそったものばかりでなく、同時並行的に展開される場合もある。論攷では、質的飛躍・爆発の欠如した同心円的波動もまきこみ、実に多様で愉快な例がつづ

図6　スタインベルグのドローイング

図7　『メキシコ万歳！』より

いてゆく。G・スタイン『聖なるエミリー』（一九一三）の「A rose is a rose is a rose」、S・スタインベルグ（図6）、マトリョシカ、人智学の四体的身体、歌川芳藤の寄せ絵《五拾三次之内猫之怪》（一八四七）、レオナルド・ダ・ヴィンチ《聖アンナと聖母子》（一五〇八頃）、マジックハンド、順次大きくなってゆくメキシコ・ピラミッドの配置法……。

エクスタシー効果には「めまい（頭・眼がまわる（ゴロヴォクルジェニエ））」がつきものだが、メキシコ美術とS・T・コールリッジのピラネージ体験を例に、この生理的事態についてふれられている（Там же: 168-73）。エイゼンシテインはマヤ遺跡の装飾レリーフ（図7）をとりあげる。それはメキシコ・バロックとして名高い過剰装飾にも通じている。近接的には「装飾的に分解」されており「威嚇的細部」にしかみえないものが、少し離れ角度をかえてみると既知の形態として浮きあがってくる。これは、近接的には過剰・混沌、遠隔的には計画的というバロックの特性そのものではないだろうか。メキシコのバロック的細部には多分にドラッグ体験が反映されているというのが、エイゼンシテインの見解だ。これは彼自身の体験からでた推論でもある。

細部と遠隔的形態を交互にくりかえしみているうちに、めまいが誘発される。エイゼンシテインはこのめまいを、T・ド・クインシー『阿片服用者の告白』（一八二二）が伝えるコールリッジのピラネージ体験《幻想の牢獄》に重ねている。ここにそれを紹介するが、ピラネージについてコールリッジが語るのをド・クインシーが記録し、それをエイゼンシテインが引用した箇所を、さらに論者が再引用するという、まことにエイゼンシテインにふさわしい事態が生じることになる。

> 床の上には、ありとあらゆる種類の機械や装置(からくり)、車輪、鋼索、滑車、梃子(てこ)、投石具等々が置かれていて、いずれも途方もない力が発揮され、それに耐え遂には潰え去った抵抗の名残りを如実に物語っていた。壁づたいに這って行くと、一筋の階段があるのに気づく。その階段を手探りしながら登ってゆくのは、ピラネージその人だ。さらにもう少し階段を登ってゆくと、突然ぷっつりと切れていて、手摺りもない。この突端まで昇りつめたピラネージにはもう進める一歩の階段もない、進むとすれば、眼下の深淵に真っ逆さまの憂き目に遭うよりほかはない。〔……〕さらに眼を高く上げて見給え、またまた空中高く一筋の階段が懸かっている。そして、またもや哀れなピラネージが、上へ上へと憧れ登ろうと懸命になっているのだ。上へ上へ、終(つい)には未完成の階段とピラネージは、諸共に館の天井の暗闇の中に呑まれてしまう。——これと同じ果てしない成長と自己増殖の力を帯びて、私〔ド・クインシー〕の夢の建築は進んだ。（ド・クインシー 2007: 156–57）

ド・クインシーのいう夢の建築とは、阿片の力によって現出した幻覚の建築のことである。「病の初期には、私の見る華麗な夢は、事実、主として建築的なものであった。私は雲の中ででもなければ、覚めている眼には断じて見えないような壮麗な都市や宮殿を見た」（同：157）。この雲を、ド・クインシーはW・ワーズワースの詩にも発見した。また引用文のなかで、コールリッジは脱自のあげく幻覚の建築にまぎれこんでいる。反復されるピラネージはコールリッジでもある。そのときの彼にとって、すべては虚実皮膜などではなく幻覚的現実、現実的幻覚となっている。

メキシコ

エイゼンシテインとメキシコの出会いとしては、メキシコの地そのもの、『メキシコ万歳！』よりも先に、『メキシコ人』（V・スムィシリャエフと共同演出、一九二一。原作J・ロンドン『メキシコ人』一九一一）の上演がある。プロレトクリト時代におこなわれたこの演出は、エイゼンシテインのデビューを飾るものとなった。シナリオ・演出にもかかわったが、この芝居におけるエイゼンシテインの主たる役割は美術監督だった。最初の仕事とはいえ、それはたんなるエピソードにとどまらず、メキシコに関するばかりか彼の演劇・映画にとっても重要な要素を含んでいた。この芝居の演出は客観的な評価もえている。A・ルナチャルスキイ（Луначарский 1964: 97）はモスクワの一九二〇／二一年演劇シーズンにおけるすぐれた作品のひとつとして『ミステリア・ブッフ』（ロシア共和国第一劇場）、『検察官』（モスクワ芸術座）、『フェドラ』（カメルヌイ劇場）とともにあげているし、S・ユトケヴィチ（Юткевич 1960: 233）の伝えるところでは、師のメイエルホリドも高い評価をあたえた。また、「当時モスクワでは演劇の周りに芸術が集結していた」（Аксенов 2008: 416）という情況を考えると、演劇は未来の芸術をうらなう重要な指標だった。

『メキシコ人』上演については、A・ニキチンによる論攷「プロレトクリトにおけるS・M・エイゼンシテインの最初の芝居、あるいは『メキシコ人』はいかに作られたか」（K3 24: 138–62）、モノグラフ『セルゲイ・エイゼンシテインのモスクワ・デビュー』（一九九六）が発表されて、おおよその情況がわかるようになった。それでも、肝心の第三幕（初演）の舞台構成については、なおはっきりしないところがある。

『メキシコ人』から『ストライキ』（一九二四）までの三年弱の期間は、ロシアにとってもエイゼンシテイン個人にとっても文字通り運命を左右する激しい日々だった。共産主義にむかってすさまじい勢いで前代未聞の悪路をつっぱしる「運命」の舵取りは、一瞬として気がぬけなかった。プロレトクリトやN・フォレッゲルのマストフォル（フォレッゲル・スタジオ）の活動に従事するかたわら、エイゼンシテインは参謀本部付属アカデミーで日本語を学んだり、国立高等演劇工房でメイエルホリドの指導をうけたりした。L・クレショフにモンタージュの手ほどきをうけるのも、『賢人』（一九二三）、『聞こえるかい、モスクワ』（一九二三）、『ガスマスク』（一九二四）を演出するのもこの時期のことである。

『メキシコ人』における演劇上の革新性としては、照明を線的に用いる構成主義的手法をはじめ、キュビスム的な舞台美術・メーキャップ、サーカスの道化・軽業師の導入、斬新な群衆場面、映画のモンタージュのような断片的構成、愉快な「カオス」・祝祭をねらった幕間劇（Никитин 1996: 237）、等々と数多く指摘されている。そのなかでも気になるのは、第三幕のボクシング・リングだろう。初案をくつがえすかたちで、エイゼンシテインはリングを観客の眼前にしつらえることにした。[10] リングの背後に芝居内の観客席をすえ、実際の観客席と舞台上の観客席がリングを囲んでつながるようになっていた（K3 24: 151）。ここには、部分的にではあるがJ・フルテンバッハの設計がいかされている（Эйзенштейн 1964c: 453）。こうした志向は、『賢人』の円形舞台、『ガスマスク』におけるガス工場での上演へとつづいてゆく。「こうした志向」というのは、舞台が観客席、観客の世界・生活へと進出・侵入してゆくことをさし、それは伝説的街頭群衆劇『冬宮奪取』、『大地は逆立つ』（演出メイエルホリド、一九二三）などに顕著にみられるものだ。演技空間の拡張は幕間劇においてさらに著しく、客席はおろか劇場（プロレトクリト中央演技場）の外にまで拡がっていった。これは生活の側からすれば生活の演劇化になる。旧価値観が崩壊し新しい価値観にむかう過渡的境界というのは演劇的日常、コムニタスそのものであり、当時はロシア中が演じていたといわれる。演劇空間の拡張は、芝居の側からいえば演劇に事実をもちこむことを意味する。「私が実際にかかわった特徴のひとつとその成果は、まさに出来事の直接性に賭けるという要素（映画的要素）にある。それは「出来事に対する反応を演じること」、演劇的な要素とは大いに異なる」（Эйзенштейн 1967: 59）と、エイゼンシテインはのべている。

当時進行していたフットライトの消滅がここにあるわけだが、それは『ガスマスク』において極点をむかえ、例の有名な言葉となる。「〔物質的＝事実的な原則と虚構的＝描写的原則からなる〕二輪馬車はこなごなに飛びちった。御者はといえば映画へたちさった」（Там же: 62）。『賢人』では芝居のなかにくみこまれていた映画（事実）が、『ガスマスク』では芝居をのみこむ格好になった。エイゼンシテインはレンズのこちら側に待避し、一時的にしろ、向こう側のすべてを記録できる位置を確保したのである。フィクションも事実もレンズをとおしたとき、とりあえずは「事実」となりうる。機械装置をも視野に収めた「事実」（として加工されたもの）のフィクション性・イデオロギー性という問題は残るが、それはつぎの段階の課題である。

いまわれわれが注目したいのはこうした演劇の革新ではなく、『メキシコ人』第三幕の内容である。すなわち、肉体をうつ強烈なパンチ、床に倒れる肉体、革命の意志をみなぎらせるリベラのひきしまった筋肉、憎悪、リベラの「ブロンズ色の」肌をぎらぎらとつたう汗、観客の怒声、緊迫した情況のなかでの駆け引きといったものにほかならない。実際の芝居ではどれくらいの長さになったのか定かではないが、原作では一七ラウンドもある試合はまさに継起的脱自そのものではないだろうか。ラウンドが進みボクサーの息があがってゆくにしたがい、パトスの強度は高まり、ダニーがノック・アウトされた瞬間、エクスタシーがおとずれる。エイゼンシテインの演出メモには、「リズムを生む情動」、「英雄的パトスを生むリズム」（K3 24: 156）という言葉がみえる。革命とパトス・エクスタシー――エイゼンシテインにとって、メキシコは最初からメキシコだった。

◎

エイゼンシテインが『メキシコ万歳！』に着手するのは、ハリウッドにおける映画制作が不首尾に終わったあとのことである。エイゼンシテイン、アレクサンドロフ、チッセの撮影クルーは一九三〇年一二月から三二年三月までメキシコに滞在する。結果的には、『メキシコ万歳！』もA・シンクレアとの契約上の問題で、撮影を中止せざるをえない事態におちいる。そればかりか、撮影されたフィルムがロシアに返還されるのはその後四〇年以上もまたなければならなかった。ネガティヴ・フィルム(約七万メートル)がとどいたとき、もちろん映画作家はこの世をさっていた。現在『メキシコ万歳!』といわれているものにはふたつの版がある。当時共同監督をつとめたアレクサンドロフが編集したもの(一九七九)、そしてすぐれた映画研究者にして映画作家でもあるO・コヴァロフによって編集された『メキシコ・ファンタジー』(一九九八)である。『メキシコ万歳!』といえばアレクサンドロフ版をさすのがふつうだが、切れ味のよいコヴァロフ版も『メキシコ万歳!』を現代にみごとに甦らせたものとして記憶されてもよい。その出来は同じコヴァロフの手になる『セルゲイ・エイゼンシテイン自伝』(一九九六)に勝るとも劣らない。『メキシコ万歳!』はシナリオとフィルムこそ残されているものの、決定的なヴァリアントのない作品である。予期せずして、この作品は球体本やピラネージと同じく開かれたものとなった。「存在しない、最も美しい映画」(J・デ・ラ・コリナ)といわれてきた理由はここにある。コヴァロフ版はその開放性を実地に使ってみせた成功例といえるだろう。[11]

エイゼンシテインたちをメキシコに直接招いたのは、かつてモスクワで知りあったD・リベラだが[12](図8)、エイゼンシテインの足を彼の地にむけさせた動機は何だったのだろう。一九二五年にすでにメキシコを訪れていたV・マヤコフスキイの話が思い返されたのかもしれない。動機はひとまずおいておくとして、メキシコにおいて、八年間の禁から解かれたようにいきなり多量のドローイングを描きはじめる尋常ではない事態を思い出してほしい。ハリウッドで買いもとめたコ

図8 左から、リベラ、カーロ、一人おいてエイゼンシテイン

バルビアス『ニグロ・ドローイング集』（一九二七）が発火点になり、メキシコでふれたポサダ、リベラ、オロスコ、シケイロスらの作品に刺激をうけ、エイゼンシテインは再び手を動かしはじめた。きっかけとなった人物に、クレイマン（Эйзенштейн 2002b: 652）はA・モガールもつけ加えている。リベラとオロスコを比較しながら論じた「プロメテウス（試論）」（一九三一執筆）で、エイゼンシテインはオロスコとの出会いについてつぎのようにのべている。「地理的なものではないとしても、ぼくたちの出会いの場所はやはり存在した。／ぼくたちの出会いの場所とは？／エクスタシーのシャンゼリゼ（エリゼの園）のどこかで、僕たちは出会った」（Эйзенштейн 1997b: 339）。オロスコとエクスタシーの極楽（エリュシオン）で巡りあったということが、メキシコに対するエイゼンシテインの姿勢のすべてをものがたっている。

「のびのび」というような牧歌的な形容をはるかにこえて、うねくりまわり、内から外へ、外から内へ形態を重ねてゆくエイゼンシテインの線は欲求にそいつつ、欲求とともに動いてゆく。それはメキシコの欲求であるとともに、エイゼンシテインの欲求でもある。メキシコに彼を導いた原因があるとするなら、それは解放された欲求の予感ではないだろうか。「私がメキシコに出会ったとき、メキシコはありとあるさまざまな矛盾に充ちた姿をしており、私が自分のなかに抱えてきた糸玉のコンプレックスみたいな線と特性のすべてを外部に映しだしてくれるようにみえた」（Эйзенштейн 1997a: 328）。O・パスがI・カレトニコヴァ『エイゼンシテインによるメキシコ』（一九九一）によせた推薦文は、その意味で正鵠をえている。「一九三一年に、エイゼンシテインはメキシコを発見した。そして、同時に自分自身をもみいだした。D・H・ロレンスのように、エイゼンシテインのメキシコに関する表現はセルフ・ポートレイトでもある。未完の傑作『メキシコ万歳！』の諸シーンを撮影しながら、このロシア人監督は彼自身のうもれた側面――エロティックなパッションがもたらす暴力と死に直面したときの魅力の双方を発見したのである」（Karetnikova/Steinmetz 1991. 図9a、b、c）。

パスのあげるエロス―暴力―死というパトスの鎖列は、『メキシコ万歳！』の構成によくあらわれている。シナリオ（第一稿）にしたがうと、『メキシコ万歳！』の構成はプロローグ、エピローグとそれらにはさまれた四つの

「短編物語（ノヴェラ）」——「サンドゥンガ（舞曲）」、「マゲイ（竜舌蘭）」、「フィエスタ（祝祭）」、「ソルダデーラ（兵士の妻）」（撮影されなかった）——からなる（基本的に、アレクサンドロフ版はこのシナリオをもとにしている）。『モスクワ』、『大フェルガナ運河』でこころみられる事物のバイオグラフィが、ここではひとつの国にそくしてためされる。

時代も人物も地域も異なる六つの独立した単位が隣接しつつひとつの作品を作りあげてゆく様子を、エイゼンシテインは「『メキシコ万歳！』の最初の要旨」（一九三一頃執筆。Eisenstein 1970a: 251-54）でサラッペに喩えている。極彩色の縞模様をした織物のことである。この喩えは、歴史が空間的に共存するメキシコ文化の在り方からきている。サラッペにおいて重要なのは、異なる色に彩られつつも編み方においては統一されていることだ。映画においては、「リズムと音楽による構成、メキシコ的精神と性格の展開」が統一的編み方にあたる。『メキシコ万歳！』では、全編にわたって音楽が鳴りひびいている。その軽快なリズムにささえられながら展開するメキシコ的精神と性格とは、生—死—再生の「永遠の循環」にほかならない。循環によって生と死の連続性は実現されている。作中にライト・モティ

図9a　ロケ地のアシエンダ・テトラパヤックでL・ボイトラーと戯れるエイゼンシテイン

図9b　サボテンと戯れるエイゼンシテイン

図9c　『メキシコ万歳！』より

ーフとして登場する永遠のピラミッド、それを象徴的にあらわす三角形構図も、このやむことのない循環をしめしている。これは外国人の気まぐれな思いつきなどではなく、パス『孤独な迷宮』（一九五〇）にも同じ表現をみつけることができる。「死は生の自然な結末ではなくて、無限の円環の一つの相だったのである」（1982: 49）。エイゼンシテインという理解者をえることによって、迷宮は孤独を免れたことになる。

社会制度をまじえながら生と死は六つの単位のなかを循環してゆく。プロローグ——石像、永遠、死。「サンドゥンガ」——母系制、母なるエロス。「マゲイ」——父権的独裁の時代、初夜権の行使、花婿の虐殺。「フィエスタ」——グアダルーペ崇拝、膝行、闘牛、ピカドールとその愛人。「ソルダデーラ」——革命、兵士（ソルダード）とその妻ソルダデーラとの性愛。エピローグ——死者の日。古代文明から新時代までを一気にかけぬける時間行脚からくるめまい、生と死のめくるめく循環は、驚異のパトスとエクスタシーをもたらすだろう（制作の過程において、撮影ずみのシークェンスがエピローグからプロローグに移されるという実際の循環もおこっている）。

三角形構図（図10）をはじめとして、作中には忘れがたいシーンがいくつも登場する。ハンモックに横たわる花嫁候補のたわわな胸に、かすかにゆれる椰子が影をおとす「サンドゥンガ」のシーン（図11）もそのひとつである。そこには肉体と自然のやさしく美しい融合がある。ゴーギャンのタヒチに較べても、それはなお官能的だ。チッセの繊細にして強靭なカメラの力量が感じられる。「熱帯は眠気をさそう官能性と反応しあっていた。／熱帯はブロンズ色の肉体の交わりに体現された密かな明滅に思われた。肉体のように絡みあう蔓植物と、蔓植物のようにもつれあう肉体の、過飽和で過剰に増殖した貪欲さにまみれて、熱帯は鏡に自らをうつしている。テワンテペックの娘たちがアーモンド状の眼で熱帯の眠たげによどんだ水面をみつめながら、自分たちの肉体の金色の肌に反射する花柄の衣裳にみほれているのが眼に入る」（Эйзенштейн 1997a: 329）。ここでは、自然と肉体は互いに官能性を映しあっている。そのつややかな官能性は「ソルダデーラ」の愛の行為にもいかされるはずだった。エイゼンシテインの脳裏には、戦闘の合間のひととき、月光にてらされた要塞の中庭のあちこちで抱きあう兵士とソルダデーラの姿があった。「肉体は規則正しく調子をあわせて呼吸している。大地が息をしているかのようだ。〔……〕恥ずかしさをしらない肉体、肉体にとって自然なものを自然とみなす肉体、もちろん隠すことなど必要としない肉体」（Там же: 329）。

図10 『メキシコ万歳！』より

図11 『メキシコ万歳！』より

生と死のテーマは闘牛のシークェンスにおいてひとつの頂点をむかえる。E・ヘミングウェイが論攷『午後の死』を著すのが一九三二年だから、エイゼンシテインはヘミングウェイと時を同じくして闘牛に関心をもったことになる。エイゼンシテインの注目は、一九二〇年代終わりから三〇年代にかけて、ヘミングウェイ、ガルシア・ロルカ、ピカソ、H・ド・モンテルラン、G・バタイユ、M・レリスらによってスペイン闘牛が再発見されてゆく流れに与する。ヘミングウェイは、戦争にも等しい生と死の接近・融合、一瞬の高まり（violent death）を、人間と牡牛の闘い（コリーダ）にみている（1956: 184）。その高まりに参加することで、観衆は不死感を手にいれるのである。エイゼンシテインはヘミングウェイにもまして、闘牛に供犠的性格を強く認めている。観衆の代理である闘牛士（マタドール）は牛を殺すことでトーテムとしての牛（神）とひとつになる。そのマタドールをとおして観衆は牛＝神との一体化をはたす。また、勝利のしるしとしての牛の耳と尾を手にするとき、マタドールは「半牛半人」、半神半人となる（Эйзенштейн 2006: 201）。「フィエスタ」で興味深いのは、この供犠が闘牛士（ピカドール）と愛人の関係に接続されていることだ。アガペーとエロスはひとつに結ばれている。浮気が発覚してピカドールは愛人の夫に銃殺されるので、死においても聖俗はつながっていることになる。「フィエスタ」にくみこまれている牛とピカドールの死は、やがてエピローグの死者の日の祝祭の大渦にのみこまれてゆく。

闘牛、「フィエスタ」にしめされた暴力[13]・死＋エロスはエイゼンシテイン映画では一貫してきわめて重要なモティーフになっている。それらは連続してあらわれることも、両義的な現象として描かれることも、同一の対象（牛、子供等）にそくして異なる作品にあらわれることもある。ここで、乳母車の前にたちはだかりながら銃弾に倒れる『戦艦ポチョムキン』の母親の顔が思い出される。苦悶、怒り、懇願、子供に対する愛を包摂するその表情は、すでにのべたように、G・ベルニーニ《聖テレジアの法悦》の恍惚の表情に重なる。エイゼンシテインはこうしたものを聖性へ昇華させてしまうことなく、世俗的な次元、たとえば政治にとめおく。そこにエイゼンシテインの寸止めの美学とでもいうべきものがある。

音楽、ダンス、死、エロスがふんだんにつめこまれた『メキシコ万歳！』は「交響曲」というよりも、はるかにカーニヴァルに近い。『イヴァン雷帝』の饗宴が室内カーニヴァルだとすれば、このカーニヴァルはまぎれもなく街頭カーニヴァル、生と死の世界カーニヴァルである。『メキシコ万歳!』のカーニヴァル性はエピローグの死者の日に集約的にあらわれている。各国にみられる死者の日(万霊節)にアステカ文明の儀礼が加味されてできたのがメキシコの死者の日である。死者の霊をむかえる日であることにかわりはないものの、メキシコの特性はその陽気さ、蕩尽的性格にある(人びとは一年のあいだに貯めにためた財をこの日のためにいっきょに使いはたす)。エイゼンシテインは「哄笑(スメフ)」(Эйзенштейн 1997a: 331)という言葉によってその陽気さをあらわしている。

パックワロの街や、パックワロ湖にうかぶハニッツィオ島にゆくと、いまでも昔ながらの祝祭を眼にすることができる。一〇月末日から祭りの準備にあわただしい街は、一一月一、二日の当日になると、骸骨の飾り物・砂糖菓子(図12a)、ポサダ由来の骸骨(カラベラ)の図像であふれんばかりになる。口髭をたくわえた骸骨、シルクハットを頭にいただいた骸骨、ソンブレロをかぶる骸骨、蜘蛛の身体をした骸骨……。街のいたるところにマリーゴールドの花、花、花。街そのものが祭壇(オフレンダ)になったようだ。教会のバロック装飾もその日ばかりは華やかな街に完全にうもれてしまっている。時折、骸骨の仮面をつけた若者が、車のクラクションを鳴らしながら街なかをゆっくり流してゆく。

図12a　右手に砂糖菓子の骸骨をもつエイゼンシテイン

夜がおとずれると、ハニッツィオ島でいよいよ祭礼がはじまる。島にむかう船の波止場には、大鎌をもったチュニック姿のサンタ・ムエルテ像が威嚇的にかまえている。サンタ・ムエルテ信仰もメキシコではまだ根強い。島では、山の麓の墓地でしめやかに祈禱がとりおこなわれる。それは一晩中つづく。そして、集会所では死者たちの名がマイクをとおしてえんえんと読みあげられてゆく。それと並行して、山上の広場ではマリアッチの演奏、歌、《老人の踊り》、酒宴の騒ぎがくりひろげられる。ダンスに使う木の履き物がカッカッと広場の石をうつ。その音はしだいに早まってゆき、頂点に達したところでぴたりとやむ。騒ぎのかたわらでは、毛布にくるまった恋人たちが愛を語らっているのがみえる。広場の周りには、にわか作りのクラブやライヴ・ハウスが設けられ、店からはテキーラやラム酒のちょっと癖のあるにおいがただよってくる。対岸におぼろにうかぶパックワロの街の灯を山上から眺めていると、思わず他界にわたったような気分におちいる。

エイゼンシテインがみたのも、たぶんこれらとそれほどかわらない光景だろう。丸二日祝祭のなかですごすだけでも、『メキシコ万歳！』のなかにひきこまれるには充分である。エイゼンシテインが死者の日にひかれ、映画の最後にこの祭礼をもってきた理由に納得がゆく。メキシコはまさに「万歳」に値する国である。

生活風習そのものとして興味のつきない死者の日だが、映画にそれを導入するにあたり、エイゼンシテインは構成上の工夫をしている。生と死の循環を一連の行為としてみせるのだ。まず、彼は骸骨の仮面をあらゆるひとにかぶせ、「仮死者」にしてしまう。ペオン（小作農）、機械工、運転士、石炭掘り、将軍、貴婦人、司教……。映画に登場した人物も含まれる。アセンダード（農場主）の衣裳をつけた者、恋人を殺された娘、映画の裏方たち……。そして、カーニヴァルが頂点をむかえたとき反転がおこる。人びとは自ら仮面をはがしてゆく。骸骨の仮面の下からは二種類のものがあらわれる。本物の骸骨と生きいきとした顔である。死せる顔・骸骨は死すべき人物、たとえば支配階級を、生きた顔をもつ者は生によって肯定された人物をあらわす。そして、仮死からの甦りの最後を飾るのは、ほがらかな笑みをうかべるインディオの少年である。彼は「これから成長してゆく新しいメキシコのシンボル」とされる（Эйзенштейн 1971: 128. 図12b、c）。

重要なのは否定された人物も肯定された人びともじつに陽気だということである。いずれもルンバを踊りながら高らかに笑っている。彼らはともに「死を笑いのめしている」（Эйзенштейн 1997a: 331）。死は笑いのめされるばかりか、自ら笑いさえする。「大笑いする骸骨」（Эйзенштейн 2002a: 427）。酷薄なユーモアにも皮肉にも収まらない、奇妙としかいいようのないこの姿勢を説明するのに、エイゼンシテインはC・ビールス『メキシコの迷宮』（一九三一）から「バシラーダ（vasilada）」[14]という言葉を借りてきている。相反するもの同士を軽やかに結びあわせてしまう遊びの精神である。「死に対する大笑いは、命知らずの英雄的で侮蔑的な薄笑いからくるもので、バシラーダのグロテスクな渋面越しに顔をのぞかせる。そして、死のエンブレム、あるいは風刺的で皮肉な死のシンボル、骸骨に対する気楽で快活な道化的態度にかかわる」（Там же: 427）。

引用文中のエンブレムやシンボルはアレゴリーとおきかえてもよいものである。統括的記号――エイゼンシテインの言葉では「大文字の死の集合的イメージ」（Эйзенштейн 2006: 216）――として用いられるエピローグの骸骨は寓意的である。とはいえ、骸骨の下にはもうひとつのもの、二種類の顔がかくされているわけだから、それはたんなるアレゴリーではない。骸骨のアレゴリー性に着目したM・サラスキナ『剰余において』（Salazkina 2009: 139–79）は、そ

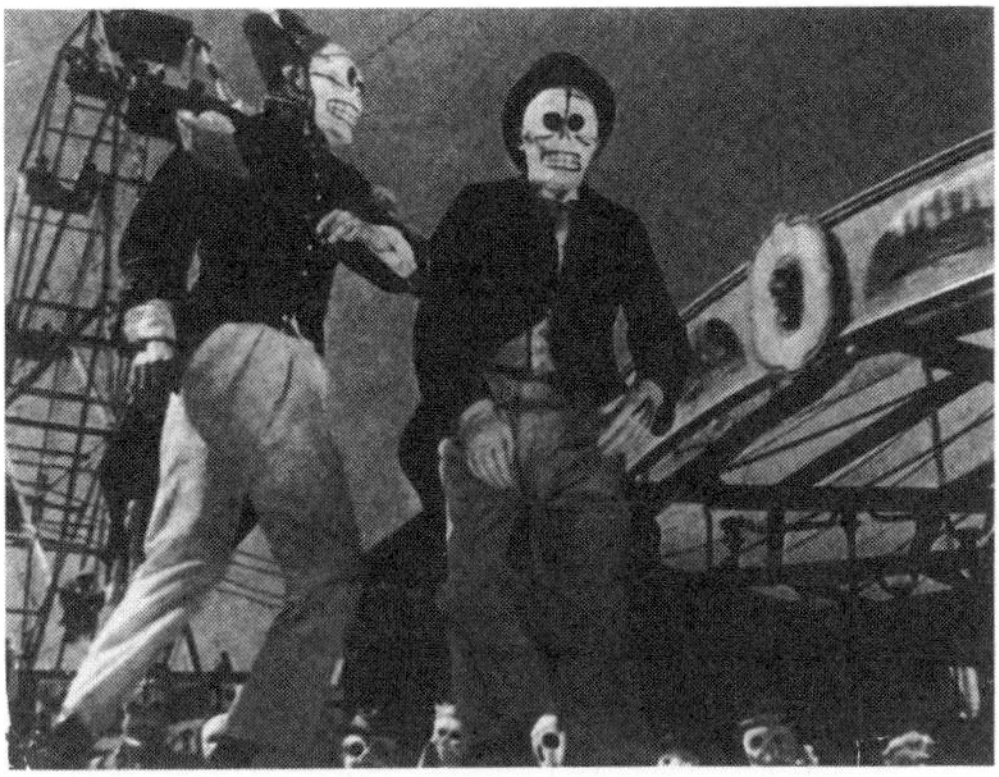

図12b 『メキシコ万歳！』より

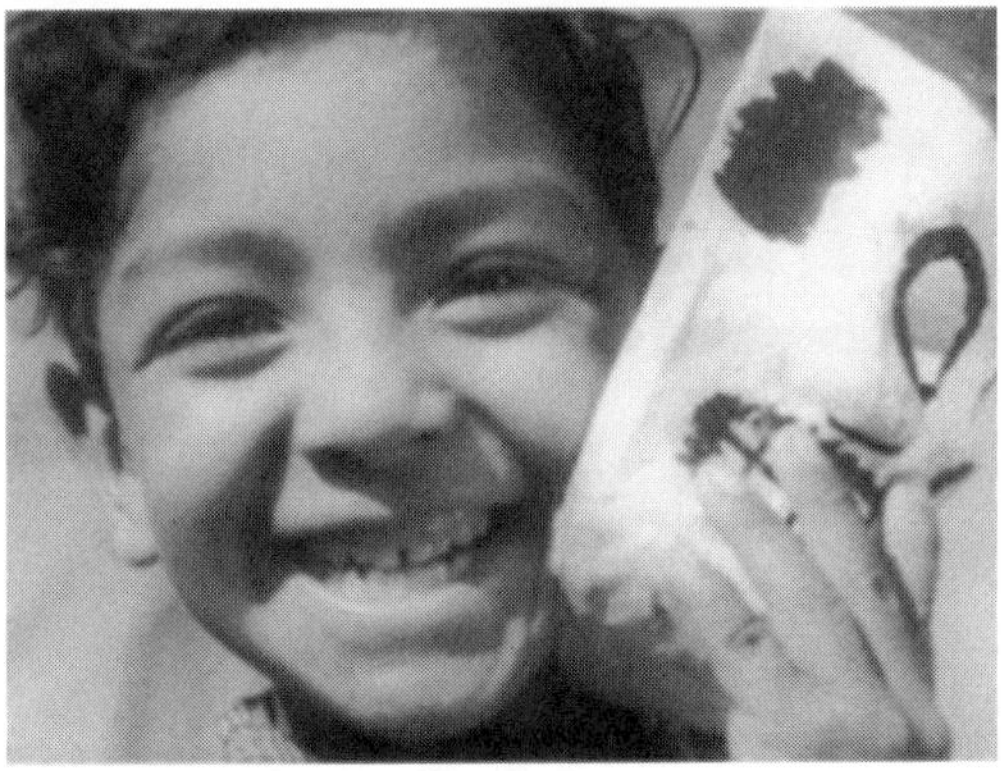

図12c 『メキシコ万歳！』より

れを仲立ちにして、メキシコやラテンアメリカのバロック性、W・ベンヤミンのアレゴリー、モダニズムといったものをひとつにまとめている。形式に関しては興味深い指摘を含んでいるが、ちょっと勇み足のような気もする。もう少し緻密な推論の手続きが必要だろう。彼女の分析で論者がとりわけ不満に思うのは、哄笑が欠けていることだ。エイゼンシテインが「喜劇的なるもの」（一九四三―四四執筆。Эйзенштейн 2002a: 427-31）で力説するように、骸骨はグロテスクな笑いとともになければならないし、笑うことによって更新力を呼びおこすのである。エイゼンシテインがメキシコにくる前から親しんでいたポサダの風刺的版画のように。フォークロアの中心から躍りでた感のあるその図像は、ロシア・ルボーク（民衆版画）、サーカスにも通じる質をたたえているがために、エイゼンシテインの関心をひいたのだ。

寓意的ということでいえば、『メキシコ万歳！』には気にかかることがある。それは、この作品の多くのシーン、シークェンスの構成がメキシコの同時代芸術から引用借用されたものであることだ。これは自覚的におこなわれた、いわばシミュラークル的行為である。たとえば、「サンドゥンガ」のあるショットはT・モドッティから（Salazkina 2009: 78-80）、「サンドゥンガ」とエピローグにおけるいくつかのモティーフはリベラ《メキシコ文部省壁画》（一九二三―二九）から（Эйзенштейн 1997b: 489 n.5）借りうけたもので、「ソルダデーラ」のプロットとイメージはオロスコ《サンイルデフォンソ学院壁画》（一九二三―二七）をもとにしている（Там же: 489 n.6）。寓意にせよシミュラークルにせよ、『メキシコ万歳！』はひとつくりあがったリアリティのうえに構築されていることになる。エイゼンシテインはリベラやオロスコの眼をとおしてメキシコを眺め、彼らの作品に依拠しつつメキシコを撮ったのだ。

ダンス・マカーブル

踊る骸骨とはダンス・マカーブル（死の舞踏）そのものである。じっさい、エイゼンシテインは『メキシコ万歳！』のエピローグを死の舞踏というテーマの「最も現代的なヴァリアント」とみなしている（Эйзенштейн 2006: 205 n.3）。

黒死（ペスト）病禍などがもとになり中世後期に誕生するダンス・マカーブルの図像は、のちにメメント・モリ、ヴァニタス等にひきつがれる。やがて死の意匠は繁茂してゆき、今日ではディズニー・アニメーション、L・リード《死の舞踏（Sally Can't Dance）》（一九七四）、アレキサンダー・マックイーンのスカル意匠というように、身近なところにもみいだすことができる。

死の舞踏の図像というと、H・ホルバイン（子）「死の舞踏」連作（一五三八）が有名だが、パリはサンジノサン墓地の納骨堂回廊の壁に一四二四年に描かれたものが最初の作例とされる。これはG・マルシャンの手によって一四八五年に木版本『死の舞踏』（A・ヴェラール）として刊行される。この書物をとおして、死の舞踏はひろくヨーロッパ中に伝播してゆく。ダンス・マカーブルを語源的にみると、danseは当初danceとつづられ、それは舞踏以外に行進、行列という意味ももっていた。死者と生者がつらなりながら歩いてゆく図像の様子は、たしかにダンスとも行進ともみえる。macabreの方は少し複雑で、大きくは三つの説にわかれている。アラビア語の墓場（maqabir）、ヘブライ語の墓掘人（meqaber）、旧約聖書のマカベア家である（小池 1994: 171-212）。小池寿子は最後のものを有力な説として推す。エイゼンシテインも「マカーブル」の語源をたどったすえ、はっきりしないとしつつも同じ結論に達している（Эйзенштейн 2006: 208 n.1）。クレイマン（Там же: 567）はP・アリエス『死と文化』（一九七五）を援用しながらエイゼンシテインの推論を支持する。「マカーブル」の語源が墓場、墓掘人、殉教のいずれであるにしても、死にかかわるものであることに違いはない。また、図像として定着する前に、死の舞踏は演じられるもの、踊られるものとしてあった。小池寿子『「死の舞踏」への旅』（2010）には、モグラの祭りをはじめとするその種の例が紹介されている。話はとぶが、I・チェルネツカヤが一九二〇年代に《ダンス・マカーブル》という表現主義的ダンスをモスクワで披露している。

エイゼンシテインは死の舞踏を詳細に調べたあげく、それを中世にはじまる図像の枠からときはなつ。メキシコの死者の日がこの図像の一般的性格とかけはなれていたことが大きく作用していると思われる。ポサダとJ・アンソール、F・ロップスとを較べてみれば、その距離はよくわかるだろう。「このカーニヴァル〔死者の日〕はサン＝サー

図13a　通常の輪舞

図13b　供犠の輪舞

ンス《死の舞踏》（一八七四）やホルバイン《死の舞踏》の追憶からうまれたものではない」（Эйзенштейн 1964a: 152）。それでは、どこから発生したのだろう。ポサダのカラベラから、「メキシコのフォークロアの中心から直に」（Там же: 152）誕生したのである。このフォークロアへの傾きは古典古代からディテュランボス、[15]「パトスの極」（Эйзенштейн 2006: 200）を呼びよせた。その結果、「ディテュランボスと〈死の舞踏（ダンス・マカーブル）〉（Там же: 200–21）が書かれることになる。エイゼンシテインはディテュランボスの後継にあたるものとして、ギリシア悲劇のほかに死の舞踏を考えている。とはいえ、ディテュランボスと死の舞踏のあいだに直接的な継承関係があるわけではないし、両者の背景となる宗教も時間概念・死生観も異なる。この二者をひとくくりにしたのは隠喩的思考といえるだろう。

つながりが認められたとはいえ、ディテュランボスと死の舞踏は対極的なものとみなされ、論攷の記述がディテュランボスから死の舞踏へきりかわる転轍点には、つぎの一文がおかれている。「ギリシアの人生肯定的アルカディアの輝く緑から、中世キリスト教の禁欲主義に関する説教と禁欲からなるペシミズムの抑圧的丸天井のもとへ移ることにしよう」（Там же: 205）。バフチンが禁欲的キリスト教の裏にカーニヴァルをおいたのにたいして、エイゼンシテインは禁欲主義にギリシアの祝祭を対置したのである。ディテュランボスと死の舞踏のあいだにつながりをみいだしたために、エイゼンシテインはこうした戦術をとったのである。彼の見取り図では、集団的な輪舞、生と死の象徴的融合を共有しながらディテュランボスと死の舞踏はむきあっている。

輪舞からデュエットへ、デュエットからソロへとダンスは分化し、その形態にかかわらず中枢機能はたもたれてゆく、というのがエイゼンシテインのダンス観だ。中枢機能というのは、互いの場所を交換しあうのを通じて踊り手たちは融合するということである。A・シュニッツラー『輪舞』（一九〇〇）もこの作用のもとにある。輪舞では場所の交替を介して踊り手全体はひとつになり（図13ａ）、輪舞でも供犠の舞踊のように中心となる一者が存在する場合には、その一者と各踊り手との交換・融合を介して全体の融合がはかられる（図13ｂ）。「原初的思考やプリミティヴな表象にとっては、相互に場所をとりかえるのは、相互に移行しあうことを意味し、それは踊り手同士の一体化を不完全に代行するものである」（Там же: 210）、「もちろん、ダンスの究極の「狙い」、つまり実際の融合を忘れてはならない」（Там же: 210 n.1）。

死者の日、人びとは「大文字の死の集合的イメージ」、骸骨を相手に踊るのである。踊りながら死と融合し、そのあとで死を笑いのめす。このようにして死を超克し生を更新する。したがって、『メキシコ万歳！』のエピローグに登場する、骸骨の仮面の着脱行為は、死とのダンスを反復してみせていることにもなる。死とのダンスに関する解釈を、エイゼンシテインはメキシコのアクトパンにある修道院の回廊に黒々とした骸骨とともに書かれた言葉から思いついた。「私はお前だった。お前は私になるだろう」（Там же: 209）。

ついでにのべておくと、エイゼンシテインはダンスの名手だった。彼が最初に心臓発作で倒れたのも、『イヴァン雷帝 第一部』のスターリン賞受賞祝賀パーティーで、Ｖ・マレツカヤの手をとり踊っている最中だった。

3　表現運動

いうまでもなく、情動の問題は心理にとどまることなく身体にもおよんでいる。エイゼンシテインにおいては、情動が最初から最後まで考察の対象でありつづけると同時に、身体も問題とされつづける。具体的には、演技の問題としてである。

たとえば、演説台にたって激しくアジるレーニンを考えてみてほしい。力強く右斜め上につきあげられる右手がなかったら、おそらくその熱情（パッション）は充分には伝わらないだろう。その意味で、「むなしい」とつぶやきつつも右手をあげる森村泰昌《なにものかへのレクイエム（夜のウラジーミル 1920.5.5–2007.3.2）》（二〇〇七）のレーニンは示唆的だ。イデオロギーは古びても、パッションの身振りはのこっている。ここには、エイゼンシテインのいう内容と形式の問題とともに身体の問題がある。

身体演技論・俳優論が当時のロシアで急速に高まるにさいしてはいくつもの原因が考えられるが、近代的身体の形成期にあたっていたというのが大きい。近代生活における身振り、モダン・ダンスの発生――I・ダンカンの来露をきっかけとして――、ポピュラー・ダンスの流行、体操（フィスクリトゥラ）・身体文化教育、スポーツの普及、機械労働の一般化、軍隊における教練、革命記念日のマスゲーム、等々、種々の相における変化がからみあって、近代的身体は形成されていった（I・ナッペルバウム、N・スヴィシチョフ゠パオロといったピクトリアリズムの写真家によってヌード、エロティックな身体・姿態が発見・案出されるのも、この時代である）。タンゴ、フォックストロット、チャールストン（図14）の流行をかいくぐるだけでも、人びとの身体はかなりの変容をこうむったはずだ。Dz・ヴェルトフ『カメラを持った男』

（一九二九）には、近代的身体形成の一端がみられる。先のレーニンの身振りは、古典古代の政治家に範をとったというだけにとどまらない。斜線をなして演説台からとびだすその姿勢は、同時代の映画や写真の斜線・短縮構図（ラクルス）と同形性をなす。E・リシツキイ《レーニンの演説台》（一九二〇）では、レーニンと演説台は斜めという点において一致している。

当時の身体形成の様子はラフン主催の『第三回運動芸術展』（一九二七）の展示構成によくあらわれている（Мислер 2011: 247–69）。展示内容は六セクションにわかれていた。芸術における運動（リズム体操を含む）、体操（フィスクリトゥラ）、農作業・機械労働における動作、サーカス、マス運動、そして動物の動きである。V・カンディンスキーがドイツにさったあとも、ラフンではA・シドロフ、A・ラリオノフらによって、総合芸術を視野にいれた「運動芸術」の研究と実践が継続されてゆく。

図14　チャールストンを踊るエイゼンシテイン

近代的身体の形成から何十年もへだてて、ロシアでは一九二〇年代芸術身体論が盛んになる。この身体については、二〇〇〇年の『身振り芸術における人間展』（バフルシン名称ロシア国立中央演劇博物館）あたりから省察が開始される。ただしそれ以前にも、E・スリツ『一九二〇年代のコレオグラフィ芸術』（一九七九）、N・シェレメチェフスカヤ『エストラーダにおけるダンス』（一九八五）、『イヴァン雷帝』論を含むV・ポドロガ『身体の現象学』（一九九五）、A・ロー／M・ゴードン『メイエルホリド、エイゼンシテインとビオメハニカ』（一九九六）、M・バーンウェル『パフォーミング・ユートピア――革命期ロシアの映画と演劇における新ヴィジョンの源泉としての理想化された身体』（一九九九）等の個別研究は存在する。

『身振り芸術における人間展』に尽力したN・ミスレルは展覧会の内容をさらに充実させて、『初めに身体ありき』を二〇一一年に世に問うている。『身振り芸術における人間展』のあと、堰をきったように二〇世紀前半の映画、演劇、ダンスに関する身体論が出ることになる。ざっと思い浮かぶだけでも、O・ブルガコヴァ『身振り工場』（二〇〇五）、『ロシア文化における身体』（G・コバコヴァ他編、二〇〇五）、『言葉から身体へ』（Ju・チメンチク他編、二〇一〇）、Ju・ツィヴィアン『手振り学（カーパリスティックス）への途上にて』（二〇一〇）、V・ルドネフ『ポリフォニックな身体――二〇世紀文化における現実と統合失調症』（二〇一〇）、I・シロトキナ『ロシアにおける自由な運動と新ダンス』（二〇一一）、T・ダシコヴァ『身体性―イデオロギー―映画』（二〇一三）といったものがある。このほかにも、一九八二年から二〇〇二年までの論攷を集めたM・ヤンポリスキイの論集『言語―身体―出来事』（二〇〇四）、エロスに特化した『文学と文化における身体性とエロティシズムについてのディスクール、モダニズム期』（D・ヨッフェ編、二〇〇八）などが刊行されている。これからのべることになるエイゼンシテイン／S・トレチヤコフ「表現運動」（一九二三執筆）が二〇〇〇年に日の目をみるのも、こうした機運と無関係ではないだろう。

一九二〇年代ロシアの演技身体論はこのように広大な背景を有しており、とてもひとつの節に収まるものではないので、ここでは、エイゼンシテインの具体的視座から推論できるテーマ――「表現運動」とティパージュ、I・デ・ロヨラとK・スタニスラフスキイ――に的をしぼりたい。

「表現運動」、ティパージュ

エイゼンシテインの処女論攷は「アトラクションのモンタージュ」であるが、実はそれ以前にトレチヤコフと共同で「表現運動」(Мнемозина 2: 280-305) という論攷が書かれている。第二章でのべたように、ふたりはプロレトクリトの活動家として演劇にたずさわっていたし、『レフ』誌にもかかわっている。いくぶん生硬ではあれ今でも読むに値するこの論攷は、結局発表されなかった。その要因として、A・ミリャフは彼らの潮流がさってしまい時機を逸したことをあげている。潮流というのは「左翼戦線」のことである。

すでに一九二四年には、演劇出版物――ますます減少していた――の頁から、「構成主義」、「演劇的テイラー主義」、「メトロ・リズム」、「合則的演劇」という言葉はきえている。生産リズム論や演劇的作用の絶対的手段といった領域において探究をおこなってきたさまざまな科学的施設のルポルタージュも、きえさった。〔……〕そうしたものごとは突然ひどく「古くさく」なってしまった。要するに、演劇におけるあらゆる実験的な科学的研究はかなりの部分がとまってしまう。この論攷は配達不能なものとなった。

(Там же: 289)

あくまでも、これは生理学、心理学、リズム体操などをナイーヴなほど直接に演劇に適用する流れの話である。エイゼンシテインは一般的な評価をものともせずに、一九四〇年に今度は単独で『メソッド』用の「表現運動」(Эйзенштейн 2002a: 169-83) を書きあげる[16] (以下、ふたつの「表現運動」は「表現運動1」、「表現運動2」と記す)。「表現運動2」の基本的な内容は「表現運動1」と同じである。「表現運動2」でも、L・クラーゲス『表現力と造形運動』(一九一三)、R・ボーデ『表現体操』(一九二二)に依拠しながら論がくみたてられてゆく。ふたつの版の大きな違いをあげるとすれば、後者において新たにフロイトの無意識がつけ加わり、身体が複層化されたことだろうか。表現運動については、第二章でのべたように「映画アトラクションのモンタージュ」(一九二四執筆)においても展開されている。

表現運動(выразительное движение)という術語はクラーゲス「Ausdrucksbewegung(表現運動)」、ボーデ「Ausdrucksgymnastik(表現体操)」に由来するもので、ボーデの師にあたるE・ジャック＝ダルクローズのユーリズミックスも表現運動に含まれる。エイゼンシテインは「表現運動2」でこの術語についてつぎのように説明している。「映画における実践のおかげで、表現運動は表出一般の問題へと拡がることになった。なぜなら、同一の法則が諸現象の基底にあることがわかったからだ。表出の低い段階にも、同時に、高い段階、つまり表現運動あるいは表出の高次の段階のようなイメージ創造のシステムにも認められる」(Там же: 170)。彼は「演技」の代わりに「表現運動」という術語をすえたばかりでなく、それをさらに拡張している。ここには、ふたつのことが読みとれる。ひとつは、日常の身体とは異なる芸術的身体(演劇、映画、ダンス等の)に関する一般論を確立しようとしていること、ひとつは、映画モンタージュによって合成された身体(機械論的身体)が出現し、従来の身体観、現実に存在する身体を客観的にみなおさざるをえなくなったことである。後者についてはクレショフの「創造的身体」を考えればよい。この場合注意しなければならないのは、エイゼンシテインがあくまでも運動の総体として身体を捉えようとしていることである。スクリーン上の身体運動は、カメラという第二の身体を媒介として形成される。

エイゼンシテイン／トレチヤコフがクラーゲス、ボーデたちから吸収したものは少なくない。そこからエイゼンシテイン／トレチヤコフが導きだした重要な結論のひとつは、表現運動がふたつの運動――反射(レフレクト)と抑制(トルモジェニエ)――の「衝突」としてあることだ。その衝突は、身体における重力の中心と末端の四肢との衝突、潜在意識・心(Seele)と意志・精神(Geist)との衝突でもある(衝突の結実としてあるこうした表現運動を、エイゼンシテインはビオメハニカをもじって「ビメハニカ[бимеханика]」と呼んでいる。Мнемозина 2: 300)。このことが教えているのは、日常の自然な運動が自動的に表現運動になるのではないということだ。むしろ、身体表現は自然な身体運動にあらがうことで初めて表現となりうる。「表現運動にとって最も特徴的なのは第一のケース、抑制である。そして、ふたつの運動契機の衝突が

「表現」――顔の表情、身振り――の特性をなしている筋肉の歪みをもたらすのである」（Там же: 301）。エイゼンシテイン／トレチャコフはこの結論をもう一歩おし進める。なんらかの心的内容をあらわすために身体表現があるのではなく、その逆である、という立場をうちだした。この視座はエイゼンシテインたちに固有のものではなく、メイエルホリドはもちろん当時の「左翼戦線」にひろく支持されていたものである。その主張は、エイゼンシテインが好んで引用するジェイムズ＝ランゲ説に要約されている。「われわれは悲しいから泣くのではなく、泣くから悲しくなるのである」（Эйзенштейн 2002a: 52）。

言語的意味にしたがう身体表現のほかに、言語から自立した身体表現というものがあり、その身体表現は言語的意味とは異なる意味を、あるいは言語とは異なる回路を用い言語的意味の等価物をあらわす。そうした意味のひとつとしてあるのが情動だ。エイゼンシテインの場合、演劇における身体表現の目的は観客の情動を最大限効果的に組織することに存する。役者の身体が観客の身体を代理するものだとするなら、まず役者の泣く動作があり、それによって観客の悲しみはひきおこされるのである。筋肉・神経（外側）から入り心理（内側）にむかうのだ。ジェイムズ＝ランゲ説は、モスクワ芸術座に代表される「追体験演劇（ペレジヴァニエ）」とメイエルホリドにはじまるウスロヴヌイ・テアトル、構成主義演劇との論争において、後者の論拠とされた[17]（Там же: 451）。

エイゼンシテインは「映画アトラクションのモンタージュ」において表現運動を三つの「グループ」に分類している（Эйзенштейн 2004a: 454-55）。そこでは、運動素のようなものとして「ウスタノフカ（志向・定位）」が使用されている。(1)ひとつの運動意図を実現するためのウスタノフカの合理的組み合わせ。ボクサー、鍛冶屋の合目的的な運動。自動化し合目的的運動となった反射運動――虎の跳躍。(2)複数のモティーフによって変化させられたウスタノフカを含むケースの組み合わせ。その場合、身体においては複数のウスタノフカがモンタージュされる。(3)運動形成における心理＝表現運動の最も興味深いケース。情動＝本能的「志向（ウストレムレニエ）」のモティーフと、意識的・意志的な「抑制」原理のモティーフとの「闘争」を運動によってあらわす。

「映画アトラクションのモンタージュ」の時点で、すでにエイゼンシテインは国立高等演出工房でメイエルホリドのビオメハニカの講義をうけ、ビオメハニカを用いた『タレールキンの死』（一九二二）に助手として参加しているので、先の三分類ではビオメハニカに関するエイゼンシテインなりの総括もなされているとみてよい（図15a、b）。たとえば、エイゼンシテインの作成したモスクワ・プロレトクリト演劇工房の授業プログラム（一九二二・八―一九二三・一）をみると、第二学習段階・運動の項目には、「ビオ＝メハニカ、アメリカン・ダンス、リズム運動」がのっている（Забродин 2005: 116-17）。「表現運動2」では、ビオメハニカはボーデ、テイラー・システムとともにひとくくりにされているが、本来は、テイラー・システム、機械労働の身体が先のグループの(1)に、ボーデが(2)に入るの

図15a　ビオメハニカのエクササイズ風景

図15b　左端がエイゼンシテイン、中央がメイエルホリド（二人が一緒に写っている唯一の写真）

にたいして、ビオメハニカは(3)に分類される。とはいえ、ビオメハニカの理念には、生産主義と同じく、生産と創造の、労働と演技の、そして生産物と作品の一体化がくみこまれている。(3)のなかで重要なのは「制御(トルモス)」である。「制御」はボーデ、I・パヴロフ等でも鍵語的概念であるが、ビオメハニカにおいても「行為のモメントを身振りにおいて定着させる手法」(Полищук 2010: 38)として基本的なものになっている。

ひとまず、エイゼンシテインの「表現運動」は、ビオメハニカとクラーゲス、ボーデ等の理論とを結んだところにうまれた概念といえる。「一九一五年に」メイエルホリドはコンメディア・デッラルテの研究から「新たな人間運動のシステム」を発想し、テイラー・システム、C＝B・コクラン等を参照しながらそれをビオメハニカへと練りあげてゆく[18]。科学性をうたっているとはいえ、ビオメハニカは理論というよりはエチュードの集合といった実践的色彩が強い。メイエルホリドはアクロバット、スポーツ、ダンス、動物等の動作を解析しそのエッセンスをとりこみ、演劇の「筋(シュジェト)」にあわせた「動作(プリヨム)」を作りあげてゆく。最終的に、動作は四四に、筋は三六にのぼった(Эйзенштейн 2005: 133 n.5)。メイエルホリドやエイゼンシテインが科学性をもちだすのは、ある効果を生むための「正確な」動作を確定したいがためであり、結局それは類型的動作ということになる。いうまでもなく、類型は夾雑物を削りとり抽象していった結果みいだされる。彼らが仮面や人形に不変性をみいだしているのは、それらが凝縮された象徴性と類型性を備えているからだ。そうした方向性が基本動作・筋の数を限定することにメイエルホリドを導いたのであり、正確に択びだされた動作・筋の組み合わせは、演劇における信頼できる身体言語として機能してゆくだろう。ここで忘れてならないのは、こうした流れの延長線上に社会的類型による演技、ティパージュが出現することである。この演技スタイルについてはのちほどのべることにして、いまはもう少し表現運動についてみてみたい。

エイゼンシテインはメイエルホリドの「システム」を忠実にうけついだわけではなく、彼なりのさまざまなアレンジや部分的抽出をおこなっている。たとえば、メイエルホリドではポーズとラクルスは対置されていないが、エイゼンシテインでは、それらは対置されているばかりかラクルスに特権があたえられている[19](Там же: 129, 133 n.3. これで、ラクルスは美術、映画、政治、演劇を縫合する生産的な手法となったわけである)。また、メイエルホリドではビオメハニカの運動は意図、平衡状態、実行の三つの「契機」からなるのにたいして[20]（Мейерхольд 1998: 38）、エイゼンシテインでは意図、実行、反応から構成される（Эйзенштейн 2005: 136 n.3）。

いまここで注目したいのは、エイゼンシテインがメイエルホリドの手法からぬきだして一般的なものにおしあげた手法＝概念 отказ（オトカス）（停止・拒否）である（メイエルホリドはシャープやフラットの機能を解除するナチュラルもオトカスの意味で用いている）。この術語は「отказное движение」のフレーズで使用されるので、ここでは意味をくんで「反対運動」としておく。エイゼンシテインは反対運動に関する論攷を二編のこしている。『演出法、ミザンセーヌ芸術』（一九三三―三四執筆）の一章「反対運動」（Эйзенштейн 1966: 81–90）と『メソッド』所収の「反対運動」（一九四三執筆。Эйзенштейн 2002a: 200–05）である（以下、ふたつの「反対運動」は「反対運動1」、「反対運動2」と記す）。「反対運動1」があくまでも演劇の範囲内でこの運動をあつかっているのにたいして、「反対運動2」は表現運動一般のなかにそれをおいている。ミリャフは「表現運動1」にみられるエイゼンシテイン／トレチヤコフの姿勢をさして、「新たな人類学的俳優論」（Мнемозина 2: 280）としているが、「反対運動2」にはそうした姿勢が濃厚に認められる。

メイエルホリドにおいてもエイゼンシテインにおいても、反対運動の基本的な意味はかわらない。ある運動に先だつ予備的な動作が「オトカス」である。エイゼンシテインは「反対運動1」においてこの運動をつぎのように説明している。「ある方向にむけた動作をおこなうとき、ひとはその前に反対方向にむけた動作をする（部分的にあるいは全体的に）――それが、舞台の運動実践において「反対」運動と呼ばれるものである」（Эйзенштейн 1966: 81）。卑近な例をあげれば、金槌で釘をうつとき、われわれはまず金槌をふりあげ、それからふりおろす、またテニスボールをうつとき、まずラケットをふりあげ、それからボールをうつ。エイゼンシテインはつぎのような図（図16）を用いて、この迂回運動をしめしている。AからBにむかうのに、直接むかうのではなく、Cを経由してBにむかう、その場合のAからCまでの動きが反対運動である。レッシング、F・ラングを参照しながら舞台上におけるこの運動を確認したあと、エイゼンシテインはそれを弁証法における否定の否定に結びつける。「反対運動1」でも「反対運動2」でも、同じ論法がとられている。「反対運動1」では、認識（sauter）と引き下がり（reculer）に関するレーニンの言葉が引かれている。「対象に対する認識運動はつねに弁証法的に進行しうる。すなわち、より正確に対象に入りこむには少し離れるべきであり、より高く跳躍する（認識する）ためには、少し後退するべきである」（Там же: 85）。

「反対運動2」では、弁証法に陰陽の反転がつけ加わる。弁証法と陰陽が合体したために、人類学的といわないまでも、「反対運動2」では「法則」の適用範囲はぐっと拡がる。そこには、モスクワでみた京劇・歌舞伎の観劇体験もいかされている。プーシキン「ルスランとリュドミラ」（一八二〇）における韻律の交替、クロース・アップの前に挿入される、より小さなショット・サイズ、コンメディア・デッラルテや映画の群衆シーンにおける偶数人数と奇数人数の配置と交替、『忠臣蔵』で左団次が花道をゆくときに四歩進んで一歩下がり、そののちまた前に進んだこと、梅蘭芳が刀をもつ手と頭を相反する方向にむけたこと、J・E・シュレーゲル『カヌート』（一七四六）において台詞の意味と手の身振りが反対になっているシーン、ネイティヴ・アメリカンのパイプ・セレモニーにおいてシャーマンがおこなう反対運動の跳躍、等々。反対運動は総合（否定の否定）にむけた否定であり、この場合前提とされているのは三項的構成である。

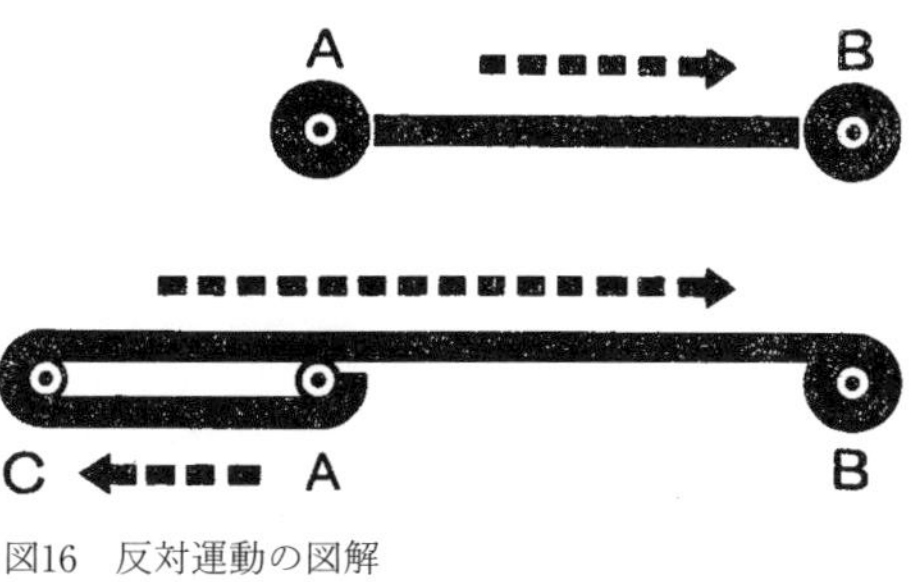

図16　反対運動の図解

エイゼンシテインの表現運動にとって反対運動とともに重要な視座を提供しているのは、病の身体である。「エル・グレコと映画」（一九三七―三九執筆。Эйзенштейн 2000: 438-63）において、彼はグレコの登場人物と、C・ベル『表情を解剖する』（一八四四）、P・リシェ『大ヒステリー、あるいはヒステリー＝癲癇に関する臨床的研究』（一八八五）、J＝M・シャルコー／P・リシェ『芸術における悪魔的なもの』（一八八七）とを比較検討している。エイゼンシテインは病の身体を脱自（エクスタシー）との関連でみる。具体的には、「屈曲・たわみ（изгиб）」、「円弧（дуга）」が問題とされている。

エイゼンシテインはグレコにおけるエクスタシーを分析するにあたり、それを三段階にわけている。段階が進むにつれて、エクスタシーの度合いは強まってゆく。(1)《聖衣剥奪》（一五七九）における裏返しになったような眼つき、(2)《聖霊降臨》（一六〇五―一〇）の前景左側の人物にみられる、そりかえる姿態。同作前景右側の人物における激しいのけぞり（перегиб）、そして(3)《キリストの復活》（一六〇五―一〇）の前景にみられる、頭・両肩を下にしておれまがったように逆さになった若者。この三つはなんらかのかたちで「円弧（дуга）を描く曲線（イズギブ）」に関係している。エイゼンシテインはこの三段階を憑依、病の表情・身体と較べる（図17）。

左側がグレコの例、右側が憑依・病の例である。右側Ⅰは、ウィーン美術史美術館所蔵のルーベンスのドローイングにみられる、悪魔憑きの女性の眼、Ⅱa、Ⅱb、Ⅲは『表情を解剖する』からとられた、後弓反張、ヒステリー発作のさいのクラウニズム、男性のヒステリー発作にともなう痙攣である。

エイゼンシテインは「円弧（дуга）」という言葉を、シャルコー／リシェ『芸術における悪魔的なもの』から借りてきた。ドメニキーノ《聖ニルスとバルトロマイの伝説》（一六一〇）に描かれた悪魔憑きの少年に関する彼らの分析には、つぎのようにある。「ドメニキーノによって描かれた姿勢は、まさにわれわれが「円弧（d'arc de cercle）」という言葉によってさししめしたものである。痙攣で硬直した胴体全体はうしろにそりかえり、のびたまま拘縮した下肢は足趾だけが地についている」（Charcot/Richer 1984: 49）。シャルコー／リシェもエイゼンシテインも、熱狂・エクスタシーに、発作の痙攣的姿態と法悦の姿態とを重ねみている。ここにおいても、G・ディディ＝ユベルマンの指摘する「臨床医学の実践と、形象的・造形的・文学的なパラディグムのあいだの根深い共謀」（1990: 196）が認められるが、その危うさについてはいまは問わない。

シャルコー／リシェからの先の引用では手についてものべられており、そこではドメニキーノに対する疑問が呈される。すなわち、発作では拳が握られるのがふつうであるのに、フレスコ画では手はひらかれているというのである。エイゼンシテインは映画論的視座からそれに反論をくわえる。彼の推論によると、図像ではふたつの「段階」――狂乱の状態と恩寵によって救済された状態――がモンタージュされている（図18）。また、グレコでは円弧・屈曲はひとりの人物によってあらわされるばかりでなく、ふたり（《ラオコーン》一六〇六―一〇）ないしは三人（《聖母マリアの婚約式》一六〇〇頃）によって構成されもする。興味深いのはふたりによるもので、そこでは「車輪運動のように」

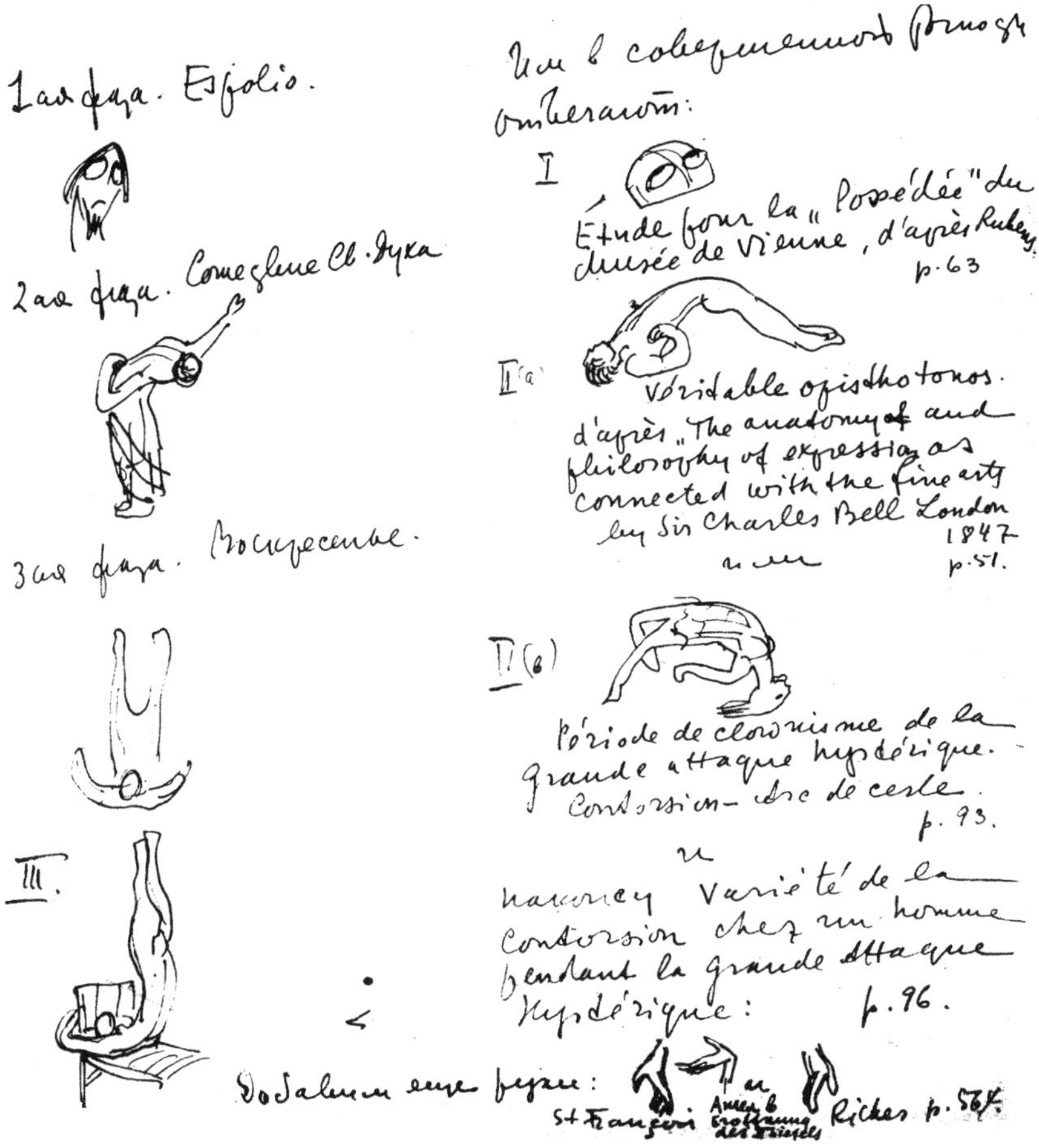

1ая фаза. Espolio.

2ая фаза. Сошествие Св. Духа

3ая фаза. Воскресение.

III.

I

Étude pour la „Possédée" du Musée de Vienne, d'après Rubens p. 63

II (a)

Véritable opisthotonos. d'après „The anatomy of and philosophy of expression as connected with the fine arts by Sir Charles Bell London 1847 p. 51.

II (б)

Période de clownisme de la grande attaque hystérique. Contorsion – arc de cercle p. 93.

Variété de la contorsion chez un homme pendant la grande attaque hystérique: p. 96.

St François Richer p. 564.

図17　エル・グレコの身体と病の身体

回帰的構成がとられている。

円弧・屈曲の身振りは類似性を駆使して、さまざまな方向に展開されてゆく。グレコやオロスコの色彩法、自作の二八ミリ映像、A・ディーノ、J・コクトー、M・ヴルーベリにおけるポーズ、そしてパルミジャニーノ、F・モホイ＝ナジ、M・レイらの曲面にうつる歪像……。グレコの円弧・屈曲は独自の色彩法を経由して、ついには、平均律ではわりきれない微細な音程の変化を特徴とするカンテ・ホンドにまでゆきつく。

眼は口ほどに……ではないが、表現運動では手は顔ほどにものをいう。エイゼンシテインは古代ギリシア語（kheironomia）由来の「ヒロノミア（хирономия）」という言葉を手の運動にあてている。古代ローマにおいて、ヒロノミアはパントマイムへひきつがれる。一方、足の動きに関して、古代ギリシアでは drkheiathai という言葉が使用された（Энциклопедический словарь 1903: 291）。エイゼンシテインが手の運動に注目するのは、そこに言語以前の固有の言語が存在するからである。それは思考の感覚次元・感覚的思考に通じる。「分節されておらず情動的に色づけされた音、さらにはもっと初期の身振り言語が言語活動に先行するという事実は、かなりよくしられている」（Эйзенштейн 2004a: 169）。そうした発想をうながしたのは、バリ島の儀礼的ダンスにおける指の動きやズニ族の手振

図18　エイゼンシテインによる図解

り言語である。前者については、オランダでみた短編ドキュメンタリーとハリウッドでR・フラハティから贈られたバリ島ダンスに関する本からしり、後者については、F・H・カッシング「手の概念」（一八九二）から知識をえた。「手の概念」はレヴィ゠ブリュール『未開社会の思惟』でその存在をしり、モスクワのとある大学図書館で論攷掲載誌をみつけだし、アンカット製本の頁をきりながら読みふけったという。また、手稿（1923,2,266,56–57）には、シカゴ穀物取引所でブローカーたちが「手信号」をかわす写真（『ライフ』誌の切り抜き）がはってある。

カッシングのいう手の概念は三つの段階からなりたっている（Cushing 1892: 289–91）。ひとつは生物学的なもので、人類が二足歩行をはじめ手が自由になった段階をさす。ひとつは身体的なもので、自由になった手で自然の抑圧をおしのけ環境を整えてゆくものである。ひとつは精神的段階で、それは手を「使いながら」「本当かどうか」の確認をすることからはじまる。この第三段階は話し言葉の形成につながってゆく。レヴィ゠ブリュールは最後の段階をさして、そこでは「手の運動、即ち言語と思考が不可分に結ばれている」（1953: 202）、「手で話すことは、或る程度まで、字義通り手で考えることである」（同：203）、とのべている。これに対して、エイゼンシテインは異をとなえる。彼はあくまでも手の運動と思考の運動との融合一致を主張する。「思考はまだ運動の直接性から分離していない」、「運動行為は同時に思考行為でもあり、思想は同時に空間的な出来事である」（Эйзенштейн 2002a: 235）。この主張の裏には、バクーで体験したキニーネの過剰摂取で特殊な状態におちいったときのことがある。そしてバリ舞踊にも、エイゼンシテインはその状態をみている。「これらのダンスの秘密は、古代の形態であるにせよトランスへの沈潜であるにせよ、それがバクーで私がおちいった状態の様子をあらわしていることにある。すなわち、思考の流れは手のダンスのかたちをとりながら、脳のなかで形成されてもいないし印象化されてもいない、そして輪郭もあいまいな記号――意識にものぼらない、「線の」運動言語の段階にあるエニグラム――からなる思考へとむかう」（Там же: 236）。

◎

ビオメハニカが典型・類型（тип）にかかわるということはすでにのべたが、ティパージュ（типаж）という言葉はこのチープから派生したものだ。典型・類型というからには、それはストレートで素朴なものではなく、抽象的で理念的なものである。エイゼンシテインは『演出法、ミザンセーヌ芸術』において、演劇の仮面が映画に「飛びうつって」できたのがティパージュだと記している。またV・V・イヴァノフ（Иванов 1976: 165）は、『賢人』におけるコロンビーナ＝アルレッキーナのパントマイム（メーキャップ、衣裳を含む）の等価物をティパージュとみなす。「映画におけるティパージュは演劇における仮面と同じ原理的な場所、表現力の極限をしめす場所をしめている」（Эйзенштейн 1966: 348）。映画ではふつうメーキャップ、衣裳、定型の身振り等が仮面の役割をはたすのにたいして、ティパージュの場合、素材（俳優）そのものの有する典型性がとわれる。いうまでもなく、典型性とは社会的なものの反映にほかならない。「社会的グループの集団的な顔や時代の集合的な顔を作ってきたのと同じ方法が、ひとつの顔貌（オブリク）を独自の質とやり方で反復してゆくのである」（Там же: 349）。その点、ティパージュはA・ザンダー『時代の顔』（一九二九）と相通じるものがある。革命を主題とするエイゼンシテインの映画では、個人的スターをこえた集合的なキャラクター、あるいは群衆場面（マソフカ）が重視されるので、ティパージュは必然的に択ばれた方法といえるだろう。

典型的・類型的な顔貌——レーニン、農婦、兵士、メキシコの民衆、等々の——であっても仮面そのものではないので、そこには演じるという行為は残る（ただし、コンメディア・デッラルテや能にみられるように、仮面には仮面の演技というものがある）。この場合、俳優と典型・類型は「イメージと概念」というかたちで対置され、イメージが概念を演じることになる。概念を目標と考えれば、イメージは「整版」として必要な「特性」を「総合美学的に」並べながら概念へと漸近してゆくのである。このようにいうと、イメージを鋳型にはめこんでゆくようにしか聞こえないが、ティパージュ的俳優には素材の剰余というものがある。たとえば、『全線』のマルファ・ラプキナは農婦の「概念」を体現するために択ばれたティパージュ的俳優であるが、職業俳優ではあらわしきれない事実、役にはまらない豊かな雑音（ノイズ）をたたえている。それは映画で必要とされる概念からはみだすものでも、概念のリアリティを形成するものでもある。映画ではおうおうにして細部の一点が決定的役割をはたすことも、細部の一点がもとめられることもある。瞬間的にしめされる「正確な」ティパージュ的俳優のクロース・アップ（顔）は、「社会的属性や随伴する日常的なている。

連想の特性」をおびている、とエイゼンシテインがいうとき（Эйзенштейн 2006: 450）、それは豊かな雑音にかかわっている。

クラスナヤ・パフラ村で暮らしていた農婦のマルファ・ラプキナは、ある日突如、同姓同名の役で『全線』に出演することになる。彼女の側からいえば、マルファ役を演じることは生活——疑似的ではあるにせよ——そのものであり、彼女が映画のなかで生きることが役のマルファをかたちづくることになる。その過程において、個的イメージは一般的概念へと育ってゆく。撮影中に妊娠したマルファが撮影の終わり頃に出産するという出来事がおこるが、エイゼンシテインは春をつげるシーンに彼女の大きなお腹を用いている。これも個から一般への昇華の一例といえるだろう。最初に概念の枠が設定されるにしても、ティパージュにおいて、イメージはつねに概念に先だつ。その意味では、ティパージュの典型・類型は本質主義的なものではない。

P・ローサ『ドキュメンタリー映画』（一九五二）はそのプロパガンダ性によって『全線』をドキュメンタリーに分類しているが（1960: 70）、こうした『全線』の位置はティパージュ的演技の位置とパラレルなものである。ティパージュのなげかけた問いはその後枝葉を拡げながら、『ペルソナ』（I・ベルイマン、一九六六）、『他人の顔』（勅使河原宏、一九六六）、『すべて売り物』（A・ワイダ、一九六八）等の作品となって種々の展開をみせることになる。

ティパージュは役と素材的事実、劇映画と非劇映画の中間に位置する。具体的には、「モデル（натурщик）」の正確な演技によって役を作りあげるクレショフの俳優＝モデル論とヴェルトフの俳優＝生活者論とのあいだにある。エイゼンシテインの考えでは、ティパージュは両者を総合する演技手法だった。ティパージュが総合化に成功しているかどうかは判断がむずかしいところだが、現代でも多くの映画においてティパージュ的俳優の起用・演技が大きな成果を収めているのはたしかである。エヴレイノフのいうように、演じることが生の本能としてわれわれのなかに埋めこまれていること、日常の身振りの隅々まで演技がゆきわたっていることなどが、日常の身振りと演技との線引きを困難にさせる。われわれが自己でありつづけられるのも、もとはといえば自己を演じつづけているからである。

制作史的には、エイゼンシテインはティパージュをはなれ俳優の演技にもどったといわれている。たしかに、『イ

図19　左から、梅蘭芳、トレチヤコフ、エイゼンシテイン

ヴァン雷帝』をみるかぎり、そういえなくもない。映画の主人公は集団から個人にうつり、舞台は室内にうつされ、映画スタイルも変化している。その一方、『イヴァン雷帝』には、影とともに歌舞伎・京劇にも似た奇妙な演技が認められる。エイゼンシテインは梅蘭芳をさして生きた人形と感嘆しているが（Эйзенштейн 2002b: 134. 図19）、それと同じ事態が雷帝やその周囲の人物にもおこっている（人形の人間化は通常ピュグマリオニズムといわれるが、ここでおこっているのはそれとは反対のこと、逆ピュグマリオニズムである）。それを型といってよければ、かつてのティパージュはきえさったのではなく内面化・内在化され生きつづけていることになる。イヴァンの内面心理にしても外側の身振りから描かれてゆく。

手の身振り・眼の動き、微速運動、互いにひっつくような人物同士の異常接近、等々と、『イヴァン雷帝』では様式的な型を思わせる表現運動がいたるところにみられる。そのなかから、ここでは眼の演技についてみてみたい。第一部でクルプスキイ公爵が皇后にいいよるところで、イコンの片眼がクローズ・アップになるシーン（図20）がある。それをみるだけでも、この映画では眼にきわめて大きな役割がふられていることがわかる。幸いにも、この問題についてはクレイマン（K3 75: 62–77）がエイゼンシテインの歌舞伎体験にからめて論じている。クレイマンは『イヴァン雷帝　第三部』のうちで唯一残っているシークェンス「親衛隊（オプリチニキ）の宮殿における騎士シュターデン」からフョードル・バスマノフ（M・クズネツォフ）の眼をとりあげている。

まずは、クレイマンがかかげているスティール写真をみてほしい（図21）。その説明によれば、バスマノフはここで「焦点はあっている」ものの「底しれない」豹の眼つきをしている。クズネツォフはこの眼つきを習得するために監督の指示で動物園に赴いた。問題は、このショットのあとにつづく眼球の動きである。クズネツォフの眼球はゆっくりと寄り眼になりながら移動する。この眼球の演技を、エイゼンシテインは歌舞伎公演や浮世絵(大首絵)から学んだ。その書斎には東洲斎写楽《三代目大谷鬼次の江戸兵衛》(一七九四)がかかっていた。問題の眼つきは、エイゼンシテインの言葉では「中央に寄った眼」、「河原崎の眼」(Там же: 67-68)ということに、われわれの言葉では見得・大見得の眼つきということになる。片眼のみを中央によせる、市川団十郎の不動の見得というのも存在する。エイゼンシテインがこの眼つきに注目し、それを第三部で集中的に使うのは、憤怒、煩悶、悲哀などの情動の高まりを眼球の運動によってあらわしたかったからにほかならない。生理学的な仕組みのことも、彼は眼球学の教科書で学習し充分に心得ていた(図22)。観察のためにクズネツォフをアルマ・アタの動物園にゆかせたのは、輻輳反射も含め、

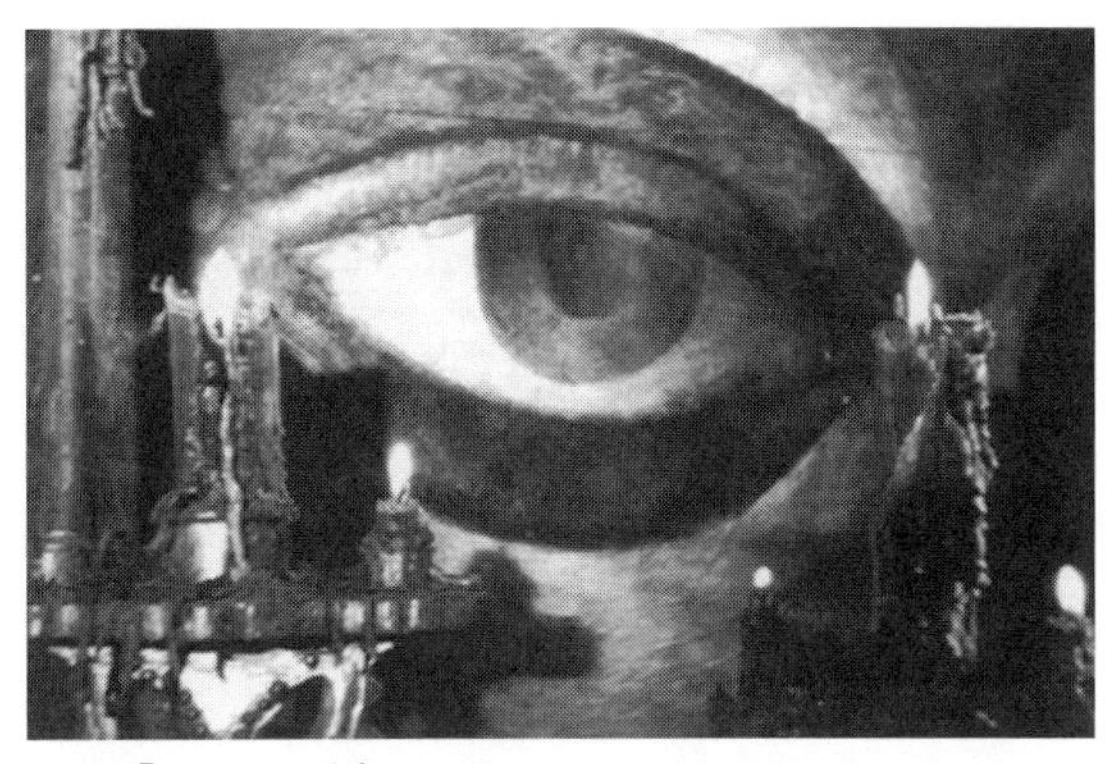
図20 『イヴァン雷帝』より

図21 『イヴァン雷帝』より

動物にそうした眼球運動が顕著にみられるからである。

全編をとおして『イヴァン雷帝』は眼の作品といってもよいが、第一部・第二部と「親衛隊の宮殿における騎士シュターデン」とでは違いが認められる。前者では眼の動きは顔の表情、手の身振り、身体の身振りの一部としてあるのにたいして、後者では眼の動きは、眼球の自律的運動に焦点化されている。したがって、「親衛隊の宮殿における騎士シュターデン」では顔のクロース・アップが異様なほどつづき、その多くでは顔はそのままに眼球だけが歌舞伎役者のように動く。眼球のラクルスといってもよいこれらのショットは、怒り、不安、憎悪等を増幅して伝えるのに成功している。

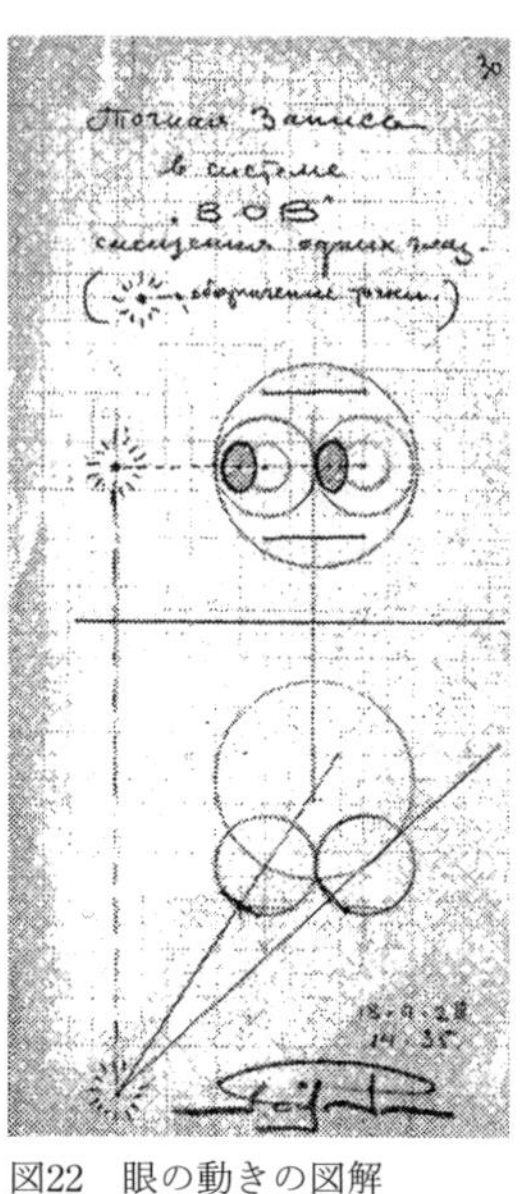
図22　眼の動きの図解

ロヨラ、スタニスラフスキイ

最終項の対象はイグナチオ・デ・ロヨラとコンスタンチン・スタニスラフスキイである。前項でスタニスラフスキイの対極に位置する——少なくとも、そのようにいわれてきた——表現運動について話したばかりではないか、というもっともな疑問がわくかもしれない。それがエイゼンシテインである、といってしまえばそれまでだが、ひと言説明しておきたい。

ロヨラとともにスタニスラフスキイが召喚されたのは、前者の霊操と後者のエクササイズが共通のものを有しているからである。(21)「霊操の諸要素はモスクワ芸術座の精神工学（プシホテフニカ）と呼応しあっているばかりか、一致してもいる」(Эйзенштейн 2004a: 488)。具体的には、「固有の感情（アフェクト）や情動（エモツィア）の動きを操作する方法」(Там же: 488)である。とはいえ、これほどかけはなれたもの同士を平然とくみあわせてしまう知性の逞しさには、驚きを禁じえないだろう。なにもここで、エイゼンシテインはエクスタシーをつなぎにして宗教と芸術の新たな融合をはかろうとしているのではない。いま・ここにないものが想像力によって現出させられ、どのようにしてリアリティを獲得するのか、その問いに対してあたえられたロヨラとスタニスラフスキイの解答に共通のものをみいだしたのである。

いったん対極にふれ、そののち第三の地点で両者を総合するというのは、エイゼンシテインの方法でもあり、じっさい、「スタニスラフスキイとロヨラ」の終わりでは、メイエルホリドの演技法とスタニスラフスキイのそれとを総合しようとする試みがなされている。また、エイゼンシテインはメイエルホリドとスタニスラフスキイの「総合(ジンテーゼ)と統一」は「新次元の映画においてのみ」可能だとする（Эйзенштейн 2002b: 323）。スタニスラフスキイがメイエルホリドを自分の唯一の後継者として認めていたことはしられているが、両者の到達点はそれほどかけはなれてはいないという見解も近年多数みられる。

この項ではエイゼンシテインがのこした「スタニスラフスキイとロヨラ」（一九三七執筆。Эйзенштейн 2004a: 485–510）[22]を中心にふたりの表現運動をみてゆきたい。ここであつかうのは内的な表現運動、情動・感情の操作法ということになる。

『パトス』所収の「対象的超越性と身体的超越性」にはロヨラのエクスタシー体験に関する記述がある。まずは、そのマンレサの神秘体験といわれるもののエッセンスをみてみよう。神の本質・実在を見たというものである。「彼〔ロヨラ〕は父なる実在を眼にした。すなわち、つぎのように。「私は最初に実在を見て、そのあとに父を見た。私の信心は父にとどく前に実在にとどいたのである」」（Эйзенштейн 2006: 244）。エイゼンシテインは宗教的エクスタシーを信仰の源泉への回帰・退行とみなしたうえで、ロヨラの発言に二段階の回帰・退行を指摘している。引用文につけられた「「原理との一体化」、そのあとで父のイメージ」という註から、神の実在そのものとの一体化と父のイメージへの回帰・退行とが区別されているのがわかる。この段階的回帰・退行は宗教が発生し展開してゆく過程を写しとったものであると説かれる。

エイゼンシテインは「超歴史性の問題に関して」で、原理との一体化、主客未分のエクスタシー状態をパラフレーズしている。この状態はロヨラの霊操のような内的訓練によってばかりでなく、ダルヴィーシュの旋回舞踊のような身体運動やドラッグのトランスによってもえられるとされる。

> エクスタシー状態そのものは、心理的な性質からいってイメージにははまらない。もっと正確にいえば、それは前イメージ的なものである。
> 概念が存在せずイメージのみが表現手段であるような思考段階・状態がある一方、その状態自体の単純な特性以外に自己表現の手段をいまだもたないような感覚に限定されているもっと初期の状態もある。
> 究極において、エクスタシーとはまさにそういうものである。すなわち、概念であろうと、表象であろうと、イメージであろうと、意識の痕跡をのこす領域ならなんであろうと、そこから離脱して「純粋な」情動、感覚、知覚、「状態」へいたることにほかならない。
> （Там же: 253）

このエクスタシー状態は「コンプレックス」と呼ばれ、それがイメージの段階において芸術のイメージや神のイメージへと流入するのである。コンプレックスというからには、それは複数の要素――原印象、原表象、原イメージ――が情動のなかで渾然一体となったものにほかならない。このコンプレックスは、感覚的思考の極点とみなすことができるだろう。宗教・芸術のエクササイズの視座からいえば、霊操者や俳優＋観客は言語、イメージの操作（エクササイズ）をとおしてこのコンプレックスにむかうことになる。その場合、エクササイズは発生の順序を遡行するための装置としてはたらく。言語テクスト（『霊操』、『俳優の仕事』）の力をかりながら、言語の通じない、イメージの先にある領域へとさかのぼる――この矛盾的方法がエクササイズなのだ。その道は言語からイメージへ、イメージからイメージの先へとのびてゆく。ここで注意したいのは、イメージを相手にするさい、言語的分節の手法がとられていることだ。これは、R・バルト（1975: 93）の指摘するところでもある。

エクササイズはエクスタシーへつづいているわけだが、エイゼンシテインは『霊操』をとりあげるにあたって、エクササイズの成果としてもたらされる宗教的エクスタシーは、とりあえず問題にしないとする。いま必要なのは、「緊迫した情動体験がリアルな感覚（芝居的な）をひきおこし、それがリアルで本物らしい振る舞いや現れに流入すること」、「圧縮された情動がそのようにして直接的行為に移行する」ことである（Эйзенштейн 2004a: 488）。エイゼンシテインはいったん宗教的エクスタシーをきりはなし、演劇的視座から、具体的にはスタニスラフスキイの眼で『霊操』を読みといてゆく。演劇にはS・ベケットのような存在の根源にせまる秘教的なものもあるので、こうした読解は必ずしも偏ったものとはいえない。とはいえ、このときエイゼンシテインのなかで演技法の問題よりも対比の欲求の方がまさっていることは否定できない。

『霊操』は四週にわかれたエクササイズから構成されている。それぞれは、罪の認知と痛悔、キリストの救済活動の観想、キリストの受難の観想、キリストの復活の観想という内容をもつ。伝統的な区分は浄化、照明、一致なので、ロヨラの場合は一週分多いことになる。従来、照明をふたつにわけてあてはめることで、三と四の調整がはかられてきた。内容をみるとわかるように、キリストの行跡にそって観想・黙想をつみ重ねてゆくなかで魂の調整（霊操）はおこなわれる。その行跡が「場面」ごとにわけられ、霊操者は場面におうじてその時々のキリストを観想することになる。エイゼンシテインの考えでは、キリストのイメージ全体を場面場面に分節するやり方は「モンタージュ的」であり、また観想には演技に等しい要素が含まれている（Там же: 489）。門脇佳吉も黙想を説明するのに、演出家、俳優、出来事の渦中の人物という演劇的設定を用いている（ロヨラ 1995: 45）。

じっさい、死の第三霊操には劇場・芝居という言葉が出てくる。「聴覚の適用。再びさまざまな劇場にでかけたり、自分で芝居を催したりするがよい……。耳をすましなさい」（Эйзенштейн 2004a: 501）。エイゼンシテインは霊操の具体的な分析対象に地獄・死の霊操を択んでおり、その理由はそれらが他にもまして劇的要素を強くおびているからである。ここで「劇的」といっているのは不自然な、大がかりなという意味ではなく、仮説の度合いが高いということだ。この「仮説」はスタニスラフスキイの有名な「もしも」（2008a: 65–96）にあたり、エイゼンシテインはそれを「魔法のもしも」（Эйзенштейн 2004a: 489）といっている。「もしも」の世界は想像力によって生みだされる。霊操は内的イメージの芝居といえるだろう。観想における対象像をさしてエイゼンシテインはイメージという言葉を使用している。「イメージ」、「イマーゴ」、「エイコーン」がなにものであるかは一冊のモノグラフに値する大問題である。無責任ではあるが、ここでは神の像、キリストの像、役の像に類するものすべてをイメージとすることにし、論を先に進めたい。

第一週の第一霊操（黙想）をおこなうにあたり、ロヨラは霊魂の三能力――記憶力、知性、意志（あるいは愛）――をすべて働かせることをもとめている。「すべてのことについて、記憶力は私が想起することを助け、知性は究明することを、意志は把握することを助けてくれる」（Там же: 490）。この三能力に五感・想像力が加わり、より完全な観想・黙想がおこなわれる。その様子を、エイゼンシテインは『聖イグナチオ、祈りにおける師』（死の霊操）を引きながら、まとめている。「役やイメージへの「託身」はつぎのようにしめされる。「わたしたちは主とともに主のうちに生まれかわり、主とともに主のうちに変容し、主とともに主のうちに死に、葬られ、復活し、主とともに主のうちに昇天し、治めなければならない」」（Там же: 503）。「とともに／のうちに」ということでしめされる「一体化」は、イメージ劇のなかで演出家、俳優、出来事の渦中の人物がひとつになることをさしている。すべてがイメージのなかで融合する事態は、イメージの外部には、イメージを離れてはなにも存在しないことを意味するとともに、イメージからそれ以前の段階への退行をしるしづけてもいるだろう。

スタニスラフスキイのシステムにおいても、意識・知性、記憶、意志は役を作るのに大きな役割をはたしている。とりわけ「情動的記憶[23]」は役にリアリティ、「生命」をふきこむにあたり、絶対的な役目をはたす。現実における体験が知覚によってリアリティを獲得するのにたいして、役のうえのリアリティは情動的記憶によってもたらされる。舞台上の疑似体験において、情動は知覚の等価物になっている。それにたいして、ロヨラの観想においては「知覚のリアリティ」（Там же: 489）が前面にきている。エイゼンシテインが『俳優の仕事』から意識・知性、記憶、意志の連関を拾いだしているので、それをみてみよう。「主要テーマを特別な理性的やり方で実地に移すことはできるだろうか？　いや、それが純粋な知的作用の無味乾燥な結果になってしまうのはまずい。そうはいっても、それは超課題の創造的理解の過程で生みだされる意識的行為でなければならない。／情動的側面についてはいうまでもない。われわれにとって、それは空気や太陽の光のように不可欠なものである。／最後に、われわれの肉体と精神をひとつにまとめる意志、それも不可欠である」、「われわれは舞台上で、本物のリアルな現実についての情動的記憶を生きているのである」（Там же: 491）。意識・知性、記憶、意志の役割はロヨラの場合とぴったり一致しているわけではないが、むかうところはひとつである。

　エイゼンシテインはスタニスラフスキイの役作りにも、ロヨラの「ともに／のうちに」の状態に「方法論的に呼応する」ものをみいだしている。「そのときの私の感覚のなかでは、なにも欠けることのない体験の瞬間というのがあたっていた。その瞬間、私は自分が現実のなかにいるような感じがした。もちろん数秒ではあるが、失神寸前の感じさえした。その瞬間はあらわれたときと同じようにす早くすぎさった。それにもかかわらず、イリュージョンは痕跡を残した。いまでも、そのとき経験したことは本物の生活においてもおこりうることのように思われる。このようにして初めて、私は多くのことが潜在意識から生じる状態を、いまは舞台でなじみのある状態をちょっと感じた」（Там же: 503）。これは、演技（イグラ）を説明するのに引き合いにだされた情動的記憶である。大きなテーブル（手術台に擬した）にのせられ手術をうけるという、あるパーティーで仲間内の悪ふざけ（イグラ）の標的になったときの体験だ。遊びでふられた役のイメージと現実のイメージが渾然一体となった情動的記憶が、役者としてのイメージのなかで呼びおこされるとき、ロヨラの場合と同じように、すべてはイメージとなりイメージの外部はきえさる。

　このほかロヨラとスタニスラフスキイに共通する要素がいくつかあげられているが、そこから一点みておきたい。「細部」である。いうまでもなく、細部は「具体性」ときってもきりはなせない。スタニスラフスキイによれば、知的な分析からもれてしまう「細部が役に生命をふきこむ」（Там же: 495）。一方、ロヨラは細部の問題を、ゴルゴタの丘のような特定の場所を想像する場合にそくして説明している。「想像されるものの枠を構成している細部は、最初から体験や熟考に付されているもののなかから択ばなければならない。場所の観念はある場面を生む一方、その場面とともに、祈りのテーマに合致した感覚をもたらす」（Там же）。細部と感覚にみたされた場所とは、たんなる場所ではなく「十全たる舞台」にほかならない。

細部（部分）が全体のリアリティにつながる仕組みを、エイゼンシテインはなじみの pars pro toto を用いて解明している（Там же: 504–05）。連想、ゲシュタルト心理学、反射論もあげているが、彼は「全体の代わりの部分」を説明の梃子とする。ここでは情動の論理が重要になる。「ある情動に特徴的な個別の視座や状態（pars）」をしめされると、われわれは「全体（totum）の感覚、つまり情動のコンプレックス全体の体験」を自分のうちに「呼びおこす」。『霊操』でしめされるキリストの頭・胴体はそうした細部（部分）の範例といえるが、エイゼンシテインは例として、自らがユカタン半島で目撃した雨乞いの儀式をあげている。日照りがつづくと、人びとは雨をもとめてその儀式をおこなう。蛙の声をまねたり、低木にのぼって鳥の声を模倣したりするのである。そのようにしながら、雨という「現象」にまつわる細部（部分）の「集合」をとおして、人びとは「現象自体の現れ」を呼びまねくのだ。ここでは模倣的身振りが情動＝現象をひきおこすと考えられている。エイゼンシテインはこの儀式を共感魔術の一種とみなす。

模倣的身振りが情動をひきおこす、そのことをきっかけとして、話は飛び火的に思わぬ方向に発展してゆく（Там же: 507–10）。演技のふたつの型――身振りから情動にむかうのか、それとも情動から身振りにむかうのか――である。これは先にのべたメイエルホリドとスタニスラフスキイの対置関係にほかならないが、エイゼンシテインはレッシング『ハンブルク演劇論』（一七六七―六九）第三編にまでさかのぼってふたつの型を確認し、そのあとW・ジェイムズ『心理学』（一八九二）の「情動」を援用しながら推論を進めてゆく。ここでエイゼンシテインがおこなおうとしているのは、ふたつの演技法の総合である。第三の着地点が容易にみつからずに、その試みは難航する。そのためにいろいろと苦肉の策が講じられるが、それが実に興味深い。

ふたつの演技の型は、どちらも想起した「諸要素」をモンタージュするという「原理」のもとになりたっている。想起ということについても、モンタージュ的ということについても、両者はかわらない。そこでエイゼンシテインはある仮説をたてる。ふたつの型に共通の「契機」が含まれているということは、両者が同一のものから分岐してできたということを示唆する、というものだ。これについては、独自の論法であるとだけのべておく。想起に関していえば、「レッシング＝ジェイムズ型」（メイエルホリド型）は「動作の想起」を、スタニスラフスキイ型は「感情の想起」を基盤にしている。そして、後者は前者に較べるとはるかに「高度な形式」を有しているとされる。注目したいのはそのつぎである。両者の想起は「たんなる想起ではなく創造的想起である」、という見解がしめされる。描写同士のモンタージュによって新たな質が獲得されるように、ここでも新たな質の「情動」が産出される。

　エイゼンシテインがつぎにくりだしたのは「段階的関係」である。情動に関しても方法に関しても、ふたつの演技法は段階的な関係におかれている。段階で結ばれているとは、両者ともに「同一の原理」にもとづいていることを意味する。話はこれで終わりではない。つづけて彼は、スタニスラフスキイ・システムはレッシング＝ジェイムズの「システム」よりも完成度が高いものの、「段階の頂点」はさらに上にある、と主張する。「スタニスラフスキイ・システムにおける唯一の「否定的な点」は、システムと結びついている情動活動が、人工的に訓練されてはいても、演劇的目的のためのものでもその情動を表出するためのものでもないことである」（Там же: 508）。スタニスラフスキイの情動活動が生活の真実を根拠とすることへの批判ならともかく、「演劇的目的のためのものでもその情動を表出するためのものでもない」となると、事情は違ってくる。なぜなら、エイゼンシテインの眼にふれることのなかったスタニスラフスキイ『俳優の仕事 第二部』（一九四八年、『モスクワ芸術座年報』に発表。2008b: 379–434）では、情動の外的表出が語られているからだ。そこでのべられる「舞台における外的な自己感覚」には、顔の表情、声、イントネーション、発話、内面をあらわす動作、相手との交流・対応といったものが含まれる。外的な自己感覚は「舞台における内的な自己感覚」に対応する。だがここで注目したいのは、スタニスラフスキイがエイゼンシテインの考えていた第三の地点にすでに到達していたかどうかではなく、頂点を一段高く設定することで、既存のふたつのものを包摂してしまうエイゼンシテインの論法の方である。

　「スタニスラフスキイとロヨラ」の最後で、「情動」はもう一度飛び火する。観客の問題へ、である。エイゼンシテインは鑑賞体験をつぎのように考えている。「観客はみているものの再現をとおして、彼／彼女の内部に模倣によってうまれた「動機づけされていない」状態から、必要な情動の情況に入りこむ」（Эйзенштейн 2004a: 509）。そのさい

図23　ブレヒトとエイゼンシテイン（トレチヤコフ撮影）

模倣に習熟していないと、二様の「作用」が生じることになる。「情動的に受容された事実」を知的にうけとめすぎる場合と、情動的にうけとめすぎる場合である。エイゼンシテインは二様の反応の対応物を霊操にみいだしている。「状態と行為」である。ロヨラによれば、オラトリオ会士はイエスに行為よりも状態をみる傾向がある。「状態は、それが行為のかたちをとり、行為をとおして、行為によってあらわされるまで、あいまいな状態にとどまる」（Там же: 510）。ここにコンスタティヴ／パフォーマティヴ（J・オースティン）を重ねる人もいるだろうが、この観客論の背景にあるのは、クレイマン（Там же: 671）が指摘するとおり、B・ブレヒトとエイゼンシテインの対置関係だろう。彼らはいずれも観客の問題を芸術の中心課題としている。ただし、その立場は必ずしも一致しているわけではない。一方が観客の批評意識を先鋭化させることを目標としているのにたいして、他方は観客の情動を組織することに主眼をおいていた。

エイゼンシテインとブレヒトは少なくとも三度会っている（図23）。一度はエイゼンシテインがベルリンを訪れた一九二九年、一度は三二年にベルリンからモスクワにむかう列車のなか、このときエイゼンシテインはメキシコから帰国するところだった。もう一度は三五年に梅蘭芳がモスクワ公演をした折りである。二人のあいだ、周辺には、E・マイゼル、ベンヤミン、A・ラツィス、B・ライヒ、メイエルホリド、トレチヤコフ、V・シクロフスキイらが控え、ちょっとした知のネットワークが形成されていた。また、ブレヒトが『戦艦ポチョムキン』を絶讃しているのにたいして、エイゼンシテインはブレヒトの芝居に「政治的ドリルを揮う根気強い大学教授」(シートン 1966: 139) の姿をみていた。

いまだ詳細は明らかになってはいないが、モスクワでは二人のあいだで討論もおこなわれた。観客、情動作用、異化効果、叙事演劇、等々といったことが語られたのだろうか。その内容については、多くの研究者が関心をかきたてられてきた。二人の出会い・交差は、L・クルベルクによって三部作の戯曲『流星』(Kleberg 1997) にしたてられてもいる。(24) 興味はつきないものの、この話はここまでにし、二人の関係については稿を改めてまたの機会にじっくり論じることにしたい。

◉

これ以上は、語ればかたるほど潜勢的マグマが所かまわず噴きだしてきて、収拾がつかなくなるばかりだ。また、魔法にかけられたように、同じところを幾度もぐるぐると徘徊することにもなりかねない。これはエイゼンシテインを論じる者の宿命だろう。球体本を線形本に裁ちなおしているわけだから、しかたがないといわれればそれまでだが。とはいえ、線形本にも球体本にまさる点がひとつある。己の語りにエンド・マークをつけられることだ。忘却するにたるだけのことを、いちおうは思い起こせたとしたら、エイゼンシテイン周遊もその時をむかえるにふさわしい。語り終えるにあたってつくづく思うのは、映画は映画をこえて映画的なものであるかぎりにおいて映画でありつづけられるということだ。

すべては、エイゼンシテイン精神圏(ヌースフィア)のなかで！

Конец(25)

註

いまエイゼンシテインを思い出すということ

（1）忘却、記憶、想起を個別にたてるといういささか変則的な分類にもとづいて話をはじめたが、通常の心理学的説明では、記憶の過程は記銘（符号化）、保持（貯蔵）、想起（検索）、忘却を含み、想起は再生、再認、再構成に下位区分される。これにしたがえば、本書の記憶は主として記銘・保持をさし、本来は記憶にいれるべき想起・忘却を記憶に対置していることになる。

（2）アフマートヴァと記憶の問題については、拙著（1996: 193-234）を参照。不条理をきわめるソ連の検閲体制下では、地下出版（サミズダート）、海外出版（タミズダート）とともに、人びとの記憶はメディアとしての重要な役割をになった。たとえば、アフマートヴァ『レクイエム』（一九三五—六一執筆）は、出版可能になるまでの長いあいだ、文字通りL・チュコフスカヤら八人の記憶にひっそりと保存されたし、自由をうばわれたO・マンデリシタームは、ナジェージダ夫人の記憶の頁に詩をつづった。

　ある個人や組織の原稿・資料を別の個人や組織が秘匿するケースも、ここでは記憶を媒体とするテクストの問題圏に含めたい。ソ連の場合には、記憶テクストは文化的前意識のような特異な領域を形成している。エイゼンシテインもそうした領域と無関係ではない。それどころか、その渦中にあった。師のV・メイエルホリドが逮捕、処刑されてからも、メイエルホリドの資料（印刷物、原稿、演出資料、書簡）を秘匿しつづけた彼は、記憶テクストに積極的にかかわったといえるだろう。独ソ戦中、アルマ・アタ（現アルマトイ）に疎開するさいも、自分の原稿はそっちのけで、まずは師の資料をたずさえていった。さらに、エイゼンシテイン自身の原稿（『メソッド』の一部）も、彼の死後、友人の心理学者A・ルリアのもとに保管されることになる。

（3）J＝L・ゴダールが『映画史』「3B 新たな波」（一九九八）の冒頭で献辞を捧げている人物がふたりいる。ひとりはF・フレーシェル、もうひとりがクレイマンである。ジガ・ヴェルトフ集団の名をあげるまでもなく、ゴダールはロシア・モンタージュ派に対して強い関心をいだいてきた。映画博物館におけるゴダール特集上映（一九九二）にさいしてモスクワを訪れた監督は博物館に自作とドルビー音響装置を寄贈し、これでチェーホフ、チャイコフスキイ、エイゼンシテインらに対する借りがいくらかでも返せた、と胸をなでおろすようにいったという。上映会にともなっておこなわれた質疑応答には、興味深い発言がいくつも認められる。ついでながら、そのなかからふたつ紹介しておきたい。ひとつは、ヴェルトフについてのものである。「私とヴェルトフの違いは、たとえばつぎの点にあります。ヴェルトフが自らをロシアの歴史に関与していると感じていたのにたいして、私はフランスの歴史でもロシアの歴史でもなく映画の歴史——ロシアのでもフランスのでもある——に関与していると感じています」（Киноведческие записки［以下 K3 と略記］17: 22）。ひとつは、映画に関するポジションについてのものである。「私は批評家として映画にかかわりはじめたので、ずっと自分を映画の外部にいる者と考えています」（Там же: 26）というゴダールの説明は、エイゼンシテインのそれを想起させないだろうか。

第一章 ФОНД（フォンド） 1923

（1）題名からも予想がつくように、イヴァノフの著書は彼が属するモスクワ＝タルトゥ学派の前史を記したものである。ただし、エイゼンシテインを中心にして、とつけ加えなければならない。二〇世紀は言語学の世紀であるとよくいわれるが、イヴァノフたちによれば、文化記号体系は一次的な自然言語の上／横に二次的に成立するものにほかならない。イヴァノフが大胆にもM・バフチン、P・フロレンスキイ、L・ヴィゴツキイに伍するかたちで理論家としてのエイゼンシテインを位置づけたのも、イヴァノフたちの文化記号論にエイゼンシテインが合致すると考えたからである。現在から顧みると、イヴァノフの描いた構図は大胆どころか正当だったことがわかる。のちに、イヴァノフは『ソ連記号論史概説』からエイゼンシテインに関する部分をぬきだし、「エイゼンシテインの美学」（Иванов 1998）として新たにまとめなおしている。『ソ連記号論史概説』については桑野隆の紹介（1979）があるし、イヴァノフによるエイゼンシテイン論の翻訳・紹介も二編（1974; 1984a）存在する。

（2）日記資料のなかにも、「メソッド」と題されているものがある。エイゼンシテインは日記を思想、仮説、着想のための「新兵器の試射場（ポリゴン）」と位置づけ、いわばなまのかたちでそれらを書きつけている。この場合、日記は理論的自伝であると同時に著作の一部をなすものとしてである。

（3）「三つの王国」と名づけられた、オーナメントや原始文化における「退行的傾向」をテーマとする興味深い断片的試論が存在する。クレイマンは、これを『メソッド』の追補に入れるべき内容のものとしつつも、エイゼンシテインが他の著作用にと考えていたために、それを追補から外している（Эйзенштейн 2002b: 585）。このように、追補とその周辺の諸論においては複数の価値評価がぶつかりあっている。そうした意味では、追補とその周辺は多数多様な潜勢力がうごめく過剰な場といえよう。とりわけ『メソッド』のような著作の場合、追補とその周辺の扱い方しだいで構成はがらりとかわってくる。

（4） かつてプーシキン館手稿部にK・マレーヴィチの資料の閲覧を願いでて却下された論者の苦い経験からすると、アーカイヴの「掟」をめぐる情況は、ロシアでもかなりかわった。現在はアーカイヴ資料をオンラインで検索できるし、資料の一部は電子化され公開されてさえいる。

『メソッド』が刊行されてから、論者も折りをみてはルガリに通い、一〇年がかりで『メソッド』の手稿解読に挑戦してみた。アーカイヴに残された『メソッド』の手稿にひととおり眼をとおした印象では、個々の文章解読は時間をかければなんとかなるとしても、全体の構成の把握となると、正直なところ論者の手に余る。エイゼンシテインのアーカイヴ全体が編集の手を加えないそのままのかたちで、出版されたり電子化されたりする可能性は、いまのところない。したがって本書では、『メソッド』をはじめとする、アーカイヴからおこされた著作・構成については、基本的にイヴァノフ、クレイマン、ブルガコヴァらの成果・指摘をもとに考えてゆくことにしたい。

ルガリの資料は人物、テーマ別にфонд（ストック）という名称のもとにまとめられており、フォンド内の資料はопись（リスト）、единица хранения（収蔵番号）、лист（頁・枚）というように下位区分されている。エイゼンシテインのフォンドは「1923」で、「фонд 1923. опись 2」の「二三一―七〇」、「三二一―二三」が『メソッド』の資料となっている。一九五〇年代初めに未亡人P・アタシェヴァがツガリに寄贈した資料（опись 1）と、夫人の死後一九六〇年代の終わりに彼女のもとからツガリに移管された資料（опись 2）がひとつになって、「фонд 1923」は形成された。本書では、アーカイヴ資料の典拠は、たとえば「1923,2,231,4」というように記すことにしたい。

エイゼンシテイン学については、まったく問題がないわけではない。たとえば、エイゼンシテイン生誕一〇〇周年を記念して刊行された『映画学紀要』特集号のまえがきで、編集にあたったクレイマンはつぎのようにのべている。四〇〇頁もあるこの号は、エイゼンシテイン資料の断片から構成されており、一般読者がすらすらと読みとけるものではない。

「われわれは、資料にほとんど註をつけていない。細かい註をつけたら、雑誌の頁が倍になってしまうということだけが、その理由ではない。『映画学紀要』の編集部としては、われわれの読者は熟練した専門家で、謎めいた文句や思想、よくしられていない事実やしられていない人名・現象・言葉を自分のために読みとく努力をはらうことができると考えている。またわれわれは、若い映画学者にはまったく不慣れな註釈の伝統の復活にこの出版が寄与することを期待する。幾世代もの研究者・発表者を必要とする多くの仕事が、われわれの目前にひかえている。」（K3 36/37: 7）

「熟練した専門家」という資格は、真理と誤謬のふるい分けをとおして、ふるい分けの占有をとおして、アーカイヴにつきものの、ヘゲモニー、権威、起源、真実といった狭苦しい世界へとわれわれを導きかねない。また、気づいたら、エイゼンシテイン解釈はそっちのけで文化政治に絡めとられていた、ということもありうる。こうした事態におちいらないように、われわれは警戒を怠ってはならない。

（5）『モンタージュ』の構想・変遷については、Клейман（2004: 185–216）、Эйзенштейн（2000: 534–36）を参照。

（6）ミザンセーヌについて、エイゼンシテインは『回想記』のなかでつぎのようにのべている。「芝居では、ぼくはミザンセーヌが何よりも好きだ。／最も狭い意味でのミザンセーヌとは、舞台上で交差する人間たちの時空的要素をくみあわせることをさす」（Эйзенштейн 1997a: 14）。そして、オーケストラの対位法のようなミザンセーヌにめざめるきっかけになったものとして、赤軍工兵隊時代の一九一七年に、ネヴァ河に船橋をかけたときの体験をあげている。多方向に線となって拡がる共同作業が生みだす「ハーモニー」に、えもいわれぬ感動を覚えたのだ。ミザンセーヌは「ミザンカードル」（「ショット内の配置・ショット同士の相互配置」）をへて、モンタージュへと発展する。ミザンセーヌからモンタージュまでは地続きとみなしてよいだろう。エイゼンシテインは、「自分の映画的傾向」は『メキシコ人』の上演（一九一九、二一）からはじまったとしているので（Эйзенштейн 1967: 59）、一種の連鎖劇『賢人』（モスクワ、一九二三）以前からすでに映画的構成をとっていたことになる。

（7）『メソッド』の構想・変遷については、Эйзенштейн（2002a: 444–47; 2002b: 584–86）を参照。

エイゼンシテインは論攷のすべてに題名をつけているわけではなく、断片まで含めると、無題のものはかなりの数にのぼる。クレイマン編『メソッド』では、無題の論攷に編者の責任で題名を付している。巻・部についても、エイゼンシテイン自身の題名指定がない場合には、同様の処置がなされた。こうした手続きを問題視し、それ以前の状態から考察を始めることも可能かもしれないが、本論では、便宜上クレイマンによる題名をそのまま用いることにする。

（8）ここで、ブルガコヴァ編『メソッド』の構成（Эйзенштейн 2008a: 7–41; 2008d: 1109–24）にふれておきたい。最初にのべておかなければならないのは、クレイマン編、ブルガコヴァ編のどちらにしたがっても、構成に関する問題はすっきり解決することはないということだ。たとえばブルガコヴァ編でも、×印、斜線、二重線等によって削除された部分は削除されたままになっている。

ブルガコヴァは「執筆順序」にしたがいながら、資料を四部――「原＝メソッド」（一九三三―四四）、「理論的自伝」（一九三五―四三）、「基礎」（一九四二―四三）、「人類学」（一九四四―四八）――にわけている。ブルガコヴァ編の利点は、エイゼンシテインがその時々に考えていたテーマの持続性がはっきり浮かびあがることだ。たとえば、クレイマン編ではふたつに分割されているディズニー論（1923,2,321–23）は、ブルガコヴァ編ではひとつにまとめられている。

　第一部「原＝メソッド」は言語以外の表現手段やそれを用いた芸術を対象としており、ここには「退行、個人的ケース」、「原論理と音楽」、「リズミカルな太鼓」、「ナターシャ［対象的思考、ゲーテ、トルストイ］」等が含まれている。第二部「理論的自伝」は映画に関するエイゼンシテイン自身の理論的変化をテーマとし、［アトラクションのモンタージュから知的映画へ］、［内的独白と固定観念］、［〈わたしの叙事詩〉、メキシコ］等からなる。第三部「基礎」は、「リズムと反復［反対運動と表現運動］」、［プロットと換喩、推理小説］、「ドストエフスキイについての章」といった、プロット・反復などの芸術の基本概念によって作品を分析した諸論攷を含む。最後の「人類学」は、人類学を援用しながら芸術における原初的な知覚形態を析出することをテーマとし、［触覚主義、皮膚、陶器、自画像、オナニズム］、［原形質］、［ディズニー］、［ディズニーとトーテミズム］、「円」等の諸論攷から構成される（角括弧の題名は、内容をくんでブルガコヴァがつけたものである）。

　ブルガコヴァはM・フーコー『言葉と物』（一九六六）を援用しながら、第一部の言葉と物の関係はルネサンス的であるのにたいして、第二部のそれは古典主義的であるとしている。これはこれで貴重な推論だが、さらなる検証が必要かと思われる。また彼女は、第三部は対立物の衝突と統一に重点がおかれているのにたいして、第四部では古代の融合性に焦点がすえられている、とする。エイゼンシテインの弁証法を考えるうえで、この指摘は示唆的である。

　ブルガコヴァの主張でもうひとつ興味深いのは、『メソッド』はもともと線状的に読まれることを拒否しているので、資料を切り貼りして辻褄の合うように連続的に配列するのは問題であるとしていることだ。彼女の考える理想的な発表形態は、原稿が書かれた過程を忠実に反映するかたちで、欠落、不連続、中断、挿入箇所不明の註、夾雑物、等々をそのままに発表することである。それは「著者の痕跡」（謎解きのための）をそのままに、というインデックス的姿勢を意味するだろう。ここでは、物神化とか秘教化とかの危険については問わない。

（9）ショーペンハウアーの著書のロシア語題名は、Две основные проблемы этики である。ロシア語では Grundproblem は、「основная проблема」と訳されている。ただし『メソッド』の場合、Grundproblem に「основная проблема（基本問題）」という訳語をあてるのは不充分で、それでは「根本問題」、「根底をなす問題」という意味がぬけおちてしまう、とクレイマンは指摘する（Клейман: 227）。たしかに「基本」とすると、Grund のもつ「土台・根拠」という意味はぬけおちるか薄まってしまう。したがって、本論では、Grundproblem はドイツ語のまま記すことにしたい。

　クレイマンの推論に対して、ブルガコヴァはふたつの論拠をあげながら異を唱えている（Эйзенштейн 2008a: 18-19）。一九〇〇年から四〇年にかけて、E・カッシーラーをはじめドイツでは、Grundproblem を題名に含む論文・著書が一〇〇近くも発表されていること、W・シュッペやH・ディングラーがエイゼンシテインと同じく「二元論」にもとづきながら Grundproblem を使用していることの二点をもって、彼女は Grundproblem の典拠をショーペンハウアーと特定することはできないとする。ちなみに、E・フッサールは一九一〇／一一年冬学期にゲッティンゲン大学で「現象学の根本問題(グルントプロブレム)」という講義を、M・ハイデッガーも同名の講義を一九／二〇年冬学期にフライブルク大学で、二七年夏学期にマールブルク大学でおこなっている。ここでは、エイゼンシテインの題名選択が知のモードと重なりあっていたことを確認するにとどめたい。

(10) 今後いちいち断ることはしないが、エイゼンシテイン自身の術語との関係上、ロシア語以外の文献をあえてロシア語から重訳することがある。エンゲルスの場合もそれに該当する。

(11)『無関心ではない自然』の構想・変遷については、Эйзенштейн (2004a: 5-32, 613-15; 2006: 536-40) を参照。

(12)『映画感覚』は、「言葉とイメージ」(「モンタージュ一九三八」)、「諸感覚の同調」、「色彩と意味」、「形式と内容——実践」の四章から構成されている。内容から推測されるように、この本は『モンタージュ』につづく『続モンタージュ』の位置づけにあり、また『メソッド』の思想を実地にうつしたという点では『続メソッド』とも呼ぶべきものとなっている。

ついでにのべておくと、エイゼンシテインの映画理論のわが国へのまとまった最初の紹介——ロシア語から直接の——は、一九四〇年に袋一平によってなされた。『エイゼンシュタイン映画論』(第一藝文社)がそれである。この本は「日本文化とモンタージュ」(「枠を越えて」一九二九)、「四次元の映画」(「映画における第四次元」一九二九)、「モンタージュ一九三九」(「モンタージュ一九三八(第一章)」一九三九)の三章からなり、一部が『映画感覚』と重なっている。『映画感覚』より二年も早く、しかも第二次大戦のさなかに、このように本格的な論集が出版されたことは、まさに先駆的営みといわざるをえない。なお、ロシアのモンタージュ論そのものの紹介は、S・チモシェンコ『映画芸術と映画モンタージュ』(一九二六)の翻訳を嚆矢とする。『映画往来』(一九二八年四月号)、『キネマ旬報』(一九二八年七月一一日号—一二月一一日号)に、岩崎昶によるドイツ語からの重訳が連載された。日本におけるモンタージュ論の紹介については、岩本憲児 (1974) を参照。

(13)「スタニスラフスキイ・システム」の英訳は、一般的には「the Method」である。このように、場合によっては「メソッド」と「システム」は互換可能になる。ドイツの『哲学辞典』をひもとくと、「Methode」の定義 (Philosophisches Wörterbuch: 792-95) のなかに「規則や原則(秩序だった(メトディッシェン))に関するシステム」という一句がみえる。対抗的であるはずのふたつの言葉がいれかわったり、共存したりする現象は皮肉にもみえるが、エイゼンシテインとスタニスラフスキイの質的交差を暗示していておもしろい。さらには、エイゼンシテイン自身も、一九三二年から翌年にかけて『わがシステム』という論集を構想している。一九三一年一二月三一日付の日記には、「今年こそ、『わがシステム』の完成の年になりますように」（K3 36/37: 23）とある。

（14）システム概念にはいろいろなものがあり、芸術にかぎっても、もちろんスタニスラフスキイ・システムだけではない。たとえば、エイゼンシテインと交友のあったJu・トゥイニャノフがその文学史論——「文学的事実」（一九二四。『ロシア・アヴァンギャルド』［以下RAと略記］1990）、「文学の進化について」（一九二七。RA 1988b）——で使用している「システム」は生成変化をうながすためのもので、その交替によって文学史は展開される。インヴォリューションのメカニズムをくみこんだトゥイニャノフのユニークなシステム観が先にのべたエイゼンシテインの論集『わがシステム』の題名選択に影響を与えた可能性は、大いに考えられる。

（15）いわゆるフォルマリズム論争に関しては、『ロシア・アヴァンギャルド6』第三部「フォルマリズム論争」（RA 1988b: 237-326）を参照。文学のフォルマリズムに関する総括としては、A・バグリィ『文学における形式主義的方法』（一九二四）、B・エイヘンバウム「〈形式主義的方法〉の理論」（一九二五）、B・エンゲリガルト『文学史における形式主義的方法』（一九二七）、M・バフチン『文芸学における形式主義的方法』（一九二八）等がある。一方芸術の分野では、A・ガブリチェフスキイ「形式主義的方法」（一九二七。Габричевский 2002: 26-31）が存在するが、こちらはロシアに影響を与えたドイツの情況をまとめるにとどまっている。ロシアにおける形式主義的芸術学はガブリチェフスキイの所属していたモスクワのラフン（ロシア芸術学アカデミー）、レニングラードのギンフク（国立芸術文化研究所）によって十月革命後の二〇年代に形成されていった。

（16）エイゼンシテインの論攷に対しても、マルクス主義陣営——I・アニシモフ、V・ストゥイリン、K・ユコフら——から「無思想的形式主義」といった批判が浴びせられた。また『ストライキ』へのそうした批判に対して、エイゼンシテインはつぎのように反論している。「むしろ……全くの無形式を良しとし、形式の分野での仕事には「形式主義」の烙印を押すことで、難癖をつけてやろうと手ぐすねを引いている、かくも狂信的な昨今なればこそ、『ストライキ』が作品自体として革命的勝利を得たことはとりわけ大きな意義を持つ」（RA 1994: 365）。

（17）共同討議をふまえ、フロレンスキイ「逆遠近法」（一九一九）に応えるかたちで、バクシンスキイがO・ヴルフを援用しながら「芸術、現実空間の視覚的受容における線遠近法」をラフンの機関誌『芸術』（一九二三年第一号）に掲載する。それから数年して、彼らと共通の問題意識にたつ論攷がドイツで発表された。E・パノフスキー『〈シンボル形式〉としての遠近法』（一九二四―二五）である。このことをもとに、すぐさまラフンとヴァールブルク学派との類似性を論じたりするのは勇み足の誹りを免れないとしても、ラフン内に形式主義的方法とは異なる研究傾向が存在したことは確認できるだろう。

（18）辞典の編纂はラフンの活動のなかでも重要なものだった。『美術用語辞典』編纂の提起は、カンディンスキーによって一九二一年になされている。彼がドイツに去ってからは、シペートが編纂の責務をひきうける。ラフンではこれと並行して、『ロシア美術家事典』、『美術技法事典』編纂の計画が進んでいた（いずれも未刊）。『美術用語辞典』の項目としては、「抽象」、「芸術家」、「考古学」、「グロテスク」、「無意識」、「記号」、「表象」、「感情移入」、「女性美術」、「セクシュアリティ」、「カリカチュア」、「コンポジション」、「規範」、「自律性」、等々の五八六項目が予定されていた。註15のガブリチェフスキイ「形式主義的方法」もこの辞典のために執筆されたものである。

（19）『モンタージュ』、『メソッド』、『無関心ではない自然』には、ヴェルフリンは出てきても、シペート、ガブリチェフスキイの名は一度も登場しない。ラフンに関係するものといえば、『モンタージュ』にＧ・シャポシニク『コンパスと数の美学』（一九二六、ガフン出版）からの引用が認められるにすぎない（もちろん、言及がないからといって、読んでいなかったことにはならない）。それが意図的なものなのか、彼らの活動がエイゼンシテインの興味をひかなかったためなのかは、わからない。ただし、モスクワ・アヴァンギャルドの牙城であったインフクとラフンはライヴァル関係にあったばかりか、アヴァンギャルドと敵対するアフル（革命ロシア美術家協会、一九二二―三二）がラフンの傘下に入っていたことは、心にとめておいた方がよいだろう。アフルのＫ・ユオンはラフンの会員でもあった。ラフンにしても――アカデミーを名のるからにはなおさら――イデオロギー闘争・文化行政とは無縁ではなかったということを念頭におきつつ、エイゼンシテインとの類似性に眼をむけたい。
ただし、エイゼンシテインは死の前年にあたる一九四七年に、全ソ科学アカデミー芸術史研究所映画部長に就任している。

（20）一八九六年にリュミエール兄弟の映画上映（サンクトペテルブルク、モスクワ、キエフ、ロストフ・ナ・ドヌー、ハリコフ、ニジニイ・ノヴゴロド）をもってはじまったロシアの映画活動は順調に成長し、一九一三年頃には全国に一四〇〇以上もの映画館を数えるまでになった。そうした背景のもと、一九〇七年からＡ・ドランコフ、Ａ・ハンジョンコフらによってニュース映画の制作が開始される。劇映画の口火をきったのは『ステンカ・ラージン』（Ｖ・ロマシコフ、一九〇八）である。配給制度も一九〇七年に始まる（Гинзбург 2007: 24）。一方ジャーナリズムの方はというと、『キノグラフ』の資料（Киногрф 19: 6-27）によると、一九〇七年に『キノ』（モスクワ）、『グラモフォン・ニュース』（サンクトペテルブルク）、『見世物、演劇のプログラムと概観』（オデッサ）、『シネ＝フォト』（モスクワ）等が一斉に創刊されている。

(21)『映画芸術と映画モンタージュ』のもとになる報告が、国立芸術史研究所(ギイー)・演劇の歴史と理論部門付属映画委員会(レニングラード)でなされている。ギイーはラフンの連携機関でもあったので、ヴァシリエフがチモシェンコの報告を聞いていてもおかしくはない。ただし、『モンタージュ――映画作品』には、チモシェンコについての言及はない。またギイーは、ギンフク閉鎖後にマレーヴィチたちが移る先でもある。

(22)『映画学紀要』の特集号では、ラフンの映画博物館(キノムゼイ)から現在の映画博物館(ムゼイ・キノ)までの歴史がたどられている。途中でとぎれたりして、その歴史はとても順調だったとはいいがたい。苦難の道のりは現在映画博物館がおかれている状態からも充分に予測がつくだろう。映画博物館史のなかでわれわれにとって興味深いのは、エイゼンシテインがプドフキン、M・ロンム、ボルチャンスキイら八名とともに『イズヴェスチア』(一九四〇年一月二八日号)に掲載した「博物館に関する停滞情況を打開せよ」という公開状(K3 84: 43)である。公開状では、二〇周年をむかえるというのに、ソ連映画の「科学的・芸術的・技術的遺産」を「集め、研究し、体系化する」施設を自分たちはもっていない、演劇、絵画、文学といった、「あらゆる形態の芸術」がそれを所有しているのに映画だけがない、という批判的嘆きのあと、「制作、科学的研究、大衆的政治=啓蒙のための映画活動の文化的中心」となる映画博物館が不可欠であるという訴えがなされている。文面からは、「世界映画の発展において」自分たちがはたしてきた役割と蓄積への強い自負がうかがえる。

(23)内的形式はラフンをこえて重要な概念なので、関連することがらを少し補足しておきたい。「手法としての芸術」(一九一七)の冒頭において、シクロフスキイは「芸術、それはイメージによる思考である」という命題を否定しているが、この言葉を発したのがポチェブニャで、ここにいうイメージがまさに内的形式である。フォルマリズムはポチェブニャ批判からはじまったといってもよい。ただし、シクロフスキイは処女論攷「言葉の復活」(一九一四)では内的形式に依拠して論を進めており、数年のあいだに自己否定ともいうべき詩的言語観の変化がおこったことになる。

ラフンは形式について考えてゆく過程で内的形式にゆきあたったのであり、フンボルトなりポチェブニャなりの言語学そのものを支持した結果そうなったのではない。とはいえ、当時において内的形式を認めることは、フンボルト、ポチェブニャの言語観にたつことを意味しただろうし、それはすぐさま心理主義的言語論に「後退する」ことをさしただろう。ここには、言語観の転換に関する問題がひそんでいる。すなわち、フォルマリストはポチェブニャの三項図式――音―表象―意味――に抗してソシュール流の二項図式にたっていた。少し視野を拡げてみると、この問題がシンボリズムと立体未来主義の対立の言い換えでもあること、さらにはM・フーコーが『言葉と物』でのべている、ルネサンス時代から古典主義時代への移行にさいしてこった三項構成から二項構成への記号概念の交替とも無縁ではないことがわかる。

言語の構成カテゴリーからイメージの相、内的形式を追いだしてすっきりさせるのはいいが、そうすると問題が生じてしまう。説明しきれない部分が残るのである。たとえば、ソシュールがシニフィアンをさして「聴覚イメージ」というとき、それは何をさしているのか、というような問題である。

ブームとしての言語学もソシュール論も沈静化した現在からすると、ある言語論のみが絶対的に支持されるというのはとても奇妙な事態のようにみえる。ガウディとル・コルビュジエのどちらが時代を代表する建築家としてふさわしいのかを、真面目に議論するようなものだ。とりあえず論者としては、当時のロシアの言語論情況においてはソシュール的なものとポチェブニャ的なものとが並存していた、とのべておきたい。

図1　「Ю」の項

なお、シペートはゲッティンゲン大学のE・フッサールのもとで学んだうえ、フッサール論『現象と意味』（一九一四）を刊行しているし、R・ヤコブソン、G・ヴィノクールのモスクワ言語学サークルにも参加し、独自の「記号論（семасиология）」を唱えていた。したがって、事情通の彼がフンボルト、内的形式を択びとったのは確信犯的行為といえ、それなりの意図があってのことと考えなければならない。

(24)　ラフンの内的形式論については、シペート（シペート 2004; Шпет 1999: 148–76; Experiment 3: 194–99）、ガブリチェフスキイ（Experiment 3: 208–27）を参照。

(25)　エイゼンシテインがここでこころみたのは、表音文字を表意文字・図像として読みとくという、記号の種別をずらし重ね読みする行為である。これは立体未来主義の詩人にも通じる手法で、共感覚を標榜するエイゼンシテインにしてみれば、記号やメディアのミックス化は当然のことである。複合メディアである映画を相手にする彼は、最初から記号・メディアの単一純粋性を疑い、つねに一者に複数のものをみてとることを基本としている。文字の問題に関していえば、エイゼンシテイン（Эйзенштейн 2002b: 68）がデクパージュ（切り抜き細工）の説明に例としてあげているA・ベヌア『イラストレーションによる文字』（一九〇四）の「Ю（ユー）」（図1）にも、記号の種別ずらしが認められる。図をみると一目瞭然だが、ふたつの例 юнга（見習い水夫）、юрта（パオ）のイラストレーション（帆、屋根の部分）に、文字Юの特徴をなす「ふくらみ」が反映されているのがわかる。文字を学習するひとは、きっとこのふくらみ（有縁性）とともにЮを記憶することになるだろう。ここにюбка（スカート）を加えたら、有縁性はなおのこと強まる。

（26）フレブニコフの「一冊の本」については、Cooke（1987: 161-83）、亀山（1989: 234-47）を参照。

（27）この図を目にしたとき、論者は西村陽平《新修漢和辞典》（二〇〇二、本・焼成、図2）を反射的に思い出した。これはまったくの思いつきではなく、「一冊の本」とこの作品とのあいだには焚書のモティーフが横たわっている。

（28）F・キルガー『書物の展開』（一九九八）は四五〇〇年以上におよぶ書物の歴史を七つに区切っている（Kilgour 1998: 3-10）。参考までに書きしるしておく。(1)粘土板、紀元前二五〇〇年、(2)パピルス巻子本、紀元前二〇〇〇年、(3)冊子本、紀元一五〇年、(4)印刷、一四五〇年、(5)蒸気機関（人力ではない動力による印刷機、活字鋳造機械の稼働）、一八〇〇年、(6)オフセット印刷、一九七〇年、(7)電子本、二〇〇〇年。

（29）『メソッド』と『パサージュ論』との、方法ならびに内容に関する類似性については、ブルガコヴァ（Эйзенштейн 2008a: 33-37）を参照。

（30）ズドヴィクについては、拙著（1992: 65-86）を参照。

（31）アタシェヴァ宛の手紙は『映画学紀要』（K3 36/37: 220-41）を、トゥイニャノフ宛の手紙は『無関心ではない自然1』（Эйзенштейн 2004a: 514-18）を参照。

（32）具体的にのべられているわけではないので、エイゼンシテインの抱えていた悩みがなんだったのかははっきりしないが、彼自身がそれを病とみなし、その原因を医学的に解明したがっていたことはたしかである。悩みの深刻さは、アタシェヴァ宛の手紙にあるつぎのような一節からも伝わってくる。「なんとかして、葛藤を構成する「意志的」要素をつきとめなければならない（あれだけ多くのセクションをかかえているので、病理学なら大丈夫だ。生体解剖学、自己生体解剖学には、どの領域がむいているのだろう）」（K3 36/37: 236）。

第二章　映画作法（キネマトグラフィア）Ｉ

（1）エイゼンシテイン自身は『生涯におけるわが芸術』（一九二七執筆）に、「アト

図2　《新修漢和辞典》

ラクションのモンタージュという言葉は『賢人』よりも前に存在した」（КЗ 36/37: 18）と記している。たしかに、エイゼンシテインが最初にアトラクションという言葉を思いついた時の様子を伝えるS・ユトケヴィチの回想（一九二二年夏）には、「舞台アトラクション」（1987: 56）という言葉が使われているし、また覚え書き「開会の辞」（一九二二、一〇月終わり―一一月初め執筆）には「アトラクション演劇」（Забродин 2005: 138）という言葉がみられる。しかし、どちらも「アトラクションのモンタージュ」という語結合ではない。ということは、いまだ「アトラクション」はエイゼンシテイン固有のものにはなっていないということである。一九二一年の秋に、『どんな賢者にも抜かりはある』をいったんはコンメディア・デッラルテ風の道化芝居にしたてようとこころみてはいるものの、S・トレチヤコフ翻案の『賢人』の稽古にとりくむのは一九二二年一一月（Там же: 136）である。「アトラクション演劇」が「アトラクションのモンタージュ」へと熟成するのは、少なくとも『賢人』の稽古と並行してということになり、論攷「アトラクションのモンタージュ」をポストアナリシスと呼ぶことになんら問題はないはずだ。

（2）「演劇活動の実験」、「映画アトラクションのモンタージュ」については、少し説明が必要だろう。前者は当時エイゼンシテインが所属していたプロレトクリト（プロレタリア文化）の機関誌『ゴルン』（一九二三年第八号）にラケータの筆名で発表されたものである。ユレネフ（Юренев 1985: 59–60）、ザブロジン（Забродин 2005: 178–82）の推論を総合すると、これはエイゼンシテイン、トレチヤコフ、B・アルヴァートフ三者共同の筆名である可能性が高い。このうちエイゼンシテインは確実視されている。したがって、ここでは「演劇活動の実験」を「アトラクションのモンタージュ」の文脈に含めることにしたい。

一方「映画アトラクションのモンタージュ」は『エイゼンシテインの創作遺産より』（一九八五）で初めて活字になったものだが、A・ベレンソン『今日の映画』（一九二五）の一部（「映画アトラクションのモンタージュ［S・M・エイゼンシテイン］」Беленсон 1925: 53–102）として一度発表されている。ベレンソンのテクストでは、彼の文章のなかにエイゼンシテインの論攷がくみこまれ、明確な引用のかたちはとっていない。エイゼンシテインとの対話、論攷「映画アトラクションのモンタージュ」のふたつを合成したものに自分の見解を加えて、ベレンソンは「映画アトラクションのモンタージュ（S・M・エイゼンシテイン）」を構成したものと思われる。その仕上がりにエイゼンシテインは必ずしも満足だったわけではなく、批判とも補論ともとれる「個人的問題について（A・ベレンソン『今日の映画』に関連して）」という論攷を残している。それはつぎの文句ではじまっている。「一連の私の意見をかたちにした文章としてはおおむね我慢できるものである。とはいえ、いくぶん切り刻み気味になっている」（Эйзенштейн 1985: 30）。エイゼンシテインはゲーテとエッカーマンとの対話のようなものを期待していたが、残念ながら結果は彼の意にそうものとはならなかった。

ベレンソンのために申しそえておくと、クレショフ、ヴェルトフ、エイゼンシテインをとおして当時のソ連映画の輪郭を捉えようとする『今日の映画』は、総体として意味のないものではないし、エイゼンシテインに関しても、プロレトクリトとの不和、クレショフ、ヴェルトフについての評価等、貴重な情報を含んでいる。

（3）「エクスツェントリカ」には、ふたつの意味がある。ひとつはサーカス、軽演劇などにみられる、奇抜で滑稽な表現手法で、それは論理—一貫性—行為の相関関係をわざと外してゆく。ひとつは、そうした表現手法にもとづくジャンルである。フェクス、エイゼンシテインはエクスツェントリカの形容詞を用いて「エクスツェントリチェスキイ演劇」という言い方をしている。フェクスは「エクスツェントリズム」というものを唱えているが、そこには演劇の中心からそれてゆく（エクス＝ツェントル）ことによって、新たなエクスツェントリカ演劇を創出するという意味も含まれている。ちなみに、エクスツェントリクというのはサーカス、ヴァリエテ等の喜劇役者、道化をさす。エクスツェントリカ演劇をめざすフェクス、エイゼンシテインにとって、チャップリンは時代のアイコン、エクスツェントリクだった。
フェクスはサンクトペテルブルクの演劇・映画制作グループで、G・コジンツェフ、G・クルィジツキイ、L・トラウベルク、ユトケヴィチらから構成されていた。ユトケヴィチが仲介役となりフェクスとエイゼンシテインは近しい関係にあった。

（4）『ストライキ』のようによくしられているわけではないので、『賢人』については、やはり説明が必要だろう。トレチヤコフがA・オストロフスキイの古典喜劇『どんな賢者にも抜かりはある』（五幕、一八六八）を書きなおしたものが脚本になっており、ふつう『賢人』の名称で呼ばれる。一九二三年に、エイゼンシテイン演出でモスクワ・プロレトクリト第一労働者劇場において上演された。もとのテクストは「二五パーセントくらい」しか残されていないというから、翻案の域をはるかにこえている。オストロフスキイが択ばれたのは、二三年が生誕一〇〇周年にあたり、それを機に教育人民委員A・ルナチャルスキイが「オストロフスキイに帰れ」という号令をかけたからではないらしい。エイゼンシテインによれば、オストロフスキイの原点はエクスツェントリカにあり、この劇作家には「アトラクションの原理」が感じられるというのが、選択の理由である。少なくとも、当事者はそのように説明している。ちなみに、メイエルホリドは二三年の『実入りの多い地位』（オストロフスキイ、一八五六）につづき、二四年にもオストロフスキイ原作の『森林』（一八七〇）を上演しており、後者ではクロース・アップ、ロング・ショット、モンタージュといった映画的手法が用いられた。
「ペテン師」グルーモフがモスクワの社交界において、結婚を踏み台にしてなりあがろうとするものの最後にはしくじるというストーリーを、トレチヤコフはパリの亡命者社会における詐欺騒動に移しかえた。それとともに、登場人物たちは現代社会を風刺する意味をになわされ、ネップマン、ファシスト、ジョフル将軍、白軍軍人、サロンの女主人等にかえられた。そして、このストーリーにサーカス、ミュージック・ホール、軽演劇（エストラーダ）、ダンス等の出し物がこれでもかというほど矢継ぎ早に挿入されてゆくのである。そればかりか、ときに舞台は上下や左右に分割され交差させられた。グルーモフの「抜かり」というのは、本心をつづった日記をママエヴァにみられてしまう出来事をさし、エイゼンシテインはこの日記を『グルーモフの日記』という映画にして芝居に挿入する手段をとった。芝居へ映画を挿入する手法はフェクス、V・ガルジンも用いているし、E・ピスカートルはより洗練されたかたちで映画を活用している。

『賢人』のにぎやかな舞台はたんに馬鹿騒ぎと気晴らしのために作られたのではなく、ふたつの狙いをもっていたとされる。ひとつは、演劇、バレエ、オペラ等の「高尚な」芸術と、サーカス、道化芝居、ドタバタ喜劇・動物芸のような「卑俗な」芸術との総合、ひとつは、演劇と集会、行進、祝祭等の街頭行為との総合である。『賢人』については、Юренев（1985: 56–76）、大島（1990: 107–19）、K3（39: 54–110）を参照。

（5） ロシア語 аттракцион を複数形にすると、エイゼンシテインにアトラクションという概念を思いつかせたといわれているジェットコースターの意味になる。ロシアではこの遊戯施設はアメリカ山脈と呼ばれており、フェクスの宣言「エクスツェントリズム」（一九二二）にも登場する。「遊園地の崇拝。観覧車やアメリカ山脈は、青年層に時代の真のテンポを教えてくれる」（RA 1994: 225）。けたたましい音をたててアメリカ山脈を疾走するジェットコースターは、おどけて「ミュージックホール・シネマトグラフォヴィチ・ピンカートノフ」と自称する彼らの夢（アメリカニズム）を体現するものだったにちがいない。「アトラクションのモンタージュ」執筆時のエイゼンシテインは、宣言「エクスツェントリズム」を意識していたはずである。なお、アメリカではジェットコースターはロシア山脈と呼ばれている。

英語圏の研究者は誤解しがちだが、ロシア語の аттракцион には引力・吸引という語義はない。ロシア語でそれらを意味するのは аттракция である。したがって、エイゼンシテインのアトラクションとニュートンの引力の法則とを直接結びつけるようなことはできない。

エイゼンシテインの「アトラクション」は一過性の用語としてきえることなく、一群の映画を意味する術語へと育ってゆく。一九八五年にA・ゴドロー／T・ガニングによって映画の「初期段階」をしめすものとして提起された「アトラクション映画」は、現在では『初期映画百科事典』（Gunning 2005）に登録されている。その定義によれば、アトラクション映画とは一九〇六年頃に物語映画が登場する前の映画の初期段階・初期映画をさし、それは物語よりも、不連続な視覚的アトラクションやスペクタクルの契機に重きをおいた。また、このジャンルにささげられたW・ストローヴェン編集の『リロードされたアクション映画』という大部の論集も二〇〇六年に刊行されている。そこには『大飲み』（J・ウィリアムスン、一九〇一）、E・S・ポーターの『大列車強盗』（一九〇三）、『陽気な靴屋の店員』（一九〇三）、『鉄路の白薔薇』（A・ガンス、一九二二）、『バレエ・メカニック』（F・レジェ、一九二四）、『マトリックス』三部作（ウォシャウスキー兄弟、一九九九―二〇〇三）をはじめとして、初期映画にかぎらず視覚の驚異をあらわすさまざまな例があげられている。

（6）観客に対する情動的作用、芸術における情動は、トレチヤコフの関心事でもある。彼はこの問題を世界感覚（ミロオシュシチェニエ）論（「どこからどこへ」一九二三）としてまとめている。「世界感覚という言葉を、われわれは、認識や論理体系の上に構築される人生観や世界観と区別して、人間に生じる情動的（感覚的）評価の総和の意味で用いている」（RA 1991: 125. 訳語を一部変更）。「どこからどこへ」では未来主義の世界感覚が対象となっているが、彼のいう世界感覚は芸術一般にあてはまるだろう。エイゼンシテインも芸術一般に関して、世界感覚、内的世界感覚という言葉を用いている。芸術はその新たな世界感覚をとおして人びとに働きかけつつ、彼／彼女らの日常に浸透している世界感覚、さらには世界観をかえてゆく。論攷「表現運動」（一九二三執筆）の共同執筆者でもあるトレチヤコフの世界感覚論は、当時のエイゼンシテインに少なからぬ影響をあたえたはずだ。

（7）『賢人』の演出助手・俳優をつとめたA・リョフシンが語る逸話は、観客に対するエイゼンシテインの姿勢をしめすものとして興味深い。「リハーサルでは、ふつう演出家は舞台をみつめ俳優を点検するものです。エイゼンシテインは芝居のドラマトゥルギーを練るために、舞台に背をむけてすわりながら観客の方を……みていたがるのです。必要なときに観客にひとしきりの涙と笑いを生じさせたり、ときには恐怖で席からとびあがらせたりしようと、観客をじっとみていました」（Юренев 1985: 62-63）。またエイゼンシテインは一九二七年二月二二日付の日記に、このように記している。「メイエルホリドの演劇は純粋に「俳優の芝居」だが、ぼくはプロレトクリトを「観客の」芝居としてそれに対置した。この芝居は、とくに作用の構造にかかわるものである」（Там же: 53）。

（8）少年時代からサーカス、それも道化の熱狂的ファンだったエイゼンシテインが、『賢人』の舞台にサーカスの演目をとりいれたり、モスクワ・プロレトクリト演劇スタジオの講義・実践にサーカスのトリックを導入したりするのは自然の成り行きといえるが、彼の熱狂に歩調を合わせるかのように、時代もこのジャンルに熱い視線をそそいでいた。国中が革命の祝祭を演じていたともいわれる十月革命後のロシアにとって、サーカス的要素——上昇、小刻みに変転するリズム、スピード、危険、トリック——は肌身で感じられるものだった。メイエルホリドやマヤコフスキイのサーカスへの注目はよくしられているが、文化行政の側でもテオ（人民教育委員会演劇部門）にサーカス局を設置するほどの熱の入れようだった。ちなみに、『賢人』でグルーモフ役をつとめたG・アレクサンドロフは、やがて『サーカス』（一九四〇）を撮ることになる。十月革命後のサーカスと演劇については、桑野（1981）、大島（1990）を参照。

サーカスに対するエイゼンシテインの関心はアトラクションにとどまらない。文化の古層、感覚的思考にかかわるものがそこにたたえられているというのが、エイゼンシテインの考えである。たとえば「サーカスという神秘劇、プロットとしての構造」には、つぎのようにある。「サーカスの見世物はわれわれが多様な芸術に接しているということをしめす事例であり、その多様さのなかには純粋なかたちで感覚的要素が保たれている。その要素があらゆる場合において、あるプロット＝理念の内容を具体化する形式となるのである。／そのために、サーカスは独自の感覚＝強壮風呂の機能をはたす」（Эйзенштейн 2002a: 434）。草稿『賢人』とサーカス」では、『賢人』の円形舞台と子宮を重ねたり、使用した騒音音楽を「差異化以前の音楽の段階への退行」とみなしたりしている（Эйзенштейн 2002b: 327-30）。

（9）　フォルマリズムについてはХанзен-Лёве（1988; 2001）を、労働論についてはГастев（1971; 1973; RA 1995: 197-207）、佐藤（2000）を、心理学についてはУзнадзе（1997）、山下（2006）を参照。

（10）　フレブニコフも同一の細密画に魅せられ、一編の詩「象の輿で運ばれてゆく……」（一九四〇）を残している。このことに関して、フレブニコフとエイゼンシテインとのあいだに影響関係はない。イヴァノフの緻密な分析（1984b）を読むと、細密画の象と天女の関係のように、詩行にアナグラム、韻等をとおしてさまざまな音の組み合わせが散種されていることがわかる。

（11）　ライオン像のモンタージュに先だつ数年前に、エイゼンシテインはO・ドーミエの連作「ロベール・マケール」（一八三六―三八）を題材にして同様の実験を計画している。そこに描かれた、マケール役（『アドレの宿』B・アンチェ／サン＝タマン、一八二三初演）を演じるロマン派劇の名優F・ルメートルの「身振り」を、モンタージュ（「整版（スヴェルスターチ）」）しようと考えたのだ（Эйзенштейн 2006: 393）。具体的には、「身振りの連続的段階」を提示しようとしたのである。これは個々の図像から総合的イメージを生みだす試みといえる。

エイゼンシテインはこれとは反対のエチュードをヴギクの学生たちに課している。一枚の絵画を断片に分解し、それらをモンタージュすることで総合的イメージを生みだすというものだ。総合化された断片が生みだすイメージは、もとの絵画と同じものではない。それどころか、『ゲルニカ』（R・エッセン／A・レネ、一九五〇）をもちだすまでもなく、切断されることによって絵画はもうひとつの強力な生——微分的意味——を生きはじめる。数ある学生エチュードのなかでも《最後の晩餐》（一四九五—九八）を題材にしたK・ピピナシヴィリのものは、エイゼンシテインが高く評価するところであり、幸いにも、この作品は『レオナルド・ダ・ヴィンチ——天才の実像展』（二〇〇七、東京国立博物館）において上映された。

（12）エイゼンシテインが典拠としている辞典（Преображенский 1910: 630-31）にあたってみたところ、обрез/обнаружение という説明はみあたらなかった。エイゼンシテインの記憶違いということになるが、推論そのものはおかしくはないので、エイゼンシテインの説明にそってそのまま進みたい。

（13）思考と映画について、エイゼンシテインはつぎのようにのべている。「さらに進んで、演劇的構成（内容ばかりでなく）のストックのすべてが行為の過程、振る舞いの過程の仕組みを写したもの（сколок）であるように、映画手法のストックのすべてが知覚や思考過程のコピーであることを、われわれは論証してもいる。〔……〕あらゆる映画的手法は思考過程の特徴をなす無数の方法の一部である」（Эйзенштейн 2000: 356）。思考と映画をつなぐ主要な要素は、相関・対比という関係づけである。エイゼンシテインの覚え書きにはつぎのような言葉が残されている。「思考活動というのは相関的で対比的なものである。モンタージュもまた対比的な活動なので、映画表現の展開の法則は知的思考の展開の法則にのっとって進むはずである」（Там же: 576）。知的思考と映画表現の重なりをしめす要素としてあげられているもの——フェイドアウト、コリメート撮影、オーヴァーラップ、逆回転撮影等——をみると、彼のいう思考が夢想をも含む幅のひろいものであることがわかる。

（14）通常のモンタージュ（ショット内・ショット同士の）以外にも、エイゼンシテインはコマ同士のミクロ・モンタージュ、作品全体にわたるマクロ・モンタージュといったものも設けている（Эйзенштейн 2000: 157）。モンタージュが分節と接合からなる以上、これ以外にもモンタージュの分類は可能だろう。

（15）オブレスにおいては、撮影時に被写体をどのように切り取るかということとともに、切り取ったものを映す方法、つまりは上映時のスクリーン・サイズ、あるいは形態が問題となる（マルチスクリーン、アストロラマ、空中球形劇場、スマートフォン、タブレット、等々、すでにさまざまな形態のスクリーンが登場している）。エイゼンシテインはワイドスクリーンの出現を契機にして、「動的正方形」（一九三一。Эйзенштейн 1964b: 317-28）という論攷を執筆している。これは映画に垂直の力（忘れられていた半分の）を与えるための考察にほかならない。彼自身『戦艦ポチョムキン』ではマスクを用いて縦長の画面を作りだしているが、正方形スクリーンはそうした弥縫策とはまったく異なるものである。スクリーンを水平のイメージ運動と垂直のイメージ運動の相争う場（フィールド）とするために、エイゼンシテインは、小さい正方形スクリーンからフルサイズの正方形スクリーンまで、サイズを自由にかえられる新たなスクリーン装置を提案している。いささか強引な感じがしないでもないが、A・フリードバーグ『ヴァーチャル・ウィンドウ』(二〇〇六)はエイゼンシテインの可変式スクリーンを、コンピュータ・ディスプレイ上のフレームのインターフェイス、「サイズ変更やドラッグが可能な可動式フレームで、境界内の領域を移動するためのスクロールバーを備えたもの」(2012: 318)に結びつけている。

正方形ではないが、一九八〇年代の初頭に、縦横を逆転させたモニターに映しだされたB・イーノ『サーズデイ・アフタヌーン』(一九八四)の映像をみたときにも、論者はイメージの運動がねじまげられる不思議な感覚を味わった。スクリーン・サイズひとつをとっても、われわれがふれたことのないイメージの運動はまだまだありそうだ。

(16) ロシア・アヴァンギャルド芸術では、映像のラクルスといえば通常ロトチェンコの写真にみられるような斜線・短縮構図のことをさす。一方、ラクルスにはカメラ・アングルというフラットな意味もあり、本書では場合におうじて両様の意味でこの語を使用している。

(17) 本文ではスクリーン空間にまつわるフレームのみを対象にしているが、物語の初めと終わりというような時間的な限定もフレームのひとつである。このように、フレーム・枠は芸術の制度として、種々のレヴェルにわたってどの芸術にも備わっている。芸術テクストのフレーム・枠一般については、B・ウスペンスキイ『構成の詩学』(1986: 184-99)を参照。

(18) ショット内の構成をよみとる指標として、輪郭線以外にも照明、色彩、ヴォリュームと空間の相関関係、俳優の顔の表現等があげられているが、これらのなかから、エイゼンシテインはあえて線をとりあげている。映画ばかりか音楽(メロディ)、文学(プロット)、演劇(俳優の動き)などにおいても、エイゼンシテインは作品の動きを線に還元しながら説明しており、M・ヤンポリスキイにいわせれば、この方法は「パングラフィズム」(Ямпольский 1993: 378)ということになる。

(19) バザン、タルコフスキイによる批判に少しふれておきたい。モンタージュよりも映像の「真実」――「現実の真の連続性を移」した――を尊重するというのが、バザンの基本的姿勢である。彼のいう「真実」が多少ナイーヴといわざるをえない代物だとしても、彼が映画スタイルの転換を捉えていたことはたしかである。バザンは映像の真実を実現するものとして、空間の深さとシークェンス・ショットをあげている(2008: 324)。ネオレアリズモ、O・ウェルズに関しては、こうした特性によってそのスタイルを把握できるかもしれないが、それにはまらないポストモンタージュ・スタイルも存在する。少なくとも、エイゼンシテインのものがそうである。『メキシコ万歳!』、『イヴァン雷帝』において空間の深さを追究してゆく過程で、彼は従来のモンタージュ・スタイルをぬけでたといえるが、長回しからすれば、依然として彼のスタイルはモンタージュにほかならないだろう。本文にのべるように、エイゼンシテインのポストモンタージュ・スタイルは様式化された縦の構図とモンタージュをくみあわせたものになっている。いま問題としているのはエイゼンシテインに対するバザンの評価なので、ここではバザン自身についての評価の展開（たとえば、リアリズムに関する）にはふれない。バザン評価の現代的展開については以下のものを参照。『バザンを拡張する』（Andrew 2011）、『パラグラフ』誌のバザン特集号「アンドレ・バザン再訪」（Paragraph 36.1）。

一方、タルコフスキイはショットに、運動ではなく時間の生成、いわば時熟をみているために、運動のモンタージュを敬遠する。したがって、彼にいわせれば、『アレクサンドル・ネフスキイ』のチュード湖のシークェンスは、各ショットにふさわしい時間の強度でそれをみたすことに失敗しているために、認めがたいということになる（2008: 168）。とはいえ、エイゼンシテインの二八ミリ・ショットにはすでに凝固しかかった時間の気配（情動の結晶）が感じられる。モンタージュ嫌いのタルコフスキイではあるが、その処女作『ローラーとヴァイオリン』（一九六〇）は、シークェンス・ショットを含みつつも全体としてすばらしいモンタージュ映画にしあがっている。とりわけ、主人公の少年が鏡屋のショーウィンドウにみいるシーンのモンタージュは、いまみてもみずみずしい。『イヴァン雷帝』時点のエイゼンシテインとタルコフスキイの位置関係については、改めて考えてみる必要があるだろう。

(20) エイゼンシテインは『メキシコ万歳！』撮影中の一九三一年、『オアハカ地震』というドキュメンタリー映画を制作している。そこにはスタイルの変化とドキュメンタリー性とが融合した新たな境地の萌芽が認められる。この作品については、V・ボセンコ「『オアハカ地震』——S・M・エイゼンシテインのドキュメンタリー映画に関する新事実」（K3 54: 300–03）を参照。

(21) 『イヴァン雷帝』の制作が第一部から第二部に進むさい、撮影監督がチッセからモスクヴィンにかわった理由については、いろいろ取りざたされているものの、映像についてのべるなら、第二部に必要不可欠な映像の質とチッセの映像の質とにずれが生じたため、そうした事態がもちあがったのである。必要不可欠な質とは、内的葛藤を抱えたイヴァンが醸しだす情動的「雰囲気」にほかならない。当時の情況を、G・コジンツェフが伝えている。「このころ私はほとんど毎日、セルゲイ・ミハイロヴィチ［エイゼンシテイン］と会っていた。すべては私の眼の前でおこった。エイゼンシテインは［チッセの］セット撮影に満足がゆかなかった。これらのシーンでエドゥアルド・カジミロヴィチ［チッセ］は自分に必要なイメージの雰囲気、性格を撮れていない、と彼には思われたのだ。そういうわけで、彼はモスクヴィンに撮影を依頼する」（Бутовский 2000: 188）。それまで二八ミリレンズをまれにしか用いなかったモスクヴィンが、『イヴァン雷帝』において積極的に縦の構図にとりくむのも、「必要不可欠な質」にうながされてのことである。

(22) S・カプテレフは「オーソン・ウェルズ―セルゲイ・エイゼンシテイン」(K3 64: 71-82) において、『イヴァン雷帝 第一部』と『市民ケーン』(一九四一)とを並べて論じている。もちろん、共通性があるからだ。第二次大戦中の制作であること、権力をテーマとしていること、それから最も重要なのは縦の構図、「ディープ・フォーカス」を使っていることである。エイゼンシテインは一九四四年に、ウェルズは四五年にそれぞれ相手の映画をみて、双方とも高い評価をあたえている。エイゼンシテインは『市民ケーン』に新たな「対位法」をみいだしているし、ウェルズは『イヴァン雷帝 第一部』の「大胆でラディカルな様式化」を讃えている。エイゼンシテインは一九四六年の時点で、ウェルズをグリフィス、チャップリンらと肩を並べる存在とみなし、自らが編集する『世界芸術史資料』の一巻を彼のために割くことに決め、執筆に必要な資料をおくってもらうようウェルズに手紙を書いている。

カプテレフは縦の構図に「視覚的イメージの光学的組織化」、具体的には「照明的解決と光学的解決の総合」をみている。彼は『市民ケーン』と『イヴァン雷帝』に共通の手法として縦の構図をあげているわけだが、手法というのはスタイルの一部をなすものであり、それだけをぬきだして論じるわけにはゆかない。シークェンス・ショットとともにある縦の構図とモンタージュとともにある縦の構図とでは、おのずから意味が異なってくる。じっさい、両者の縦の構図は質的に著しく異なっている。縦の構図を共有しているからといって、スタイルまでもが同一であるわけではない。エイゼンシテイン自身もG・トーランド、W・ワイラー、ウェルズらの縦の構図にふれている(Эйзенштейн 2004a: 342)。自分が彼らに影響をあたえたかどうかについては「ふれるべきかどうかわからない」と前置きしたうえで、スタイルの違いを強調し、ワイラーの場合、「この構成的方法」はまれにしか「テーマ表現の問題」と結びついていないし、「プロットの急激な展開」にもほとんど役だってはいない、と指摘している。

(23) エイゼンシテイン、チッセの縦の構図は前景と後景のコントラスト――被写体の大きさの対比、焦点があっている・ソフトフォーカス、静的・動的――を必要とするために、いきおい前景にくるものに静的身振りを求めることになった。一見ここには技術的制約がはたらいていると思われがちだが、『ラ・シオタ駅への列車の到着』においてすでにディープ・フォーカスによる空間的深さが実現されていることを考慮すると、それはスタイルの要請によると考える方が自然だろう(もちろん、こうした判断はストック・フィルムの変遷をも考慮したうえでなされなければならない)。

チッセはヴギクにおける講演(一九四〇)において、短焦点レンズを用いるさいの注意をつぎのようにあたえている。「短焦点レンズによる撮影はとても複雑です。[……]君たちは人をいわゆる「鳥かご」にいれておかなければならない。その人が脇に動いたりカメラからそれたりしないように。こうした方法をとることで、君たちはその人につねにピントをあわせていることが可能になるのです。もし俳優が自由に動きまわったりわずかでも動いたりしたら、焦点がくるってしまい、必要な効果がえられなくなってしまいます」（K3 32: 177）。

（24）「語り」をあらわすロシア語として、エイゼンシテインは рассказ のほかに повествование（ポヴェストヴォヴァニエ）という単語も用いている。それほど意識的に区別がなされているわけではないが、一次的な叙述の語りに前者をあて、リズムによる語りに後者をあてている場合もみられる。

（25）M・バフチン『ドストエフスキイ詩学の諸問題』（一九六三）におけるように、「イデー（идея）」という言葉はエイゼンシテインにとっても特権的な位置をしめる。イデア、理念と訳しても、思想内容と訳しても、どうもしっくりとこない「イデー」について、エイゼンシテインは「形式のために」（一九三二）のなかで、A・ポスピシリ『ギリシア＝ロシア語辞典』（一九〇一）を援用しながら説明を試みている（Эйзенштейн 1967: 43）。辞典には、「(1)形、外見、(2)方式、種類、方法、特質、質……。とりわけ、叙述の方法、話法の形式と種類、(3)思想、原型、理想」といった意味が並んでおり、これらの語義をみるかぎり、映画の「三本柱」は「идея」の「発生起源」において不可分のものであった、とエイゼンシテインは主張する。三本の柱とは、思想、叙述の方法、そして形・外見にほかならない。エイゼンシテインの「イデー」は思想であると同時に方法でも形式でもある。思想（イデー、イデオロギー）は形式から切り離せないというのが、形式主義批判に対するエイゼンシテインの基本的姿勢であり、「イデー」の解釈をとおして彼はそのことをしめしている。

（26）エイゼンシテインは話を簡略化して音律の要素を断片の長さに限定しているが、実際はショット・サイズごとの長さ、頻度もそこに加味して考えなければならないだろう。『戦艦ポチョムキン』第三幕「死者は呼びかける」冒頭の「オデッサ港の霧」のシークェンスと第四幕「オデッサの階段」のシークェンスを、ショットの長さ、オプティカルフロー、空間周波数、フレーム間差分という観点から解析した鈴木良太郎「映像におけるリズム情報の分析」（2001）という論攷があるので、そこからテンポとショット・サイズの長さに関するデータをみてみたい。そのデータによれば、「オデッサ港の霧」におけるショットの平均的長さは五・四〇秒、「オデッサの階段」のそれは二・五九秒である。この数字は、前者に較べて後者のテンポがかなりあがっていることをしめす。さらに、ショット・サイズをロング・ショット、ミディアム・ショット、クロース・アップの三種類にわけてその平均値をとったものを確認すると、それぞれの値は「オデッサ港の霧」では四・四四秒、八・七六秒、四・一〇秒、「オデッサの階段」では三・六一秒、二・八五秒、一・六五秒となっている。このデータだけからでは、シークェンスのテンポとショット・サイズごとの比重との連関の仕組みまではわからないとしても、両者のあいだになんらかの連関があるということは推測できるだろう。

（27） エイゼンシテインが音楽用語を採用するのは、映画の構成に音楽の構成法、対位法（ポリフォニー、フーガ等）を援用したいと考えてのことである。とはいえ、音楽と映画の組成が同一ではない以上、術語の用法にもずれが生じる。エイゼンシテインの論攷に出てくる音楽用語も場合によっては本来の用法からずれており、論攷の文脈において理解するようにしなければならない。

（28） したがって、弁証法を土台にすえた「映画理論の建物」（図3。Эйзенштейн 2002a: 3）は手すさびなどではなく、まじめな理論的構築物だといわなければならない。自分の理論を建築に託するところは、いかにも一度は建築技師を志したエイゼンシテインらしい。

（29） 『モンタージュ』において、エイゼンシテインは「音楽」に独自の定義をあたえている。映画に関しては、言葉も声も環境音もすべて音楽とみすことができる、というのだ（Эйзенштейн 2000: 326 n.2）。なぜなら、映画のなかではそれらはすべて「芸術的に組織されている」からである。もちろん、『モンタージュ』には通常の意味で「音楽」を使用している箇所も数多くみられる。混乱を避けるために、正確さを欠くことにはなるが、本書では通常の意味で音楽という言葉を用いる。

（30） 音よりあとに映画に加わるということもあり、エイゼンシテインにおいては、色彩は視聴覚的要素を調整する最終決定権を有する。「もちろん、色彩のみが、色彩が、もう一度色彩が、音的ヴァルールと視覚的ヴァルールを共通の単位で通分すると

たてられるべき建物
「網かけ部分の70%は執筆完了」　モスクワ、1939年3月10日

図３ 「映画理論の建物」

いう問題を完全に解決することができる」（Эйзенштейн 1964a: 534）。

（31） 音につづくテクノロジー的展開として、エイゼンシテインは色彩、立体映画、テレヴィジョンをあげている。色彩については本文であつかうので、立体映画、テレヴィジョンについて少しふれておきたい。これらの問題に関しては、「立体映画（ステレオキノ）」（一九四七執筆）、「テレヴィジョンへの過渡期」という論攷が残されている。

立体映画の試みそのものは、一八九〇年代にイギリスでW・F・グリーンによってはじまる。ロシアでは、一九一一年に立体映画が初めて上映され、三〇年代には映画写真研究所（НИКФИ）において立体映画の基礎研究が進められる。四一年には世界で最初の立体映画専門館「モスクワ」が、四四年には立体映画スタジオ「ステレオキノ」が開設される。これらのことから、この分野に関してソ連映画は積極的だったといえる。研究の成果として、二本あるいは一本のフィルムを使用するもの、水平あるいは垂直の視差を利用するもの、ワイドスクリーンやデジタル技術を使うもの、等々と独自方式がいくつも開発される。エイゼンシテインもふれているロシア最初の長編立体劇映画『ロビンソン・クルーソー』（A・アンドリエフスキイ、一九四七）は水平の視差を利用したフィルム一本のもの（B・イヴァノフ・システム、ステレオ三五―一九・システム）である。

「立体映画」において、エイゼンシテインは「立体効果」を三種類にわけている。通常の映画の範囲内にとどまり、スクリーン「鏡面上」のどこかでバランスをとりながら、高レリーフのような効果をもたらすもの、スクリーンの奥行きを活用し、観客をそれまで経験したことのない空間の奥にひきいれるもの、描写がスクリーンから客席に「飛びだしてくる」ことによって三次元効果がうまれるもの（Эйзенштейн 2002b: 437）。二種類目に属する例として、彼は自分たちの二八ミリ映像、ワイラー、ウェルズのディープ・フォーカスをあげている。エイゼンシテインにとって重要なのは、立体性を作る個々のシステムではなく、あくまでも立体効果である。その立体効果が意味をもつのは、映像世界と客席との融合・交通を作りだすことができるからだ。それが立体映画の本来の目的かどうかはともかくとして、少なくとも彼はそのように考えている。演劇の演出例、舞台構成（花道を含む）、さらにはA・ハックスリー『すばらしい新世界』（一九三二）の「触感映画（フィーリー）」（1974: 80）までもちだしながら、エイゼンシテインはそのことを説いてゆく。彼が融合・交通を重視するのは、総合の契機がそこに存在するからだ。

映像ばかりでなく、映画の音の技術的側面についても、エイゼンシテインは注意をおこたらない。たとえば、ディズニーの立体音響映画『ファンタジア』（B・シャープスティーン、一九四〇）において、L・ストコフスキーが七チャンネルのマルチトラックを用いることで音空間の奥行きをきりひらいたこと（ファンタサウンド）には、賞讃をおしまない。

「テレヴィジョンへの過渡期」でエイゼンシテインが考えているのも、映像世界と観客との融合・交通である。立体性が空間において成就したものをテレヴィジョンは即時性（いま・ここのリアルタイム）によって達成する（ここではライヴ放映のドキュメンタリーが念頭におかれている）。即時にヴィジョンが離れた場所に届けられるのは、そこに「ともにいる（соучастие）」ような感覚をもよおすが、それは出来事に「ともに参加している（сопричастие）」感覚でもある、とエイゼンシテインは説明する（Эйзенштейн 2002b: 456）。さらに、テレヴィジョンには過去の出来事に現在参加しているように感じさせる（「過去に現在の衣裳をまとわせる」）力もある、とつけ加える。これは映像受容の質がテレヴィジョンにおいて変質していることをしめす。論者が思いつくだけでも、映画とテレヴィジョンとでは、スクリーンへの投射とスキャン解析した対象を受像器のうえで再構成すること、暗闇と明るい空間、不特定多数の観客と限定された視聴者というような基本的違いがある。同じようにみえる映像でも、その方法は根本的な点で異なっている。

エイゼンシテインは演劇・映画（の疑似体験）に、ふたつの「傾向」を指摘している。「出来事を観客の環境の内部にひきいれるものと、観客をとらえて抱えこみ、彼／彼女をとりまく出来事の内部に彼／彼女をひきこむもの」（Там же: 643）とである。出来事を体験するか、出来事にのみこまれるか、という違いになるだろう。テレヴィジョンは第二の傾向のもとにあるとされる。エイゼンシテインはテレヴィジョンのことを「映画魔術師」と呼んでいる。

（32）トーキー映画にあたるロシア語は一九三七年頃を境にして、ドイツ語由来の тонфильм から звуковое кино にかわる。『モンタージュ』で基本的に使用されているのは前者である。クレイマン（Эйзенштейн 2000: 537）の考えでは、エイゼンシテインはあえて古めかしい言葉を用いている。その理由は、音が映像に従属している一般的なトーキー映画と、音の自立、音と映像の対位法をめざす自身の映画とを区別するためである。ただし、個々の音の種類を問題とする場合には、『モンタージュ』でも後者が用いられる（Там же: 334）。

（33）『仮名手本忠臣蔵』の別の場面についてであるが、エイゼンシテインと同席した衣笠貞之助が監督のなまの声を記録している。そこからは、エイゼンシテインがトーキー映画の眼で歌舞伎をみていたこと、トーキー映画に翻訳しながら歌舞伎を鑑賞していたことが読みとれる。「河原崎長十郎氏の若狭之助が師直をにらみつけ、口をきくのもけがらわしいと、長袴をサッとけってひるがえし、テンテンテンと太鼓の音で奥へはいるところ、あそこへくると、氏〔エイゼンシテイン〕はこれこそトーキーだと感心し、怒りの感情を長袴の先と太鼓の音で同時に表現しているとたいへんなよろこびようでした」（1973: 59）。

（34）彼らは equivalence（等価性）を similarity（類似性）と読みかえているが、そのことによってエイゼンシテインの総合芸術の意味もかわってしまう。異質な芸術同士のあいだに等価物をさぐりあて、それを軸にテクノロジーを用いながら諸芸術を総合するというのが、あくまでもエイゼンシテインの企図である。

（35）ザフリョストというのは、演技が終わっても音楽がつづいたり、また逆に音楽が終了しても演技が継続されたりして、演技と音楽の終わりが一致しない現象をさす。その意味ではオーヴァーラップ・サウンドと同じものであるが、ザフリョストはそれ以外の意味も合わせもつ。アニメーションにおいて、走りこんできた人物・動物が急にたちどまったあと、耳や髪や尾等の部位のみがゆれたりする手法（オーヴァーラップ・アクション）なども、ザフリョストと呼ばれる。

エイゼンシテインは演技と台詞の関係をしめすのにもこの術語を用いる。彼は『アンナ・カレーニナ』の一節を映画化したシークェンスを想定し、ザフリョストの四つの型をしめしている（Эйзенштейн 2000: 378）。台詞を話す演技と台詞が「ふつうの」結びつきかたをしている場合、俳優の演技と他の人物の台詞――演技している人物には聞こえている――とが結びつく場合、俳優には聞こえず観客だけに聞こえている言葉（ナレーションのような）と演技との組み合わせ、台詞と演技がそれぞれ「異なる音域」に属しているように、台詞が演技から「切り離されて」語られる場合である。

（36）『イヴァン雷帝 第二部』の試写を見終えたスターリンは、開口一番に「映画ではない、まるで悪夢かなにかだ！」といったらしい（Козлов 2005: 73）。この映画をめぐってスターリンとエイゼンシテインのあいだに闘い、駆け引きがあったとしたら、エイゼンシテインは肉を切らせて骨を断った、というのが論者の判定である。

（37）ついでにのべておくと、この旗の赤については、A・ブローク『十二』（一九二〇）の最後の場面（「血染めの旗」）から「おそらくは示唆をえている」というJu・ロトマン（Лотман 2002: 726）の指摘がある。エイゼンシテインはブローク「色彩と言葉」（一九〇六）を視野にいれながら「アレクサンドル・ブロークと色彩」（一九四七執筆）を書きあげているくらいだから、ブロークをふまえている可能性は充分にある。少なくとも、当時の観客は『戦艦ポチョムキン』をみながら、ブロークを連想したことだろう。

（38）独ソ戦終了後ドイツからアグファカラーの設備を接収したために、カラー撮影が可能になったのである。ディズニーの「シリー・シンフォニー」シリーズは認めていたものの、エイゼンシテインはアグファカラー以前の三色式テクニカラーの質に関しては、かなり懐疑的だった。それもあり、カラー撮影にふみだせずにいた。カラー映画についての考察は一九三〇年代半ばに、構想は『大フェルガナ運河』（一九三九）からはじまる。

（39）黄色にとどまらず、エイゼンシテインは文学・芸術における色彩の意味づけを幅広く探索している。その結果、ゴーゴリが「スペクトルの各色彩」に対して一〇〇以上もの「ニュアンス」を用意していること、シェイクスピアが色彩を伝えるのに隠喩を用いていること、ブロークにおいて色彩は線と緊合していること、等々、多くの興味深い発見がなされる。こうした発見にはげまされ、彼は強大な「色彩の自然力」を前にしながら、これを映画のなかでどのように活用してゆこうか、と期待に胸をふくらませる。その意気込みは、色彩論「ヴァトカ馬」（一九四六執筆）のエピグラフによくあらわれている。そこにおかれているのは、ゲーテ『色彩論』から引かれた詩句「汝、もしこれより正しく認識したることあれば／そを誠実に伝えよ。もしなくば、われとともにこれを利用されんことを」（2001: 108）である。自信に充ちたこの詩句を、ゲーテはホラティウスからとっている。

（40） 日常といえば、エイゼンシテインはポトゥイリハ通りにかまえていた住居の書斎の壁を明るい黄色に塗っていた。それは曇天の日にも太陽光線があたっているような効果をもたらした。この曇りなき明るさは、ゲーテ『色彩論』が「晴朗快活で優しく刺激する性質を有する」（2001: 380）としているものだ。エイゼンシテインはこの部分を、「垂直のモンタージュ」「第二章　色彩と意味（黄色のラプソディ）」でも引用している。彼の色彩体験は、「ぼくと色彩はずっと前から互いをめざして進んできた」というように、ヴォジェガ、メキシコ、ファン・ゴッホ美術館、フィリピンの刺繍、ウズベクのシュザネ、ムーア人の仮面……と、彩り豊かである（Эйзенштейн 1997b: 171）。

（41） エイゼンシテインは「共感覚」をさすのにсинэстетикаという語を用いている。синэстетикаは「総合美学・感性学」とも、「シネステジアの学」とも解釈でき、エイゼンシテインは美学的な共感覚という意味をこめてこの言葉を使用していると思われる。

「多種多様な感覚のすべてをひとつにまとめる能力」というのはアリストテレスの「共通感覚（センスス・コムーニス、コイネ・アイステーシス）」につながってゆくだろう。エイゼンシテインの共感覚はアリストテレス以来のコモン・センス（共通感覚）と無縁ではないが、両者を結びつけるにはそのあいだを埋めるしかるべき手続きが必要となるだろう。参考までにここでは、共感覚から共通感覚へと思考を進めた木村敏の言葉を引いておこう。「音楽を聞いて色が見えるという共感覚は、決して聴覚中枢と視覚中枢との異常な連絡などによるものではなく、音と色との両者がそこから生まれ出てくるような、より根源的な一種の感覚が人間に備わっていて、それが人間と現実世界との基本的な結びつきを可能にしているのではないか、と私は考えた。この考えは［……］後になって分裂病論の中で「共通感覚（コモン・センス）」の考えの基礎となったものである」（1975: 3）。コモン・センス全般については、中村（2000）を参照。

（42） このときの聞き取り調査の成果としては、ルリア『偉大な記憶についての小さな本』（一九六八）がある。ルリアはこの論攷のなかで、シェレシェフスキィの共感覚をつぎのようにいいあらわしている。「彼の世界全体がわれわれのものとは異なっている。そこには、色彩と音の、味覚と触覚の境界が存在しない……。なめらかな冷たい音とざらざらした色、塩辛い色調と目のさめるような明るい、刺すような香り……。そしてこれらすべては絡まりあい混じりあっており、それらを相互にきりはなすことは困難である……」（Лурия 1968: 47）。ここには、典型的な多重的接近が認められる。

一方、エイゼンシテインの記録は『演出法、ミザンセーヌ芸術』（Эйзенштейн 1966: 284–92）に収められている。そこでエイゼンシテインはシェレシェフスキィのことを「私の友人」と紹介しており、このことから、自身が共感覚者ともいわれるエイゼンシテインがシェレシェフスキィに親愛の情をいだいていたことがわかる。シェレシェフスキィで、エイゼンシテインの声に豊かな色彩を感じていた。「多声で話しているような人たちがいるのです。そういう人たちは一大交響曲か大きな花束のように話すのです。亡くなったエイゼンシテインはそういう声をしていました。毛細血管をもつ炎のようなものが私に襲いかかってくるみたいでした」（Лурия 1968: 17）。

（43）エイゼンシテインと薔薇十字団の関係については、Lövgren（1996: 86–93）、Эйзенштейн（1997a: 58–64）、長谷川（2000）を参照。

（44）エイゼンシテインがヴァーグナーの総合芸術作品をどのように考えていたのか、簡単にここでふれておく。《ヴァルキューレ》の演出以前にも、エイゼンシテインは一九三二年に《神々の黄昏》（一八七六）を「映画叙事詩」として作品化しようと夢中になっていたというから、ヴァーグナーへの関心はにわか作りのものではない。

エイゼンシテインの「総合芸術作品」理解の基底には、社会革命という問題があり、ヴァーグナーの作品は「未来の共同体の芸術作品」としてうけとめられている。「人民が幾世紀にもわたる私有財産の呪いから解放されたとき、彼／彼女らが単一の友愛的同盟へと結合されたとき、初めて芸術に融合、総合への道がひらかれた。／とても困難で魅惑的なこの課題を実現するために、《ヴァルキューレ》演出集団は大いなる熱狂をもって邁進してきた」（Эйзенштейн 2002b: 203–04）。そうした熱狂の結果、楽劇は「情動、音楽、行為、光、色彩の総合的融合の理念」（Там же: 214）をたたえるものとなり、音楽を「触視的なもの」（Там же: 221）にしたいというエイゼンシテインの願いもかなえられた。

（45）総合芸術に関してカンディンスキーがおこなった諸々の実験については、ラフンのところでふれている。エイゼンシテインは論攷「垂直のモンタージュ」「第二章　色彩と意味（黄色のラプソディ）」において、まっさきに『黄色い響き』をとりあげ、その「内的一致」（Эйзенштейн 2004a: 111）に着目している。カンディンスキーの言葉では、それは「内的必然性」（2007: 172）

ということになる。カンディンスキーとエイゼンシテインのあいだに直接の影響関係があるかどうかはなんともいえないが、音、色彩、身振りというような外面的に異なる素材同士を接合する要に、内的契機——必然性、イメージによる統一——をおくということでは、両者の解決法は類似している。

（46）総合芸術としての『太陽の征服』については、拙著（2003: 451–60）を参照。エイゼンシテインは『太陽の征服』の始まりにおいて使われた手法を、『戦艦ポチョムキン』のプレミア上映の演出に用いようとした。最後にスクリーンが裂けて、ポチョムキン号の反乱にかかわった実際の人間がその向こうから姿をあらわすというものだ（幕の裂断そのものとして、古くは『マタイによる福音書』が伝えるゴルゴタの悲劇の瞬間のことがある）。いかにもエイゼンシテイン好みの仕掛けは、古くはE・S・ポーター『映画上映会でのジョシュおじさん』（一九〇二）を、新しくはL・フォンタナのカンヴァスの亀裂やフルクサス時代の小杉武久『映画と映画№4』（一九六五）の記憶を呼びよせるだろう。平面と映像からなる約束事の世界を一瞬にしてひっくりかえしてしまう演出も、エイゼンシテインにとっては、きまじめな前衛的身振りというよりは、あくまでも愉快なアトラクションとしてあった。『戦艦ポチョムキン』の上映プランについては、拙著（2009: 227–30）を参照。

（47）くりかえしになるが、アポロンとディオニュソスに関して、エイゼンシテインは第三の立場にたっている。「ギリシア人には、ディオニュソス的原理とアポロン的原理の総合はないのだろうか」と問いかけたうえで、H・リヒト、E・ローデを援用しながら、二者の上位に第三項、オルフェウス（芸術家）を設け弁証法的総合をはかっている（Эйзенштейн 2002b: 7）。

（48）直観像と訳したのは эйдетика（Эйзенштейн 2000: 170）で、英語の idetic image にあたる。残像・幻像とは異なるこの記憶像にかかわる能力は、対象を像としてみたままに記憶し、実在するもののように如実に再現しうる。共感覚者や幼児に特有のものとされ、もちろん『偉大な記憶についての小さな本』でも、シェレシェフスキイの記憶術をになう力能として紹介されている。またヴィゴツキイ／ルリア『人間行動の歴史に関する試論』（一九三〇）には、「直観像的記憶はあらゆるイメージ的具体的思考の基礎にある」（Выготский/Лурия 1993: 85）と説明されている。

第三章　映画作法（キネマトグラフィア）Ⅱ

（1）エイゼンシテインの「知的映画」、あるいは「知的アトラクション」、「知的モンタージュ」について、説明しておきたい。『十月』制作当時にうまれたこれらの概念には、知の世界を記す新たな言語として登場した映画に対する大きな期待がこめられている。Ju・ツィヴィアン「知的映画の思想の歴史に寄せて」（Эйзенштейн 1985: 107–09）は、映画を新言語とみなす流れを知的映画の源泉とし、それをおっている。ロシアにおいて、この流れは一九〇七年頃から認められるが、なかでも興味深いのは、エスペラント語のように各国語の壁をこえる「世界言語」として映画＝言語を考える一群の人びと――I・ペレペルキン、L・アンドレーエフ、G・ユーク等――があらわれたことである。Dz・ヴェルトフの映画＝絶対言語、エイゼンシテインの知的映画はこうした世界言語の流れに属している。もちろん、これらの試みはA・アストリュックのカメラ＝万年筆論とも無関係ではないだろう。

エイゼンシテインには知的アトラクション、知的映画にふれた論攷が四編――「I.A.28」（一九二八執筆）、「われらが『十月』――劇映画と非劇映画の彼方に」（一九二八）、「展望」（一九二九）、「ぶりかえし（「知的映画」）」（一九四三執筆）――が残されている。これらのなかで語られている知的映画の特性とは、劇映画と非劇映画をこえた第三のポジションをしめる、概念と映像を直結させる、象形文字のような事物＝記号を用いて思想を描く、というようなものである。

知的映画の実践例として、エイゼンシテインは『戦艦ポチョムキン』のライオン像のモンタージュや、『十月』の神々の像のシークェンスをあげている。シナリオ・覚え書き段階で終わりはしたものの、マルクス『資本論』（一八六七―九四）にもとづく『資本論』（一九二七―二八）、資本主義（アメリカ）批判をテーマとする『ガラスの家』（一九二七―三〇）なども、彼は知的映画として構想していた。『ガラスの家』はベルリン滞在中の一九二六年に発想をえたとされるが、ディストピアを描いたE・ザミャーチン『われら』が一九二七年にチェコで発表されていることもあり、前者は後者の映画化をめざすものだとする研究者もいる。

知的映画の概念には当時『レフ（左翼芸術戦線）』の同人たちが唱えていた「事実の文学」、とりわけS・トレチヤコフの「事物のバイオグラフィ」が影響をあたえていると思われる。一九二〇年代後半から記録・事実、物語・フィクションというふたつのものを一から考えなおす作業がはじまる。時系列のなかでひとつのモティーフの変化をおってゆく『モスクワ』（一九三三）、『大フェルガナ運河』（一九三九）などのシナリオ・覚え書きも、知的映画に含めてよいだろう。B・バラージュは知的映画（「文化映画」、「エッセー」）の例として『トゥルクシブ』（V・トゥリン、一九二九）をあげている（1984: 74）。残念ながら、エイゼンシテイン自身は作品としての知的映画を完成させるにはいたらなかったが、彼以後のドキュメンタリー映画の展開のなかには、その名に値する作品を数多くみいだすことができる。論者としては、『コヤニスカッティ』（G・レジオ、一九八二）、『1000年刻みの日時計――牧野村物語』（小川紳介、一九八七）などの名前がまっさきに思い浮かぶ。

エイゼンシテインの精神をくんで、A・クルーゲが『イデオロギー的な古典古代からのニュース、マルクス―エイゼンシテインー「資本論」』（二〇〇八）という九時間半にわたる大作（magnum opus）を制作している。「プロレタリアート公共圏」、「対抗生産」といった戦闘的概念を念頭におきながら、古典的イデオロギー（マルクス、エイゼンシテイン）を現代に「翻訳」したこの作品は、第一章第一節『資本論』に関するエイゼンシテインの草稿の紹介にあてている。とはいえ、クルーゲが忠実な紹介者の立場に甘んじるわけがなく、それは意識の流れを思わせる奔放な映像にしあがっている。『イデオロギー的な古典古代からのニュース、マルクス—エイゼンシテイン—「資本論」』については、竹峰（2010）を参照。

E・ゴルバチョヴァが『ガラスの家』の発想をふくらませながら、自作を含む複数の作家の映像を使って作りあげた、I・カバコフのインスタレーションを思わせる《ガラスの家》（二〇一二）も、忘れてはならない。『われら』が全体主義に対する批判を、『ガラスの家』が資本主義に対する諷刺をガラスのモティーフにこめているのにたいして、ゴルバチョヴァは個体の内と外、個と社会、時代間、国家間、両性間、作家間等の境界をたやすく通過してゆく情報の特性をガラスに託している。すぐれた現代的翻訳といえるだろう。

（2）ここでジョイスとのかかわりについてのべておきたい。エイゼンシテインは一九二九年に外遊中のパリでジョイスに会っている。『十月』の知的映画からトーキー映画の内的独白に移行しつつあるエイゼンシテインと『フィネガンズ・ウェイク』執筆中のジョイスとのあいだにおいて、当然のごとく、内的独白をめぐって活発な意見交換がなされた。このとき、エイゼンシテインは録音されたジョイスの声をとおして『フィネガンズ・ウェイク』にふれる。録音をとおしてということがかえってエイゼンシテインの想像力を刺激し、結果的にジョイスの言葉の力を何倍にも感じることになった。「情動の内的構造と内言の内的構造の屈曲をたどる旅にとって、なんと象徴的なことか」（Эйзенштейн 1964a: 488）と、のちにエイゼンシテインはその時のことを回想している。『トランジション』の発行者E・ジョラスによれば、ジョイスは『ユリシーズ』の映画化をW・ルットマンかエイゼンシテインに任せようと考えていた。

ジョイスはダブリン時代から映画に強い関心をいだいており、意識の流れの誕生には映画の影響が少なからず働いているという指摘は、M・ディバッティスタ（DiBattista 2009: 357）をはじめとする多くのジョイス研究者によってなされている（ジョイスはダブリンでもトリエステ、チューリヒでも、映画館の経営にかかわった）。このことをふまえると、映画から文学へ、そして文学から映画へ、交互に手法の革新が伝達されたことになる。ヴェルトフとJ・ドス・パソスの関係をみてもわかるように、この時代、映画と文学は実験精神の懐でいまよりもはるかに接近していた。ジョイスとの邂逅を記したエイゼンシテインの回想を読むと、失われた分身に哀惜の情をよせているような気がしてくる。

「彼はもういない。

彼との別れ際の悲しい細部を、新たに対面することによってぬぐいさることは、もはやできない。

明るいアパルトマンの狭い廊下で私に別れをつげながら、〔……〕背の高いちょっと猫背のこの人物は、〔……〕なぜか奇妙に手をふりながら空をつかんだ。

驚いて、いったいどうしたんですか、と彼にたずねた。

「たしかあなたのコートがこの辺にあるはずだが……」と、ジョイスは壁をさわりながらいった。

このほとんど眼のみえない人物にとって、周囲の世界がいかにかすんでみえるかということ、外界がみえないという事態が特別鋭い内観を生むもとになっただろうということ、『ユリシーズ』（および『若き芸術家の肖像』）の内的活動はこの内観によって、驚くべき内言の方法によって書きとめられたのだということに、そのとき初めて気がついた。

私はひどく気まずい思いがした。

ついさっき、あなたの映画をぜひみせてほしいと彼が懇願したからだ。映画言語の実験、私がスクリーンでとりかかっている実験が彼の関心をひいたのだ（文学において彼がなしとげた同種の探究が、私を魅了したのとまったく同じように）。」

（Эйзенштейн 2002a: 96）

ジェイムズの弟スタニスラウス（Stanislaus 1971: 167-68 n.2）によれば、意識の流れの誕生にさいしては弟の日記が大きな役割をはたしたらしい。すなわち、L・トルストイ『セヴァストーポリ物語』（一八五五）中に出てくるある中尉の死の描写に着想をえて、スタニスラウスは眠り端の状態を日記に記すことを思いついた。その日記（一九〇四年七月一八日付）を読んだのがきっかけとなり、ジェイムズは意識の流れをあみだした、というのがスタニスラウスの主張である。もしそうだとすれば、ロシアの文物がもとになりうまれたものが、ふたたびロシアに回帰したことになる。ちょっとした文化的贈与の応酬である。ジョイスとエイゼンシテインの関係についてはWerner（1990）を、ジョイスとロシアの関係についてはCornwell（1992a; 1992b）を参照。

（3）内的独白についてエイゼンシテインがつきあたったアポリアのひとつは、意識、言語、思考を三位一体的なものと考えるバフチン、マルクス主義的考え方と感覚的思考との折り合いをどのようにつけたらよいか、ということである。概念・論理的思考についてはよいとしても、情動的思考、感覚的思考となると、それを言語とは独立したものとするのか、それをも言語の影響下におくのかということについては、最後まで不透明な部分が残るだろう。いずれにしても、概念・論理的思考および言語を唯一の中心として固定してしまうわけにはゆかない。そうすると、概念・論理的思考以前（外）および言語以前（外）の段階はすべて退行＝退廃の対象にされかねないからだ。概念・論理的思考および言語とは別のオルタナティヴな論理、思考、ことばを、概念・論理的思考および言語と同等のものとして設定する必要がある。

A・サイス『言語学入門』（一八八〇）の「言語がなければ思考はありえない」、マルクス／エンゲルスの「思考の直接的現実は言語である」といった主張と内的独白（内言）とをつきあわせながら、エイゼンシテインはつぎのような説明をこころみている。「内言においては、その本性・本質・法則上、あいまいな全体からあるなんらかの主要な特性、たとえば、その他の全体から区別された単語の連続体をきりはなすことはできない。あいまいな全体を用いながら、ひとは原論理的に、内的感覚的に――純粋音、イメージの断片をとおして――思考するのである」（Эйзенштейн 2002a: 111）。

（4）ここでは、夢と小説言語が関係づけられている。フロイト（2011: 79-92）によれば、夢（の思考）は形象性、呈示可能性、イメージ性を顧慮（Rücksicht auf Darstellbarkeit）して表出される。したがって、夢と小説の言語は直接には結びつかない。それらをつなぐのは、象徴性（隠喩）、圧縮（隠喩）、置き換え（換喩）といった夢の作業にともなう機能である。こうした作用のうえにおいて、夢の表象と小説の言語は重なるのだ。夢と小説と映画が交差するのも、またこの場所においてである。

（5）「どうぞ！」（一九三二）では、「内的独白」とともに「内的言語（внутренний язык）」、「内的言葉（внутреннее слово）」が使われている（Эйзенштейн 1964b: 78）のにたいして、「映画形式」（一九三五）では「内的独白」とともに「内言（внутренняя речь）」が用いられている（Эйзенштейн 2002a: 144）。前者から後者への移行にさいして、内的独白の概念も深化をみせる。後者では、前者にある芸術的手法に、人類学的・発達心理学的解釈がつけ加わる。

（6）内言をめぐるヴィゴツキイとエイゼンシテインの関係については、Соколов（1985）、Warden（2004: 20-35）、大平（2005）を参照。

（7）引用文のなかで、エイゼンシテインは「感情（аффект）」という言葉を使っているが、「感情（アフェクト）」と「情動（エモーツィア）」は厳密に使いわけられているわけではない。いずれも、パトスとともに感覚的思考の中心的要素をなす。また感覚的思考をあらわすのに、通常用いられる「чувственное мышление」の代わりに「аффективное мышление」が用いられることもある。感情（アフェクト）と情動（エモーツィア）と感覚（チュストヴォ）は、重なりあいつつずれているといえる。それは、場合によっては、ひとつの要素が感情にも情動にも感覚にもなるということを意味する。感情（アフェクト）と情動（エモーツィア）のあいだに厳密な区別はないといったが、両者が対比的に用いられるときには、情動は潜勢的なもの・任意のものを、感情は現勢的なもの・特定のものをさす。両者の違いよりも重要なのは、パトスと情動の関係だろう。パトス自体の説明は当該の箇所にゆずるとして、ここでのべておきたいのは、一七〇〇年代に、「パトス」が「情動(エモーション)」という言葉に置き換えられていったことである（ヒーリー 2012: 36-37）。情動は近代に形成された術語ということになる。エイゼンシテインのなかでも、パトスは情動よりも根源的で激しい、すべてを溶かしてしまうものとしてある。

（8）「テーマ」との対比でいえば、大平（2005: 73, 73 n.9）の指摘するように、ここで使用されている「述語」は「レーマ」に近い。また、「述語」は「心理述語」とする方がより正確だろう。

（9）作者自身はこの作品を「コミック映画」と呼んでいる。このジャンル名は、喜劇映画（кинокомедия）という言葉ができる前に使われていたものである。コミック映画は形式的にはスラップスティック・コメディとかわらないが、内容的には、官僚を風刺するV・マヤコフスキイの映画シナリオ――『象とマッチ』（一九二七）、『シカフォの愛(リュボフィ)』（一九二七）――に代表されるように、風刺的色彩が濃い。『M・M・M』の主人公マクシムは「管理の喜び」、「官僚的情熱」を体現する「社会的タイプ」として喜劇的に描かれており、『M・M・M』の最後は、「いいかい君……／粛清(チストカ)される者もいるさ／でも、われわれのような／者は……／例外なのさ！」というマクシムの台詞でしめくくられている。S・ユトケヴィチ（Юткевич 1977: 95）によれば、コミック映画の源には、N・ゴーゴリ、A・チェーホフ、M・サルトゥイコフ＝シチェドリン等の文学ではなく、道化のアントレ、サーカスのパントマイムがある。このジャンルの担い手としては、『陽気な仲間』（一九三四）、『ヴォルガ・ヴォルガ』（一九三八）のG・アレクサンドロフ、『幸福』（一九三四）、『魔法使い』（一九三六）のA・メドヴェトキンらがいる。

『M・M・M』は『グルーモフの日記』の後継にあたり、エイゼンシテインのなかに、初期から一貫して喜劇的なものに対する情熱が渦まいていることをしめしている。彼のコミック映画は実現することなく終わってしまったが、政治映画・歴史映画においても、パセティックな集団シーン（戦闘、宴会等）には、喜劇的なものへの情熱がひそんでいる。エイゼンシテインにとって喜劇的なものはたんに笑いを誘うだけではなく、情動・パトスの渦中において、悲哀、絶望、恐怖、歓喜等とひとつのメカニズムを共有している。

（10）エイゼンシテインのクロース・アップ（論）を論じるにあたり、ドゥルーズの分類・要素（2008: 154-216）――力のクロース・アップ、質のクロース・アップ、任意空間等――が気にかかるところだが、本書ではそれを必要最小限参照するにとどめ、両者のすりあわせはしない。分類がわれわれの第一の目的ではないし、われわれの目的とドゥルーズのそれとは必ずしも一致しているわけではないからだ。

（11）提喩、換喩、隠喩について、C・バイイ『一般言語学とフランス言語学』（一九三二。Иванов 1976: 176）を援用しつつ部分と全体の関係という視座から整理しておくと、つぎのようになる。提喩―― pars pro toto（全体に代わる部分）、換喩―― pars pro parte（部分に代わる部分）、隠喩―― totum pro toto（全体に代わる全体）。単一ショットにおけるクロース・アップ、継起的物語（ナラティヴ）・叙述におけるクロース・アップ、物語・叙述の転換・逸脱に使用されるクロース・アップ、さらにはディゾルヴ、スーパーインポーズ（『ストライキ』における密偵と動物の二重露出のような）等において、どのような機能がはたらいているかを考えるさい、これらの関係は示唆をあたえてくれるだろう。また、U・エーコ（1978）は隠喩の代置作用を換喩の連鎖に還元するという方法をしめしており、これは換喩と隠喩の関係を考える場合参考になるだろう。

（12）直接宗教的フェティシズムにふれたものではないが、エイゼンシテインは宗教（ギリシア正教）における造形描写について、つぎのようにのべている。「われわれは忘れきっているが、宗教的な実践は信仰の本質となる「口にはできない機密」を約束事（ウスロヴヌイ）にもとづく造形描写へと「隠喩によって」おきかえる一大体系をなしており、おきかえられた表現は列聖された者たちにとって、まったく別の解釈と転義を含みもつことになる」（Эйзенштейн 2002a: 372）。引用文の造形描写とは、具体的には、天門（祭壇中央入り口の扉）、帳、升壇、円筒帽、頭巾といったものをさす。聖餐式におけるパンや葡萄酒もその一例だろう。

　ここでいわれていることはたんに宗教にとどまらず、人類の根底に横たわる記号化能力にかかわる。エイゼンシテインは文字の「アニミズム」にそって、この能力の一端にふれている。「われわれのなかで最初の転移（ズドヴィク）がおこった。われわれは死んだ文字を生きたイメージとみなすようになったのだ。活字の行をもって、われわれは初期の「アニミスト」がしたのとまったく同じことをしたのである。すなわち、彼らが太陽、芦の茎、樫、炎、雷雨を擬人化したように、われわれは活字の行を擬人化し、それに魂を付与した」（Там же: 406）。

（13）重層的状態は「叙述形式」に起因するもので、エイゼンシテインは『カラマーゾフの兄弟』の叙述形式を「三重のもの」と考えている（Эйзенштейн 2002a: 414）。抽象的テーゼ＝思想、心理＝転移の側面におけるその解釈、直接的＝生理的出来事におけるその解釈からなる三つである。こうした三重性（の調和／不調和）は、われわれが問題としている隠喩にも影響をおよぼしている。すなわち、神人（ボゴチェロヴェク）（神＋人）の扱いにみられるように、「ふたつの意味が隠喩的・有機的に融合しないままに」出来事、プロット、情況が進行するという事態を招くことになった。

（14）本書では、「並行モンタージュ」をグリフィスの自明の特性としてあつかっているが、その映画の要をなす概念であるからには、本来はT・ガニング『D・W・グリフィスとアメリカ物語映画の起源』（一九九一）によるグリフィスの物語（ナラティヴ）・叙述分析（並行エディティング）をていねいに検討するところから始めなければならない。残念ながらその余裕はないので、ここではエイゼンシテインの判断から開始することにしたい。その場合、気になるのは、エイゼンシテインが必ずしもファブラ（ストーリー）とシュジェト（プロット）を区別したうえで「二元論」、並行モンタージュの分析にとりかかっているわけではないことである。

　ガニングの確認するところによれば、並行エディティングはメロドラマ、一九世紀小説の影響のもと、J・ウィリアムスン『中国における伝道会襲撃』（一九〇一）、E・S・ポーター『大列車強盗』（一九〇三）あたりから始まる（Gunning 1991: 84 n.61, 95）。この点に関して、エイゼンシテインとのあいだに認識のずれはない。またエイゼンシテインの推論を追認するかたちで、ガニングはつぎのようにのべる。「この道徳的二元論は、二形態のライフスタイルや生活行動を直接対比させる並行エディティングにそのままあらわれた。〔……〕／基本的に、グリフィスの社会的レトリックは一九世紀メロドラマの道徳的二元性を採用しており、それは並行エディティングをとおして映画によってあらわされた」（Ibid.: 134）。

第四章　ヴィジョン

（1）エイゼンシテインのドローイングに関しては、画集が数冊刊行されているし、展覧会も数度開催されている。映画作家になる以前、『黄金のレヴュー』、『サチリコン』、『ペテルブルク新聞』等の新聞・雑誌に、そのカリカチュア、イラストレーションが何点か掲載されているので、ドローイングに関してエイゼンシテインはまったくの素人とはいえない。彼の線描画世界には、ロシアの芸術世界派――I・ビリビン、M・ドブジンスキイ、A・ベヌア――、O・ドーミエ、R・テプフェル、J・グランヴィル、P・ドーレ、F・ブーシェ、O・グルブランスンといった画家たちの影響をみいだすことができる。

　描かずにはいられない欲求、撮らずにはいられない欲求、そして論じずにはいられない欲求――エイゼンシテインにあってはそれらが一体のものだとすると、総体的なエイゼンシテイン論としてあるべきは、三者を等しくあつかうものということになる。おもな画集としては Эйзенштейн (1961; 1969; 1970; 2004b) が、おもな展覧会としては『S・M・エイゼンシテイン――演劇』（モスクワ・エルモロヴァ博物館、二〇〇二）、『線の身体――エイゼンシテインのドローイング』（ニューヨーク・ドローイング・センター、二〇〇〇）がある。展覧会は二〇〇六年にカンヌ映画祭でも、また〇八年にモスクワの映画館、フドジェストヴェンヌイでも催されている。〇八年にはM・ハルトゥネンによって、『二〇世紀三〇―四〇年代のヨーロッパ文化の文脈におけるS・M・エイゼンシテインのエロティックなドローイング（『モスクヴィン・コレクション』）』というモノグラフが書かれている。

（2）「線とオーナメントについての覚え書き」にはつぎのような章が収められている。「線の特質について」、「輪郭線（岩絵のに寄せて）」、「線描画」、「閉じられた輪郭線の作用」、「表現運動」、「線描画（輪郭線）の歴史」、「ドローイング」、「Primitive と Ornament」、「オーナメント、対位法」、「ニュース映画を讃える」、「テレヴィジョンへの移行期」。

（3）J・ラファーターといえば、次項で触れる観相学で有名な人物だが、その主著『観相学断章』（一七七五―七八）第三巻第一六章は「シルエット肖像画」にあてられている。この本はシルエット肖像画が拡まるきっかけになった。ラファーターはシルエット肖像画についてつぎのように説明する。「最も迫真的で正確な人間のイメージ」、「観相学では、シルエット肖像画以上にその迫真性を裏づける信頼すべき証拠はない」（Эйзенштейн 2008d: 1228 n.24）。エイゼンシテインは『観相学断章』のフランス語版初版、ドイツ語版初版双方を所蔵していた。

（4）ラファーターとカラムジンについては、藤沼（1988）を、ラファーターとプーシキンについては笠間（1989）を、エイゼンシテインと観相学については大平（1993）をそれぞれ参照。

（5）論攷では、立体性のイリュージョン・透視画法の崩壊をつげるものとして反（カウンター）レリーフがあげられているが、正確には、「絵画レリーフ」とすべきところだろう（エイゼンシテインが絵画レリーフをも反レリーフに含めていることは、大いにありうる）。反レリーフは立体作品における無対象性を実現するもので、コーナー反レリーフとセンター反レリーフとにわかれる。ただし、立体性に反する「虚（プストタ）」の空間性」をさすものとしてこの言葉を用いているエイゼンシテインの意図に、問題はない。

（6）エイゼンシテインのシルエットを、V・ストイキツァ『影の歴史』（一九九七）をはじめとする影の美術史やリピット水田堯「原子の光（影の光学）」（二〇〇五）に接続することは可能だが、その準備も余裕もないのでいまは控えることにする。ただし、ひと言だけのべておきたい。エイゼンシテインにとってシルエットが重要なのは、それがもつ「虚のエネルギー」のためである。このエネルギーが転換され展開してゆく力学を解き明かすのが、シルエットとその輪郭線に注目する目的である。

（7）「霧の組曲」と中国山水画との「呼応関係」を認めつつも、中国風景画に興味をいだいたのは『戦艦ポチョムキン』制作の「かなりあとになって」からである、とエイゼンシテインはのべている。映画制作の初期に彼の関心をひいたのは「象形文字の体系」で、それは「モンタージュの原則を作りあげるさいの助けになった」（Эйзенштейн 2006: 354）。このことについては、モンタージュの箇所でのべた。

再風景化に関する論攷中、「音楽的造形としての風景」、「眼のための音楽」、「〈霧の組曲〉」、「極東絵画の基礎としての対立原理の闘争」、「構成展開の原理」、「宇宙的概念を体現する風景」、「風景のなかの人間、人間の寓喩である自然の〈人間化〉」、「人間と風景の相互溶解」、「ピカソと内的分裂のテーマ」は『無関心ではない自然2』に、「偶数—奇数、一なるものの分裂」、「試論「偶数—奇数」のために」は『メソッド2』に収められている。いずれも一般造形理論のために一九四〇年代に執筆されたもので、ポストアナリシスのカテゴリーに入る。

（8）グラデーションを生みだすにあたってE・チッセが用いた技術について、エイゼンシテインはつぎのように説明している。「画面の奥をぼかすために、レンズにネットや網をかけることで、現実の霧が作りだす自然のネットはより強化された。特殊レンズ（ソフトフォーカス・レンズ）のシステムによって映像の隅をぼかすことによって、ネットや網の効果は反復されることになった」（Эйзенштейн 2006: 342）。

（9）テニスボールとゾロアスター教に関するエイゼンシテインの記述が残されており、一見それらは陰陽思想となんのかかわりもないようにみえるが、一点において交差する。「今日かなり人気のあるローンテニスは、かつて秘儀・祭式の遊技（イグラ）だった。太陽光線のなかをとぶ球——つねに半分には光があたり、もう半分は必ず影になっている——は、たえず相互に交替するふたつの王国、光の王国と闇の王国、つまりアフラ・マズダーの勝利とアンラ・マンユの勝利をあらわしていたということを想起するのは、興味深いことだ」（Эйзенштейн 1964c: 92）。「イグラ（プレイ）」という言葉を媒介にして、この一文は陰陽思想に連結されるだろう。

（10）「垂直のモンタージュ」（一九四〇）には『呂氏春秋』（二三九）ドイツ語版から、五行の説明図（図4）が引かれている。エイゼンシテインは五行と四大元素とに「原理の同一性」（Эйзенштейн 2006: 328）を認め、それらを総合しようとする。ただし、総合の過程で西洋と東洋の原理的差異もみえてくる。

（11）ここで使われている「言語」については、エイゼンシテイン自らの定義があるので、それを紹介しておく。「この場合「言語」という記号はふつうの言い回しで用いられているのではなく、各ケースにおうじた、まった

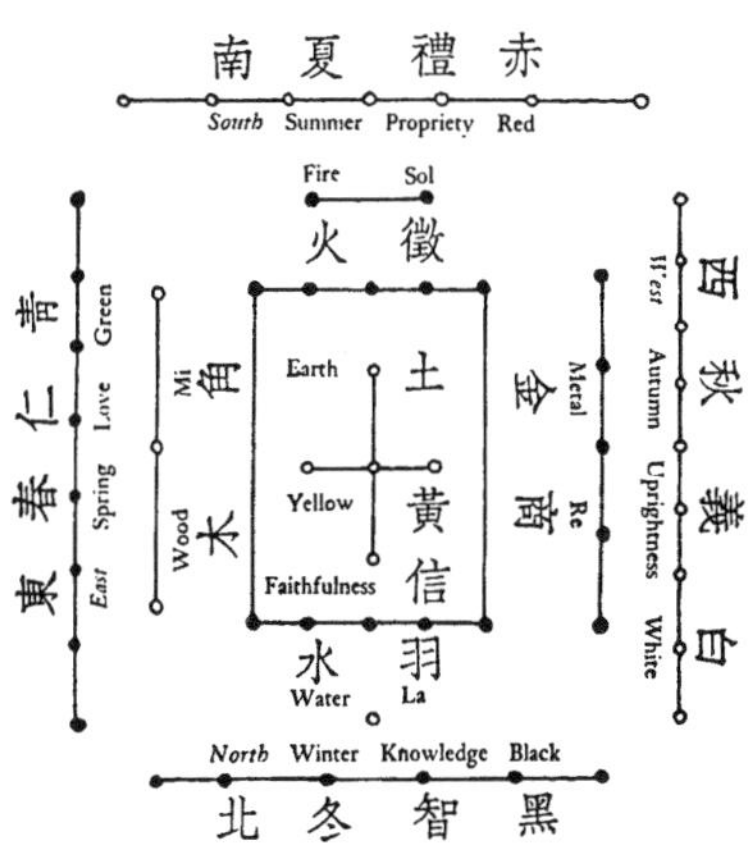

図4　五行図

く独自の、一定のセットになった規範（ノルマ）を前提としている」（Эйзенштейн 2002b: 155）。この定義の目的は論理的言語と感覚的言語とを区別することにある。その区別は言語記号の質ではなく、規範にもとめられている。感覚的言語に関していえば、本文にのべるように「イメージ」、「類似」の規範がそれにあたる。

（12）グラネにおいてもエイゼンシテインにおいても、陰陽の諸要素のなかで、数は特別な関心をもってあつかわれている。『中国思想』は陰陽、タオとともに数のために一章（Granet 1988: 127-248）を設けかなりの頁をさいているし、エイゼンシテインは「偶数―奇数、一なるものの分裂」、「試論「偶数―奇数」のために」という論攷、覚え書きを残している。これらをみるかぎり、両者ともに数を、陰陽に深くかかわると同時に独立した大きなテーマとみなしているといえる。簡単に彼らの基本的な考えをたどっておきたい。中国思想、古代中国人における数で最も重要なことは、それが「量概念」ではなく、「象徴（サンボル）」の問題であることだ。すなわち、「中国では数による分類が、思考と生活の秩序のあらゆる細部を律している。数を相互に結合し編みこむことによって、中国人は数の多様な相関システムを築きあげた」（Ibid.: 242）。エイゼンシテインはグラネのこの発言をひきつぎ、芸術の構成的構造を偶数・奇数によって解明しようとしたのである。

グラネが偶数・奇数の属性としてあげているものに、いくつか重要なものがみられる。偶数――シンメトリー、直角性、無制限性、無規定性、等々。奇数――ヒエラルキー、中心化されていること、円、制限性、規定性、一にして全、「偶数から奇数への、あるいは奇数から偶数への移行を生む」、等々。このうちグラネとエイゼンシテインにとって不可思議で魅力的だったのは、偶数と奇数の「対立・対置」が「統一（同化）」されることである。最終的に、このことはグラネをして、中国では「数論は幾何学から区別されない」（Ibid.: 234）という結論に導くことになる。この結論をうけて、エイゼンシテインは理念的数学と視覚的幾何学の一体化は中国思想の感覚的特性を物語っていると考える。極論すれば、中国の数論は「脳」ではなく「腱における筋肉運動」によって捉えられるということだ。偶数と奇数の問題はつねに移行状態にあり、個々の実体は存在しない、そして、移行は大きく感覚にかかわっている、ということにほかならない。

エイゼンシテインの数的思考をひきつぐかたちで、イヴァノフが『偶数と奇数の記号論』（1988。原題『偶数と奇数――脳と記号体系の非対称性』一九七八）を著している。ピュタゴラスから始まりエイゼンシテインを経由して脳生理学、サイバネティックス、コンピュータ・システムにいたるまでを、「偶数―奇数」の原理によって読みとこうとする試みは、壮大さにおいてもエイゼンシテインを継承している。

（13）評価についてはのべないまでも、現在につながる道筋をひとつだけ記しておきたい。エイゼンシテインの二分法はモスクワ＝タルトゥ学派のJu・ロトマン／B・ウスペンスキイ『文化の二つの類型』（1979）が提唱する文法志向型文化／テクスト志向型文化につながるだろう。この類型は時代・地域をこえて認められる。対立点となる特性を二、三あげておく。文法志向型文化では、表現面と内容面の関係は恣意的なものと考えられ、文化はテクストを生産する規範の体系とされ、秩序と無秩序の二項対立が認められる。それにたいしてテクスト志向型文化では、表現面と内容面の関係は一意的なものと考えられ、文化は規範化されたテクストの総和とされ、正統と異端の二項対立が認められる。

（14）わが国に陰陽道が存在するとはいえ、陰陽思想を直接雪舟に適用するのは少し乱暴とうつるかもしれない。当時のヨーロッパ文化においては、日本文化は中国文化の一支脈とみなされていた。たとえば、エイゼンシテインが参照しているO・フィッシャー『インド、中国、日本美術』（一九二八）では「第二章 中国美術圏」（Fischer 1928: 106-13）に日本美術、雪舟も収められている。もちろん、エイゼンシテインはこの「圏（クライス）」をさらに分節する見識を備えていた。ただし、ヨーロッパにおいて古代ローマが古代ギリシアに対してしめていたのと同じ位置を、中国に対して日本はしめている、という認識をエイゼンシテインはもっている。したがって、彼にとって世界文化の源泉としての意味を有するのは、最終的にはギリシアと中国ということになる。

（15）アンドロギュヌスは数の問題でもある、というよりは数の問題である。この問題で何よりも興味深いのは、エイゼンシテインがJ・ペラダン『アンドロギュヌス論』（一九一〇）を典拠にしながら、中国の両性具有説を、プラトンはしっていたはずだし、エジプトのモーセはしりえたとしていることだ（Эйзенштейн 2002b: 178）。危ういともいえるペラダンの説をエイゼンシテインが援用する裏には、両性具有説、それをとおした文化の一元化——東洋、西洋の——をはかろうという意図がうかがわれる。ここには、男性・女性、偶数・奇数、男性原理・女性原理といったものを統一的かつ普遍的に考察したいというエイゼンシテインの志向がよくあらわれている。統一的性から男性・女性がうまれ、その後両性はうしなわれた統一的性の回復（否定の否定）をめざすという三項のゲームが、アンドロギュヌス論の基本である。これはミニマムな弁証法といえる。さらに重要なことに、エイゼンシテインはS・フロイト、O・ヴァイニンガーを援用しながら潜勢的な性を導入している。すなわち、われわれは例外なく両性的であり、一でありつつ二として生きている。

エイゼンシテイン自身はアンドロギュヌスという言葉よりも「バイセクシュアリティ（Bisexualität）」という言葉の方を好んで使う。ニーチェとバイセクシュアリティについての言及は、一度ならず論攷に出てくる。図5（1923,2,233,17）はそれをあらわしたものである。エイゼンシテインにとって、超人は統一的な一を体現する存在だった。

(16) 論攷では、男性器をさす言葉として Penis ではなく Phallos が用いられている。これは精神分析学の用法にしたがったものである。本書でも「ファロス」を採用することにする。一方、女性器については Vagina/Vulva が、子宮については womb が使われている。子宮のみがドイツ語ではなく英語になっているのは、おそらく、ロシア語 шар（球）の語頭の文字と「w」が形態的に類似していることと、womb 中の「w」、「m」が子宮の球状を連想させるためではないだろうか。「Mlb について」には、「шар — womb — コスモス」という論攷も含まれている。

(17) エイゼンシテインと精神分析学との関係について、簡単にのべておきたい。エイゼンシテインにとって精神分析学は唯一の心理学ではなかった。その論攷に引用されているものにかぎっても、精神分析学以外に、ゲシュタルト心理学、反射心理学、W・ジェイムズの実験心理学、K・レヴィンの社会心理学、ヴィゴツキイやルリアの心理学といったものがある。一九一八年にフロイトのレオナルド・ダ・ヴィンチ論に夢中になって以来、とぎれる時期はあるものの、精神分析学に対するエイゼンシテインの関心は生涯にわたってつづく。フロイトの著作はもちろん、機関誌『イマーゴ』も手に入るかぎりのものは熟読していた。芸術制作・受容の中心に情動・パトスをおき、形式を文化的深層に位置づけるエイゼンシテインにとって、精神分析学は重要な鍵を握る学問だった。ロシアにおける精神分析学の受容はフランス、イタリアよりも早く、一九一四年以前にさかのぼる。場面はかわるが、二四年にエイゼンシテインは精神科医を主人公にした『ドクトル・マブゼ』（F・ラング、一九二二）のロシア版再編集（ペレモンタージュ）に、E・シューブの助手としてたずさわっている。

一九二九年にベルリンを訪れたさい、エイゼンシテインはH・ザックスに会い、精神分析学研究所で講演もしている。この年、ザックスは『映画の心理学について』を発表しており、そこでは『戦艦ポチョムキン』、『母』がとりあげられた。S・ツヴァイクの仲介で予定までくまれていたフロイトとの会見は、残念ながら実現しなかったが、精神分析学の領袖からポチョムキンの監督に署名入りの冊子が贈られた。またハリウッドでは、C・チャップリンに紹介された心理カウンセラーにかかってもいる。エイゼンシテインにとって、精神分析学はたんなる知的意匠以上のものだった。

ソヴィエトでは、一九二〇年代に精神分析学研究の興隆がみられる。ルリアにしても、カザン精神分析学サークルを創始し、二三年には『現代心理学における基本的傾向からみた精神分析学』という冊子を著している。ところが、二〇年代半ばから風

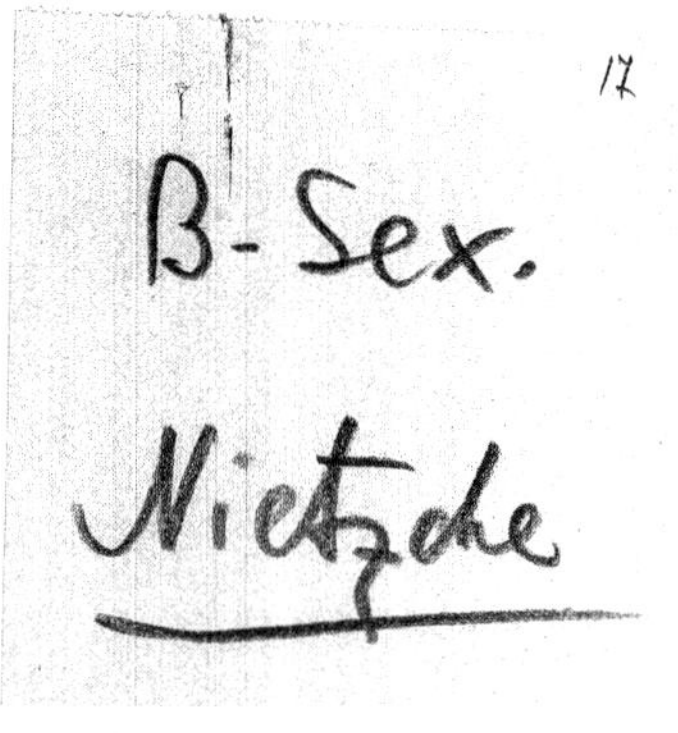

図5「バイセクシュアリティ、ニーチェ」

向きがかわる。二五年には国立精神分析学研究所が閉鎖されるし、二九年には文学者のA・ヴォロンスキイ、B・ピリニャークが「フロイト主義者」として激しく糾弾される。その年にエイゼンシテインはベルリンで精神分析学者たちと交流を結んでいたわけである（国立精神分析学研究所によって、フロイトばかりでなくS・フェレンツィ、M・クラインの翻訳・出版もおこなわれている）。精神分析学はブルジョア科学として排斥されたわけだが、そのために、ソヴィエトにおいて無意識という概念はきちんと基礎づけられないまま宙吊りになってしまう。「無意識」を抑圧・排除したために、皮肉なことに、結果としてソヴィエトは無意識的なものにあやつられる結果になった。

フロイト主義に対する包括的な批判書、バフチン『フロイト主義』（一九二七）をみると、社会的基盤を欠いた生物学主義ということでフロイト主義は批判されている。この批判書はよくできており、出生外傷も対象項目に入っている。当時のソヴィエト社会においてこの概念は認知されていたといえる。

映画と精神分析学・心理学については、当時、ザックス、K・マクファースン、レヴィン、H・ミュンスターバーグらによってさまざまな論攷が書かれている。O・ブルガコヴァ「エイゼンシテインとその〈心理学的ベルリン〉」（K3 2: 180–82）のいうように、二〇〇〇年代ではなく一九七〇年代にエイゼンシテイン『メソッド』が公刊されていたら、それはザックスらの成果とフランス構造主義・ポスト構造主義（C・メッツ、R・バルト、J＝L・ボードリ、J・クリステヴァら）の精神分析学的映画論とのあいだを架橋する役目をはたしたことだろう。

精神分析学といっても、エイゼンシテインの対象はフロイトにはじまり、ランク、ザックス、C・G・ユング、W・ライヒにまでおよぶ。二九年にライヒはソヴィエトを訪れ、二カ月間滞在する。そのあいだ彼はいくつかの講演をこなし、「弁証法的唯物論と精神分析」（『マルクス主義の旗印のもとに』一九二九）という足跡をソヴィエトに残すものの、ヨーロッパにおけると同様に弁証法的唯物論の国でも、彼の理論はうけいれられなかった。ソヴィエト訪問中のライヒに会うことはできなかったが、エイゼンシテインはのちの三四年にフロイト左派のこの精神分析学者と書簡をかわすことになる。そこではオーガズムとエクスタシーをめぐって意見交換がなされた。これについては、Neale（1981）を参照。

エイゼンシテインと精神分析学、ソヴィエトと精神分析学については、以下の文献を参照。ブルガコヴァ（K3 2: 174–91）、バフチン（1979）、Miller（1998）、岩本和久（2010）。

（18）「MLB」、「Mlb について」には、典拠の記されていない例が数多く登場する。それらについては、エイゼンシテインの発見なのか他の論攷からの引用なのかはっきりしない。たとえば、洪水がひいたあとアララト山にのりあげたかたちになるノアの方舟に、エイゼンシテインは出生の象徴的適用をみているが、この解釈は『出生外傷』にも出てくる。すべての例をチェックすることは論者の手にあまるので、無責任を承知のうえで、本書では、とりあえずエイゼンシテインの論攷を出発点としたい。すなわち、典拠なしで出てきた例にも、なんらかのかたちでエイゼンシテインの発見が加わっている、と考えることにしたい。

(19) マンドルラについて、少し補足しておこう。この名称は、ふたつの円が重なったときにできるアーモンド（mandorla）の形状からきている。キリストやマリア像をかざる身光をさす。ふたつの円に関してはさまざまな解釈があるが、そのひとつに、高次の世界と低次の世界の重なりをさすとするものがある。ふたつの円の重複領域はラテン語ではvesica piscis（魚の浮き袋・膀胱）となり、これはキリストの暗号「イクトゥス（魚）」（「イエス」、「キリスト」、「神の」、「子」、「救世主」の頭文字を合わせたもの）、ジーザス・フィッシュに通じる。ここからが問題だが、魚は古典古代では豊穣、多産、女陰をあらわすものとされていた。エイゼンシテインはマンドルラをさして、子宮とヴァギナが合体したものであるという（Эйзенштейн 2002b: 575）。さらに、彼はこうした読みを教会建築に投影して、つぎのような解釈をしめす。教会の身廊―母胎、教会―母、教会の入り口の門―子。

(20) エイゼンシテインの使用している『白痴』のテクストはマルクス社版（一八九九）である。このテクストには、のちに作者が削除することになる部分も含まれているが（Эйзенштейн 2002b: 618）、本書ではエイゼンシテインの引用にそのままにしたがうことにする。

(21) よくしられているように、バーチは「『女優ナナ』、あるいは二種類の空間」（『映画的実践の理論』一九六九）において映画空間をスクリーンの内側と外側（オフスクリーン空間）とにわけ、さらに後者を六部分（セグメント）に分類している（Burch 1981: 17-31）。六部分とはスクリーンの四隅の外部、カメラの背後、映画のセットの外部である。それぞれの外部の意味は異なっている。スクリーンをはさんだ内外であったり、撮影空間の内外であったり、日常空間と映画的環境の分節にかかわっていたりする。エイゼンシテインのいう脱フレーム化は、一次的にはスクリーンの内外にかかわるものである。オフスクリーン概念の導入によって、映画を見るという行為がスクリーン空間とオフスクリーン空間の関係のうえに成立するものである、ということが明らかになる。脱フレーミングについては、バーチ以外につぎのものを参照。大石和久（1997）、ヴィラン（1992）、ボニゼール（1999: 117-28）。

（1）感覚的思考といってもかなり裾野がひろく、明確な定義づけは容易ではない。下手に定義するよりは、章のなかで内容をくみとってもらう方がよいだろう。とはいえ、無規定に使用しつづけるわけにもゆかないので、エイゼンシテインの記している「感覚的思考圏」をかかげておきたい。「そこにおいて、ひとは主観的なものと客観的なものとの区別をうしなう。／そこでは、ひとつの部分をとおして全体を知覚する力（pars pro toto）が強まる。／そこにおいて、色彩はひとに歌いかけるようになる。／そして、音は形態をもつもののようにみえる（共感覚）。／そこでは、暗示的言葉がひとに、その言葉がさしている事実そのものが現実化したかのような反応をよびおこす（催眠術にかかったときの行動）、等々」（Эйзенштейн 2002a: 185）。エイゼンシテインは、一見混沌としてみえる感覚的思考に原＝論理をもとめている。原論理は、J・ヴァンドリエス『言語』（一九二一）の術語を借りて「感覚の論理」といいかえられてもいる（Эйзенштейн 2002b: 125）。

（2）直接的理解と比喩的理解を区別しないとは、比喩を直接的理解にもとづいて使用するということである。神話そのものではないが、「プリミティヴな思考」についてエイゼンシテインはつぎのようにのべている。参考までにかかげておく。「換喩・隠喩・提喩は、プリミティヴな思考からきりはなせない。その思考において、換喩・隠喩・提喩は論理的カテゴリーの形成に先行する。その後、換喩・隠喩・提喩は論理的カテゴリーに場所をゆずり、詩的転用語法としてその活動をつづけることになる」（Эйзенштейн 2002a: 346）。

（3）ロシアにおけるノルダウの受容とロシア・シンボリズムへの影響については、貝澤（1994）を参照。

（4）エイゼンシテインはディズニーに関する覚え書きのなかで、その作品をさして「also das reinste Exempel der Vorstufe in seiner Form（したがって、その〔芸術の〕形式における原段階の最も純粋な例）」とドイツ語でコメントしている（Эйзенштейн 2002b: 609）。この接頭辞 vor- の使用法が пралогика の pra- に近い。

前論理を原論理の方へずらす反面、エイゼンシテインは融即・感覚的思考は堅持している。融即・感覚的思考が人類の幼年期、個体の幼年期と結びつけられているにしても、エイゼンシテインとしてはそれらを原論理、オルタナティヴでアクチュアルな感覚の論理と考えている。とはいえ、やはり気になるのは、レヴィ＝ストロースのレヴィ＝ブリュール批判である。「論理的心性と前論理的心性との間に立てられていた事実無根の背反性も、これによって同時に克服された。野生の思考はわれわれの思考と同じ意味において、また同じ方法によって論理的なのである。ただ、われわれの思考が論理性を発揮するのは、物理的属性と意味的属性を同時に認めた世界の認識に適用される場合に限られる。この点についての誤解が解消したからとて、レヴィ＝ブリュールの見解がまちがっていることに変わりはない。野生の思考は情意性によって働くものではなく、悟性によって働くものであり、混同と融即によってではなく、弁別と対立を使って機能するのである」(1976: 323)。

結果的に、エイゼンシテインの見解はレヴィ＝ブリュールとレヴィ＝ストロースの双方を折衷したものになっている。こうした「ちぐはぐに」みえるものが誕生した第一の原因は、エイゼンシテインが生物と社会と芸術の進化論、さらには記号生成論を統一的に考えようとしたことにある。両者がいずれも現実的なものだとしても、それぞれの基準となる時間単位・構造は異なる。異なるものをひとつにしている以上、芸術の内容においては社会的進化――螺旋状の――を認めつつも、その形式については定常観にたつという姿勢ができあがっても、なんら不思議はない。また、言語記号成立以前に存する、記号形態と思考形態（情動的・感覚的）を設定し、記号概念の幅を拡張するのも、それと同じくらい自然なことである。エイゼンシテインにとっては、確立した言語記号もそれ以前の記号（たとえば、イメージ記号）も記号にかわりはない。なによりも重要なのは、生成過程におかれた記号が記号にほかならないということだ。

（5）四作家に関する論攷は、それぞれ以下のようになっている。「ディケンズ、グリフィス、われわれ」（一九四四）、「ミスター・リンカーン、ミスター・フォード」（一九四五執筆）、「ハロー、チャップリン！」（一九三九）、『『チャップリンの独裁者』」（一九四一）、「チャーリー・ザ・キッド」（一九四五）、「ディズニー論」（一九三二―四四執筆）。グリフィス論はモンタージュの誕生についての、フォード論は『若き日のリンカーン』（一九三四）についてのものである。グリフィス論については第三章でふれた。エイゼンシテインは『若き日のリンカーン』をかなり高く評価し、つぎのようにのべている。「古典的といってもよい調和を有する数少ない現代作品のなかで、フォード氏の『若き日のリンカーン』は最も尊敬すべきポジションのひとつをしめている」(Эйзенштейн 1967: 273)。チャップリン論、ディズニー論は原論理・インファンティリズムと芸術的実践との連関を追究するために書かれた。このうち、「ディズニー論」は『メソッド』に収録される予定だった。論攷、草稿、日記からなる「ディズニー論」では、残念ながら多数の思考線が展開途中のままになっており、その線を最後までひき終えそれらを束ねる仕事は、われわれに任されている。

（6）インファンティリズム（инфантилизм）という術語こそ用いていないが、個人の幼年期、人類の「黄金期」をさすのに、エイゼンシテインは инфантильный という言葉を使っている (Эйзенштейн 2002b: 256)。大きく考えれば、インファンティリズムはプリミティヴィズムに属する。この言葉をそのまま訳せば、退行的幼児性・幼児的表現ということになるのだが、なまの幼児性・幼児的表現をそのままもってきても、インファンティリズムにはならない。ここにいう「子供」は、あくまでも創造／想像された概念なのだ。近代ヨーロッパの外部にあるプリミティヴなものを再解釈することからプリミティヴィズムが形成されていったように、インファントなものを再解釈することからインファンティリズムははじまる。この場合、再解釈は創造でもあり、プリミティヴなものは近代的・ヨーロッパ的なものとの相関において、インファントなものは近代的成人との相関において生みだされていった。そして、新たに生みだされたものとの関係によって、ヨーロッパ的・近代的なもの、近代的成人は変化することをうながされた。インファンティリズムはなにも遠い時代の話ではなく、アウトサイダー・アートというかたちで現在のわれわれの身近にも存在する。

プリミティヴィズム、インファンティリズムには、始原的なものが未来をきりひらくという展望が認められ、始原の姿をさぐるさい、個体発達と系統発達を重ねあわせ、前者は後者を反復するという問題構制がとられる。この場合、始原・未成が未来の根拠として択ばれている。このことについては、言語を中心にいままでの論述のなかで何度かふれてきた。これを疑似科学としてすっぱり切りすててしまうのはたやすいことだが、詩的言語の問題としてはそうもゆかない。幼児の言語は構造的に人類の初期言語に類似しているという仮説をたて、未成の言語形態を詩的言語に反映させつつ作品を活性化させてゆくのは、可能であり、また有効でもある。ロシア・アヴァンギャルドの芸術家・詩人たちがプリミティヴィズム、インファンティリズムから出発して無対象・意味をこえた言語に到達したことはよくしられている。

ラカンをもちだすまでもなく、ラテン語 infans には「子供じみた」という意味とともに、「無言の・言葉をもたない」という意味が含まれる。インファンティリズムは言語以前のイメージ、感覚的なもの、原論理的なものに深くかかわっている。

（7）参考までに、パトスとエクスタシーに関するエイゼンシテインの基本的定義をかかげておく。パトスについてエイゼンシテインが関心をいだいているのは、その性質ではなく作用である。「パトスとは、〔……〕観客に「我を忘れさせる」ものすべてをさす。／〔……〕作品によるパトスの作用とは観客をエクスタシーに導くことにある」（Эйзенштейн 2006: 36）、「エクスタシーとは、対象性やイメージ性をこえて、「ものの秩序」の運動原理や実際の過程に純粋にかかわっているという感覚へと飛躍する、高揚したテーマ体験の強度によってひきおこされる状態である」（Там же: 241）、「ex-stasis（ある状態からの）はロシア語の「我を忘れる」あるいは「通常の状態から離脱する」とまったく同じことを意味する」（Там же: 36）。

（8）『ベージン草原』をはじめとして、映画においても理論においても、父殺し・子（息子）殺しのテーマ、エディプス・コンプレックスはエイゼンシテインにとって重要な問題となっている。エイゼンシテインは基本的に父子関係をエディプス・コンプレックスの視座からみている。エディプス・コンプレックスによって彼の父子関係は作られたともいえる。それればかりか、エイゼンシテインは『回想記』にそうした父子関係について一度ならず記している。くりかえしになるが、『回想記』から彼の父子関係を読みとる場合には、そうしたフィルターを考慮する必要がある。本書では心理学的にみたエイゼンシテインの父子関係をとくにあつかうことはしないが、セクシュアリティに対するエイゼンシテインの関心とともに、それがゆるがせにできない問題であることはたしかである。この問題についてはПодорога（2001）を参照。ここでは、父子関係について建築の側からエピソードをひとつ紹介しておきたい。

リガのガウディといわれることもある父ミハイルの設計した建築物は、アルベルタ通りにあつまっている。父の設計になるユーゲント・シュティールの建物全般に対して、見かけばかりで実用性に乏しい、とセルゲイの評価はきびしい。「奇妙な建築ファンタジー」とまでいう。あるとき、アルベルタ通りのひとつの建物を飾る女神のレリーフが雨のために崩壊するという事件がおこった。それは「暴君」ミハイルとともにセルゲイの記憶に残ることになる。そして、その記憶がもとになり、『十月』のアレクサンドル三世像をひきずりおろすシーンがうまれる。ひきずりおろしには、ツァーリ体制の崩壊ばかりかレリーフ（父）の崩壊も重ねられており、このシーンを撮ることによって「父の権威から解放」された、と『回想記』（Эйзенштейн 1997a: 337-39）で自己分析している。

建築の道を捨てて演劇・映画の道に進むことによって、子セルゲイは父ミハイルの意志にそむくことになったのだが、これは間接的な父殺しといえる。映画に進んだセルゲイは『戦艦ポチョムキン』で一躍名をはせる。そのモンタージュで最も有名なシークェンスはライオン像がたちあがるものである。これが興味深いことにつながっている。アルベルタ通り四番地に、ミハイルの設計した四階建ての壮麗なアパートメント（一九〇四）がある。修復をおえて、いまは当時の美しい姿をとりもどしている。問題はその屋上である。そこには、映画と同様のライオン像が二頭どうどうとたっている（図6）。女神のレリーフばかりをみていて、セルゲイの眼にそれが入らなかったとは考えにくい。エイゼンシテインがこのライオン像に言及しないのは、意図的に避けているというよりは忘却しているからではないだろうか。もしそうなら、ライオン像は隠蔽された記憶ということになり、『戦艦ポチョムキン』のモンタージュは回復された記憶ということになるだろうか。いうまでもなく、A・ベールイ『コーチク・レターエフ』（一九二二）にみられるように、ライオンは父の象徴としても機能する。リガで最初に像を眼にしたとき、父子関係は単純にははかれない、と論者はつくづく思いしった。セルゲイの映画を語るさいたびたび言及され、その理論に頻繁に顔をだすバロックにしても、ミハイルのユーゲント・シュティール様式と通底するものがある。ミハイル・エイゼンシテインについては、Rush（2003）を参照。

（9）ある時期まで、エイゼンシテインは図3aを《幻想の牢獄》の初版《牢獄の奇想》（一七四五頃）に属するものと思っていた。

本文で展開される推論はこの誤認と無関係ではないが、潜勢的なものの現勢化という主張そのものに問題はないし、この誤認があったからこそピラネージの本質がみえてきたともいえる。

（10）当初、試合の情況は舞台上の観客の「野次」によって伝えられることになっていた（K3 24: 151）。その場合、リングは舞台裏におかれる。エイゼンシテインはリングを裏から表に移したわけだ。これはサーカス的演技スタイルの導入——心理的なものと身体的なものの入れ換え——にもいえることである。ここには、舞台においてなにをリアルと考えるのかに関する視座の転換が存在する。エイゼンシテインの考えるリアリティは演劇では革新的かもしれないが、明らかに映画のリアリティに近いものである。これは、エイゼンシテインが映画の視座から芝居を考えていた証しといえる。

エイゼンシテインは「立体映画」（Эйзенштейн 1964c: 444–58）のなかで、舞台設計について歴史的に考察を加えている。それによると、設計は三段階にわかれる。最初は古代ギリシアにあったような、舞台と観客が一体化した集団儀礼的な「「大集会」形式」のもの、つぎは舞台と観客席が分離したもの、そして第三段階が舞台と観客席の新たな一体化をめざすものである。いうまでもなく、『メキシコ人』のようなフットライトの消滅をめざす試みは第三段階に属する。

（11）制作資金提供者であるシンクレアのもとにとめおかれた膨大なネガティヴ・フィルムをもとにして、エイゼンシテインの与りしらないところで、何本もの映画——研究資料用のものも含めて——が制作される。これらにおいて、制作主体はいわゆる作者ではなく編集者になっているというきわめて現代的問題が発生している。これをも開かれた作品の宿命としてうけいれてよいものかどうかは判断が難しいが、映画としては以下のようなものがある。『メキシコの嵐』（編集S・レッサー、一九三三）、『死者の日』（編集S・レッサー、一九三四）、『陽のあたるとき』（編集M・シートン、一九三九—

図6　アルベルタ通り4番地のライオン像（論者撮影）

四〇)、『メキシコ交響曲』(編集W・クルーセ、一九四一)、『エイゼンシテイン・メキシコ映画、研究のためのエピソード』(編集J・レイダ、一九五七)。M・サラスキナ『剰余において』はこれらをファウンド・フッテージと呼んでいる(Salazkina 2009: 1)。一九五〇年には、K・アンガーもシネマテーク・フランセーズでファウンド・フッテージに挑戦している。五四年にネガティヴ・フィルムはシンクレアからニューヨーク近代美術館に移管され、七三年にそれはソヴィエトに返還される。シンクレアとの契約、シナリオ、『メキシコ万歳!』に対する各国の反応等については、Eisenstein (1970a)、エイゼンシテイン(1986b)を参照。

(12) 十月革命一〇周年記念式典に招待されたリベラは、一九二七年から翌年にかけてモスクワに滞在する。滞在の様子については、Rivera (1991: 87-94) を参照。

(13) こうした暴力的シーンを生む動機として、エイゼンシテイン自身(Эйзенштейн 1964a: 84-85)は幼児期における自己抑制に対する反動をあげているが、彼がいうパトスの両義性にしたがえば、タナトスの高まりはエロスの高まり・過剰なエロスと一体化している。エロスが頂点に達したとき、それは反転して暴力に転じるのである。その意味では、革命における暴力表現は革命に対する熱情(パトス)の裏返しにほかならない。

(14) エイゼンシテイン所蔵の『メキシコの迷宮』には、次の箇所に下線がひかれている。「Vasilada ——それはばかげたことと高尚なこと、世俗的なものと無垢なもの、美と醜悪さ、感動的なことと残忍なことが結びついたものである。〔……〕生・死・性に対するメキシコ人のアプローチ、バシラーダと定義できるこのアプローチは詩的な無責任さにつらぬかれ、論理に挑戦し、真面目なものごとを軽妙にうけとる一方で、ささいなものごとを大まじめにあつかう。それは愛すべき自己保存の偏向、ヨーロッパ的精神が大切にする財を創造的に破壊するものである」(Эйзенштейн 1997a: 424 n.6)。

(15) ディテュランボスを含むギリシア悲劇前史については、第二章2節で一度ふれている。ディテュランボスというのは酒神ディオニュソスにささげられた、激しい身振りと舞踊をともなう讃歌のことだが、エイゼンシテインはディオニュソス崇拝(バッカナリア)とのつながりにおいてこの讃歌を考える。バッカナリアの推移をエイゼンシテインは二段階にわけている(Эйзенштейн 2006: 200-02)。最初、ディオニュソスを崇拝する信者たちはサクラメントとしての山羊の肉を嗜食することによって神との一体化をなしとげた。すなわち、神の身代わりである山羊の肉(部分)を食べることは身体に神が宿ること、エンテオスを意味する。そのとき同時に魂は肉体を離れエクスタシス状態に入る。つぎに、信者たちは食べるのではなく山羊の皮(属性)を身につけることで一体化をはかるようになる(集団による献祭もとりおこなわれる)。そのとき、牧人=ディオニュソスと山羊＝信者との分離がうまれるが、この分離は「オルギアの輪舞」のなかで統一される。オルギアは「感覚的退行」によって原初の食肉体験へと信者を導いてゆく。こうした崇拝の諸モメントはディテュランボスに反映されているというのが、エイゼンシテインの考えである。

(16) 表現運動の一般論の「構想」が芽ばえたのは、一九二九年、外遊先のベルリンにおいてである。直接のきっかけとなったのは、W・ケーラーの招きでベルリン大学心理学研究所においてこのテーマに関する連続講演をしたことである。そのとき、エイゼンシテインはビオメハニカにもR・ボーデにも「不満」をいだいており、このことが構想をまとめる動機になったらしい(Эйзенштейн 2002a: 170)。こうしたことや、表現運動に対する関心の持続性からも、この問題によせる彼の関心が一過性のものではなくかなり本格的なものであったことがしれる。

(17) 論争そのものではないが、ふたつの陣営の違いをしめす格好の例があるので、ここに紹介しておく。『イヴァン雷帝』のフョードル・バスマノフ役に起用されたM・クズネツォフはスタニスラフスキイ名称オペラ＝ドラマ・スタジオを卒業したいわゆるモスクワ芸術座演劇人(ムハトヴェッツ)だった。そのことがあり、撮影では監督の指示の意味内容が理解できず、かなりとまどったらしい。のちのインタヴューで、クズネツォフはつぎのように答えている。「私はスタニスラフスキイのスタジオからエイゼンシテインのもとにゆきました。スタジオでは注意は直接俳優にむけられ、イメージは俳優からフォルマにむかって作られるのですが、エイゼンシテインのところではフォルマから俳優にむかうのです。だからこの点において私は彼の意のままにはならなかった、といわなければなりません。そのとき、私はいくぶん彼に反抗的な態度をとりました」(K3 75: 62-63)。いうまでもなく、ここにいう俳優は心理的内面を、フォルマは身体運動をさしている。

(18) ビオメハニカについてはつぎの文献を参照。Law/Gordon (1996)、メイエルホリド (2001: 184-87)、永田 (2001)、ブローン (2008: 225-46)。バイオメカニクス(ビオメハニカ)という科学そのものはメイエルホリドと同時代に彼の営みとは別に成立する。生体力学(バイオメカニクス)の萌芽は、遠くアリストテレスにまでさかのぼることができる。ロシアにおけるこの分野の代表者としては、N・ベルンシテインをはじめI・セチェノフ、A・ウフトムスキイ、P・レスガフトらがあげられる。ベルンシテインは中央労働研究所バイオメカニクス部門を主導し、一九二六年には『一般バイオメカニクス』を刊行している。バイオニクスをも含みながら、バイオメカニクスは今日も発展しつづけている。生物の構造や運動を力学的に解明するというのがこの学問の目的である。大きくみればメイエルホリドのビオメハニカもこの目的にかなうし、実際の応用例といえなくもない。バイオメカニクスについては、Бернштейн (1997)、ベルンシテイン (2003)、Попов (2005) を参照。

（19）プロレトクリトの講義において、エイゼンシテインはポーズとラクルスをつぎのように性格づけている。「ラクルスとは、運動の本質が機械論的に激化したときに、最大限の表現力をもとめて発動する身体のアレンジメントである。／ポーズは一般的運動とは関係ない。それは静的で自己目的的で完結していて実用的ではない。／ラクルスは一般的運動から導きだされた定型の運動、ふたつの運動のあいだの休止点、潜勢的な運動、瞬間的に停止した動態といえる。それはつねに実用的である。副次的なラクルスというのも存在する。／ポーズにおいて運動はあいまいになり、曲線によって規定される。ラクルスでは、運動のメカニズムはあいまいにはならない。その運動は断続的直線によって規定される」（Law/Gordon 1996: 169）。けっしてわかりやすい説明ではないが、エイゼンシテインの考えるビオメハニカがラクルスの側にあるということは理解できる。ラクルスはバレエのラクルシ（raccourci. 軸足の膝にもう片方の足をつけること）からきているが、エイゼンシテインはつぎのように定義している。「空間におかれた身体が別のアレンジメントへ移行しつつあるときの、効果的で不安的な状態（バランスを崩した）」（Эйзенштейн 2005: 129）。一方メイエルホリドでは、ラクルスは一般的な場合と特殊な場合とにわかれる。一般的なものはたんに身体部位（頭、指等）の角度をさし、特殊な場合は映像の斜線・短縮構図と同じく、身体部位が水平軸にたいして斜めになることを意味する。後者には、俳優の視線が水平軸からそれるものも含まれる（Law/Gordon 1996: 153-55）。
　われわれとは解釈を異にするが、ヤンポリスキイ（Iampolski 1998）はエイゼンシテインの表現運動からラクルスと「反対運動」を対置的二極として抽出し、S・キルケゴールの思想にその等価物をさぐるという、アクロバティックともいえる推論をこころみている。

（20）メイエルホリドの理論は口伝によるところが大きいので、記録する人によって誤差が生じる。本文に記したのはM・コレネフによるものだが、ちなみに、V・ベブトフ／I・アクショノフ（Мейерхольд 1998: 41）はエイゼンシテインと同じ三つの契機をあげている。

（21）「霊操」の原語は「exercicios（エクササイズ）spirituales」、「エクササイズ」のロシア語は「тренировка（トレーニング）、муштра（教練）、упражнение（練習）」である。したがって、双方をエクササイズとしてくることに特に問題はないはずだ。エイゼンシテインがロヨラのエクササイズをとりあげたのは、そこにエクスタシーにいたる過程が明晰にしめされているからである。すなわち、エクスタシーの工学だ。エイゼンシテインは『霊操』（一五四八年、パウロ三世により認証）をさして、「エクスタシー状態の最も微細でデリケートな相に対する、きわめて興味深い心理学的観察」（Эйзенштейн 2006: 242-43）とのべている。これは、『霊操』執筆のきっかけとなったカルドネル河畔の神秘体験、「照らし」が、「示現」ではなく「純粋に知的な直観であった」（ロヨラ 1995: 34）といわれることとも関係している。

(22) 「スタニスラフスキイとロヨラ」の引用典拠に関しては、少し説明しておく必要があるだろう。ロヨラの『霊操』については、彼自身の著作からではなく、作者不明の『マンレサ、あるいは聖イグナチオの霊操（第三七版）』（一九一一）、A・ブル『聖イグナチオ、祈りにおける師』（一九二五）からなされている。『霊操』のロシア語訳は一九三三年にクラクフで出版されているが、エイゼンシテインの眼にふれることはなかった。一方、スタニスラフスキイ『俳優の仕事』からの引用は、最初に発表された英語版『俳優の準備』（一九三六）からなされている。『無関心ではない自然1』の引用では、ロシア語版に該当箇所がある場合にはロシア語におきかえられているが、問題は、英語版にあってロシア語版にはない部分である。これについては、英語をロシア語に翻訳するという処置がなされている（Эйзенштейн 2004a: 669）。ここでは、オリジナルが翻訳であるという、ベンヤミン的ともナボコフ的ともいうべき興味深い現象がおきている。これも球体本にふさわしい言語現象なのかもしれない。本書では、スタニスラフスキイについてもロヨラについても、基本的には「スタニスラフスキイとロヨラ」にあるロシア語テクストをそのまま用いる。

(23) 「情動的記憶」というのは、スタニスラフスキイがT・リボーの「感情的記憶」を借りうけて芸術用にアレンジしたものである。情動的記憶については、スタニスラフスキイ（2008a: 290-338）を参照。

(24) エイゼンシテインとブレヒトの関係については、つぎのものを参照。R・リーチ「エイゼンシテインの演劇作品」（Christie/Taylor 1993: 110-25）、L・コズロフ「エイゼンシテインとブレヒト」（Козлов 2000）、B・アメングアル『エイゼンシテイン万歳！』（Amengual 1980: 462-78）。クルベルク『流星』はスラヴィストの作品にふさわしく、エイゼンシテインに加えてM・バフチンも登場するという豪華な布陣になっている。

(25) エイゼンシテインの『回想記』は、彼らしく「P.S.」という節でおわっている。その全文をかかげ、本書のP.S.にかえたい。

「P.S. P.S. P.S.

もちろん、P.S.！

今年〔一九四六〕の二月二日、心筋の破裂と出血がおこった（心筋梗塞）。不可解でばかげたくだらない奇跡のために、ぼくは生きのこっている。

どのような医学データに照らしてみても、ぼくは死ぬはずだった。なぜか生きのびた。

だから、これからおこることはすべて自伝のポストスクリプトだと思っている……。

P.S. ……。

じっさい四八歳で誰が、自分に関するこのような記事を読むことができただろうか。

「われわれの時代の最もすぐれた監督のひとりが……」（『映画高等研究所月報』パリ、一九四六年。『イヴァン雷帝』に関する「批評の批評」欄の記事）。

*

「エイゼンシテインの新作の上映は、コルネイユの新しい戯曲が出たかのような驚きをもたらした。映画の歴史を作ろうとかなり多くの努力がはらわれてきたが、古典と認められている監督たちは別の世紀に属しているかのようである。……エイゼンシテインが生きながらえて、『戦艦ポチョムキン』や『全線』の焼き直しを作るだけであっても、喜んで彼を許すだろう。しかし、『イヴァン雷帝』があらわれて、批評がサイレント映画の偉大な創造者たちの試みを研究し安易に導きだした、常識的で単純な真理をすべてくつがえしてしまった。……」（『ラ・ルヴュー・デュ・シネマ』一九四六年一〇月一日号）。

こんなふうに書いてもらえるのはせいぜい七〇歳になってからだと思っていたし、それまで生きながらえると考えたこともない！

でも、四八歳になろうとしているときに……P.S. P.S. P.S. ……。」

（Эйзенштейн 1997b: 442–43）

あとがき

ぼくにかぎったことではないだろうが、いつも、好みの対象と論じる対象がずれてしまう。ロシア・アヴァンギャルド芸術に関していえば、マレーヴィチよりもタトリンの方が、エイゼンシテインよりもヴェルトフの方が好みなのだが、論じる段になると、マレーヴィチやエイゼンシテインを択んでいる。詩についても小説についても批評についてもそうである。マンデリシタームではなくクルチョヌイフを、ザミャーチンではなくピリニャークを、バフチンではなくフォルマリズムを……。でも、問題はそのあとだ。論攷の対象として択んだものは、論じているうちにみるみる存在感をましてゆき、結果としては好きなものと同じくらいの、あるいはそれ以上の存在になる。というわけで、いまエイゼンシテインはヴェルトフと同じくらい重みのある存在になっている。

◎

モノグラフにとりかかると、ゆきづまるたびに、その対象に所縁の地を訪れることで打開のヒントをつかむのが習いになっている。今回の仕事も長い行程になってしまったので、足をはこんだ場所もひとつやふたつにとどまらない。エイゼンシテインとの縁ということでいえば、まず、一〇年ほど前に一年間ヴギクのお世話になったことをあげなければならない。雪深いエイゼンシテイン通りを大学にかよった冬の日々のことが、小さな映写室でみた数々の映画とともに鮮やかにうかんでくる。思えば、当時ホスト役をつとめてくれた故エヴゲニイ・グロモフ教授のひと言が研究にふみだすきっかけになった。「現代のすぐれたロシアの映画理論家というと誰になるのですか」という、ぼくのナイーヴな質問に、「エイゼンシテイン以後まだ彼をこえる者はひとりも出ていない」と、彼はジョニー・キャッシュ張りの渋い声できっぱりと答えてくれた。ぼくの迷いはこの言葉できれいに払拭されたといってもよい。

のちにサンクトペテルブルクで会った『エイゼンシテイン自伝』の監督オレーグ・コヴァロフの話も、物静かな人柄もあり心にしみてきた。彼が伝説の映画館スパルタクで長年映写技師をつとめていたことも大きかった。そこで『静かなる一頁』のプレミア上映（一九九四）をみたとき映写機をまわしていたのは、彼だった。

ハンザ同盟の文化の香りがいまなお色濃くただようリガの街、かつて住居のあったチストゥイエ・プルドィ（モスクワ）の散歩道、メキシコはテオティワカンのピラミッド、ニューヨークの摩天楼、雪深いなかを探しあぐねやっとゆきついた墓、それから、このように狭い踏みづらから一体どのようにしてあのダイナミックなシークェンスを生みだしたのかと思わせるオデッサの階段……。エイゼンシテイン詣でで忘れがたいものはいくつもあるが、とりわけ印象に残っているのは、パックワロ（メキシコ）とリガである。

パックワロは死者の日の祭礼を見学するために訪れたのだが、マリーゴールドの黄色い花とともによく思い出すのは、とある路地裏の光景だ。教会からの帰り道、ふと一本の路地に眼をやると、なかほどの小さな立ち飲み屋の前で、初老の男たちがグラスを片手に踊っていた。遠目にも陽気な気分が伝わってくる。カウンターのうえにおかれたオーディオ・システムからは、少しくぐもったマリアッチの音が聞こえてきた。強い日差しにつつまれた男たちは白く発光し、数センチほど地上から浮きあがってみえる。のどかというか、しょぼいというか、ちょっと現実離れしているというか、ともかくその様子はなによりも死者の日にふさわしいものとして記憶している。

パックワロ近郊の村で買いもとめた丈二五センチほどの骸骨人形を、仕事机の脇にかけている。書物以外これといった物をおいていない部屋のなかでは、いやおうなくめだつし自然とそれに眼がゆく。本書執筆のあいだ、書きあぐねているとき、人形は大きな口をあけて嫌な気をからからと笑いとばしてくれたし、無考えに走りはじめたときには、頭骨にあいたふたつの穴から鋭いバシラーダの眼差しをなげかけてきた。人形の背後にあるなにかにずっと見守られていたような気がする。

リガをたずねたのは、エイゼンシテインの故郷をしりたいというよりも、むしろ父ミハイルの建築をたしかめたかったからだ。その成果としては、本文にのべたライオン像の発見がある。だがなによりも驚かされたのは、セルゲイが封建的で粗暴だという父親像とその父が設計した建物の優美さとのギャップだった。このギャップこそが父子の距離をあらわしているといってしまえばそれまでだが、改めて気づかされるのは、親の側からみえる親子関係と子の側からみえるそれとは決定的に非対称であるということだ。それにしても、ミハイルの建築に比して、セルゲイの映画はなぜあのように荒々しいのかと思うのは、ぼくだけではないはずだ。

リガのついでに訪れたマーク・ロスコの生まれ故郷ダウガフピルスで眼にした巨大な雲も、ずんぐりしたシナゴーグとともに忘れがたい。

◎

エイゼンシテインはまれにみるフォトジェニックな存在である。たしかに、ジョイス、チャップリン、ディズニー、グリフィス、フリーダ・カーロといった伝説的な人物とともに写っている彼は、他に代えがたい空気をまとっている。だがいまいおうとしているのは、それとは別のことだ。それにぼくが問題としているエイゼンシテインの写真は、単独で写っているものである。ここでフォトジェニーといっているのは、エイヘンバウムが詩のザーウミ（意味をこえた言葉）になぞらえて定義した表現そのもの（酵素）としかいいようのないものだ。エイゼンシテインの写真からはそれがほとばしっている（フォトジェニーの原義は発光である）。その奔放なほとばしりがロトチェンコに、マン・レイに、マーガレット・バーク＝ホワイトに、そしてマヌエル・ブラボにシャッターを切らせたのであり、またわれわれをひきつけるのだ。

彼／彼女たちの撮った写真はいずれもエイゼンシテインらしさに充ちているのだが、そのなかから一枚あげるとすれば、バーク＝ホワイトのものになるだろうか（年譜）。当時彼女のスタジオがあったクライスラービルの屋上で撮ったものだ。お気に入りの摩天楼のひとつで思いきり羽をのばしながら、顔をあたってもらっているエイゼンシテインの姿は、文字通り天にものぼらんとする様子である。白い泡も白い刈布も床屋の白い服もまぶしいほど輝いている。エイゼンシテインの顔には多難な前途を予感させるものなどひとかけらもみあたらない。反共主義もスターリニズムもどこ吹く風といった様子だ。それは、エイゼンシテインがチャップリンの役柄に認めたインファンティリズムそのものである。いつどこにむかってつっぱしるかもしれない、いたずらっぽくつむった眼こそ、エイゼンシテインにほかならない。

◎

本書を執筆中に引っ越しをした。新しい仕事部屋は二畳半ほどの中庭（パティオ）に面しており、庭の北側・西側はコンクリートの壁に、南側・東側はガラス窓になっている。庭に出てコンクリートの床に横たわると、ちょうど空がスクリーン状にきりとられた格好になる。いつのころからか、昼夜をとわず疲れるとそこに仰向けになるのが習慣になった。ありとあるものを包有する自然のスクリーンは数々の興味深いものをみせてくれるし、ときには見ているうちに自分が見ているのか見られているのかわからなくなってしまう。赤瀬川原平《宇宙の缶詰め》のなかにいるような気持ちにおちいることもある。

このスクリーンでは、雲が流れてゆき、鋭く高い声をかわしながら鳥がとびさり、米軍のヘリコプターがけたたましくゆきかい、星がまたたき、空がぬけるような青からあかね色へと移ろいゆく。雲ひとつない青空は、まるで奥深いところで発光しているようだ。運がよければ、夏の夜には流れ星もみられる。桜やモッコウバラの花びらが音もなく、そして、枯れ葉がからからとスクリーンからまいこんできたりすると、思わず3D映画かと思ってしまう。夕暮れ時からみつづけていると、直島で体験したジェイムズ・タレル《オープン・スカイ》のなかにいるような錯覚におそわれる。圧巻は曇りの日だ。ゲルハルト・リヒターのグレイ・ペインティングかと思われるほど深い灰色におおわれた空を長いことみるともなくみていると、いつしか空に迷いでてゆき自分の身体がつかめなくなる。わかったようでわからないことをくだくだしくのべたが、いいたいのはただひとつ――この空のスクリーンがいまのぼくにとっては最も映画的なものであるということだ。

◎

この本がかたちをなすにあたっては、多くの方々・施設のお世話になった。まずは、РГАЛИ（ロシア国立文学芸術アーカイヴ）、早稲田大学図書館、そして編集人の松井純氏にお礼をのべておきたい。

この場を借りて、最後に自戒の言葉をひとつ。このあとがきが人生のあとがきにならないうちに、つぎの仕事に向けてそっとポンコツのエンジンを始動させたい。願わくは、越せないような急坂が待ちうけていませんように！

大石雅彦

20 23/II 15　於西生田

年譜

年譜を作成するにあたっては、シートン(1966; 1968); エイゼンシテイン(1986a);
Юренев (1985; 1988); Bulgakowa (2001); Забродин (2005)を参照した

1898　0歳　◉新暦1月22日（旧暦10日）、ラトヴィア共和国のリガに生まれる。ユダヤ人の父ミハイルは建築技師、母はユリア（旧姓コネツカヤ）

1905　7歳　◎第一次ロシア革命。戦艦ポチョムキン号の反乱

1906　8歳　◉パリで初めての映画、メリエス『悪魔の四百の悪ふざけ』をみる

1908　10歳　◉リガ市立実家学校（Realschule）に入学
◉M・シトラウフと共に児童劇団を組織

1909　11歳　◉両親離婚。父とリガに暮らす
◉サンクトペテルブルクの母を訪ねた折り、サーカスを初めてみて夢中になる

1912　14歳　◉F・コミサルジェフスキイ演出『トゥーランドット』（ネズロビン座）に刺激を受け、コンメディア・デッラルテに関心をもつ

1913　15歳　◉学級新聞に風刺画を掲載。ノートに「動物の世界で」を描きためる

1914　16歳　◎第一次大戦勃発

生後初めての写真（1898）

父母と共に（1900）

前列左からエイゼンシテイン、友人のシトラウフ（1911）

1915　17歳　◉実家学校卒業。ペトログラード技師高等専門学校（現サンクトペテルブルク国立建築・土木大学）に入学

1917　19歳　◉V・メイエルホリド演出『仮面舞踏会』をみて、芸術を職業とする決意を固める
◎二月革命
◎十月革命

1918　20歳　◉赤軍工兵隊に技術要員として入隊。北東戦線に派遣される

1919　21歳　◉ヴォジェガ、ドヴィンスク、ホルム、ヴェリーキエ・ルーキの赤軍クラブで俳優・舞台美術家として活動

1920　22歳　◉西部戦線政治部演劇課に所属。プロレトクリト（プロレタリア文化）劇場に参加、ステージデザインを担当。プロレトクリト演出工房で教える。ポロツク、モギリョフ、スモレンスクに住む。薔薇十字団に加入。9月、モスクワ参謀本部アカデミー東洋部に入学。父、ベルリンで死去

1921　23歳　◉プロレトクリト演劇委員会委員。メイエルホリド主宰国立高等演劇工房に入学。『メキシコ人』（V・スムィシリャエフと共同演出）。N・フォレッゲル演出『馬との友好的関係』の衣裳デザインを担当

1922　24歳　◉ペトログラード（現サンクトペテルブルク）のフェクス（エクスツェントリカ俳優工場）と親交を結ぶ。モスクワ・プロレトクリト移動劇団の演出家となる。メイエルホリド演出『タレールキンの死』の助手を務める

1923　25歳　◉『賢人』、『聞こえるかい、モスクワ』
◉『グルーモフの日記』

北東戦線にて（1919）

プロレトクリトの仲間たちと共に、前列右から３人目がエイゼンシテイン

『メキシコ人』の舞台（1921）

『賢者』挿入の『グルーモフの日記』（ポスターの前で挨拶をするエイゼンシテイン、1923）

◉「アトラクションのモンタージュ」(『レフ(芸術左翼戦線)』)

1924　26歳　◉『ガスマスク』

◉E・シューブの助手として『ドクトル・マブゼ』の再編集に携わる。『ストライキ』。セヴザプキノ(現レンフィルム)モスクワ支部のために『騎兵隊』(原作I・バーベリ)のシナリオを準備

1925　27歳　◉モスクワ、レニングラード(現サンクトペテルブルク)、オデッサ、セヴァストーポリで『戦艦ポチョムキン』の撮影。12月21日、第一次ロシア革命20周年記念作としてモスクワ・ボリショイ劇場でプレミア上映

1926　28歳　◉3月、E・チッセと共に映画の新技術調査のためにベルリンを訪問。ラング、パプストに会う。マイゼルと『戦艦ポチョムキン』の音楽について打ち合わせ。5月、『全線』のシナリオ執筆開始。6月、モスクワでメアリ・ピックフォード、ダグラス・フェアバンクス夫妻と会い、ユナイテッド・アーティスツに招かれる。ロストフ、バクー、北カフカスで『全線』の撮影。9月、ソフキノ(ソヴィエト映画)より十月革命10周年記念映画の制作を依頼される。11月、『十月』のシナリオ執筆。V・シクロフスキイと知りあう

1927　29歳　◉『全線』の撮影を一時中断。『十月』のシナリオ執筆継続。4月、レニングラードで『十月』の撮影。9月、モスクワで『十月』の編集。マイゼルと『十月』の音楽の打ち合わせ。『資本論』映画化の構想。11月7日、十月革命記念式典で『十月』初公開。スターリンの批判をうけ再編集。モスクワ滞在中のリベラからメキシコについての話を聞く

◎トロツキイ、共産党から除名

1928　30歳　◉3月14日、『十月(第二版)』公開。レフ・グループと決裂。『ユリシーズ』研究。ГТК(国立映画技術学校)監督科で教え始める。市川左団次一座のモスクワ公演

『戦艦ポチョムキン』撮影時、櫓上の中央がエイゼンシテイン（オデッサ、1925）

前列左からマヤコフスキイ、L・ブリーク、後列左からパステルナーク、エイゼンシテイン

『十月』撮影時、冬宮の玉座に掛けるエイゼンシテイン（1927）

◉「トーキー映画の未来」（共著者V・プドフキン、G・アレクサンドロフ）

1929　31歳　◉スターリンの批判をうけて『全線』を『古きものと新しきもの』と改名。『全線』の追加撮影。マイゼルによる『全線』の音楽を計画。8月、映画技術調査のため、チッセ、アレクサンドロフと共にベルリンに発つ。ベルリンでグロッス、ブレヒト、エルンスト、ピランデルロらに会う。9月、ハンス・リヒター、ルットマン、カヴァルカンティ、アイザック・モンタギュー、肥後博らと共に独立映画人会議（スイス、ラ・サラズ）に参加。パリ、ロンドン、アントワープ等を廻り、ケンブリッジ大学他で講演。パリでジョイスに、ロンドンでショー、グリアスンに会う

◉知的映画の理論

◎ニューヨーク証券取引所における大暴落を端緒に世界恐慌勃発

◎トロツキイ国外追放

1930　32歳　◉アムステルダム、ブリュッセル、パリ、ベルリン等を廻る。ソルボンヌ大学、ブリュッセル大学で講演。ソルボンヌでは警察の妨害を受ける。アインシュタイン、ガンス、コクトー、ブルトン、マリネッティらに会う。『センチメンタル・ロマンス』。4月、パラマウントと制作契約。5月、チッセと共にアメリカに発つ。コロンビア大学、ハーヴァード大学、イエール大学、カリフォルニア大学等で講演。映画芸術科学アカデミーの「ワイドスクリーン」討論会で講演。ハリウッドで、チャップリン、ブニュエル、ガルボ、ディズニーらに会う。『サッターの黄金』、『ガラスの家』、『アメリカの悲劇』。11-12月、A・シンクレアとメキシコにおける映画制作の契約。メキシコに発つ。リベラ、シケイロス、オロスコに会う

◉内的独白の理論

◎マヤコフスキイ死去

1931　33歳　◉『メキシコ万歳！』の撮影。『オアハカ地震』

1932　34歳　◉『メキシコ万歳！』の撮影中止。アメリカ、ヨーロッパ経由で帰国の途につく。『M・M・M』。ГИК（国立映画大学）監督科で教え始

独立映画人会議の映画撮影でドン・キホーテに扮するエイゼンシテイン（1929）

クライスラービルの屋上にて（M・バーク＝ホワイト撮影、1930）

『メキシコ万歳！』撮影時（1931）

める。M・シートンと知りあう。アルメニア、グルジア旅行
◎共産党中央委員会「文学・芸術的組織の改革について」を決議

1933　35歳　◉『演出法、ミザンセーヌの芸術』執筆。ГИК の教育プログラムを作成。『モスクワ』のシナリオ執筆
◎映画産業中央管理局設立（局長B・シュミャツキイ）

1934　36歳　◉『第二のモスクワ』（N・ザルヒ）上演準備。訪ソ中のマルローと『人間の条件』の映画化について検討。P・アタシェヴァと結婚。ヤルタ、オデッサに滞在
◎第一回全ソ作家大会。ソ連作家同盟発足。「社会主義リアリズム」を成文化

1935　37歳　◉第一回全ソ映画制作者会議で報告（「映画形式」）。第一回モスクワ国際映画祭。梅蘭芳一座モスクワ公演。モスクワ、ハリコフで『ベージン草原（第一版）』の撮影

1936　38歳　◉シュミャツキイによる『ベージン草原（第一版）』批判。バーベリと共同でシナリオを執筆し、ヤルタ、オデッサで『ベージン草原（第二版）』撮影
◎ソヴィエト社会主義共和国憲法（スターリン憲法）制定

1937　39歳　◉映画産業中央管理局による『ベージン草原（第二版）』撮影中止命令。「ベージン草原の誤謬」によって自己批判。スターリンに直訴の手紙。ВГИК 教授解任。P・パヴレンコと共同で『ルーシ』（『アレクサンドル・ネフスキイ』）シナリオ執筆
◉『モンタージュ』執筆
◎形式主義批判

1938　40歳　◉ノヴゴロドで『アレクサンドル・ネフスキイ』の資料を収集。6月、モスフィルム・スタジオとペレスラヴリ・ザレフスキイで撮影

ロシアへの帰路につくエイゼンシテイン、背後は本の山（ニューヨーク、1932）

映画大学にて（1934/35）

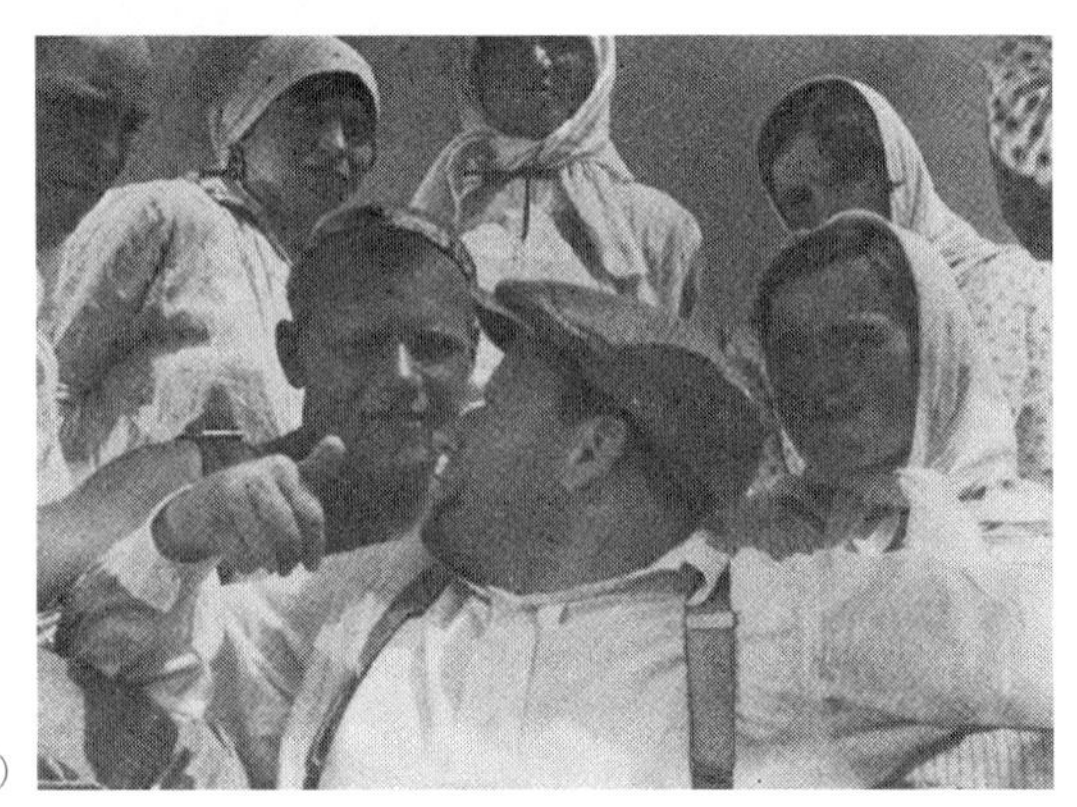

『ベージン草原』撮影時（1935）

◎S・トレチヤコフ逮捕、メイエルホリド劇場閉鎖、シュミャツキイ解任

1939　41歳　◉レーニン勲章、芸術学博士の学位を授与される。ВГИК 教授に再任。8月、独ソ不可侵条約締結のため『アレクサンドル・ネフスキイ』の上映中止。『大フェルガナ運河』のために中央アジアに赴き、テスト撮影をするも、制作中止。ボリショイ劇場で《ヴァルキューレ》の演出にとりくむ

◉「モンタージュ 一九三八」

◎トレチヤコフ処刑、バーベリ、メイエルホリド逮捕

◎9月、ドイツがポーランドに侵攻、第二次大戦始まる

1940　42歳　◉『ベイリス事件』、『帝国の威信』、色彩映画の企画。《ヴァルキューレ》初演。A・ジダーノフの命を受けて『イヴァン雷帝』のシナリオ執筆開始

◉「垂直のモンタージュ」執筆。『メソッド』執筆開始

◎バーベリ、メイエルホリド処刑

1941　43歳　◉『イヴァン雷帝』のシナリオ完成。『アレクサンドル・ネフスキイ』スターリン賞受賞。「全世界のユダヤの兄弟たちへ」というアメリカ向けの演説を行う。アルマ・アタ（現アルマトイ）に疎開

◎6月、独ソ戦開始

1942　44歳　◉『イヴァン雷帝』のシナリオに映画制作委員会付属芸術協議会から認可がおりる

◉ジェイ・レイダ編『映画感覚』刊行

1943　45歳　◉4月、『イヴァン雷帝』撮影開始

◉「チャーリー・ザ・キッド」執筆

1944　46歳　◉10月、『イヴァン雷帝 第一部』試写

『アレクサンドル・ネフスキイ』撮影時（1939）

《ヴァルキューレ》の演出（1940）

『イヴァン雷帝』の作曲にとりくむS・プロコフィエフとエイゼンシテイン（アルマ・アタ、1942）

◉「ディケンズ、グリフィス、われわれ」

1945　47歳　◉『イヴァン雷帝 第二部』撮影。12月、編集完了
◉『無関心ではない自然』執筆開始

1946　48歳　◉１月、『イヴァン雷帝 第一部』スターリン賞受賞。９月、『提督ナヒーモフ』、『大いなる生活』と共に、『イヴァン雷帝 第二部』は共産党中央委員会から批判され、未公開扱い、実質的な上映禁止となる（一般公開はスターリン死後の1958）。心筋梗塞で入院。母死去
◉パトス論執筆

1947　49歳　◉『イヴァン雷帝 第二部』について話し合うために、雷帝役のＮ・チェルカソフと共にスターリンに会う。全ソ科学アカデミー芸術史研究所映画部長に任命される
◉『映画史』構想、ジェイ・レイダ編『映画形式』刊行、「立体映画」

1948　50歳　◉２月11日未明、心臓発作のために死去。色彩映画論を執筆中だった。エイゼンシテインの遺志により、遺体はＡ・ルリアの手で解剖に付される。左脳と肥大した右脳との著しい非対称が明らかになる。13日（金曜）13時まで映画会館に安置された後、遺体は荼毘に付され、ノヴォデヴィチイ墓地に埋葬される（神秘主義的傾向をもつエイゼンシテインのために、13日にあわせて13時が設定された）

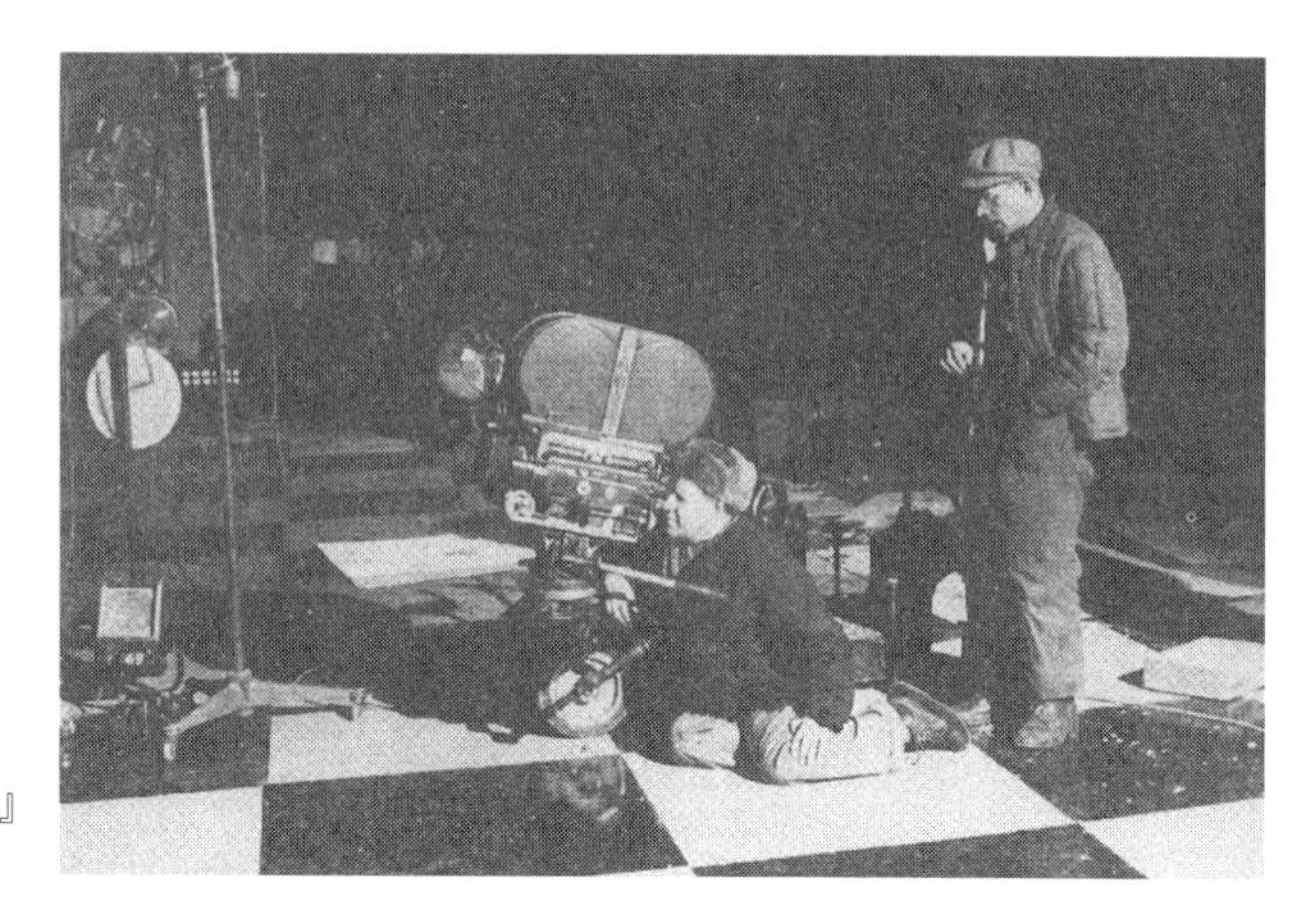

『イヴァン雷帝 第二部』
撮影時（1945）

映画会館に安置された
遺体（1948）

逝去時の書斎（1948）

エイゼンシテイン作品一覧

作品一覧を作成するにあたっては、シートン(1966; 1968); エイゼンシテイン(1986a); Юренев (1985; 1988); Bulgakowa (2001); Забродин (2005)を参照した

フィルモグラフィ

1923 『グルーモフの日記（Дневник Глумова)』(『賢人』挿入短編映画)
 5分／スタンダード／モノクローム／サイレント

1924 『ストライキ（Стачка)』
 82分／スタンダード／モノクローム／サイレント

1925 『戦艦ポチョムキン（Броненосец «Потемкин»)』
 75分／スタンダード／モノクローム／サイレント

1927 『十月（第一版）(Октябрь)』(共同監督：G・アレクサンドロフ)
 156分／スタンダード／モノクローム／サイレント

1928 『十月（第二版)』
 115分／スタンダード／モノクローム／サイレント

1929 『全線――古きものと新しきもの（Генеральная линия. Старое и новое)』(共同監督：G・アレクサンドロフ)
 121分／スタンダード／モノクローム／サイレント
 『ラ・サラズの嵐（Штурм Ла Сарраз)』(共同監督：I・モンタギュー、H・リヒター)
 『女性の不幸は女性の幸せ（Женская беда—женское счастье)』(共同監督：G・アレクサンドロフ)
 21分／スタンダード／モノクローム／サイレント

1930 『センチメンタル・ロマンス（Сентиментальный романс)』(共同監督：G・アレクサンドロフ)
 20分／スタンダード／モノクローム／サウンド

1931 『オアハカ地震（Землетрясение в Оахаке)』
 12分／スタンダード／モノクローム／サイレント

1931-32 『メキシコ万歳！（Да здравствует Мексика!)』(未完)(共同監督：G・アレクサンドロフ)
 7万メートル／スタンダード／モノクローム／サイレント
 G・アレクサンドロフ編集版（1979)、89分

1936 『ベージン草原（第一版)(Бежин луг)』

1937 『ベージン草原（第二版）』
1938 『アレクサンドル・ネフスキイ（Александр Невский）』（共同監督：D・ヴァシリエフ）
111分／スタンダード／モノクローム／トーキー
1944 『イヴァン雷帝 第一部（Иван Грозный）』
99分／スタンダード／モノクローム／トーキー
1946 『イヴァン雷帝 第二部』（公開1958）
85分／スタンダード／モノクローム・パートカラー／トーキー
『イヴァン雷帝 第三部』（未完）

映画化されなかったシナリオ

1925 『欲望の市』
1930 『アメリカの悲劇』、『サッターの黄金』
1932 『M・M・M』

シナリオ・ノート

1927-30 『ガラスの家』
1927-28 『資本論』
1933 『モスクワ』
1939 『大フェルガナ運河』
1940 『詩人の恋』
1946 『モスクワ 八〇〇年』

映画の企画

1924 『騎兵隊』
1925 『ベーニャ・クリーク』
1929 『ブエノスアイレスへの道』、『闇のなかの男』
1930 『エミール・ゾラの生涯』
1930-32 『神々の黄昏』（『闇のなかの男』と共に、テーマはバジル・ザハロフ）
1931-36 『黒人陛下』
1932 『五カ年計画』
1933 ペルシアについての映画
1934 『人間の条件』
1936 『中国』
1937 『われらロシア人民』、『スペイン』、『ピョートル大帝のムーア人』、『イーゴリ遠征物語』
1938 『ペレコープ』（『フルンゼ』）

1939 『フランス娘』
1940 『ジョルダーノ・ブルーノ』、ペストについての映画、『帝国の威信』（テーマはトーマス・E・ローレンス）
1940-41 『ベイリス事件』
1945 『戦争と平和』（アメリカとの合作）

舞台制作

1921 『メキシコ人』（セットデザイン、L・ニキチンと共同で衣裳）
『馬との友好的関係』（衣裳）
『プロレトクリトの曙』（ステージデザイン）
『レーナ』（L・ニキチンと共同でステージデザイン・衣裳）
1922 『絶壁の上』（L・ニキチンと共同でステージデザイン・衣裳）
『泥棒小僧』（衣裳）
『マクベス』（衣裳）
1923 『賢人』（演出・ステージデザイン・衣裳）
『聞こえるかい、モスクワ』（演出・ステージデザイン・衣裳）
1924 『ガスマスク』（演出・ステージデザイン・衣裳）
1934 『第二のモスクワ』（中止）
1940 《ヴァルキューレ》（演出・ステージデザイン）

舞台の企画

1921-22 『長靴をはいた牡猫』（L・ティーク）
1922 『黄金の壺』（E・T・A・ホフマン）、『マルティン親方とその弟子たち』（E・T・A・ホフマン）、『コロンビーナの靴下留め』（S・ユトケヴィチと共同制作）、『傷心の家』（B・ショー）
1922-23 《ホフマン物語》（J・オッフェンバック）
1943 《戦争と平和》（S・プロコフィエフのオペラ）
1946 《カルメン》（バレエ）

主要人名索引

ア行

カ行

サ行

タ行

ナ行

ハ行

マ行

ヤ行

ラ行

ワ行

引用参照文献一覧

I　エイゼンシテイン自身によるテクスト

ロシア語

Эйзенштейн С. Опыт театральной работы//Горн. 1923. Кн. 8.
———. Избранные статьи/Составление Р. Юренева. М., 1956.
———. Эйзенштейн. Рисунки. М., 1961.
———. Избранные произведения в шести томах. Т1. М., 1964a.
———. Избранные произведения в шести томах. Т2. М., 1964b.
———. Избранные произведения в шести томах. Т3. М., 1964c.
———. Избранные произведения в шести томах. Т4. М., 1966.
———. Избранные произведения в шести томах. Т5. М., 1967.
———. Мексиканские рисунки Эйзенштейна. М., 1969.
———. Эйзенштейн. Театральные рисунки. М., 1970.
———. Избранные произведения в шести томах. Т6. М., 1971.
———. Психология искусства//Психология процессов художественного творчества. М., 1980.
———. Из творческого наследия С. М. Эйзенштейна. М., 1985.
———. Мемуары. Т.1. М., 1997a.
———. Мемуары. Т.2. М., 1997b.
———. МММ//Из истории кино. М., 1997c. Вып.10.
———. Монтаж. М., 2000.
———. Метод. Т.1. М., 2002a.
———. Метод. Т.2. М., 2002b.
———. Неравнодушная природа. Т.1. М., 2004a.
———. Рисунки Сергея Эйзенштейна. 1942-1944. М., 2004b.
———. Эйзенштейн о Мейерхольде, 1919-1948/Составление В. Забродина. М., 2005.
———. Неравнодушная природа. Т.2. М., 2006.
———. Метод. Т.1. Berlin: Potemkin Press, 2008a.
———. Метод. Т.2. Berlin: Potemkin Press, 2008b.
———. Метод. Т.3. Berlin: Potemkin Press, 2008c.
———. Метод. Т.4. Berlin: Potemkin Press, 2008d.

Киноведческие записки. 2; 3; 5; 6; 8; 13/14; 15; 16; 17; 18; 24; 28; 32; 33; 34; 35; 36/37; 38; 39; 43; 44; 46; 48; 54; 60; 64; 69; 75; 80; 84; 100/101; 102/103.

Мнемозина. 1; 2.

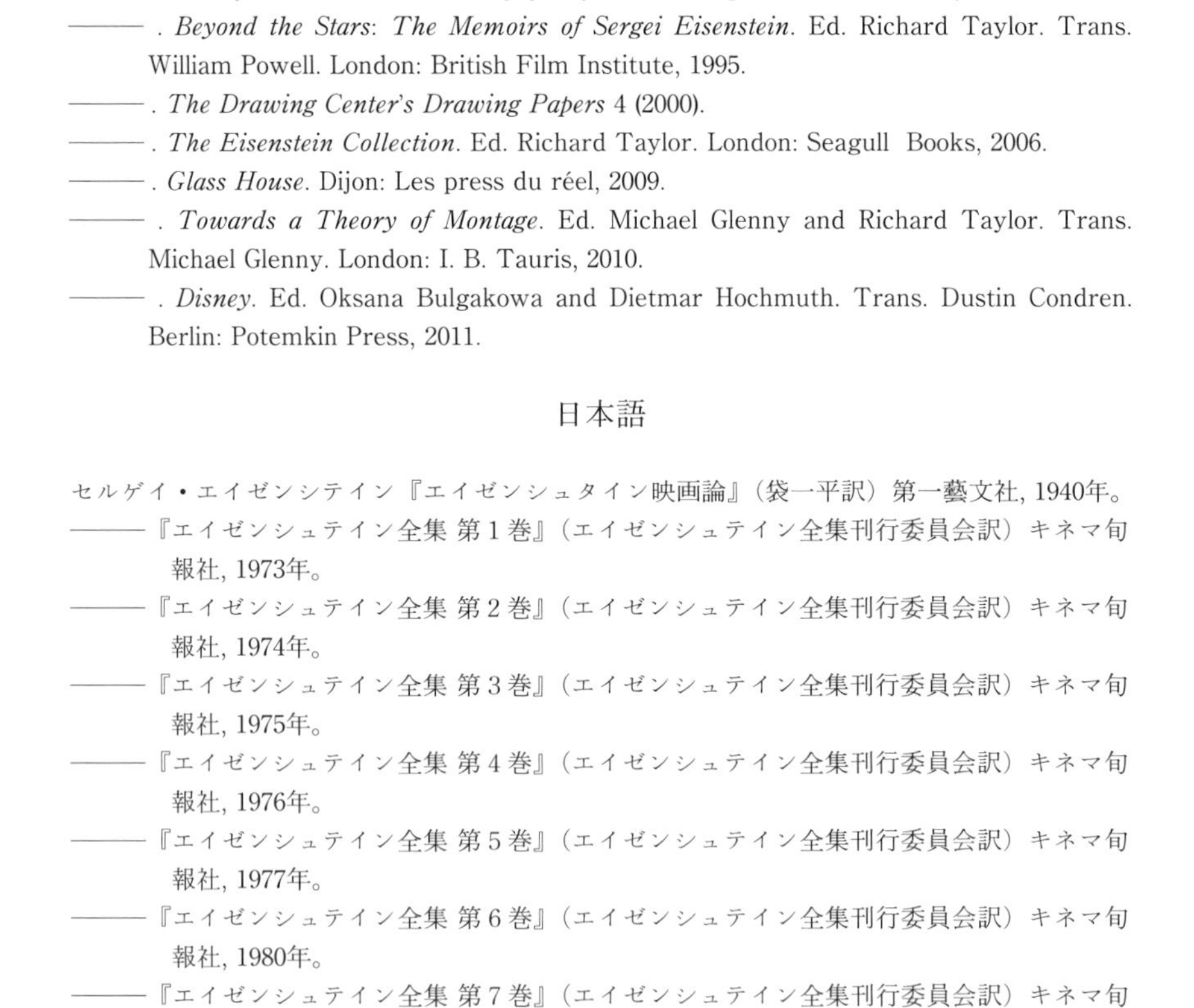

その他の外国語

Eisenstein, Sergei. *Sergei Eisenstein and Upton Sinclair : The Making and Unmaking of "Que Viva Mexico!"* Ed. Harry M. Geduld and Ronald Gottesman. Bloomington: Indiana University Press, 1970a.

———. *The Film Sense*. Ed. and trans. Jay Leyda. San Diego: A Harvest Book, 1970b.

———. *Film of Form*. Ed. and trans. Jay Leyda. San Diego: A Harvest Book, 1977.

———. *Beyond the Stars: The Memoirs of Sergei Eisenstein*. Ed. Richard Taylor. Trans. William Powell. London: British Film Institute, 1995.

———. *The Drawing Center's Drawing Papers* 4 (2000).

———. *The Eisenstein Collection*. Ed. Richard Taylor. London: Seagull Books, 2006.

———. *Glass House*. Dijon: Les press du réel, 2009.

———. *Towards a Theory of Montage*. Ed. Michael Glenny and Richard Taylor. Trans. Michael Glenny. London: I. B. Tauris, 2010.

———. *Disney*. Ed. Oksana Bulgakowa and Dietmar Hochmuth. Trans. Dustin Condren. Berlin: Potemkin Press, 2011.

日本語

セルゲイ・エイゼンシテイン『エイゼンシュタイン映画論』（袋一平訳）第一藝文社, 1940年。

———『エイゼンシュテイン全集 第1巻』（エイゼンシュテイン全集刊行委員会訳）キネマ旬報社, 1973年。

———『エイゼンシュテイン全集 第2巻』（エイゼンシュテイン全集刊行委員会訳）キネマ旬報社, 1974年。

———『エイゼンシュテイン全集 第3巻』（エイゼンシュテイン全集刊行委員会訳）キネマ旬報社, 1975年。

———『エイゼンシュテイン全集 第4巻』（エイゼンシュテイン全集刊行委員会訳）キネマ旬報社, 1976年。

———『エイゼンシュテイン全集 第5巻』（エイゼンシュテイン全集刊行委員会訳）キネマ旬報社, 1977年。

———『エイゼンシュテイン全集 第6巻』（エイゼンシュテイン全集刊行委員会訳）キネマ旬報社, 1980年。

———『エイゼンシュテイン全集 第7巻』（エイゼンシュテイン全集刊行委員会訳）キネマ旬報社, 1981a年。

———『エイゼンシュテイン映画演出法講義』（中本信幸訳）未來社, 1981b年。

———『エイゼンシュテイン全集 第8巻』（エイゼンシュテイン全集刊行委員会訳）キネマ旬報社, 1984年。

———『エイゼンシュテイン解読』（岩本憲児編）フィルムアート社, 1986a年。

———『メキシコ万歳！』（中本信幸訳）現代企画室, 1986b年。

———『エイゼンシュテイン全集 第9巻』（エイゼンシュテイン全集刊行委員会訳）キネマ旬報社, 1993年。

———「ディズニー（抄訳）」（今井隆介訳）『表象』第7号, 2013年。

II　エイゼンシテインに関する研究

ロシア語

Аксенов И. Сергей Эйзенштейн. Портрет художника//Из творческого наследия в двух томах. Том1. М., 2008.
Беленсон А. Кино сегодня. М., 1925.
Броненосец “Потемкин”/Составление Н. Клеймана и К. Левиной. М., 1969.
Забродин В. Эйзенштейн : Попытка театра. М., 2005.
———. Эйзенштейн: Кино, власть, женщины. М., 2010.
Иванов Вяч. Вс. Очерки по истории семиотики в СССР. М., 1976.
———. Эстетическая концепция звукозрительного контрапункта у Эйзенштейна//Взаимодействие и синтез искусств. Л., 1978.
———. Эстетика Эйзенштейна//Избранные труды по семиотике и истории культуры. Т.1. М., 1998.
———. Озорные рисунки Эйзенштейна и «главная проблема» его искусства//Художник и его текст. М., 2011.
Клейман Н. Формула финала. М., 2004.
Козлов Л. Эйзенштейн и Брехт//Россия—Германия. М., 2000.
———. Произведение во времени. М., 2005.
Марьянов Г. Кремлевский цензор. М., 1992.
Монтаж: Литература, искусство, театр, кино/Составление М. Ямпольского. М., 1988.
Никитин А. Московский дебют Сергея Эйзенштейна. М., 1996.
Охира Е. Эйзенштейн и Дидро//*Japanese Slavic and East European Studies* 19 (1998).
Подорога В. Феноменология тела. М., 1995.
———. Бунт против Отца//Архетип. 1996. V.1.
———. Материалы к психобиографии С. М. Эйзенштейна//Авто-био-графия. К вопросу о методе. М., 2001.
———. Второй экран//Ускользающий контекст. М., 2002.
Рошаль Л. Горе уму, или Эйзенштейн и Мейерхольд: Двойной портрет на фоне эпохи. М., 2007.
Синтез в русской и мировой художественной культуре/Редакция И. Минераловой и дру-

гих. М., 2006.
Соколов В. «Внутренний монолог» и «внутренняя речь» в теории Эйзенштейна// Теория кино и художественный опыт. М., 1985.
———. Киноведение как наука. М., 2010.
Третьяков С. "Мудрец" в Пролеткульте//Зрелища. 1923. №. 38.
Шкловский В. Их настоящее. М., 1927.
———. Эйзенштейн. М., 1976.
———. За 60 лет. Работы о кино. М., 1985.
Эйзенштейн в воспоминаниях современников/Составление Р. Юренева. М., 1974.
Юренев Р. Сергей Эйзенштейн: Замыслы. Фильмы. Метод. Часть1. М., 1985.
———. Сергей Эйзенштейн : Замыслы. Фильмы. Метод. Часть2. М., 1988.
———. Советское киноискусство тридцатых годов. М., 1997.
Юткевич С. Контрапункт режиссера. М., 1960.
———. В лаборатории смешного//Из истории кино. М., 1977. Вып.10.
Ямпольский М. Память Тиресия. М., 1993.
———. Эйзенштейновский "синтез"//Ускользающий контекст. М., 2002.
———. Сквозь тусклое стекло. М., 2010.
Close-Up: Историко-исторический семинар во ВГИКе/Составление А. Трошина. М., 1999.

その他の外国語

Albera, François. *Eisenstein et le constructivisme russe*. Lausanne: L'Âge d'homme, 1990.
Amengual, Barthélemy. *¡ Que Viva Eisenstein !* Lausanne: L'Âge d'homme, 1980.
Bergan, Ronald. *Sergei Eisenstein: A Life in Conflict*. New York: The Overlook Press, 1999.
Bixby, Barbara E. *The Weave of the Serape: Sergei Eisenstein's "Que Viva Mexico!" as a Multitext*. Diss. The University of Florida, 1979. Ann Arbor: UMI, 1979.
Bordwell, David. *The Cinema of Eisenstein*. London: Routledge, 2005.
Bowes, Eugene. *Eurhythmics and the Analysis of Visual-Musical Synthesis in Film: An Examination of Sergei Eisenstein's "Alexander Nevsky."* Diss. Ohio University, 1978. Ann Arbor: UMI, 1978.
Brakhage, Stan. *The Brakhage Lectures*. Chicago: The Good Lion, 1972.
Bulgakowa, Oksana. *Sergei Eisenstein: drei Utopien*. Berlin: Potemkin Press, 1996.
———. *Sergei Eisenstein. A Biography*. Trans. Anne Dwyer. Berlin: Potemkin Press, 2001.
Chateau, Dominique, et al. *Eisenstein: l'ancien et le nouveau*. Paris: Publications de la Sorbonne, 2001.
Christie, Ian, and David Elliot, ed. *Eisenstein at Ninety*. New York: The Museum of Modern Art, 1988.
Christie, Ian, and Richard Taylor, ed. *Eisenstein Rediscovered*. London: Routledge, 1993.
Eynon, Andrew. *Meyerhold and Eisenstein*. Saarbrücken: LAP Lambert Academic Publishing, 2010.
Fernandez, Dominique. *Eisenstein*. Paris: Bernard Grasset, 1975.

Gallez, Douglas. "The Prokofiev—Eisenstein Collaboration: *Nevskiy* and *Ivan* Revisited." *Cinema Journal* 17 (1978).
Goodwin, James. *Eisenstein, Cinema, and History*. Urbana: University of Illinois Press, 1993.
Hanssen, Erik F. "Eisenstein in Colour." *Konsthistorisk Tidskrift* 73 (2004).
Hudec, Zdeněk. "Eisenstein's *Das Kapital* : Attempting a New Genre." *Estetika* 45 (2007).
Iampolski, Mikhail. "Rakurs and Recoil." *Aura* 4 (1998).
———. "Theory as Quotation." *October* 88 (1999).
Karetnikova, Inga, and Leon Steinmetz. *Mexico According to Eisenstein*. Albuquerque: University of New Mexico Press., 1991.
Kleberg, Lars, and Håkan Lövgren, ed. *Eisenstein Revisited*. Stockholm: Almqvist & Wiksell International, 1987.
Law, Alma, and Mel Gordon. *Meyerhold, Eisenstein and Biomechanics*. Jefferson: McFarland & Company, 1996.
Leslie, Esther. *Hollywood Flatlands*. London: Verso, 2002.
Lövgren, Håkan. *Eisenstein's Labyrinth*. Stockholm: Almqvist & Wiksell International, 1996.
Marshall, Herbert. *The Battleship Potemkin: The Greatest Film Ever Made*. New York: Avon Books, 1978.
Mayer, David. *Sergei M. Eisenstein's Potemkin*. New York: Da Capo Press, 1972.
Mitry, Jean. *S. M. Eisenstein*. Paris: Éditions Universitaires, 1955.
Montagu, Ivor. *With Eisenstein in Hollywood*. New York: International Publisher, 1967.
Neale, Steve. "Sergei Eisenstein, Wilhelm Reich: Correspondence." *Screen* 22 (1981).
Nesbet, Anne. *Savage Junctures*. London: I. B. Tauris & Co. Ltd., 2003.
Neuberger, Joan. *Ivan the Terrible*. London : I. B. Tauris & Co. Ltd., 2003.
Odde, Thomas. "Flirting with Masochism: Sergei Eisenstein's Three-Ring Circus of Body and Time." *Angelaki* 15 (2010).
Odin, Steve. "The Influence of Traditional Japanese Aesthetics on the Film Theory of Sergei Eisenstein." *Journal of Aesthetic Education* 23 (1989).
O'Mahony, Mike. *Sergei Eisenstein*. London: Reaktion Books Ltd., 2008.
Peatman, Mary. "Sergei Eisenstein's *Ivan the Terrible* as a Cinematic Realization of the Concept of the *Gesamtkunstwerk*." Diss. Indiana University, 1975.
Polan, Dana B. *The Political Language of Film and the Avant-Garde*. Ann Arbor: UMI, 1985.
Robertson, Robert. *Eisenstein on the Audiovisual*. London: Tauris Academic Studies, 2009.
Ronald, Levaco. "The Eisenstein—Prokofief Correspondence." *Cinema Journal* 13.1 (1973).
Salazkina, Masha. *In Excess. Sergei Eisenstein's Mexico*. Chicago : The University of Chicago Press, 2009.
Somaini, Antonio. *Ejzenštejn*. Torino: Giulio Einaudi Editore, 2011.
Tall, Emily. "Eisenstein on Joyce : Sergei Eisenstein's Lecture on James Joyce at the State Institute of Cinematography, November 1, 1934." *James Joyce Quarterly* 24.2 (1987).
Taylor, Richard. *The Battleship Potemkin*. London: I. B. Tauris & Co. Ltd., 2000.
———. *October*. London: British Film Institute, 2002.
Taylor, Richard, et al. *The Montage Principle: Eisenstein in New Cultural and Critical*

Contexts. Amsterdam: Rodopi, 2004.
Thompson, Kristin. *Ivan the Terrible: A Neoformalist Analysis*. New Jersey: Princeton University Press, 1981.
Tret'iakov, Sergei. "The Theater of Attractions." *October* 118 (2006).
Tsivian, Yuri. *Ivan the Terrible*. London: The British Film Institute, 2002.
Valley, Al, and Barry Scherr, ed. *Eisenstein at 100*. New Brunswick: Rutgers University Press, 2001.
Warden, Laurie. "An Eisenstein and Vygotskian Approach to the Use of Film as a Valid Teaching Tool for Children with Emotional and Behavioral Exceptionalities." Diss. Concordia University, 2004.
Werner, Gösta. "James Joyce and Sergei Eisenstein." Trans. Erik Gunnermark. *James Joyce Quarterly* 27 (1990).

日本語

ヴャチェスラフ・イヴァノフ「エイゼンシュテインと現代の構造言語学」(桑野隆他訳)『芸術倶楽部』1-2号, 1974年。

――― 「エイゼンシュテインにおける視聴覚的対位法の美学的構想」(桑野隆訳)『ロシア・アヴァンギャルドを読む』勁草書房, 1984a年。

岩本憲児「日本におけるモンタージュ理論の紹介」『比較文学年誌』10号, 1974年。

――― 「エイゼンシュテインと心理学」『季刊映像』12号, 1979年。

大平陽一「エイゼンシュテインと観相学」『天理大学学報』第172輯, 1993年。

――― 「エイゼンシュテインとフロイト」『天理大学学報』第187輯, 1998年。

――― 「エイゼンシュテインとヴィゴツキィ」『アゴラ』3号, 2005年。

衣笠貞之助「エイゼンシュテイン回想」『エイゼンシュテイン展』1973年。

桑野隆「エイゼンシュテインの意味するもの」『日本読書新聞』7月16日号, 1979年。

マリー・シートン『エイゼンシュタイン 上』(佐々木基一他訳)美術出版社, 1966年。

――― 『エイゼンシュタイン 下』(佐々木基一他訳)美術出版社, 1968年。

篠田正浩『エイゼンシュテイン』岩波書店, 1983年。

鈴木良太郎「映画におけるリズム情報分析」『Unisys Technology Review』第71号, 2001年。

竹峰義和「マルクス主義の死後の生」『思想』4月号, 2010年。

田中陽「『イワン雷帝』の研究」『演劇學』第24号, 1983年。

アンドレ・バザン『映画とは何か』(小海永二訳)丸善, 2008年。

畠山宗明「アニメーションの詩学」『ヴァナキュラー・イメージの人類学』メディア・デザイン研究所, 2010年。

レオン・ムシナック『エイゼンシュタイン』(小笠原隆夫他訳)三一書房, 1971年。

山田和夫『戦艦ポチョムキン』国民文庫, 1978年。

――― 『エイゼンシュテイン』新日本新書, 1998年。

ミハイル・ヤンポリスキー『隠喩・神話・事実性』(平松潤奈他訳)水声社, 2007年。

セルゲイ・ユトケヴィチ「革命と若き芸術家たち」(岩本憲児訳)『回想のロシア・アヴァンギャルド』新時代社, 1987年。

III　その他

ロシア語

Агитационно-массовое искусство. Оформление празднеств/Редакция В. Толстого. М., 1984.

Азизян И. Диалог искусств Серебряного века. М., 2001.

Алпатов В. История одного мифа: Марр и марризм. М., 2004.

Багрий А. Формальный метод в литературе. Владикавказ., 1924.

Бахтин М. Марксизм и философия языка. М., 1993.

Белый А. Петербург. М., 1981.

———. Мастерство Гоголя. М., 1996.

Бернштейн Н. Биомеханика и физиология движений. М., 1997.

Богданов А. Тектология: Всеобщая организационная наука/Редакция В. Покова и других. М., 2003.

Болтянский Г. Культура кино-оператора. М., 1927.

Булгакова О. Советский слухоглаз: Кино и его органы чувств. М., 2010.

Бурениа-Петрова О. Цирк в пространстве культуры. М., 2014.

Бутовский Я. Андрей Москвин, кинооператор. СПб., 2000.

Бюллетени Г.А.Х.Н. 4/5; 8/9; 10; 11.

Васильев С. Монтаж кино-картины. Л., 1929.

Веселовский А. Н. Историческая поэтика. М., 1940.

Выготский Л. Собрание сочинений в шести томах. Т.2.М., 1982.

———. Словарь Л. С. Выготского/Редакция А. А. Леонтьева. М., 2004.

Выготский Л. и А. Лурия. Этюды по истории поведения. М., 1993.

Габричевский А. Морфология искусства. М., 2002.

Галеев Б. и И. Ванечкина. “Цветной слух” : Чудо или юдо ?//Человек. 2000. №. 4.

Гастев А. Поэзия рабочего удара. М., 1971.

———. Трудовые установки. М., 1973.

Гинзбург С. Кинематография дореволюционной России. М., 2007.

Громов Е. Л. В. Кулешов. М., 1984.

Гуревич С. Динамика звука в кино. СПб., 1992.

Добренко Е. Музей революции: Советское кино и сталинский исторический нарратив. М., 2008.

Дорошевич В. Сахалин. М., 1996.

Ермилова Е. Теория и образный мир русского символизма. М., 1989.

Иванов В. И. Дионис и прадионисийство. СПб., 2000.

Иоффе И. Избранное: Синтетическая история искусств. М., 2010.
Кино. Энциклопедический словарь. М., 1986.
Кинограф. 19.
Ковалов О. «Улисс» Джойса и «Человек с киноаппаратом» Вертова//Искусство кино. 2008. №. 3.
Кулешов Л. Собрание сочинений в трех томах. Том 2. М., 1988.
Левченко Я. Другая наука. М., 2012.
Летопись российского кино 1863–1929/Редакция А. Дерябина. М., 2004.
Липков А. Проблемы художественного воздействия: Принцип аттракциона. М., 1990.
Логос. 2 (2010).
Лотман Ю. История и типология русской культуры. СПб., 2002.
Лотман Ю. и Ю. Цивьян. Диалог с Экраном. Таллин., 1994.
Луначарский А. Собрание сочинений в восьми томах. Т.3. М., 1964.
Лурия А. Маленькая книжка о большой памяти. М., 1968.
Мазаев А. Проблема синтеза искусств в эстетике русского символизма. М., 1992.
Макаров С. Театрализация цирка. М., 2010.
Марр Н. Яфетидология. М., 2002.
Матюшин М. Органика. М., 2000.
Мейерхольд В. К истории творческого метода. М., 1998.
Милев Н. Божество с тремя лицами. М., 1968.
Мислер Н. Вначале было тело. М., 2011.
Полищук В. Книга актерского мастерства. Всеволод Мейерхольд. М., 2010.
Попов Г. Биомеханика. М., 2005.
Потебня А. Теоретическая поэтика. М., 1990.
———. Мысль и язык. М., 1999.
Поэтика кино/Редакция Б. Эйхенбаума. М., 1927.
Преображенский А. Этимологический словарь русского языка. Т.1. М., 1910.
Проблемы синтеза в художественной культуре/Редакция А. Прохороха и других. М., 1985.
Пудовкин В. Избранные статьи. М., 1955.
Родченко А. Опыты для будущего. М., 1996.
Руднев В. Полифоническое тело. М., 2010.
Рудницкий К. Режиссер Мейерхольд. М., 1969.
Сабанеев Л. Воспоминания о Скрябине. М., 1925.
Степанова Г. Идея “соборного театра” в поэтической философии Вячеслава Иванова. М., 2005.
Тартаковский П. “Единая книга” В. Хлебникова в структуре поэмы “Азы из узы”// Поэтический мир Велимира Хлебникова. Межвузовский сборник научных трудов. Астрахан., 1992. Выпуск 2.
Терентьевский сборник/Редакция С. Кудрявцева. М., 1996
Тимошенко С. Искусство кино и монтаж фильма. Л., 1926.

Узнадзе Д. Теория установки. Воронеж., 1997.
Успенский Б. Избранные труды. Т.1. М., 1996.
Февральский А. Пути к синтезу. М., 1978.
Федякин С. Скрябин. М., 2004.
Ханзен-Лёве О. "Установка"//*Russian Literature*. 24.2 (1988).
———. Русский формализм. М., 2001.
Хан-Магомедов С. Казимир Малевич. М., 2010.
Хлебников В. Собрание сочинений в шести томах. Т.3. М., 2002.
———. Собрание сочинений в шести томах. Т.5. М., 2004.
Цивьян Ю. Становление понятия монтажа в русской киномысли 1896-1917 гг. Л., 1983.
Человек пластический/Каталог выставки. М., 2000.
Чепалов А. Судьба пересмешника или Новые странствия Фракасса. Харьков., 2001.
Черных П. Историко-этимологический словарь современного русского языка. Т.2. М., 1993.
Шахматова Е. Искания европейской режиссуры и традиции Востока. М., 1997.
Шкловский В. Ход коня. Берлин, 1923.
Шпет Г. Внутренняя форма слова. Иваново., 1999.
———. Искусство как вид знания. М., 2007.
Шуб Э. Крупным планом. М., 1959.
Экранная культура.Теоретические проблемы/Редакция К. Разлова. СПб., 2012.
Энгельгардт Б. Формальный метод в истории литературы. М., 1927.
Энциклопедический словарь Блокгауза и Эфрона. Т.37. СПб., 1903.
Ямпольский М. Язык-тело-случай. М., 2004.

その他の外国語

Adorno, Theodor, and Hanns Eisler. *Composing for the Films*. London: Continuum, 2007.
Andrew, Dudley, ed. *Opening Bazin*. Oxford: Oxford University Press, 2011.
Arvidson, Linda. *When the Movies were Young*. New York : Dover Publications, 1969.
Baron, Scarlett. "Flaubert, Joyce: Vision, Photography, Cinema." *Modern Fiction Studies* 53.4 (2008).
Braun, Edward. *Meyerhold: A Revolution in Theatre*. London: Methuen Drama, 1995.
Brenner, Anita. *Idols Behind Altars*. New York: Harcourt, Brace and Company, 1929.
Brou, Alexandre. *Saint Ignace, maître d'oraison*. Paris: Spes, 1925.
Burch, Noël. *Theory of Film Practice*. Trans. Helen R. Lane. New Jersy: Princeton University Press, 1981.
Burkdall, Thomas L. *Joycean Frames: Film and the Fiction of James Joyce*. London: Routledge, 2001.
Charcot, J. M., et Paul Richer. *Les démoniaques dans l'art*. Paris: Macula, 1984.
Cooke, Raymond. *Velimir Khlebnikov*. Cambridge: Cambridge University Press, 1987.
Cornwell, Neil. *James Joyce and the Russians*. London: The Macmillan Press, 1992a.

——— . "James Joyce, Russian Culture and the Semiosphere." *Russian Literature* 36.3 (1992b).

Cushing, Frank H. "Manual Concepts : A Study of the Influence of Hand-Usage on Culture-Growth." *The American Anthropologist* 5.4 (1892).

DiBattista, Maria. "Cinema." *James Joyce in Context*. Ed. John McCourt. Cambridge: Cambridge University Press, 2009.

Eaton, Katherine B. *The Theater of Meyerhold and Brecht*. London: Greenwood Press, 1985.

Egorova, Tatiana. *Soviet Film Music*. Trans. Tatiana A. Ganf and Natalia A. Egunova. Amsterdam: Harwood Academic Publishers, 1997.

Experiment 3 (1997); 9 (2003).

The Film Factory: Russian and Soviet Cinema in Documents 1896-1939. Ed. and trans. Richard Taylor. London: Routledge & Kegan Paul, 1988.

Fischer, Otto. *Die Kunst Indiens, Chinas und Japans*. Berlin: Propyläen-Verlag, 1928.

Gough, Maria. *The Artist as Producer*. Berkley: University of California Press, 2005.

Granet, Marcel. *La pensée chinoise*. Paris: Albin Michel, 1988.

Gray, Gordon. *Cinema: A Visual Anthropology*. Oxford: Berg, 2010.

Gunning, Tom. *D. W. Griffith and the Origins of American Narrative Film: The Early Years at Biograph*. Urbana: University of Illinois Press, 1991.

——— . "Cinema of Attractions." *Encyclopedia of Early Cinema*. Ed. Richard Abel. London: Routledge, 2005.

Hicks, Jeremy. *Dziga Vertov: Defining Documentary Film*. London: I. B. Tauris & Co. Ltd., 2007.

Huyssen, Andreas. *After the Great Divide: Modernism, Mass Culture, Postmodernism*. Bloomington: Indiana University Press, 1986.

Kilgour, Frederick. *The Revolution of the Book*. Oxford: Oxford University Press, 1998.

Kirby, E. T., ed. *Total Theatre*. New York: E. P. Dutton & Co., Inc., 1969.

Klaus, Georg, und Manfred Buhr. (Hg.) *Philosophisches Wörterbuch*. Leipzig: VEB Bibliographisches Institut, 1974.

Kleberg, Lars. *Starfall*. Trans. Anselm Hollo. Evanston: Northwestern University Press, 1997.

Lévy-Bruhl, L. *Les fonctions mentales dans les sociétés inférieures*. Paris: Librairie Félix Alcan, 1928.

Manovich, Lev. *The Engineering of Vision from Constructivism to Virtual Reality*. Diss. The University of Rochester, 1994. Ann Arbor: UMI, 1994.

Manrèse, ou les exercices spirituels de saint Ignace. Paris: Beauchesne, 1905.

Miller, A. Martin. *Freud and the Bolsheviks*. New Haven: Yale University Press, 1998.

Misek, Richard. *Chromatic Cinema*. Chichester: Wiley-Blackwell, 2010.

Myers, Charles. "Two Cases of Synaesthesia." *British Journal Psychology* 7 (1914).

Paragraph. 36. 1 (2013).

Rivera, Diego. *My Art, My Life*. New York: Dover Publications, 1991.

Rush, Solveiga. *Mikhail Eisenstein*. Rīga: Neputns, 2003.

Smirnov, Andrei et Lubov Pochekina. "Expérimentations sonores et musique électronique dans la Russie du début du XXe siècle." *Palais* 7 (2008).
Stanislaus, Joyce. *The Complete Dublin Diary of Stanislaus Joyce*. Ed. George H. Healey. Ithaca: Cornell University Press, 1971.
Steinberg, Erwin R. *The Stream of Consciousness and Beyond in Ulysses*. Pittsburgh: University of Pittsburgh Press, 1958.
Stewart, Garrett. *Between Film and Screen*. Chicago: The University of Chicago Press, 1999.
Strauven, Wanda, ed. *The Cinema of Attractions Reloaded*. Amsterdam: Amsterdam University Press, 2006.
Tsivian, Yuri. *Early Cinema in Russia and its Cultural Reception*. Trans. Alan Bodger. London: Routledge, 1991.

日本語

アンナ・アフマートヴァ「ヒーローのいない叙事詩」(江川卓訳)『世界の文学37』集英社, 1979年。

アリストテレス『詩学』(藤沢令夫訳)『世界の名著８』中央公論社, 1972年。

ヴャチェスラフ・イヴァノフ「フレブニコフの詩〈ぼくは運ばれてゆく、象の……〉の構造」(桑野隆訳)『ロシア・アヴァンギャルドを読む』勁草書房, 1984b年。

———『偶数と奇数の記号論』(田中ひろし訳) 青木書店, 1988年。

ヴャチェスラフ・イヴァノフ他「文化の記号論的研究のためのテーゼ」『現代思想』10月号, 1982年。

今井隆介「〈原形質〉の吸引力」『アニメーションの映画学』(加藤幹郎編) 臨川書店, 2009年。

岩本和久『フロイトとドストエフスキイ』東洋書店, 2010年。

リヒャルト・ヴァーグナー『未来の芸術作品』(奥津彦重訳) 櫻井書店, 1949年。

———『芸術と革命他』(北村義男訳) 岩波文庫, 1953年。

———『オペラとドラマ』(三光長治監修) 第三文明社, 1993年。

ドミニック・ヴィラン『映画はこのように撮られた』(梅本洋一訳) 勁草書房, 1992年。

上野理恵『ジャポニスムから見たロシア美術』東洋書店, 2005年。

A・ヴォラール他『ドガの想い出』(東珠樹訳) 美術公論社, 1984年。

ボリス・ウスペンスキイ『構成の詩学』(川崎浹他訳) 法政大学出版局, 1986年。

内山一樹「映画音楽／サウンド技術史」『サウンド派映画の聴き方』フィルムアート社, 1999年。

瓜生忠夫『モンタージュ考』時事通信社, 1973年。

ボリス・エイヘンバウム「〈形式的方法〉の理論」(新谷敬三郎訳)『ロシア・フォルマリズム論集』現代思潮社, 1971年。

ウンベルト・エーコ「隠喩の意味論」(河島英昭他訳)『世界の文学38』集英社, 1978年。

大石和久「映画空間について」『美學』第190号, 1997年。

大石雅彦『ロシア・アヴァンギャルド遊泳』水声社, 1992年。

———『聖ペテルブルク』水声社, 1996年。

———『マレーヴィチ考』人文書院, 2003年。

———『彼我等位』水声社, 2009年。

大島幹雄『サーカスと革命』平凡社, 1990年。

貝澤哉「デカダンという病」『比較文学年誌』第30号, 1994年。

笠間啓治「プーシキンとラファター」『早稲田大学大学院 文学研究科紀要 文学・芸術学編』第35輯, 1989年。

糟谷恵次「『フリードリヒ大王伝』におけるメンツェルの挿絵」『駒沢女子大学 研究紀要』第11号, 2004年。

加藤隆浩（編）『ラテンアメリカの民衆文化』行路社, 2009年。

亀山郁夫『甦えるフレーブニコフ』晶文社, 1989年。

ヴァシーリー・カンディンスキー「舞台コンポジションについて」（岡田素之訳）『青騎士』白水社, 2007年。

木村敏『分裂病の現象学』弘文堂, 1975年。

桑野隆「サーカスとアヴァンギャルド演劇」『別冊新評』第56号, 1981年。

ケネス・クラーク『ロンドンナショナル・ギャラリーの名画から』（高橋裕子訳）ほるぷ教育開発研究所, 1995年。

ジュリア・クリステヴァ「ポリローグ」（西川直子訳）『ポリローグ』白水社, 1986年。

ヴァレリー・グレチュコ「回帰する周縁」『再考 ロシア・フォルマリズム』せりか書房, 2012年。

ヨハン・ヴォルフガング・フォン・ゲーテ『色彩論』（木村直司訳）ちくま学芸文庫, 2001年。

小池寿子『死者たちの回廊』平凡社ライブラリー, 1994年。

――――『「死の舞踏」への旅』中央公論新社, 2010年。

ジョスリン・ゴドウィン『音楽のエゾテリスム』（高尾謙史訳）工作舎, 2001年。

小林信明『中国上代陰陽五行思想の研究』大日本雄弁会講談社, 1951年。

ミゲル・コバルビアス『バリ島』（関本紀美子訳）平凡社, 1991年。

小松弘『起源の映画』青土社, 1991年。

佐藤正則『ボリシェヴィズムと〈新しい人間〉』水声社, 2000年。

ミシェル・シオン『映画の音楽』（小沼純一他監訳）みすず書房, 2002年。

グスタフ・シペート『美学断章』（加藤敏訳）水声社, 2004年。

清水純一『ジョルダーノ・ブルーノの研究』創文社, 1970年。

清水穣『プルラモン』現代思潮社, 2011年。

アルベルト・シュヴァイツァー『バッハ 中』（浅井真男他訳）白水社, 1983年。

『新映画事典』（浅沼圭司他編集）美術出版社, 1980年。

コンスタンチン・スタニスラフスキイ『俳優の仕事 第一部』（岩田貴他訳）未來社, 2008a年。

――――『俳優の仕事 第二部』（堀江新二他訳）未來社, 2008b年。

ヴィクトル・ストイキツァ『影の歴史』（岡田温司他訳）平凡社, 2008年。

『世界映画大事典』（岩本憲児他監修）日本図書センター, 2008年。

高橋明「死の儀礼」『神々の島バリ』春秋社, 1994年。

竹峰義和『アドルノ、複製技術へのまなざし』青弓社, 2007年。

アラン・ダニエルー『シヴァとディオニュソス』（淺野卓夫他訳）講談社, 2008年。

マンフレッド・タフーリ『球と迷宮』（八束はじめ他訳）PARCO出版, 1992年。

アンドレイ・タルコフスキイ『タルコフスキイの映画術』（扇千恵訳）水声社, 2008年。

千葉文夫「モンタージュの思考」『早稲田フランス語フランス文学論集』第15号, 2008年。

チャールズ・ディケンズ『炉ばたのこおろぎ』（村岡花子訳）新潮文庫, 1964年。

ジョルジュ・ディディ＝ユベルマン『アウラ・ヒステリカ』（谷川多佳子他訳）リブロポート, 1990年。

ジャック・デリダ『有限責任会社』（高橋哲哉他訳）法政大学出版局, 2002年。

――――『アーカイヴの病』（福本修訳）法政大学出版局, 2010年。

ジル・ドゥルーズ『シネマ２＊時間イメージ』（宇野邦一他訳）法政大学出版局, 2006年。

――――『シネマ１＊運動イメージ』（財津理他訳）法政大学出版局, 2008年。

トーマス・ド・クインシー『阿片常用者の告白』（野島秀勝訳）岩波文庫, 2007年。

永田靖「ビオメハニカとロシア・アヴァンギャルドにおける演技身体」『アヴァンギャルドの世紀』京都大学学術出版会, 2001年。

中村雄二郎『共通感覚論』岩波現代文庫 , 2000年。

野原泰子「A・スクリャービンの《プロメテウス》作品60」『音楽学』第47巻３号, 2002年。

マックス・ノルダウ『現代の堕落』（中島茂一訳）大日本文明協会, 1914年。

橋本隆夫「ギリシア悲劇の宗教的起源」『ギリシア悲劇全集 別巻』岩波書店, 1992年。

オクタビオ・パス『孤独の迷宮』（高山智博他訳）法政大学出版局, 1982年。

長谷正人『映画というテクノロジー経験』青弓社, 2010年。

長谷川章「赤軍兵士＝薔薇十字の騎士」『情況』12月号, 2000年。

ピエル・パゾリーニ「ポエジーとしての映画」（塩瀬宏訳）『映画理論集成』フィルムアート社, 1982年。

オルダス・ハックスリー『すばらしい新世界』（松村達雄訳）講談社文庫, 1974年。

ミハイル・バフチン『フロイト主義 生活の言葉と詩の言葉』（磯谷孝他訳）新時代社, 1979年。

――――『文芸学の形式的方法』（桑野隆他訳）新時代社, 1986年。

――――『マルクス主義と言語哲学』（桑野隆訳）未來社, 1989年。

――――『ドストエフスキーの詩学』（望月哲男他訳）ちくま学芸文庫, 1995年。

ベラ・バラージュ『映画の理論』（佐々木基一訳）學藝書林, 1970年。

――――『映画の精神』（佐々木基一他訳）創樹社, 1984年。

――――『視覚的人間』（佐々木基一他訳）岩波文庫, 1986年。

ジョン・ハリソン『共感覚』（松尾香弥子訳）新曜社, 2006年。

ロラン・バルト『サド、フーリエ、ロヨラ』（篠田浩一郎訳）みすず書房, 1975年。

――――『ロラン・バルト映画論集』（諸田和治編訳）ちくま学芸文庫, 1998年。

ユルギス・バルトルシャイティス『アベラシオン』（種村季弘他訳）国書刊行会, 1991年。

デイヴィッド・ヒーリー『双極性障害の時代』（江口重幸監訳）みすず書房, 2012年。

藤沼貴「カラムジンとスイスの哲学者ラファーター」『早稲田大学大学院 文学研究科紀要 文学・芸術学編』第34輯, 1988年。

アン・フリードバーグ『ヴァーチャル・ウィンドウ』産業図書, 2012年。

プリニウス『プリニウスの博物誌Ⅲ』（中野定雄他訳）雄山閣出版, 1986年。

ジグムント・フロイト『フロイト全集11』（高田珠樹他訳）岩波書店, 2009年。

――――『フロイト全集５』（新宮一成他訳）岩波書店, 2011年。

エドワード・ブローン『メイエルホリド 演劇の革命』（浦雅春他訳）水声社, 2008年。

ヴィルヘルム・フォン・フンボルト『言語と精神』（亀山健吉訳）法政大学出版局, 1984年。

アーネスト・ヘミングウェイ「午後の死」（佐伯彰一訳）『ヘミングウェイ全集６』三笠書房, 1956年。

モーリーン・ペリー『スターリンとイヴァン雷帝』（栗生沢猛夫訳）成文社, 2009年。

チャールズ・ベル『表情を解剖する』（岡本保訳）医学書院, 2001年。

ニコライ・ベルンシテイン『デクステリティ』（工藤和俊訳）金子書房, 2003年。

ヴァルター・ベンヤミン『パサージュ論Ⅰ』（今村仁司他訳）岩波書店, 1993年。

―――『パサージュ論Ⅲ』（今村仁司他訳）岩波書店, 1994年。

―――『パサージュ論Ⅴ』（今村仁司他訳）岩波書店, 1995年。

ホセ・グァダルーペ・ポサダ『ホセ・グァダルーペ・ポサダ展』伊丹市立美術館, 1998年。

シャルル・ボードレール『ボードレール全集Ⅰ』（阿部良雄訳）筑摩書房, 1983年。

パスカル・ボニゼール『歪形するフレーム』（梅本洋一訳）勁草書房, 1999年。

レフ・マノヴィッチ『ニューメディアの言語』（堀潤之訳）みすず書房, 2013年。

ウラジーミル・マヤコフスキイ『マヤコフスキー選集Ⅰ』（小笠原豊樹他訳）飯塚書店, 1958年。

ジャン・ミトリ「モンタージュの始まり」（村山匡一郎訳）『映画理論集成』フィルムアート社, 1982年。

フセヴォロド・メイエルホリド『メイエルホリド ベストセレクション』（桑野隆他編）作品社, 2001年。

クリスチャン・メッツ『映画記号学の諸問題』（浅沼圭司他訳）風の薔薇, 1987年。

ロマン・ヤコブソン「最も新しいロシアの詩」（北岡誠司訳）『ロシア・フォルマリズム文学論集１』せりか書房, 1971年。

―――「ドミナント」（山本富啓訳）『ヤコブソン選集３』大修館書店, 1985年。

山口昌男『道化的世界』ちくま文庫, 1986年。

山下直治「認知活動における構えの形成と転換」『宮城教育大学紀要』第41巻, 2006年。

山本光雄（編訳）『初期ギリシア哲学者断片集』岩波書店, 1958年。

吉田禎吾「バリ島の葬儀」『季刊民族学』41号, 1987年。

オットー・ランク『出生外傷』（細澤仁他訳）みすず書房, 2013年。

ポール・リクール『生きた隠喩』（久米博訳）岩波書店, 1984年。

リピット水田堯『原子の光（影の光学）』（門林岳史他訳）月曜社, 2013年。

クロード・レヴィ＝ストロース『野生の思考』（大橋保夫訳）みすず書房, 1976年。

ルシアン・レヴィ＝ブリュール『未開社会の思惟 上』（山田吉彦訳）岩波文庫, 1953年。

ゴットホルト・レッシング『ラオコオン』（斎藤栄治訳）岩波文庫, 1970年。

老子『老子』（蜂屋邦夫訳）岩波文庫, 2008年。

ポール・ローサ『ドキュメンタリィ映画』（厚木たか訳）みすず書房, 1960年。

『ロシア・アヴァンギャルド２』（桑野隆他編）国書刊行会, 1988a年。

『ロシア・アヴァンギャルド６』（松原明他編）国書刊行会, 1988b年。

『ロシア・アヴァンギャルド１』（浦雅春他編）国書刊行会, 1989年。

『ロシア・アヴァンギャルド７』（松原明他編）国書刊行会, 1990年。

『ロシア・アヴァンギャルド４』（土肥美夫他編）国書刊行会, 1991年。

『ロシア・アヴァンギャルド８』（桑野隆他編）国書刊行会, 1993年。

『ロシア・アヴァンギャルド３』（大石雅彦他編）国書刊行会, 1994年。

『ロシア・アヴァンギャルド５』（亀山郁夫他編）国書刊行会, 1995年。

ユーリイ・ロトマン『映画の記号論』（大石雅彦訳）平凡社, 1987年。

ユーリイ・ロトマン、ボリス・ウスペンスキイ「文化の二つの類型」（北岡誠司訳）『現代思

想』4月号, 1979年。
イグナチオ・デ・ロヨラ『霊操』(門脇佳吉訳）岩波文庫, 1995年。
———『ある巡礼者の物語』(門脇佳吉訳）岩波文庫, 2000年。

Eisenstein's Method

The Technology of Image

Contents

Метод Эйзенштейна
Технология образа

Содержание

著者略歴

大石雅彦（おおいし・まさひこ）

1953年生。早稲田大学第一文学部卒業。文学博士。現在、早稲田大学文化構想学部教員。専門は文化記号論、ロシア・アヴァンギャルド芸術。著訳書は『ロシア・アヴァンギャルド遊泳』（水声社、1992）、『「新青年」の共和国』（同、1992）、『聖ペテルブルク』（同、1996）、『マレーヴィチ考』（人文書院、2003）、『モスクワの声』（水声社、2008）、『彼我等位』（同、2009）、Yu・M・ロトマン『映画の記号論』（平凡社、1987）、『ロシア・アヴァンギャルド3――キノ』（共編、国書刊行会、1994）など。

エイゼンシテイン・メソッド　イメージの工学

2015年5月15日　初版第1刷発行

著　者　大石雅彦
発行者　西田裕一
発行所　株式会社平凡社
〒101-0051 東京都千代田区神田神保町3-29
電話　(03) 3230-6579［編集］
(03) 3230-6572［営業］
振替　00180-0-29639

装幀者　間村俊一
本文組版　矢部竜二
印　刷　藤原印刷株式会社
製　本　大口製本印刷株式会社

ISBN978-4-582-28261-0 C0074
NDC 分類番号778.238　A5判（21.6cm）　総ページ518